해커스
세무회계
연습

2 | 법인세법

ᎢᎢᎢ 해커스 경영아카데미

❚ 이 책의 저자

원재훈

학력
서강대학교 경제학과 졸업

경력사항
2019 국회의장, 국세청장 표창
현 | 해커스 경영아카데미 교수
　　해커스금융 교수
　　국회 입법 자문위원(조세)
　　이촌회계법인 파트너

전 | 안진회계법인
　　신우회계법인

자격증
한국공인회계사, 세무사, 미국공인회계사

저서
해커스 세법 비기닝
해커스 세법엔딩 1/2
해커스 세무사 세법학개론 실전동형모의고사
해커스 회계사 세법개론 실전동형모의고사
해커스 세법 FINAL
해커스 세무회계연습 1/2
해커스 세무회계 기출문제집
해커스 세무사 세법학 기출문제집
해커스 판례세법
해커스 신용분석사 2부 이론 + 적중문제 + 모의고사
세법학 1/2/3
객관식 세법 1/2
세법플러스
월급전쟁

김현식

학력
세종대학교 호텔경영학과 졸업

경력사항
전 | 신우회계법인
　　삼정회계법인

자격증
한국공인회계사

저서
해커스 세법 비기닝
해커스 세무회계연습 1/2
객관식 세법 1/2
세법플러스

김리석

학력
서울시립대학교 세무전문대학원 세무학 석사(졸업)

경력사항
현 | 해커스 경영아카데미 교수
　　해커스공기업 교수
　　세정회계법인 공인회계사(이사)

전 | 삼정회계법인 조세본부

자격증
한국공인회계사

저서
해커스 세무회계연습 1/2
해커스 신용분석사 2부 이론 + 적중문제 + 모의고사
부동산 절세 시대

이훈엽

학력
고려대학교 경영학부 졸업

경력사항
현 | 해커스 경영아카데미 교수
　　해커스공무원 교수

전 | 황남기스파르타 세무직, 회계직 세법 강의
　　대구은행, 기업은행 신용분석사 특강

자격증
세무사

저서
해커스 세무회계연습 1/2
해커스 세무회계 기출문제집
해커스공무원 이훈엽 세법 기본서
해커스공무원 이훈엽 세법 단원별 기출문제집
해커스 매경TEST 이론 + 적중문제 + 모의고사
객관식 세법 1/2
세법플러스

머리말

세무회계 문제를 처음으로 접하게 되면 지극히 정상적인 독자들은 풀어볼 엄두도 내지 못할 만큼 방대한 문제의 길이에 질겁하며, 풀어볼 용기를 내지 못하고 곧바로 <해답>을 본다. 그러나 <해답>을 봐도 문제가 이해되기는 커녕, 암호화된 풀이과정에 쉽게 지치고 만다. 그래서 독자들의 불필요한 스트레스를 최대한 줄여줄 수 있는, 세무회계 문제를 연습에 최적화된 책을 만들겠다는 다짐을 하고 『해커스 세무회계연습』을 집필하였다.

『해커스 세무회계연습』으로 학습하더라도 처음부터 모든 문제를 풀 수 있는 것은 아니다. 그것은 애초에 불가능한 일이다. 다만, 저자들은 단번에 정답을 이끌어내지는 못하더라도 <해답>을 보면 이해할 수 있도록 독자들의 눈높이에 맞추어 서술하였다. 따라서 불필요한 노력과 잦은 스트레스를 동반하지 않고서도 <해답>을 이해할 수 있을 것이다.

세무회계를 학습하는 독자들에게 다음의 내용을 당부하고 싶다. 일종의 이 책의 사용설명서 비슷한 것이라고 보면 된다.

1. 스스로 도전해봐야 한다.

문제는 반드시 혼자서 한번쯤 풀이해보아야 한다. 특히 기출문제는 더더욱 그렇다. 피할 수 없는 잔이라면 기쁜 마음으로 마셔라. 처음으로 문제를 풀게 되면 어차피 틀릴 것이다. 모두가, 적어도 대부분의 사람들은 그럴 것이기 때문에 본인만의 문제는 아니다. 그러니 스트레스 받지 말고 그냥 도전해보길 권한다. 많은 독자들이 강의를 들으며 이해했다 생각하고, 다음에는 풀 수 있겠다고 믿는다. 하지만 책을 덮고 나면 대강의 기억과 풀이법은 어설프게 남겠지만, 이것만으로는 절대로 시험장에서 정답을 적어낼 수는 없다. 어디에서 어떻게 틀리게 되는지 경험해보지 못했기 때문이다.

2. 단계별로 학습해야 한다.

실력을 키우기 위해서는 처음부터 너무 어려운 문제를 풀어 볼 필요는 없고, 쉬운 것부터 시작하면 된다. 기초를 충분히 다져야 방대한 문제도 정확하게 풀이할 수 있기 때문이다. 회계사, 세무사 1차 시험 기출문제를 주관식으로 바꾼 Warm-up 문제를 수록하였다. 우선 Warm-up 문제로 1차 시험 난이도의 문제를 주관식 형태로 연습해 본 후 본격적으로 세무회계연습 문제를 풀면 된다. 또한 동차 합격을 목표로 하는 수험생들이 전략적으로 학습할 수 있도록, 유예생이 아니면 생략해도 좋을 만한 문제를 별도로 [유예]라고 표기해두었다.

3. 오답을 알고, 정리해야 한다.

스스로 도전한 후 왜 틀렸는지 알아야 온전히 이해했다고 할 수 있다. 본서에는 왜 틀렸는지를 최대한 손쉽게 찾을 수 있도록 이야기하듯이 답안을 구성하였고, 최대한 숫자들을 연결해두었다. 거기에서 멈추지 않고 관련 주제들을 <해답>에서 살펴볼 수 있게 만들어두었다. 세무회계 연습서이기 때문에 문제들로만 구성되었고 장마다 이론 요약을 두는 방식을 취하지는 않았다. 문제를 이해하기 위하여 이론을 보강해야 한다면 『해커스 세법엔딩』으로 충분하다고 믿기 때문이다.

이 책 교정에 도움을 준 박석진 교수, 구대욱/권송희/김원섭/김진규/김태영/박이슬/백승수/이경인/이성근/이수진/이승재/이영지/조진호/진인국/최유진/최주희/황다영에게 감사의 뜻을 전하고 싶다.

책을 읽는 독자들에게 마지막으로 부탁드린다. 이 책으로 공부하는 그 순간만큼은 최선을 다해라.

원재훈, 김현식, 김리석, 이훈엽

목차

제1장 익금과 익금불산입

제2장 손금과 손금불산입

제3장 기업업무추진비, 기부금, 지급이자 및 업무용 승용차

제4장 손익귀속시기와 자산 · 부채의 평가

제5장 감가상각비

제6장 충당금과 준비금

제7장 부당행위계산의 부인

제8장 과세표준과 세액계산 및 납세절차

제9장 합병 및 분할

제10장 기타 법인세

부록 세율 및 소득공제표

해커스 세무회계연습 2

회계사 · 세무사 · 경영지도사 단번에 합격!
해커스 경영아카데미 cpa.Hackers.com

제 1 장

익금과 익금불산입

Warm-up 문제

자기주식을 보유한 상태에서 무상주 배정

01 제조업을 영위하는 내국법인 ㈜C는 제24기 과세기간(2024. 1. 1. ~ 12. 31.) 중 보통주 주식발행초과금 150,000,000원을 재원으로 하여 무상증자를 시행하였다. 무상증자 직전의 ㈜C의 총발행주식수는 300,000주(1주당 액면가액은 500원)이며 주주구성 및 보유 주식 현황은 다음 표와 같을 때 상황 1과 상황 2에서 ㈜B의 의제배당금액을 계산하시오. 【세무사 17】

주주구성	보유 주식수
㈜A	180,000주
㈜B	60,000주
㈜C	60,000주
합계	300,000주

〈상황 1〉무상증자 시 자기주식에 배정할 무상주 60,000주에 대하여 ㈜C를 제외한 기타주주의 지분비율에 따라 배정하여 무상증자 후 총발행주식수가 600,000주가 되었다고 가정

〈상황 2〉무상증자 시 자기주식에 배정할 무상주 60,000주에 대하여 ㈜C를 제외한 기타주주에게 배정하지 않아 무상증자 후 총발행주식수가 540,000주가 되었다고 가정

해답

〈상황 1〉 150,000,000 × 20% × (20%/80%) = 7,500,000
〈상황 2〉 150,000,000 × 80% × 20% × (20%/80%) = 6,000,000

〈상황 1〉

주주	증자 전 주식 수	1차 배정	2차 배정	증자 후 주식 수
㈜A	180,000주(60%)	180,000	45,000	405,000주(67.5%)
㈜B	60,000주(20%)	60,000	15,000	135,000주(22.5%)
㈜C	60,000주(20%)			60,000주(10%)
합계	300,000주	240,000	60,000	600,000주

〈상황 2〉

주주	증자 전 주식 수	1차 배정	2차 배정	증자 후 주식 수
㈜A	180,000주(60%)	144,000	36,000	360,000주(66.7%)
㈜B	60,000주(20%)	48,000	12,000	120,000주(22.2%)
㈜C	60,000주(20%)			60,000주(11.1%)
합계	300,000주	192,000*	48,000	540,000주

* 240,000 × 80% = 192,000

유상감자

02 「법인세법」상 비상장 영리 내국법인인 ㈜A와 ㈜B의 자료를 이용하여 보통주 소각으로 인한 ㈜A의 의제배당금액을 계산하시오. 【세무사 19】

> (1) ㈜A는 2024. 1. 1. 현재 비상장 영리 내국법인인 ㈜B의 보통주 600주(1주당 액면금액 1,000원)를 보유하고 있으며, 보통주 관련 거래는 다음과 같다.
> • ㈜A는 2021. 4. 1. ㈜B의 보통주 400주를 1주당 시가인 1,500원에 취득하였음
> • ㈜A는 2022. 5. 2. ㈜B가 보통주 주식발행초과금(출자전환으로 인한 채무면제이익이 아님)을 자본에 전입함에 따라 보통주 200주를 무상으로 취득하였음
> • ㈜A는 2022. 7. 1. ㈜B가 법인세가 이미 과세된 자기주식처분이익을 자본에 전입함에 따라 보통주 400주를 무상으로 취득하였음
> • ㈜A는 2022. 9. 15. 보유 중인 ㈜B의 보통주 400주를 유상으로 처분하였음
>
> (2) ㈜B는 2024. 3. 31. 보통주를 1주당 1,500원에 소각하였으며, 이로 인해 ㈜A가 보유한 ㈜B의 보통주 400주가 소각되었다.

─┤ **해답** ├─

1. 의제배당금액

구분	금액	비고
감자대가	600,000	400주 × 1,500
취득가액	350,000	① (200주 − 80주) × 0 ② 280주 × 1,250*
의제배당	250,000	

* 1주당 장부가액: $\dfrac{240주 \times 1,500 + 240주 \times 1,000}{480주} = 1,250$

2. 주식 단가의 이해

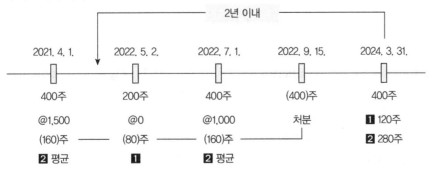

수입배당금 익금불산입 (1)

03 다음의 자료를 이용하여 지주회사가 아닌 영리 내국법인 ㈜A의 제24기 사업연도(2024. 1. 1. ~ 2024. 12. 31.) 수입배당금 익금불산입액을 계산하시오. 【회계사 20 수정】

> (1) ㈜A는 2024년 3월 중 비상장 영리 내국법인 ㈜B, ㈜C, ㈜D로부터 수입배당금 15,000,000원을 수령하여 수익으로 계상하였다.
>
> | 배당지급법인 | 현금배당금[1] | 「법인세법」상 장부가액[2] | 지분율[2] | 주식 취득일 |
> |---|---|---|---|---|
> | ㈜B | 6,000,000원 | 300,000,000원 | 60% | 2022년 8월 1일 |
> | ㈜C | 6,000,000원 | 600,000,000원 | 60% | 2023년 11월 15일 |
> | ㈜D | 3,000,000원 | 600,000,000원 | 40% | 2023년 9월 15일 |
>
> [1] 배당기준일: 2023년 12월 31일, 배당결의일: 2024년 2월 20일
> [2] 주식 취득 이후 주식 수, 장부가액, 지분율의 변동은 없음
>
> (2) ㈜B, ㈜C, ㈜D는 지급배당에 대한 소득공제와 「조세특례제한법」상 감면규정 및 동업기업과세특례를 적용받지 않는다.
>
> (3) ㈜A의 2024. 12. 31. 현재 재무상태표상 자산총액은 5,000,000,000원이다.
>
> (4) ㈜A의 제24기 손익계산서상 이자비용은 30,000,000원이다. 해당 이자비용 중 15,000,000원은 채권자가 불분명한 사채의 이자비용이다.
>
> (5) 비상장법인으로부터 수령한 수입배당금액의 익금불산입률은 출자비율이 20% 이상 50% 미만인 경우에는 80%, 50% 이상인 경우에는 100%이다.

│ 해답 │

구분	대상 배당금	지급이자 배제액	비율	익금불산입
㈜B	6,000,000	(30,000,000 − 15,000,000) × 3억/50억	100%	5,100,000
㈜D	3,000,000	(30,000,000 − 15,000,000) × 6억/50억	80%	960,000
합계액				6,060,000

㈜C로부터 수령한 배당금은 배당기준일로부터 소급하여 3개월 이내 취득분이다.

수입배당금 익금불산입 (2)

04 지주회사가 아닌 영리 내국법인인 ㈜A의 제24기(2024. 1. 1. ~ 2024. 12. 31.) 수입배당금 익금불산입액을 계산하시오. 【회계사 16 수정】

(1) 비상장내국법인 ㈜B로부터 수입배당금 39,000,000원(배당기준일: 2023. 12. 31., 배당결의일: 2024. 2. 20.)을 수령하여 수익계상하였다. ㈜B주식에 대한 취득 및 처분내역은 다음과 같으며, ㈜B의 총발행주식수는 100,000주이다. ㈜B는 지급배당에 대한 소득공제와 「조세특례제한법」상 감면규정 및 동업기업과세특례를 적용받지 않는다. 2024년도 중 보유 주식 변동은 없다.

일자	거래유형(주식 수)	금액
2022. 12. 29.	매입(60,000주)	9억원
2023. 10. 13.	매입(10,000주)	2억원
2023. 12. 8.	처분(5,000주)	△1억원
2023. 12. 31.	총 보유 주식수 65,000주	10억원

(2) ㈜A의 제24기 말 현재 재무상태표상 자산총액은 250억원이며, 손익계산서상 지급이자는 2억원이다. 이 지급이자에는 현재가치할인차금상각액 10,000,000원이 포함되어 있다.

(3) 수입배당금에 대한 익금불산입률은 출자비율이 20% 이상 50% 미만인 경우에는 80%, 50% 이상인 경우에는 100%이다.

해답

1. 익금불산입 대상 배당금

$$39,000,000 \times \frac{55,000주^*}{65,000주} = 33,000,000$$

* 선입선출법 적용(처분된 5,000주는 최초 취득한 60,000주에서 일부 처분된 것으로 봄)

2. 익금불산입 금액 계산

$$[33,000,000 - 190,000,000 \times \frac{825,000,000^*}{250억원}] \times 100\% = 26,730,000$$

* $900,000,000 \times (55,000주 \div 60,000주) = 825,000,000$
주식 취득가액 적수 계산 시 배당기준일 이전 3개월 내에 취득한 주식(10. 13. 취득분 10,000주)은 포함하지 아니한다. 수입배당금 익금불산입 규정이 적용되는 주식만이 대상이다.

다음은 ㈜국세의 제24기(2024. 1. 1. ~ 2024. 12. 31.) 사업연도 중의 거래내역 및 회계처리 내용이다. 다음 자료를 이용하여 물음에 답하시오.

1. 자기주식 60주를 소각하고 다음과 같이 회계처리하였다. 자기주식의 1주당 취득원가는 8,000원이다.

(차) 자본금	600,000	(대) 자기주식	480,000
		감자차익	120,000

2. 자기주식 40주를 800,000원에 처분하고 다음과 같이 회계처리하였다.

(차) 현금	800,000	(대) 자기주식	320,000
		자기주식처분이익 (자본잉여금)	480,000

3. 전기에 발행한 사채를 당기 말에 중도상환하고 다음과 같이 회계처리하였다.

(차) 사채	5,000,000	(대) 사채할인발행차금	200,000
사채상환손실	100,000	현금	4,900,000

4. 당기 말 회사 주주로부터 자기주식 10주(주당 시가 25,000원, 액면가액 10,000원)를 무상으로 수증받고 아무런 회계처리도 하지 아니하였다. 전기 말 회사의 세무상 이월결손금 잔액은 1,000,000원(합병으로 승계받은 이월결손금 800,000원 포함)이다.

[물음] 위 자료를 이용하여 ㈜국세의 제24기 사업연도의 소득금액조정합계표를 다음 양식의 예시에 따라 작성하시오.

익금산입 및 손금불산입			손금산입 및 익금불산입		
과목	금액	소득처분	과목	금액	소득처분

─┤ **해답** ├─

익금산입 및 손금불산입			손금산입 및 익금불산입		
과목	금액	소득처분	과목	금액	소득처분
자기주식처분이익	480,000	기타	이월결손금 보전 충당	200,000	기타
자기주식	250,000	유보		1,000,000 − 800,000	

1. **자기주식거래**
   ① 자기주식소각이익(손실)은 감자차익(감자차손)에 해당한다. 감자차익(감자차손)은 자본거래로서 익금 또는 손금에 산입하지 아니한다.
   ② 자기주식처분이익(손실)은 손익거래로서 익금 또는 손금에 산입한다.

2. **사채상환손실**
   자기사채를 구입하는 것(사채상환손익)은 채무상환으로서 채권자와의 거래이며, 손익거래로 간주하여 사채상환손익을 익금 또는 손금에 산입한다. 회사는 당기손익에 반영하였으므로 별도의 세무조정은 하지 않는다.

3. **자기주식 무상수증**
   자기주식은 세무상 자산에 해당하므로 무상으로 수증한 경우 자산수증이익으로 익금에 산입하여야 한다.

4. **자산수증이익과 이월결손금 보전 충당**
   ① 자산수증이익 또는 채무면제이익을 이월결손금 보전에 충당한 경우에는 익금에 산입하지 아니한다.
   ② 이때 이월결손금은 발생기한의 제한이 없으나 합병 또는 분할 시 승계한 이월결손금은 적용되지 아니한다.
   ③ 이와 같이 채무면제이익 등으로 보전된 이월결손금은 소멸된 것으로 보며 이를 다시 이후 사업연도의 법인세 과세표준 계산 시 공제하지 아니한다.

5. **자기주식 취득 시 세무조정(참고)**
   자기주식은 세법상 자산에 해당하고, 장부상 자본조정으로 회계처리한 경우 정확한 세무상 자본가액(회계상 장부가액 ± 유보)을 산출하기 위해서 자기주식 취득 시 다음과 같은 세무조정이 필요할 수 있다.

[익금산입]	자기주식	×××	유보
[익금불산입]	자본조정	×××	기타

   하지만, 실무에서 이러한 세무조정을 하는 경우는 없으며 불필요한 세무조정이라고 본다. 앞으로 본서에서는 자기주식 취득 시 별도의 세무조정을 하지 않기로 하며, 이에 따라 처분 시에도 처분손익에 대한 세무조정만 제시한다.

다음은 ㈜국세의 제24기(2024. 1. 1. ~ 2024. 12. 31.) 법인세 신고 관련 자료이다. 아래 자료를 이용하여 물음에 답하시오. 특별한 언급이 없는 한 전기 이전의 세무조정은 적절하게 이루어진 것으로 가정한다.

1. ㈜국세의 결산 시 매출액 11,000,000원(부가가치세 포함)이 장부에 누락된 것을 발견하였다. 이와 관련된 매출원가(원가율 60%)도 함께 누락되었다. 상대 거래처는 매입대금을 모두 지급하였으나 회사 통장에 입금되지 않았다.

2. 전기에 매출액 10,000,000원(부가가치세 제외)의 회계처리를 누락하여 당기에 다음과 같이 회계처리하였다.

   (차) 매출채권   10,000,000   (대) 전기오류수정이익   10,000,000
   　　　　　　　　　　　　　　　　　　　　　　　　(이익잉여금)

3. ㈜국세는 2023. 12. 28. 상품을 10,000,000원에 판매하고 약정일 이전에 대금회수가 될 것으로 예상하고 9,800,000원을 매출액으로 계상하였다. 2024. 1. 5. 대금을 회수하면서 대금 결제조건에 따라 9,800,000원만 수령하였고, 대금회수일에 다음과 같이 회계처리하였다.

   (차) 현금   9,800,000   (대) 매출채권   9,800,000

4. ㈜국세는 제23기에 취득한 업무용 토지의 재산세(5,000,000원)를 납부하고 이를 토지의 취득가액에 포함하였다. 동 재산세 중 일부 금액이 과다 납부한 것으로 확인되어 당기에 전액 환급받고 이와 함께 환급가산금(200,000원)을 받았다. 이와 관련하여 다음과 같이 회계처리하였다.

   (차) 현금   5,200,000   (대) 토지   5,000,000
   　　　　　　　　　　　　　　　　　　　　이자수익   200,000

5. 2023. 7. 1. ㈜국세는 대표이사로부터 ㈜A의 주식 10,000주를 30,000,000원에 매입하고, 이를 취득원가로 계상하였다. 2024. 10. 30.에 ㈜A의 주식 10,000주를 특수관계법인에게 30,000,000원에 매각하고 처분손익은 인식하지 않았다. ㈜A주식의 매입 당시 시가는 31,000,000원이고, 매각 당시 시가는 50,000,000원이다.

[물음] 위 자료를 이용하여 ㈜국세의 제24기 사업연도의 세무조정을 다음 양식의 예시에 따라 하시오.

번호	조정유형	과목	금액	소득처분

—| 해답 |—

번호	조정유형	과목	금액	소득처분
1.	익금산입	매출누락	11,000,000	상여
	손금산입	매출원가	6,000,000	△유보
	손금산입	부가가치세	1,000,000	△유보
2.	익금불산입	매출채권	10,000,000	△유보
	익금산입	전기오류수정손익	10,000,000	기타
3.	익금불산입	매출채권	200,000	△유보
4.	익금산입	토지	5,000,000	유보
	익금불산입	환급가산금	200,000	기타
5.	익금산입	부당행위계산부인	20,000,000	기타사외유출
	손금산입	유가증권	1,000,000	△유보

1. 매출누락
   ① 회사에 매출누락금액이 입금된 바 없으므로 매출누락액이 사외유출된 것으로 본다.
   ② 매출을 누락한 법인의 수입금액에 거래징수한 부가가치세액이 포함되어 있을 경우 매출누락액 중 이를 제외한 금액만을 법인의 과세표준에 가산(11,000,000원 − 1,000,000원)한다. 다만, 그 소득처분금액을 계산함에 있어서까지 부가가치세액이 공제되어야 하는 것은 아니다.

2. 매출누락(전기오류수정손익)
   ① 외상매출액을 누락한 경우 전기 세무조정을 통해 익금산입하였으므로 당기 익금이 아니다.
   ② 회사 장부상 매출채권이 계상되었으므로 세무상 자산과 회계상 자산의 차이는 발생하지 않는다. 따라서 세무상 유보를 추인한다.

3. 매출할인
   기업회계기준에 의한 매출에누리금액 및 매출할인금액을 수입금액에서 차감하되, 상대방과의 약정에 의한 지급기일이 속하는 사업연도의 매출액에서 차감한다. 따라서 매출할인금액이 예상되더라도 총액법으로 매출액을 인식하여야 한다.

4. 재산세 환입액 및 환급가산금
   재산세는 토지의 취득원가에 포함되지 않고 지출 시 손금처리하여야 한다. 손금에 해당하는 재산세를 환급받은 경우에는 익금에 산입한다. 국세 및 지방세 환급가산금은 익금에 산입하지 아니한다.

5. 유가증권의 저가매입
(1) 유가증권 취득 시 세무조정
   특수관계인인 개인으로부터의 유가증권 저가매입액은 익금산입하고, 처분 시 추인한다. 시가와의 차액이 5% 미만인 경우라도 적용한다.

(2) 부당행위계산부인
   특수관계인에게 자산을 저가양도할 경우 시가(50,000,000원)로 매각하고 거래금액과의 차액은 사외유출된 것으로 본다.

다음의 각 회사의 제24기(2024. 1. 1. ~ 2024. 12. 31.) 채무면제내역 및 관련 자료이다. 각 회사는 법인세부담을 최소화하고자 한다. 아래 자료를 이용하여 물음에 답하시오.

1. ㈜서울은 당기 중 ㈜ABC은행과 「기업구조조정 촉진법」에 따라 채무를 출자로 전환하는 내용이 포함된 경영정상화계획의 이행을 위한 약정을 체결하였다.

   (1) 장기차입금 1,000,000,000원을 출자전환하였다. 출자전환일 현재 발행주식의 시가는 800,000,000원, 액면가액의 합계액은 700,000,000원이며 ㈜서울은 다음과 같이 회계처리하였다.

(차) 장기차입금	1,000,000,000	(대) 자본금	700,000,000
		채무면제이익	300,000,000

   (2) ㈜서울의 세무상 이월결손금은 제12기 150,000,000원과 제22기 20,000,000원이 있다.

2. ㈜경기는 당기 중 ㈜ABC은행과 「기업구조조정 촉진법」에 따라 채무를 면제하기로 하는 내용이 포함된 경영정상화계획의 이행을 위한 약정을 체결하였다.

   (1) 단기차입금 100,000,000원을 채무면제받고 다음과 같이 회계처리하였다.

(차) 차입금	100,000,000	(대) 채무면제이익	100,000,000

   (2) ㈜경기의 사업연도별 이월결손금 내역은 다음과 같다.

사업연도	발생액	과세표준신고 시 공제액
제12기(2012. 1. 1. ~ 2012. 12. 31.)	100,000,000원	70,000,000원
제13기(2013. 1. 1. ~ 2013. 12. 31.)	80,000,000원	80,000,000원
제14기(2014. 1. 1. ~ 2014. 12. 31.)	70,000,000원	70,000,000원

   (3) ㈜경기는 위 결손금 이외에 「채무자 회생 및 파산에 관한 법률」에 의한 회생계획인가 결정을 받아 법원이 추가로 확인한 이월결손금 10,000,000원이 있다.

3. ㈜부산은 2024. 10. 1.에 「채무자 회생 및 파산에 관한 법률」에 따라 채무를 출자로 전환하는 내용이 포함된 회생계획인가의 결정을 받아 K은행의 채무 1,100,000,000원을 출자전환하면서 시가 400,000,000원(액면가액 600,000,000원)인 주식을 발행하여 K은행에 주고 다음과 같이 회계처리하였다. (단, 제24기 말 현재 제23기에 발생한 세무상 이월결손금 잔액 400,000,000원이 있으며, 이는 합병·분할 시 승계받은 결손금 50,000,000원을 포함한 것이다)

(차) 차입금	1,100,000,000	(대) 자본금	600,000,000
주식할인발행차금	200,000,000	채무면제이익	700,000,000

[물음] 각 상황별로 각 회사의 세무조정을 답안 양식에 따라 작성하시오. 단, 2개 이상의 세무조정이 있는 경우에는 상계하지 말고 모두 표시하시오.

회사명	조정유형	과목	금액	소득처분

─┤ **해답** ├─────────────────────────────────

회사명	조정유형	과목	금액	소득처분
서울	익금불산입	주식발행초과금	100,000,000	기타
	익금불산입	이월결손금 보전분	170,000,000	기타
	익금불산입	채무면제이익(과세이연)	30,000,000	기타(△유보)
경기	익금불산입	이월결손금 보전분	40,000,000	기타
부산	익금불산입	주식할인발행차금	200,000,000	기타
	익금불산입	이월결손금 보전분	350,000,000	기타
	익금불산입	채무면제이익(과세이연)	150,000,000	기타(△유보)

1. 서울

(1) 출자전환 시 세무상 처리

시가

(차) 장기차입금	1,000,000,000	(대) 자본금(액면가액)	700,000,000
(발행가액)		주식발행초과금	100,000,000
		채무면제이익	200,000,000

세무상 주식발행초과금에 해당하는 100,000,000원을 채무면제이익으로 처리하였으므로 이를 익금불산입 (기타)한다.

(2) 채무면제이익을 이월결손금 보전에 충당

① 채무의 출자전환 시 발생하는 채무면제이익은 세무상 이월결손금(합병·분할 시 승계한 이월결손금은 제외)이 있으면 이와 충당하고 익금불산입한다.

② 보전대상 이월결손금은 발생기한의 제한이 없다.

(3) 채무면제이익에 대한 과세이연

채무면제이익과 상계할 이월결손금이 부족한 경우로서 회생계획인가의 결정을 받은 법인 등은 채무의 출자전환 시 채무면제이익을 바로 과세하지 아니하고, 향후 발생하는 결손금과 상계할 수 있다.

2. 경기

(1) 채무면제이익을 이월결손금 보전에 충당

신고된 결손금 30,000,000원(= 100,000,000원 − 70,000,000원)과 「채무자 회생 및 파산에 관한 법률」에 따른 회생계획인가의 결정을 받은 법인의 결손금으로서 법원이 확인한 결손금 10,000,000원을 더한 40,000,000원을 익금불산입하고 결손금 보전에 충당할 수 있다.

(2) 채무면제이익에 대한 과세이연

향후 발생하는 결손금과 상계할 것을 조건으로 과세이연할 수 있는 경우는 법률이 정하는 구조조정으로서 출자전환 시 발생하는 채무면제이익에 한한다. 따라서 일반 채무면제이익은 과세이연 적용대상이 아니다.

3. 부산

(1) 출자전환 시 세무상 처리

(차) 차입금	1,100,000,000	(대) 자본금	600,000,000
		채무면제이익	500,000,000

채무의 출자전환으로 발행하는 주식의 시가가 액면가액에 미달하는 경우에는 액면가액을 초과하여 발행된 금액을 채무면제이익으로 보아 익금에 산입한다.

(2) 채무면제이익을 이월결손금 보전에 충당

채무면제이익을 이월결손금 보전에 충당할 때 합병·분할 시 승계한 이월결손금은 적용되지 아니한다.

건물 전체를 임대하고 있는 ㈜백두(영리 내국법인)의 제24기 사업연도(2024년 1월 1일 ~ 2024년 12월 31일) 법인세 관련 자료이다. 다음 자료를 이용하여 물음에 답하시오. 단, 1년은 365일로 가정한다.

1. 임대내역은 다음과 같다.

구분	임대면적	임대기간	보증금
상가	750m²	2024. 4. 1. ~ 2025. 3. 31.	600,000,000원
주택	250m²	2024. 4. 1. ~ 2026. 3. 31.	400,000,000원

① 임대건물은 단층으로 해당 부속토지는 2,000m²이고, 상가부속토지와 주택부속토지의 구분은 불가능하다.

② 상가임대보증금은 2024년 3월 16일에 수령하였으며, 주택임대보증금은 임대개시일에 수령하였다.

2. 상가임대료로 매월 말 3,000,000원을 받기로 계약하였으나, 임차인의 어려운 사정으로 전혀 받지 못하여 임대기간 종료시점에 임대보증금에서 차감할 예정이다. ㈜백두는 제24기에 미수임대료 회계처리를 하지 않았다.

3. 주택임대료로 매월 말 5,000,000원을 받기로 계약하였으나, 실제로는 임대기간 전체에 대한 월임대료의 합계인 120,000,000원을 임대개시 시점에 일시금으로 수령하였으며, ㈜백두는 이를 전액 임대료수익으로 회계처리하였다.

4. 임대용 건물을 350,000,000원(토지가액 100,000,000원 포함)에 취득 시 건물의 자본적 지출액 50,000,000원이 발생하였다. 건물에 대한 지출은 상가분과 주택분으로 구분할 수 없다.

5. 상가임대보증금의 운용수익은 수입이자 2,000,000원과 신주인수권처분이익 500,000원이며, 주택임대보증금의 운용수익은 수입배당금 1,000,000원과 유가증권처분손실 1,500,000원이다.

6. 기획재정부령으로 정하는 정기예금이자율은 연 1.2%이다.

[물음 1] ㈜백두는 부동산 임대업이 주업이며, 차입금 적수가 자기자본 적수의 2배를 초과한다. ㈜백두의 제24기 건물 임대와 관련된 세무조정 및 소득처분을 다음의 답안 양식에 따라 제시하시오. 단, 소수점 이하 금액은 버린다.

익금산입 및 손금불산입			손금산입 및 익금불산입		
과목	금액	소득처분	과목	금액	소득처분

[물음 2] ㈜백두가 부동산 임대업이 주업이 아니며 장부를 기장하지 아니하여 추계결정하는 경우 제 24기 간주임대료를 다음의 답안 양식에 제시하시오. 단, 소수점 이하 금액은 버린다.

간주임대료	

│ 해답 │

[물음 1]

익금산입 및 손금불산입			손금산입 및 익금불산입		
과목	금액	소득처분	과목	금액	소득처분
상가임대료	27,000,000	유보	주택임대료	75,000,000	유보
간주임대료	890,410	기타사외유출			

1. 임대료

(1) 상가임대료

3,000,000 × 9 = 27,000,000 → 회수약정일 기준

(2) 주택임대료

5,000,000 × 9 = 45,000,000

임대료 지급기간이 1년을 초과하는 경우에 해당하지 않는다. 따라서 회수약정일 기준에 따른다.

2. 간주임대료

$$(600,000,000 - 300,000,000 \times 75\%) \times 1.2\% \times \frac{275}{365} - 2,500,000 = 890,410$$

① 차입금과다법인이 부동산 임대업을 주업으로 하는 경우 주택에 대해서는 간주임대료를 익금에 산입하지 않는다.
② 임대보증금을 선수하더라도 임대기간을 기준으로 간주임대료를 계산한다.
③ 상가임대보증금 관련 운용수익만 차감한다.

[물음 2]

간주임대료	9,041,095	$1,000,000,000 \times 1.2\% \times \dfrac{275}{365}$

① 추계에 의해 간주임대료를 계산하는 경우 주택도 포함하여 계산한다.
② 추계에 의해 간주임대료를 계산하는 경우 건설비 적수를 차감하지 않으며, 보증금에서 발생한 금융수익도 차감하지 않는다.

문제 05   간주임대료 (2) 유예

다음은 ㈜대한의 제24기(2024. 1. 1. ~ 2024. 12. 31.) 사업연도의 부동산 임대 관련 자료이다. 아래 제시된 자료를 이용하여 물음에 답하시오.

1. 임대내역 및 보증금(모두 특수관계인 이외의 자에게 임대한 것임)

구분	임대기간	임대보증금	비고
상가	2023. 12. 1. ~ 2025. 11. 30.	600,000,000원	2024. 2. 1.에 전액 수령함
주택	2024. 1. 1. ~ 2025. 12. 31.	900,000,000원	

2. 임대부동산의 장부가액은 다음과 같다.

구분	상가		주택	
	토지	건물	토지	건물
취득원가	100,000,000원	100,000,000원	200,000,000원	300,000,000원
감가상각누계액	–	40,000,000원	–	100,000,000원

상가 건물 취득 시 현재가치할인차금 20,000,000원을 취득가액과 구분하여 별도로 회계처리하였다.

3. 보증금에서 발생한 운용수익내역은 다음과 같다.

구분	이자수익	유가증권처분이익	유가증권처분손실
상가	2,000,000원	1,000,000원	1,500,000원
주택	–	2,000,000원	300,000원

이자수익은 2024. 2. 1.에 2년 만기 정기예금에 가입하고 계상한 미수이자이다.

4. 기획재정부령이 정하는 정기예금이자율은 연 5%로 가정한다.

[물음] ㈜대한이 ㉠ 차입금과다법인이면서 부동산 임대업을 주업으로 하는 법인에 해당하는 경우와 ㉡ 차입금과다법인에 해당하지는 않으나 장부를 기장하지 않아 추계방식으로 소득금액을 계산하는 경우로 나누어 각사업연도소득금액 신고 시 간주임대료로 익금에 산입할 금액을 다음 답안 양식에 제시하시오.

구분	금액
㉠	
㉡	

$$2,000,000 + 0(유가증권처분손실 > 처분이익)$$

구분	금액	비고
㉠	22,000,000	$(600,000,000 - 120,000,000) \times 5\% - 2,000,000$
㉡	75,000,000	$(600,000,000 + 900,000,000 - 0) \times 5\% - 0$

1. 부동산 임대업이 주업인 차입금과다법인(「조세특례제한법」적용)

(1) 적용대상

추계방식으로 소득금액을 계산하는 경우를 제외하고는, 법인의 소득금액 계산 시 주택보증금에 대해서는 간주임대료를 계산하지 아니한다.

(2) 상가임대보증금 간주임대료

$$(임대보증금\ 적수 - 건설비\ 적수) \times 정기예금이자율 \times \frac{1}{365(366)} - 금융수익$$

① 임대보증금 적수: 임대보증금 수령일과 무관하게 임대개시일부터 적수를 계산한다.

당해 사업연도의 임대개시일은 1. 1.이므로 2. 1.에 보증금을 수령하였더라도 1. 1.부터 계산한다.

② 건설비 적수: 토지가액은 제외하며, 건물의 취득원가만을 포함한다. 취득시점에 현재가치할인차금을 별도로 계상한 경우에는 이를 취득가액에 포함하며, 감가상각누계액은 차감하지 아니한다. 한편, 건설비에 재평가차액은 포함하지 아니하며, 자본적 지출은 포함한다.

③ 금융수익: 이자수익, 배당금수익, 유가증권처분손익, 신주인수권처분손익을 포함한다.

단, 이자수익은 발생주의에 따라 계산하며, 유가증권처분이익과 손실은 상계하고, 손실금액이 더 큰 경우에는 "0"으로 간주한다. 한편, 이자수익에서 인정이자금액은 포함하지 아니한다.

2. 추계방법으로 간주임대료 계산

① 추계소득을 계산하는 경우에는 주택의 보증금도 간주임대료 계산대상이다.

② 추계소득을 계산하는 경우에는 건설비 적수는 차감하지 아니하며, 금융수익도 차감하지 아니한다.

| 문제 06 | 의제배당 – 무상주 (1) | 세무사 13 변형 |

다음은 ㈜한라의 제24기(2024. 1. 1. ~ 2024. 12. 31.) 법인세 자료이다. 아래 자료를 이용하여 물음에 답하시오.

1. 제조업을 영위하는 비상장법인 ㈜국세의 제24기(2024. 1. 1. ~ 2024. 12. 31.) 초 현재 발행주식총수는 200,000주(1주당 액면가액은 5,000원)이며, 주주 구성은 다음과 같다.

주주	보유 주식 수	지분비율
㈜한라	80,000주	40%
㈜백두	80,000주	40%
㈜국세	40,000주	20%

2. ㈜국세는 2024. 7. 1. 50%의 무상증자를 실시하기로 이사회에서 결의하였으며 무상증자의 재원은 다음과 같다.

구분	금액	비고
(1) 보통주 주식발행초과금	80,000,000원	전액 제22기 유상증자 시 발생한 것으로 발행주식의 액면가액 합계는 50,000,000원, 발행가액 합계는 130,000,000원이었다.
(2) 재평가적립금	120,000,000원	이 중 재평가세 3%(적격합병·분할 시 승계된 것에 해당하지 아니함) 적용분은 20,000,000원이다.
(3) 자기주식처분이익 (기타자본잉여금)	140,000,000원	2021년 6월에 발생한 자기주식처분이익으로서 소각 당시 시가가 취득가액을 초과하였다.
(4) 감자차익	30,000,000원	이 중 5,000,000원은 2020년 5월에 발생한 자기주식소각이익으로서 소각 당시 시가가 취득가액을 초과하였다.
(5) 이익준비금	130,000,000원	
합계	500,000,000원	

3. ㈜국세는 자기주식을 보유함으로 인하여 실권되는 지분을 기타의 주주에게 지분비율대로 배분하였다.

[물음 1] ㈜한라의 제24기 귀속 의제배당금액과 수입배당금 익금불산입 금액을 계산하시오.

[물음 2] 위 자료 중 자기주식을 보유함으로 인하여 실권되는 지분을 기타 주주에 배정하였다는 가정을 배정하지 않는 것으로 변경할 경우 [물음 1]의 답을 다시 계산하시오.

[물음 1] 실권주를 재배정하는 경우

구분	금액	비고
의제배당금액	200,000,000	
수입배당금 익금불산입 금액	150,000,000	187,500,000 × 80%

1. 의제배당

$$20\% \times \frac{40\%}{80\%}$$

구분	잉여금(재원)	1차 배정분(40%)	2차 배정분(10%)	수입배당금 익금불산입 적용대상
(1) 주식발행초과금	80,000,000		8,000,000	–
(2) 재평가적립금(3%)	20,000,000		2,000,000	–
(2) 재평가적립금(1%)	100,000,000	40,000,000	10,000,000	50,000,000
(3) 자기주식처분이익	140,000,000	56,000,000	14,000,000	70,000,000
(4) 감자차익	25,000,000		2,500,000	–
(4) 자기주식소각이익	5,000,000	2,000,000	500,000	2,500,000
(5) 이익준비금	130,000,000	52,000,000	13,000,000	65,000,000
합계	500,000,000	150,000,000	50,000,000	187,500,000

$$500,000,000 \times 10\%$$

① 자기주식처분이익을 자본에 전입함에 따라 수령하는 무상주는 그 발생일에 관계없이 과세한다.
② 자기주식소각이익 중 자기주식소각일로부터 2년 이내 자본에 전입하거나, 자기주식소각일 당시 자기주식 시가가
취득가액을 초과하는 경우에는 자기주식소각이익을 자본에 전입함에 따라 수령하는 무상주는 과세한다.

2. 간편법

구분	잉여금(재원)	1차 배정분(40%)	2차 배정분(10%)	수입배당금 익금불산입 적용대상
(1) 과세되지 않는 잉여금	125,000,000		12,500,000	–
(2) 과세되는 잉여금	375,000,000	150,000,000	37,500,000	187,500,000
합계	500,000,000	150,000,000	50,000,000	187,500,000

[물음 2] 실권주를 재배정하지 않는 경우

구분	금액	비고
의제배당금액	160,000,000	
수입배당금 익금불산입 금액	120,000,000	150,000,000 × 80%

의제배당   80,000,000 × 80%

구분	잉여금(재원)	1차 배정분(40%)	2차 배정분(10%)	수입배당금 익금불산입 적용대상
(1) 주식발행초과금	64,000,000		6,400,000	−
(2) 재평가적립금(3%)	16,000,000		1,600,000	−
(2) 재평가적립금(1%)	80,000,000	32,000,000	8,000,000	40,000,000
(3) 자기주식처분이익	112,000,000	44,800,000	11,200,000	56,000,000
(4) 감자차익	20,000,000		2,000,000	−
(4) 자기주식소각이익	4,000,000	1,600,000	400,000	2,000,000
(5) 이익준비금	104,000,000	41,600,000	10,400,000	52,000,000
합계	400,000,000	120,000,000	40,000,000	150,000,000

500,000,000 × (1 − 20%)   150,000,000 × (1 − 20%)

실권주를 재배정하지 않더라도 총 80,000주를 발행하고 다시 재배정하는 것으로 가정하여야 한다. 즉, 잉여금을 400,000,000원 전입하고 다시 재배정하는 것으로 가정하여야 한다. 그렇지 않으면 실권주를 재배정한 것과 경제적 결과는 동일함에도 불구하고 과세되지 않을 수 있기 때문이다.

해커스 세무회계연습 2

제1장 익금과 익금불산입

다음은 제조업을 영위하는 ㈜한국(지주회사 아님)의 제24기 사업연도(2024. 1. 1. ~ 2024. 12. 31.) 법인세 신고 관련 자료이다. 다음 자료를 이용하여 물음에 답하시오.

1. ㈜한국은 2023. 10. 10.에 비상장법인 ㈜민국(발행주식총수 10,000주, 1주당 액면가액 5,000원)의 주식 2,000주를 1주당 15,000원에 취득하였다. ㈜한국의 ㈜민국에 대한 지분율은 20%이며, 주식의 장부가액은 원가법을 적용하여 제24기 초 재무상태표에 30,000,000원으로 계상하고 있다.

2. ㈜민국은 2024. 4. 1. 현재 자기주식을 2,000주 보유하고 있다. ㈜민국은 2024. 4. 1.에 잉여금을 자본전입하여 10,000주의 무상주를 배부하려고 하였으나, 기존 주주에게 8,000주를 배정하고 자기주식 배정분을 기존 주주에게 추가 배정하지 않았다. 당초 무상주 10,000주의 배정재원과 8,000주 배정에 따른 회계처리는 아래와 같다.

   (1) 배정재원

잉여금 구분	금액(단위: 원)	비고
보통주 주식발행초과금	15,000,000	주식의 액면초과 발행금액임
자기주식소각이익	15,000,000	주식소각일은 2022. 7. 10.임
자기주식처분이익	10,000,000	자기주식처분일은 2023. 9. 10.임
이익준비금	10,000,000	
계	50,000,000	

   (2) 배정에 따른 회계처리

(차) 주식발행초과금	12,000,000	(대) 자본금	40,000,000
자기주식소각이익	12,000,000		
자기주식처분이익	8,000,000		
이익준비금	8,000,000		

3. ㈜한국은 무상주 2,000주를 수령하고 회계처리를 하지 않았다.

[물음] ㈜한국의 ① 의제배당금액을 제시하고, ② 무상주 수령과 관련된 세무조정을 하시오.

① 의제배당금액

15,000,000 × 80%

$20\% \times \dfrac{20\%}{80\%}$

구분	잉여금(재원)	1차 배정분(20%)	2차 배정분(5%)	수입배당금 익금불산입 적용대상
주식발행초과금	12,000,000		600,000	
자기주식소각이익	12,000,000	2,400,000	600,000	3,000,000
자기주식처분이익	8,000,000	1,600,000	400,000	2,000,000
이익준비금	8,000,000	1,600,000	400,000	2,000,000
합계	40,000,000	5,600,000	2,000,000	7,000,000

50,000,000 × (1 − 20%)

㉠ 실권주를 재배정하지 않더라도 총 8,000주를 발행하고 다시 재배정하는 것으로 가정하여야 한다. 즉, 잉여금을 40,000,000원 전입하고 다시 재배정하는 것으로 가정하여야 한다. 그렇지 않으면 실권주를 재배정한 것과 경제적 결과는 동일함에도 불구하고 과세되지 않을 수 있기 때문이다.

㉡ 자기주식소각이익은 소각일로부터 2년 이내 자본에 전입하였으므로 과세대상이고, 자기주식처분이익은 발생일에 관계없이 과세대상이다.

② 세무조정

[익금산입]	유가증권	7,600,000	유보
[익금불산입]	수입배당금	5,600,000	기타

7,000,000 × 80%

다음의 각 회사의 제24기(2024. 1. 1. ~ 2024. 12. 31.) 유가증권 투자내역이다. 각 회사는 법인세부담을 최소화하고자 한다. 단, 각 회사들은 모두 무차입경영을 하고 있다. 아래 자료를 이용하여 물음에 답하시오.

1. ㈜영동의 당기 주식취득 및 감자내역은 다음과 같다.

   ① 1월 20일에 상장법인인 ㈜A의 주식 900주(지분비율 9%)를 9,000,000원에 취득하고, 실제 매입가액을 당기손익-공정가치금융자산으로 회계처리하였다.

   ② 2월 20일에 ㈜A로부터 보통주 주식발행초과금의 자본전입으로 인한 무상주 100주를 수령(1주당 액면가 5,000원, 시가 11,000원)하였다.

   ③ 3월 30일에 ㈜A의 유상감자로 인하여 보유 주식 중 500주를 반납하고 다음과 같이 회계처리하였다.

(차) 현금	6,000,000	(대) 당기손익-공정가치금융자산	4,500,000
		금융자산처분이익	1,500,000

2. ㈜영서는 비상장법인인 ㈜태백의 주식 20,000주(주당 액면가액 10,000원, 지분율 5%)를 보유하고 있으며 그 취득명세는 다음과 같다. ㈜태백은 2024. 11. 2.에 모든 주주에 대하여 소유주식의 30%를 1주당 32,000원을 지급하여 소각하였고 ㈜영서는 현금 수령분을 모두 잡이익으로 회계처리하였다.

취득일	주식 수	비고
2020. 4. 19.	7,000주	주당 18,000원에 취득
2022. 9. 25.	9,000주	재무구조개선적립금의 자본전입으로 인한 무상주
2022. 10. 14.	4,000주	익금에 산입되지 않은 재평가적립금(적격합병·분할 시 승계된 것에 해당하지 아니함)의 자본전입으로 인한 무상주
합계	20,000주	

[물음] 각 상황별로 각 회사의 세무조정을 답안 양식에 따라 작성하시오. 단, 2개 이상의 세무조정이 있는 경우에는 상계하지 말고 모두 표시하시오.

회사명	조정유형	과목	금액	소득처분

회사명	조정유형	과목	금액	소득처분
㈜영동	익금산입	의제배당(금융자산)	500,000	유보
㈜영서	익금불산입	잡이익(금융자산)	64,800,000	△유보

1. ㈜영동의 의제배당

구분	금액	비고
1. 감자대가	6,000,000	500주 × 12,000
2. 취득원가	4,000,000	100주 × 0 + 400주 × 10,000
3. 의제배당	2,000,000	9,000,000 ÷ 900주

① 감자결의일부터 2년 이내에 과세되지 않은 무상주가 있는 경우 과세되지 않은 무상주가 먼저 소각된 것으로 보며 그 주식 등의 당초 취득가액은 '0'으로 한다.
② 유상감자결의일로부터 소급하여 3개월 이내에 취득한 주식에 대해서는 수입배당금 익금불산입 규정을 적용하지 않는다.

2. ㈜영서의 의제배당

(1) 의제배당

구분	금액	비고
1. 감자대가	192,000,000	20,000주 × 30% × 32,000
2. 취득원가	64,800,000	6,000주 × 10,800
3. 의제배당	127,200,000	

(2) 소각되는 주식의 단가

취득일	주식 수	취득단가	평균단가	비고
2020. 4. 19.	7,000주	@18,000	@18,000	
2022. 9. 25.	9,000주	@10,000	@13,500	(126,000,000 + 90,000,000) ÷ 16,000주
2022. 10. 14.	4,000주		@10,800	(126,000,000 + 90,000,000) ÷ 20,000주
합계	20,000주			

① 재무구조개선적립금은 임의적립금으로서 이익잉여금에 속한다.
② 감자결의일부터 2년 전에 과세되지 않은 무상주가 있는 경우에는 평균단가에 따른다.
③ 유상감자 시 주식 취득가액의 초과금액은 수입배당금액에 대한 익금불산입 규정을 적용하지 아니한다. 개정

다음은 제조업을 영위하는 ㈜한국(지주회사 아님)의 제24기 사업연도(2024. 1. 1. ~ 2024. 12. 31.) 법인세 신고 관련 자료이다. 다음 자료를 이용하여 물음에 답하시오.

1. ㈜한국은 ㈜대한(발행주식총수 200,000주, 1주당 액면가액 5,000원, 내국상장법인임)의 주식을 보유하고 있으며, 취득내역은 아래와 같다. ㈜한국은 유상 취득한 주식에 대해서만 2021년에 회계처리하였으며, 2021년 주식의 취득과 무상주 수령에 대한 세무조정은 2021년에 적정하게 이루어졌다. ㈜한국이 보유하고 있는 ㈜대한 주식의 2024년 기초 장부가액은 원가법을 적용하여 63,400,000원이다.

취득일	주식 수	취득내역	1주당 취득가액	장부가액
2021. 4. 20.	4,000주	유상 취득	7,500원	30,000,000원
2021. 8. 20.	4,000주	유상 취득	8,350원	33,400,000원
2021. 10. 20.	1,000주	보통주 주식발행초과금 자본전입으로 무상주 수령	–	–
2021. 12. 10.	1,000주	이익준비금 자본전입으로 무상주 수령	–	–
계	10,000주	–		63,400,000원

2. ㈜대한은 2024. 4. 1.에 1주당 20,000원의 현금을 지급하고 발행주식총수의 20%(40,000 주)를 감자하였다. ㈜대한은 이와 관련하여 아래와 같이 회계처리하였다.

(차) 자본금　　　　　200,000,000　　(대) 현금　　　　　800,000,000
　　감자차손　　　　600,000,000

3. ㈜한국은 2024. 4. 1.에 ㈜대한으로부터 감자대가를 수령하고 아래와 같이 회계처리하였다.

(차) 현금　　　　　40,000,000　　(대) 유가증권　　　　　12,680,000
　　　　　　　　　　　　　　　　　　유가증권처분이익　　27,320,000

4. ㈜한국은 2024년 말 재무상태표상 자산총액이 1,000,000,000원이고, 차입경영을 하지 않는 무부채기업이며 「법인세법」상 지급이자에 해당하는 금액도 없다고 가정한다.

[물음] 위 자료를 ㈜한국의 ① 의제배당금액(감자대가, 소멸하는 주식가액을 표시)을 제시하고, ② 감자와 관련된 세무조정을 하시오.

해답

① 의제배당금액(감자대가, 소멸하는 주식가액)

  ㉠ 의제배당금액

구분	금액	비고
1. 감자대가	40,000,000	2,000주 × 20,000
2. 취득원가	13,680,000	2,000주 × 6,840
3. 의제배당	26,320,000	

단기소각주식특례가 적용되지 않으므로(과세되지 아니한 무상주를 수령한 시점으로부터 2년 후에 감자하였으므로), 총평균법에 따라 주식의 취득단가를 산정한다.

  ㉡ 소각되는 주식의 단가

취득일	주식 수	취득단가	평균단가	비고
2021. 4. 20.	4,000주	@7,500	@7,500	
2021. 8. 20.	4,000주	@8,350	@7,925	
2021. 10. 20.	1,000주	@0		단기소각주식특례 적용 없음
2021. 12. 10.	1,000주	@5,000	@6,840	
합계	10,000주			

② 세무조정

> 26,320,000(세무상 처분이익) − 27,320,000(회계상 처분이익)

[익금불산입]	유가증권(의제배당)	1,000,000	△유보

유상감자 시 주식 취득가액의 초과금액은 수입배당금액에 대한 익금불산입 규정을 적용하지 아니한다.

다음은 ㈜동해의 제24기 사업연도(2024년 1월 1일 ~ 2024년 12월 31일) 법인세 신고 관련 자료이다. 다음 자료를 이용하여 물음에 답하시오.

1. ㈜동해는 2024년 3월 6일 특수관계인이 아닌 A은행과 채무를 출자로 전환하는 내용이 포함된 경영정상화계획 이행을 위한 협약을 체결하였다.

2. ㈜동해는 2024년 4월 6일 A은행 차입금 100,000,000원을 출자로 전환하면서 신주 10,000주(주당 액면가액: 5,000원, 주당 시가: 6,000원)를 A은행에 교부하고 다음과 같이 회계처리하였다.

(차) 차입금	100,000,000	(대) 보통주 자본금	50,000,000
		주식발행초과금	50,000,000

3. ㈜동해의 제23기 말 현재 세무상 이월결손금 잔액의 내역은 다음과 같다.
   ① 제10기 발생분: 10,000,000원
   ② 제15기 발생분: 5,000,000원(합병 시 승계받은 결손금임)
   ③ 제23기 발생분: 20,000,000원

4. ㈜동해는 2024년 5월 6일 A은행 차입금의 출자전환으로 인해 발생한 주식발행초과금 50,000,000원을 재원으로 하여 무상증자를 실시하였다. 무상증자 직전의 ㈜동해 발행주식 총수는 100,000주이며, 자기주식은 없다.

5. A은행은 ㈜동해가 2024년 7월 6일 주당 9,000원에 유상감자를 실시함에 따라 ㈜동해 주식 2,200주를 반납하고 다음과 같이 회계처리하였다.

(차) 현금	19,800,000	(대) 단기매매금융자산	19,800,000

[물음 1] 위의 자료 1번 ~ 3번을 이용하여 ㈜동해의 제24기 세무조정 및 소득처분을 소득금액처분합계표에 제시하시오. 단, 각사업연도소득금액의 최소화를 가정한다.

[물음 2] 위의 자료 4번과 5번의 무상증자 및 유상감자와 관련하여 A은행이 행하여야 할 세무조정 및 소득처분을 소득금액처분합계표에 제시하시오. 단, 수입배당금액 익금불산입에 대한 세무조정은 제외하고, 원단위는 절상한다.

─┤ 해답 ├─

[물음 1] 채무자(피출자법인)의 세무조정 및 소득처분

익금산입 및 손금불산입			손금산입 및 익금불산입		
과목	금액	소득처분	과목	금액	소득처분
채무면제이익	40,000,000	기타	이월결손금 보전	30,000,000	기타
			과세이연	10,000,000	기타(유보)

1. 출자전환 시 세무상 처리

시가

(차) 차입금 (발행가액)	100,000,000	(대) 자본금(액면가액)	50,000,000
		주식발행초과금	10,000,000
		채무면제이익	40,000,000

세무상 채무면제이익에 해당하는 40,000,000원을 주식발행초과금으로 처리하였으므로 이를 익금산입(기타)한다.

2. 채무면제이익을 이월결손금 보전에 충당

채무의 출자전환 시 발생하는 채무면제이익은 세무상 이월결손금(합병·분할 시 승계한 이월결손금은 제외)이 있으면 이와 충당하고 익금불산입(30,000,000원, 제10기 + 제23기)한다.

3. 채무면제이익에 대한 과세이연

채무면제이익과 상계할 이월결손금이 부족한 경우로서 회생계획인가의 결정을 받은 법인 등은 채무의 출자전환 시 채무면제이익을 바로 과세하지 아니하고, 향후 발생하는 결손금과 상계할 수 있다.

[물음 2] 채권자(출자법인)의 세무조정 및 소득처분

익금산입 및 손금불산입			손금산입 및 익금불산입		
과목	금액	소득처분	과목	금액	소득처분
의제배당(무상주)	4,000,000	유보			
의제배당(감자)	540,000	유보			

1. 무상주 수령

$$10,000주 \div 100,000주$$

구분	잉여금(재원)	의제배당(10%)	비고
주식발행초과금	10,000,000		
채무면제이익	40,000,000	4,000,000	$(100,000,000 - 60,000,000) \times 10\%$
합계	50,000,000	4,000,000	

2. 의제배당(감자)

(1) 의제배당

구분	금액	비고
1. 감자대가	19,800,000	2,200주 × 9,000
2. 취득원가	19,260,000	200주 × '0' + 2,000주 × 9,630(원단위 절상)
3. 의제배당	540,000	

(2) 취득원가

취득일	주식 수	취득단가	평균단가	비고
출자전환	10,000주	@10,000	@10,000	채권의 장부가액
무상증자 (1)	800주	@5,000	@9,630	채무면제이익 자본전입
무상증자 (2)	200주	@0		주식발행초과금 자본전입
합계	11,000주			

① 출자전환 시 주식의 취득가액은 시가를 원칙으로 하나, 채무자가 과세이연요건을 충족한 경우에는 출자전환된 채권의 장부가액(100,000,000원)을 주식의 취득원가로 한다.

② 무상증자 시 취득한 주식은 과세되는 무상주와 과세되지 않은 무상주를 구분하여 각 무상주별로 취득단가를 계산한다.

다음은 제조업을 영위하는 ㈜투자(지주회사 아님)의 제24기 사업연도(2024년 1월 1일 ~ 2024년 12월 31일) 법인세 신고 관련 자료이다. 단, ㈜투자는 제24기에 차입금과 지급이자가 없다. 다음 자료를 이용하여 물음에 답하시오.

1. 보유 주식 ㈜A

   ① 2019년 5월 1일에 ㈜투자는 비상장법인 ㈜A의 주식 1,800주(주당 액면가액: 5,000원)를 주당 10,000원에 취득하였다. ㈜A에 대한 지분율은 10%이다.

   ② ㈜투자는 2023년에 ㈜A의 잉여금 자본전입으로 인한 무상주 500주를 수령하였으며, 그 내역은 다음과 같다.

자본전입결의일	무상주식수	무상주 재원
2023. 7. 1.	300주	건물의 재평가적립금(재평가세율: 3%) (적격합병·분할 시 승계된 것에 해당하지 아니함)
2023. 9. 1.	200주	자기주식처분이익

   ③ ㈜A가 유상감자를 실시함에 따라 ㈜투자는 보유 주식 중 400주를 반환하고, 감자대가로 주당 21,000원의 현금을 2024년 3월 15일(자본 감소 결의일: 2024년 3월 2일)에 수령하였다. 이에 대한 ㈜투자의 회계처리는 다음과 같다. ㈜A의 주식취득 이후 해당 주식에 대한 공정가치평가는 없었다.

   (차) 현금   8,400,000   (대) 금융자산   8,400,000

2. 보유 주식 ㈜B

   ① 2023년 2월 1일에 ㈜투자는 비상장법인 ㈜B의 주식 20,000주를 취득하였다. ㈜B에 대한 지분율은 10%이다.

   ② 2024년 7월 1일에 ㈜투자는 잉여금 자본전입으로 인한 무상주 10,000주를 수령하였다. 잉여금 자본전입결의일은 2024년 6월 1일이다.

   ③ 자본전입결의일 현재 ㈜B의 발행주식총수는 200,000주(주당 액면가액: 5,000원)이며, 자기주식수는 40,000주이다.

   ④ ㈜B의 주주 중에 ㈜투자와 특수관계인은 없다. 무상증자 시 자기주식에 배정할 무상주는 ㈜투자를 포함한 다른 주주들에게 지분비율에 따라 배정하였다.

⑤ ㈜B의 무상주 재원은 다음과 같다.

구분	금액
보통주 주식발행초과금	40,000,000원
자기주식소각이익(소각일: 2023. 6. 5.)	20,000,000원
자기주식처분이익	60,000,000원
이익잉여금	280,000,000원
합계	400,000,000원

⑥ ㈜투자는 무상주 수령에 대해 회계처리를 하지 않았다.

[물음 1] ㈜투자의 제24기 「법인세법」상 의제배당액을 피출자법인별로 다음의 답안 양식에 따라 제시하시오.

피출자법인	의제배당액
㈜A	
㈜B	

[물음 2] ㈜투자의 제24기 세무조정 및 소득처분을 소득금액조정합계표에 제시하시오.

─┤ 해답 ├─

[물음 1] 의제배당액

피출자법인	의제배당액	비고
㈜A	7,450,000	400주 × 21,000 − (300주 × 0 + 100주 × 9,500)
㈜B	46,000,000	36,000,000 + 10,000,000

1. ㈜A주식의 취득원가

취득일	주식 수	취득단가	평균단가	비고
최초 취득	1,800주	@10,000	@10,000	2019. 5. 1. 취득
무상증자 (1)	300주	@0		재평가적립금(3%) 자본전입
무상증자 (2)	200주	@5,000	@9,500	자기주식처분이익 자본전입
합계	2,300주			

2. ㈜B주식의 의제배당

$$20\% \times \frac{10\%}{80\%}$$

구분	잉여금(재원)	1차 배정분(10%)	2차 배정분(2.5%)	수입배당금 익금불산입 적용대상
주식발행초과금	40,000,000		1,000,000	−
자기주식소각이익	20,000,000	2,000,000	500,000	2,500,000
자기주식처분이익	60,000,000	6,000,000	1,500,000	7,500,000
이익준비금	280,000,000	28,000,000	7,000,000	35,000,000
합계	400,000,000	36,000,000	10,000,000	45,000,000

400,000,000 × 2.5%

자기주식소각이익은 소각일로부터 2년 이내 자본에 전입하였으므로 과세대상이고, 자기주식처분이익은 발생일에 관계없이 과세대상이다.

[물음 2] 세무조정 및 소득처분

익금산입 및 손금불산입			손금산입 및 익금불산입		
과목	금액	소득처분	과목	금액	소득처분
㈜A주식	7,450,000	유보	수입배당금	13,500,000*	기타
㈜B주식	46,000,000	유보			

* 45,000,000 × 30%(지분율 10%) = 13,500,000

문제 12　의제배당 종합 (2)

다음은 제조업을 영위하는 ㈜한라의 제24기 사업연도(2024년 1월 1일 ～ 2024년 12월 31일) 법인세 신고 관련 자료이다. 전기까지의 세무조정은 적법하게 이루어졌다. 다음 자료를 이용하여 물음에 답하시오.

1. 보유 주식 ㈜A

   ① ㈜한라는 비상장법인 ㈜A의 주식 6,000주(액면가액 1,000원)를 보유하고 있으며, 그 구체적인 내역은 다음과 같다.

취득일	주식 수	비고
2017. 6. 5.	3,000주	1주당 10,000원에 유상 취득
2020. 9. 8.	2,000주	㈜A의 이익준비금 자본전입으로 취득
2022. 5. 22.	1,000주	㈜A의 보통주 주식발행초과금 자본전입으로 취득
합계	6,000주	

   ② ㈜A는 2024년 4월 11일에 총발행주식의 20%를 1주당 15,000원의 현금을 지급하고 소각하였다.

2. 보유 주식 ㈜B

   ① ㈜한라는 2023년 5월 29일에 비상장법인 ㈜B의 주식 10,000주(액면가액 5,000원)를 취득하였다. 이는 ㈜B 총발행주식의 20%에 해당한다.

   ② 2024년 9월 1일 ㈜B가 잉여금을 자본전입함에 따라 ㈜한라는 무상주 1,000주를 수령하였다. 잉여금 자본전입결의일은 2024년 8월 1일이다.

   ③ 자본전입결의일 현재 ㈜B가 보유하고 있는 자기주식은 10,000주이다.

   ④ ㈜B의 주주 중 ㈜한라의 특수관계인은 없으며, 자본전입에 사용된 재원은 다음과 같다.

구분	금액
보통주 주식발행초과금	6,000,000원
자기주식처분이익(처분일 2021. 3. 1.)	2,000,000원
자기주식소각이익(소각일 2022. 10. 15.)	4,000,000원
이익준비금	8,000,000원
합계	20,000,000원

[물음] ㈜한라의 제24기 「법인세법」상 의제배당액을 다음의 답안 양식에 따라 제시하시오.

구분	의제배당액
㈜A	
㈜B	

--| 해답 |--

구분	의제배당액	비고
㈜A	16,720,000	
㈜B	3,800,000	2,800,000 + 1,000,000

1. 감자 시 의제배당(A주식)

> 10,000 × 60% + 1,000 × 40%

구분	금액	비고
1. 감자대가	18,000,000	6,000주 × 20% × @15,000
2. 취득가액	1,280,000	1,000주 × @0 + 200주 × @6,400
3. 의제배당	16,720,000	

주식의 소각일로부터 과거 2년 이내에 의제배당으로 과세되지 않은 무상주를 취득한 경우에는 그 주식이 먼저 소각된 것으로 보며, 그 주식의 취득가액은 영(0)으로 한다. 그 외의 경우에는 취득단가를 평균법을 적용하여 계산한다.

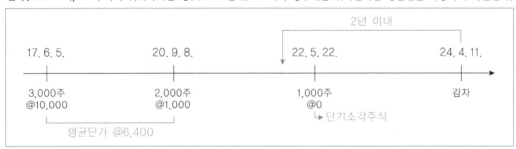

2. 무상주 수령(B주식)

> $20\% \times \dfrac{20\%}{80\%}$

구분	무상주 재원	1차 배정분(20%)	2차 배정분(5%)	합계
주식발행초과금	6,000,000		300,000	
자기주식처분이익	2,000,000	400,000	100,000	
자기주식소각이익	4,000,000	800,000	200,000	
과세되는 잉여금	8,000,000	1,600,000	400,000	
합계	20,000,000	2,800,000	1,000,000	3,800,000

① 자기주식처분이익은 처분일에 관계없이 과세되는 재원이다.

② 자기주식소각이익은 소각일로부터 2년 이내 자본에 전입하였으므로 과세되는 재원이다.

③ ㈜한라가 보유한 주식 수와 자기주식수가 동일하므로 자기주식의 지분비율은 20%이다.

④ 자본전입으로 인한 총발행주식수는 4,000주(= 20,000,000 ÷ 5,000)이며, 이 중 1차 배정분으로 800주(= 4,000주 × 20%)를 수령하고 2차 배정분으로 200주(= 4,000주 × 5%)를 수령한 것이다.

다음은 제조업을 영위하는 영리 내국 상장법인으로서 중소기업이 아닌 ㈜한국의 제24기 사업연도 (2024. 1. 1. ~ 2024. 12. 31.)의 세무조정을 위한 ㈜고려가 발행한 주식의 취득 및 처분과 관련된 자료이다. 전기까지 세무조정은 적법하게 이루어졌다고 가정한다. 다음 자료를 이용하여 물음에 답하시오.

1. ㈜한국은 2022. 1. 1. ㈜고려의 주식 1,500주를 특수관계인이 아닌 자로부터 주당 5,000원에 매입하여, 매입가격을 동 주식의 취득원가로 계상하였다. ㈜고려는 「법인세법」상 지급배당에 대한 소득공제를 적용받는 법인에 해당한다.

2. ㈜한국은 2023. 1. 1. ㈜고려가 준비금을 자본에 전입함에 따라 1,875주의 무상주를 수령하였다. ㈜고려가 발행한 주식의 1주당 액면금액은 5,000원이고, ㈜고려의 무상주 교부내역은 다음과 같다.

주주 구분	무상주 교부 직전		무상주 교부 수량
	보유 수량	보유 지분율	
㈜한국	1,500주	30%	1,875주
기타 주주	2,500주	50%	3,125주
자기주식	1,000주	20%	-
합계	5,000주	100%	5,000주

3. 상기 무상주 자본전입의 재원은 다음과 같으며, ㈜한국은 무상주의 수령 시 회계처리를 하지 않았다.

   (1) 보통주 주식발행액면초과액: 10,000,000원

   (2) 자기주식소각이익(소각일: 2022. 2. 25.): 5,000,000원

   (3) 이익잉여금: 10,000,000원

4. ㈜한국은 2024. 3. 15. ㈜고려의 주식 675주를 주당 4,000원에 처분하고, 다음과 같이 회계처리하였다.

(차) 현금	2,700,000	(대) 금융자산	2,160,000
		금융자산처분이익	540,000

5. ㈜한국은 2024. 10. 1. ㈜고려가 유상감자를 실시함에 따라 ㈜고려의 주식 1,350주에 대한 감자대가로 주당 4,000원을 수령하고, 다음과 같이 회계처리하였다.

(차) 현금	5,400,000	(대) 금융자산	4,320,000
		금융자산처분이익	1,080,000

6. ㈜한국은 ㈜고려의 주식을 매 사업연도 말 시가로 평가하고 이에 따라 발생하는 평가손익을 당기손익으로 인식하고 있다. ㈜고려 주식의 각 사업연도 말 1주당 시가는 다음과 같다.

제22기 말	제23기 말	제24기 말
7,000원	3,200원	3,500원

[물음] 위 자료에 따라 ㈜한국의 제24기 사업연도 세무조정을 다음 답안 양식에 제시하시오.

조정유형	과목	금액	소득처분

─┤ 해답 ├─

조정유형	과목	금액	소득처분
익금불산입	금융자산	615,000	△유보
익금불산입	금융자산	30,000	△유보
익금불산입	금융자산	405,000	△유보

1. 주식 단가

취득일	주식 수	취득단가	비고
최초 취득	1,500주	@5,000	
무상증자 (1)	900주	@5,000	5,000주 × 30% × 60%(과세분)
무상증자 (2)	600주		5,000주 × 30% × 40%(주식발행초과금)
무상증자 (3)	375주	@5,000	자기주식실권에 따른 과세($5,000주 \times 20\% \times \frac{30\%}{80\%}$)
합계	3,375주		

비고 열 상단 말풍선: 자본전입 잉여금 중 이익잉여금과 자기주식소각이익 비율

2. 주식처분 시 손익

구분	금액	비고
양도가액	2,700,000	
세무상 취득원가	2,775,000	675주 × (2,775주 × 5,000) ÷ 3,375주
세무상 처분손실	(75,000)	회계상 손익 차이를 세무조정
세무조정	615,000	540,000(회계상 이익) + 75,000(세무상 손실)

3. 의제배당(감자)

구분	금액	비고
1. 감자대가	5,400,000	1,350주 × @4,000
2. 취득가액	4,350,000	(600주 − 120주) × '0' + 870주 × @5,000
3. 의제배당	1,050,000	

① 2024. 3. 15. 주식처분 시 전체 주식의 20%가 처분되었으므로 단기주식소각특례를 적용받을 주식 수는 80% (480주)이다.

② 단기소각특례가 적용되므로, 과세되지 않은 무상주(480주)가 먼저 감자된 것으로 간주한다.

[익금불산입] 금융자산	30,000	△유보

4. 결산 시 세무조정

말풍선: 1,050,000 − 1,080,000(장부상 처분이익)

(1) 결산일 현재 잔존 주식 수

3,375주 − 675주(처분) − 1,350주(감자) = 1,350주

(2) 평가손익

1,350주 × (3,500 − 3,200) = 405,000(평가이익)

[익금불산입] 금융자산평가손실	405,000	△유보

내국법인이 보유하는 자산과 부채의 장부가액을 증액 또는 감액한 경우에는 그 평가일이 속하는 사업연도와 그 후의 각 사업연도의 소득금액을 계산할 때 그 자산과 부채의 장부가액은 평가 전의 가액으로 한다.

지주회사가 아닌 제조업체 ㈜보유의 제24기 사업연도(2024년 1월 1일 ~ 2024년 12월 31일) 법인세 신고 자료이다. 아래 자료를 이용하여 물음에 답하시오.

1. ㈜보유의 제24기 사업연도 배당금 관련 내역이다. 배당결의일은 모두 배당기준일로부터 1개월 후이고, 배당은 제24기 사업연도 중에 수령하였다.

배당지급법인	지분율	지분취득일	배당기준일	현금배당금액
주권상장법인 A	15%	2024. 1. 30.	–	–
주권상장법인 B	40%	2024. 3. 10.	2024. 4. 30.	100,000,000원
비상장법인 C	40%	2021. 2. 1.	2024. 4. 30.	15,000,000원

2. A법인은 2024년 8월 10일에 자기주식처분이익 100,000,000원을 자본전입하고, 주주들에게 신주를 발행 교부하였다. 회사는 신주 수령 후 지분비율의 변동은 없다.

3. B법인은 2024년 5월 10일에 재평가적립금 50,000,000원을 자본전입하고, 주주들에게 신주를 발행 교부하였다. 재평가적립금은 감가상각자산의 재평가차액으로서 재평가세 3%(적격합병·분할 시 승계된 것에 해당하지 아니함) 대상이다. 회사는 신주 수령 후 지분비율의 변동은 없다.

4. ㈜보유는 C법인의 주식 40,000주를 주당 3,000원에 취득하여 보유하고 있다. C법인은 2024년 11월 1일에 모든 주주의 소유 주식의 40%를 주당 4,000원의 현금을 지급하고 소각하였다. 회사는 감자 후 지분비율의 변동은 없다.

5. ㈜보유는 무차입경영을 하고 있다.

[물음] 제시된 자료를 이용하여 ㈜보유의 제24기 사업연도의 수입배당금 익금불산입액을 다음 답안 양식에 따라 제시하시오. 단, 수입배당금 익금불산입액이 없는 경우는 기재하지 않기로 한다.

구분(회사명)	수입배당금 익금불산입액(단위: 원)
합계	

구분(회사명)	수입배당금 익금불산입액	비고
A법인	4,500,000	100,000,000 × 15% × 30%
C법인	12,000,000	15,000,000 × 80%
합계	16,500,000	

1. A법인

   자기주식처분이익을 자본에 전입함에 따라 수령하는 무상주는 의제배당으로 과세대상이다. 지분율이 20% 미만이므로 익금불산입률은 30%이다.

2. B법인

   배당기준일 현재 3개월 이상 보유한 주식이 아니므로 수입배당금 익금불산입 규정을 적용할 수 없다. 또한 재평가적립금(3% 세율 적용분)을 자본에 전입함에 따라 수령한 무상주는 과세대상이 아니다.

3. C법인

(1) 감자 시 의제배당

   $40,000주 × 40% × (4,000 - 3,000) = 16,000,000$

(2) 익금불산입 적용대상 배당금액

   15,000,000(현금배당)

   ① 유상감자 시 주식 취득가액의 초과금액은 수입배당금 익금불산입을 적용하지 아니한다.

   ② 지분율이 20% 이상 50% 미만이므로 익금불산입률은 80%이다.

4. 수입배당금 관련 용어 및 서식(참고)

⑭ 자회사 또는 배당금 지급법인명	⑮ 배당금액	⑯ 익금불산입 비율(%)	⑰ 익금불산입 대상금액 (⑮ × ⑯)	⑱ 지급이자 관련 익금불산입 배제금액	⑲ 익금불산입액 (⑰ - ⑱)

문제 15 수입배당금 익금불산입 (2)

다음은 제조업을 영위하는 비상장법인인 ㈜세무의 제24기 사업연도(2024. 1. 1. ~ 2024. 12. 31.) 자료이다. 단, ㈜세무는 지주회사가 아니다. 다음 자료를 이용하여 물음에 답하시오.

1. 손익계산서에 계상된 이자비용의 내역

구분	연이자율	지급이자	차입금 적수
회사채이자[1]	8%	16,000,000원	73,000,000,000원
차입금이자	6%	18,000,000원	109,500,000,000원
합계		34,000,000원	182,500,000,000원

[1] 회사채이자에는 사채할인발행차금상각액 2,000,000원이 포함되어 있다.

2. 2022. 6. 30.에 취득한 업무무관자산인 토지의 당기 말 장부가액은 40,000,000원이며, 이 중 10,000,000원은 부당행위계산의 부인에 따른 시가초과 취득액이다. 토지의 장부가액은 취득 이후 변동은 없다.

3. 2023. 5. 1.에 비상장법인인 ㈜한국 발행주식 중 지분율 10%에 해당하는 주식을 30,000,000원에 취득하였으며, 취득 이후 장부가액 변동 없이 당기 말 현재 보유하고 있다. ㈜한국으로부터 2024. 3. 15.(배당기준일 2023. 12. 31., 잉여금처분결의일 2024. 2. 20.)에 액면발행된 주식배당 2,000,000원을 받았으나 별도의 회계처리는 하지 않았다. 동 주식배당은 「법인세법」에 의한 내국법인이 다른 내국법인으로부터 받은 수입배당금액의 익금불산입 대상에 해당한다.

4. 당기 말 재무상태표상 자산총액은 600,000,000원이다.

5. 법인(지분율 20% 미만)의 수입배당금액에 대한 익금불산입비율은 30%이다.

6. 1년은 365일로 가정한다.

[물음] ㈜세무의 지급이자와 수입배당금에 대한 세무조정을 다음 답안 양식에 제시하시오.

익금산입 및 손금불산입			손금산입 및 익금불산입		
과목	금액	소득처분	과목	금액	소득처분

→| **해답** |

익금산입 및 손금불산입			손금산입 및 익금불산입		
과목	금액	소득처분	과목	금액	소득처분
업무무관자산이자	2,720,000	기타사외유출	수입배당금	130,800	기타
의제배당(주식배당)	2,000,000	유보			

1. 세무조정 순서

   지급이자 관련 세무조정과 수입배당금 익금불산입 세무조정사항이 동시에 제시된 경우에는 지급이자 관련 세무조정을 우선하여야 한다. 수입배당금 익금불산입액을 계산하기 위해서는 손금산입되는 지급이자가 확정되어야 하기 때문이다.

2. 지급이자

(1) 사채할인발행차금

   사채할인발행차금은 기업회계기준에 의한 사채할인발행차금의 상각방법에 따라 이를 손금에 산입한다. 업무무관자산 관련 지급이자에서 사채할인발행차금은 지급이자의 범위에 포함한다.

(2) 업무무관자산 관련 지급이자

   지급이자 손금불산입액 계산 시 업무무관자산의 가액은 취득가액으로 한다. 이때 특수관계인으로부터의 고가매입 등으로 부당행위부인 규정이 적용되는 다음의 경우에는 시가초과액을 취득가액에 포함하여야 한다.

$$34,000,000 \times \frac{40,000,000 \times 365}{182,500,000,000} = 2,720,000$$

3. 수입배당금 익금불산입

기중 변동 없으므로 적수 고려하지 않음

구분	금액	비고
익금불산입 대상금액	600,000	$2,000,000 \times 30\%$
지급이자 차감액	469,200	$(34,000,000 - 2,720,000) \times \dfrac{30,000,000}{600,000,000} \times 30\%$
수입배당금 익금불산입	130,800	

54 회계사·세무사·경영지도사 단번에 합격! 해커스 **경영아카데미** cpa.Hackers.com

문제 16   수입배당금 익금불산입 (3) [유예]

다음은 ㈜한국(지주회사 아님)의 제24기 사업연도(2024. 1. 1. ~ 2024. 12. 31.) 법인세 신고 관련 자료이다. 아래 자료를 이용하여 물음에 답하시오. 단, ㈜한국의 2024년 말 재무상태표상 자산총액은 1,000,000,000원이다.

1. ㈜한국은 2024. 1. 1. 현재 상장법인인 ㈜서울(발행주식총수 20,000주, 1주당 액면가액 5,000원)의 주식 47.5%를 보유하고 있다. ㈜한국이 보유하고 있는 ㈜서울 주식의 취득내역은 다음과 같으며, 2024년 중에 보유하고 있는 ㈜서울의 주식 수는 변동이 없었다.

취득일	주식 수	취득단가 (처분단가)	지분율	장부가액	비고
2023. 4. 11.	5,500	5,500원	27.5%	30,250,000원	1주당 시가가 6,000원이나 ㈜한국의 대표이사인 김국한으로부터 1주당 5,500원에 취득하였다.
2023. 10. 26.	4,500	7,000원	22.5%	31,500,000원	제3자로부터 1주당 시가인 7,000원에 정상적으로 유상 취득한 것이다.
2023. 12. 18.	△500	(5,500원)	−2.5%	△2,750,000원	1주당 시가인 7,500원에 정상적으로 매각한 것이다. 회사는 선입선출법을 적용한 원가를 장부가액에서 차감하였다.
계	9,500	−	47.5%	59,000,000원	

2. ㈜한국의 2024년도 손익계산서상 이자비용으로 계상된 금액이 18,000,000원이라고 가정한다. 이자비용 중 1,700,000원은 채권자 불분명 사채이자이며, 이것을 제외하고 지급이자와 관련된 손금불산입 금액은 없다. 채권자 불분명 사채이자에 대한 세무조정은 적절하게 이루어졌다.

3. ㈜서울은 2023. 12. 31.을 배당기준일로 하여 2024. 1. 15.에 1주당 500원의 현금배당결의를 하였다. 실제로 배당금은 2024. 1. 25.에 지급되었고, 아래와 같이 회계처리하였다.

   (차) 미지급배당금   10,000,000   (대) 현금   10,000,000

4. ㈜한국은 2024년 배당금 수령을 기업회계기준에 따라 적정하게 회계처리하였다.

[물음 1] ㈜한국의 2023년 귀속 ① 주식취득 관련 세무조정과 ② 주식처분 관련 세무조정을 각각 제시하시오.

[물음 2] ㈜한국의 ① 수입배당금 총액을 제시하고, 수입배당금에 대한 이중과세조정과 관련된 ② 익금불산입 대상 배당금액, ③ 지급이자 차감액을 제시하고 ④ 세무조정을 하시오.

—| 해답 |—

[물음 1]

① 주식취득 관련 세무조정

$(6,000 - 5,500) \times 5,500주$

| [익금산입] | 유가증권 | 2,750,000 | 유보 |

특수관계인인 개인으로부터 유가증권(주식, 채권)을 저가로 매입한 경우에는 시가와 매입가액의 차액을 익금산입한다.

② 주식처분 관련 세무조정

㉠ 처분손익

$@6,000 \times 55\% + @7,000 \times 45\%$

구분	금액	비고
회계상 처분손익	1,000,000	$(7,500 - 5,500) \times 500주$
세무상 처분손익	525,000	$(7,500 - 6,450) \times 500주$
익금불산입	475,000	

ⓐ 세무상 유가증권의 취득단가는 2023. 4. 11. 취득분과 2023. 10. 26. 취득분을 가중평균하여 계산한다. 이때 2023. 4. 11. 취득단가는 세무상 취득원가에 해당하는 시가로 하여야 한다.

ⓑ 주식처분 시 장부상과 세법상의 단가 적용방법이 다르므로 주식에 대한 유보잔액(2,750,000)에 주식처분비율(5%)을 곱한 금액을 추인해서는 안 된다.

㉡ 세무조정

| [익금불산입] | 유가증권 | 475,000 | △유보 |

[물음 2]

① 수입배당금 총액

$10,000,000 \times 47.5\% = 4,750,000$

배당기준일(2023. 12. 31.)현재 보유 주식에 대해서는 배당금을 지급하므로 47.5%를 기준으로 한다.

② 익금불산입 대상 배당금액

$4,750,000 \times \dfrac{5,000주}{9,500주} \times 80\% = 2,000,000$

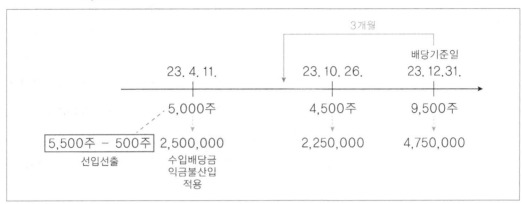

㉠ 법인이 주식 등의 보유기간 중에 동일 종목의 주식 등의 보유 주식 수에 변동이 있는 경우에는 먼저 취득한 주식 등을 먼저 양도한 것으로 본다. 즉, 피투자회사 주식의 보유기간 중 당해 주식의 보유 주식 수에 변동이 있는 경우에 배당기준일 전 3월 이내 취득한 주식 수를 계산하는 방법은 선입선출법에 따른다.

㉡ 수입배당금액에 대한 익금불산입률은 배당기준일 현재 3개월 이상 계속 보유하고 있는 주식인 5,000주(지분율: 25%)를 기준으로 계산한다.

③ 지급이자 차감액

$(18,000,000 - 1,700,000) \times \dfrac{6,000 \times 5,000주}{1,000,000,000} \times 80\% = 391,200$

㉠ 위 산식에서 주식가액 및 자산총액 등은 적수로 계산한다. 이때 '출자주식 등의 장부가액'은 세무계산상 장부가액을 의미하며, 수입배당금의 익금불산입에서 제외되는 수입배당금액이 발생하는 주식 등의 장부가액은 포함하지 아니한다. 따라서 2023. 10. 26. 취득한 주식은 포함하지 아니한다.

㉡ '차입금이자, 재무상태표상 자산총액의 적수, 출자주식 등의 장부가액 합계액의 적수'는 배당지급법인(피출자법인)으로부터 받는 수입배당금액이 당해 출자법인의 익금으로서 확정된 날이 속하는 사업연도로 한다. (통칙 18의 2-17의 2…1) 적수 계산 시 주식의 취득일은 포함하여 계산하고 양도일은 포함하지 않는다.

④ 수입배당금 익금불산입액 및 세무조정

$2,000,000 - 391,200$

[익금불산입]	수입배당금	1,608,800	기타

다음은 제조업을 영위하는 영리 내국법인 ㈜한국(지주회사 아님)의 제24기 사업연도(2024년 1월 1일 ~ 2024년 12월 31일) 법인세 신고 관련 자료이다. 아래 자료를 이용하여 물음에 답하시오.

1. 당기 말 투자주식 명세

보유 주식	㈜한국의 지분율	당기 수령 현금배당금	당기 말 장부가액
㈜갑(상장)	40%	1,500,000원	300,000,000원
㈜을(상장)	60%	10,000,000원	65,000,000원
㈜병(비상장)	70%	1,200,000원	210,000,000원

① ㈜갑과 ㈜을은 제조업을 영위하는 영리 내국법인이고, ㈜병은 해외현지법인이다.
② 피투자회사 중 법인세 감면을 받은 기업은 없다.

2. 당기에 수취한 현금배당금(배당기준일: 2023년 12월 31일)에 대한 회사의 회계처리는 다음과 같다.

(차) 현금	12,700,000	(대) 관계기업투자(갑주식)	1,500,000
		종속기업투자(을주식)	10,000,000
		종속기업투자(병주식)	1,200,000

3. 투자주식의 취득 및 처분내역은 다음과 같다. 단, 주식의 취득과 처분은 시가로 이루어진 것으로 가정한다.

일자	취득·처분내역	취득금액
2021. 2. 1.	㈜병주식 70% 취득	20,000,000원
2022. 8. 10.	㈜갑주식 40% 취득	100,000,000원
2022. 11. 22.	㈜을주식 60% 취득	50,000,000원
2023. 10. 20.	㈜갑주식 30% 취득	180,000,000원
2023. 11. 2.	㈜갑주식 30% 처분	–

4. 회사는 ㈜을로부터 무상주 600주(1주당 액면가액 5,000원, 무상주 배정기준일 2024년 1월 1일)를 교부받았다. 동 무상주는 건물의 재평가잉여금(적격합병·분할 시 승계된 것에 해당하지 아니함) 3,000,000원과 이익준비금 2,000,000원을 자본에 전입하여 발행된 것이다.

5. 손익계산서상 이자비용 명세

내역	금액
사채표시이자	10,000,000원
사채할인발행차금 상각액	1,500,000원
장기미지급금의 현재가치할인차금 상각액	2,500,000원
기업구매자금대출이자	500,000원
합계	14,500,000원

6. 제24기 말 현재 재무상태표상의 자산총액은 1,000,000,000원이다.

7. 수입배당금 익금불산입률

지분율	익금불산입률
① 50% 이상	100%
② 20% 이상 50% 미만	80%
③ 20% 미만	30%

[물음] ㈜한국의 제24기 수입배당금 익금불산입액을 다음의 답안 양식에 따라 제시하시오.

구분	익금불산입 대상금액(Ⓐ)	지급이자 관련 익금불산입 배제금액(Ⓑ)	익금불산입액 (Ⓒ = Ⓐ − Ⓑ)
㈜갑			
㈜을			
㈜병			

—| **해답** |—

구분	익금불산입 대상금액(Ⓐ)	지급이자 관련 익금불산입 배제금액(Ⓑ)	익금불산입액 (Ⓒ = Ⓐ − Ⓑ)
㈜갑	$375,000 \times 30\% = 112,500$	90,000	22,500
㈜을	$11,200,000 \times 100\% = 11,200,000$	600,000	10,600,000
㈜병	$1,200,000 \times 95\% = 1,140,000$	0	1,140,000

1. 피투자회사별 주식 정리

구분	적용대상 지분율	세무상 장부가액	배당금액
㈜갑	10%	25,000,000	$1,500,000 \times \dfrac{10\%}{40\%} = 375,000$
㈜을	60%	50,000,000	$10,000,000 + 1,200,000 = 11,200,000$

(1) ㈜갑

배당기준일 3개월 이전 일부 주식을 처분한 경우 최초 취득한 주식을 처분한 것으로 본다. (선입선출법) 따라서 수입배당금 익금불산입 규정이 적용되는 주식의 지분은 10%이고, 세무상 장부가액은 25,000,000원 (= $100,000,000 \times 25\%$)이다.

(2) ㈜을

이익준비금의 자본전입으로 인해 수령한 무상주만 과세대상이다. 과세되는 배당금액은 1,200,000원 (= $2,000,000 \times 60\%$)이다. 무상주는 현금배당 이후 수령하였으므로 주식 적수에 반영하지 아니한다.

(3) ㈜병

출자비율이 10% 이상인 외국자회사의 경우 95%의 익금불산입률을 적용한다.

2. 지급이자

(1) 적용대상 지급이자

$14,500,000 - 2,500,000$(현재가치할인차금) $= 12,000,000$

구매자금대출이자는 지급이자 손금불산입 규정 적용 시 제외한다. (어음의 대체수단으로 도입된 구매자금 제도를 지원하기 위한 정책특례임) 그러나 구매자금대출이자를 수입배당금 익금불산입 규정과 관련된 지급이자에서 별도로 제외한다는 규정이 없으므로 이를 제외하지 않는다.

(2) 지급이자 관련 익금불산입 배제금액

① ㈜갑: $12,000,000 \times \dfrac{25,000,000}{1,000,000,000} \times 30\% = 90,000$

② ㈜을: $12,000,000 \times \dfrac{50,000,000}{1,000,000,000} \times 100\% = 600,000$

제조업을 영위하는 ㈜금강의 제24기 사업연도(2024년 1월 1일 ~ 2024년 12월 31일) 수입배당금 관련 자료이다. 전기까지의 세무조정은 적법하게 이루어졌다.

1. ㈜금강이 내국법인으로부터 수령한 수입배당금은 다음과 같다.

피출자법인	출자비율	장부가액	수입배당금	주식취득일
A사	30%	6억원	45,000,000원	2023. 6. 21. 2023. 11. 23.
B사	20%	10억원	10,000,000원	2023. 9. 1.
C사	40%	5억원	30,000,000원	2023. 3. 3.
D사	60%	8억원	25,000,000원	2022. 10. 9.

① A사 주식 중 출자비율 10%에 해당하는 주식(장부가액 2억원)은 2023년 6월 21일에 취득하였으며, 출자비율 20%에 해당하는 주식(장부가액 4억원)은 2023년 11월 23일에 취득하였다.

② 모든 피출자법인의 배당기준일은 2023년 12월 31일이다.

③ 모든 피출자법인은 지급배당에 대한 소득공제와 「조세특례제한법」상 감면 규정 및 동업기업과세특례를 적용받지 않는다.

2. ㈜금강이 외국법인으로부터 수령한 수입배당금은 다음과 같다. 수입배당금은 전부 외국자회사의 주식을 취득한 후의 이익잉여금을 재원으로 받은 것이다.

피출자법인	출자비율	수입배당금	주식취득일	배당기준일
E사(제조업)	30%	20,000,000원	2024. 2. 2.	2024. 6. 30.
F사(해외자원개발업)	6%	10,000,000원	2024. 2. 9.	2024. 9. 30.
G사(도매업)	15%	45,000,000원	2024. 3. 1.	2024. 9. 30.

3. ㈜금강의 제24기 이자비용은 70,000,000원이고 이 중 10,000,000원은 업무무관자산 관련 이자비용으로서 손금불산입되었다. ㈜금강의 제24기 말 재무상태표상 자산총액은 50억원이다.

4. ㈜금강은 지주회사가 아니다.

5. 내국법인으로부터 받은 수입배당금액 익금불산입률

출자비율	익금불산입률
20% 미만	30%
20% 이상 50% 미만	80%
50% 이상	100%

[물음 1] ㈜금강이 제24기에 내국법인으로부터 수령한 수입배당금에 대한 익금불산입액을 답안 양식에 따라 제시하시오.

구분	익금불산입액
A사	
B사	
C사	
D사	

[물음 2] ㈜금강이 제24기에 외국법인으로부터 수령한 수입배당금에 대한 익금불산입액을 답안 양식에 따라 제시하시오.

구분	익금불산입액
E사	
F사	
G사	

[물음 1] 내국법인 수입배당금액의 익금불산입

구분	익금불산입액	비고
A사	3,780,000	4,500,000 − 720,000
B사	0	8,000,000 − 9,600,000 〈 0 → '0'으로 봄
C사	19,200,000	24,000,000 − 4,800,000
D사	15,400,000	25,000,000 − 9,600,000

1. 익금불산입 대상금액

$$45,000,000 \times \frac{10\%}{30\%}$$

구분	수입배당금	익금불산입률	대상금액	비고
A사	15,000,000	30%	4,500,000	배당기준일로부터 3개월 이전 취득분에
B사	10,000,000	80%	8,000,000	한하여 수입배당금 익금불산입 규정을
C사	30,000,000	80%	24,000,000	적용하고, 이때 수입배당금 익금불산입
D사	25,000,000	100%	25,000,000	적용대상 주식에 한하여 익금불산입률 을 산정함

2. 차입금이자 차감액

(1) 지급이자

70,000,000 − 10,000,000 = 60,000,000

(2) 차입금이자 차감액

구분	지급이자 차감액	비고
A사	720,000	60,000,000 × (2억원 ÷ 50억원) × 30%
B사	9,600,000	60,000,000 × (10억원 ÷ 50억원) × 80%
C사	4,800,000	60,000,000 × (5억원 ÷ 50억원) × 80%
D사	9,600,000	60,000,000 × (8억원 ÷ 50억원) × 100%

[물음 2] 외국자회사 수입배당금액의 익금불산입

구분	익금불산입액	비고
E사	0	배당기준일 현재 6개월 미만 보유
F사	9,500,000	10,000,000 × 95%
G사	42,750,000	45,000,000 × 95%

해커스 세무회계연습 2

회계사 · 세무사 · 경영지도사 단번에 합격!
해커스 경영아카데미 cpa.Hackers.com

제 **2** 장

손금과 손금불산입

Warm-up 문제

세금과공과

01 영리 내국법인 ㈜A의 포괄손익계산서 세금과공과 계정에는 다음의 금액이 포함되어 있다. 소득 금액조정합계표 작성 시 '익금산입 및 손금불산입'에 포함되어야 할 금액의 합계를 구하시오.

【세무사 21】

> • 사계약상의 의무불이행으로 인하여 부담한 지체상금(구상권 행사 불가능): 1,000,000원
> • 「장애인고용촉진 및 직업재활법」에 따라 부담한 장애인고용부담금: 1,500,000원
> • 전기요금의 납부지연으로 인한 연체가산금: 3,500,000원
> • 「국민건강보험법」에 따라 징수하는 연체금: 4,000,000원
> • 국유지 사용료의 납부지연으로 인한 연체료: 5,500,000원
> • 외국의 법률에 따라 국외에서 납부한 벌금: 6,000,000원

---| 해답 |---

1,500,000(장애인고용부담금) + 4,000,000(연체금) + 6,000,000(벌금) = 11,500,000
다음의 벌금·과료 및 과태료는 손금불산입 대상이다.
① 사업자 또는 그 직원이 「관세법」을 위반하고 지급한 벌과금
② 업무와 관련하여 발생한 교통사고 벌과금
③ 「고용보험 및 산업재해보상보험의 보험료징수 등에 관한 법률」 제24조에 따라 징수하는 산업재해보상보험료의 가산금
④ 「국민건강보험법」 제80조의 규정에 의한 국민건강보험료의 연체금
⑤ 장애인고용부담금

인건비

02 A씨는 ㈜인천의 당기 말 현재 건설 중인 사옥건축 현장에서 2021년 1월 1일부터 근무하던 임원인데 2024년 10월 1일 퇴직하였다. ㈜인천이 A씨에게 지급한 퇴직 직전 1년간 지급한 총급여액은 45,000,000원(당기 9월 말까지 매월 말 3,750,000씩 균등 지급됨)이고 2024년 지급한 상여금은 18,000,000원, 퇴직 시 지급한 퇴직금은 21,000,000원이다. ㈜인천은 임원에 대한 급여 지급 규정 및 퇴직금 지급 규정이 없으며, 퇴직급여충당금을 설정하지 않았다. A씨에게 지급된 급여액, 상여금 및 퇴직금은 모두 판매비와 관리비로 회계처리하였다. ㈜인천이 행할 제24기(2024. 1. 1. ~ 2024. 12. 31.) 세무조정을 하시오. 【세무사 04】

─┤ **해답** ├─

1. 임원상여금 세무조정

임원상여금은 정관·주주총회 또는 이사회의 결의에 의하여 결정된 급여지급기준에 의하여 지급하는 것이 아니면 전액 손금불산입한다.

| [손금불산입] | 임원상여금 한도초과액 | 18,000,000 | 상여 |

2. 임원퇴직금 세무조정

구분	금액	비고
회사지급액	21,000,000	
한도액	16,875,000	$45,000,000 \times 10\% \times 3\frac{9}{12}$ (1개월 미만 절사)
한도초과액	4,125,000	

| [손금불산입] | 임원퇴직금 한도초과액 | 4,125,000 | 상여 |

3. 인건비 세무조정

사옥건축 현장에서 근무하던 임원의 인건비는 사옥의 취득원가이다. 이를 판매비와 관리비로 처리하였으므로 먼저 부인된 금액을 제외한 나머지 금액을 세무상 자산처리한다.

| [손금불산입] | 건설중인자산 | 50,625,000* | 유보 |

* $3,750,000 \times 9개월 + (21,000,000 - 4,125,000) = 50,625,000$

다음은 ㈜한강의 제24기(2024. 1. 1. ~ 2024. 12. 31.) 세무조정 관련 자료이다. 전기 이전의 세무조정은 적절하게 이루어진 것으로 가정한다.

1. 전기 중에 업무용 토지 X에 대한 재산세 2,000,000원을 지출하고 이를 토지의 취득원가로 회계처리하였다. 회사는 제24기 중 해당 토지를 매각하였다.

2. 당기 중에 다음의 공과금(토지 취득과 관련하여 개발부담금 10,000,000원, 폐수배출부담금 5,000,000원, 교통유발부담금 2,000,000원, 「국민건강보험법」에 따라 징수하는 연체금 3,000,000원)을 지출하고 모두 손익계산서에 비용처리하였다.

3. 전기 중에 취득한 비업무용 토지 Y(취득원가 100,000,000원)에 대한 취득세 10,000,000원을 지출하고 이를 비용으로 처리하였다. 또한, 당기 중에 토지분 재산세 3,000,000원을 납부하고 비용처리하였으며, 당기 말에 토지 Y를 처분하고 다음과 같이 회계처리하였다.

   (차) 현금　　　　　　　　 80,000,000　　 (대) 토지　　　　　　 100,000,000
   　　 유형자산처분손실 　 20,000,000

4. 공장에서 발생한 재산세 100,000,000원을 모두 판매비와 관리비로 처리하였다. 회사는 단일 제품을 생산하며, 당기 투입된 제조원가 중 80%는 완성되었으며, 나머지 20%는 미완성되었다. 한편, 완성된 제품 중 70%가 판매되었다.

5. 당기 중 정부와의 납품계약을 체결하였으나, 납품기일의 지연으로 인한 지체상금 2,000,000원을 지출하고 법인의 신주발행과 관련하여 지출한 등록면허세 500,000원을 지출하였다. 회사는 위의 비용을 모두 당기 손익계산서에 비용처리하였다.

[물음] 각 항목별로 세무조정을 다음의 답안 양식에 따라 작성하시오.

번호	익금산입·손금불산입			손금산입·익금불산입		
	과목	금액	소득처분	과목	금액	소득처분
1.						
...						
5.						

번호	익금산입 · 손금불산입			손금산입 · 익금불산입		
	과목	금액	소득처분	과목	금액	소득처분
1.	토지(재산세)	2,000,000	유보			
2.	토지(부담금)	10,000,000	유보			
	공과금	8,000,000	기타사외유출			
3.	재산세	3,000,000	기타사외유출	토지(취득세)	10,000,000	유보
4.	재공품	20,000,000	유보			
	제품	24,000,000	유보			
5.	주식할인발행차금	500,000	기타			

1. 토지의 재산세

   비용으로 처리되어야 하는 항목이므로 전기에 손금산입(△유보)하며, 해당 자산을 처분하는 시점에 손금불산입(유보)하여 전기 유보를 추인한다.

2. 공과금

   ① 개발부담금은 자산의 취득원가로 처리한다. 재건축부담금도 개발부담금과 마찬가지로 취득원가로 처리한다.

   ② 폐수배출부담금, 「국민건강보험법」에 따라 징수하는 연체금은 실질적 법규위반에 해당하므로 손금불산입한다. 한편, 교통유발부담금은 법령상 의무불이행, 금지·제한 등의 위반에 대한 제재로서 부과되는 것이 아니므로 손금에 산입한다.

3. 비업무용 토지

   비업무용 토지에 대한 취득세도 세법상 자산의 취득원가에 해당한다. 취득시점에 이를 손금불산입하고 유보처분한다. 이후 비업무용 토지를 처분하는 시점에 손금산입(△유보)한다. 한편, 비업무용 토지를 유지·관리함으로써 생기는 비용은 손금불산입하고 기타사외유출 처분한다.

4. 재고자산으로 처리하여야 할 재산세

   당기 총제조원가 중 20%에 해당하는 금액은 기말재공품으로 분류되어야 하며, 24%(= 80% × 30%)에 해당하는 금액은 기말제품으로 분류되어야 한다.

5. 지체상금 등

   ① 사계약상의 연체료에 해당하는 지체상금(정부와 계약했더라도 사적 계약에 해당함)은 손금에 산입한다.

   ② 법인이 증자 등기하는 경우 지출하는 등록면허세는 신주발행비에 해당하여 주식할인발행차금으로 처리하여야 한다. 따라서 손금불산입하고 기타 처분한다.

다음은 제조업을 영위하는 ㈜조세의 제24기 사업연도(2024. 1. 1. ~ 2024. 12. 31.) 자료이다. 다음 자료를 이용하여 물음에 답하시오.

1. ㈜조세는 회사 복도에 장식용으로 비치할 목적으로 미술품 2개를 구입하였다. (구입일자는 서로 다름) 개당 미술품 가격은 각각 10,000,000원과 12,000,000원이며, 이를 모두 당기 비용처리하였다.

2. ㈜조세의 제품을 사용한 소비자 다수가 사망하는 사건이 발생하였고, 대법원은 피해자들에게 「제조물 책임법」에 따른 손해배상금 120,000,000원을 지급하라고 판결하였다. ㈜조세는 손해배상금 판결액을 손익계산서상 비용으로 계상하였다. 실제 발생한 손해액은 분명하지 않으며, 관련 법률에 따르면 손해배상액의 상한은 3배이다.

3. ㈜조세의 세금과공과 내역은 다음 같다.

일자	적요	지출처	금액
① 8/14	협회비	대한무역협회	2,000,000
② 12/20	연체이자	한국전력	1,700,000
③ 12/29	원천납부세액	신한은행	3,000,000

① 협회비는 정기적으로 부과하는 회비 700,000원 및 특별 찬조금 1,300,000원이다. 대한무역협회는 영업자가 조직한 단체로서 주무관청에 등록된 협회에 해당하고, 특별 찬조금은 무역협회의 경비에 충당된 것이 아니다.

② 연체이자는 창고 전기료 미납에 따른 연체료이다.

③ 이자수령 시 원천징수된 법인세 및 지방소득세이다.

4. ㈜조세의 본사 사옥 건물을 신축하면서 건설중인자산으로 계상된 지출내역에는 다음과 같은 내용이 포함되어 있다. 당기 말 현재 사옥은 건설 중이다.

① 구청건축계 공무원에게 지급한 뇌물: 2,000,000원

② 노조전임자의 급여(「노동조합 및 노동관계조정법」을 위반하여 지급한 금액임): 3,000,000원

[물음] 위 자료를 이용하여 ㈜조세의 제24기 세무조정을 다음 답안 양식에 제시하시오.

세무조정	과목	금액	소득처분
익금산입	×××	×××	×××

세무조정	과목	금액	소득처분	비고
손금불산입	미술품	12,000,000	유보	
손금불산입	손해배상금	80,000,000	기타사외유출	$120,000,000 \times \dfrac{2}{3}$
손금불산입	협회비(찬조금)	1,300,000	기타사외유출	
손금불산입	원천납부세액	3,000,000	기타사외유출	
손금산입	건설중인자산	5,000,000	△유보	2,000,000 + 3,000,000
손금불산입	뇌물	2,000,000	기타소득	
손금불산입	노조전임자급여	3,000,000	기타소득	

1. 소액 미술품

    법인이 장식·환경미화 등의 목적으로 사무실·복도 등 여러 사람이 볼 수 있는 공간에 항상 전시하는 미술품은 손금불산입 대상 업무무관자산의 취득 관련 비용에서 제외될 뿐만 아니라, 그 취득가액이 거래단위별로 1천만원 이하인 소액 미술품은 그 취득일이 속하는 사업연도에 법인이 손비로 계상한 경우 손금으로 인정된다. 한편, 미술품은 감가상각대상 자산이 아니므로 즉시상각의제 규정이 적용되지 않는다.

2. 징벌적 목적의 손해배상금

    「제조물 책임법」 등 특정법률에 따라 지급한 손해배상액 중 실제 발생한 손해액을 초과하는 금액은 손금불산입한다. 실제 발생한 손해액이 분명하지 아니한 경우 손금불산입액은 다음 산식에 따른다.

    > 실제 손해액이 불분명한 경우 손금불산입액
    >
    > $$A \times \frac{B-1}{B}$$
    >
    > A: 지급한 손해배상금
    > B: 실제 발생한 손해액 대비 손해배상액의 배수 상한

3. 세금과 공과금

    ① 영업자가 조직한 단체로서 법인이거나 주무관청에 등록된 조합 또는 협회에 지급한 회비는 손금이나, 정관이 정하는 바에 따른 정상적인 회비징수 방식에 의하여 경상경비 충당 등을 목적으로 부과하는 회비(일반회비) 외의 협회비는 손금불산입한다.

    ② 원천납부세액은 선급법인세에 해당하고, 산출세액에서 기납부세액으로 공제되므로 손금이 아니다.

4. 뇌물, 노조전임자급여 및 임원의 손해배상금

    뇌물과 「노동조합 및 노동관계조정법」을 위반하여 지급한 비용은 손금에 산입하지 않는다. 이를 건설중인자산으로 계상하였으므로 건설중인자산을 손금산입(△유보)한 후 뇌물 등에 해당하는 금액을 손금불산입(기타소득)한다. 뇌물은 원천징수대상이 아니다.

문제 03 부가가치세와 법인세

다음은 ㈜국세의 제24기(2024. 1. 1. ~ 2024. 12. 31.) 부가가치세 및 법인세 자료이다. 다음 자료를 이용하여 물음에 답하시오.

1. 당기 말 ㈜국세는 ㈜A로부터 비품을 11,000,000원(부가가치세 포함)을 지급하고 구입하면서 세금계산서는 ㈜B로부터 수령하고 다음과 같이 회계처리하였다.

   (차) 비품   11,000,000   (대) 현금   11,000,000

2. ㈜국세는 매출채권 110,000,000원(부가가치세 포함)의 소멸시효가 제24기 말에 도래하여 다음과 같이 회계처리하였다. 회사는 별도로 대손충당금을 설정하지 아니하였으며, 부가가치세 신고 시(2025년 1월 25일 신고) 대손세액공제를 받을 것이다.

   (차) 대손상각비   110,000,000   (대) 매출채권   110,000,000

3. 거래처 체육대회에 ㈜국세가 생산한 제품(시가 5,000,000원, 원가 3,000,000원)을 무상으로 제공하였고 다음과 같이 회계처리하였다. ㈜국세의 당기 기업업무추진비 한도액은 30,000,000원이며, 손익계산서상 기업업무추진비는 29,000,000원이다. 한편, 관련 매입세액은 모두 공제받았다.

   (차) 판매촉진비   3,500,000   (대) 제품   3,000,000
                                               부가가치세예수금   500,000

4. 회사가 임차한 건물의 임차료에는 간주임대료가 포함되어 있는데, 당기 말에 다음과 같이 회계처리하였다.

   (차) 부가가치세대급금   1,000,000   (대) 현금   1,000,000

[물음] 위 자료를 이용하여 ㈜국세의 제24기 세무조정을 소득금액조정합계표에 제시하시오.

| 해답 |

익금산입·손금불산입			손금산입·익금불산입		
과목	금액	소득처분	과목	금액	소득처분
부가가치세(비품)	1,000,000	기타사외유출	비품	1,000,000	유보
매출채권	10,000,000	유보	부가가치세(임차료)	1,000,000	유보
기업업무추진비 한도초과	4,500,000	기타사외유출			

1. 부가가치세(의무불이행)
   ① 사업자의 귀책사유가 있어 매입세액공제되지 아니하는 부가가치세는 손금에 산입하지 아니한다. 따라서 자산으로도 계상할 수 없다. 손금에 산입된 자산은 향후 감가상각비를 계상하는 시점에 손금불산입한다.
   ② 실제로 공급한 자와 세금계산서를 발행한 자가 달라 부가가치세 매입세액공제를 받지 못하는 경우라도, 비품(10,000,000원)은 「법인세법」상 손금으로 인정받을 수 있다.

2. 대손상각비
   회수할 수 없는 부가가치세 매출세액 미수금은 손금으로 처리할 수 있다. 다만, 「부가가치세법」에 따라 대손세액공제를 받지 않는 것만 해당한다. 따라서 대손세액공제를 받는 부분은 부가가치세 환급세액(자산)으로 처리하여야 하므로 손금에 산입하지 아니한다.

3. 매입세액 불공제되는 기업업무추진비
(1) 세법상 처리

(차) 기업업무추진비	5,500,000	(대) 제품	3,000,000
		부가가치세예수금	500,000
		제품 처분이익	2,000,000

   ① 「부가가치세법」상 사업상 증여의 과세표준은 시가이다. 따라서 부가가치세는 500,000원을 납부하여야 한다. 한편, 「법인세법」상 현물기업업무추진비는 제공한 때의 시가로 평가한다.
   ② 시가와 회사계상 판매촉진비 금액과의 차액에 대한 세무조정은 불필요(처분이익과 기업업무추진비 증가액은 서로 상쇄됨)하나, 기업업무추진비 시부인 대상금액은 5,500,000원을 기준으로 한다.

(2) 기업업무추진비 한도초과

구분	금액	비고
1. 기업업무추진비 해당액	34,500,000	29,000,000 + 5,500,000
2. 기업업무추진비 한도액	(−)30,000,000	
3. 한도초과액	4,500,000	

4. 간주임대료에 대한 부가가치세 부담분
   간주임대료에 대한 부가가치세는 임차인 또는 임대인 중 실제로 부담한 자의 손금으로 처리하여야 한다. 임차인이 간주임대료에 대한 부가가치세를 부담하더라도 매입세액을 공제받지 못한다. 당해 손금에 해당하는 것을 자산으로 처리하였으므로 손금산입하고 △유보로 처분한다.

문제 04 과다경비

다음은 제조업을 영위하는 ㈜대한의 제24기 사업연도(2024. 1. 1. ~ 2024. 12. 31.) 자료이다. ㈜대한은 제24기까지 공동경비의 분담방법을 선택하지 않았으며, 특수관계법인과 출자관계는 없다. 다음 자료를 이용하여 물음에 답하시오. 단, 조세부담 최소화를 가정한다.

1. ㈜대한의 대표이사 甲은 ㈜대한과 특수관계 있는 ㈜민국 및 ㈜만세의 임원으로 재직하고 있다. ㈜대한은 제24기에 甲에게 지급한 급여 ₩100,000,000을 손익계산서에 비용으로 계상하였으며, ㈜민국 및 ㈜만세가 甲에게 지급한 급여는 없다. 대표이사 甲의 인건비는 「법인세법」상 공동경비에 해당한다.

회사명	甲의 직책	전기 매출액	당기 매출액	전기 말 총자산가액	당기 말 총자산가액
㈜대한	대표이사	₩600,000,000	₩500,000,000	₩700,000,000	₩800,000,000
㈜민국	이사(등기)	300,000,000	200,000,000	200,000,000	100,000,000
㈜만세	이사(미등기)	100,000,000	300,000,000	100,000,000	100,000,000

2. ㈜대한과 ㈜민국은 국내에서 공동으로 행사를 개최하면서 행사비용을 5:5로 분담하기로 약정하였다. ㈜대한은 약정과 다르게 행사비 ₩30,000,000을 전액 부담하고 동 금액을 손익계산서에 계상하였다.

회사명	약정비율	참석인원
㈜대한	50%	700명
㈜민국	50%	300명

3. ㈜대한과 ㈜국세는 출자에 의한 공동사업을 하고 있다. ㈜대한과 ㈜국세는 공동으로 광고를 제작하였으며, 광고비 ₩80,000,000이 발생하였다. ㈜대한은 광고비 중 60%를 부담하기로 약정하고, ₩48,000,000을 손익계산서에 계상하였다. ㈜대한과 ㈜국세는 서로 특수관계인에 해당한다.

회사명	약정비율	전기 매출액비율	당기 매출액비율	출자비율
㈜대한	60%	50%	70%	40%
㈜국세	40%	50%	30%	60%

4. ㈜대한의 직원인 乙은 최대주주의 자녀이고, 직급은 대리이다. 인사규정상 대리 직급 직원의 연봉은 ₩40,000,000으로 책정되어 있으나, 乙이 ㈜대한으로부터 수령한 급여는 ₩80,000,000이고, 이러한 급여책정에는 정당한 사유가 없다.

[물음] 위 자료를 이용하여 ㈜대한의 제24기 세무조정을 다음 답안 양식에 제시하시오.

세무조정	과목	금액	소득처분
익금산입	×××	×××	×××

세무조정	과목	금액	소득처분	비고
손금불산입	과다경비(인건비)	40,000,000	기타사외유출	100,000,000 × (1 − 60%)
손금불산입	과다경비(행사비)	9,000,000	기타사외유출	30,000,000 × (1 − 70%)
손금불산입	과다경비(광고비)	16,000,000	기타사외유출	48,000,000 − 80,000,000 × 40%
손금불산입	과다인건비	40,000,000	상여	80,000,000 − 40,000,000

1. 공동경비(임원인건비)

구분	㈜대한	㈜민국	㈜만세	합계
전기 매출액	600,000,000	300,000,000	100,000,000	1,000,000,000
분담비율	60%	30%	10%	100%
甲의 급여분담	60,000,000	30,000,000	10,000,000	100,000,000

① 공동경비 분담방법을 선택하지 않은 경우 '직전 사업연도의 매출액비율'로 분담한다.

② 한편, ㈜민국과 ㈜만세는 대응조정을 허용하지 않으므로 추가로 손금에 산입할 수 없다.

2. 공동행사비

공동행사비 등은 다음의 비율에 의할 수 있다.

① 공동행사비 등 참석인원의 수에 비례하여 지출되는 손비: 참석인원비율
② 공동구매비 등 구매금액에 비례하여 지출되는 손비: 구매금액비율
③ 공동광고선전비
 • 국외 공동광고선전비: 수출금액
 • 국내 공동광고선전비: 기업회계기준에 따른 국내매출액
④ 무형자산의 공동사용료: 해당 사업연도의 기업회계기준에 따른 자본의 총합계액

특수관계법인 사이의 약정분담비율은 인정되지 않는다. ㈜대한의 직전 매출액비율보다 참석인원비율로 분담비율을 안분하는 것이 조세부담 최소화 관점에서 유리하다.

3. 공동광고비

특수관계법인에 해당하더라도 '출자'에 의해 공동으로 사업을 하고 있는 경우에는 출자총액에서 당해 법인이 출자한 금액의 비율로 공동경비를 안분한다.

4. 과다인건비

법인이 지배주주 등(특수관계에 있는 자를 포함)인 임원 또는 직원에게 정당한 사유 없이 동일 직위에 있는 지배주주 등 외의 임원 또는 직원에게 지급하는 금액을 초과하여 보수를 지급한 경우 그 초과금액은 이를 손금에 산입하지 아니한다.

다음은 제조업을 영위하는 ㈜태백의 제24기 사업연도(2024년 1월 1일 ～ 2024년 12월 31일) 손익계산서상 경비 중 일부 자료이다. 다음 자료를 이용하여 물음에 답하시오.

1. ㈜태백의 지배주주인 갑(지분율 5%, 임직원 아님)에게 지급한 여비 5,000,000원을 비용으로 계상하였다.

2. 비출자공동사업자인 ㈜A(특수관계인 아님)와 수행하고 있는 공동사업의 경비는 각각 50%를 부담하기로 약정되어 있으나, 당기에 발생한 공동경비 20,000,000원을 ㈜태백이 전액 부담하고 비용으로 계상하였다.

3. 환경미화 목적으로 구입한 미술품(취득가액 6,000,000원)을 복도에 전시하고 소모품비로 계상하였다.

4. 대표이사(지분율 10%)가 사용하고 있는 사택유지비 9,000,000원과 회계부장(지분율 0.5%)이 사용하고 있는 사택유지비 3,000,000원을 비용으로 계상하였다.

[물음] ㈜태백의 제24기 경비와 관련된 세무조정 및 소득처분을 다음의 답안 양식에 따라 제시하시오.

익금산입 및 손금불산입			손금산입 및 익금불산입		
과목	금액	소득처분	과목	금액	소득처분

---| 해답 |---

익금산입 및 손금불산입			손금산입 및 익금불산입		
과목	금액	소득처분	과목	금액	소득처분
업무무관비용	5,000,000	배당			
과다경비	10,000,000	기타사외유출			
업무무관비용 (사택유지비)	9,000,000	상여			

20,000,000 × (1 − 50%)

1. 여비교통비

   법인이 임원 또는 직원이 아닌 지배주주에게 지급한 여비 또는 교육훈련비는 해당 사업연도의 소득금액을 계산할 때 손금에 산입하지 아니한다.

2. 공동경비

(1) 출자관계

   출자비율을 초과하지 않는 범위 내에서만 손금에 산입한다.

(2) 출자 외의 관계

   ① 특수관계가 있는 경우: 매출액 또는 총자산의 비율을 고려하여 산정한 금액을 초과하여 지출한 비용은 손금에 산입하지 아니한다.

   ② 특수관계가 없는 경우: 약정에 따른 분담비율을 적용한 금액의 범위 내에서 손금에 산입한다.

3. 소액 미술품

   법인이 장식·환경미화 등의 목적으로 사무실·복도 등 여러 사람이 볼 수 있는 공간에 항상 전시하는 미술품은 손금불산입 대상 업무무관자산의 취득 관련 비용에서 제외한다.

   한편, 그 취득가액이 거래단위별로 1천만원 이하인 소액 미술품은 그 취득일이 속하는 사업연도에 법인이 손비로 계상한 경우 손금으로 인정된다.

4. 사택유지비

   소액주주를 제외한 법인의 주주 등 또는 출연자인 임원 및 그 친족이 사용하는 사택의 유지·관리·사용료를 법인이 부담하는 경우에 동 비용은 손금불산입한다.

   한편, 근로자에게 제공한 사택제공이익(임차료 상당액)은 비과세되나, 사택유지비(전기료, 수도료 등)는 법인의 손금으로 인정하되 근로소득으로 과세한다.

영리 내국법인인 ㈜한강의 제24기 사업연도(2024. 1. 1. ~ 2024. 12. 31.)의 인건비와 관련한 자료는 다음과 같다. 아래 자료를 이용하여 물음에 답하시오.

1. 이사회 결의에 의한 급여 규정에 따르면 연간 상여금은 일반급여의 20%를 지급하며 손익계산서에 계상된 인건비의 내역 중 세무조정과 관련된 사항은 다음과 같다.

구분	일반급여	상여금	퇴직급여	근속연수
출자임원 A (지분율 5%)	100,000,000원	40,000,000원	–	–
비출자임원 B	70,000,000원	19,000,000원	50,000,000원	4년 6개월 12일
직원 C	40,000,000원	12,000,000원	28,000,000원	3년 6개월 3일

2. 퇴직급여는 2024. 12. 31.에 비출자임원 B와 직원 C의 현실적인 퇴직으로 인하여 지급한 것이다. 당사는 따로 퇴직급여 규정을 두고 있지 않고 퇴직급여충당금도 설정하고 있지 않다.

[물음] 위 자료를 이용하여 ㈜한강의 제24기 사업연도 인건비 관련 세무조정을 임직원별로 다음 답안 양식에 제시하시오.

구분	익금산입·손금불산입			손금산입·익금불산입		
	과목	금액	소득처분	과목	금액	소득처분

── **해답** ──

구분	익금산입·손금불산입			손금산입·익금불산입		
	과목	금액	소득처분	과목	금액	소득처분
출자임원 A	상여금	20,000,000	상여			
비출자임원 B	상여금	5,000,000	상여			
	퇴직금	12,200,000	상여			

1. **임원상여금 한도초과액**

   법인이 임원에게 지급하는 상여금 중 정관·주주총회·사원총회 또는 이사회의 결의에 의하여 결정된 급여지급기준에 의하여 지급하는 금액을 초과하여 지급한 경우 그 초과금액은 이를 손금에 산입하지 아니한다. 따라서 직원에 대한 상여금은 지급기준을 초과하여 지급한 경우라도 손금에 산입한다.

   ① 출자임원 A: $40,000,000 - (100,000,000 \times 20\%) = 20,000,000$

   ② 비출자임원 B: $19,000,000 - (70,000,000 \times 20\%) = 5,000,000$

2. **임원퇴직금 한도초과액**

   법인이 임원 또는 직원에게 지급하는 퇴직급여는 임원 또는 직원이 현실적으로 퇴직하는 경우에 지급하는 것에 한하여 이를 손금에 산입한다. 다만, 임원에게 지급하는 퇴직금은 다음 중 어느 하나에 해당하는 금액을 초과하는 금액은 손금에 산입하지 아니한다.

   > ① 정관에 퇴직급여(퇴직위로금 등을 포함)로 지급할 금액이 정하여진 경우에는 정관에 정하여진 금액
   > ② 위 ①의 규정이 없는 경우
   >   총급여액 × 10% × 근속연수(1년 미만은 월수로 계산하되, 1개월 미만은 제외)

   총급여액은 퇴직하는 날부터 소급하여 1년 동안의 총급여액(인정상여, 직무발명보상금, 비과세소득은 제외)으로 한다. 직원이 현실적인 퇴직으로 퇴직함에 따라 지급하는 퇴직금은 한도 없이 손금에 산입한다.

   $$50,000,000 - (70,000,000 + 14,000,000) \times 4\frac{6}{12} \times 10\% = 12,200,000$$

   $70,000,000 \times 20\%$

해커스 세무회계연습 2

제2장 손금과 손금불산입

다음은 ㈜한강의 제24기(2024. 1. 1. ~ 2024. 12. 31.) 사업연도 손익계산서에 비용으로 계상한 인건비 내역이다. 다음 자료를 이용하여 물음에 답하시오.

1. ㈜한강의 이사회 결의사항에 따르면, 임원의 상여 한도는 급여총액의 40%까지 지급할 수 있으며, 퇴직급여와 관련된 별도의 규정은 없다. 아래 제시된 연간 급여총액은 상여금을 제외한 것이며, 주주총회에서 승인된 금액이다.

2. 임원 갑의 연간 급여총액은 100,000,000원이며, 별도로 상여금 50,000,000원을 지급하였다. 한편, 갑은 2024. 12. 31.에 퇴사하였으며, 퇴사시점에 지급한 퇴직금은 100,000,000원이다. 갑은 2009. 1. 1.에 입사, 2018. 6. 10.에 임원으로 승진되었으며, 임원으로 승진하던 시점에 퇴직금을 수령하였다.

3. 본사 사옥 건설부문에 근무 중인 임원 을의 연간 급여총액은 80,000,000원이며, 별도로 상여금 50,000,000원을 지급하였다. 한편, 동 본사 사옥은 당기 말 현재 건설 중이다.

4. ㈜한강은 「상법」에 따라 아래의 조건으로 신주발행 방식의 주식매수선택권을 부여하였다. 주식매수선택권 행사 시 발행할 주식은 보통주(액면가액 1,000원)이고, 행사가능기간은 부여일로부터 3년이 경과한 날로부터 7년 이내이다. 주식매수선택권의 부여수량은 ㈜한강의 발행주식총수의 10%를 초과하지 않는다.

구분	1차	2차
부여일	2018. 12. 31.	2021. 7. 1.
행사가격	10,000원	12,000원
부여수량	50,000주	80,000주
당기 행사 주식 수	20,000주	–

5. ㈜한강은 1차로 부여된 주식매수선택권 중 직원 병이 20,000주를 행사함에 따라 신주(1주당 시가 15,000원)를 발행하면서 다음과 같이 회계처리하였다.

(차) 현금	200,000,000	(대) 자본금	20,000,000
주식선택권	100,000,000	주식발행초과금	280,000,000

[물음] 위 자료를 이용하여 ㈜한강의 제24기 사업연도 인건비 관련 세무조정을 임직원별로 다음 답안 양식에 제시하시오. 단, 2개 이상의 세무조정이 있는 경우에는 상계하지 말고 모두 표시하시오.

구분	익금산입·손금불산입			손금산입·익금불산입		
	과목	금액	소득처분	과목	금액	소득처분

| 해답 |

구분	익금산입·손금불산입			손금산입·익금불산입		
	과목	금액	소득처분	과목	금액	소득처분
갑	상여금	10,000,000	상여			
	퇴직급여	9,000,000	상여			
을	건설중인자산	112,000,000	유보			
	상여금	18,000,000	상여			
병				주식선택권	100,000,000	기타

1. 임원 갑

(1) 상여금 한도초과액

$50,000,000 - 100,000,000 \times 40\% = 10,000,000$

(2) 퇴직급여 한도초과액

> 1개월 미만 절사

$$100,000,000 - (100,000,000 + 40,000,000) \times 10\% \times 6\frac{6}{12} = 9,000,000$$

임원으로 승진하는 시점에서 퇴직금을 정산하였으므로 근속연수는 임원으로 재직한 기간을 기준으로 산정한다. 한편, 임원이 직원에서 임원으로 된 때에 퇴직급여를 지급하지 않은 경우에는 직원으로서 근무한 기간을 근속연수에 합산할 수 있다.

2. 임원 을

구분	금액	비고
건설중인자산	112,000,000	$80,000,000 + 80,000,000 \times 40\%$
임원상여금 한도초과	18,000,000	$50,000,000 - 80,000,000 \times 40\%$

본사 사옥 건축현장에서 근무하는 임직원의 인건비는 자산으로 처리한 후 감가상각하는 것이 원칙이다. 따라서 인건비를 당기 비용처리한 경우에는 이를 손금불산입(유보)하고, 향후 전기 상각부인액으로 의제한다. 다만, 임원상여금 한도초과액은 즉시 손금불산입하고 상여 처분한다.

3. 직원 병

주식매수선택권 행사에 따라 주식을 시가보다 낮게 발행한 경우 그 주식의 실제 행사가격과 시가의 차액을 손금에 산입한다.

손금산입액: $(15,000 - 10,000) \times 20,000주 = 100,000,000$

다음은 제조업을 영위하는 ㈜한국의 제24기(2024. 1. 1. ~ 2024. 12. 31.) 세무조정과 관련된 자료이다. 다음 자료를 이용하여 물음에 답하시오.

1. 이강남 씨는 2011. 1. 1. ㈜한국의 임원으로 입사하여 2024. 12. 31. 퇴사하며 퇴직금 500,000,000원을 수령하였다.

2. 정관에서 위임한 퇴직급여지급 규정에 따라 이강남 씨가 지급받을 퇴직금은 420,000,000원이지만, 재직기간의 공로를 감안하여 이사회 별도 결의로 퇴직위로금 80,000,000원을 추가하여 총 500,000,000원을 퇴직금으로 수령하였다.

3. 과거 3년간 ㈜한국이 이강남 씨에게 지급하거나 인정상여로 소득처분한 금액은 다음과 같다.

구분	급여 등	인정상여	비과세소득	합계
2017. 1. 1. ~ 2017. 12. 31.	60,000,000	–	5,000,000	65,000,000
2018. 1. 1. ~ 2018. 12. 31.	70,000,000	–	5,000,000	75,000,000
2019. 1. 1. ~ 2019. 12. 31.	80,000,000	–	5,000,000	85,000,000
2020. 1. 1. ~ 2020. 12. 31.	80,000,000	–	5,000,000	85,000,000
2021. 1. 1. ~ 2021. 12. 31.	90,000,000	–	5,000,000	95,000,000
2022. 1. 1. ~ 2022. 12. 31.	100,000,000	45,000,000	5,000,000	150,000,000
2023. 1. 1. ~ 2023. 12. 31.	120,000,000	30,000,000	5,000,000	155,000,000
2024. 1. 1. ~ 2024. 12. 31.	140,000,000	40,000,000	5,000,000	185,000,000

4. 2011. 12. 31.에 퇴직한다고 가정할 때 퇴직급여지급 규정에 따라 지급받을 퇴직소득금액은 50,000,000원이다.

[물음 1] ㈜한국이 제24기 사업연도에 이강남 씨에게 지급한 퇴직금과 관련하여 손금불산입할 금액을 계산하시오.

[물음 2] 이강남 씨의 퇴직금 중 근로소득에 해당하는 금액을 계산하시오.

[물음 1] 임원퇴직금 중 손금불산입액: 80,000,000

정관에서 위임된 퇴직급여지급 규정이 있는 경우 해당 규정에 의한 금액을 한도액으로 한다. 따라서 이사회 별도 결의로 지급한 퇴직위로금 80,000,000원은 「법인세법」상 손금에 해당하지 아니한다.

[물음 2]

1. 임원퇴직소득

구분	금액	비고
'11. 12. 31. 이전분	50,000,000	Max[①, ②] = 50,000,000 ① 50,000,000 _[11. 1. 1. ~ 11. 12. 31.]_ ② $420,000,000 \times \dfrac{12}{168} = 30,000,000$
'12. 1. 1. 이후분 (① + ②)	288,000,000	① $70,000,000 \times 30\% \times 8$년 _[2017. 1. 1. ~ 2019. 12. 31. 평균급여]_ ② $120,000,000 \times 20\% \times 5$년
합계	338,000,000	_[퇴직일로부터 소급하여 3년 평균급여]_

2. 임원퇴직금 중 근로소득

$80,000,000 + (420,000,000 - 338,000,000) = 162,000,000$

다음은 제조업을 영위하는 ㈜태백의 제24기 사업연도(2024년 1월 1일 ~ 2024년 12월 31일) 손익계산서상 인건비 자료이다. 아래 자료를 이용하여 물음에 답하시오.

1. 이사회 결의에 의한 급여지급기준에 따르면 상여금은 일반급여의 30%이며, 인건비의 내역은 다음과 같다.

구분	일반급여	상여금	퇴직급여
대표이사	150,000,000원	40,000,000원	-
상무이사	100,000,000원	50,000,000원	100,000,000원
회계부장	50,000,000원	100,000,000원	-
기타 직원	450,000,000원	250,000,000원	300,000,000원
합계	750,000,000원	440,000,000원	400,000,000원

① 상무이사는 2021년 6월 15일부터 근무하기 시작하여 2024년 12월 31일에 퇴사하였으며, 당사는 임원에 대한 퇴직급여 규정이 없다.

② 기타 직원의 퇴직급여 중 200,000,000원은 실제 퇴직한 자에게 지급한 것이며, 100,000,000원은 「근로자퇴직급여 보장법」의 규정에 따라 퇴직금을 중간정산하여 지급한 것이다.

2. 노동조합의 업무에만 종사하는 전임자의 급여로 지급한 금액은 40,000,000원이며, 이는 「노동조합 및 노동관계조정법」을 위반한 것이다.

[물음] ㈜태백의 제24기 인건비와 관련된 세무조정 및 소득처분을 다음의 답안 양식에 따라 제시하시오.

익금산입 및 손금불산입			손금산입 및 익금불산입		
과목	금액	소득처분	과목	금액	소득처분

익금산입 및 손금불산입			손금산입 및 익금불산입		
과목	금액	소득처분	과목	금액	소득처분
상무이사 상여금	20,000,000	상여			
상무이사 퇴직금	54,500,000	상여			
업무무관비용	40,000,000	기타소득			

$$100,000,000 - 45,500,000$$

1. **임원상여**

   임원의 상여금 중 정관·주주총회 또는 사원총회나 이사회의 결의에 의하여 결정된 급여지급기준을 초과하여 지급된 상여금에 한해 손금에 산입하지 아니한다.

   ① 대표이사: 40,000,000 < 45,000,000(이사회 결의에 따른 지급기준 이내 금액)

   ② 상무이사: 50,000,000 − 100,000,000 × 30% = 20,000,000(한도초과)

2. **임원퇴직금**

   임원이 현실적으로 퇴직함에 따라 지급하는 퇴직급여는 다음의 한도 내에서 손금에 산입된다.

   > ① 정관에 퇴직급여(퇴직위로금 등 포함)로 지급할 금액이 정하여진 경우에는 정관에 정하여진 금액
   > ② 위 ① 외의 경우에는 '총급여액 × 1/10 × 근속연수'

   근속연수는 1년 미만의 기간은 월수로 계산하되, 1월 미만의 기간은 이를 산입하지 아니한다.

   $$\text{상무이사 퇴직금 한도} = (100,000,000 + 30,000,000) \times 10\% \times 3\frac{6}{12} = 45,500,000$$

3. **직원퇴직금**

   직원의 퇴직금은 현실적으로 퇴직한 경우에는 전부 손금에 산입한다. 따라서 직원에게 퇴직급여지급 규정상의 금액을 초과하여 퇴직위로금 등을 지급하는 경우에도 손금산입이 인정된다. 「근로자퇴직급여 보장법」의 규정에 따라 퇴직금을 중간정산하여 지급하는 것은 현실적인 퇴직으로 본다.

4. **노동조합 전임자의 급여**

   「노동조합 및 노동관계조정법」을 위반하여 지급하는 급여는 업무와 관련 없는 지출로 보아 손금에 산입하지 아니하고 그 귀속자는 기타소득으로 과세한다.

㈜한국의 제24기 사업연도(2024. 1. 1. ~ 2024. 12. 31.)의 세무조정을 위한 주식선택권 등과 관련된 자료이다. 전기까지 세무조정은 적법하게 이루어졌다고 가정한다.

1. ㈜한국은 2023. 1. 1. 영업부서 임직원 100명(1인당 100개)에게 현금결제형 주가차액보상권을 부여하였으며, 관련 내용은 다음과 같다.

   (1) 부여된 주가차액보상권은 권리부여일로부터 2년간 근로용역제공을 전제로 약정된 시기에 권리행사시점의 ㈜한국 주식의 시가와 행사가격(3,000원)의 차액을 현금으로 보상받을 수 있으며, 해당 임직원은 2024년 말부터 향후 2년간 부여된 권리를 행사할 수 있다.

   (2) 2024. 12. 31. 당초 부여된 주가차액보상권의 40%인 4,000개의 권리가 행사되었다.

   (3) ㈜한국은 부여한 주가차액보상권과 관련하여 한국채택국제회계기준에 따라 회계처리하고 있으며, 2024. 12. 31. 다음과 같이 회계처리하였다.

(차) 주식보상비용	8,500,000	(대) 장기미지급비용	8,500,000
장기미지급비용	4,800,000	현금	4,000,000
		주식보상비용	800,000

2. ㈜한국은 2022. 1. 1. 생산부서 임직원 50명에게 1인당 100개의 주식선택권을 부여하였으며, 관련 내용은 다음과 같다.

   (1) 부여된 주식선택권은 권리부여일로부터 2년간 근로용역제공을 전제로 약정된 시기에 ㈜한국의 주식을 행사가격(3,000원)에 매수할 수 있는 것이며, 해당 임직원은 2024년 초부터 향후 3년간 부여된 권리를 행사할 수 있다.

   (2) 2024. 12. 31. 당초 부여된 주식선택권 전부인 5,000개의 권리가 행사되었다.

   (3) ㈜한국은 부여한 주식선택권과 관련하여 한국채택국제회계기준에 따라 회계처리하고 있으며, 권리부여일 현재 주식선택권의 단위당 공정가치는 240원이다.

   (4) ㈜한국은 2024. 12. 31. 주식선택권과 관련하여 다음과 같이 회계처리하였다.

(차) 현금	15,000,000	(대) 자본금	5,000,000
주식선택권	1,200,000	주식발행초과금	11,200,000

3. 각 시점별 ㈜한국 주식의 1주당 시가와 부여된 주가차액보상권 및 주식선택권의 단위당 공정가치는 다음과 같다.

구분	2023. 1. 1.	2023. 12. 31.	2024. 12. 31.
주식의 시가	3,000원	3,600원	4,000원
주가차액보상권의 공정가치	200원	700원	1,200원

4. 주가차액보상권 또는 주식선택권을 부여받은 ㈜한국의 모든 임직원은 2024. 12. 31.까지 계속 근무하였고, 부여한 주식선택권 등은 세법에서 정하는 성과급의 손금산입 요건을 충족한다.

[물음] 자료에 따라 ㈜한국의 제24기 사업연도 세무조정을 제시하시오.

| **해답** |

[손금불산입]	장기미지급비용	8,500,000	유보
[손금산입]	장기미지급비용(인건비)	4,800,000	△유보
[손금산입]	주식보상비용(인건비)	5,000,000	기타

1. 현금결제형 주식기준보상

현금결제형 주식매수선택권은 권리행사일이 속하는 사업연도의 손금으로 한다. 우선, 결산상 비용처리한 주식보상비용(8,500,000원)은 모두 손금불산입하고, 행사한 주식매수선택권의 시가와 행사가격의 차액(현금보상액)을 손금으로 처리한다.

> 현금보상액: (4,000 − 3,000) × 4,000주 = 4,000,000(→ 실제 현금보상액과 일치함)

다만, 현금결제형 주식보상의 경우 행사 전에 비용처리한 것은 손금에 산입할 수 없고, 손금부인할 때 유보로 처리하였으므로, 관련 부채를 소멸시킬 때 손금산입하고 △유보로 처리한다.

2. 신주교부형 주식기준보상

주식매수선택권을 부여받은 경우 약정된 주식매수시기에 주식매수선택권 행사에 따라 주식을 시가보다 낮게 발행하는 경우 그 주식의 시가와 행사가격의 차액은 손금으로 산입한다.

> 손금산입액: (4,000 − 3,000) × 5,000주 = 5,000,000

한편, 신주발행형 주식선택권을 세법상 재구성하면, 시가와 행사가격의 차이를 현금으로 지급하고 이를 다시 시가로 유상증자받은 것으로 본다.

(차) 인건비	5,000,000	(대) 현금	5,000,000
(차) 현금	20,000,000	(대) 자본금	5,000,000
		주식발행초과금	15,000,000

제 **3** 장

기업업무추진비, 기부금,
지급이자 및 업무용 승용차

Warm-up 문제

기업업무추진비 세무조정 종합 (1)

01 다음 제조업을 영위하는 영리 내국법인(중소기업) ㈜A의 제24기(2024. 1. 1. ~ 2024. 12. 31.) 기업업무추진비 관련 자료를 이용하여 기업업무추진비 관련 세무조정을 하시오. [회계사 17 수정]

> (1) 장부상 매출액은 35,000,000,000원으로 이 중 특수관계인 매출분은 12,000,000,000 원이다. 매출액과 관련된 내용은 다음과 같다.
>
> 　가. 일반매출에 대한 매출할인 100,000,000원 및 매출에누리 40,000,000원을 영업 외비용으로 회계처리하였다.
>
> 　나. 전기에 수탁자가 판매한 위탁매출액 500,000,000원(일반매출분)에 대하여 전기에 회계처리하지 않고 당기에 판매대금을 회수하면서 전액 손익계산서상 매출로 회계처 리하였다.
>
> 　다. 일반매출과 관련하여 영업외수익에 계상된 부산물매각대금은 140,000,000원이다.
>
> (2) 손익계산서상 기업업무추진비 계정으로 비용처리한 금액은 100,000,000원으로 다음의 금액이 포함되어 있다.
>
> 　가. 업무와 관련하여 사용되었으나 증빙누락분: 2,000,000원
>
> 　나. 업무와 관련하여 사용된 개인명의 신용카드 사용액: 4,000,000원(건당 3만원 초과)
>
> (3) 당해연도에 접대가 이루어졌으나 결제하지 못하고 장부에 계상하지 않은 금액 5,000,000 원이 있다.

┤ 해답 ├

1. 기업업무추진비 직부인
   [손금불산입] 증명서류불비　　　　2,000,000　　　(대표자상여)
   [손금불산입] 법적증명서류 미수취　4,000,000　(기타사외유출)

2. 미지급기업업무추진비
   [손금산입] 미지급기업업무추진비　5,000,000　　　　　(△유보)

3. 기업업무추진비 한도초과

구분	금액	비고
(1) 기업업무추진비	99,000,000	100,000,000 − 2,000,000 − 4,000,000 + 5,000,000
(2) 한도액	93,400,000	$36,000,000 + \left[\begin{array}{l}100억 \times 0.3\% + 125억^* \times 0.2\% \\ + 120억 \times 0.2\% \times 10\%\end{array}\right.$
(3) 한도초과	5,600,000	

   * 일반매출액: 350억 − 120억 − 1.4억 − 5억 + 1.4억 = 225억
   ① 매출할인과 매출에누리는 매출액에서 직접 차감하여야 한다.
   ② 기업회계기준에 따른 수익인식시기에 따라야 하므로 전기 매출누락액은 당기 매출액에서 차감한다.
   ③ 반제품·부산물·작업폐물 매출액은 수입금액에 포함한다.
   [손금불산입] 기업업무추진비 한도초과　5,600,000　(기타사외유출)

기업업무추진비 세무조정 종합 [2]

02 영리 내국법인 ㈜A는 제조업을 영위하는 중소기업이다. ㈜A의 제24기(2024. 1. 1. ~ 10. 31.) 사업연도에 대한 자료가 다음과 같을 경우 법인세법령상 기업업무추진비에 대한 손금불산입금액 중 기타사외유출로 소득처분되는 금액의 합계액을 계산하시오. (단, 주어진 자료 이외에는 고려하지 않음)

【세무사 23】

(1) 제24기 포괄손익계산서에 계상된 비용

항목	금액(원)	내역
복리후생비	3,000,000	㈜A의 직원이 조직한 조합(법인)에 지출한 복리시설비 (세금계산서를 통해 지출 사실이 확인됨)
대손상각비	10,000,000	원활한 업무진행을 위해 객관적으로 정당한 사유 없이 거래처(특수관계인 아님)와의 약정에 의하여 채권을 포기하고 이를 비용으로 계상한 금액
기업업무추진비	225,000,000	대표이사 자녀 결혼식 하객 식사비 15,000,000원 포함

(2) 상기 포괄손익계산서상 기업업무추진비 225,000,000원은 모두 한 차례의 접대에 지출한 금액이 3만원을 초과하며, 지출증빙서류가 없는 귀속불분명 금액 5,000,000원과 영수증을 수취하고 지출한 금액 4,000,000원을 제외하고는 신용카드를 사용하여 지출하였다.

(3) 제24기 수입금액(기업회계기준에 따라 계산된 제조업 매출액)은 650억원(사업연도 중에 중단된 사업부문에서 발생한 매출액 200억원과 특수관계인과의 거래에서 발생한 수입금액 90억원을 포함)이다.

─┤ 해답 ├─

1. 기업업무추진비 한도초과

구분	금액	근거
(1) 기업업무추진비	214,000,000	225,000,000(I/S) + 3,000,000(복리후생비) + 10,000,000(채권임의포기) − 15,000,000(업무무관비용) − 5,000,000(귀속불분명, 상여) − 4,000,000(적격증빙미수취)
(2) 한도액	142,070,000	$36,000,000 \times \dfrac{10}{12}$ + [100억원 × 0.3% + 400억원 × 0.2% + 60억원 × 0.03% + 90억원 × 0.03% × 10%]
(3) 한도초과	71,930,000	

2. 기타사외유출
4,000,000(적격증빙미수취) + 71,930,000(기업업무추진비 한도초과) = 75,930,000

기부금 종합

03 다음은 ㈜A의 제24기 사업연도(2024년 1월 1일 ~ 2024년 12월 31일) 법인세 신고 관련 자료이다. 제24기 기부금 한도초과(미달)액을 계산하시오.

1. 손익계산서상 기부금 내역은 다음과 같다.

일자	구분	금액
3. 15.	이재민 구호금품	20,000,000원
5. 10.	사립대학교 장학금	15,000,000원
7. 20.	사회복지법인 기부금	30,000,000원
9. 12.	영업자단체 협회비	10,000,000원

① 이재민 구호금품은 천재지변에 의한 이재민에게 자사제품(시가 30,000,000원)으로 기부한 것이다.
② 사립대학교 장학금은 대표이사의 모교인 사립대학교에 약속어음(결제일 2025년 1월 20일)으로 기부한 것이다.
③ 사회복지법인 기부금은 사회복지법인의 고유목적사업비를 현금으로 기부한 것이다.
④ 영업자단체 협회비는 영업자가 조직한 단체로서 주무관청에 등록된 단체에 납부한 회비이며, 특별회비(경비충당된 것이 아님) 3,000,000원이 포함되어 있다.

2. ㈜A의 결산서상 당기순이익은 225,000,000원, 법인세비용은 7,000,000원이며, 세무상 이월결손금은 없다.

┤ **해답** ├

1. 관련 세무조정

[손금불산입] 법인세비용　　7,000,000　　(기타사외유출)
[손금불산입] 특별회비　　　3,000,000　　(기타사외유출)
[손금불산입] 미지급기부금　15,000,000　　　　(유보)

① 영업자단체 협회비 중 일반경비는 전액 손금 인정되고 특별회비는 업무무관비용으로 손금불산입한다.
② 특례기부금 단체에 현물기부는 장부가액으로 평가하되 별도로 세무조정하지 않는다.

2. 차가감소득금액

$225,000,000 + 7,000,000 + 3,000,000 + 15,000,000 = 250,000,000$

3. 기준소득금액

$250,000,000 + 20,000,000(특례) + 30,000,000(일반) = 300,000,000$

4. 한도초과액 및 손금산입

구분	지출액	한도액	한도초과액
특례기부금	20,000,000	$300,000,000 \times 50\% = 150,000,000$	
일반기부금	30,000,000	$(300,000,000 - 20,000,000) \times 10\% = 28,000,000$	2,000,000

기부금 세무조정 후 각사업연도소득금액

04 다음은 ㈜서울(중소기업 아님)의 당기 제24기 사업연도(2024. 1. 1. ~ 12. 31.)의 기부금 관련 자료이다. 제24기의 각사업연도소득금액을 계산하시오. (단, ㈜서울은 사업연도 종료일 현재 「사회적 기업 육성법」에 따른 사회적 기업이 아니다) 【세무사 20】

> (1) 조정 후 소득금액: 97,000,000원
>   조정 후 소득금액은 전기 이전 기부금 한도초과액의 이월손금산입과 당기 기부금 관련 세무조정만을 제외한 모든 세무조정이 이루어진 상태이다.
>
> (2) 손익계산서에 계상된 기부금 내역
>   ① 천재지변으로 생기는 이재민을 위한 구호금품의 가액: 13,000,000원
>   ②「사립학교법」에 따른 사립학교가 운영하는 병원에 시설비로 지출하는 기부금: 5,000,000원
>   ③ 법령에 정한 종교단체에 지출한 기부금: 10,000,000원
>   ④ 새마을금고에 지출한 기부금: 3,000,000원
>
> (3) 제23기에 발생한 세무상 미공제 이월결손금: 7,000,000원
>
> (4) 제19기에 발생한 특례기부금 한도초과액 미사용 이월잔액 2,000,000원이 있다.
>
> (5) 제20기에 발생한 일반기부금 한도초과액 미사용 이월잔액 3,000,000원이 있다.

─| **해답** |─

1. 기준금액

97,000,000 + 3,000,000(비지정) + 18,000,000(특례) + 10,000,000(일반) − 7,000,000* = 121,000,000
* 이월결손금: Min(128,000,000 × 80%, 7,000,000) = 7,000,000

2. 특례기부금

구분	지출액	한도액	전기 이월액 손금	한도초과액
전기	2,000,000	2,000,000	2,000,000	
당기	18,000,000	58,500,000		
합계	20,000,000	60,500,000*	2,000,000	

* 한도액: 121,000,000 × 50% = 60,500,000

3. 일반기부금

구분	지출액	한도액	전기 이월액 손금	한도초과액
전기	3,000,000	3,000,000	3,000,000	
당기	10,000,000	7,100,000		2,900,000
합계	13,000,000	10,100,000*	3,000,000	2,900,000

* 한도액: (121,000,000 − 20,000,000) × 10% = 10,100,000

4. 각사업연도소득금액

100,000,000 − (2,000,000 + 3,000,000) + 2,900,000 = 97,900,000

05 다음은 법인세법령상 중소기업에 해당하는 영리 내국법인 ㈜A의 제24기(2024. 1. 1. ~ 12. 31.) 사업연도에 대한 자료이다. 제24기 사업연도의 법인세 과세표준 및 세액조정계산서에 들어갈 기부금한도초과액을 계산하시오. (단, 전기 및 당기의 과세표준 및 세액은 적법하게 신고하였고, 기부금한도초과이월액 손금산입은 없는 것으로 가정함. 주어진 자료 이외에는 고려하지 않음)

【세무사 23】

(1) 제24기 사업연도 법인세 과세표준 및 세액조정계산서(일부)

(단위: 원)

사업연도: 2024. 1. 1. ~ 12. 31.	법인세 과세표준 및 세액조정계산서		법인명: ㈜A	
① 각 사업연도 소득계산	⑩ 결산서상 당기순손익		01	4,000,000
	소득조정금액	⑫ 익금산입	02	14,000,000
		⑬ 손금산입	03	45,000,000

(2) ㈜A는 제24기 사업연도에 세무상 결손금이 발생하였으며, 발생한 결손금 전액에 대해서 소급공제를 받고자 한다. 이를 위해 법인세법령상 중소기업의 결손금 소급공제에 따른 환급 규정에 따라서 계산된 금액 900,000원을 적법하게 환급 신청하였다.

(3) 제23기 사업연도의 법인세 산출세액과 각 사업연도 소득에 대한 과세표준은 각각 33,000,000원(토지 등 양도소득에 대한 법인세액 15,000,000원이 포함되어 있음)과 200,000,000원이다.

(4) 제23기 법인세 세율은 과세표준 2억원까지 9%, 2억원 초과분은 19%로 가정한다.

│ 해답 │

제24기 과세표준 및 기부금한도초과 추정

구분	금액	비고	계산순서
1. 차가감소득금액	△27,000,000	4,000,000 + 14,000,000 − 45,000,000	①
2. 기부금한도초과	17,000,000		③
3. 과세표준	△10,000,000	소급공제 신청한 결손금: 900,000 ÷ 9%	②

업무무관자산

06 제조업을 영위하는 영리 내국법인 ㈜A의 제24기(2024. 1. 1. ~ 2024. 12. 31.) 차입금 및 업무무관자산 관련 자료이다. 「법인세법」상 손금불산입으로 세무조정하는 지급이자 중에서 기타사외유출로 소득처분되는 금액의 합계액을 계산하시오. (단, 2024년은 365일로 가정한다)

【회계사 20】

(1) 손익계산서상 지급이자의 내역

구분	이자율	이자비용	차입금 적수
사채이자*	20%	3,000,000원	5,490,000,000원
은행차입금	10%	10,000,000원	36,500,000,000원

* 채권자 불분명 사채이자로 동 이자와 관련하여 원천징수하여 납부한 세액은 1,260,000원이다.

(2) 재무상태표상 전기에 특수관계인으로부터 취득하여 보유하고 있는 업무무관자산(취득가액: 20,000,000원, 취득 당시 시가: 12,000,000원)에 대한 전기 세무조정은 정확하게 이루어졌고 취득 이후 변동내역은 없다.

(3) 재무상태표상 대여금 5,000,000원(적수: 1,825,000,000원)은 업무와 관련이 없는 특수관계인에 대한 것이다.

─┤ **해답** ├─

지급이자 손금불산입(기타사외유출)

구분	금액	비고
1. 채권자 불분명	1,260,000	1,740,000(대표자상여)
2. 업무무관이자	2,500,000	$10,000,000 \times \dfrac{20,000,000 \times 365 + 1,825,000,000}{36,500,000,000}$
합계	3,760,000	

특수관계인으로부터 업무무관자산을 고가매입한 경우 매입가액을 업무무관자산금액으로 한다.

건설자금이자

07 제조업을 영위하는 내국법인 ㈜A의 차입금 관련 자료를 이용하여 제24기 사업연도(2024. 1. 1. ~ 2024. 12. 31.)와 제25기 사업연도(2025. 1. 1. ~ 2025. 12. 31.) 의 건설자금이자에 관한 세무조정을 하시오. 【회계사 10】

> (1) 차입금 관련 명세서
>   가. 차입목적: 사업용 본사건물 신축
>   나. 은행 차입금 금액: 800,000,000원 (이자율: 연리 8%)
>   다. 차입기간: 2024. 7. 1. ~ 2025. 6. 30.
>   라. ㈜A는 이자비용을 월할 계산에 의하여 손익계산서상 비용으로 계상하였다.
> (2) 차입금 운용 명세서
>   가. 600,000,000원은 사업용 본사건물 신축에 사용하였다.
>   나. 200,000,000원의 사용용도는 불분명하다.
> (3) 본사건물 신축 공사기간: 2024. 9. 1. ~ 2025. 2. 28.
> (4) ㈜A는 본사건물에 대한 감가상각비를 계산하지 않았으며, 본사건물에 대한 제25기 감가상각범위액은 5,000,000원이다.

| **해답** |

1. 건설자금이자

구분	제24기	제25기
건설자금이자	600,000,000 × 8% × 4/12 = 16,000,000	600,000,000 × 8% × 2/12 = 8,000,000
내용	손금불산입하고 부인액은 준공 후 상각부인액으로 의제	즉시상각의제 적용
세무조정	[손금불산입] 건설중인자산 16,000,000 (유보)	[손금불산입] 감가상각비 3,000,000 (유보)

2. 감가상각 시부인

구분	금액	비고
(1) 회사상각비	8,000,000	즉시상각의제
(2) 상각범위액	5,000,000	
(3) 시부인액	3,000,000	손금불산입

업무용 승용차

08 ㈜A는 제조업을 영위하는 영리 내국법인이다. ㈜A의 제24기 사업연도(2024. 1. 1. ~ 12. 31.)의 임원전용 업무용 승용차 관련 자료가 다음과 같을 경우 손금불산입 금액을 계산하시오. (단, 주어진 자료 이외에는 고려하지 않음) 【세무사 22】

> (1) ㈜A는 업무전용 자동차보험에 가입하였고 업무용 승용차 운행기록부를 작성·비치하고 있으며, 제24기 사업연도의 상시근로자 수는 10인이다.
>
> (2) ㈜A는 리스회사인 ㈜B에서 제24기 초에 운용리스(리스기간 3년)로 임원전용 업무용 승용차를 임차하였다.
>
> (3) 제24기 사업연도에 발생한 업무용 승용차 관련 비용은 다음과 같다.
>
> | 구분 | 손익계산서에 계상한 비용 |
> |---|---|
> | 리스료 | 30,000,000원 |
> | (상기 리스료에 포함되어 있는 항목) | |
> | – 자동차보험료 | 3,000,000원 |
> | – 자동차세 | 2,000,000원 |
> | – 수선유지비 | 1,750,000원 |
> | 기타 유지비 | 3,000,000원 |
>
> (4) 제24기 사업연도 운행기록: 총주행거리 20,000km, 업무용 사용거리 15,000km

┤ 해답 ├

[1단계] 임차차량(운용리스차량)이므로 강제상각에 관한 규정은 검토하지 않음

[2단계] 업무 미사용금액 손금불산입

취득 관련 비용	유지 관련 비용	업무사용비율	업무사용금액	업무 외 사용금액
23,250,000*	9,750,000	75%	24,750,000	8,250,000

* 감가상각비 상당액: 30,000,000 − 3,000,000 − 2,000,000 − 1,750,000 = 23,250,000

[3단계] 감가상각비 연간 한도초과

23,250,000 × 75% − 8,000,000 = 9,437,500 (손금불산입, 기타사외유출)

손금불산입 금액: 8,250,000 + 9,437,500 = 17,687,500

제조업을 영위하는 ㈜한국(중소기업 아님)의 제24기(2024. 1. 1. ~ 2024. 12. 31.) 손익계산서상 기업업무추진비는 120,000,000원이며 관련 자료는 다음과 같다. 아래 자료를 이용하여 물음에 답하시오.

1. 일반기업업무추진비(문화기업업무추진비와 전통시장 사용분은 없음)내역

구분	건당 3만원 이하	건당 3만원 초과	합계
신용카드매출전표 수취[1]	3,000,000	59,000,000	62,000,000
영수증 수취[2]	5,000,000	15,000,000	20,000,000
증명서류 미수취[3]	–	8,000,000	8,000,000
합계	8,000,000	82,000,000	90,000,000

[1] 건당 3만원 초과한 기업업무추진비 중 신용카드매출전표 수취한 금액에는 ㈜한국의 임원이 개인카드를 사용하여 거래처를 접대하고 지출한 10,000,000원이 포함되어 있다.

[2] 영수증 수취한 금액은 모두 해외출장 시 거래처 접대와 관련하여 발생한 비용으로 현금 외에 다른 지출수단이 없어 영수증을 수취하였다.

[3] 증명서류 미수취한 기업업무추진비 8,000,000원은 ㈜한국의 제품(원가 7,000,000원, 시가 10,000,000원)을 거래처에 접대 목적으로 제공하고 다음과 같이 회계처리한 금액이다.

（차) 기업업무추진비 　　8,000,000　　（대) 제품 　　　　　　7,000,000
　　　　　　　　　　　　　　　　　　　　　　　부가세예수금 　　1,000,000

2. 경조사비
   회사는 내부 지급 규정에 따라 임직원에게 사회통념상 타당하다고 인정되는 범위 안에서 경조사비 30,000,000원을 지급하고 기업업무추진비로 처리하였다.

3. 기업회계기준에 따른 회사의 매출액은 30,000,000,000원이고 당해 금액에는 특수관계인과의 거래에서 발생한 매출액 10,000,000,000원이 포함되어 있다.

[물음] ㈜한국의 제24기 사업연도 세무조정을 소득금액조정합계표에 제시하시오.

익금산입·손금불산입			손금산입·익금불산입		
과목	금액	소득처분	과목	금액	소득처분
법정증명서류 미수취	10,000,000	기타사외유출			
기업업무추진비 한도초과액	19,000,000	기타사외유출			

1. 기업업무추진비 직부인(법정증명서류 미수취)

   ① 신용카드 등은 해당 법인의 명의로 발급받은 것에 한하여 법정증명서류로 인정한다. 따라서 임직원명의의 신용카드를 사용한 경우는 법정증명서류를 수취한 것으로 보지 않는다.

   ② 지출사실이 객관적으로 명백한 경우로서 증거자료를 구비하기 어려운 국외지역에서 지출하거나 농어민으로부터 직접 재화를 공급받은 경우에는 법정증명서류 수취 의무를 면제한다. 따라서 해외출장과 관련하여 영수증을 수취한 것은 직부인하지 않는다.

2. 기업업무추진비 해당액

   120,000,000 − 10,000,000(직부인) + 3,000,000(현물기업업무추진비) − 30,000,000(직원 경조사비)
   = 83,000,000

   직원 경조사비는 직접 또는 간접적으로 업무와 관련이 있는 자와 업무를 원활하게 진행하기 위하여 지출한 금액에 해당하지 않는다. 일반 복리후생비에 해당하므로 기업업무추진비에서 제외한다.

3. 기업업무추진비 한도초과액

(1) 기업업무추진비 한도액

$$12,000,000 + \left[\begin{array}{l} 100억원 \times 0.3\% + 100억원 \times 0.2\% \\ + 100억원 \times 0.2\% \times 10\% \end{array} \right. = 64,000,000$$

(2) 기업업무추진비 한도초과액

   83,000,000 − 64,000,000 = 19,000,000

다음은 제조업을 영위하는 ㈜소백(중소기업)의 제24기 사업연도(2024년 1월 1일 ~ 2024년 12월 31일) 법인세 관련 자료이다. 다음 자료를 이용하여 물음에 답하시오.

1. 손익계산서상 매출액은 35,000,000,000원이며 매출과 관련된 자료는 다음과 같다.

   ① 영업외손익에 부산물 판매액 1,500,000,000원이 계상되어 있다.

   ② 당기 말에 수탁자가 판매한 10,000,000,000원을 제25기 초 대금회수 시 매출액으로 회계처리하였다.

   ③ 손익계산서상 매출액에는 특수관계인에 대한 매출액 10,000,000,000원이 포함되어 있다.

2. 손익계산서상 판매비와 관리비에 계상된 기업업무추진비는 189,000,000원이다. 이 중 증빙이 없는 기업업무추진비는 2,500,000원이며 그 외의 기업업무추진비 내역은 다음과 같다.

구분	건당 3만원 이하	건당 3만원 초과	합계
영수증 수취건	1,500,000원	12,000,000원	13,500,000원
신용카드 매출전표 수취건	16,000,000원	85,000,000원*	101,000,000원
세금계산서 수취건	10,000,000원	62,000,000원	72,000,000원
합계	27,500,000원	159,000,000원	186,500,000원

   * 임원 개인명의의 신용카드를 사용하여 거래처에 접대한 금액 5,000,000원이 포함됨

3. 손익계산서에는 다음의 사항이 포함되어 있다.

   ① 상시 거래관계에 있는 거래처 100곳에 개당 80,000원(부가가치세 포함)의 시계를 광고선전품으로 제공한 금액 8,000,000원을 광고선전비로 회계처리하였다.

   ② 자체 생산한 제품(원가 3,000,000원, 시가 5,000,000원)을 거래처에 제공하고 다음과 같이 회계처리하였다.

(차) 복리후생비	5,000,000	(대) 제품	3,000,000
세금과공과	500,000	잡이익	2,000,000
		부가세예수금	500,000

   ③ 거래관계 개선을 위해 약정에 따라 매출채권 15,000,000원을 대손상각비로 회계처리하였다.

[물음 1] ㈜소백의 기업업무추진비 한도초과액을 계산하기 위한 시부인대상 기업업무추진비 해당액을 제시하시오.

[물음 2] [물음 1]의 정답과 관계없이 시부인대상 기업업무추진비 해당액을 200,000,000원으로 가정하고 ㈜소백의 기업업무추진비 한도액과 기업업무추진비 한도초과액을 계산하시오.

─┤ 해답 ├─

[물음 1]

시부인대상 기업업무추진비 해당액	198,000,000	189,000,000 − 2,500,000 − 12,000,000(영수증) − 5,000,000 (개인 카드) + 8,000,000 + 5,500,000 + 15,000,000

1. 광고선전용 기증품

(1) 불특정다수인에게 지급한 경우: 전액 광고선전비로 보아 손금 인정한다.

(2) 특정인에게 지급한 경우

   ① 1인당 연간 5만원을 초과하지 않는 경우는 광고선전비로 보아 손금 인정한다.

   ② 1인당 연간 5만원을 초과하는 경우에는 전액 기업업무추진비로 의제한다.

     (이 경우 개당 3만원 이하의 물품은 제외함)

2. 부가가치세

   사업상 증여에 대한 부가가치세는 기업업무추진비에 대한 부대비용이므로 기업업무추진비에 포함한다.

[물음 2]

기업업무추진비 한도액	121,000,000	36,000,000 + 85,000,000
기업업무추진비 한도초과액	79,000,000	200,000,000 − 121,000,000

1. 기업업무추진비 관련 수입금액

(1) 일반 수입금액

   35,000,000,000 + 1,500,000,000(부산물 판매액) + 10,000,000,000(수탁자 판매, 당기 매출누락)
   − 10,000,000,000(특수관계인 매출액) = 36,500,000,000

(2) 특정 수입금액(특수관계인 매출액): 10,000,000,000

2. 기업업무추진비 한도액

$$36,000,000 + \left[\begin{array}{l} 100억원 \times 0.3\% + 265억원 \times 0.2\% \\ + 100억원 \times 0.2\% \times 10\% \end{array} \right. = 121,000,000$$

다음은 중소기업인 ㈜금강의 제24기 사업연도(2024년 1월 1일 ~ 2024년 12월 31일) 법인세 신고 관련 자료이다. 아래 자료를 이용하여 물음에 답하시오.

1. 손익계산서상 매출액 15,000,000,000원은 매출환입 200,000,000원, 사전약정 없는 매출할인 100,000,000원이 차감된 금액이다.

2. 손익계산서상 기업업무추진비는 70,000,000원(미지급기업업무추진비 8,000,000원 포함)이고, 기업업무추진비 지출건당 3만원 초과분 중 신용카드 등 적격증명서류를 수취하지 못한 금액은 10,000,000원이다.

3. 손익계산서상 판매촉진비에는 ㈜금강의 제품 A(원가 15,000,000원, 시가 20,000,000원)를 특수관계 없는 거래처에 접대 목적으로 제공하고 다음과 같이 회계처리한 금액이 포함되어 있다.

(차) 판매촉진비	17,000,000	(대) 매출	15,000,000
		부가가치세예수금	2,000,000
(차) 매출원가	15,000,000	(대) 제품	15,000,000

[물음] ㈜금강의 제24기 사업연도 기업업무추진비 관련 세무조정을 다음 답안 양식에 제시하시오.

세무조정	과목	금액	소득처분

세무조정	과목	금액	소득처분
손금불산입	법정증명서류 미수취	10,000,000	기타사외유출
손금불산입	기업업무추진비 한도초과액	6,030,000	기타사외유출

1. 기업업무추진비 직부인(적격증명서류 미수취 기업업무추진비)

   신용카드 등 적격증명서류를 수취하지 못한 경우에는 이를 손금불산입하고, 기타사외유출로 처분한다. 만약, 증명서류 자체를 수취하지 못한 경우에는 이를 손금불산입하고 대표자상여로 처분하여야 한다.

2. 기업업무추진비 해당액

   70,000,000 − 10,000,000(직부인) + 22,000,000(현물기업업무추진비) = 82,000,000

   ① 기업업무추진비의 손금귀속시기는 지출한 사업연도로 한다. 이때 지출의 의미는 접대행위가 이루어진 것을 뜻한다. 따라서 기업업무추진비는 발생기준에 따른다.

   ② 현물기업업무추진비의 금액은 접대했을 때의 장부가액과 시가 중 큰 금액으로 한다. 현물접대가 「부가가치세법」에 따른 사업상 증여에 해당하는 경우에는 매출세액을 부담하는바, 이 경우의 매출세액은 기업업무추진비에 포함한다. 회사는 현물기업업무추진비를 모두 손익계산서에 판매촉진비로 처리하였으므로 손익계산서에 누락된 기업업무추진비 22,000,000원을 모두 기업업무추진비 해당액에 가산한다.

3. 기업업무추진비 한도초과액

(1) 기준수입금액

   15,000,000,000 − 15,000,000(현물접대 매출) = 14,985,000,000

   ① 매출환입과 매출할인(사전약정 유무에 관계없음)은 모두 매출차감항목이다. 이를 손익계산서상 매출액에서 차감하였으므로 별도로 차감하지는 않는다.

   ② 기업회계기준상 매출액을 기준으로 하므로 현물접대분에 대하여 매출로 인식한 것은 차감한다.

(2) 기업업무추진비 한도액

   36,000,000 + (100억원 × 0.3% + 4,985,000,000 × 0.2%) = 75,970,000

(3) 기업업무추진비 한도초과액

   82,000,000 − 75,970,000 = 6,030,000

다음은 ㈜서울의 제24기 사업연도(2024. 1. 1. ~ 2024. 12. 31.)의 법인세 신고 자료이다. 아래 자료를 이용하여 물음에 답하시오.

1. 손익계산서에 계상된 기업업무추진비 계정의 내역

구분	건당 3만원 이하분	건당 3만원 초과분	합계
증명서류 미수취	–	5,000,000	5,000,000
직원명의 신용카드	200,000	3,000,000	3,200,000
법인명의 신용카드	500,000	10,000,000[1]	10,500,000
간이영수증	300,000	1,000,000[2]	1,300,000
합계	1,000,000	19,000,000	20,000,000

[1] 동 금액에는 위장가맹점에서 교부받은 것으로 밝혀진 것이 2,000,000원 포함되어 있다.

[2] 거래처에 추석선물로 농산물을 선물하였는데, 농민으로부터 직접 재화를 구입한 것이며, 금융기관을 통해 송금하였다. (법인세 신고 시 송금명세서를 제출함)

2. 손익계산서에 계상된 대손상각비 내역 중 일부

① 거래처의 채권을 소멸시효가 완성될 때까지 아무런 조치를 취하지 않음에 따라 포기하게 된 채권에 대한 대손상각비: 22,000,000원(부가가치세 포함)

② 특수관계 없는 거래처의 부도발생으로 동 채권의 조기회수를 위하여 채권의 일부를 불가피하게 포기한 채권에 대한 대손상각비: 30,000,000원(부가가치세 제외)

3. 회사의 복리후생비 및 광고선전비 계정에는 다음의 사항이 포함되어 있다.

① 직원이 조직한 법인에 지출한 시설비: 2,000,000원

② 직원이 조직한 동호회(법인 아님)에 지출한 운영비: 3,000,000원

③ 광고선전용으로 특정고객에게 지급한 물품: 4,000,000원

(개당 40,000원, 총 100명의 고객에게 지급)

4. 제24기 기업업무추진비 중 일부를 이익조절 목적으로 선급비용(5,000,000원)으로 처리하였으며, 모두 적격증빙을 갖추었다.

5. 회사의 기업업무추진비 한도액은 20,000,000원으로 가정한다.

[물음] ㈜서울의 제24기 사업연도 세무조정을 소득금액조정합계표에 제시하시오.

익금산입 · 손금불산입			손금산입 · 익금불산입		
과목	금액	소득처분	과목	금액	소득처분
증명서류불비	5,000,000	상여	선급비용	5,000,000	유보
법정증명서류 미수취	5,000,000	기타사외유출			
기업업무추진비 한도초과액	19,000,000	기타사외유출			

2,000,000(위장가맹점) + 3,000,000(직원명의 신용카드)

1. 기업업무추진비 직부인

   ① 증명서류를 수취하지 않은 기업업무추진비는 손금불산입하고 대표자상여로 처분한다.

   ② 신용카드 등을 사용하였으나, 재화 또는 용역을 공급하는 신용카드 등의 가맹점이 아닌 다른 가맹점의 명의로 작성된 신용카드매출전표 등을 교부받은 경우에는 신용카드 등을 사용하지 아니한 것으로 본다. 따라서 손금불산입하고 기타사외유출로 처분한다.

   ③ 건당 3만원 초과의 기업업무추진비 지출액은 법인명의의 신용카드를 사용한 경우에 한하여 기업업무추진비로 인정하며, 임직원명의의 신용카드를 사용하거나 간이영수증 등을 수취한 경우에는 손금불산입한다. 단, 간이영수증을 수취한 경우라도 농어민으로부터 직접 재화를 공급받는 경우의 지출로서 금융기관을 통하여 송금하고 법인세 신고 시 송금명세서를 첨부한 경우에는 적격기업업무추진비로 간주하고 한도 내에서 손금에 산입한다.

2. 기업업무추진비 해당액

   20,000,000 − 10,000,000(직부인) + 22,000,000(채권의 임의포기) + 2,000,000(직원이 조직한 법인인 단체) + 5,000,000(선급비용) = 39,000,000

   (1) 채권의 임의포기

   ① 약정에 의하여 채권의 전부 또는 일부를 포기하는 경우 동 채권포기액은 대손금으로 보지 아니하고 업무관련성에 따라 기업업무추진비 또는 기부금으로 본다. 또한, 아무런 채권회수조치를 취하지 않음에 따라 소멸시효가 완성된 경우에는 동 채권을 임의포기한 것으로 보아 기업업무추진비 또는 기부금으로 본다. 한편, 관련 부가가치세는 「부가가치세법」상 대손세액공제 적용대상이 아니다.

   ② 특수관계인 외의 자와의 거래에서 발생한 채권으로서 채무자의 부도발생 등으로 장래에 회수가 불확실한 어음·수표상의 채권 등을 조기에 회수하기 위하여 당해 채권의 일부를 불가피하게 포기한 경우 동 채권의 일부를 포기하거나 면제한 행위에 객관적으로 정당한 사유가 있는 때에는 동 채권포기액을 대손금으로 손금에 산입한다.

   (2) 소액 광고선전비

   광고선전 목적으로 특정인에게 기증한 물품의 구입비용이 연간 5만원 이내의 금액인 경우 그 금액에 대하여는 손비로 인정한다. 이 경우 개당 구입비용이 3만원 이하인 물품은 연간 5만원 한도 계산 시 포함되지 아니한다. 따라서 40명에게 개당 3만원을 초과하여 지급하였더라도 1인당 연간 5만원 이내에서 지출한 것은 광고선전비로 본다. 한편, 견본품으로 제공한 것은 금액에 관계없이 광고선전비로 본다.

   (3) 직원이 조직한 단체에 지출한 복리시설비

   직원이 조직한 조합 또는 단체에 지출한 복리시설비는 직원이 조직한 단체가 법인인 경우에는 기업업무추진비, 법인이 아닌 경우에는 일반 경비로 처리한다.

   (4) 선급비용

   회사가 기업업무추진비 지출액을 임의로 선급비용으로 계상한 경우에는 이를 손금산입하고 유보 처분하며, 동 금액을 기업업무추진비 해당액에 포함한다.

3. 기업업무추진비 한도초과액: 39,000,000 − 20,000,000 = 19,000,000

다음은 제조업 및 부동산 임대업을 영위하는 중소기업인 ㈜대한의 제24기 사업연도(2024. 1. 1. ~ 2024. 12. 31.)의 기업업무추진비 등에 관한 자료이다. 아래 자료를 이용하여 물음에 답하시오.

1. 손익계산서상 수익내역은 다음과 같다.

   ① 매출액은 10,000,000,000원(제품매출액 9,800,000,000원, 본사 건물의 임대료수입 200,000,000원)이며, 제품매출액 중 1,000,000,000원은 특수관계인에 대한 매출액이다.

   ② 영업외수익 700,000,000원(기계장치의 임대료수입 500,000,000원, 부산물매각대 200,000,000원)

2. 손익계산서상 기업업무추진비 계정총액은 70,000,000원이며 다음의 항목이 포함되어 있다.

   ① 임직원의 단합을 위하여 지출한 회식비 2,000,000원

   ② 거래처 임원 자녀의 결혼축의금 지급액 500,000원(1회, 적격증명서류 미수취)

   ③ 임원 개인명의의 신용카드를 사용한 거래처 접대액 3,000,000원(거래건당 3만원 초과분)

   ④ 거래처에게 접대용으로 제공한 생산제품의 시가 1,000,000원(적격증명서류 미수취)

3. 기업업무추진비 이외의 비용 계정에는 다음의 사항이 포함되어 있다.

   ① 직원이 구성한 노동조합으로 법인인 단체에 지출한 복리시설비 5,000,000원

   ② 약정에 따라 포기한 거래처 매출채권에 대한 대손상각비 10,000,000원

   ③ 기업업무추진비 관련 부가가치세 불공제매입세액 400,000원

   ④ 생산한 제품으로 거래처에게 제공한 기업업무추진비에 대한 부가가치세 매출세액 100,000원

   ⑤ 사전약정 없이 특정거래처에게 지급한 판매장려금 1,200,000원

[물음 1] ㈜대한의 제24기 사업연도 기업업무추진비에 대한 세무조정을 하시오.

[물음 2] ㈜대한이 중소기업이 아니며 부동산 임대업을 주된 사업으로 하는 법령으로 정한 기업업무추진비 한도액 축소대상 특정내국법인인 경우 ㈜대한의 제24기 사업연도 기업업무추진비 한도초과액을 계산하시오. 단, 기업업무추진비 한도초과액 계산 시 기업업무추진비 해당액은 50,000,000원(문화기업업무추진비 1,000,000원 포함, 전통시장 사용분은 없음)이고 수입금액은 5,000,000,000원으로 한다.

[물음 1]

[손금불산입]	법정증명서류 미수취	3,500,000	기타사외유출
[손금불산입]	기업업무추진비 한도초과액	16,120,000	기타사외유출

1. 기업업무추진비 직부인(법정증명서류 미수취)
   ① 임원 개인명의의 신용카드 사용액은 법정증명서류로 인정하지 않으며, 20만원 초과 경조사비 중 법정증명서류 미수취분은 손금불산입하고 기타사외유출로 처분한다.
   ② 현물기업업무추진비의 경우 신용카드매출전표 등이나 신용카드 등 법정증명서류 수취 의무 규정을 적용하지 않는다.

2. 기업업무추진비 해당액
   70,000,000 − 3,500,000(직부인) − 2,000,000(회식비) + 5,000,000(법인 직원 단체) + 10,000,000(채권의 임의포기) + 400,000(기업업무추진비 관련 부가가치세) + 100,000(사업상 증여, 부가가치세) = 80,000,000
   ① 임직원 회식비는 복리후생비로 전액 손금에 산입하고, 기업업무추진비 해당액에서 제외한다.
   ② 직원이 조직한 단체가 법인인 경우에는 해당 단체에 지출한 복리시설비는 기업업무추진비로 본다. 실제 출제는 복리시설비가 아닌 운영비로 출제되었다. 관련 조문에 따르면 복리시설비에 한하고 있으므로 운영비로 지출한 것은 전액 손금불산입할 수도 있다. 그러나 복리시설비를 운영비로 오기한 것 정도로 생각하고 수정하여 기재하였다.
   ③ 약정에 따른 채권포기액은 기업업무추진비로 본다.
   ④ 기업업무추진비 관련 불공제매입세액은 기업업무추진비로 본다.
   ⑤ 현물기업업무추진비는 사업상 증여에 해당하고, 사업상 증여에 해당하여 부담한 부가가치세는 기업업무추진비로 본다.
   ⑥ 판매장려금 및 판매수당의 경우 사전약정 없이 지급하는 경우에도 전액 손금 인정하고, 기업업무추진비로 보지 않는다.

3. 기업업무추진비 한도액   [100억원 − 10억원(특수관계인 매출) + 2억원(부산물 매출)]

$$36,000,000 + \left[\begin{array}{l} 92억원 \times 0.3\% \\ 8억원 \times 0.3\% \times 10\% + 2억원 \times 0.2\% \times 10\% \end{array} \right. = 63,880,000$$

   기업회계기준상 매출액은 주된 업종에서 발생하는 매출액을 말한다. 회사는 제조업 및 부동산 임대업을 영위하므로 건물 임대료수입은 매출액에 포함한다. 부산물매각대는 수입금액에 포함하지만, 기계장치 임대료수입은 부동산 임대업 매출에 포함하지 않는다.

4. 기업업무추진비 한도초과액
   80,000,000 − 63,880,000 = 16,120,000

[물음 2]

1. 기업업무추진비 한도액
   ① 일반기업업무추진비 한도액: (12,000,000 + 50억 × 0.3%) × 50% = 13,500,000
   ② 문화기업업무추진비 한도액: Min[1,000,000, 13,500,000 × 20%] = 1,000,000
   ③ 기업업무추진비 한도액: ① + ② = 14,500,000

2. 기업업무추진비 한도초과액
   50,000,000 − 14,500,000 = 35,500,000

다음은 ㈜한강(중소기업 아님)의 제24기 사업연도(2024년 1월 1일 ~ 2024년 12월 31일) 법인세 신고 관련 자료이다. 아래 자료를 이용하여 물음에 답하시오.

1. 손익계산서상 매출액은 10,560,000,000원이며, 세부내역은 다음과 같다.

과목	손익계산서상 매출액	비고
제품매출	10,000,000,000원	①, ②
용역매출	560,000,000원	③

① 2024년 12월 31일에 제품을 인도하였으나, 당기 제품매출로 계상하지 않아 익금산입한 금액 12,000,000원이 있다.

② 기업회계기준과 「법인세법」과의 손익귀속시기 차이로 당기 제품매출로 계상하지 않은 금액 15,000,000원을 익금산입하였다.

③ 용역매출의 세부내역은 다음과 같다. 기타의 용역매출은 특수관계인 외의 자에게 제공한 유사한 용역제공거래에서 발생한 것이며, 용역제공의 시가는 불분명하다.

과목	특수관계인 용역매출	기타의 용역매출
용역매출액	280,000,000	280,000,000
용역매출원가	250,000,000	200,000,000

④ 손익계산서상 중단사업부문 손익에는 중단한 사업부문의 제품매출 23,000,000원이 포함되어 있다.

⑤ 회사의 제품매출은 전액 특수관계 없는 자와의 거래에서 발생한 것이다.

2. 손익계산서상 기업업무추진비 계정의 총액은 50,000,000원이며, 이 중에는 다음의 사항이 포함되어 있다.

① 문화예술공연입장권을 5,000,000원에 구입하여 거래처에 제공하였다.

② 거래처(특수관계 없음)에 업무상 접대 목적으로 제품(시가 1,500,000원, 제조원가 1,250,000원)을 무상제공하고, 다음과 같이 회계처리하였다.

(차) 기업업무추진비 1,400,000 (대) 제품 1,250,000
부가세예수금 150,000

③ ㈜한강은 판촉을 위하여 임의단체(우수고객이 조직한 법인 아닌 단체)에 복리시설비로 20,000,000원을 지급하였다.

④ 전통시장 사용분은 없다.

3. 회사는 현물기업업무추진비를 제외한 모든 지출건에 대하여 신용카드 등 적격증명서류를 수취하였다.

[물음 1] 「법인세법」에 따라 계산한 회사의 제24기 특수관계인에 대한 용역매출금액을 제시하시오.

[물음 2] 제24기 시부인대상 기업업무추진비, 기업업무추진비 한도액 및 기업업무추진비 한도초과 (미달)액을 다음의 답안 양식에 따라 제시하시오.

시부인대상 기업업무추진비	
기업업무추진비 한도액	
기업업무추진비 한도초과(미달)액	

┤ 해답 ├

[물음 1] 용역매출의 시가

$$\frac{280,000,000 - 200,000,000}{200,000,000}$$

해당 용역제공의 시가: $250,000,000 \times (1 + 40\%) = 350,000,000$

건설 기타 용역을 제공하거나 제공받는 경우 시가, 감정가액 및 「상속세 및 증여세법」에 의한 보충적 평가액을 순차적으로 적용하는 것이나, 이를 적용할 수 없는 경우에는 다음 산식에 의한 금액을 시가로 한다.

> 용역의 투입원가 × (1 + 특수관계인 외의 자에게 제공한 유사한 용역제공거래의 수익률)

① 용역의 투입원가는 직접비 및 간접비를 포함한다.
② 용역제공거래의 수익률은 기업회계기준에 의한 매출액 대비 원가이다.
③ 시가(350,000,000)와 거래가격의 차이금액(70,000,000)이 시가의 5% 이상이므로 부당행위계산부인 규정을 적용한다.

[물음 2]

시부인대상 기업업무추진비	50,250,000	50,000,000 + 250,000
기업업무추진비 한도액	47,686,000	
기업업무추진비 한도초과액	2,564,000	50,250,000 − 47,686,000

1. 기업업무추진비 해당액

(1) 현물기업업무추진비

현물기업업무추진비는 시가와 장부가액 중 큰 금액을 기업업무추진비 해당액으로 본다. 따라서 기업업무추진비 해당액은 1,650,000[(1,500,000(시가) + 150,000(예수금)]인데 회사계상 기업업무추진비는 1,400,000이므로 그 차액인 250,000을 기업업무추진비 해당액에 가산한다.

(2) 고객이 조직한 단체의 기업업무추진비

복리시설비라 함은 법인이 직원을 위하여 지출한 복리후생의 시설비, 시설구입비 등을 말한다. 따라서 고객이 조직한 단체에 지출한 복리시설비는 기업업무추진비로 보며, 손익계산서상 기업업무추진비에 포함되어 있으므로 별도의 조정은 없다.

2. 기준수입금액

(1) 일반매출액: 10,560,000,000 − 280,000,000(특수관계인 매출액) + 12,000,000(매출누락) + 23,000,000 (중단사업) = 10,315,000,000

(2) 특수관계인 매출액: 280,000,000

① 매출누락: 제품을 인도하였으나, 당기 제품매출로 계상하지 않아 익금산입한 금액은 기업회계기준에 따른 매출액을 누락한 것이므로 매출액에 가산한다.

② 손익귀속시기 차이: 기업회계기준과 「법인세법」과의 손익귀속시기 차이금액은 매출액에 가산하지 않는다.

③ 부당행위계산부인: 부당행위계산부인 규정에 따른 매출액은 기업회계기준상의 매출액이 아니므로 해당 차액을 매출액에 포함하지 아니한다.

3. 기업업무추진비 한도액

(1) 일반기업업무추진비 한도액

$$12,000,000 + \left[\begin{array}{l} 100억원 \times 0.3\% + 315,000,000 \times 0.2\% \\ \quad + 280,000,000 \times 0.2\% \times 10\% \end{array} \right. = 42,686,000$$

(2) 문화기업업무추진비 한도액

Min(5,000,000, 42,686,000 × 20%) = 5,000,000

(3) 기업업무추진비 한도액: (1) + (2) = 47,686,000

1. 제조업을 영위하는 ㈜인천(중소기업)의 제24기(2024. 1. 1. ~ 2024. 12. 31.) 기업업무추진비 지출총액은 ₩100,000,000이다. 기업업무추진비 중 지출증명서류가 없는 귀속이 불분명한 금액은 ₩5,000,000이고, 나머지는 모두 지출증명서류를 받은 금액으로서 그 세부내역은 다음과 같다.

구분	건당 3만원 이하	건당 3만원 초과	합계
법인신용카드 사용분	₩1,000,000	₩85,000,000	₩86,000,000
임직원신용카드 사용분	500,000	3,500,000	4,000,000
영수증 수취분	1,000,000	4,000,000	5,000,000
합계	₩2,500,000	₩92,500,000	₩95,000,000

2. 위의 적격증명서류 수취분 기업업무추진비에는 문화기업업무추진비 ₩10,000,000이 포함되어 있으며, 기업업무추진비 지출액 중 경조금과 전통시장 사용분은 없다.

3. 위의 영수증 수취분(건당 3만원 초과분) 기업업무추진비 중에는 ㈜인천의 제품(원가 ₩4,000,000, 시가 ₩5,000,000)을 거래처에 증정한 금액이 포함되어 있으며 관련 회계처리는 다음과 같다.

(차) 기업업무추진비   4,000,000   (대) 매출액   4,000,000
     세금과공과   500,000   부가가치세예수금   500,000

4. ㈜인천은 직원이 조직한 단체(법인 아님)에 복리시설비 ₩5,000,000을 지출하고 영업외비용으로 회계처리하였다.

5. ㈜인천의 손익계산서상 매출액은 ₩13,254,000,000이고 특수관계인에 대한 매출액은 없다. 한편, 중단사업부분 매출액 ₩250,000,000이 있다.

6. ㈜인천은 거래처(특수관계인 아님)에 대한 매출누락 ₩500,000,000이 있음을 결산일 이후 발견하여 이를 세무조정에 익금으로 반영하였다.

[물음] ㈜인천의 제24기 기업업무추진비 관련 세무조정사항을 다음 답안 양식에 따라 계산하시오.

구분	금액
기업업무추진비 한도액	
기업업무추진비 한도초과액	

구분	금액	비고
기업업무추진비 한도액	84,000,000	74,000,000 + 10,000,000
기업업무추진비 한도초과액	9,000,000	93,000,000 − 84,000,000

1. 기업업무추진비 해당액

   95,000,000 − 3,500,000(임직원신용카드, 직부인) + 1,500,000(현물기업업무추진비) = 93,000,000

   ① 현물기업업무추진비는 적격증빙 수취 의무가 면제되므로 직부인하지 않는다. 현물기업업무추진비는 시가와 부가가치세의 합계액인 5,500,000원이다. 회계상 기업업무추진비 4,000,000원과의 차액(1,500,000원)을 기업업무추진비에 가산하여야 한다.

   ② 직원이 조직한 단체로서 법인이 아닌 단체에 지출한 것은 기업업무추진비로 보지 않는다.

2. 기업업무추진비 한도액

(1) 기준수입금액

   13,254,000,000 + 250,000,000(중단사업) + 500,000,000(매출누락) − 4,000,000(현물접대)
   = 14,000,000,000

   기업회계기준상 현물접대의 경우 매출원가 조정항목이므로 매출액에 가산한 금액은 다시 차감하여야 한다.

(2) 기업업무추진비 한도액: 84,000,000

   ① 일반기업업무추진비 한도액: 36,000,000 + 100억원 × 0.3% + 40억원 × 0.2% = 74,000,000

   ② 문화기업업무추진비 한도액: Min(10,000,000, 74,000,000 × 20%) = 10,000,000

다음은 제조업을 영위하는 내국 영리법인(중소기업이 아님)인 ㈜내국의 제24기(2024. 1. 1. ~ 2024. 12. 31.) 기업업무추진비와 관련된 자료이다. 다음 자료를 이용하여 물음에 답하시오.

1. 손익계산서상 매출액은 ₩28,000,000,000(특수관계인과의 거래는 없음)이며, 이외의 사항은 다음과 같다.

   ① 부산물 매출액 ₩500,000,000이 영업외수익으로 계상되어 있다.

   ② 중단사업부문의 매출액 ₩350,000,000이 포함되어 있다.

   ③ 임대보증금에 대한 간주익금 ₩220,000,000이 포함되어 있다.

   ④ 반제품 매출 ₩130,000,000이 누락되어 있다.

2. 손익계산서상 기업업무추진비 계정의 금액(전통시장 사용분 없음)은 ₩150,000,000이며, 이와 관련된 사항은 다음과 같다.

   ① 대표이사의 동창회비로 지출한 금액을 기업업무추진비로 계상한 금액이 ₩6,000,000 있다.

   ② 건당 ₩30,000 초과 적격증빙 수취분(문화기업업무추진비 ₩17,000,000 포함)은 ₩45,000,000이다.

   ③ 건당 ₩30,000 초과 영수증 수취분은 ₩23,000,000이다.

   ④ 위의 ①, ②, ③을 제외한 나머지는 건당 ₩30,000 이하이며, 모두 적격증빙을 수취하였다.

[물음 1] 위 자료를 이용하여 제24기 사업연도의 기업업무추진비 한도액 계산의 기준이 되는 수입금액과 기업업무추진비 손비 한도액을 다음의 양식에 따라 제시하시오.

구분	금액
기업업무추진비 한도액 계산상 수입금액	
기업업무추진비 손비 한도액	

[물음 2] 위 자료를 이용하여 제24기 사업연도의 기업업무추진비 관련 세무조정을 다음 양식의 예시에 따라 하시오. (단, 기업업무추진비 손비 한도액은 [물음 1]의 결과를 이용할 것)

조정유형	과목	금액	소득처분
익금산입	제품	×××	유보
…	…	…	…

─┤ 해답 ├─

[물음 1]

구분	금액	비고
기업업무추진비 한도액 계산상 수입금액	28,410,000,000	28,000,000,000 + 500,000,000 − 220,000,000 + 130,000,000
기업업무추진비 손비 한도액	94,584,000	78,820,000 + 15,764,000

1. 수입금액
   ① 부산물·반제품 매출액은 수입금액에 포함한다. 영업외수익에 계상된 부산물 매출액과 매출액에서 누락된 반제품 매출액 모두 가산한다.
   ② 중단사업부분의 매출액은 수입금액에 포함한다. 매출액에 이미 포함되어 있으므로 별도로 조정하지 않는다.
   ③ 간주임대료는 수입금액에 포함하지 아니하므로 매출액에서 차감하여야 한다.

2. 기업업무추진비 한도금액
(1) 일반기업업무추진비 한도액
   $12,000,000 + 10,000,000,000 \times 0.3\% + 18,410,000,000 \times 0.2\% = 78,820,000$
(2) 문화기업업무추진비 한도액
   $Min(17,000,000, \ 78,820,000 \times 20\%) = 15,764,000$

[물음 2]

조정유형	과목	금액	소득처분
손금불산입	비지정기부금	6,000,000	상여
손금불산입	법정증명서류 미수취	23,000,000	기타사외유출
손금불산입	기업업무추진비 한도초과액	26,416,000	기타사외유출

1. 직부인
   ① 특례기부금 또는 일반기부금 손금산입 한도초과액은 기타사외유출로 처리하나, 비지정기부금은 실제 귀속에 따라 소득처분하여야 한다.
   ② 대표이사 동창회비를 대표이사가 개인적으로 부담하여야 할 성질의 비용으로 보아 손금부인한 경우에는 상여로 소득처분한다. 법인은 동창회의 구성원이 될 수 없으므로 대표이사가 부담할 성질의 비용으로 보는 것이 타당하다.

2. 기업업무추진비 한도초과액
(1) 기업업무추진비 해당액
   $150,000,000 - 6,000,000(직부인) - 23,000,000(적격증명서류\ 미수취) = 121,000,000$
(2) 기업업무추진비 한도초과액
   $121,000,000 - 94,584,000 = 26,416,000$

다음은 제조업을 영위하는 ㈜소백(중소기업 아님)의 제24기 사업연도(2024년 1월 1일 ~ 2024년 12월 31일) 법인세 신고 관련 자료이다. 다음 자료를 이용하여 물음에 답하시오.

1. 손익계산서상 매출액은 15,000,000,000원이며, 이 중 3,000,000,000원은 특수관계인에 대한 매출액이다.

2. 손익계산서상 판매비와 관리비에 계상된 기업업무추진비는 105,300,000원이며, 그 내역은 다음과 같다. 단, 전통시장 사용분은 없다.

구분	건당 3만원 이하	건당 3만원 초과	합계
영수증 수취건	2,500,000원	12,800,000원	15,300,000원
신용카드매출전표 수취건*1	15,000,000원	75,000,000원	90,000,000원
합계	17,500,000원	87,800,000원	105,300,000원

*1 음반 및 음악영상물을 구입하여 거래처에 제공한 금액 5,000,000원과 미술품 1점을 구입하여 거래처에 제공한 금액 7,000,000원이 포함되어 있다.

3. 손익계산서상 잡손실로 계상된 기업업무추진비 15,000,000원은 건당 3만원을 초과하며, 적격증명서류가 없다. 이 중 지출사실이 객관적으로 명백한 경우로서 국외지역에서 지출되어 적격증명서류를 구비하기 어려운 것으로 확인되는 금액은 6,000,000원이다.

4. 거래처인 ㈜A에 직접 생산한 제품(원가 5,000,000원, 시가 6,000,000원)을 접대 목적으로 무상제공하고 다음과 같이 회계처리하였다.

(차) 광고선전비	5,000,000	(대) 제품	5,000,000
세금과공과	600,000	부가세예수금	600,000

5. 기업업무추진비 수입금액 적용률

수입금액	적용률
100억원 이하	3/1,000
100억원 초과 500억원 이하	2/1,000

[물음] ㈜소백의 제24기 기업업무추진비 한도초과액을 다음의 답안 양식에 따라 제시하시오.

시부인대상 기업업무추진비 해당액		
기업업무추진비 한도액	일반기업업무추진비 한도액	
	문화기업업무추진비 한도액	
기업업무추진비 한도초과액		

해커스 세무회계연습 2   제3장   기업업무추진비, 기부금, 지급이자 및 업무용 승용차

시부인대상 기업업무추진비 해당액		105,100,000	$105,300,000 - 12,800,000 + 6,000,000 + 6,600,000$
기업업무추진비 한도액	일반기업업무추진비 한도액	46,600,000	
	문화기업업무추진비 한도액	5,000,000	$Min(5,000,000,\ 46,600,000 \times 20\%)$
기업업무추진비 한도초과액		53,500,000	$105,100,000 - (46,600,000 + 5,000,000)$

1. 시부인대상 기업업무추진비 해당액

(1) 직부인(법정증명서류 미수취)

건당 3만원 초과 기업업무추진비 중 영수증 수취건 12,800,000원은 전액 손금불산입한다.

(2) 잡손실

지출사실이 객관적으로 명백한 경우로서 국외지역에서 지출되어 적격증명서류를 구비하기 어려운 것으로 확인되는 금액은 적격증명서류를 수취하지 않아도 기업업무추진비 해당액으로 본다. 따라서 6,000,000원은 기업업무추진비 해당액으로 보고 법정증명서류를 수취하지 않은 기업업무추진비 9,000,000원은 직부인한다.

(3) 사업상 증여

현물로 접대한 경우 시가로 접대한 것으로 보고, 관련 부가가치세도 기업업무추진비에 포함한다.

2. 기업업무추진비 한도액

(1) 일반기업업무추진비 한도액

$$12,000,000 + \left[\begin{array}{l} 100억원 \times 0.3\% + 20억원 \times 0.2\% \\ + 30억원 \times 0.2\% \times 10\% \end{array} \right. = 46,600,000$$

(2) 문화기업업무추진비 한도액

미술품의 구입액은 취득가액이 거래단위별로 100만원 이하인 것으로 한정하여 문화기업업무추진비로 본다. 미술품 구입액이 100만원을 초과하므로 문화기업업무추진비에 해당하지 않는 것일 뿐, 일반기업업무추진비로는 인정되므로 별도로 세무조정하지 않는다.

다음은 제조업을 영위하는 ㈜한강(영리 내국법인)의 제24기(당기) 사업연도(2024. 1. 1. ~ 2024. 12. 31.)의 자료이다. 아래 자료를 이용하여 물음에 답하시오.

1. ㈜한강은 제24기에 기업업무추진비로 다음과 같이 계상하였다. 기업업무추진비는 모두 적격증빙을 갖추고 있다.

    (1) 판매비와 관리비로 계상된 기업업무추진비: 70,000,000원

    (2) 건설중인자산으로 계상된 기업업무추진비: 85,000,000원

    (3) 건물로 계상된 기업업무추진비: 130,000,000원

2. ㈜한강의 판매비와 관리비로 계상된 기업업무추진비에는 ㈜백두(거래처이며 특수관계 없음)와의 약정에 따라 채권의 전부를 포기한 금액 20,000,000원이 포함되어 있으며, 제24기 기업업무추진비 한도액은 150,000,000원이다.

[물음] ㈜한강의 제24기 기업업무추진비 관련 세무조정을 다음의 답안 양식에 따라 작성하시오.

익금산입 · 손금불산입			손금산입 · 익금불산입		
과목	금액	소득처분	과목	금액	소득처분

익금산입·손금불산입			손금산입·익금불산입		
과목	금액	소득처분	과목	금액	소득처분
기업업무추진비 한도초과액	135,000,000	기타사외유출	건설중인자산	65,000,000	유보

1. 기업업무추진비 해당액

   채권의 임의포기는 기업업무추진비에 해당한다. 처음부터 회계처리를 기업업무추진비에 포함하였으므로 별도로 조정할 것은 없다.

2. 기업업무추진비 한도초과액 및 자산조정

구분	기업업무추진비 해당액	한도초과액	자산조정
1. 판매비와 관리비	70,000,000	70,000,000	
2. 건설중인자산	85,000,000	65,000,000	△65,000,000
3. 건물	130,000,000		
합계	285,000,000	135,000,000	

   285,000,000 − 150,000,000

3. 자산조정

   기업업무추진비 한도초과액은 손금불산입하고 기타사외유출로 처분한다. 이때 기업업무추진비 한도초과액 계산대상이 되는 기업업무추진비는 당기에 '지출한 기업업무추진비'이므로 유형자산 등의 자산으로 처리한 기업업무추진비를 포함하여 손금불산입액을 계산하게 된다. 기업업무추진비 한도초과액 전액을 손금불산입하고 기업업무추진비 한도초과액 중 손금으로 계상한 기업업무추진비를 초과하는 금액은 ① 건설중인자산, ② 유형자산 등의 순서로 자산을 감액하고 손금산입(△유보)으로 처리한다.

자산계상 기업업무추진비 (2)

다음은 제조업을 영위하는 영리 내국 상장법인으로서 중소기업이 아닌 ㈜한국의 제24기 사업연도 (2024. 1. 1. ~ 2024. 12. 31.)의 세무조정을 위한 기업업무추진비 등과 관련된 자료이다. 아래 자료를 이용하여 물음에 답하시오.

1. ㈜한국의 제24기 사업연도 기업업무추진비 지출액은 7,000,000원으로 ㈜한국은 이 중 5,800,000원을 손익계산서에 비용으로 계상하였으며, 나머지 1,200,000원은 모두 건물(당기 중 완공됨)의 원가로 계상하였다. 이러한 회계처리는 한국채택국제회계기준에 따른 것이다.

2. 손익계산서상 비용으로 계상한 기업업무추진비 5,800,000원 중에는 법정증명서류를 수취하지 못한 금액 1,000,000원이 포함되어 있다. 동 금액 중 영수증을 수취한 금액은 700,000 원이며, 나머지 300,000원에 대해서는 어떠한 증명서류도 수취하지 못하였다. ㈜한국의 모든 기업업무추진비 지출은 지출건당 3만원을 초과하였다.

3. 상기 건물은 2024. 4. 1. 준공과 동시에 사용되기 시작하였으며, 당해 사업연도의 감가상각비로 3,600,000원을 손익계산서상 비용으로 인식하였다. 동 건물의 취득원가는 72,000,000 원(기업업무추진비 지출액 1,200,000원 포함)이고, 신고한 내용연수는 20년(상각률 0.050)이다.

4. ㈜한국의 제24기 사업연도의 「법인세법」상 기업업무추진비 한도액은 1,000,000원으로 가정한다.

[물음] ㈜한국의 제24기 기업업무추진비 관련 세무조정을 다음의 답안 양식에 따라 작성하시오.

익금산입·손금불산입			손금산입·익금불산입		
과목	금액	소득처분	과목	금액	소득처분

익금산입 · 손금불산입			손금산입 · 익금불산입		
과목	금액	소득처분	과목	금액	소득처분
증명서류불비	300,000	상여	건물	200,000	유보
법정증명서류 미수취	700,000	기타사외유출			
기업업무추진비 한도초과액	5,000,000	기타사외유출			
건물(자산감액)	10,000	유보			
건물(감가상각비)	897,500	유보			

1. 기업업무추진비 한도초과액 및 자산조정   5,800,000 − 1,000,000(직부인)

구분	기업업무추진비 해당액	한도초과액	자산조정
1. 비용계상 기업업무추진비	4,800,000	4,800,000	
2. 건물	1,200,000	200,000	△200,000
합계	6,000,000	5,000,000	

6,000,000 − 1,000,000

2. 감가상각비 세무조정

(1) 1단계(자산감액분 조정)

$$3,600,000 \times \frac{200,000}{72,000,000} = 10,000(손금불산입)$$

(2) 2단계(시부인 계산)

구분	금액	비고
1. 회사상각비	3,590,000	3,600,000 − 10,000
2. 상각범위액	2,692,500	$(72,000,000 - 200,000) \times 0.05 \times \frac{9}{12}$
3. 상각부인액	897,500	

다음은 제조업을 영위하는 ㈜태백(중소기업 아님)의 제24기 사업연도(2024년 1월 1일 ~ 2024년 12월 31일) 법인세 관련 자료이다.

1. 손익계산서상 매출액은 15,000,000,000원이며 이 중 8,000,000,000원은 특수관계인과 의 거래에서 발생한 것이다.

2. ㈜태백의 제24기 사업연도 기업업무추진비 지출액은 128,000,000원으로 이 중 23,500,000 원은 손익계산서에 비용으로 계상하였으며, 4,500,000원은 건설중인자산(차기 완공예정)의 원가로 계상하였고, 나머지 100,000,000원은 건물(당기 완공)의 원가로 계상하였다.

3. 손익계산서상 비용으로 계상한 기업업무추진비의 내역은 다음과 같다. 단, 전통시장 사용분은 없다.

구분	건당 3만원 이하	건당 3만원 초과	합계
영수증 수취	500,000원	2,500,000원	3,000,000원
신용카드매출전표 수취	200,000원	11,300,000원[1]	11,500,000원
현물기업업무추진비	–	9,000,000원[2]	9,000,000원
합계	700,000원	22,800,000원	23,500,000원

[1] 문화예술공연 입장권 6,000,000원을 신용카드로 구입하여 거래처에 제공한 금액이 포함됨
[2] ㈜태백의 제품(원가 8,000,000원, 시가 10,000,000원)을 제공한 것으로 회사는 다음과 같이 회계처리함

(차) 기업업무추진비   9,000,000   (대) 제품   8,000,000
                                    부가가치세예수금   1,000,000

4. 제24기에 취득한 건물의 원가는 300,000,000원(기업업무추진비 포함)이며, 감가상각비로 15,000,000원을 계상하였고 이는 「법인세법」상 상각범위액을 초과하지 않는다.

5. 기업업무추진비 수입금액 적용률

수입금액	적용률
100억원 이하	0.3%
100억원 초과 500억원 이하	0.2%

[물음] 위 자료를 이용하여 ㈜태백이 해야 하는 제24기 세무조정 및 소득처분을 답안 양식에 따라 제시하시오.

익금산입 및 손금불산입			손금산입 및 익금불산입		
과목	금액	소득처분	과목	금액	소득처분

─┤ **해답** ├─────────

익금산입 및 손금불산입			손금산입 및 익금불산입		
과목	금액	소득처분	과목	금액	소득처분
법정증명서류 미수취	2,500,000	기타사외유출	건설중인자산	4,500,000	유보
기업업무추진비 한도초과	86,600,000	기타사외유출	건물	59,100,000	유보
건물(자산감액)	2,955,000	유보			

1. 기업업무추진비 한도액

(1) 일반기업업무추진비

$$12,000,000 + \begin{bmatrix} 70억원 \times 0.3\% \\ 30억원 \times 0.3\% \times 10\% + 50억원 \times 0.2\% \times 10\% \end{bmatrix} = 34,900,000$$

(2) 문화기업업무추진비

$$\text{Min}(6,000,000, \ 34,900,000 \times 20\%) = 6,000,000$$

(3) 기업업무추진비 한도액

$$34,900,000 + 6,000,000 = 40,900,000$$

2. 기업업무추진비 한도초과액의 자산조정 $\boxed{23,500,000 - 2,500,000(직부인) + 2,000,000(시가와 차액)}$

구분	기업업무추진비 해당액	한도초과액	자산조정
1. 판매비와 관리비	23,000,000 ----┘	23,000,000	
2. 건설중인자산	4,500,000	4,500,000	△4,500,000
3. 건물	100,000,000	59,100,000	△59,100,000
합계	127,500,000	86,600,000	

$\boxed{127,500,000 - 40,900,000}$

3. 감가상각비 세무조정

(1) 1단계(자산감액분 조정)

$$15,000,000 \times 59,100,000 / 300,000,000 = 2,955,000$$

(2) 2단계(시부인 계산)

회사 계상액이 「법인세법」상 상각범위액을 초과하지 않으므로 2단계 세무조정은 없다.

다음은 제조업을 영위하는 ㈜접대(중소기업 아님)의 제24기 사업연도(2024년 1월 1일 ~ 2024년 12월 31일) 법인세 신고 관련 자료이다. 〈자료 1〉과 〈자료 2〉는 각각 독립적 상황이다. 아래 자료를 이용하여 물음에 답하시오.

〈자료 1〉

1. 손익계산서상 매출액은 10,780,000,000원(특수관계인 매출 없음)이며, 관련 세부내역은 다음과 같다.

   ① 2024년 12월 31일에 제품 A를 인도하였으나, 당기 매출로 계상하지 않아 익금산입한 금액 15,000,000원이 있다.

   ② 매출할인 20,000,000원 및 매출환입 10,000,000원을 영업외비용으로 회계처리하였다.

   ③ 2024년 12월 28일에 대금을 선수령(인도일: 2025년 2월 3일)하고 전자세금계산서를 발행한 공급가액 30,000,000원이 매출액에 포함되어 있다.

2. 손익계산서상 판매비와 관리비에 계상된 기업업무추진비는 49,700,000원이며 이에 대한 내역은 다음과 같다.

구분	건당 3만원 이하	건당 3만원 초과	합계
신용카드매출전표 수취건	–	42,000,000원	42,000,000원
영수증 수취건	700,000원	2,500,000원	3,200,000원
현물기업업무추진비	–	4,500,000원	4,500,000원
합계	700,000원	49,000,000원	49,700,000원

위의 기업업무추진비 중 현물기업업무추진비는 업무상 접대 목적으로 ㈜접대의 제품(원가: 4,000,000원, 시가: 5,000,000원)을 제공한 것으로 회사는 다음과 같이 회계처리하였다.

(차) 기업업무추진비   4,500,000   (대) 제품   4,000,000
                                           부가세예수금   500,000

3. ㈜접대는 기업업무추진비와 관련하여 매입세액불공제된 금액 5,000,000원을 세금과공과(비용)로 회계처리하였다. 동 비용은 신용카드를 사용하여 지출되었다.

4. 문화기업업무추진비 및 경조사비로 지출된 금액은 없다.

[물음 1] 〈자료 1〉을 이용하여 ㈜접대의 제24기 적격증명서류 미수취 손금불산입 기업업무추진비, 시부인대상 기업업무추진비 및 기업업무추진비 한도액을 다음의 답안 양식에 따라 제시하시오.

적격증명서류 미수취 손금불산입 기업업무추진비	
시부인대상 기업업무추진비	
기업업무추진비 한도액	

〈자료 2〉

1. 시부인대상 기업업무추진비는 39,000,000원이고, 기업업무추진비 한도액은 12,000,000원이다.

2. 기업업무추진비는 다음과 같이 계상되었다.

   ① 판매비와 관리비: 21,000,000원

   ② 건물: 18,000,000원

3. 기업업무추진비를 포함한 건물(2024년 취득)의 취득가액은 300,000,000원이며, 제24기에 감가상각비로 20,000,000원(「법인세법」상 감가상각 손금한도 내 금액임)을 계상하였다.

[물음 2] 〈자료 2〉를 이용하여 ㈜접대의 제24기 사업연도 기업업무추진비와 건물 감가상각비 관련 세무조정 및 소득처분을 다음의 답안 양식에 따라 제시하시오.

익금산입 및 손금불산입			손금산입 및 익금불산입		
과목	금액	소득처분	과목	금액	소득처분

─┤ 해답 ├─

[물음 1]

적격증명서류 미수취 손금불산입 기업업무추진비	2,500,000	3만원 초과분 중 영수증 수취분
시부인대상 기업업무추진비	53,200,000	49,700,000 − 2,500,000 + 1,000,000 + 5,000,000
기업업무추진비 한도액	43,470,000	12,000,000 + 100억원 × 0.3% + 735,000,000 × 0.2%

위 표의 "49,700,000 − 2,500,000 + 1,000,000 + 5,000,000" 부분 상단 주석: 5,500,000 − 4,500,000 / 세금과공과 처리한 기업업무추진비

기준수입금액

구분	금액	비고
매출액	10,780,000,000	
매출누락	15,000,000	상품의 인도일이 기업회계기준상 매출액의 귀속시기이다. 회계처리 누락 세무조정 시 이를 익금산입한 경우 세무조정 후 금액이 기업회계기준상 매출액이 된다.
매출할인, 매출환입	(30,000,000)	매출차감항목
선수금	(30,000,000)	상품(부동산을 제외)·제품 또는 기타의 생산품의 판매는 그 상품 등을 인도한 날이 속하는 때 매출로 인식한다.
합계	10,735,000,000	

[물음 2]

익금산입 및 손금불산입			손금산입 및 익금불산입		
과목	금액	소득처분	과목	금액	소득처분
기업업무추진비 한도초과	27,000,000	기타사외유출	건물 (기업업무추진비)	6,000,000	유보
건물 (기업업무추진비)	400,000	유보			

1. 기업업무추진비 한도초과액 관련 세무조정

구분	기업업무추진비 해당액	한도초과액	자산조정
판매비와 관리비	21,000,000	21,000,000	
건설중인자산			
건물	18,000,000	6,000,000	△6,000,000
합계	39,000,000	27,000,000	

2. 자산감액분 조정

$$20,000,000 \times \frac{6,000,000}{300,000,000} = 400,000(손금불산입)$$

「법인세법」상 손금한도 내에서 손금에 산입하였으므로 시부인 계산은 생략한다.

해커스 세무회계연습 2

제3장 기업업무추진비, 기부금, 지급이자 및 업무용 승용차

다음은 제조업을 영위하는 ㈜민국(중소기업 아님)의 제24기 사업연도(2024. 1. 1. ~ 2024. 12. 31.) 법인세 신고 관련 자료이다. 다음 자료를 이용하여 물음에 답하시오.

1. 손익계산서상 매출액은 ₩20,000,000,000(중단된 사업부문의 매출액 ₩3,000,000,000 이 포함되어 있으며, ₩5,000,000,000은 특수관계인과의 거래에서 발생한 것임)이며, 관련 세부내역 중 일부는 다음과 같다.
   ① 위탁자인 ㈜민국은 수탁자가 제24기에 특수관계인 외의 자에 대하여 판매한 위탁매출액 ₩1,000,000,000을 제25기의 매출로 회계처리하였다.
   ② 영업외수익 중에는 부산물매각대금 ₩400,000,000이 포함되어 있으며, 영업외비용에는 매출할인액 ₩50,000,000이 포함되어 있다. 이는 모두 특수관계인 외의 자에 대한 것이다.
   ③ 특수관계인 외의 자에 대한 임대보증금에 대한 간주임대료 ₩80,000,000이 매출액에 포함되어 있다.

2. 해당 사업연도의 기업업무추진비 계상내역은 다음과 같다.

과목	금액
① 판매비와 관리비로 계상된 기업업무추진비	₩50,000,000
② 건설중인자산으로 계상된 기업업무추진비	5,000,000
③ 건물로 계상된 기업업무추진비	65,000,000
계	₩120,000,000

3. 손익계산서에 판매비와 관리비로 계상된 기업업무추진비의 내역은 다음과 같다.

구분	건당 3만원 이하	건당 3만원 초과	합계
신용카드매출전표 수취	₩1,000,000	₩15,000,000[1]	₩16,000,000
세금계산서 수취	–	18,900,000[2]	18,900,000
영수증 수취	600,000	3,400,000[3]	4,000,000
적격증명서류 미수취	–	11,100,000[4]	11,100,000
계	₩1,600,000	₩48,400,000	₩50,000,000

[1] 신용카드 사용액으로서 제25기에 결제일이 도래하는 금액 ₩1,000,000과 임원이 개인 명의 신용카드를 사용하여 거래처에 접대한 금액 ₩2,500,000이 포함되어 있음
[2] 거래처에 접대목적으로 증정할 제품 구입액 ₩2,200,000(부가가치세 포함)이 포함되어 있음
[3] 이 중 ₩2,400,000은 농·어민으로부터, 나머지 ₩1,000,000은 영농조합법인으로부터 직접 재화를 공급받아 거래처에 증정한 것임. ㈜민국은 그 대가를 금융회사를 통하여 지급 하였으며 법인세 신고 시 송금명세서를 첨부하여 납세지 관할세무서장에게 제출할 예정임

*4) 특수관계가 없는 거래처인 ㈜태백에 직접 생산한 제품(원가 ₩10,000,000, 시가 ₩11,000,000)을 접대목적으로 증정하고 다음과 같이 회계처리한 금액임

(차) 기업업무추진비	11,100,000	(대) 매출	10,000,000
		부가가치세예수금	1,100,000
(차) 매출원가	10,000,000	(대) 제품	10,000,000

4. 건물은 2024. 7. 1. 완공되었고 당기 말 현재 재무상태표상 취득원가는 ₩500,000,000이며, 회사는 당기에 ₩50,000,000의 감가상각비를 계상하였다. (신고내용연수: 20년, 신고한 감가상각방법: 정액법)

5. 수입금액에 대한 적용률은 다음과 같다.

수입금액	적용률
100억원 이하	0.3%
100억원 초과 500억원 이하	3천만원 + (수입금액 − 100억원) × 0.2%

[물음 1] ㈜민국의 제24기 사업연도 기업업무추진비 한도액 계산의 기준이 되는 수입금액과 시부인대상 기업업무추진비, 그리고 기업업무추진비 한도액을 다음의 양식에 따라 제시하시오.

구분	금액
기업업무추진비 한도액 계산상 수입금액	①
시부인대상 기업업무추진비	②
기업업무추진비 한도액	③

[물음 2] ㈜민국의 제24기 사업연도의 세무조정을 다음의 양식에 따라 제시하시오. (단, 간주임대료에 대한 세무조정은 고려하지 않는다)

익금산입 및 손금불산입			손금산입 및 익금불산입		
과목	금액	소득처분	과목	금액	소득처분

[물음 1]

구분	금액	비고
기업업무추진비 한도액 계산상 수입금액	① 21,260,000,000	16,260,000,000 + 5,000,000,000
시부인대상 기업업무추진비	② 117,500,000	120,000,000 − 3,500,000 + 1,000,000
기업업무추진비 한도액	③ 55,520,000	

1. 수입금액

(1) 일반수입금액

20,000,000,000 − 5,000,000,000(특수관계인 매출액) + 1,000,000,000(위탁매출) + 400,000,000(부산물매각대금) − 50,000,000(매출할인액) − 80,000,000(간주임대료) − 10,000,000(현물기업업무추진비) = 16,260,000,000

① 중단사업부분의 매출액은 수입금액에 포함한다. 매출액에 이미 포함되어 있으므로 별도로 조정하지 않는다.

② 기업회계기준상 매출액에 해당하는 금액을 법인이 손익계산서에 매출액으로 계상하지 아니한 경우에는 세무조정 후 금액이 기업회계기준상 매출액에 해당하는 금액이 되므로 세무조정으로 익금산입한 금액을 기업업무추진비 한도액 계산의 기준이 되는 수입금액에 포함해야 한다. 제24기 매출액으로 회계처리하여야 할 수탁자 판매분 매출액은 수입금액에 포함하여야 한다.

③ 부산물매각대금은 수입금액에 포함하고, 매출할인액은 매출액에서 차감하여야 한다.

④ 간주임대료는 기업회계기준상 매출액이 아니므로 수입금액에서 제외하여야 한다.

⑤ 기업회계기준상 현물접대의 경우 매출원가 조정항목(타계정대체로 처리)이므로 매출액에 가산한 금액은 다시 차감하여야 한다.

(2) 특정수입금액: 5,000,000,000

2. 시부인대상 기업업무추진비

(1) 직부인(법정증명서류 미수취)

> [손금불산입]   법정증명서류 미수취   2,500,000   기타사외유출

신용카드 등은 해당 법인의 명의로 발급받은 것에 한하여 법정증명서류로 인정한다. 따라서 임직원명의의 신용카드를 사용한 경우는 법정증명서류를 수취한 것으로 보지 않는다.

(2) 미지급기업업무추진비

기업업무추진비를 신용카드로 결제하는 경우에도 실제로 접대행위를 한 사업연도의 기업업무추진비로 보아야 하며 대금청구일 등이 속하는 사업연도의 기업업무추진비로 보면 안 된다.

(3) 현물기업업무추진비

> [손금불산입]   법정증명서류 미수취   1,000,000   기타사외유출

① 현물기업업무추진비는 법인이 직접 생산한 제품을 제공하는 것을 말하므로, 제품을 구입한 것은 현물기업업무추진비에 해당하지 않는다. 따라서 적격증빙을 수취하여야 한다. 제품 구입 시 발생한 부가가치세는 기업업무추진비에 포함한다. 문제에서 '증정할 제품 구입액'이라고 표현한 것이 기말재고로 남아 있는지는 불분명하다. 당기 구입하여 제공한 것으로 간주하고 풀이하였다.

② 지출사실이 명백한 것으로 농·어민으로부터 직접 재화를 공급받은 것은 적격증빙수취의무를 면제한다. 다만, 법인은 제외하므로 영농조합법인으로부터 직접 공급받은 것은 적격증빙을 수취하여야 한다.
③ 현물기업업무추진비는 시가와 장부가액 중 큰 금액으로 접대한 것으로 본다. 따라서 시가와 원가 차액을 기업업무추진비 해당액에 포함하여야 한다.

3. 기업업무추진비 한도액

$$12,000,000 + \left[\begin{array}{l} 100억원 \times 0.3\% + 6,260,000,000 \times 0.2\% \\ 5,000,000,000 \times 0.2\% \times 10\% \end{array} \right. = 55,520,000$$

[물음 2]

익금산입 및 손금불산입			손금산입 및 익금불산입		
과목	금액	소득처분	과목	금액	소득처분
매출채권	1,000,000,000	유보	건설중인자산	5,000,000	유보
적격증빙미수취	3,500,000	기타사외유출	건물	9,480,000	유보
기업업무추진비 한도초과	61,980,000	기타사외유출			
건물(자산감액)	948,000	유보			
건물(감가상각비)	36,789,000	유보			

1. 기업업무추진비 한도초과액 및 자산조정   50,000,000 − 3,500,000 + 1,000,000

구분	기업업무추진비 해당액	한도초과액	자산조정
1. 판매비와 관리비	47,500,000	47,500,000	
2. 건설중인자산	5,000,000	5,000,000	△5,000,000
3. 건물	65,000,000	9,480,000	△9,480,000
합계	117,500,000	61,980,000	

117,500,000 − 55,520,000

2. 감가상각비 세무조정
(1) 1단계(자산감액분 조정)

$$50,000,000 \times \frac{9,480,000}{500,000,000} = 948,000$$

(2) 2단계(시부인 계산)

구분	금액	비고
1. 회사계상액	49,052,000	50,000,000 − 948,000
2. 상각범위액	12,263,000	$(500,000,000 - 9,480,000) \times 0.05 \times \dfrac{6}{12}$
3. 상각부인액	36,789,000	

해커스 세무회계연습 2

제3장 기업업무추진비, 기부금, 지급이자 및 업무용 승용차

다음은 ㈜한강(사업연도 2024. 1. 1. ~ 2024. 12. 31.)의 기부금과 관련된 자료이다. 아래 자료를 이용하여 물음에 답하시오. 단, ㈜한강은 중소기업이다.

1. ㈜한강은 2024. 7. 1.에 S대학 총장이 추천하는 10명의 학생에게 10년간 300,000,000원의 장학금을 지급하기로 약정하였으며, 당기에 30,000,000원의 장학금을 지급하고 다음과 같이 회계처리하였다.

(차) 기부금	300,000,000	(대) 현금	30,000,000
		미지급기부금	270,000,000

2. ㈜한강은 당사가 제조한 제품을 특수관계가 있는 종교단체에 기증하고, 그 장부가액인 43,000,000원(시가 55,000,000원)을 손익계산서에 기부금으로 계상하였다.

3. 결산서상 당기순이익은 256,000,000원이며, 전기에 발생한 세무상 결손금은 140,000,000원, 기부금 이외의 다른 세무조정사항은 없다고 가정한다.

[물음] ㈜한강의 제24기 사업연도 기부금 관련 세무조정 및 소득처분을 다음의 답안 양식에 따라 제시하시오.

익금산입 및 손금불산입			손금산입 및 익금불산입		
과목	금액	소득처분	과목	금액	소득처분

| 해답 |

익금산입 및 손금불산입			손금산입 및 익금불산입		
과목	금액	소득처분	과목	금액	소득처분
미지급기부금	270,000,000	유보			
일반기부금 한도초과액	37,900,000	기타사외유출			

1. 미지급기부금

기부금은 그 지출한 날이 속하는 사업연도에 손금으로 산입한다. (현금주의) 따라서 법인이 미지급금으로 계상한 사업연도에는 동 미지급금 전액을 손금불산입 및 유보로 소득처분한다. 이후 동 기부금이 실제로 지출되는 사업연도에 손금산입 및 △유보로 소득처분하고, 지출한 사업연도의 한도초과액은 손금불산입(기타사외유출)한다.

2. 현물기부금

(1) 평가

특례기부금 또는 특수관계인이 아닌 자에게 기부한 일반기부금은 장부가액으로 평가한다. 그 외 비지정기부금 또는 특수관계인인 단체에 기부한 일반기부금은 시가와 장부가액 중 큰 금액으로 평가한다.

(2) 세무조정 원리

회계처리		세법상 재구성	
(차) 기부금 43,000,000		(차) 기부금 55,000,000	
(대) 제품	43,000,000	(대) 제품	43,000,000
		처분이익	12,000,000

기부금 12,000,000원과 처분이익 12,000,000원이 동시에 누락되어 있으므로, 별도로 세무조정하지 않고 일반기부금 지출액만 시가로 의제한다.

3. 당기 기부금 구분

일반기부금: 30,000,000(장학금) + 55,000,000(현물기부금) = 85,000,000

4. 기준소득금액

(1) 차가감소득금액: 256,000,000 + 270,000,000 = 526,000,000

(2) 기준소득금액: 526,000,000 + 85,000,000 = 611,000,000

5. 일반기부금 시부인 계산

(1) 한도액: (611,000,000 − 140,000,000) × 10% = 47,100,000

(2) 한도초과액: 85,000,000 − 47,100,000 = 37,900,000

문제 16 기부금 (2)

제조업을 영위하는 ㈜영동의 제24기 사업연도(2024년 1월 1일 ~ 2024년 12월 31일) 자료는 다음과 같다. 아래 자료를 이용하여 물음에 답하시오. 단, ㈜영동은 「조세특례제한법」에 따른 중소기업 또는 회생계획을 이행 중인 기업에 해당하지 아니한다.

1. 손익계산서상 당기순이익에 기부금 관련 세무조정을 제외한 모든 세무조정이 반영된 후의 소득금액은 33,000,000원이다.

2. 일반기부금 해당 단체(「법인세법」 제24조 제3항 제1호의 단체)에 정당한 사유 없이 시가 300,000,000원인 토지를 200,000,000원에 매각하고 장부가액과 양도가액의 차이 30,000,000원을 유형자산처분손실로 계상하였다.

3. 서울시청(「법인세법」 제24조 제2항 제1호의 단체)으로부터 시가 100,000,000원인 토지를 정당한 사유 없이 150,000,000원에 매입하고 매입가액을 토지 취득가액으로 계상하였다.

4. 특수관계인인 일반기부금 단체(「법인세법」 제24조 제3항 제1호의 단체)에 고유목적사업비로 현물(장부가액 3,000,000원, 시가 4,000,000원)을 기부하고, 장부가액을 손익계산서에 기부금으로 계상하였다.

5. 세무상 이월결손금은 2012년 발생분 5,000,000원, 2020년 발생분 7,000,000원이다.

[물음] ㈜영동의 제24기 사업연도 기부금 관련 세무조정 및 소득처분을 다음의 답안 양식에 따라 제시하시오.

익금산입 및 손금불산입			손금산입 및 익금불산입		
과목	금액	소득처분	과목	금액	소득처분

익금산입 및 손금불산입			손금산입 및 익금불산입		
과목	금액	소득처분	과목	금액	소득처분
일반기부금 한도초과액	12,000,000	기타사외유출	토지	20,000,000	유보

1. 자산의 저가양도

(1) 의제기부금: 300,000,000 × 70% − 200,000,000 = 10,000,000

법인이 특수관계가 없는 자에게 정당한 사유 없이 자산을 정상가액보다 낮은 가격으로 양도하는 경우에는 정상가액(시가의 70%)과 양도가액과의 차액을 기부금으로 본다.

(2) 세법상 재구성

> (1) 회계처리
>
> (차) 현금   200,000,000   (대) 토지   230,000,000
>   유형자산처분손실   30,000,000
>
> (2) 세법상 재구성
>
> (차) 현금   210,000,000   (대) 토지   230,000,000
>   처분손실   20,000,000
> (차) 기부금   10,000,000   (대) 현금   10,000,000

당기 과세표준에 미치는 영향은 없으므로 세무조정을 생략하고, 기부금을 10,000,000원으로 의제한다.

2. 자산의 고가매입

(1) 의제기부금: 150,000,000 − 100,000,000 × 130% = 20,000,000

법인이 특수관계가 없는 자에게 정당한 사유 없이 자산을 정상가액(시가의 130%)보다 높은 가격으로 양수하는 경우에는 매입가액과 정상가액과의 차액을 기부금으로 의제하여 시부인한다.

(2) 세법상 재구성

> (1) 회계처리
>
> (차) 토지   150,000,000   (대) 현금   150,000,000
>
> (2) 세법상 재구성
>
> (차) 토지   130,000,000   (대) 현금   150,000,000
>   기부금   20,000,000

토지를 정상가액에 매입하고 그 차액은 기부금으로 지출한 것으로 의제한다. 따라서 과대계상된 토지를 감액(손금산입)하고 그 감액된 금액을 기부금 시부인에 반영한다.

3. 당기 기부금 분류

(1) 특례기부금: 20,000,000

(2) 일반기부금: 10,000,000 + 4,000,000(시가) = 14,000,000

4. 기준소득금액

(1) 차가감소득금액: $33,000,000 - 20,000,000$(토지 손금산입) $= 13,000,000$

(2) 기준소득금액: $13,000,000 + 34,000,000$(기부금) $= 47,000,000$

5. 특례기부금

(1) 한도액: $[47,000,000 - \text{Min}(7,000,000, \ 47,000,000 \times 80\%)] \times 50\% = 20,000,000$

(2) 한도초과액: $20,000,000 - 20,000,000 = 0$(한도초과액 없음)

2020. 1. 1. 개시 전 사업연도에 발생한 결손금의 공제시한은 10년이므로 2012년에 발생한 결손금은 차감하지 않는다.

6. 일반기부금 $\boxed{47,000,000 - \text{Min}(7,000,000, \ 47,000,000 \times 80\%)}$

(1) 한도액: $[40,000,000 - 20,000,000] \times 10\% = 2,000,000$

(2) 한도초과액: $14,000,000 - 2,000,000 = 12,000,000$

다음은 중소기업인 ㈜금강의 제24기 사업연도(2024년 1월 1일 ~ 2024년 12월 31일) 법인세 신고 관련 자료이다. 아래 자료를 이용하여 다음 물음에 답하시오.

1. 특수관계인이 아닌 의료법인으로부터 정당한 사유 없이 시가 50,000,000원인 기계장치 (원가 30,000,000원)를 2024년 12월 10일 80,000,000원에 취득하였다. 그 대금 중 70,000,000원은 취득일에 지급하였고, 잔금 10,000,000원은 2025년 1월 5일에 지급하였다.

2. 손익계산서상 기부금 내역은 다음과 같다.

   ① 수해이재민 구호금품 20,000,000원

   ② 국방헌금 30,000,000원

   ③ 근로복지진흥기금 10,000,000원*

   　* 선일자수표: 교부일 2024년 12월 10일, 발행 및 결제일 2025년 1월 10일

3. 제23기(2023년 1월 1일 ~ 2023년 12월 31일)에 5,000,000원을 A공익법인(「영유아보육법」에 따른 어린이집의 고유목적사업비로 지출)에 어음(당기 결제됨)으로 지급하고 손익계산서에 비용으로 계상하였으며, 8,000,000원을 B공익법인(아동복지시설로서 무료로 이용할 수 있는 시설에 해당함)에 지출하고 가지급금으로 재무상태표에 자산계상(당기에 손익계산서상 비용으로 계상됨)하였다. 전기의 세무조정은 적법하게 이루어졌다.

4. 제23기까지의 특례기부금 및 일반기부금 한도초과액은 없다. 제24기 말 세무상 이월결손금 잔액은 120,000,000원(제12기 발생분 50,000,000원, 제16기 발생분 70,000,000원)이다.

[물음 1] 제24기 특례기부금 및 일반기부금 해당액을 다음의 답안 양식에 따라 작성하시오.

특례기부금 해당액	
일반기부금 해당액	

[물음 2] 제24기 차가감소득금액이 200,000,000원, 특례기부금 해당액 80,000,000원, 일반기부금 해당액 20,000,000원이라고 가정하고, 특례기부금 및 일반기부금 한도초과(미달)액을 다음의 답안 양식에 따라 작성하시오.

특례기부금 한도초과(미달)액	
일반기부금 한도초과(미달)액	

[물음 1]

특례기부금 해당액	50,000,000	20,000,000(수해이재민) + 30,000,000(국방헌금)
일반기부금 해당액	10,000,000	5,000,000(의제기부금) + 5,000,000(고유목적사업비)

1. 기부금의 손익귀속시기

   미지급기부금은 당해 사업연도의 손금으로 인정되지 않으며, 기부금 해당액에 포함하지 않는다. 선일자수표 기부금은 그 결제일에 지출된 것으로 본다.

2. 자산의 고가매입

(1) 의제기부금: $80,000,000 - 50,000,000 \times 130\% = 15,000,000$

   법인이 특수관계가 없는 자에게 정당한 사유 없이 자산을 정상가액(시가의 130%)보다 높은 가격으로 양수하는 경우에는 매입가액과 정상가액과의 차액을 기부금으로 의제하여 시부인한다.

(2) 세법상 재구성

> (1) 회계처리
>
> | (차) 기계장치 | 80,000,000 | (대) 현금 | 70,000,000 |
> |---|---|---|---|
> | | | 미지급금 | 10,000,000 |
>
> (2) 세법상 재구성
>
> | (차) 기계장치 | 65,000,000 | (대) 현금 | 70,000,000 |
> |---|---|---|---|
> | 기부금 | 15,000,000 | 미지급금 | 10,000,000 |

기계장치를 정상가액에 매입하고 그 차액은 기부금으로 지출한 것으로 의제한다. 따라서 과대계상된 기계장치를 감액(손금산입)하고 그 감액된 금액을 기부금 시부인에 반영한다.

잔금 10,000,000원은 실제 지출한 때인 2025년 1월 5일에 지급된 기부금으로 본다. 따라서 2024년 의제기부금은 5,000,000원이다.

(3) 의제기부금 관련 세무조정(참고)

[손금산입]	기계장치	15,000,000	△유보
[손금불산입]	미지급기부금	10,000,000	유보

[물음 2]

특례기부금 한도초과(미달)액	(35,000,000)	80,000,000 − 115,000,000
일반기부금 한도초과(미달)액	5,000,000	20,000,000 − 15,000,000

1. 기준소득금액

   200,000,000 + 80,000,000 + 20,000,000 = 300,000,000

2. 기준금액

   300,000,000 − 70,000,000 = 230,000,000

   2020. 1. 1. 개시 전 사업연도에 발생한 결손금의 이월공제시한은 10년이므로 2013년 이전 사업연도에 발생한 결손금은 차감하지 아니한다.

3. 특례기부금 한도액

   230,000,000 × 50% = 115,000,000

4. 일반기부금 한도액

   (230,000,000 − 80,000,000) × 10% = 15,000,000

문제 18 · 기부금 (4) 유예

다음은 ㈜태백의 제24기 사업연도(2024년 1월 1일 ~ 2024년 12월 31일) 법인세 신고 관련 자료이다. 단, ㈜태백은 중소기업 또는 회생계획을 이행 중인 기업에 해당하지 아니한다.

1. ㈜태백의 제24기 사업연도 손익계산서상 당기순이익은 300,000,000원이며, 제23기에 발생한 세무상 결손금은 280,000,000원이다.

2. ㈜태백은 당사가 제조한 제품을 정부로부터 인가를 받은 환경보호단체(특수관계 없음)에 고유목적사업비로 기부하였고, 제품의 장부가액인 5,000,000원(시가: 8,000,000원)을 손익계산서에 기부금으로 계상하였다.

3. ㈜태백의 전기 말 유보잔액은 다음과 같으며, 모두 일반기부금에 해당한다.
   ① 사회복지법인 미지급기부금: 4,000,000원(현금지급일: 2024년 3월 2일)
   ② 문화단체에 어음으로 지급한 기부금: 2,000,000원(어음만기일: 2024년 5월 30일)

4. ㈜태백은 2024년 중 근로복지진흥기금에 3,000,000원을 현금으로 출연하였으며, 수해가 발생한 지역의 이재민 구호사업을 위하여 60,000,000원을 현금으로 기부하였다. 해당 기부금을 모두 손익계산서에 기부금으로 계상하였다.

5. ㈜태백은 일반기부금 단체(특수관계 없음)로부터 A비품을 2024년 5월 1일에 전액 현금으로 매입하고 매입가액을 취득원가로 계상하였다. A비품의 매입가액은 9,000,000원이며, 시가는 6,000,000원이다. A비품을 시가보다 고가로 매입한 것에 대한 정당한 사유는 없다.

6. ㈜태백은 비품에 대한 감가상각방법 및 내용연수를 신고하지 않았다. ㈜태백은 당기에 2,400,000원을 A비품의 감가상각비로 손익계산서에 계상하였다. (기준내용연수에 따른 세법상 정률법 상각률은 0.250, 정액법 상각률은 0.150으로 가정함)

7. 위에서 제시한 것 외에 다른 세무조정사항은 없다고 가정한다.

[물음 1] ㈜태백의 제24기 세무조정 및 소득처분을 다음의 답안 양식에 따라 제시하시오. 단, 기부금 한도초과액에 대한 세무조정은 제외하시오.

익금산입 및 손금불산입			손금산입 및 익금불산입		
과목	금액	소득처분	과목	금액	소득처분

[물음 2] ㈜태백의 제24기 차가감소득금액이 300,000,000원이라고 가정할 경우 기부금 한도초과(미달)액을 다음의 답안 양식에 따라 제시하시오.

특례기부금 한도초과(미달)액	
일반기부금 한도초과(미달)액	

[물음 1]

익금산입 및 손금불산입			손금산입 및 익금불산입		
과목	금액	소득처분	과목	금액	소득처분
비품(자산감액분)	320,000	유보	전기 미지급기부금	4,000,000	유보
감가상각비(비품)	780,000	유보	전기 미지급기부금	2,000,000	유보
			비품(의제기부금)	1,200,000	유보

1. 전기 말 미지급기부금

① 법인이 기부금의 지출을 위하여 어음을 발행(배서를 포함)한 경우에는 그 어음이 실제로 결제된 날에 지출한 것으로 보며, 수표를 발행한 경우에는 해당 수표를 교부한 날에 지출한 것으로 본다.

② 전기 미지급금으로 계상한 기부금 중 해당 사업연도에 실제로 지급한 기부금은 법인의 각사업연도소득금액 계산상 이를 손금에 산입하고 △유보로 소득처분하며 동 금액은 기부금 해당액에 포함하여 시부인 계산을 한다.

2. 의제기부금(비품 고가매입): $9,000,000 - 6,000,000 \times 130\% = 1,200,000$

비품을 정상가액에 매입하고 그 차액은 기부금으로 지출한 것으로 의제한다. 따라서 과대계상된 비품을 감액(손금산입)하고 그 감액된 금액을 일반기부금으로 보아 시부인한다.

3. 비품 감가상각비 세무조정

(1) 1단계(자산감액분 조정)

$$2,400,000 \times \frac{1,200,000}{9,000,000} = 320,000(손금불산입)$$

(2) 2단계(시부인 계산)

구분	금액	비고
1. 회사계상액	2,080,000	$2,400,000 - 320,000$
2. 상각범위액	1,300,000	$(9,000,000 - 1,200,000) \times 0.25 \times \frac{8}{12}$
3. 상각부인액	780,000	

[물음 2]

특례기부금 한도초과(미달)액	12,400,000
일반기부금 한도초과(미달)액	10,440,000

1. 당기 기부금의 분류

(1) 특례기부금: 60,000,000(이재민 구호금품)

(2) 일반기부금: 5,000,000 + 4,000,000 + 2,000,000 + 3,000,000 + 1,200,000 = 15,200,000
   └ 환경보호단체   └ 근로복지진흥기금 └ 의제기부금

　특수관계인 외의 자에게 현물기부한 경우에는 기부금 가액은 장부가액으로 평가한다.

2. 기준소득금액

　300,000,000(차가감소득금액) + 60,000,000 + 15,200,000 = 375,200,000

3. 특례기부금

(1) 한도액: $[375,200,000 - Min(280,000,000, 375,200,000 \times 80\%)] \times 50\% = 47,600,000$
   └ 기준금액 95,200,000

(2) 한도초과액: 60,000,000 − 47,600,000 = 12,400,000

4. 일반기부금

(1) 한도액: $(95,200,000 - 47,600,000) \times 10\% = 4,760,000$

(2) 한도초과액: 15,200,000 − 4,760,000 = 10,440,000

다음은 ㈜남해(중소기업)의 제24기 사업연도(2024년 1월 1일 ~ 2024년 12월 31일) 법인세 신고 관련 자료이다. 다음 자료를 이용하여 물음에 답하시오.

1. 손익계산서상 기부금 내역은 다음과 같다.

일자	구분	금액
3. 15.	이재민 구호금품	20,000,000원
5. 10.	사립대학교 장학금	15,000,000원
7. 20.	사회복지법인 기부금	30,000,000원
9. 12.	영업자단체 협회비	10,000,000원

① 이재민 구호금품은 천재지변에 의한 이재민에게 자사제품(시가 30,000,000원)으로 기부한 것이다.

② 사립대학교 장학금은 대표이사의 모교인 사립대학교에 약속어음(결제일 2025년 1월 20일)으로 기부한 것이다.

③ 사회복지법인 기부금은 사회복지법인의 고유목적사업비를 현금으로 기부한 것이다.

④ 영업자단체 협회비는 영업자가 조직한 단체로서 주무관청에 등록된 단체에 납부한 회비이며, 특별회비 3,000,000원이 포함되어 있다.

2. ㈜남해는 2024년 10월 1일 보유하고 있던 건물(취득가액 4억원, 감가상각누계액 2억원, 상각부인액 1억원)을 10년간 회사가 사용수익하는 조건으로 대표이사의 향우회에 기부하고 건물의 시가인 5억원을 무형자산으로 계상하였다. ㈜남해는 동 무형자산에 대한 상각비 10,000,000원을 비용으로 계상하였다.

3. ㈜남해의 결산서상 당기순이익은 450,000,000원, 법인세비용은 52,000,000원이다.

4. 세무상 이월결손금은 없으며, 위에서 제시한 것 외에 다른 세무조정사항은 없다고 가정한다.

[물음 1] ㈜남해의 제24기 차가감소득금액을 다음의 답안 양식에 따라 제시하시오.

당기순이익	×××
익금산입 및 손금불산입	×××
1) ……	×××
2) ……	×××
⋮	⋮
손금산입 및 익금불산입	×××
1) ……	×××
2) ……	×××
⋮	⋮
차가감소득금액	×××

[물음 2] ㈜남해의 제24기 차가감소득금액이 250,000,000원이라고 가정할 경우 기부금 해당액과 기부금 한도초과(미달)액을 다음의 답안 양식에 따라 제시하시오.

특례기부금 해당액	
일반기부금 해당액	
특례기부금 한도초과(미달)액	
일반기부금 한도초과(미달)액	

[물음 1]

당기순이익	450,000,000	
익금산입 및 손금불산입	580,000,000	
1) 미지급기부금	15,000,000	어음결제일이 속하는 2025년 기부금
2) 특별회비	3,000,000	
3) 비지정기부금	500,000,000	대표이사 향우회 기부금
4) 감가상각비	10,000,000	자산감액분 상각비(전액 부인됨)
5) 법인세비용	52,000,000	
손금산입 및 익금불산입	600,000,000	
1) 무형자산	500,000,000	사용수익기부자산에 해당하지 않으므로 전부 감액
2) 건물상각부인액	100,000,000	유보추인
차가감소득금액	430,000,000	

1. 특별회비

   영업자가 조직한 단체로서 주무관청에 등록된 단체에 대한 일반회비는 전액 손금 인정되나, 특별회비(경비충당 목적 이외의 회비)는 전액 손금불산입하고 기타사외유출로 소득처분한다.

2. 현물기부

   ① 비지정 현물기부금은 시가와 장부가액 중 큰 금액으로 평가한다.

   ② 사용수익기부자산은 금전 외의 자산을 국가 또는 지방자치단체에 사용수익을 조건으로 무상지출한 것을 말한다. 따라서 국가 또는 지방자치단체 이외의 단체에 사용수익조건을 무상 지출한 것은 사용수익기부자산에 해당하지 않고, 비지정기부금으로 본다.

   > (1) 회계처리
   >
   > | (차) 무형자산 | 500,000,000 | (대) 건물 | 400,000,000 |
   > |---|---|---|---|
   > | 감가상각누계액 | 200,000,000 | 유형자산처분이익 | 300,000,000 |
   >
   > (2) 세법상 처리
   >
   > | (차) 비지정기부금 | 500,000,000 | (대) 건물 | 400,000,000 |
   > |---|---|---|---|
   > | 감가상각누계액 | 100,000,000 | 유형자산처분이익 | 200,000,000 |

   결산상 유형자산처분이익과 세법상 유형자산처분이익의 차액(100,000,000원)을 세무조정한다. 동 금액은 유보추인액과 동일하다.

[물음 2]

250,000,000 + 20,000,000(특례) + 30,000,000(일반)

특례기부금 해당액	20,000,000	이재민 구호금품(특례기부금, 장부가액)
일반기부금 해당액	30,000,000	사회복지법인 기부금(고유목적사업비)
특례기부금 한도초과(미달)액	(130,000,000)	300,000,000 × 50% = 150,000,000
일반기부금 한도초과(미달)액	2,000,000	(300,000,000 − 20,000,000) × 10% = 28,000,000

문제 20 기부금 [6]

다음은 제조업을 영위하는 ㈜한라(중소기업 아님)의 제24기 사업연도(2024년 1월 1일 ~ 2024년 12월 31일) 기부금과 관련된 법인세 관련 자료이다. 전기까지의 세무조정은 적법하게 이루어졌다. 다음 자료를 이용하여 물음에 답하시오.

1. ㈜한라의 손익계산서상 기부금 내역은 다음과 같다.
   ① A사립대학 장학금: 100,000,000원*
      * 장학금은 약속어음으로 지급되었으며 어음의 결제일은 2025년 3월 1일임
   ② 무료로 이용할 수 있는 아동복지시설에 지출한 기부금: 50,000,000원
   ③ 사회복지법인 고유목적사업비: 6,000,000원*
      * 생산한 제품을 「사회복지사업법」에 의한 사회복지법인(특수관계 없음)의 고유목적사업비로 기부한 것으로, ㈜한라는 동 제품의 원가 6,000,000원(시가 10,000,000원)을 손익계산서상 기부금으로 계상함
   ④ 천재지변에 따른 이재민 구호금품: 25,000,000원
   ⑤ 새마을금고에 지출한 기부금: 4,000,000원

2. ㈜한라는 「의료법」에 의한 의료법인(특수관계 없음)으로부터 정당한 사유 없이 시가 10,000,000원인 비품을 15,000,000원에 매입하고 매입가액을 취득원가로 회계처리하였다.

3. 제23기의 세무조정 시 기부금과 관련된 세무조정사항은 다음과 같다.
   ① 일반기부금 한도초과액: 10,000,000원
   ② 비지정기부금 부인액: 5,000,000원

4. 제21기에 발생한 세무상 결손금은 120,000,000원이다.

[물음 1] ㈜한라의 제24기 기부금 관련 세무조정 및 소득처분을 다음의 답안 양식에 따라 제시하시오. 단, 기부금 한도초과액에 대한 세무조정은 제외하시오.

익금산입 및 손금불산입			손금산입 및 익금불산입		
과목	금액	소득처분	과목	금액	소득처분

[물음 2] ㈜한라의 제24기 차가감소득금액이 400,000,000원이라고 가정하고 당기의 특례기부금 및 일반기부금 한도초과(미달)액을 다음의 답안 양식에 따라 제시하시오.

특례기부금 해당액	
일반기부금 해당액	
특례기부금 한도초과(미달)액	
일반기부금 한도초과(미달)액	

[물음 1]

익금산입 및 손금불산입			손금산입 및 익금불산입		
과목	금액	소득처분	과목	금액	소득처분
미지급기부금	100,000,000	유보	비품	2,000,000	유보
비지정기부금	4,000,000	기타사외유출			

1. 미지급기부금
   어음으로 기부금을 지급한 경우 손금귀속시기는 결제일(만기일)이다.

2. 현물기부금
   특수관계 없는 일반기부금 단체에 기부한 금전 외 자산은 장부가액으로 한다.

3. 고가매입
   법인이 정당한 사유 없이 특수관계인 외의 자로부터 자산을 높은 가액으로 매입하는 정상가액(시가의 130%)
   과 취득가액의 차액은 기부금으로 의제한다.

[물음 2]

특례기부금 해당액	25,000,000	이재민 구호금품
일반기부금 해당액	58,000,000	50,000,000 + 6,000,000 + 2,000,000
특례기부금 한도초과(미달)액	(156,500,000)	
일반기부금 한도초과(미달)액	34,200,000	

1. 특례기부금 한도초과(미달)액

(1) 기준소득금액
   400,000,000 + 25,000,000(특례) + 58,000,000(일반) = 483,000,000

(2) 기준금액
   483,000,000 − Min(483,000,000 × 80%, 120,000,000) = 363,000,000

(3) 특례기부금 한도미달액
   25,000,000 − 363,000,000 × 50% = △156,500,000

2. 일반기부금 한도초과(미달)액

구분	지출액	한도액	전기 이월액 손금	한도초과액
전기	10,000,000	10,000,000	10,000,000	
당기	58,000,000	23,800,000		34,200,000
합계	68,000,000	33,800,000*	10,000,000	34,200,000

* 한도액: (363,000,000 − 25,000,000) × 10% = 33,800,000

제조업을 영위하는 ㈜한국(중소기업 아님)의 제24기 사업연도(2024년 1월 1일 ~ 2024년 12월 31일) 기부금 관련 자료이다. 전기까지의 세무조정은 적법하게 이루어졌다.

1. ㈜한국의 손익계산서 내역은 다음과 같다.

   ① 당기순이익은 40,000,000원이며, 당기 법인세비용은 6,000,000원이다.

   ② 전기에 과오납한 재산세에 대한 환급금 17,000,000원과 환급금 이자 500,000원을 당기에 수령하고 다음과 같이 회계처리하였다.

   (차) 현금   17,500,000   (대) 이자수익   17,500,000

   ③ 기부금 계정의 내역은 다음과 같다.

일자	내용	금액
2. 28.	천재지변으로 생기는 이재민 구호금품 가액	30,000,000원
4. 4.	근로복지진흥기금 기부금	16,000,000원
7. 2.	무료로 이용할 수 있는 아동복지시설에 지출한 기부금	15,000,000원[1]
11. 7.	새마을금고에 지출한 기부금	21,000,000원
12. 29.	종교단체 기부금	10,000,000원[2]

   [1] ㈜한국이 생산한 제품을 특수관계가 있는 아동복지시설에 기부한 것으로, 제품의 시가는 20,000,000원임

   [2] 약속어음으로 지급되었으며, 어음의 결제일은 2025년 3월 1일임

2. ㈜한국은 「의료법」에 의한 의료법인(특수관계 없음)으로부터 정당한 사유 없이 시가 200,000,000원인 토지를 300,000,000원에 매입하고, 매입가액을 취득원가로 계상하였다.

3. 제23기의 세무조정 시 기부금과 관련된 세무조정사항은 다음과 같다.

   ① 사립대학교 장학금: 25,000,000원(전기 말 현재 미지급한 상태이며, 2024년 1월 3일에 현금으로 지급함)

   ② 일반기부금 한도초과액: 2,000,000원

4. 제21기에 발생한 세무상 결손금은 80,000,000원이며, 위에서 제시한 것 외에 다른 세무조정 사항은 없다고 가정한다.

[물음 1] ㈜한국의 제24기 차가감소득금액을 답안 양식에 따라 제시하시오.

당기순이익	×××
익금산입 및 손금불산입	×××
1) ……	×××
2) ……	×××
⋮	⋮
손금산입 및 익금불산입	×××
1) ……	×××
2) ……	×××
⋮	⋮
차가감소득금액	×××

[물음 2] ㈜한국의 제24기 차가감소득금액이 30,000,000원이라고 가정하고, 제24기 특례기부금 및 일반기부금 해당액과 특례기부금 및 일반기부금 한도초과(미달)액을 답안 양식에 따라 제시하시오.

특례기부금 해당액	
일반기부금 해당액	
특례기부금 한도초과(미달)액	
일반기부금 한도초과(미달)액	

—| **해답** |—

[물음 1]

당기순이익	40,000,000	
익금산입 및 손금불산입	37,000,000	
1) 법인세비용	6,000,000	
2) 새마을금고	21,000,000	비지정기부금
3) 미지급기부금	10,000,000	손금귀속시기는 어음결제일
손금산입 및 익금불산입	65,500,000	
1) 환급금 이자	500,000	
2) 토지	40,000,000	고가매입(자산감액)
3) 전기 미지급기부금	25,000,000	당기 결제 시 손금산입
차가감소득금액	11,500,000	

자산의 고가매입(의제기부금): $300,000,000 - 200,000,000 \times 130\% = 40,000,000$
법인이 특수관계가 없는 자에게 정당한 사유 없이 자산을 정상가액(시가의 130%)보다 높은 가격으로 양수하는 경우에는 매입가액과 정상가액의 차액을 기부금으로 의제하여 시부인한다.

[물음 2]

특례기부금 해당액	55,000,000	30,000,000 + 25,000,000
일반기부금 해당액	76,000,000	16,000,000 + 20,000,000 + 40,000,000
특례기부금 한도초과(미달)액	14,500,000	
일반기부금 한도초과(미달)액	73,950,000	

1. 특례기부금 해당액
   천재지변으로 생기는 이재민 구호금품 가액과 사립대학교 장학금은 특례기부금에 해당한다.

2. 일반기부금 해당액
   ① 근로복지진흥기금, 무료로 이용할 수 있는 아동복지시설에 지출한 기부금은 일반기부금에 해당한다.
   ② 특수관계 있는 일반기부금 단체에 현물로 기부한 경우 시가와 장부가액 중 큰 금액을 기부금가액으로 한다. 기부금과 처분이익이 동시에 누락된 것이므로 장부가액으로 회계처리한 것에 대해 별도로 세무조정하지는 않는다.
   ③ 의료법인으로부터 정당한 사유 없이 정상가액보다 고가로 매입함에 따라 발생한 기부금은 일반기부금에 해당한다.

3. 특례기부금 한도초과(미달)액

(1) 기준소득금액

30,000,000 + 55,000,000(특례) + 76,000,000(일반) = 161,000,000

(2) 기준금액

161,000,000 − Min(161,000,000 × 80%, 80,000,000) = 81,000,000

(3) 특례기부금 한도초과액

55,000,000 − 81,000,000 × 50% = 14,500,000

4. 일반기부금 한도초과(미달)액

구분	지출액	한도액	전기 이월액 손금	한도초과액
전기	2,000,000	2,000,000	2,000,000	
당기	76,000,000	2,050,000		73,950,000
합계	78,000,000	4,050,000*	2,000,000	73,950,000

* 한도액: (81,000,000 − 40,500,000) × 10% = 4,050,000

다음은 제조업을 영위하는 내국 영리법인(사회적 기업은 아님)인 ㈜내국의 제24기(2024. 1. 1. ~ 2024. 12. 31.) 법인세 신고 관련 자료이다.

1. 제24기의 손익계산서상 당기순이익은 ₩255,000,000이다.

2. 제24기 세무조정사항은 다음과 같다.
   ① 법인세비용 ₩36,000,000이 비용으로 계상되어 있다.
   ② 손익계산서상 기부금 내역서를 보면, 한국장학재단 시설비에 지출한 금액은 ₩10,000,000, 국민건강보험공단에 지출한 금액은 ₩20,000,000, 에너지공과대학 연구비에 지출한 금액은 ₩20,000,000이다.
   ③ 특례기부금과 일반기부금의 사업연도별 한도초과액을 살펴보면 다음 표와 같다.

사업연도	특례기부금 한도초과액	우리사주조합기부금 한도초과액	일반기부금 한도초과액
제13기(2013. 1. 1. ~ 2013. 12. 31.)	₩2,000,000	−	₩3,000,000
제16기(2016. 1. 1. ~ 2016. 12. 31.)	5,000,000	−	4,000,000
제18기(2018. 1. 1. ~ 2018. 12. 31.)	10,000,000	−	−
제20기(2020. 1. 1. ~ 2020. 12. 31.)	12,000,000	−	1,000,000

   ④ 회사의 손익계산서상 이자비용 ₩80,000,000이 계상되어 있으며, 이 중 ₩10,000,000은 본사 건물 건설 관련 특정차입금의 건설자금이자이며, 제24기 말 현재 동 건물은 완공되지 아니하였다.
   ⑤ 영업외수익에는 자산수증이익 ₩50,000,000(국고보조금 ₩10,000,000 포함)이 계상되어 있다.
   ⑥ 주식의 포괄적 교환차익 ₩30,000,000을 주식발행초과금으로 계상하였다.

3. 사업연도별 이월결손금 내역은 다음과 같다.

사업연도	발생액	잔액
제13기(2013. 1. 1. ~ 2013. 12. 31.)	₩100,000,000	₩90,000,000
제14기(2014. 1. 1. ~ 2014. 12. 31.)	80,000,000	80,000,000
제15기(2015. 1. 1. ~ 2015. 12. 31.)	70,000,000	70,000,000

4. ㈜내국은 「조세특례제한법」상 중소기업이 아니며, 회생계획을 이행 중인 기업 등의 범위에 포함되지 않는다.

[물음 1] 위 자료를 이용하여 제24기 사업연도의 소득금액조정합계표를 다음 양식의 예시에 따라 작성하시오.

익금산입 및 손금불산입			손금산입 및 익금불산입		
과목	금액	소득처분	과목	금액	소득처분

[물음 2] 위 자료를 이용하여 제24기 사업연도의 기부금 관련 세무조정을 다음 양식의 예시에 따라 하시오.

조정유형	과목	금액	소득처분

[물음 3] 위 자료를 이용하여 제24기 사업연도의 각사업연도소득금액과 과세표준을 다음의 양식에 따라 제시하시오.

구분	금액
각사업연도소득금액	
과세표준	

[물음 1]

익금산입 및 손금불산입			손금산입 및 익금불산입		
과목	금액	소득처분	과목	금액	소득처분
법인세비용	36,000,000	기타사외유출	자산수증이익	40,000,000	기타
건설자금이자	10,000,000	유보			

1. 자산수증이익

　① 자산수증이익과 채무면제이익 중 이월결손금 보전에 충당한 금액은 익금에 산입하지 않는다. 다만, 국고보조금 등의 경우 이월결손금 보전에 충당 시 익금에 산입하지 아니하는 자산수증이익의 범위에서 제외한다.

　② 자산수증이익을 이월결손금 보전에 충당하는 경우 기한의 제한을 받지 않으므로 제13기 발생 이월결손금 잔액에서 먼저 차감한다.

2. 주식의 포괄적 교환차익

　주식의 포괄적 교환차익은 법인의 각사업연도소득금액 계산 시 익금에 산입하지 아니한다. 회사는 당기손익에 반영하지 않았으므로 별도로 세무조정할 것은 없다.

[물음 2]

조정유형	과목	금액	소득처분
손금산입	특례기부금 이월액 손금	27,000,000	기타
손금산입	일반기부금 이월액 손금	5,000,000	기타
손금불산입	일반기부금 한도초과	14,600,000	기타사외유출

1. 기준금액

(1) 차가감소득금액: 255,000,000 + 46,000,000 − 40,000,000 = 261,000,000

(2) 기준소득금액: 261,000,000 + 30,000,000(특례) + 20,000,000(일반) = 311,000,000

(3) 기준금액: 기준소득금액 − Min(이월결손금, 기준소득금액 × 80%)

　　　　　　 = 311,000,000 − Min(150,000,000, 311,000,000 × 80%) = 161,000,000

　① 한국장학재단과 에너지공과대학에 지출하는 시설비, 교육비, 연구비, 장학금은 특례기부금이고, 국민건강보험공단은 일반기부금 단체이다.

　② 기준소득금액의 80% 내에서 공제하는 이월결손금은 15년 이내 발생한 결손금에 한한다. 단, 2020. 1. 1. 개시 전 사업연도에 발생한 결손금은 공제시한이 10년이다.

2. 특례기부금

구분	지출액	한도액	전기 이월액 손금	한도초과액
전기	27,000,000	27,000,000	27,000,000	
당기	30,000,000	53,500,000		
합계	57,000,000	80,500,000*	27,000,000	

* 한도액: 161,000,000 × 50% = 80,500,000

3. 일반기부금

구분	지출액	한도액	전기 이월액 손금	한도초과액
전기	5,000,000	5,000,000	5,000,000	
당기	20,000,000	5,400,000		14,600,000
합계	25,000,000	10,400,000*	5,000,000	14,600,000

* 한도액: $(161,000,000 - 57,000,000) \times 10\% = 10,400,000$

기부금 이월액은 10년으로 하므로 2013. 12. 31. 이전에 발생한 기부금은 적용하지 아니한다.

[물음 3]

구분	금액	비고
각사업연도소득금액	243,600,000	$261,000,000 - 27,000,000 - 5,000,000 + 14,600,000$
과세표준	93,600,000	$243,600,000 - \text{Min}(243,600,000 \times 80\%, \ 150,000,000)$

문제 23 기부금 (9) [유예]

다음은 ㈜대한(중소기업 아님)의 제24기 사업연도(2024년 1월 1일 ~ 2024년 12월 31일) 세무조정 자료이다. 아래 자료를 이용하여 물음에 답하시오.

1. 당기 결산상 당기순이익은 45,000,000원이며, 당기 법인세비용은 5,000,000원이다.

2. 당기 퇴직급여충당금 세법상 한도는 20,000,000원이며, 회사는 퇴직급여충당금을 별도로 장부에 계상하지 않았다.

3. 전기 대손충당금 한도초과액은 5,000,000원이다.

4. 소모품을 구매하면서 현금 11,000,000원(부가가치세 1,000,000원 포함)을 지급하고 세금계산서를 수취하였으나, 부가가치세 신고기한 내에 신고를 하지 못하여 다음과 같이 회계처리를 하였다.

   (차) 소모품비　　　　　　　11,000,000　　(대) 현금　　　　　　　　　11,000,000

5. 손익계산서상 기부금 계정의 내역은 다음과 같다.

일자	내용	금액	비고
1. 15.	천재지변 구호금품	10,000,000원	
3. 2.	사회복지시설 기부금	7,000,000원	「아동복지법」에 따른 사회복지시설
10. 3.	사립대학교 장학금	30,000,000원	
11. 10.	종교단체 기부금	17,000,000원	• 냉장고 기부 (장부가액 17,000,000원, 시가 19,000,000원) • ㈜대한과 특수관계 있는 종교단체에 해당
12. 30.	장학단체 기부금	2,000,000원	• 어음기부금(결제일 2025. 1. 1.) • 정부허가를 얻은 장학단체임

6. 특례기부금 및 일반기부금의 한도초과액은 다음과 같다.

내용	2013년	2023년
특례기부금 한도초과액	4,200,000원	7,600,000원
일반기부금 한도초과액	300,000원	4,200,000원

7. 당기 초의 세무상 이월결손금 잔액은 10,000,000원이고, 그 중 2,500,000원은 2013년(제13기) 발생액이며, 7,500,000원은 2014년(제14기) 발생액이다.

[물음] ㈜대한의 제24기 사업연도(2024년 1월 1일 ~ 2024년 12월 31일) 자료를 이용하여 각사업연도소득금액을 계산하시오.

─┤ 해답 ├─

구분	금액	비고
1. 결산상 당기순이익	45,000,000	
2. 익금산입·손금불산입	8,000,000	
① 법인세비용	5,000,000	
② 소모품비(부가세)	1,000,000	경정청구를 통해 환급 가능하므로 세법상 자산임
③ 미지급기부금	2,000,000	어음결제일이 속하는 과세기간에 손금처리
3. 손금산입·익금불산입	5,000,000	
① 대손충당금(전기)	5,000,000	자동추인 세무조정
② 퇴직급여충당금		결산조정사항이므로 손금산입 불가
4. 차가감소득금액	48,000,000	
5. 기부금 한도초과액	24,310,000	
6. 기부금 한도초과 이월액	△11,800,000	7,600,000(특례) + 4,200,000(일반)
7. 각사업연도소득금액	60,510,000	48,000,000 + 24,310,000 − 11,800,000

1. 당기 기부금 분류

(1) 특례기부금: 10,000,000(천재지변) + 30,000,000(사립대학교 장학금) = 40,000,000

(2) 일반기부금: 7,000,000(사회복지시설) + 19,000,000(종교단체) = 26,000,000
    특수관계법인인 일반기부금 단체에 현물로 기부한 것은 시가와 장부가액 중 큰 금액으로 평가한다.

2. 기준금액

(1) 기준소득금액: 48,000,000 + 40,000,000 + 26,000,000 = 114,000,000

(2) 기준금액: 114,000,000 − Min(7,500,000, 114,000,000 × 80%) = 106,500,000
    2020. 1. 1. 개시 전 사업연도에 발생한 결손금은 공제시한이 10년이므로 2013년 사업연도에 발생한 결손금
    은 공제하지 아니한다.

3. 특례기부금

구분	지출액	한도액	전기 이월액 손금	한도초과액
전기	7,600,000	7,600,000	7,600,000	
당기	40,000,000	45,650,000		
합계	47,600,000	53,250,000*	7,600,000	

* 한도액: 106,500,000 × 50% = 53,250,000

기부금 이월액은 10년으로 하므로 2013. 12. 31. 이전에 발생한 기부금은 적용하지 아니한다.

4. 일반기부금

구분	지출액	한도액	전기 이월액 손금	한도초과액
전기	4,200,000	4,200,000	4,200,000	
당기	26,000,000	1,690,000		24,310,000
합계	30,200,000	5,890,000*	4,200,000	24,310,000

* 한도액: $(106,500,000 - 47,600,000) \times 10\% = 5,890,000$

다음은 제조업을 영위하는 ㈜한국의 제24기(2024. 1. 1. ~ 2024. 12. 31.) 세무조정과 관련된 자료이다. 다음 자료를 이용하여 물음에 답하시오.

---

1. 제24기 각사업연도소득금액 계산내역은 다음과 같다.

결산서상 당기순이익	100,000,000원
익금산입	70,000,000원
손금산입	20,000,000원
차가감소득금액	150,000,000원
기부금 한도초과액[1]	20,000,000원
기부금 한도초과 이월액 손금산입[2]	4,500,000원
각사업연도소득금액	165,500,000원

[1] 당기 특례기부금 한도초과액이다.

[2] 제20기에 발생한 일반기부금 한도초과 이월액 20,000,000원 중 당기 한도 미달액 범위 내에서 손금산입한 금액이다.

2. 당기 중 우리사주조합에 지출한 기부금은 없다.

3. ㈜한국의 세무상 이월결손금은 80,000,000원이다. (제19기 발생금액임)

4. ㈜한국은 상기 세무조정 이외에 익금산입 항목 20,000,000원이 추가로 있음을 뒤늦게 발견하였다.

[물음] 위의 자료에 따라 누락된 익금산입 항목 20,000,000원을 반영할 경우 ㈜한국의 제24기 사업연도 각사업연도소득금액을 제시하시오.

구분	수정 전	수정 후	비고
결산서상 당기순이익	100,000,000	100,000,000	
익금산입	70,000,000	90,000,000	익금 누락액 반영
손금산입	20,000,000	20,000,000	
차가감소득금액	150,000,000	170,000,000	
기부금 한도초과액	20,000,000	10,000,000	20,000,000 − 10,000,000
기부금 한도초과 이월액 손금산입	4,500,000	5,500,000	4,500,000 + 1,000,000
각사업연도소득금액	165,500,000	174,500,000	

1. 특례기부금 한도액 증가

   $20,000,000 \times 50\% = 10,000,000$

   차가감소득금액이 20,000,000원 증가하므로 특례기부금 한도액도 10,000,000원 증가한다. 따라서 손금불산입(한도초과액)은 10,000,000원 감소한다.

2. 일반기부금 한도액 증가

   $(20,000,000 - 10,000,000) \times 10\% = 1,000,000$

   차가감소득금액이 20,000,000원 증가하지만, 특례기부금 손금산입액도 10,000,000원 증가한다. 따라서 일반기부금 한도액은 1,000,000원 증가한다. 전기 이월액이 20,000,000원이므로 수정 전 일반기부금 한도액은 4,500,000원이다. 따라서 일반기부금 한도 증가액은 모두 추가 손금산입 대상이 된다.

다음은 제조업을 영위하는 ㈜한국(사회적 기업 아니고 중소기업에 해당함)의 제24기(2024. 1. 1. ~ 2024. 12. 31.) 기부금과 관련된 자료이다. 다음 자료를 이용하여 물음에 답하시오.

1. 법인세비용차감전순이익: 20,000,000원

2. 손익계산서상 기부금 내역

    (1) 당기 중 「사립학교법」에 따른 사립대학교에 시설비로 지출한 기부금 10,000,000원 (2025. 1. 2. 만기어음으로 지급)에 대하여 다음과 같이 회계처리하였다.

    | (차) 기부금 | 10,000,000 | (대) 미지급금 | 10,000,000 |

    (2) 전기에 국방헌금으로 납부한 현금기부금에 대하여 선급금으로 회계처리한 것을 당기 중 다음과 같이 회계처리하였다.

    | (차) 기부금 | 5,000,000 | (대) 선급금 | 5,000,000 |

    (3) 당기 중 회사의 제품(장부가액 15,000,000원, 시가 20,000,000원)을 불우이웃돕기 성금으로 특수관계 있는 일반기부금 단체에 기증하고 다음과 같이 회계처리하였다.

    | (차) 매출원가 | 15,000,000 | (대) 제품 | 15,000,000 |

    (4) 2024. 12. 31.에 특수관계 없는 일반기부금 단체로부터 건물(시가 80,000,000원)을 110,000,000원에 매입하고 매입금액을 취득원가로 회계처리하였다. 건물을 시가보다 고가로 매입한 정당한 사유는 없다.

    (5) 당기 중 지방자치단체에 토지(장부가액 50,000,000원, 시가 80,000,000원)를 55,000,000원에 매각하고 장부가액과 처분가액과의 차이를 처분이익으로 회계처리하였다. 토지를 시가보다 저가로 매각한 정당한 사유는 없다.

    (6) 당기 중 ㈜한국이 피투자법인의 우리사주조합에 지출한 현금기부금 15,000,000원에 대하여 손익계산서상 기부금으로 회계처리하였다.

3. 과세표준을 계산할 때 공제대상이 되는 이월결손금은 5,000,000원이다.

4. 기부금 손금한도초과액의 내역은 다음과 같다.

발생사업연도	특례기부금	우리사주조합기부금	일반기부금
제18기(2018. 1. 1. ~ 2018. 12. 31.)	2,500,000원	–	2,000,000원
제17기(2017. 1. 1. ~ 2017. 12. 31.)	–	3,000,000원	450,000원
제13기(2013. 1. 1. ~ 2013. 12. 31.)	1,000,000원	–	–

5. 위 자료 이외의 추가적인 세무조정사항은 없다고 가정한다.

[물음 1] 기부금 한도 계산을 제외한 세무조정을 다음 양식에 따라 작성하시오. (단, 세무조정란은 가산조정이면 'A', 차감조정이면 'B'로 기입할 것)

세무조정	과목	금액(단위: 원)	소득처분
A	×××	×××	×××
·			
·			
·			

[물음 2] 기부금 세무조정을 다음 양식에 따라 작성하시오. (단, 세무조정란은 가산조정이면 'A', 차감조정이면 'B'로 기입할 것)

세무조정	과목	금액(단위: 원)	소득처분
A	×××	×××	×××
·			
·			
·			

[물음 1]

세무조정	과목	금액(단위: 원)	소득처분
A	미지급기부금	10,000,000	유보
A	선급기부금	5,000,000	유보
B	건물	6,000,000	△유보

1. 미지급기부금

   어음만기일(2025. 1. 2.)이 속하는 사업연도가 손금귀속시기이다.

2. 전기 지급 기부금

   전기 기부금에 해당하므로 전기에 손금산입하고, 당기에는 손금불산입한다. 당기 기부금에 해당하지 아니하므로 기부금 지출액에 포함하지 아니한다.

3. 현물기부(일반기부금)

   특수관계인에 해당하는 일반기부금 단체에 지출한 기부금은 장부가액과 시가 중 큰 금액으로 한다. 따라서 일반기부금 금액은 20,000,000원으로 한다. 공익단체 등에 무상으로 재화를 공급한 경우는 부가가치세 면세 대상이다.

4. 자산의 고가매입(의제기부금, 일반)

   의제기부금: 110,000,000 − 80,000,000 × 130% = 6,000,000

   특수관계인 이외의 자에게 정당한 사유 없이 자산을 고가매입한 경우 정상가액으로 취득하고, 정상가액과 매입가액의 차액은 기부금으로 의제한다. 한편, 자산이 과대계상되었으므로 정상가액과 취득원가의 차액은 감액하고 손금산입한다.

5. 저가양도(의제기부금, 특례)

   의제기부금: 80,000,000 × 70% − 55,000,000 = 1,000,000

   특수관계인 이외의 자에게 정당한 사유 없이 자산을 저가양도한 경우 정상가액으로 양도하고, 양도가액과 정상가액의 차액은 기부금으로 의제한다.

[물음 2]

세무조정	과목	금액(단위: 원)	소득처분
B	특례기부금 한도초과 이월액	2,500,000	기타
B	일반기부금 한도초과 이월액	2,450,000	기타
A	일반기부금 한도초과액	23,700,000	기타사외유출

1. 당기 기부금의 분류

(1) 특례기부금: 1,000,000(의제기부금)

(2) 우리사주조합기부금: 15,000,000

(3) 일반기부금: 20,000,000 + 6,000,000(의제기부금) = 26,000,000

2. 기준금액

(1) 차가감소득금액: 20,000,000 + 10,000,000 + 5,000,000 − 6,000,000 = 29,000,000

(2) 기준소득금액: 29,000,000 + 1,000,000 + 15,000,000 + 26,000,000 = 71,000,000

(3) 기준금액: 71,000,000 − 5,000,000(이월결손금) = 66,000,000

3. 특례기부금

구분	지출액	한도액	전기 이월액 손금	한도초과액
전기	2,500,000	2,500,000	2,500,000	
당기	1,000,000	30,500,000		
합계	3,500,000	33,000,000*	2,500,000	

* 한도액: 66,000,000 × 50% = 33,000,000

2014. 1. 1. 이후 발생한 기부금 한도초과 이월액에 한하여 10년간 이월하여 손금에 산입할 수 있다.

4. 우리사주조합기부금

구분	지출액	한도액	한도초과액
당기	15,000,000	18,750,000*	

* 한도액: (66,000,000 − 3,500,000) × 30% = 18,750,000

우리사주조합기부금은 이월손금산입 규정이 없다.

5. 일반기부금

구분	지출액	한도액	전기 이월액 손금	한도초과액
전기	2,450,000	2,450,000	2,450,000	
당기	26,000,000	2,300,000		23,700,000
합계	28,450,000	4,750,000*	2,450,000	23,700,000

* 한도액: (66,000,000 − 18,500,000) × 10% = 4,750,000

다음은 제조업을 영위하는 내국 영리법인 ㈜한국(중소기업 및 사회적기업이 아니며, 회생계획을 이행 중인 기업 등의 범위에 포함되지 않음)의 제24기(2024. 1. 1. ~ 2024. 12. 31.) 법인세 신고 관련 자료이다.

1. 법인세비용차감전순이익: ₩85,000,000

2. 손익계산서상 기부금 내역

    (1) 사립대학교에 연구비로 지출한 기부금: ₩6,000,000(회사는 3년 동안 총 ₩6,000,000을 지급하기로 약정한 후 당기분으로 ₩2,000,000을 지급하고, 나머지 금액은 미지급기부금으로 회계처리한 것임)

    (2) 천재지변으로 생긴 이재민을 위한 구호금품: ₩9,500,000(이는 장부가액 ₩8,000,000, 시가 ₩9,500,000인 제품을 기부하고 시가로 계상한 것임)

    (3) 「평생교육법」에 따른 전공대학 형태의 평생교육시설의 고유목적사업비로 지출한 기부금: ₩7,000,000

    (4) 대학교 총장이 추천하는 개인에게 지급한 장학금: ₩3,000,000

    (5) 대표이사 동창회 기부금: ₩1,500,000

3. 제23기 자본금과 적립금조정명세서(을)의 기말잔액은 다음과 같다.

    (1) 기계장치 A 감가상각부인액: ₩300,000

    (2) 미수수익: △₩600,000(1년 만기 정기예금 B의 이자를 기간경과 비율에 따라 이자수익으로 인식한 것임)

    (3) 미지급기부금: ₩700,000(「사회복지사업법」에 따른 사회복지법인의 고유목적사업비로 지출한 기부금으로서 어음 C로 지급한 것임)

4. 제24기 세무조정 관련 사항은 다음과 같다.

    (1) 기계장치 A(재무상태표상 장부가액: ₩4,200,000)를 ₩5,000,000에 처분하고, 처분이익 ₩800,000을 손익계산서에 계상하였다.

    (2) 당기 중 정당한 사유 없이 서울시에 토지(장부가액: ₩15,000,000, 시가: ₩30,000,000)를 ₩20,000,000에 매각하고, 처분이익으로 ₩5,000,000을 계상하였다.

    (3) ㈜민국의 주식을 보유하고 있으며, ㈜민국이 이익잉여금을 자본전입함에 따라 무상주(₩1,800,000)를 수령하고 장부상 회계처리하지 않았다(수입배당금 익금불산입 대상은 아님).

    (4) 유형자산을 재평가하여 발생한 재평가이익 ₩6,000,000을 수익으로 회계처리하였다(「보험업법」이나 그 밖의 법률에 따른 평가는 아님).

    (5) 재산세 환급금 이자 ₩500,000을 수익으로 회계처리하였다.

(6) 정기예금 B의 만기가 도래하여 ₩1,200,000의 이자를 수령하였다.

(7) 전기에 어음 C로 지급한 기부금이 당기에 결제되었다.

5. 제23기 일반기부금 한도초과액은 ₩1,700,000이다.

6. 이월결손금 내역은 다음과 같다.

(1) 제13기(2013. 1. 1. ~ 2013. 12. 31.) 발생분: ₩20,000,000

(2) 제19기(2019. 1. 1. ~ 2019. 12. 31.) 발생분: ₩30,000,000

[물음 1] 제24기 기말 유보잔액과 법인세 과세표준 및 세액조정계산서에 기재할 차가감소득금액을 계산하여 다음의 양식에 따라 ①~②의 금액을 제시하시오.

기말 유보잔액	①
차가감소득금액	②

[물음 2] 「법인세법」에 따른 특례기부금과 일반기부금 해당 금액을 계산하여 다음의 양식에 따라 ③~④의 금액을 제시하시오.

특례기부금 해당액	③
일반기부금 해당액	④

[물음 3] 일반기부금 한도액과 법인세 과세표준 및 세액조정계산서에 기재할 기부금한도초과액을 계산하여 다음의 양식에 따라 ⑤~⑥의 금액을 제시하시오.

일반기부금 한도액	⑤
기부금한도초과액	⑥

[물음 1]

기말 유보잔액	① △200,000
차가감소득금액	② 85,400,000

1. 자본금과 적립금명세서(을)

구분	기초	감소	증가	기말
기계장치 A 상각부인액	300,000	300,000		
미수수익	△600,000	△600,000		
미지급기부금	700,000	700,000	4,000,000	4,000,000
무상주			1,800,000	1,800,000
유형자산			△6,000,000	△6,000,000
합계	400,000	400,000	△200,000	△200,000

2. 차가감소득금액

구분	금액	비고
(1) 법인세비용차감전순이익	85,000,000	
(2) 미지급기부금	4,000,000	기부금은 실제로 지출한 때 손금으로 인정함
(3) 비지정기부금	1,500,000	대표이사 동창회 기부금
(4) 전기 상각부인액	(−)300,000	자산 처분에 따라 유보잔액을 손금 추인함
(5) 의제배당(무상주)	1,800,000	이익잉여금을 자본전입함에 따라 수령한 무상주는 과세대상임
(6) 재평가이익	(−)6,000,000	자산의 임의평가에 해당하므로 이를 익금불산입하고 △유보 처분함
(7) 환급금 이자	(−)500,000	지방세환급금 환급금 이자(가산금)는 익금불산입하고 기타처 분함
(8) 전기 미수수익	(+)600,000	당기 익금귀속시기 도래한 전기 미수이자를 익금산입하고 유 보 추인함
(9) 전기 미지급기부금	(−)700,000	당기 어음결제된 전기 미지급기부금을 손금산입하고 당기 일 반기부금 해당액에 포함함
차가감소득금액	85,400,000	

[물음 2]

특례기부금 해당액	③ 11,000,000
일반기부금 해당액	④ 10,700,000

기부금의 분류

$$30,000,000 \times 70\% - 20,000,000$$

(1) 특례기부금: 2,000,000(사립대학 연구비) + 8,000,000(이재민 구호금품) + 1,000,000 = 11,000,000

(2) 일반기부금: 7,000,000(평생교육시설 고유목적사업비) + 3,000,000(장학금) + 700,000(전기분 당기 결제)
= 10,700,000

특례기부금 단체에 현물로 기부한 것은 장부가액으로 기부한 것으로 본다. 회사가 시가로 계상하였더라도 기부금 계상액과 처분이익이 동시에 과대계상되어 당기순이익에는 영향이 없으므로 별도로 세무조정하지는 않고 기부금 시부인 계산 시 장부가액으로만 평가한다.

[물음 3]

일반기부금 한도액	⑤ 6,610,000
기부금한도초과액	⑥ 5,790,000

1. 기준소득금액

85,400,000 + 11,000,000(특례) + 10,700,000(일반) = 107,100,000

2. 기준금액

107,100,000 − Min(30,000,000, 107,100,000 × 80%) = 77,100,000

3. 기부금 한도초과액

(1) 특례기부금

구분	금액	한도액	전기 이월액 손금	한도초과액
당기 지출액	11,000,000	38,550,000		
합계	11,000,000	38,550,000*		

* 한도액: 77,100,000 × 50% = 38,550,000

(2) 일반기부금

구분	금액	한도액	전기 이월액 손금	한도초과액
전기 이월액	1,700,000	1,700,000	1,700,000	
당기 지출액	10,700,000	4,910,000		5,790,000
합계	12,400,000	6,610,000*	1,700,000	5,790,000

* 한도액: (77,100,000 − 11,000,000) × 10% = 6,610,000

문제 27 건설자금이자 (1)

다음은 제조업을 영위하는 ㈜대전의 제23기(2023. 1. 1. ~ 2023. 12. 31.) 및 제24기(2024. 1. 1. ~ 2024. 12. 31.) 사업연도의 법인세 신고 자료이다. 아래 자료를 이용하여 물음에 답하시오.

1. ㈜대전의 제23기(2023. 1. 1. ~ 2023. 12. 31.) 및 제24기(2024. 1. 1. ~ 2024. 12. 31.) 사업연도의 차입금 관련 내역은 다음과 같다.
   ① 차입 목적: 사업용 본사 건물 신축
   ② 은행 차입금 금액: ₩800,000,000(이자율: 연리 8%)
   ③ 차입기간: 2023. 7. 1. ~ 2024. 6. 30.
   ④ ㈜대전은 이자비용을 제23기와 제24기 손익계산서상 비용으로 계상하였다.
   ⑤ 일반 차입금에서 발생한 이자에 대해서는 자본화하지 아니하기로 하였다.
   ⑥ 건설자금이자는 편의상 월할 계산한다.

2. ㈜대전은 차입금 중 ₩600,000,000은 사업용 본사 건물 신축에 사용하였으나, 나머지 ₩200,000,000은 건설에 사용되었는지 여부가 불분명하다. ㈜대전은 제23기 사업연도 건설기간 중에 차입금 ₩600,000,000 중 일부를 일시 예치하여 이자 ₩2,000,000을 수령하고 손익계산서에 이자수익으로 계상하였다.

3. 본사 건물 신축 공사기간은 2023. 9. 1. ~ 2024. 2. 28.이다.

4. 제24기 완공된 본사 건물은 2024. 3. 1.부터 사용을 개시하였으며 재무상태표상 취득원가는 ₩800,000,000이다. ㈜대전은 손익계산서상 건물의 감가상각비 ₩60,000,000을 계상하였다. 건물의 세법상 내용연수는 10년이다.

[물음] ㈜대전의 제23기 및 제24기의 세무조정 및 소득처분을 다음의 답안 양식에 따라 제시하시오.

구분	익금산입 및 손금불산입			손금산입 및 익금불산입		
	과목	금액	소득처분	과목	금액	소득처분
제23기						
제24기						

구분	익금산입 및 손금불산입			손금산입 및 익금불산입		
	과목	금액	소득처분	과목	금액	소득처분
제23기	건설중인자산	14,000,000	유보			
제24기				건물	500,000	유보

1. 제23기(건설자금이자)

$$600,000,000 \times 8\% \times \frac{4}{12} - 2,000,000 = 14,000,000$$

① 건설자금이자는 건설 등에 사용된 것이 분명한 차입금에 대하여 자산 취득기간 동안에 발생주의를 기준으로 확정된 지급이자를 말한다.

② 특정차입금을 일시 예금함에 따라 발생하는 수입이자는 원본에 가산하는 자본적 지출금액에서 이를 차감한다.

③ 사업연도 말에 건설 중인 유형·무형자산에 대해 과소계상된 건설자금이자는 손금불산입한다. 이후 해당 유형·무형자산의 건설이 완료되어 사용하는 날이 속하는 사업연도부터 동 손금불산입된 건설자금이자는 상각부인액으로 보고 해당 사업연도의 시인부족액의 범위 내에서 손금추인한다.

2. 제24기

(1) 건설자금이자

$$600,000,000 \times 8\% \times \frac{2}{12} = 8,000,000$$

(2) 감가상각 시부인

구분	금액	비고
1. 회사계상액	68,000,000	60,000,000 + 8,000,000
2. 상각범위액	68,500,000	$(800,000,000 + 22,000,000) \times 0.1 \times \frac{10}{12}$
3. 시인부족액	△500,000	

비고란 상단 표시: 14,000,000 + 8,000,000

당해 사업연도에 건설이 완료된 경우 법인이 손비로 계상한 건설자금이자는 감가상각한 것으로 의제한다. 따라서 동 이자는 시부인대상 감가상각비에 포함시켜 시부인한다.

다음은 ㈜백두의 제24기 사업연도(2024년 1월 1일 ~ 2024년 12월 31일) 법인세 신고 관련 자료이다. 다음 자료를 이용하여 물음에 답하시오.

1. ㈜백두는 2023년 4월 1일 착공한 본사 사옥을 당기 중 준공하고 2024년 7월 1일부터 사업에 사용하기 시작하였다. 본사 사옥에 대한 사용승인서 교부일은 2024년 10월 1일이다.

2. 본사 사옥의 건설을 위하여 2023년 3월 1일 A은행으로부터 500,000,000원을 연이자율 6%로 차입하였으며, 2024년 12월 31일 전액 상환하였다. 동 차입금에 대한 지급이자를 전액 각 사업연도의 이자비용으로 각각 계상하였다.

3. 제24기 중 운영자금이 일시적으로 부족하여 위 차입금 중 100,000,000원을 2024년 3월 1일부터 5월 31일까지 운영자금으로 전용하여 사용하였다.

4. 건설기간 중 건설자금의 일시 예치로 인한 수입이자는 제23기 5,000,000원, 제24기 3,500,000원으로 이를 각 사업연도의 이자수익으로 각각 계상하였다.

5. 본사 사옥의 건설원가 10억원을 장부상 취득가액으로 계상하였으며, 본사 사옥에 대한 당기 감가상각비 15,000,000원을 비용으로 계상하였다.

6. 본사 사옥에 대한 내용연수를 20년으로 신고하였으며, 감가상각방법은 신고하지 않았다.

[물음] ㈜백두의 제24기 세무조정 및 소득처분을 다음의 답안 양식에 따라 제시하시오. 단, 건설자금이자의 계산은 편의상 월할 계산하는 것으로 하며, 전기의 세무조정은 적법하게 이루어진 것으로 가정한다.

익금산입 및 손금불산입			손금산입 및 익금불산입		
과목	금액	소득처분	과목	금액	소득처분

익금산입 및 손금불산입			손금산입 및 익금불산입		
과목	금액	소득처분	과목	금액	소득처분
			전기 건설자금이자	687,500	유보

1. 건설자금이자

(1) 제23기

23. 4. 1. ~ 23. 12. 31.

$$500,000,000 \times 6\% \times \frac{9}{12} - 5,000,000 = 17,500,000$$

(2) 제24기

24. 1. 1. ~ 24. 6. 30.

운영자금 전용 차입금이자(24. 3. 1. ~ 24. 5. 31.)

$$500,000,000 \times 6\% \times \frac{6}{12} - 100,000,000 \times 6\% \times \frac{3}{12} - 3,500,000 = 10,000,000$$

① 건설자금이자는 사업용 유형·무형자산의 매입·제작·건설을 개시한 날로부터 준공된 날까지 발생한 총지급이자를 말한다.

② 건설자금이자 계산의 기산일은 건설을 개시한 날, 매입의 경우에는 계약금을 지급한 날, 제작·건설의 경우 관련 비용이 지출된 때를 개시일로 본다.

③ 건설자금이자의 계산기간의 종료일은 건설이 준공된 날로 한다. 각 자산별 준공일은 다음과 같다.

구분	내용
토지매입	대금청산일. 단, 대금청산 전 토지를 사업에 사용한 경우에는 그 사업에 사용되기 시작한 날(→ '사업에 사용되기 시작한 날'이라 함은 공장 등의 건설에 착공한 날 또는 해당 사업용 토지로 업무에 직접 사용한 날)
건축물	「소득세법 시행령」에 의한 취득일 또는 사용개시일 중 빠른 날
기타 유형·무형자산	사용개시일

2. 건설자금이자 세무조정

당해 과세기간 중 본사 사옥의 건설이 완료되었으므로, 해당 건설자금이자를 즉시상각비로 의제한다.

구분	금액	비고
1. 회사상각비	25,000,000	15,000,000 + 10,000,000
2. 상각범위액	25,687,500	$(1,000,000,000 + 27,500,000) \times \frac{1}{20} \times \frac{6}{12}$
3. 시인부족액	△687,500	손금산입액: Min(687,500, 17,500,000)

17,500,000 + 10,000,000

문제 29   건설자금이자 (3) 유예

다음은 조선업을 영위하는 ㈜조선의 제24기(2024. 1. 1. ~ 2024. 12. 31.) 지급이자 관련 자료이다. 건설자금이자의 계산은 편의상 월할 계산하는 것으로 하며, 조세부담을 최소화하는 방향으로 한다. 아래 자료를 이용하여 물음에 답하시오.

1. ㈜조선은 당기 4. 1. A공장 건물 신축 공사에 착공하여 당기 말 현재 공사진행 중이다. A공장 건물을 신축하기 위해 대한은행으로부터 100,000,000원을 차입하였으며, 이자율은 7%이다. ㈜조선은 대한은행 차입금에 연체가 발생하여 연체이자 2,000,000원을 원본에 가산하였으며, 원본에 가산한 연체이자에 대한 지급이자 400,000원이 발생하였다. 회사는 관련 이자를 모두 당기 비용으로 처리하였다.

2. A공장 신축 공사와 동시에 선박의 제조도 함께 이루어졌으며, 이와 관련하여 특정차입금이자 3,000,000원이 지출되어 선박의 제조원가로 처리하였다. 당기 말 현재 선박은 제조 중에 있다.

3. ㈜조선은 제23기 4. 1.부터 B공장 건물을 건축하기 시작하여 당기 중 공사를 완료하고, 10. 1.부터 사용하였다. 동 공장 건물의 신축을 위해 민국은행으로부터 차입한 내역은 다음과 같다.

차입금	차입기간	건설기간	이자율
200,000,000원	2023. 5. 1. ~ 2025. 4. 30.	2023. 4. 1. ~ 2024. 9. 30.	6%

4. ㈜조선은 민국은행 차입금 중 50,000,000원을 제23기 말부터 계속하여 운영자금에 전용하였으며, 제24기 공사기간 중 일시 예치로 인한 수입이자 750,000원이 발생하였다. ㈜조선은 민국은행 차입금 이자비용과 이자수익을 모두 당기손익에 반영하였다.

5. ㈜조선의 B공장 건물의 장부상 취득가액은 300,000,000원이며, 제24기 감가상각비로 15,000,000원을 계상하였다. 공장 건물의 신고내용연수는 20년이며, 감가상각방법은 정액법이다.

6. 전기 세무조정 결과 B공장 건물과 관련하여 발생한 건설자금이자 관련 유보금액은 8,000,000원이다.

[물음] 다음 답안 양식에 따라 ㈜조선의 소득금액조정합계표를 작성하시오.

공장	익금산입 · 손금불산입			손금산입 · 익금불산입		
	과목	금액	소득처분	과목	금액	소득처분
A공장						
B공장						

→| 해답 |

공장	익금산입·손금불산입			손금산입·익금불산입		
	과목	금액	소득처분	과목	금액	소득처분
A공장	건설중인자산	7,250,000	유보	재고자산	3,000,000	유보
B공장	감가상각비	17,075,000	유보			

1. A공장 건설자금이자

$$100,000,000 \times 7\% \times \frac{9}{12} + 2,000,000 = 7,250,000$$

① 건설자금에 대한 연체이자는 건설자금이자로 보나, 원본에 가산한 연체이자에 대한 지급이자는 손금으로 한다.

② 「법인세법」상 재고자산은 건설자금이자계상 대상 자산에 해당하지 아니한다. 따라서 과대계상된 재고자산을 감액하고 손금산입한다.

2. B공장

(1) 건설자금이자

$$200,000,000 \times 6\% \times \frac{9}{12} - 50,000,000 \times 6\% \times \frac{9}{12} - 750,000 = 6,000,000$$

(2) 감가상각

당해 과세기간 중 공장 건물의 건설이 완료되었으므로, 해당 건설자금이자를 즉시상각비로 의제한다.

구분	금액	비고
1. 회사상각비	21,000,000	15,000,000 + 6,000,000
2. 상각범위액	3,925,000	$(300,000,000 + 8,000,000 + 6,000,000) \times \frac{1}{20} \times \frac{3}{12}$
3. 상각부인액	17,075,000	

다음은 ㈜한강의 제24기(당기) 사업연도(2024. 1. 1. ~ 2024. 12. 31.)의 지급이자 관련 자료이다. 아래 자료를 이용하여 물음에 답하시오.

1. ㈜한강의 손익계산서상 이자비용의 명세는 다음과 같다. (1년은 360일로 가정함)

구분	이자율	이자비용	차입금 적수	비고
사채(私債)이자	27%	22,500,000원	30,000,000,000원	채권자 불분명[1]
W은행 차입금	12%	2,000,000원	6,000,000,000원	
T은행 차입금	10%	2,500,000원	9,000,000,000원	
K은행 차입금	8%	800,000원	3,600,000,000원	전액 건물 신축에 사용[2]
합계		27,800,000원	48,600,000,000원	

[1] 이자비용에는 원천징수세액 6,187,500원이 포함되어 있다.

[2] 당기 말 현재 건설이 완료되지 않은 상태이다.

2. 가지급금 지급내역의 명세는 다음과 같다.

대상자	대상기간	지급금액	비고
전무 Y	180일	20,000,000원	업무무관대여금[1]
영업부장 D	270일	5,000,000원	직원에 대한 경조사비 대여액[2]

[1] 세법상 정하고 있는 가지급금 인정이자율 이상의 이자를 수령하고 있다.

[2] 이자를 전혀 수령하고 있지 않다.

[물음] ㈜한강의 제24기 사업연도의 세무조정을 다음 답안 양식에 제시하시오. 단, 조정유형은 가산조정(익금산입·손금불산입)이면 A로 기재하고 차감조정(손금산입·익금불산입)이면 B로 기재한다.

조정유형	과목	금액	소득처분

조정유형	과목	금액	소득처분
A	채권자 불분명 사채이자	16,312,500	상여
A	채권자 불분명 사채이자	6,187,500	기타사외유출
A	건설중인자산	800,000	유보
A	업무무관자산 관련 이자	1,080,000	기타사외유출

1. 업무무관가지급금

   사용자에 대한 경조사비 대여액은 가지급금으로 보지 아니한다. 따라서 전무 Y에 대한 대여금만 업무무관가
   지급금으로 본다. 전무 Y로부터 적정이자를 수령하더라도 지급이자 손금불산입 적용대상이다. 단, 인정이자
   에 대해 추가적으로 익금산입하지 아니한다.

2. 지급이자 손금불산입

   채권자 불분명 사채이자와 건설자금이자를 먼저 손금부인하고, 남은 이자비용(W은행, T은행 차입금)을 업무
   무관자산과 관련된 이자비용으로 본다.

   ```
                              B/S
        3,600,000,000    │   15,000,000,000
              ↑          │          ↑
      20,000,000 × 180   │     6,000,000,000
                         │    +9,000,000,000
   ```

   $$4,500,000 \times \frac{3,600,000,000}{15,000,000,000}$$
   $$= 1,080,000(\text{업무무관자산 관련 이자})$$

㈜동서의 제24기 사업연도(2024년 1월 1일 ~ 2024년 12월 31일) 지급이자 관련 자료이다. 전기까지의 세무조정은 적법하게 이루어졌다. 단, 1년은 365일로 가정한다.

1. 손익계산서상 이자비용 내역은 다음과 같다.

구분	이자율	이자비용
사채	10%	3,000,000원
A은행 차입금	6%	10,000,000원
B은행 차입금	4%	5,000,000원

① 사채는 채권자가 불분명하며, 이에 대한 이자비용에는 원천징수 납부한 세액 1,485,000원이 포함되어 있다.

② A은행 차입금에 대한 이자는 당기 말 현재 건설 중인 사옥신축용 차입금 이자 4,000,000원과 장기건설 중인 재고자산에 대한 차입금 이자 6,000,000원으로 구성되어 있다.

③ B은행 차입금에 대한 이자 중 3,000,000원은 한국은행총재가 정한 규정에 따른 기업구매자금대출 관련 차입금에 대한 이자비용이다.

2. ㈜동서는 2023년 10월 1일 업무에 직접 사용하지 않는 토지를 특수관계인으로부터 100,000,000원(시가 70,000,000원)에 취득하여 보유하고 있다.

3. 재무상태표상 대여금의 내역은 다음과 같다.

지급일	금액	대여금 적수
2024. 7. 1.	50,000,000원[*1]	92억원
2024. 9. 19.	30,000,000원[*2]	31.2억원
2024. 10. 20.	100,000,000원[*3]	73억원

[*1] 무주택 직원(지배주주 아님)에게 국민주택 취득자금으로 대여한 금액임

[*2] 손금불산입액에 대한 귀속이 불분명하여 대표자상여로 처분한 금액에 대한 소득세 대납액임

[*3] 대표이사에게 업무와 무관하게 대여한 금액임

4. ㈜동서는 제조업을 영위하는 중소기업으로서 A은행 및 B은행과 특수관계가 없다.

[물음] ㈜동서가 해야 하는 제24기 세무조정 및 소득처분을 답안 양식에 따라 제시하시오. 단, 가지급금 인정이자는 고려하지 아니한다.

익금산입 및 손금불산입			손금산입 및 익금불산입		
과목	금액	소득처분	과목	금액	소득처분

─┤ 해답 ├─

익금산입 및 손금불산입			손금산입 및 익금불산입		
과목	금액	소득처분	과목	금액	소득처분
채권자 불분명 사채이자	1,515,000	상여			
채권자 불분명 사채이자	1,485,000	기타사외유출			
건설자금이자	4,000,000	유보			
업무무관자산 관련 이자	6,400,000	기타사외유출			

1. 채권자 불분명 사채이자

   채권자가 불분명한 사채이자는 법인의 소득금액 계산상 전액 손금불산입하여 대표자에 대한 상여로 소득처분하되, 동 이자에 대한 원천징수세액 상당액은 기타사외유출로 소득처분한다.

2. 건설자금이자

   「법인세법」상 건설자금이자는 그 명목여하에 불구하고 사업용 유형자산 및 무형자산의 매입·제작·건설에 소요되는 차입금(자산의 건설 등에 소요 여부가 불분명한 차입금 제외)에 대한 지급이자 또는 이와 유사한 성질의 지출금을 말한다. 따라서 재고자산에 대한 차입금의 이자는 당기 손금처리한다.

3. 업무무관자산 관련 지급이자

(1) 업무무관가지급금

금액	대여금 적수	가지급금 해당 여부
50,000,000원	92억원	중소기업 직원 주택자금 대여금은 가지급금으로 보지 않음
30,000,000원	31.2억원	귀속불분명으로 인한 소득세 대납액은 가지급금으로 보지 않음
100,000,000원	73억원	가지급금에 해당함

(2) 업무무관 부동산

   업무무관 자산(업무무관부동산 및 업무무관동산)의 가액은 취득가액으로 한다. 이때 특수관계인으로부터의 고가매입 등으로 부당행위부인 규정이 적용되는 경우 시가초과액은 취득가액에 포함한다.

(3) 업무무관자산 관련 지급이자

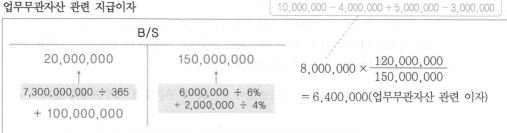

$$10,000,000 - 4,000,000 + 5,000,000 - 3,000,000$$

$$8,000,000 \times \frac{120,000,000}{150,000,000} = 6,400,000(\text{업무무관자산 관련 이자})$$

   기업구매자금대출이자는 지급이자 손금불산입 대상 지급이자에 포함하지 아니한다.

다음은 중소기업인 내국 영리법인 ㈜국세의 제24기(2024. 1. 1. ~ 2024. 12. 31.) 지급이자와 관련된 내용이다. 다음의 자료를 기초로 물음에 답하시오. 단, 1년은 365일로 가정한다.

1. ㈜국세의 차입금 내역은 다음과 같다.

구분	지급이자	차입금 적수
채권자 불분명 사채*	₩5,000,000	₩8,250,000,000
금융기관 차입금	70,000,000	191,625,000,000
합계	₩75,000,000	₩199,875,000,000

 * 채권자 불분명 사채이자에 대하여 소득세 및 지방소득세 ₩2,475,000을 원천징수하여 납부하였다.

2. 제23기 말에 업무와 무관한 토지(취득 당시 시가: ₩100,000,000)를 대주주로부터 현금 ₩120,000,000을 지급하고 매입하였으며, 취득 당시 매입가액으로 장부에 계상하였다. ㈜국세는 제24기 말 현재 해당 토지를 보유하고 있다.

3. 제23기에 귀속자가 불분명하여 대표자에 대한 상여로 처분한 금액에 대한 소득세 및 지방소득세 ₩5,000,000을 당기에 회사가 대납하고 해당 금액을 대여금으로 계상하였다. 대여금에 대한 적수는 ₩7,530,000,000이다.

4. 2024년 7월 1일에 지배주주가 아닌 직원에게 상환기간 3년의 조건으로 주택구입자금 ₩100,000,000을 무상으로 대여하였다.

[물음] ㈜국세의 제24기(2024. 1. 1. ~ 2024. 12. 31.) 세무조정과 소득처분을 다음의 양식에 따라 제시하시오.

익금산입 및 손금불산입			손금산입 및 익금불산입		
과목	금액	소득처분	과목	금액	소득처분

익금산입 및 손금불산입			손금산입 및 익금불산입		
과목	금액	소득처분	과목	금액	소득처분
채권자 불분명 사채이자	2,475,000	기타사외유출			
채권자 불분명 사채이자	2,525,000	상여			
업무무관자산 관련 이자	16,000,000	기타사외유출			

1. 채권자 불분명 사채이자

   채권자가 불분명한 사채이자는 법인의 소득금액 계산상 전액 손금불산입하여 대표자에 대한 상여로 소득처분하되, 동 이자에 대한 원천징수세액 상당액은 기타사외유출로 소득처분한다.

2. 업무무관자산 관련 지급이자

(1) 업무무관 부동산

   업무무관 자산(업무무관부동산 및 업무무관동산)의 가액은 취득가액으로 한다. 이때 특수관계인으로부터의 고가매입 등으로 부당행위부인 규정이 적용되는 경우 시가초과액은 취득가액에 포함한다.

(2) 업무무관가지급금

   귀속이 불분명하여 대표자상여로 처분한 금액에 대한 소득세를 법인이 대납한 금액 및 중소기업에 근무하는 직원(지배주주 등인 직원은 제외함)에 대한 주택구입 또는 전세자금의 대여액은 업무무관가지급금으로 보지 않는다.

(3) 업무무관자산 관련 지급이자

B/S	
120,000,000	525,000,000
	↑
	191,625,000,000 ÷ 365

$$70,000,000 \times \frac{120,000,000}{525,000,000}$$
$$= 16,000,000(업무무관자산\ 관련\ 이자)$$

다음은 ㈜A(중소기업)의 제24기(2024. 1. 1. ~ 12. 31.) 차입금 및 이자비용에 관한 자료이다. 아래 자료를 이용하여 물음에 답하시오. 단, 1년은 365일로 가정한다.

1. 손익계산서상 지급이자 내역

지급이자	이자율	내역
1,200,000원	8%	구매자금대출이자 400,000원 포함
3,400,000원	6%	사옥 신축을 위한 차입금이자 1,000,000원과 장기건설 중인 재고자산에 대한 차입금이자 2,400,000원으로 구성됨

2. 당기 말 현재 특수관계인에 대한 채권의 내역은 다음과 같다.

상대방	발생일자	금액	비고
대표이사	2023. 9. 1.	10,000,000원	주택자금 대여액
부장	2023. 12. 1.	8,000,000원	자녀학자금 대여액

㈜A는 당기 말 현재 대표이사로부터의 차입금 5,000,000원(차입일자 2023. 12. 1.)이 있다.

3. 전기 말 특수관계법인으로부터 토지(시가 8,000,000원)를 10,000,000원에 구입하였다. 해당 토지는 「법인세법」상 ㈜A의 업무와 직접 관련이 없다고 인정되는 자산이다.

4. 업무무관가지급금에 대한 인정이자 계산은 고려하지 말 것

[물음] ㈜A의 제24기 사업연도의 세무조정을 다음 답안 양식에 제시하시오. 단, 조정유형은 가산조정(익금산입·손금불산입)이면 A로 기재하고 차감조정(손금산입·익금불산입)이면 B로 기재한다.

조정유형	과목	금액	소득처분

조정유형	과목	금액	소득처분
A	건설자금이자	1,000,000	유보
A	업무무관자산 관련 이자	960,000	기타사외유출

1. 건설자금이자

   사옥 건축 관련 지급이자는 특정차입금이자이므로 손금불산입하고, 재고자산에 대한 건설자금이자는 세법상 자본화대상이 아니므로 손금 인정한다.

2. 업무무관자산 관련 이자

(1) 업무무관가지급금 적수

구분	금액	비고
대표이사 대여금	1,825,000,000	$(10,000,000 - 5,000,000) \times 365$
업무무관토지	3,650,000,000	$10,000,000 \times 365$
합계	5,475,000,000	

① 가지급금과 가수금은 서로 상계하지 아니한다는 별도의 약정이 없는 한 상계한다.

② 중소기업에 근무하는 직원(지배주주 등인 직원은 제외)에 대한 주택구입 또는 전세자금의 대여액에 한하여 업무무관가지급금으로 보지 않는다. 법인의 대표이사에게 주택자금 명목으로 대여한 것은 업무무관가지급금에 해당한다.

③ 특수관계인으로부터 업무무관자산을 시가를 초과하여 구입한 경우, 시가초과금액도 업무무관자산에 포함한다. 실제로 자산을 취득하는 데 소요된 자금이기 때문이다.

(2) 지급이자 및 차입금 적수

구분	지급이자	차입금 적수(지급이자 ÷ 이자율 × 365)
8%	$1,200,000 - 400,000 = 800,000$	3,650,000,000
6%	$3,400,000 - 1,000,000 = 2,400,000$	14,600,000,000
합계	3,200,000	18,250,000,000

구매자금대출이자는 성격상 이자에 해당하지만, 구매자금대출지원을 위하여 지급이자 손금불산입 대상에서 제외한다. 단, 수입배당금 익금불산입 계산 시 수입배당금에서 차감하는 지급이자에는 포함한다.

(3) 업무무관자산 관련 지급이자

$$(800,000 + 2,400,000) \times \frac{5,475,000,000}{18,250,000,000} = 960,000$$

B/S		
가지급금 5,000,000 토지 10,000,000	800,000 ÷ 8% 　　= 10,000,000	$3,200,000 \times \dfrac{15,000,000}{50,000,000}$
	2,400,000 ÷ 6% 　　= 40,000,000	= 960,000

문제 34 | 지급이자 손금불산입 (5)

다음은 제조업을 영위하는 ㈜경기의 제24기(2024. 1. 1. ~ 2024. 12. 31.) 법인세 신고 관련 자료이다. 아래 자료를 이용하여 물음에 답하시오.

1. ㈜경기의 제24기 손익계산서상 이자비용의 내역은 다음과 같다.

구분	차입금	이자비용	차입기간
대한은행	₩200,000,000	₩4,000,000	2023. 1. 1. ~ 2025. 12. 31.
민국은행	300,000,000	9,000,000	2023. 1. 1. ~ 2026. 12. 31.
㈜한국	50,000,000	1,300,000	2022. 1. 1. ~ 2026. 12. 31.
합계	₩550,000,000	₩14,300,000	

① 위 차입금 중 ㈜한국으로부터의 차입금에 대한 이자지급 시 적법하게 원천징수하였으며 금융거래사실 등이 확인된다. ㈜한국의 가중평균차입이자율은 10%이다.

② 민국은행 차입금은 본사 사옥 건설을 위해 직접 차입한 것이다. 본사 사옥은 전기 말에 착공하여 당기 말 현재 공사 중이다.

③ ㈜경기와 ㈜한국은 특수관계인에 해당하며, ㈜경기가 ㈜한국에 지급한 이자는 시가에 해당한다고 가정한다.

2. ㈜경기는 대표이사의 배우자 甲(주주 및 임직원에 해당하지 않음)에게 2023. 11. 1. ₩180,000,000을 무이자로 대여(대여기간 2023. 11. 1. ~ 2033. 10. 31.)하였다. 기획재정부령으로 정하는 당좌대출이자율은 5%이고, 회사는 조세부담을 최소화하는 방편으로 이자율을 선택하였다.

3. ㈜경기는 2023. 10. 30. 비상장법인 ㈜종로의 주식(지분율 0.5%)을 ₩100,000,000에 취득하였는데, ㈜종로가 2024. 12. 1. 이익준비금을 자본에 전입함에 따라 무상주 400주(1주당 액면가액 ₩10,000)를 수령하고 아무런 회계처리를 하지 않았다. ㈜경기의 2024. 12. 31. 현재 재무상태표상 자산총계는 ₩2,000,000,000이다.

[물음] ㈜경기의 제24기 세무조정을 제시하시오.

익금산입 및 손금불산입			손금산입 및 익금불산입		
과목	금액	소득처분	과목	금액	소득처분

익금산입 및 손금불산입			손금산입 및 익금불산입		
과목	금액	소득처분	과목	금액	소득처분
인정이자	4,680,000	기타소득	수입배당금	1,177,740	기타
건설자금이자	9,000,000	유보			
업무무관자산 관련 지급이자	3,816,000	기타사외유출			
의제배당	4,000,000	유보			

1. 부당행위계산부인(인정이자)

(1) 가중평균차입이자율

   $13,000,000 \div 500,000,000 = 2.6\%$

   ① 특수관계인으로부터의 차입금은 가중평균차입이자율 계산 시 포함하지 않는다.

   ② 건설자금이자는 가중평균차입이자율 계산 시 고려하여야 한다.

(2) 인정이자

   $180,000,000 \times 2.6\% = 4,680,000$

   대여한 날(계약을 갱신한 경우에는 그 갱신일)부터 해당 사업연도 종료일(해당 사업연도에 상환하는 경우는 상환일)까지의 기간이 5년을 초과하는 대여금이 있는 경우에 한하여 당좌대출이자율을 적용하여야 한다.

2. 지급이자 손금불산입

(1) 건설자금이자(민국은행 차입금): 9,000,000

(2) 업무무관자산 관련 지급이자

   $(4,000,000 + 1,300,000) \times \dfrac{180,000,000}{250,000,000} = 3,816,000$

3. 수입배당금

(1) 수입배당금(의제배당)

   $400주 \times 10,000 = 4,000,000$

(2) 수입배당금 익금불산입

   $4,000,000 \times 30\% - (5,300,000 - 3,816,000) \times \dfrac{1억}{20억} \times 30\% = 1,177,740$

다음은 남산제조㈜의 세무조정 관련 자료이다. 당기는 제24기(2024년 1월 1일 ~ 2024년 12월 31일)이다. 다음 자료를 이용하여 물음에 답하시오. 단, 1년은 365일로 가정한다.

1. 손익계산서상 이자비용의 내역은 다음과 같다.

지급이자	차입금[1]	연이자율	내역
1,560,000원	13,000,000원	12%	사채(私債)에 대한 이자
2,000,000원	20,000,000원	10%	구축물 건설과 관련된 차입금이자는 1,600,000원이며 나머지는 운용자금 차입금이자
2,700,000원	30,000,000원	9%	채권자 불분명 사채이자[2]
16,000,000원	200,000,000원	8%	운용자금 차입금이자

[1] 차입금은 모두 특수관계 없는 자로부터 차입한 것이며, 사업연도 중 차입금 잔액의 변동은 없다. 구축물 건설과 관련된 차입금이자는 세법상 계산한 금액과 같다.

[2] 채권자 불분명 사채이자에 대해서는 1,247,400원이 원천징수되었다.

2. 전기 말 합계잔액시산표상의 구축물 잔액은 10,000,000원이다. 당기에 건설 중이던 구축물은 2024년 7월 1일 준공되었으며, 당기 말 합계잔액시산표상 구축물의 내역은 다음과 같다. 당기에 건설된 구축물 이외 신규취득은 없다. 구축물은 신고내용연수 10년으로 정액법(잔존가치 없음)으로 상각하고 있다.

(1) 당기 말 합계잔액시산표

차변		계정과목	대변	
합계	잔액		잔액	합계
30,000,000원	30,000,000원	구축물	–	–

(2) 전기 말 재무상태표상 구축물에 대한 감가상각비는 세법상 한도액만큼 계상하였고, 당기 준공된 구축물에 대한 감가상각비는 400,000원을 계상하였다.

3. 회사는 업무무관부동산인 토지를 대주주인 대표이사로부터 2024년 12월 1일에 시가로 구입하였다. 동 토지 관련된 업무무관부동산의 적수는 15,841,000,000원이다.

[물음] 남산제조㈜의 제24기(2024년 1월 1일 ~ 2024년 12월 31일) 세무조정과 소득처분을 아래 답안 양식에 따라 제시하시오.

익금산입·손금불산입			손금산입·익금불산입		
과목	금액	소득처분	과목	금액	소득처분

익금산입 · 손금불산입			손금산입 · 익금불산입		
과목	금액	소득처분	과목	금액	소득처분
채권자 불분명 사채이자	1,452,600	상여			
채권자 불분명 사채이자	1,247,400	기타사외유출			
감가상각비 부인액	920,000	유보			
업무무관자산 관련 이자	3,592,000	기타사외유출			

1. 채권자 불분명 사채이자

　채권자가 불분명한 사채이자는 법인의 소득금액 계산상 전액 손금불산입하여 대표자에 대한 상여로 소득처분
하되, 동 이자에 대한 원천징수세액 상당액은 대표자에게 귀속될 성질의 지출이 아니므로 기타사외유출로 소
득처분한다.

2. 건설자금이자

(1) 즉시상각의제

　당기 중에 준공 완료되었으므로, 해당 자산에 대한 건설자금이자는 즉시상각된 것으로 의제한다.

(2) 감가상각비

구분	금액	비고
1. 회사상각비	2,000,000	400,000 + 1,600,000(즉시상각의제)
2. 상각범위액	1,080,000	$(20,000,000 + 1,600,000) \times \dfrac{1}{10} \times \dfrac{6}{12}$
3. 상각부인액	920,000	

> 30,000,000 − 10,000,000

3. 업무무관자산 관련 지급이자

(1) 업무무관자산의 적수: 15,841,000,000원

(2) 지급이자 및 차입금 적수   2,000,000 − 1,600,000

이자율	지급이자	적수(지급이자 ÷ 이자율 × 365)	차입금
12%	1,560,000	4,745,000,000	13,000,000
10%	400,000	1,460,000,000	4,000,000
8%	16,000,000	73,000,000,000	200,000,000
합계	17,960,000	79,205,000,000	217,000,000

(3) 지급이자 손금불산입

B/S		
43,400,000	217,000,000	
↑ 15,841,000,000 ÷ 365		

① $17,960,000 \times \dfrac{43,400,000}{217,000,000}$

   $= 3,592,000$

② $17,960,000 \times \dfrac{15,841,000,000}{79,205,000,000}$

   $= 3,592,000$

| 문제 36 | 지급이자와 수입배당금 익금불산입 |

다음은 ㈜배당의 제24기 사업연도(2024. 1. 1. ~ 2024. 12. 31.)의 지급이자 및 수입배당금 관련 자료이다. 다음 자료를 읽고 물음에 답하시오. 단, 1년은 365일로 가정한다.

1. 손익계산서상 지급이자 내역

지급이자	이자율	내역
2,000,000원[1]	12%	채권자의 능력이나 재산 상태로 보아 자금을 대여할 만한 능력이 없는 것으로 판단된다.
4,000,000원	8%	장기건설 중인 재고자산을 위한 차입금에 해당한다.
2,500,000원	6%	구매자금대출이자
1,500,000원	6%	상업어음할인료
2,000,000원	5%	사채할인발행차금 상각액을 포함한 것이며 제시된 이자율은 유효이자율이다.

[1] ㈜배당은 동 사채이자에 대하여 소득세 및 지방소득세 924,000원을 원천징수하여 납부하였다.

2. 당기 원재료 구입 시 발생한 연지급수입이자 1,000,000원은 손익계산서의 이자비용으로 처리하지 아니하고 원재료의 취득원가에 포함하여 처리하였다.

3. 2023. 4. 1. 회사는 ㈜A 주식을 200,000,000원에 취득(지분율 1%)하였다. 제24기에 회사는 ㈜A로부터 현금배당 10,000,000원(배당기준일 2023. 12. 30.)을 수령하였다. 사업연도 종료일 현재 자산총액은 2,000,000,000원이다.

4. 회사는 2023. 10. 5. 업무에 사용하지 않는 토지를 30,000,000원에 취득하여 당기 말 현재 보유 중이다.

[물음] ㈜배당의 제24기 사업연도 소득금액조정합계표를 다음 답안 양식에 작성하시오.

익금산입·손금불산입			손금산입·익금불산입		
과목	금액	소득처분	과목	금액	소득처분

익금산입 · 손금불산입			손금산입 · 익금불산입		
과목	금액	소득처분	과목	금액	소득처분
채권자 불분명 사채이자	924,000	기타사외유출	수입배당금	2,805,000	기타
채권자 불분명 사채이자	1,076,000	대표자상여			
업무무관자산 관련 이자	2,000,000	기타사외유출			

1. 업무무관자산 등 관련 이자

B/S

$$30,000,000$$

$$50,000,000 \quad \scriptstyle\downarrow 4,000,000 \div 8\%$$
$$40,000,000 \quad \scriptstyle\downarrow 2,000,000 \div 5\%$$

$$(4,000,000 + 2,000,000) \times \frac{30,000,000}{90,000,000}$$
$$= 2,000,000$$

① 구매자금대출이자는 정책적 목적에서 지급이자 손금불산입 계산 시 지급이자에 포함하지 않는다. 다만, 수입배당금 익금불산입액 계산 시 차감하는 지급이자에는 포함한다.

② 상업어음할인료는 지급이자로 보지 아니한다.

③ 사채를 할인발행하는 때에는 사채의 액면이자율에 할인율을 더한 유효이자율에 의하여 지급이자 및 차입금의 적수를 계산한다.

④ 연지급수입이자는 세법상 지급이자대상에 해당하지 아니한다. 손익계산서에 비용으로 처리하는 방법과 원재료의 취득원가로 처리하는 방법 모두 인정된다.

2. 수입배당금 익금불산입

6,000,000 + 2,500,000(구매자금대출이자) - 2,000,000(업무무관자산 관련 이자)

$$10,000,000 \times 30\% - 6,500,000 \times \frac{200,000,000 \times 365}{2,000,000,000 \times 365} \times 30\% = 2,805,000$$

지급이자에 관한 모든 세무조정이 종료된 후 수입배당금 익금불산입액을 계산하여야 한다. 수입배당금 익금불산입액 계산 시 차감하는 지급이자는 세법상 손금 인정된 배당금을 기준으로 하기 때문이다.

다음은 제조업을 영위하는 ㈜한국의 제24기(2024. 1. 1. ~ 2024. 12. 31.) 업무용 승용차에 관련된 자료이다. 다음 자료를 이용하여 물음에 답하시오.

1. 업무용 승용차 A는 대표이사가 사용하는 것으로 2024년 1월 1일에 150,000,000원(부가가치세 15,000,000원 별도)에 취득하였다.

2. 손익계산서상 업무용 승용차 A 관련 비용은 다음과 같다.

구분	금액	비고
감가상각비	30,000,000원	
유지 관련 비용	7,000,000원	부가가치세 600,000원 포함

3. 업무용 승용차 A에 대하여 업무전용 자동차 보험에 가입하였으며, 차량운반구에 대하여 감가상각방법은 정액법, 내용연수는 5년으로 신고하였다. (정액법, 내용연수 5년 상각률: 0.2)

[물음 1] 운행기록을 작성하지 않은 경우 ㈜한국의 제24기 사업연도 세무조정을 소득금액조정합계표에 제시하시오.

[물음 2] 운행기록을 작성한 경우 ㈜한국의 제24기 사업연도 세무조정을 소득금액조정합계표에 제시하시오. (운행기록에 따른 업무사용비율은 80%라고 가정한다)

─ **해답** ─

[물음 1] 운행기록을 작성하지 않은 경우

익금산입 및 손금불산입			손금산입 및 익금불산입		
과목	금액	소득처분	과목	금액	소득처분
업무용 승용차	25,000,000	상여	업무용 승용차 (감가상각비)	3,000,000	유보
업무용 승용차 (감가상각비)	4,375,000	유보			

1. 감가상각비(정액법, 5년)

$$30,000,000 - 165,000,000 \times \frac{1}{5} = \triangle 3,000,000(시인부족액)$$

비영업용 소형자동차의 구입과 관련된 부가가치세 매입세액은 공제되지 않으며, 「법인세법」상 취득원가에 가산한다.

2. 업무 외 사용금액

$$(33,000,000 + 7,000,000) - 15,000,000 = 25,000,000$$

운행기록 등을 작성·비치하지 않은 경우 연간 15,000,000원까지는 업무사용금액으로 인정하고, 이를 초과하는 금액은 업무 외 사용금액으로 본다.

3. 감가상각비 연간 한도

$$33,000,000 \times \frac{15,000,000}{40,000,000} - 8,000,000 = 4,375,000$$

업무사용비율

[물음 2] 운행기록을 작성한 경우

익금산입 및 손금불산입			손금산입 및 익금불산입		
과목	금액	소득처분	과목	금액	소득처분
업무용 승용차	8,000,000	상여	업무용 승용차 (감가상각비)	3,000,000	유보
업무용 승용차 (감가상각비)	18,400,000	유보			

1. 감가상각비(정액법, 5년)

$$30,000,000 - 165,000,000 \times \frac{1}{5} = \triangle 3,000,000(시인부족액)$$

2. 업무 외 사용금액

$$(33,000,000 + 7,000,000) \times (1 - 80\%) = 8,000,000$$

3. 감가상각비 연간 한도

$$33,000,000 \times 80\% - 8,000,000 = 18,400,000$$

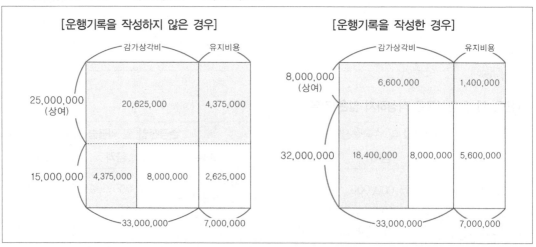

다음은 제조업을 영위하는 ㈜주행의 제24기 사업연도(2024년 1월 1일 ~ 2024년 12월 31일) 법인세 신고 관련 자료이다. 다음 자료를 이용하여 물음에 답하시오.

1. ㈜주행은 2024년 1월 1일에 임직원 사용 목적의 업무용 승용차 1대를 50,000,000원(취득세 등 부대비용 포함)에 취득하여 업무에 사용하고 있다.

2. 동 업무용 승용차는 임직원이 직접 운전하는 경우 보상하는 업무전용 자동차 보험에 2024년 1월 1일 가입되었다.

3. 제24기 사업연도에 발생한 업무용 승용차 관련 비용은 다음과 같으며 기업회계기준에 따라 손익계산서에 계상되었다.

항목	금액
감가상각비	8,000,000원
유류비	3,500,000원
보험료	800,000원
자동차세	1,000,000원
그 밖의 유지비용	700,000원
합계	14,000,000원

4. 회사가 작성한 운행기록부상의 총 주행거리와 업무상 주행거리는 다음과 같다.

구분	주행거리
총 주행거리	20,000km
업무상 주행거리	19,000km

[물음 1] ㈜주행의 제24기 세무조정 및 소득처분을 소득금액조정합계표에 제시하시오.

[물음 2] ㈜주행이 운행기록을 작성·비치하지 않았다고 가정할 경우 ㈜주행의 제24기 세무조정 및 소득처분을 소득금액조정합계표에 제시하시오.

[물음 1] 운행일지 작성한 경우

익금산입 및 손금불산입			손금산입 및 익금불산입		
과목	금액	소득처분	과목	금액	소득처분
업무 미사용분	800,000	상여	감가상각비	2,000,000	유보
감가상각비	1,500,000	유보			

1. 감가상각비(정액법, 5년)

$$8,000,000 - 50,000,000 \times \frac{1}{5} = \triangle 2,000,000(시인부족액)$$

2. 업무 외 사용금액

$$(10,000,000 + 6,000,000) \times \frac{(20,000 - 19,000)}{20,000} = 800,000$$

3. 감가상각비 연간 한도

$$10,000,000 \times \frac{19,000}{20,000} - 8,000,000 = 1,500,000$$

[물음 2] 운행일지 작성하지 않은 경우

익금산입 및 손금불산입			손금산입 및 익금불산입		
과목	금액	소득처분	과목	금액	소득처분
업무 외 사용분	1,000,000	상여	감가상각비	2,000,000	유보
감가상각비	1,375,000	유보			

1. 감가상각비(정액법, 5년)

$$8,000,000 - 50,000,000 \times \frac{1}{5} = \triangle 2,000,000(시인부족액)$$

2. 업무 외 사용금액

$(10,000,000 + 6,000,000) - 15,000,000 = 1,000,000$

운행기록 등을 작성·비치하지 않은 경우 연간 15,000,000원까지는 업무사용금액으로 인정하고, 이를 초과하는 금액은 업무 외 사용금액으로 본다.

3. 감가상각비 연간 한도

$$10,000,000 \times \frac{15,000,000}{16,000,000} - 8,000,000 = 1,375,000$$

업무사용비율

다음은 제조업을 영위하는 국제회계기준 적용기업 ㈜세계(중소·중견기업 아님)의 제24기 사업연도(2024년 1월 1일 ~ 2024년 12월 31일)의 법인세 신고 관련 자료이다. 다음 자료를 이용하여 물음에 답하시오.

1. 회사는 2023년 1월 1일에 임직원 사용 목적의 업무용 승용차 A와 B를 취득하였으며, 제23기 관련 비용은 다음과 같다.

구분	업무용 승용차 A	업무용 승용차 B
취득가액	100,000,000원	20,000,000원
감가상각비	20,000,000원	6,000,000원
기타 관련 비용	2,000,000원	1,000,000원

2. 기타 관련 비용은 유류비, 보험료, 수선비, 자동차세, 통행료의 합계금액이다.

3. 회사는 업무전용 자동차 보험에 가입하였다.

4. 회사는 업무용 승용차 A에 대해서만 운행기록을 작성·비치하였으며, 운행기록부상 확인된 업무용 승용차 A의 업무사용비율은 100%이다.

5. 회사는 2024년 1월 1일에 업무용 승용차 A와 B를 매각하고 다음과 같이 회계처리하였다.

(차) 감가상각누계액　　20,000,000　　(대) 차량운반구(A)　　100,000,000
　　　현금　　　　　　　50,000,000
　　　유형자산처분손실　30,000,000

(차) 감가상각누계액　　　6,000,000　　(대) 차량운반구(B)　　20,000,000
　　　현금　　　　　　　10,000,000
　　　유형자산처분손실　　4,000,000

6. 전기 이전의 세무조정은 적법하며, 세부담 최소화를 가정한다.

[**물음**] 회사가 업무용 승용차 A, B의 매각과 관련하여 제24기에 하여야 할 세무조정 및 소득처분을 다음의 답안 양식에 따라 제시하시오.

익금산입 및 손금불산입			손금산입 및 익금불산입		
과목	금액	소득처분	과목	금액	소득처분

익금산입 및 손금불산입			손금산입 및 익금불산입		
과목	금액	소득처분	과목	금액	소득처분
업무용 승용차 A	34,000,000	기타사외유출	업무용 승용차 A	12,000,000	유보
			업무용 승용차 B	2,000,000	유보

1. 업무용 승용차 유보

연간 800만원 초과

구분	감가상각비	한도 (5년, 정액법)	시부인액	연간 한도초과	세무상 유보
A	20,000,000	20,000,000		12,000,000	12,000,000
B	6,000,000	4,000,000	2,000,000		2,000,000

업무용 승용차 B는 전체 유지비용이 5,000,000원(= 4,000,000원 + 1,000,000원)으로서 15,000,000원 이하이므로 업무사용비율은 100%이다.

2. 처분 시 세무조정

(1) 세무상 처분손익

구분	처분손익	비고
A	△42,000,000	50,000,000 − (100,000,000 − 20,000,000 + 12,000,000)
B	△6,000,000	10,000,000 − (20,000,000 − 6,000,000 + 2,000,000)

(2) 처분손익 세무조정(유보추인)

① 업무용 승용차(A): △42,000,000 − (△30,000,000) = △12,000,000
② 업무용 승용차(B): △6,000,000 − (△4,000,000) = △2,000,000

(3) 처분손실 이월액 손금불산입

업무용 승용차(A): 42,000,000 − 8,000,000 = 34,000,000

업무용 승용차를 처분하여 발생하는 손실로서 업무용 승용차별로 800만원을 초과하는 금액은 해당 사업연도의 다음 사업연도부터 800만원을 균등하게 손금에 산입하되, 남은 금액이 800만원 미만인 사업연도에는 남은 금액을 모두 손금에 산입한다.

cpa.Hackers.com

해커스 세무회계연습 2

회계사 · 세무사 · 경영지도사 단번에 합격!
해커스 경영아카데미 cpa.Hackers.com

제 **4** 장

손익귀속시기와
자산·부채의 평가

Warm-up 문제

전기오류수정손익

01 다음은 ㈜A의 제24기 사업연도(2024년 1월 1일 ~ 12월 31일) 전기오류수정손익과 관련하여 손익계산서와 이익잉여금처분계산서에 표시된 자료이다. 아래 자료를 참고하여 ㈜A의 제24기 세무조정을 하시오. 단, 전기 세무조정은 적절히 이루어졌다. 【세무사 09】

구분	손익계산서	이익잉여금처분계산서
전기오류수정이익	2,000,000원[1]	4,800,000원[4]
	2,500,000원[2]	
전기오류수정손실	3,000,000원[3]	1,300,000원[5]

[1] 제23기에 납부한 법인세 과다납입액의 환급액이다.

[2] 제23기에 발생하였으나 제24기에 수령한 보통예금 이자수익 발생분의 누락분이다.

[3] 제23기에 인식하지 않은 감가상각비를 인식한 것이며, 추가로 ㈜A는 손익계산서에 제24기분 감가상각비 5,000,000원을 계상하였다. 제24기의 상각범위액은 7,000,000원이다.

[4] 제23기에 잉여금처분결의가 있었으나 당기에 수령한 배당금의 계상누락으로 발생한 것이다.

[5] 제23기에 발생하였으나 제24기에 지급한 이자비용이다.

│ 해답 │

구분	세무조정	
1. 법인세 환급액	[익금불산입] 전기오류수정이익	2,000,000 (기타)
2. 전기 이자수익누락	세무조정 없음	
3. 감가상각비	[손금불산입] 감가상각비	1,000,000 (유보)
4. 미수배당금	[익금산입] 전기오류수정이익 [익금불산입] 미수배당금	4,800,000 (기타) 4,800,000 (△유보)
5. 이자비용	[손금산입] 전기오류수정손실	1,300,000 (기타)

1. 법인세 환급액은 익금불산입 항목이다. 납부 시 손금불산입되었기 때문이다.
2. 이자수익은 실제로 수취한 때 익금이므로 제24기에 귀속되는 소득이다.
3. 전기오류수정손실로 처리된 감가상각비는 당기에 감가상각한 것으로 의제한다.
   (5,000,000 + 3,000,000) − 7,000,000 = 1,000,000(한도초과)
4. 배당금수익은 잉여금처분결의일을 귀속시기로 한다. 제23기 귀속소득이므로 제24기 과세소득에 포함되지 않는다. 전기 세무조정이 올바르게 되었으므로 전기 미수배당금을 반대조정한 것이다.
5. 전기 미지급이자 중 결산하지 않는 이자비용은 실제로 지출될 때(제24기) 손금처리하면 된다.

채무의 출자전환

02 당기 중 ㈜한강이 ㈜금강에 지불해야 될 매입채무 200,000,000원 중 100,000,000원 상당의 매입채무는 면제되었으며, 나머지 매입채무 100,000,000원은 출자전환되었다. 출자전환으로 ㈜금강이 취득한 주식의 시가는 30,000,000원(취득한 주식에 대한 발행가액은 100,000,000원임)이다. ㈜금강은 위 내용을 다음과 같이 회계처리하였다.

(차) 투자주식	30,000,000	(대) 매출채권	200,000,000
대손상각비	170,000,000		

물음 1) ㈜한강이 「채무자 회생 및 파산에 관한 법률」에 따른 회생계획인가의 결정을 받아 채무의 출자전환 및 면제가 이루어진 경우, ㈜금강의 세무조정을 하시오. 단, ㈜한강과 ㈜금강은 특수관계법인이 아니다.

물음 2) 위 출자전환이 법률에 따른 출자전환 및 면제가 아닌 경우, ㈜금강의 세무조정을 하시오. 단, ㈜한강과 ㈜금강은 특수관계법인이 아니며, 동 채무면제는 거래처와의 관계를 두텁게 하기 위한 것으로 인정되고 기업업무추진비 한도액은 100,000,000원이며 ㈜금강의 손익계산서상 당기 지출한 기업업무추진비는 없다.

─┤ **해답** ├──

물음 1)

[손금불산입] 투자주식 70,000,000 (유보)

① 과세이연요건을 갖춘 경우, 출자전환으로 취득하는 주식의 취득가액은 장부가액이다.

② 채무면제(원금면제) 100,000,000원은 대손으로 인정한다.

물음 2)

[손금불산입] 기업업무추진비 한도초과 70,000,000 (기타사외유출)

① 과세이연요건을 갖추지 못한 경우, 출자전환으로 취득하는 주식의 취득가액은 시가이다.

② 채무면제와 출자전환이 거래처와의 관계를 두텁게 할 목적으로 이루어진 것이므로 기업업무추진비로 의제한다.

③ 170,000,000(기업업무추진비 해당액) − 100,000,000(기업업무추진비 한도) = 70,000,000(기업업무추진비 한도초과)

재고자산의 평가

03 다음은 영리 내국법인 ㈜한국의 제24기 사업연도(2024. 1. 1. ~ 12. 31.)의 기말재고자산 평가와 관련한 자료이다. 제24기 말 세무상 재고자산평가액을 계산하시오. (단, 주어진 자료 이외에는 고려하지 않음) 【세무사 20】

구분	장부상 평가액	후입선출법	총평균법	선입선출법
제품	10,000,000원	7,000,000원	8,700,000원	10,000,000원
재공품	5,000,000원	4,500,000원	4,800,000원	5,000,000원
원재료	3,000,000원	2,700,000원	3,000,000원	3,500,000원
저장품	1,500,000원	1,000,000원	1,200,000원	1,400,000원

(1) 법인의 설립일이 속하는 사업연도의 법인세 과세표준 신고기한까지 관할 세무서장에게 제품, 재공품, 저장품에 대한 평가방법을 모두 총평균법으로 신고하였으나, 원재료에 대한 평가방법은 신고하지 않았다.

(2) 2024년 10월 5일에 제품 평가방법을 총평균법에서 선입선출법으로 변경신고하였다.

(3) 저장품은 총평균법으로 평가하였으나 계산착오로 300,000원이 과대계상되었다.

─┤ 해답 ├─

구분	세무상 평가액	비고
1. 제품	10,000,000	임의변경에 해당함(세법상 총평균법으로 신고된 상태) 장부금액과 총평균법 불일치 → Max[8,700,000, 10,000,000]
2. 재공품	5,000,000	장부금액과 총평균법 불일치 → Max[4,800,000, 5,000,000]
3. 원재료	3,500,000	무신고 시 선입선출법
4. 저장품	1,200,000	계산착오 시 임의변경으로 보지 않음
합계	19,700,000	

외화환산

04 다음은 제조업을 영위하는 영리 내국법인 ㈜A의 제24기(2024. 1. 1. ~ 2024. 12. 31.) 자료이다. 외화자산 및 외화부채 관련 세무조정이 ㈜A의 제24기 각사업연도소득금액에 미치는 순영향을 계산하시오. (단, 전기의 세무조정은 정확하게 이루어졌다) 　　　　　　　　　　　[회계사 22]

> (1) ㈜A는 화폐성 외화자산 및 외화부채에 대하여 사업연도 종료일 현재의 매매기준율로 평가하는 방법을 관할 세무서장에게 신고하였으나, 제23기와 제24기에 외화환산손익을 결산서에 계상하지 않았다.
>
> (2) ㈜A는 2023년 7월 1일에 외국은행으로부터 $10,000를 차입하였으며, 2024년 6월 30일에 전액 상환하였다. 상환 시 ㈜A는 다음과 같이 회계처리하였다.
>
> | (차) 외화차입금 | 12,500,000 | (대) 현금 | 12,000,000 |
> |---|---|---|---|
> | | | 외환차익 | 500,000 |
>
> (3) ㈜A는 2024년 9월 1일에 제품을 수출하고 그 대금 $20,000를 수령하였다. 동 수출대금은 당기 말 현재 외화예금 계좌에 보유 중이다.
>
> (4) 일자별로 적용할 매매기준율은 다음과 같다.
>
> | 2023. 7. 1. | 2023. 12. 31. | 2024. 6. 30. | 2024. 9. 1. | 2024. 12. 31. |
> |---|---|---|---|---|
> | 1,250원/$ | 1,300원/$ | 1,200원/$ | 1,280원/$ | 1,320원/$ |

│ 해답 │

1. 외화차입금의 상환

　(1) 세법상 외환차손익

　　13,000,000(제23기 말 세법상 외화차입금) − 12,000,000 = 1,000,000(외환차익)

　(2) 세무조정

　　1,000,000 − 500,000 = 500,000(익금산입)

　　[별해] 제23기 세무조정을 한 후에 관련 외화차입금이 소멸되는 제24기에 이를 추인한다.

　　　　10,000 × (1,300 − 1,250) = 500,000(손금산입) → 500,000(익금산입)

2. 외화예금 평가

　20,000 × (1,320 − 1,280) = 800,000(익금산입)

　금융회사 등이 아닌 법인이 화폐성 외화자산 및 외화부채에 대하여 사업연도 종료일 현재의 매매기준율로 평가하는 방법을 관할 세무서장에게 신고한 경우에는 사업연도 종료일 현재의 매매기준율로 평가하여야 한다.

다음은 각 영리 내국법인의 제24기 사업연도(2024. 1. 1. ~ 2024. 12. 31.)의 세무조정에 관한 자료이다. 다음 자료를 이용하여 물음에 답하시오.

1. 제조업체인 ㈜서울의 판매업체인 ㈜A와 제품 위탁판매내역은 다음과 같다.

   (1) 위탁판매계약에 따르면 ㈜A는 제품 판매대금의 10%를 수수료로 차감하고 결제대금을 ㈜서울에 지급한다. 2024. 12. 29. ㈜서울은 ㈜A에 제품(원가 400,000원, 판매가 500,000원)을 인도하고 매출과 매출원가를 인식하였다.

   (2) ㈜서울은 적송품 발송 시 운송료 10,000원을 지급하였으며, 이를 판매비와 관리비로 처리하였다. 2024. 12. 31. 현재 ㈜A는 ㈜서울로부터 인도받은 제품 중 60%를 판매하였다. 이와 관련하여 ㈜서울은 판매수수료를 비용계상하지 아니하였다.

2. 제조업체인 ㈜경기(중소기업임)는 주문제작 기계를 다음과 같은 조건으로 ㈜B에 판매하였다.

   (1) 기계 판매대금은 100,000,000원이고, 인도일은 2025. 4. 1.이며 계약금 30,000,000원(2024. 8. 1.), 중도금 40,000,000원(2024. 12. 1.), 잔금 30,000,000원(2025. 4. 1.)을 받기로 약정하였다.

   (2) ㈜경기는 대금 결제조건에 따라 대가의 각 부분을 받기로 한때에 세금계산서를 발급하였으며, 세금계산서를 발급한 때 매출을 인식하였다. 관련 제품의 원가(원가율 80%)는 2025. 4. 1.에 일괄하여 매출원가로 처리하였다.

3. 제조업체인 ㈜부산은 2023. 12. 28.에 외상으로 판매한 제품(시가 1,000,000원)에 대하여 매출할인(2/10, n/30 조건)을 적용하기로 하고 다음과 같이 회계처리하였다.

   (1) 2023. 12. 28.

(차) 매출채권	980,000	(대) 매출	980,000

   (2) 2024. 1. 28.

(차) 현금	1,000,000	(대) 매출채권	980,000
		기간경과이익	20,000

[물음] 각 법인별로 제24기 사업연도의 세무조정을 다음 답안 양식에 따라 제시하시오.

기업명	익금산입 · 손금불산입			손금산입 · 익금불산입		
	과목	금액	소득처분	과목	금액	소득처분
㈜서울						
㈜경기						
㈜부산						

$(400,000 + 10,000) \times 40\%$

기업명	익금산입·손금불산입			손금산입·익금불산입		
	과목	금액	소득처분	과목	금액	소득처분
㈜서울	적송품	164,000	유보	매출채권	200,000	유보
				미지급비용	30,000	유보
㈜경기				선수금	70,000,000	유보
㈜부산				매출채권	20,000	유보

1. 위탁판매(서울)

시점	회사의 회계처리	세법상 처리
적송 시	(차) 매출채권　500,000 　　(대) 매출　　　　500,000 (차) 매출원가　400,000 　　(대) 제품　　　　400,000	(차) 적송품　400,000 　　(대) 제품　　　400,000
운임	(차) 판매비와 관리비　10,000 　　(대) 현금　　　　10,000	$410,000 \times 60\%$ (차) 적송품　10,000 　　(대) 현금　　　10,000
결산 시		(차) 매출채권　300,000 　　(대) 매출　　　300,000 (차) 매출원가　246,000 　　(대) 적송품　　246,000 (차) 지급수수료　30,000 　　(대) 미지급비용　30,000

① 위탁판매의 경우 위탁자는 수탁자가 해당 상품 등을 판매한 날에 손익을 인식하여야 한다.

② 위탁자가 수탁자에게 제품을 적송할 때 발생하는 운임은 적송품(재고자산)의 원가에 가산한다.

③ 손익귀속시기와 관련한 세무조정은 매출채권, 재고자산, 미지급비용으로 구분하여 각각 제시하여야 한다. 단, 재고자산은 올바른 재고자산금액의 순액을 제시하면 된다.

2. 중간지급조건부(경기)

① 「부가가치세법」상 중간지급조건부 판매에 해당하는 경우에도 「법인세법」상 손익귀속시기는 재화의 인도일이다. 따라서 2025. 4. 1.이 손익귀속시기가 된다.

② 중소기업이 회수기일도래기준을 적용할 수 있는 것은 장기할부판매에 한하는 것임을 주의하여야 한다.

③ 매출원가는 2025년에 전액 인식하였으므로 2024년에 조정할 금액은 없다.

3. 매출할인(부산)

「법인세법」상 매출할인은 상품을 판매한 날에는 그 금액을 산정할 수 없으므로 사전약정에 의한 지급기일이나 지급한 날이 속하는 사업연도에 매출액에서 차감한다. (총액법)

다음은 제조업을 영위하는 ㈜한국(영리 내국법인)의 제24기 사업연도(2024년 1월 1일 ~ 2024년 12월 31일) 법인세 관련 자료이다. 다음 자료를 이용하여 물음에 답하시오.

1. ㈜한국은 판매 후 3개월 이내에 반품가능한 조건으로 제품을 판매하고 있으며 인도기준으로 회계처리하고 있다. 매출원가율은 60%를 유지하고 있으며, 전기 말 반품추정액의 회계처리에 대한 세무조정은 다음과 같다.

구분	익금산입·손금불산입	손금산입·익금불산입
매출	30,000,000원	–
매출원가	–	7,500,000원*

* 반품자산 예상가치는 30,000,000원 × 25%임

2. 2024년 반품내역은 다음과 같다.
   ① 전기 매출 중 당기 반품액: 18,000,000원
   ② 당기 매출 중 당기 반품액: 120,000,000원

3. 2024년 12월 31일 현재 당기 매출 중 반품추정액은 35,000,000원이며, 반품자산의 예상가치는 매출액의 25%이다.

4. ㈜한국의 2024년 반품 관련 회계처리는 다음과 같다.
   ① 전기 말 반품추정액의 반품기간 종료

   가. 환불충당부채 회계처리

(차) 환불충당부채	30,000,000	(대) 매출채권	18,000,000
		매출	12,000,000

   나. 반환제품회수권 회계처리

(차) 제품	4,500,000	(대) 반환제품회수권	7,500,000
매출원가	3,000,000		

   ② 당기 매출 중 당기 반품액

   가. 반품의 매출 및 매출원가 회계처리

(차) 매출	120,000,000	(대) 매출채권	120,000,000
제품	72,000,000	매출원가	72,000,000

   나. 반품된 제품의 평가손실 회계처리

(차) 제품평가손실	42,000,000	(대) 제품	42,000,000

③ 당기 말 반품추정액 회계처리

| (차) 매출 | 35,000,000 | (대) 환불충당부채 | 35,000,000 |
| 반환제품회수권 | 8,750,000 | 매출원가 | 8,750,000 |

5. ㈜한국은 재고자산의 평가방법을 원가법으로 적법하게 신고하였다.

[물음] ㈜한국의 반품조건부 판매 관련 세무조정 및 소득처분을 다음의 답안 양식에 따라 제시하시오.

익금산입·손금불산입			손금산입·익금불산입		
과목	금액	소득처분	과목	금액	소득처분

익금산입·손금불산입			손금산입·익금불산입		
과목	금액	소득처분	과목	금액	소득처분
환불충당부채 (당기)	35,000,000	유보	환불충당부채 (전기)	30,000,000	유보
반환제품회수권 (전기)	7,500,000	유보	반환제품회수권 (당기)	8,750,000	유보
제품평가손실	42,000,000	유보			

1. 환불충당부채

구분	전기 말(결산)	당기(반품)
결산상 손익	(−)30,000,000	(+)12,000,000
세무조정	(+)30,000,000	(−)30,000,000
과세표준	−	(−)18,000,000*

* 30,000,000 × 60% = 18,000,000(실제 반품)
내국법인이 제품을 판매하고 반품이 예상되는 금액에 대하여 환불충당부채와 환불예상자산을 계상하여 해당 사업연도의 매출액 및 매출원가를 차감하는 경우에 동 환불충당부채와 환불예상자산은 해당 법인의 각사업연도소득금액 계산 시 각각 익금 또는 손금에 산입하는 것임(서면-2019-법인-0762, 2020. 8. 24.)

2. 반환제품회수권

구분	전기 말(결산)	당기(반품)
결산상 손익	(+)7,500,000	(−)3,000,000
세무조정	(−)7,500,000	(+)7,500,000
과세표준	−	(+)4,500,000*

* 7,500,000 × 60% = 4,500,000

3. 전기 말 결산 시 회계처리 분석(총액조정)

(차) 반환제품회수권	18,000,000	(대) 매출원가	18,000,000
매출원가	10,500,000	반환제품회수권	10,500,000

회사의 결산을 분석해 보면 매출 대비 비용 조정을 원가율(60%)이 아닌 반품자산의 예상가치율(25%)만큼만 조정하고 있다.

문제 03 손익귀속시기 – 할부판매 (1)

다음은 각 영리 내국법인의 제24기 사업연도(2024. 1. 1. ~ 2024. 12. 31.)의 세무조정에 관한 자료이다. (각 문항은 독립적이다) 다음 자료를 이용하여 물음에 답하시오. 단, 같은 자료에 세무조정이 2개 이상 있는 경우 상계하지 말고 모두 표시하고, 법인세부담 최소화를 가정한다.

1. 중소기업인 ㈜백두의 할부판매에 대한 자료는 다음과 같다.
   ① ㈜백두는 2024. 7. 5.에 제품을 ㈜서해에 10,000,000원(원가율은 60%)에 할부판매하면서 제24기 사업연도와 제25기 사업연도에 각각 7,000,000원과 3,000,000원을 회수하기로 약정하였다. (최종할부금 수령일은 제25기 사업연도 중인 2025. 9. 5.임)
   ② ㈜백두가 제24기 사업연도와 제25기 사업연도에 실제 회수한 금액은 각각 8,000,000원과 2,000,000원이며, ㈜백두가 제24기에 수익과 원가로 인식한 금액은 각각 8,000,000원, 4,800,000원이다.

2. 중소기업인 ㈜한라의 할부판매에 대한 자료는 다음과 같다.
   ① ㈜한라는 2024. 7. 5.에 제품을 ㈜동해에 10,000,000원(원가율은 60%)에 할부판매하면서 제24기 사업연도와 제25기 사업연도에 각각 7,000,000원과 3,000,000원을 회수하기로 약정하였다. (최종할부금 수령일은 제25기 사업연도 중인 2025. 9. 5.임)
   ② ㈜한라는 이 거래를 인도기준으로 회계처리하면서 800,000원의 현재가치할인차금을 계상했는데, 제24기 사업연도와 제25기 사업연도에 각각 500,000원과 300,000원의 현재가치할인차금을 상각하였다.

[물음 1] ㈜백두와 ㈜한라의 제24기 사업연도의 세무조정을 다음의 양식에 따라 제시하시오.

기업명	익금산입·손금불산입			손금산입·익금불산입		
	과목	금액	소득처분	과목	금액	소득처분
㈜백두						
㈜한라						

[물음 2] 위 자료에도 불구하고, ㈜백두와 ㈜한라가 중소기업이 아니라고 가정할 때 [물음 1]의 세무조정을 다음의 양식에 따라 제시하시오.

기업명	익금산입·손금불산입			손금산입·익금불산입		
	과목	금액	소득처분	과목	금액	소득처분
㈜백두						
㈜한라						

[물음 1] 중소기업인 경우

기업명	익금산입 · 손금불산입			손금산입 · 익금불산입		
	과목	금액	소득처분	과목	금액	소득처분
㈜백두	매출원가	600,000	유보	할부매출(선수금)	1,000,000	유보
㈜한라	매출원가	1,800,000	유보	매출채권	3,000,000	유보
	현재가치할인차금	800,000	유보	현재가치할인차금	500,000	유보

1. ㈜백두

① 중소기업의 경우 결산상 회계처리에 관계없이 할부판매 손익을 회수기일도래기준으로 인식할 수 있다. 세부담 최소화 측면에서 회수기일도래기준이 가장 유리하므로 이에 따른다.

② 장기할부조건에 따른 회수기일 이전에 회수한 금액은 선수금으로 처리하고, 장기할부조건에 따른 회수기일 이후에 회수할 금액은 미수금으로 처리하여야 한다.

2. ㈜한라

중소기업의 경우 결산상 회계처리에 관계없이 할부판매 손익을 회수기일도래기준으로 인식할 수 있다. 세부담 최소화 측면에서 신고조정을 통해 회수기일도래기준을 적용한다.

(1) 회계처리

(차)	매출채권	10,000,000	(대)	매출	9,200,000
				현재가치할인차금	800,000
(차)	매출원가	6,000,000	(대)	재고자산	6,000,000
(차)	현재가치할인차금	500,000	(대)	이자수익	500,000

(2) 세무조정

① 매출액을 10,000,000원으로 환원한다. 따라서 현재가치할인차금을 익금에 산입한다.

② 회수기일도래기준을 적용하므로 매출채권 중 제24기에 회수기일이 도래하지 않는 3,000,000원은 익금불산입한다.

③ 현재가치할인차금 상각액(이자수익)을 익금불산입한다.

④ 매출원가도 회수기일도래기준에 따라 처리하여야 한다.

⑤ 순액으로 조정하는 것도 가능하지만, 회계처리 후 총액을 조정하는 것이 실수를 줄일 수 있다.

[물음 2] 중소기업이 아닌 경우

기업명	익금산입·손금불산입			손금산입·익금불산입		
	과목	금액	소득처분	과목	금액	소득처분
㈜백두	매출원가	600,000	유보	할부매출(선수금)	1,000,000	유보

1. ㈜백두
   ① 중소기업이 아닌 경우 할부판매 매출은 인도시점에 명목금액으로 손익을 인식하는 것이 원칙이다. 다만, 결산반영 시 회수기일도래기준 및 현재가치평가를 인정한다.
   ② 법인이 회수기준(실제 회수된 금액만을 손익처리)에 의해 회계처리한 경우에도 회수기일도래기준을 적용한 것으로 간주하고 회수기일도래기준과의 차액만 세무조정한다.
   ③ 장기할부조건에 따른 회수기일 이전에 회수한 금액은 선수금으로 처리하고, 장기할부조건에 따른 회수기일 이후에 회수할 금액은 미수금으로 처리하여야 한다.

2. ㈜한라
   ① 중소기업이 아닌 경우 회수기일도래기준을 적용하기 위해서는 결산에 반영하여야 한다. 즉, 세부담 최소화 가정이 있더라도 신고조정으로 회수기일도래기준을 적용할 수 없다.
   ② 장기할부판매의 경우 명목금액으로 손익을 인식하는 것이 원칙이나, 현재가치평가를 수용한다. 따라서 별도의 세무조정은 없다.

제조업을 영위하는 ㈜바다의 제24기(2024년 1월 1일 ~ 2024년 12월 31일) 법인세 관련 자료이다. 전기까지의 세무조정은 적법하게 이루어졌다.

1. ㈜바다는 2024년 1월 1일에 해상구조물을 설치하고 이를 이용하는 계약을 지방자치단체와 체결하였다. 계약에 따르면 ㈜바다는 10년간의 사용기간이 종료된 후 해상구조물을 철거하고 주변 수질을 원상회복해야 할 의무가 있다.

2. 해상구조물과 관련된 내역은 다음과 같다.

취득원가	50,000,000원
잔존가치	없음
신고내용연수	10년
감가상각방법	정액법

3. ㈜바다는 해상구조물에 대하여 원가모형을 적용하였다. 복구와 관련한 예상현금흐름 10,000,000원에 대하여 시장이자율을 반영하여 현재가치로 측정하였고, 2024년 1월 1일에 다음과 같이 회계처리하였다.

(차) 구축물 56,139,133   (대) 현금 50,000,000
　　　　　　　　　　　　　　　　복구충당부채 6,139,133

4. ㈜바다는 2024년 12월 31일에 해상구조물에 대하여 다음과 같이 회계처리하였다.

(차) 감가상각비 5,613,913   (대) 감가상각누계액 5,613,913
　　　이자비용 306,957　　　　　복구충당부채 306,957

[물음] ㈜바다가 해야 하는 제24기 세무조정 및 소득처분을 답안 양식에 따라 제시하시오.

익금산입 및 손금불산입			손금산입 및 익금불산입		
과목	금액	소득처분	과목	금액	소득처분

→| **해답** |

익금산입 및 손금불산입			손금산입 및 익금불산입		
과목	금액	소득처분	과목	금액	소득처분
복구충당부채	6,139,133	유보	구축물	6,139,133	유보
감가상각비	613,913	유보			
복구충당부채	306,957	유보			

복구충당부채

「법인세법」상 미확정된 미래의 추정 복구비용은 당해 자산의 취득가액으로 인정하지 아니하며, 당해 복구충당부채 상당액에 대한 감가상각비 또한 손금으로 인정하지 아니한다.

1. 취득 시

(차) 구축물	56,139,133	(대) 현금	50,000,000
		복구충당부채	6,139,133

[손금산입]	구축물	6,139,133	△유보
[익금산입]	복구충당부채	6,139,133	유보

2. 감가상각 시

(차) 감가상각비	5,613,913	(대) 감가상각누계액	5,613,913
이자비용	306,957	복구충당부채	306,957

[손금불산입]	감가상각비	613,913	유보
[손금불산입]	복구충당부채	306,957	유보

[1단계] 자산감액분 상각비

$$6,139,133 \times \frac{5,613,913}{56,139,133} = 613,913$$

[2단계] 구축물 시부인 계산

구분	금액	비고
① 회사상각비	5,000,000	5,613,913 − 613,913
② 상각범위액	5,000,000	50,000,000 × 0.1
③ 상각부인액	−	

3. 복구 공사 시 → 예시

(차) 복구충당부채	3,000,000	(대) 현금	3,500,000
복구공사손실	500,000		

[손금산입]	복구충당부채	3,000,000	△유보

해커스 세무회계연습 2

제4장 손익귀속시기와 자산·부채의 평가

다음은 제조업을 영위하는 중소기업인 ㈜내국의 제24기(2024. 1. 1. ~ 2024. 12. 31.) 토지매각과 관련된 자료이다. 아래 자료를 이용하여 물음에 답하시오. 단, 같은 자료에 세무조정이 2개 이상 있는 경우 상계하지 말고 모두 표시하고, 법인세부담 최소화를 가정한다.

1. ㈜내국은 2024. 5. 1.에 토지를 ₩50,000,000(장부가액은 양도가액의 60%임)에 매각하면서 아래의 표와 같이 대금을 수령하는 조건으로 계약을 체결하였다.

2024. 5. 1. (계약금)	2024. 8. 1. (1차 중도금)	2025. 9. 1. (2차 중도금)	2026. 9. 1. (잔금)
₩5,000,000	₩5,000,000	₩10,000,000	₩30,000,000

2. 토지의 사용수익일은 2024. 8. 1.이고, 토지의 소유권이전등기일은 잔금 수령일이다.

3. ㈜내국은 2024. 5. 1.에 계약금 ₩2,000,000을 수령하고, 2024. 8. 1.에 ₩8,000,000을 수령하였다. 그리고 나머지 금액은 2026. 9. 1.에 수령하기로 하였다.

4. ㈜내국은 토지매각과 관련하여 인도기준으로 수익과 비용을 계상하였다.

5. ㈜내국은 2025. 8. 1.에 폐업하였다.

[물음 1] 위 자료를 이용하여 제24기와 제25기 사업연도의 세무조정을 다음의 양식에 따라 하시오.

사업연도	조정유형	과목	금액	소득처분
제24기				
제25기				

[물음 2] 위 자료를 이용하되 ㈜내국이 폐업하지 않았다고 가정하고, 제24기와 제25기 사업연도의 세무조정을 다음의 양식에 따라 하시오.

사업연도	조정유형	과목	금액	소득처분
제24기				
제25기				

[물음 1]

사업연도	조정유형	과목	금액	소득처분
제24기	익금불산입	미수금	40,000,000	△유보
	손금불산입	토지	24,000,000	유보
제25기	익금산입	미수금	40,000,000	유보
	손금산입	토지	24,000,000	△유보

1. 장기할부판매 조건

   인도일(단, 상품 등 외 자산의 경우에는 소유권이전등기일·등록일, 인도일 또는 사용수익일 중 빠른 날)의 다음 날(2024. 8. 2.)부터 최종 할부금(잔금)의 지급기일(2026. 9. 1.)까지의 기간이 1년 이상이므로 장기할부판매 조건을 충족한다.

2. 장기할부판매 손익귀속시기

   ① 법인이 장기할부조건에 따라 상품 등을 판매한 경우에는 인도일(상품 등 외 자산의 경우에는 대금청산일, 소유권이전등기일·등록일, 인도일 또는 사용수익일 중 빠른 날)을 그 귀속시기로 하며, 명목가액 전체를 익금으로 인식하여야 한다.

   ② 다만, 법인이 회수기일도래기준을 결산에 반영한 경우나, 중소기업의 경우에는 회수기일도래기준으로 익금과 손금을 계상할 수 있다. 이때 인도일 이전에 회수하였거나 회수할 금액은 인도일에 회수한 것으로 보며, 법인이 장기할부기간 중에 폐업한 경우에는 그 폐업일 현재 익금에 산입하지 아니한 금액과 이에 대응하는 비용을 폐업일이 속하는 사업연도의 익금과 손금에 각각 산입한다.

3. 세무조정

   상품 외 자산의 인도일은 이전등기일·인도일 또는 사용수익일 중 빠른 날로 한다. 따라서 회사는 2024. 8. 1.에 처분손익을 모두 결산에 반영하였다. 다만, 회사는 중소기업에 해당하므로 조세부담을 최소화하는 방향에서 회수기일도래기준을 적용하여 세무조정한다. 다만, 잔금 수령 전에 폐업하였으므로 2026. 9. 1. 회수기일도래분도 2025년 사업연도 귀속으로 처리하여야 한다.

[물음 2]

사업연도	조정유형	과목	금액	소득처분
제24기	익금불산입	미수금	40,000,000	△유보
	손금불산입	토지	24,000,000	유보
제25기	익금산입	미수금	10,000,000	유보
	손금산입	토지	6,000,000	△유보

폐업하지 않았으므로 회수기일도래기준을 적용한다. 따라서 2025. 9. 1. 회수기일도래분만 익금과 손금에 반영하여야 한다. 2026. 9. 1. 회수기일도래분은 2026년 사업연도에 귀속한다.

다음은 각 영리 내국법인의 제24기 사업연도(2024. 1. 1. ~ 2024. 12. 31.)의 토지 매매 관련 자료이다. 다음 자료를 이용하여 물음에 답하시오. 단, 같은 자료에 세무조정이 2개 이상 있는 경우 상계하지 말고 모두 표시하고, 법인세부담 최소화를 가정한다.

1. 다음은 각 기업의 토지 매매 관련 자료이다. 토지의 취득원가는 토지양도가액의 80%로 가정한다.

구분	㈜대한	㈜민국	㈜만세
업종	제조업	부동산매매업	도매업
중소기업	여	부	부
양도가액	24,000,000원	24,000,000원	30,000,000원
대금청산일	2026. 6. 30.	2026. 6. 30.	2024. 12. 31.
등기일	2024. 6. 30.	2024. 6. 30.	2025. 1. 31.
사용수익일	2024. 7. 31.	2024. 6. 30.	2025. 1. 31.

2. ㈜대한은 토지를 매매하고 대금은 등기일의 다음 달 말일부터 매월 1,000,000원씩 24개월간 수령하기로 하였다. ㈜대한은 등기시점에 토지에 대한 처분이익을 전액 인식하였다.

3. ㈜민국은 부동산매매업을 영위하고 있으며, 해당 토지를 재고자산(상품)으로 장부에 계상하였다. 대금은 등기일의 다음 달 말일부터 매월 1,000,000원씩 24개월간 수령하기로 하였으며, 회수기일도래기준에 따라 정확하게 회계처리하였다.

4. ㈜만세는 대금청산일에 거래상대방인 ㈜A로부터 1개월 어음을 지급받았으며, 어음의 결제일은 2025. 1. 31.이었다. ㈜만세는 2024. 12. 31.에 처분이익을 인식하였다.

[물음] 각 법인별로 제24기 사업연도의 세무조정을 다음 답안 양식에 따라 제시하시오. 단, 세무조정이 없는 경우에는 '해당사항 없음'으로 기재한다.

기업명	익금산입 · 손금불산입			손금산입 · 익금불산입		
	과목	금액	소득처분	과목	금액	소득처분
㈜대한						
㈜민국						
㈜만세						

기업명	익금산입·손금불산입			손금산입·익금불산입		
	과목	금액	소득처분	과목	금액	소득처분
㈜대한	토지	14,400,000	유보	미수금	18,000,000	유보
㈜민국	해당사항 없음					
㈜만세	토지	24,000,000	유보	미수금	30,000,000	유보

1. 부동산 장기할부판매(대한)

(1) 원칙

부동산을 양도한 경우 대금청산일이 속하는 사업연도를 「법인세법」상 손익의 귀속시기로 하되, 대금청산 전에 소유권이전등기를 하거나 자산을 인도 또는 매입자가 사용수익하는 경우에는 소유권이전등기일(등록일 포함)·인도일 또는 사용수익일 중 빠른 날을 귀속시기로 한다.

(2) 장기할부

① 소유권이전등기일·등록일, 인도일 또는 사용수익일 중 빠른 날의 다음 날부터 최종 할부금의 지급기일까지의 기간이 1년 이상인 경우에는 장기할부조건에 해당한다.

② 부동산을 장기할부판매거래 조건으로 양도한 경우에는 ㉠ 결산상 회수기일도래기준을 적용한 경우 또는 ㉡ 중소기업의 경우에는 회수기일도래기준으로 손익을 인식할 수 있다.

2. 부동산매매업(민국)

부동산매매업의 경우일지라도 중소기업에 해당하지 않아 부동산매매에 관한 손익귀속시기를 그대로 적용한다. 따라서 인도시점을 손익귀속시기로 하되, 결산상 대금회수기일도래기준을 적용한 경우 이를 인정한다. 따라서 별도의 세무조정은 없다.

3. 대금청산일(만세)

실질적인 대금청산일은 어음결제일이다. 따라서 손익귀속시기는 2025. 1. 31. 이다.

다음은 제조업을 영위하는 중소기업인 ㈜대한(사업연도: 1. 1. ~ 12. 31.)의 제품과 토지의 판매 등에 관한 자료이다. 아래 자료를 이용하여 물음에 답하시오.

1. ㈜대한은 제24기 사업연도 2024. 8. 5.에 제품 A를 20,000,000원(원가율 70%)에 판매하면서 다음과 같이 대금을 수령하는 조건으로 계약을 체결하였다.

2024. 9. 5.(계약금)	2024. 10. 5.(중도금)	2025. 10. 5.(잔금)
2,000,000원	8,000,000원	10,000,000원

   (1) ㈜대한은 2024. 9. 5. 계약금 2,000,000원을 수령하면서 제품 A를 인도하였으며, 2024. 10. 5. 중도금 중 7,000,000원을 수령하였고, 2025. 10. 5. 나머지 잔금인 11,000,000원을 수령하였다.
   (2) ㈜대한은 제품 A의 판매에 대해 실제 회수한 대금을 기준으로 수익과 비용을 계상하였다.

2. ㈜대한은 2024. 7. 1.에 토지(장부가액 80,000,000원)를 다음과 같이 양도하기로 계약하였다.
   (1) 토지의 양도대금은 200,000,000원이며 대금의 수령 계약조건은 다음과 같다.

2024. 7. 1.(계약금)	2024. 10. 1.(중도금)	2025. 9. 1.(잔금)
30,000,000원	70,000,000원	100,000,000원

   (2) 토지의 사용수익일은 중도금 수령일이고, 토지의 소유권이전등기일은 잔금 수령일이다.
   (3) ㈜대한은 토지 양도의 계약금과 중도금을 수령하면서 모두 선수금으로 계상하였으며, 2025. 9. 1. 잔금을 수령하면서 토지처분이익 120,000,000원을 계상하였다.

[물음 1] ㈜대한의 제품 A 판매에 대한 제24기 사업연도와 제25기 사업연도의 세무조정을 하시오.

[물음 2] ㈜대한의 토지 양도에 대한 제24기 사업연도와 제25기 사업연도의 세무조정을 하시오.

[물음 1] 제품 A

제24기	[익금산입]	매출채권	1,000,000	유보
	[손금산입]	재고자산	700,000	△유보
제25기	[익금불산입]	매출채권	1,000,000	△유보
	[손금불산입]	재고자산	700,000	유보

1. 장기할부판매 요건

   인도일(2024. 9. 5.)의 다음 날부터 최종 할부금의 지급기일(2025. 10. 5.)까지의 기간이 1년 이상이고, 대가를 2회 이상으로 분할하여 수령하므로 장기할부판매의 요건을 충족한다.

2. 장기할부판매 손익귀속시기

   ① 인도일을 원칙적인 손익귀속시기로 하지만, ㉠ 결산상 회수기일도래기준을 적용한 경우 또는 ㉡ 중소기업의 경우에는 회수기일도래기준으로 손익을 인식할 수 있다. 특히 중소기업의 경우에는 신고조정도 가능하다.

   ② 법인이 회수기준(실제 회수된 금액만을 손익처리)에 의해 회계처리한 경우에도 회수기일도래기준을 적용한 것으로 간주하고 회수기일도래기준과의 차액만 세무조정한다.

[물음 2] 토지

제24기	[익금산입]	선수금	100,000,000	유보
	[익금산입]	미수금	100,000,000	유보
	[손금산입]	토지	80,000,000	△유보
제25기	[익금불산입]	선수금	100,000,000	△유보
	[익금불산입]	미수금	100,000,000	△유보
	[손금불산입]	토지	80,000,000	유보

부동산을 양도한 경우 대금청산일이 속하는 사업연도를 「법인세법」상 손익의 귀속시기로 하되, 대금청산 전에 소유권이전등기를 하거나 자산을 인도 또는 매입자가 사용수익하는 경우에는 소유권이전등기일(등록일 포함)·인도일 또는 사용수익일 중 빠른 날을 귀속시기로 한다. 따라서 토지 양도의 손익귀속시기는 사용수익일(2024. 10. 1.)이 속하는 제24기이다.

다음은 ㈜한국(중소기업이 아님)의 제24기 사업연도(2024년 1월 1일 ~ 2024년 12월 31일) 법인세 신고 관련 자료이다. 다음 자료를 이용하여 물음에 답하시오.

1. ㈜한국이 2023년부터 수행하고 있는 A공사(공사기간: 2023년 1월 1일 ~ 2025년 12월 31일)의 도급금액은 450,000,000원이며, 공사원가의 투입내역은 다음과 같다.

구분	2023년	2024년
발생원가누적액	100,000,000원	250,000,000원
추가공사예정원가	300,000,000원	250,000,000원

2. 공사에 사용한 기계장치의 유류비 9,760,000원(회계처리 누락)은 발생원가누적액에 포함되지 않았으나, 추가공사예정원가에는 포함되어 있다.

3. 공사손실충당금전입액 50,000,000원을 발생원가누적액에 포함하지 않고 비용으로 계상하였다고 가정한다.

4. 발생원가누적액에는 일반관리직으로 근무하던 비출자임원인 갑이 현실적으로 퇴직함에 따라 지급한 퇴직급여 38,000,000원이 포함되어 있다. ㈜한국은 퇴직급여지급 규정을 두고 있지 않으며, 퇴직급여충당금도 계상하지 않고 있다. 갑은 2024년 8월 5일에 퇴직(근속연수: 5년 6개월 10일)하였으며, 퇴직 전 1년간 총급여액은 40,000,000원이다.

5. ㈜한국은 공사진행률을 원가기준법에 의해 산정하고 있으며, 전기의 발생원가 및 추가공사예정원가는 전액 「법인세법」에서 인정되는 공사원가로 가정한다.

[물음 1] 임원 갑의 퇴직급여 한도초과액을 제시하시오.

[물음 2] A공사에 대한 제24기 누적공사진행률 및 공사수익을 다음의 답안 양식에 따라 제시하시오.

누적공사진행률	
공사수익	

[물음 1] 임원퇴직급여 한도초과액

1. 임원퇴직급여 한도액: $40,000,000 \times 10\% \times 5\frac{6}{12} = 22,000,000$

   퇴직급여지급 규정이 없는 경우에는 법정산식(총급여액 × 10% × 근속연수)에 따른 금액을 임원퇴직급여 한도액으로 한다.

2. 임원퇴직급여 한도초과액: $38,000,000 - 22,000,000 = 16,000,000$

[물음 2] 공사진행률 등

누적공사진행률	48%	$\dfrac{250,000,000 + 9,760,000 - 38,000,000}{(250,000,000 - 38,000,000) + 250,000,000}$
공사수익	103,500,000	$450,000,000 \times (48\% - 25\%)$

① 공사에 실제 사용한 유류비이므로 회계처리 여부와 관계없이 발생원가 누적액에 포함하여야 한다.

② 일반관리직으로 근무하므로 비출자임원인 갑의 퇴직급여는 공사원가에 해당하지 아니한다. 따라서 발생원가 누적액에서 제외하여야 한다.

③ 전기 누적공사진행률: $\dfrac{100,000,000}{100,000,000 + 300,000,000} = 25\%$

다음은 甲법인의 제24기 사업연도(2024. 1. 1. ~ 2024. 12. 31.) 세무조정 관련 자료이다. 조세부담을 최소화하는 관점에서 세무조정을 하시오. 단, 세무조정사항이 없는 경우에는 별도로 공사명을 기재하지 않는다.

---

1. 공사손익내역

(단위: 원)

구분	A	B	C	D
공사기간	2024. 11. 1. ~ 2025. 1. 31.	2024. 8. 1. ~ 2025. 3. 31.	2024. 7. 1. ~ 2025. 9. 30.	2024. 2. 1. ~ 2025. 4. 30.
도급금액	100,000,000	150,000,000	300,000,000	400,000,000
총공사예정원가	70,000,000	120,000,000	210,000,000	320,000,000
당기 공사원가 발생액	56,000,000	60,000,000	84,000,000	224,000,000
결산상 수익인식방법	완성기준	진행기준	완성기준	진행기준

2. D공사와 관련된 공사비 32,000,000원이 판매비와 관리비로 계상되었음이 확인되었으며 이는 위에 제시된 당기공사원가 발생액에는 포함되지 아니하였다.

3. 甲법인은 결산 시 완성기준 적용공사에 대하여는 당기에 수익을 인식하지 아니하고 위 당기 공사원가 발생액을 전액 미성공사(재고자산)로 계상하였으며, 진행기준 적용공사는 위 공사예정원가 및 당기 공사원가 발생액을 기준으로 계산한 작업진행률에 따라 매출을 계상하고 위 당기 공사원가 발생액을 매출원가로 계상하였다.

4. 위에 제시된 예정원가 등은 기업회계기준에 따라 계산한 금액이며, 甲법인은 장부를 정상적으로 작성·비치하고 있어 총공사예정원가 누적액의 확인이 가능하다.

5. 甲법인은 유동화전문회사 등이 아니며, 예약매출로 인해 기업회계기준에 따라 완성기준을 적용해야 하는 회사는 아니다.

[물음 1] 甲법인이 중소기업이 아니라고 가정하고, 공사별로 세무조정을 하시오.

[물음 2] 甲법인이 중소기업이라고 가정하고, 공사별로 세무조정을 하시오.

[물음 1] 중소기업이 아닌 경우

공사명	익금산입 · 손금불산입			손금산입 · 익금불산입		
	과목	금액	소득처분	과목	금액	소득처분
A	공사수익	80,000,000	유보	공사원가	56,000,000	유보
C	공사수익	120,000,000	유보	공사원가	84,000,000	유보
D	공사수익	40,000,000	유보			

1. A공사(단기공사)

① 건설 등의 경우 그 목적물의 건설 등의 착수일이 속하는 사업연도부터 그 목적물의 인도일이(용역제공의 경우에는 그 제공을 완료한 날을 말함) 속하는 사업연도까지의 각 사업연도의 손익은 작업진행률을 기준으로 하여 계산한 수익과 비용을 각각 해당 사업연도의 익금과 손금에 산입한다.

② 다만, 계약기간이 1년 미만인 건설 등을 제공하는 중소기업은 인도(완성)기준을 적용할 수 있다. 즉, 결산상 진행기준으로 인식한 경우에도 신고조정을 통해 완성기준을 적용할 수 있다.

③ 회사는 중소기업이 아니므로 특례 규정을 적용받을 수 없다. 따라서 단기공사라고 하더라도 진행기준으로 손익을 인식하여야 한다.

$$공사수익: 100,000,000 \times \frac{56,000,000}{70,000,000} = 80,000,000$$

2. B공사(단기공사)

진행기준으로 손익을 인식하였으므로 세무조정은 하지 않는다.

3. C공사(장기공사)

진행기준을 적용하여야 함에도 완성기준으로 결산하였으므로 세무조정하여야 한다.

$$공사수익: 300,000,000 \times \frac{84,000,000}{210,000,000} = 120,000,000$$

4. D공사(장기공사)

① 작업진행률 계산 오류로 인해 공사수익이 누락되어 있으므로 이를 조정하여야 한다.

② 공사원가로 처리할 것을 판매비와 관리비로 처리하더라도 당기손익(과세소득)에는 영향이 없으므로 공사원가에 대한 세무조정은 하지 않는다.

$$공사수익 누락액: 400,000,000 \times \frac{32,000,000}{320,000,000} = 40,000,000$$

[물음 2] 중소기업인 경우

공사명	익금산입·손금불산입			손금산입·익금불산입		
	과목	금액	소득처분	과목	금액	소득처분
B	공사원가	60,000,000	유보	공사수익	75,000,000	유보
C	공사수익	120,000,000	유보	공사원가	84,000,000	유보
D	공사수익	40,000,000	유보			

1. A공사(단기공사)

   계약기간이 1년 미만인 건설 등을 제공하는 중소기업은 인도(완성)기준을 적용할 수 있다. 따라서 별도의 세무조정은 필요 없다.

2. B공사(단기공사)

   계약기간이 1년 미만인 건설 등을 제공하는 중소기업은 인도(완성)기준을 적용할 수 있으므로 신고조정을 통해 완성기준을 적용한다.

$$공사수익: 150,000,000 \times \frac{60,000,000}{120,000,000} = 75,000,000$$

   중소기업의 경우 단기용역매출은 완성기준을 적용할 수 있다. 세부담을 최소화하기 위해서는 매출을 최대한 이연하여 인식하는 것이 유리하다. 따라서 결산상 진행기준을 적용한 경우라도 신고조정을 통해 완성기준으로 세무상 손익을 인식할 수 있다.

3. C공사(장기공사)

   장기공사는 중소기업의 경우에도 진행기준을 적용하여야 한다. 세무조정은 [물음 1]과 동일하다.

4. D공사(장기공사)

   장기공사는 중소기업의 경우에도 진행기준을 적용하여야 하며, 진행률 계산만 [물음 1]과 같이 수정하면 된다.

문제 10 용역제공 등에 의한 귀속시기 (3) [유예]

다음은 ㈜한국(중소기업)의 제24기 사업연도(2024년 1월 1일 ~ 2024년 12월 31일) 법인세 신고 관련 자료이다. 다음 자료를 이용하여 물음에 답하시오. 단, 세부담을 최소화하는 것으로 가정한다.

1. ㈜한국의 당기 말 현재 공사진행 중인 공사내역이다.

구분	공사 A	공사 B
공사기간	2024. 2. 1. ~ 2025. 8. 30.	2024. 7. 1. ~ 2025. 3. 30.
도급금액	150,000,000원	50,000,000원
당기 발생원가	40,000,000원	30,000,000원
추가 예정원가	40,000,000원	10,000,000원
회계처리	진행기준	진행기준

2. ㈜한국은 위에 제시된 예상원가 등에 따라 진행률을 계산하여 공사수익과 공사원가를 손익계산서에 반영하였다.

3. 공사 A와 관련하여 현장소장에게 특별보너스 20,000,000원을 지급하면서 ㈜한국은 판매비와 관리비의 인건비 계정으로 처리하고 당기 분양원가에는 포함하지 않았다.

4. 공사 B와 관련하여 용지(5,000,000원)를 구입한 것이 있으며 이를 당기 진행률만큼 공사원가로 대체하였다. 한편, 용지구입비는 진행률 계산 시 공사원가에 포함하지 아니하였다.

[물음] 위 자료를 이용하여 ㈜한국의 제24기 사업연도의 세무조정을 다음의 양식에 따라 하시오.

익금산입 · 손금불산입			손금산입 · 익금불산입		
과목	금액	소득처분	과목	금액	소득처분

익금산입·손금불산입			손금산입·익금불산입		
과목	금액	소득처분	과목	금액	소득처분
공사수익(A)	15,000,000	유보	공사수익(B)	37,500,000	유보
공사원가(B)	33,750,000	유보			

1. 공사 A(장기공사)

중소기업의 경우에도 장기공사는 진행기준을 적용하여야 한다.

(1) 공사진행률

$$\frac{40,000,000 + 20,000,000}{60,000,000 + 40,000,000} = 60\%$$

현장소장에게 지급한 특별보너스는 공사원가에 포함하고 진행률 계산에 반영하여야 한다.

(2) 공사수익

$150,000,000 \times (60\% - 50\%) = 15,000,000$

2. 공사 B(단기공사)

중소기업의 경우 단기공사는 완성기준을 적용할 수 있으므로 세부담 최소화를 위해 완성기준을 적용한다. 따라서 회사가 인식한 공사수익은 익금불산입, 공사원가는 손금불산입한다.

(1) 공사진행률

$$\frac{30,000,000}{30,000,000 + 10,000,000} = 75\%$$

용지구입비는 진행률 계산 시 반영하지 아니한다.

(2) 공사수익(회사계상)

$50,000,000 \times 75\% = 37,500,000$

(3) 공사원가

$30,000,000 + 5,000,000 \times 75\% = 33,750,000$

다음은 제조업을 영위하는 ㈜제조(지주회사 아님)의 제24기 사업연도(2024년 1월 1일 ~ 2024년 12월 31일) 법인세 신고 관련 자료이다. 단, 전기까지의 세무조정은 적법하게 이루어진 것으로 가정한다. 다음 자료를 이용하여 물음에 답하시오.

1. 이자수익

㈜제조는 2023년 1월 2일 국내은행에 2년 만기 정기예금을 가입하였다. 동 이자는 매년 1월 2일에 지급된다. 이자수익과 관련된 ㈜제조의 회계처리는 다음과 같다.

(1) 2023. 12. 31.

| (차) 미수이자 | 7,000,000 | (대) 이자수익 | 7,000,000 |

(2) 2024. 1. 2.

(차) 현금	6,020,000	(대) 미수이자	7,000,000
선급법인세	980,000		
(원천징수세액)			

(3) 2024. 12. 31.

| (차) 미수이자 | 6,000,000 | (대) 이자수익 | 6,000,000 |

2. 배당금수익

(1) ㈜제조는 2022년 1월 27일에 상장법인 ㈜생산의 주식 10%를 취득하였다.

(2) ㈜제조는 ㈜생산으로부터 현금배당금 3,000,000원과 주식배당 200주(주당 액면가액: 5,000원, 주당 발행가액: 9,000원)를 수령하였다. 동 배당의 배당기준일은 2024년 12월 1일, 배당결의일은 2024년 12월 23일, 배당지급일은 2025년 1월 2일이다.

(3) ㈜제조는 현금배당에 대해 제24기에 다음과 같이 회계처리하였으나, 주식배당에 대해서는 회계처리를 하지 않았다.

| (차) 미수배당금 | 3,000,000 | (대) 배당금수익 | 3,000,000 |

3. ㈜제조는 제24기에 차입금과 지급이자가 없다.

[물음] ㈜제조의 제24기 이자수익 및 배당금수익과 관련된 세무조정 및 소득처분을 다음의 답안 양식에 따라 제시하시오.

익금산입 및 손금불산입			손금산입 및 익금불산입		
과목	금액	소득처분	과목	금액	소득처분

익금산입 및 손금불산입			손금산입 및 익금불산입		
과목	금액	소득처분	과목	금액	소득처분
전기 미수이자	7,000,000	유보	당기 미수이자	6,000,000	유보
의제배당	1,800,000	유보	수입배당금	1,440,000	기타

1. 이자수익
   ① 보통예금·정기예금·적금 또는 부금의 이자는 실제로 이자를 지급받는 날이 속하는 사업연도가 귀속시기이다.
   ② 금융회사 이외의 법인은 원천징수되는 이자소득을 제외한 이자소득에 대하여 법인이 결산을 확정할 때 이미 경과한 기간에 대응하는 미수이자를 해당 사업연도의 수익으로 계상한 경우에는 그 계상한 사업연도의 익금으로 한다. 따라서 원천징수대상이 되는 이자소득에 대해서는 미수이자를 인정하지 아니한다.

2. 배당금수익
(1) 주식배당
   200주 × 9,000(발행가액) = 1,800,000
(2) 수입배당금 익금불산입
   (1,800,000 + 3,000,000) × 30% = 1,440,000

다음은 각 영리 내국법인의 제24기 사업연도(2024. 1. 1. ~ 2024. 12. 31.)의 세무조정에 관한 자료이다. 각 문항은 독립적이며 세부담 최소화를 가정한다. 아래 자료를 이용하여 물음에 답하시오.

1. ㈜A(제조업)의 재무상태표상 미수이자 내역이다.

자산	제24기 말	제23기 말
미수수익	5,000,000원	3,000,000원

미수수익은 전액 미수이자를 계상한 것이다. 해당 미수이자의 60%는 국내금융기관에 가입한 정기예금 이자수익이며, 나머지 40%는 국외금융기관에 가입한 정기예금 이자수익이다. 국외이자에 관하여 별도의 원천징수대리인을 두고 있지 아니하다.

2. ㈜B(제조업)는 국내금융기관으로부터 100,000,000원을 2024. 7. 1.에 차입(연이자율 6%)하고 이에 대한 이자비용을 결산에 반영하지 아니하였다. 한편, 2024. 7. 1.에 사채(액면가액 10,000,000원, 3년 만기, 액면이자율 8%, 매년 6. 30. 이자지급)를 9,502,630원에 발행하였다. 해당 회사채에 적용된 유효이자율은 10%이다. 사채에 관한 회계처리는 다음과 같다.

   (1) 2024. 7. 1.

(차) 현금	9,502,630	(대) 사채	10,000,000
사채할인발행차금	497,370		

   (2) 2024. 12. 31.

(차) 이자비용	400,000	(대) 미지급이자	400,000

3. ㈜C(제조업)는 2024. 9. 1. 거주자 갑에게 100,000,000원을 대여하고, 매월 말 이자 2,000,000원을 수취하기로 약정하였으나, 12월분 이자는 수취하지 못하였다. ㈜C는 실제로 수취한 이자만 이자수익으로 회계처리하였다.

[물음] 각 법인별로 제24기 사업연도의 세무조정을 다음 답안 양식에 따라 제시하시오. 단, 세무조정이 없는 경우에는 '해당사항 없음'으로 기재한다.

기업명	익금산입·손금불산입			손금산입·익금불산입		
	과목	금액	소득처분	과목	금액	소득처분
㈜A						
㈜B						
㈜C						

기업명	익금산입 · 손금불산입			손금산입 · 익금불산입		
	과목	금액	소득처분	과목	금액	소득처분
㈜A	미수이자(전기)	1,800,000	유보	미수이자(당기)	3,000,000	유보
㈜B				사채할인발행차금	75,131	유보
㈜C	미수이자	2,000,000	유보			

1. 일반기업의 이자수익 − ㈜A
   ① 금융기관이 아닌 일반기업의 국내예금이자는 원천징수대상 이자소득이므로 미수이자계상액을 익금불산입
   한다. 그러나 국외예금이자는 원천징수대상이 아니므로 미수이자를 계상하는 것을 인정한다.
   ② 미수이자는 자동추인 세무조정사항이다. 전기 말 재무상태표상 미수이자 중 익금불산입한 것은 당기에 추
   인하고, 당기 말 재무상태표상 미수이자 중 익금불산입 대상은 전부 익금불산입한다.

구분		일반법인	금융기관
원칙		「소득세법」상 수입시기	현금주의(선수입이자 제외)
미수이자 계상	원천징수대상	익금불산입(발생주의 수용 ×)	세무조정 없음(발생주의 수용)
	이외	세무조정 없음	

2. 이자비용 − ㈜B

(1) 미지급이자(은행차입금)
   이자비용의 귀속 사업연도는 실제로 지출하는 시점의 손금으로 하되, 결산을 확정함에 있어서 이미 경과한 기
   간에 대응하는 이자 및 할인액을 당해 사업연도의 손금으로 계상한 경우에는 그 계상한 사업연도의 손금으로
   한다. 따라서 결산상 미지급이자를 반영하지 아니한 경우에는 별도로 미지급이자를 손금에 산입하지 아니
   한다.

(2) 사채할인발행차금
   사채할인발행차금은 기업회계기준에 따라 반드시 상각하여야 한다. (신고조정항목)

$$9,502,630 \times 10\% \times \frac{6}{12} - 400,000 = 75,131$$

3. 비영업대금의 이익 − ㈜C
   비영업대금의 이익은 약정에 의한 지급기일 또는 실제로 이자를 수취한 날 중 빠른 날을 손익귀속시기로 한
   다. 한편, 비영업대금의 이익이 원천징수대상이라고 하더라도 익금에 산입하여야 한다. 미수이자를 익금불산
   입하는 규정은 미수이자의 세법상 귀속시기가 도래하지 않은 것을 전제로 하기 때문이다.

다음은 각 영리 내국법인의 제24기 사업연도(2024. 1. 1. ~ 2024. 12. 31.)의 세무조정에 관한 자료이다. 각 문항은 독립적이며 세부담 최소화를 가정한다. 아래 자료를 이용하여 물음에 답하시오.

1. ㈜서울은 건물을 제24기 7월 1일부터 2년간 임대하고 매월분 임대료(월 2,000,000원)를 해당 월의 말일에 받기로 하였다. 회사는 7월 31일부터 임대료를 수취하였으나 12월분 임대료는 수취하지 못하였다. 이에 따라 12월분 임대료수익을 계상하지 아니하였다.

2. ㈜경기는 건물을 제24기 8월 1일부터 2년간 임차하고 매월분 임차료(월 2,000,000원)를 3개월 마다 지급하기로 하였다. 회사는 10월 31일에 임차료를 지급한 후 아직 임차료를 지급하지 아니하였으나, 미지급임차료를 손익계산서에 임차료로 반영하지 않았다.

3. ㈜부산은 건물을 제24기 7월 1일부터 4년간 임대하고 임대료(후불)는 2년마다 받기로 하였다. 따라서 최초 임대료 지급일은 2026년 6월 30일이며, 회사는 제24기에 아무런 회계처리도 하지 아니하였다. 2년간의 임대료 총액은 200,000,000원이다.

4. ㈜광주는 건물을 제24기 7월 1일부터 4년간 임대하고 임대료(선불)는 2년마다 받기로 하였다. 따라서 최초 임대료 지급일은 2024년 6월 30일이며 2년간의 임대료 총액 200,000,000원을 일시에 임대료수익으로 계상하였다.

5. ㈜제주는 ㈜A의 부담으로 동 토지 지상에 건축물을 신축하여 10년간 사용하는 조건으로 토지를 임대하였다. 단, 해당 건축물의 준공과 동시에 그 소유권은 ㈜제주가 취득하였다. 해당 건축물의 소유권이전등기일은 제24기 7월 1일이며, 건축물의 시가는 500,000,000원이다.

6. ㈜제주는 위와 관련하여 아무런 회계처리도 하지 않았다.

[물음] 각 법인별로 제24기 사업연도의 세무조정을 다음 답안 양식에 따라 제시하시오. 단, 세무조정이 없는 경우에는 '해당사항 없음'으로 기재한다.

기업명	익금산입·손금불산입			손금산입·익금불산입		
	과목	금액	소득처분	과목	금액	소득처분
㈜서울						
㈜경기						
㈜부산						
㈜광주						
㈜제주						

기업명	익금산입 · 손금불산입			손금산입 · 익금불산입		
	과목	금액	소득처분	과목	금액	소득처분
㈜서울	미수임대료	2,000,000	유보			
㈜경기	해당사항 없음					
㈜부산	미수임대료	50,000,000	유보			
㈜광주				선수임대료	150,000,000	유보
㈜제주	건축물	500,000,000	유보	선수임대료	500,000,000	유보
	선수임대료	25,000,000	유보			

$$200,000,000 \times \frac{6}{24}$$

1. 임대료 지급기간이 1년 이하인 경우 – ㈜서울
   ① 임대료 지급일이 계약상 명시된 경우에는 임대료 지급약정일을 손익귀속시기로 하고, 계약상 명시되지 않은 경우에는 실제 지급받은 날로 한다.
   ② 다만, 결산을 확정함에 있어서 이미 경과한 기간에 대응하는 임대료 상당액과 이에 대응하는 비용을 당해 사업연도의 수익과 비용으로 계상한 경우 및 임대료 지급기간이 1년을 초과하는 경우 이미 경과한 기간에 대응하는 임대료 상당액과 비용은 이를 각각 당해 사업연도의 익금과 손금으로 한다.

2. 임대료 지급기간이 1년 이하인 경우 – ㈜경기
   임대료 지급기간이 1년 이하인 경우에는 결산상 미지급임차료를 계상한 경우에 한하여 손금으로 인정한다. 따라서 신고조정으로 손금에 산입하지 아니한다.

3. 임대료 지급기간이 1년 초과인 경우 – ㈜부산
   임대료 지급기간이 1년을 초과하는 경우에는 기간 경과분 임대료에 대하여는 결산반영 여부와 관계없이 당해 사업연도의 손익으로 한다. (발생주의 강제)

4. 임대료 지급기간이 1년 초과인 경우 – ㈜광주
   임대료 지급기간이 1년을 초과하는 경우 이미 경과한 기간에 대응하는 임대료 상당액과 비용은 이를 각각 당해 사업연도의 익금과 손금으로 한다. 따라서 당해 사업연도에 귀속되는 분만 익금에 산입하여야 한다.

   $$선수임대료: 200,000,000 - 200,000,000 \times \frac{6}{24} = 150,000,000$$

5. 토지의 임대(선수금) – ㈜제주
   법인이 토지를 임대함에 있어서 임차인의 부담으로 동 토지 지상에 건축물을 신축하여 일정기간 사용하도록 하되 해당 건축물의 준공과 동시에 그 소유권을 임대법인이 취득한 경우에 임대법인은 토지의 임대료를 미리 받은 것으로 보아 해당 건축물의 취득 당시의 시가 상당액을 자산으로 계상하고 그 사용기간에 안분하여 산출한 금액을 임대료수입으로 익금에 산입한다.

문제 14   전환사채 [유예]

다음은 제조업을 영위하는 ㈜대한의 제24기(2024. 1. 1. ~ 2024. 12. 31.) 전환사채 관련 자료이다. 다음 자료를 이용하여 물음에 답하시오.

---

1. 전환사채 발행내역

   (1) 액면가액: 100,000원, 만기 3년

   (2) 액면이자율: 연 7%(매년 말 지급)

   (3) 보장수익률: 12%

   (4) 발행일에 전환권 없는 일반사채의 시장수익률: 연 15%

2. 전환사채 관련 회계처리

   (1) 전환사채 발행일(2024. 1. 1.)

(차) 현금	100,000	(대) 전환사채	100,000
전환권조정	24,043	상환할증금	16,872
		전환권대가(자본)	7,171

   (2) 이자지급 시(2024. 12. 31.)

(차) 이자비용	13,924	(대) 현금	7,000
		전환권조정	6,924

   (3) 40% 전환(2025. 1. 1.)

(차) 전환사채	40,000	(대) 전환권조정	6,847
상환할증금	6,749	자본금	20,000
전환권대가(자본)	2,868	주식발행초과금	22,770

   (4) 60% 상환(2025. 12. 31.)

(차) 전환사채	60,000	(대) 현금	70,132
상환할증금	10,132		

[물음] ㈜대한의 전환사채 관련 세무조정을 다음 답안 양식에 제시하시오.

구분	익금산입·손금불산입			손금산입·익금불산입		
	과목	금액	소득처분	과목	금액	소득처분
2024. 1. 1.						
2024. 12. 31.						
2025. 1. 1.						
2025. 12. 31.						

→ **해답**

구분	익금산입·손금불산입			손금산입·익금불산입		
	과목	금액	소득처분	과목	금액	소득처분
2024. 1. 1.	상환할증금	16,872	유보	전환권조정	24,043	유보
	전환권대가	7,171	기타			
2024. 12. 31.	전환권조정	6,924	유보			
2025. 1. 1.	전환권조정	6,847	유보	상환할증금	6,749	유보
				주식발행초과금	98	기타
2025. 12. 31.				상환할증금	10,132	유보

1. **전환사채 발행일(2024. 1. 1.)**

   세법상 전환사채와 관련된 상환할증금, 전환권조정 및 전환권대가 등은 모두 인정되지 않는다. 전환사채 발행 시 손익에 계상된 금액은 없으나, 향후 전환권조정이 이자비용에 반영되므로 이에 대한 사전 준비 작업으로 세무조정이 필요하다.

계정과목	재무상태표	세무조정	세무상 장부가액
전환사채	100,000		100,000
상환할증금	16,872	16,872	
전환권조정	(−)24,043	△24,043	
부채 계	92,829	△7,171	100,000
전환권대가(자본)	7,171	7,171	

2. **이자지급 시(2024. 12. 31.)**

   현금의 유출이 없는 전환권조정 관련 이자비용은 손금불산입한다. 이와 관련된 세무조정을 위해서 발행시점에 위와 같은 세무조정이 이루어진 것으로 볼 수 있다. 참고로 「법인세법」은 사채할인(할증)발행차금은 인정하나, 전환권 관련 이자비용은 인정하지 아니한다.

3. **전환 시(2025. 1. 1.)**

   ① 손금불산입한 상환할증금 중 전환권을 행사하는 전환사채에 해당하는 금액은 손금으로 추인하고, 주식발행차금으로 대체된 금액에 대해서는 익금산입 기타 처분하며, 전환권조정과 대체되는 금액은 익금산입 유보 처분한다.

   ② 전환사채 전환 시(전환권 행사 시)에는 현금의 유출입이 없으므로 과세표준에 미치는 영향은 없다. 일종의 자본거래에 해당한다.

4. **상환 시(2025. 12. 31.)**

   ① 만기일까지 전환권 등을 행사하지 아니함으로써 지급하는 상환할증금은 그 만기일이 속하는 사업연도에 손금으로 추인한다.

   ② 상환할증금은 실제로 법인의 현금이 유출되므로 손금으로 처리하는 것이다. 「법인세법」상 상환 시 상환할증금은 일종의 사채상환손실(또는 과거 미지급분 이자 지출)로 볼 수 있다.

전환사채: 순자산 증감과 세무조정 순액

구분	순자산 증감	결산서 손익	세무조정 순액
발행시점	없음	없음	없음
이자지급시점	현금지출액만큼 감소	현금지출액 + 전환권조정	전환권조정(손금불산입)
전환시점	없음	없음	없음
상환시점	상환할증금만큼 감소	없음	상환할증금(손금산입)

참고 전환사채 또는 신주인수권부사채의 발행 및 상환에 따른 세무상 처리방법

전환사채 또는 신주인수권부사채를 발행한 법인이 기업회계기준에 따라 전환권 또는 신주인수권 가치를 별도로 인식하고, 상환할증금을 전환사채 등에 부가하는 형식으로 계상한 경우 상환할증금 등에 대한 처리는 다음과 같다.

구분	과목	세무조정	
발행 시	전환권조정(전환사채 차감)	[손금산입]	△유보
	전환권대가(기타자본잉여금)	[익금산입]	기타
	상환할증금	[손금불산입]	유보
결산 시	이자비용(전환권조정 상각)	[손금불산입]	유보추인
전환권 행사	상환할증금 중 전환부분	[손금산입]	유보추인
	주식발행초과금 대체	[익금산입]	기타
	전환권조정과 대체	[익금산입]	유보추인
만기 시	상환할증금 지급	[손금산입]	유보추인

다음은 ㈜세계의 제24기 사업연도(2024년 1월 1일 ~ 2024년 12월 31일) 법인세 신고 관련 자료이다. 다음 자료를 이용하여 물음에 답하시오.

1. ㈜세계는 임대수익을 목적으로 다음과 같이 상가와 사무실을 임대하고 있다.

구분	임대기간
상가	2024. 7. 1. ~ 2026. 6. 30.
사무실 A	2024. 12. 1. ~ 2025. 11. 30.
사무실 B	2024. 10. 1. ~ 2026. 9. 30.

2. 상가에 대한 월 임대료 1,000,000원을 매월 말일에 수령하기로 약정하였으나, 11월과 12월분 임대료를 회수하지 못하였다. ㈜세계는 실제 회수한 임대료 4,000,000원만 제24기 손익계산서에 임대료수익으로 계상하였다.

3. 사무실 A에 대한 월 임대료 1,000,000원을 임대기간 종료일에 일괄 수령하기로 약정하였으나, 12월분 임대료를 12월 말에 수령하였다. ㈜세계는 수령한 임대료 1,000,000원을 제24기 손익계산서에 임대료수익으로 계상하였다.

4. 사무실 B에 대한 월 임대료 1,000,000원을 익월 10일에 수령하기로 약정하였다. ㈜세계는 10월과 11월분 임대료를 수령하고, 이를 제24기 손익계산서에 임대료수익으로 계상하였다. 한편, ㈜세계는 결산을 확정함에 있어서 미수임대료(12월분) 1,000,000원을 임대료수익으로 계상하였다.

5. ㈜세계는 결산서상 전기오류수정이익(이익잉여금)으로 80,000,000원을 계상하였다. 해당 전기오류수정이익의 내역은 다음과 같다.
   ① 전기에 해외정기예금(만기 이자지급조건, 만기일 2024년 6월 30일)에서 발생한 미수이자를 누락한 금액: 20,000,000원
   ② 전기에 외상매출을 누락한 금액: 60,000,000원(당기에 외상매출금 전액 회수)

[물음] ㈜세계의 제24기 임대료수익 및 전기오류수정이익에 관한 세무조정 및 소득처분을 다음의 답안 양식에 따라 제시하시오. 단, 전기의 세무조정은 적법하게 이루어진 것으로 가정한다.

익금산입 및 손금불산입			손금산입 및 익금불산입		
과목	금액	소득처분	과목	금액	소득처분

─┤ **해답** ├─

익금산입 및 손금불산입			손금산입 및 익금불산입		
과목	금액	소득처분	과목	금액	소득처분
상가임대료	2,000,000	유보	매출채권	60,000,000	유보
이익잉여금	80,000,000	기타			

1. 상가임대료

임대료의 지급기간이 1년 이하이고 계약 등에 의하여 임대료의 지급일이 정하여진 경우에는 그 지급일이 속하는 사업연도의 익금으로 한다. 따라서 11월, 12월분 임대료를 익금에 산입하여야 한다.

2. 사무실 A

① 임대료의 지급기간이 1년 이하이고 계약 등에 의하여 임대료의 지급일이 정하여진 경우에는 그 지급일이 속하는 사업연도의 익금으로 한다. 당초 지급일보다 이전에 수령한 금액은 선수금에 해당한다.

② 그러나 결산을 확정함에 있어서 이미 경과한 기간에 대응하는 임대료 상당액을 당해 사업연도의 수익으로 계상한 경우 이미 경과한 기간에 대응하는 임대료 상당액은 이를 당해 사업연도의 익금으로 한다. 따라서 세무조정은 별도로 필요 없다. 만일, 사무실 A의 임대료 선수액이 1,000,000원을 초과한다면 그 초과분을 익금불산입하여야 하지만, 실제 수령한 금액과 발생주의에 따라 익금에 산입할 금액이 일치하므로 세무조정은 별도로 필요 없다.

3. 사무실 B

임대료의 지급기간이 1년 이하이므로 임대료 지급일이 속하는 사업연도의 익금으로 한다. 다만, 결산을 확정함에 있어 12월분 임대료를 수익으로 계상하였으므로 이를 수용한다. 따라서 세무조정은 별도로 필요 없다.

4. 해외정기예금이자

정기예금이자의 손익귀속시기는 실제로 이자를 지급받는 날이 속하는 사업연도이다. 제24기의 익금이므로 제23기에 미수이자 계상을 누락하더라도 제23기에 별도의 세무조정은 없다. 또한, 국외예금이자는 원천징수대상이 아니므로 미수이자를 계상하더라도 세무조정은 필요 없다.

5. 전기 외상매출금

상품(부동산을 제외)·제품 또는 기타의 생산품 판매의 경우 그 상품 등의 인도일이 귀속시기이다. 따라서 전기의 익금이므로 당기에는 익금불산입한다.

(1) 전기 세무조정 → 전기의 세무조정은 적법하게 이루어진 것으로 가정			
[익금산입] 매출채권		60,000,000	유보
(2) 당기 회계처리			
(차) 현금	60,000,000	(대) 이익잉여금	60,000,000
(3) 당기 세무조정			
[익금산입] 전기오류수정이익		60,000,000	기타
[익금불산입] 매출채권(유보추인)		60,000,000	△유보

다음은 ㈜한라의 제24기 사업연도(2024년 1월 1일 ~ 2024년 12월 31일)의 법인세 신고 관련 자료이다. 다음 자료를 이용하여 물음에 답하시오.

1. ㈜한라의 제24기 사업연도의 손익계산서와 이익잉여금처분계산서상 전기오류수정손익과 관련된 자료이다.

구분	손익계산서	이익잉여금처분계산서
전기오류수정이익	₩2,000,000*(1)	₩4,000,000*(4)
	₩2,500,000*(2)	
전기오류수정손실	₩3,000,000*(3)	₩5,000,000*(5)
		₩6,000,000*(6)

2. 위 자료 1.에서 전기오류수정손익 발생 원인은 다음과 같다.

*(1) 제23기에 납부한 토지(업무무관자산에 해당함)의 재산세(₩2,000,000)를 환급받은 것이다.

*(2) 제23기 말에 고객에게 상품을 인도하였으나 그 매출액(₩2,500,000)을 제23기에 누락하고 당기에 이를 회수하고 다음과 같이 회계처리한 것이다. 단, 부가가치세는 고려하지 아니하고 과세관청이 경정할 것을 미리 알고 회계처리한 것이 아니다.

(차) 현금 2,500,000 (대) 전기오류수정이익 2,500,000

*(3) 제23기에 발생하였으나 제24기에 지급한 이자비용(₩3,000,000)이다.

*(4) 제23기에 발생하였으나 제24기에 수령한 보통예금 이자수익(₩4,000,000)이다.

*(5) 제23기 말에 지급하기로 약정된 건물임차료(₩5,000,000)를 제24기에 지급한 것이다.

*(6) 제23기 체결한 부동산 매수계약을 해제하면서 지급한 계약금(₩6,000,000)을 제24기 손실로 대체처리한 것이다.

[물음] ㈜한라의 제24기 사업연도의 세무조정을 다음 양식에 제시하시오. (단, 세무조정란은 가산조정이면 'A', 차감조정이면 'B', 세무조정 없으면 'C'(금액 및 소득처분은 '0')로 기입하고 각 세무조정은 상계하지 않기로 한다)

자료항목	세무조정	금액(단위: 원)	소득처분
(1)	A	×××	×××

─┤ 해답 ├───

자료항목	세무조정	금액(단위: 원)	소득처분
(1)	B	2,000,000	기타
(2)	B	2,500,000	△유보
(3)	C	0	0
(4)	A	4,000,000	기타
(5)	A	5,000,000	유보
	B	5,000,000	기타
(6)	B	6,000,000	기타

(1) 업무무관자산 재산세 환급액

업무무관자산의 재산세는 납부 시 손금불산입하고, 이를 환급받은 경우에도 익금불산입한다.

(2) 전기 매출누락

전기에 매출채권 누락분을 익금산입하고 유보 처분한다. 이후 당기 세무조정 시 당기 회수분은 익금항목이 아니므로 익금불산입하고 △유보로 추인한다.

(3) 전기 미지급이자

전기 발생한 미지급이자를 회계처리하지 않은 경우 별도로 세무조정하지 않는다. 이를 당기에 비용처리한 것은 세법상 적절한 처리이다.

(4) 전기 미수이자

세법상 미수이자는 인정되지 아니하고, 실제로 수령하는 때 익금에 산입하여야 한다. 따라서 당기 익금항목이다.

(5) 전기 임차료

임차료는 약정일에 손금산입하여야 한다. 전기 손금산입(△유보) 처리하였으므로 당기에는 손금처리할 것이 없다. 다만, 유보를 추인하여야 하므로 양쪽 조정한다.

(6) 계약의 해제로 인한 위약금 지급

계약의 해제로 인한 위약금 지급의 손익귀속시기는 위약금을 지급한 때이다.

다음은 제조업을 영위하는 ㈜한국(영리 내국법인)의 제24기 사업연도(2024년 1월 1일 ~ 2024년 12월 31일) 법인세 관련 자료이다. 전기까지의 세무조정은 적법하게 이루어졌다. 다음 자료를 이용하여 물음에 답하시오.

1. 전기 말 현재 「자본금과적립금조정명세서(을)」는 다음과 같다.

(단위: 원)

과목	기초잔액	당기 중 증감		기말잔액
		감소	증가	
대손충당금 한도초과	2,000,000	2,000,000	7,000,000	7,000,000
미수이자	△3,000,000	–	△5,000,000	△8,000,000
토지	–	–	10,000,000	10,000,000
건설중인자산	–	–	8,000,000	8,000,000

① 미수이자는 2022년 5월 15일에 가입한 원본전입 특약이 없는 2년 만기 정기적금에서 발생한 것이다. ㈜한국은 당기에 정기적금 이자를 국내에서 수령하고 다음과 같이 회계처리하였다.

(차) 현금　　　　　　　11,000,000　　(대) 미수수익　　　　　　8,000,000
　　　　　　　　　　　　　　　　　　　　　　　이자수익　　　　　　3,000,000

② 제23기에 토지 매입 시 개발부담금을 손익계산서상 세금과공과로 처리하였고, ㈜한국은 제24기에 오류를 수정하여 다음과 같이 회계처리하였다.

(차) 토지　　　　　　　10,000,000　　(대) 전기오류수정이익　　10,000,000
　　　　　　　　　　　　　　　　　　　　　　　(잉여금)

③ 건설중인자산은 공장건설(2025년 10월 준공예정)을 위한 차입금이자를 자본화한 것이다. 제23기부터 차입금 변동은 없으며, 제24기 손익계산서상 지급이자의 세부 내역은 다음과 같다.

이자율	지급이자	비고
5%	9,000,000원	공장건설을 위한 차입금이자
4%	10,000,000원	용도 미지정의 일반 차입금이자

2. 제23기에 15,000,000원의 업무무관자산을 취득하여 제24기 말 현재 보유하고 있다.

3. 제24기에 대표이사로부터 시가 300,000,000원의 특허권을 200,000,000원에 매입하여 다음과 같이 회계처리하였다.

   (차) 특허권   200,000,000   (대) 현금   200,000,000

4. 단기투자목적으로 ㈜금강(비상장)의 주식을 2024년 11월 11일에 취득하였다. ㈜금강은 자기주식처분이익 30%, 보통주 주식발행초과금 70%를 재원으로 하는 무상주를 지급하였다. ㈜한국은 무상주 100주를 수령하여 액면가액으로 평가한 후 다음과 같이 회계처리하였다.

   (차) 매도가능증권   9,000,000   (대) 배당금수익   9,000,000

5. ㈜한국에서 8년 6개월간 근무하다가 2024년 12월 31일에 현실적 퇴직을 한 상무이사의 상여 및 퇴직금은 다음과 같다.

구분	일반급여	상여금	퇴직급여
비용	90,000,000원	30,000,000원	100,000,000원
이익처분	–	10,000,000원	10,000,000원

   ① ㈜한국은 이사회의 결의에 따라 연간 급여액의 30%를 상여로 지급하는 상여지급 규정을 두고 있다.

   ② ㈜한국은 퇴직급여지급 규정이 없으며, 퇴직급여충당금도 설정하고 있지 않다.

[물음] 위 자료와 관련하여 ㈜한국이 해야 하는 제24기 세무조정 및 소득처분을 답안 양식에 따라 제시하시오.

익금산입 및 손금불산입			손금산입 및 익금불산입		
과목	금액	소득처분	과목	금액	소득처분

익금산입 및 손금불산입			손금산입 및 익금불산입		
과목	금액	소득처분	과목	금액	소득처분
미수이자(전기)	8,000,000	유보	대손충당금(전기)	7,000,000	유보
전기오류수정이익	10,000,000	기타	토지	10,000,000	유보
건설자금이자	9,000,000	유보	매도가능증권	6,300,000	유보
업무무관자산 지급이자	600,000	기타사외유출			
임원상여금	3,000,000	상여			
임원퇴직금	550,000	상여			

$$30,000,000 - 90,000,000 \times 30\%$$

1. **대손충당금**

   전기 대손충당금 한도초과액은 당기에 모두 익금불산입한다. 자산의 평가성 충당금은 자동조정 유형에 해당한다.

2. **미수이자**

   정기적금의 수입시기는 실제로 이자를 지급받는 날이다. 원천징수대상 이자소득은 결산을 확정함에 있어서 이미 경과한 기간에 대응하는 미수이자를 해당 사업연도의 수익으로 계상한 경우 이를 익금에 산입하지 아니한다.

3. **전기오류수정이익**

   개발부담금은 토지의 취득원가에 포함된다. 다만, 당기에 토지의 취득원가를 증액하는 것은 아니다. 전기 세무조정 시 토지 취득원가에 이미 반영하여 증액하였으므로 장부가액을 증액한 때 관련 유보를 추인한다.

구분	금액	비고
당기순이익	–	이익잉여금으로 처리하였으므로 당기순이익에 영향 없음
토지	(10,000,000)	토지를 감액하고 △유보로 처분함
전기오류수정이익	10,000,000	익금산입하고 기타로 소득처분함
각사업연도소득금액	–	양편 세무조정에 따라 각사업연도소득금액에 영향 없음

4. **지급이자**

(1) 건설자금이자

   사업용 유형자산 또는 무형자산의 매입·제작 또는 건설에 소요되는 특정차입금에 대한 지급이자 등은 각 사업연도의 소득금액을 계산할 때 손금에 산입하지 아니하고 해당 자산의 취득가액에 포함하여야 한다. 일반차입금에 대한 이자는 법인의 선택에 따라 손금처리 또는 취득원가에 포함한다. 세금부담을 최소화하는 것으로 가정하므로 손금처리한다.

(2) 업무무관자산 관련 지급이자

   ① 차입금: 10,000,000 ÷ 4% = 250,000,000

   ② 업무무관자산: 15,000,000

   ③ 손금불산입되는 지급이자: $10,000,000 \times \dfrac{15,000,000}{250,000,000} = 600,000$

5. 특허권

특수관계인인 개인으로부터 유가증권을 저가매입한 경우에 한하여 시가와 취득가액의 차액을 익금에 산입한다. 특허권은 유가증권이 아니므로 시가와 매입가액의 차액을 취득 시 익금에 산입하지 아니한다.

6. 의제배당

① 의제배당: $100 \times 30\% \times 90,000 = 2,700,000$

② 세무조정: $9,000,000 - 2,700,000 = 6,300,000 \rightarrow$ 익금불산입

③ 배당기준일로부터 3개월 전에 취득한 주식이 아니므로 수입배당금 익금불산입 규정은 적용하지 아니한다.

7. 임원 인건비

(1) 임원상여금 등

① 이익처분에 의한 상여금 및 퇴직급여는 손금에 산입하지 아니한다. 손익계산서상 비용으로 처리되지 않았으므로 별도로 세무조정할 것은 없다.

② 임원에게 지급한 상여금이 정관·주주총회 또는 이사회 결의에 따라 결정된 지급기준을 초과하는 경우에는 그 초과액은 손금에 산입하지 아니한다.

(2) 임원 퇴직급여 한도초과액

$$100,000,000 - [(90,000,000 + 90,000,000 \times 30\%) \times 10\% \times 8.5)] = 550,000$$

다음은 각 영리 내국법인의 제24기 사업연도(2024. 1. 1. ~ 2024. 12. 31.)의 세무조정에 관한 자료이다. 각 문항은 독립적이고 모든 거래에는 정당한 사유가 있다. 다음 자료를 이용하여 물음에 답하시오.

1. ㈜서울은 2024. 12. 31. ㈜A(특수관계법인 아님)로부터 업무용 부동산(토지와 건물)을 일괄하여 84,000,000원(부가가치세 포함)에 구입하고 모두 토지의 취득원가로 회계처리하였다. 단, 건물은 계속 사용할 예정이며, 취득 시 감정가액 및 기준시가는 다음과 같다.

구분	감정가액(2개의 감정법인 평균가액)	기준시가
토지	50,000,000원	35,000,000원
건물	50,000,000원	45,000,000원

2. ㈜수원은 해외거래처로부터 원재료를 수입하면서 발생한 연지급수입이자 1,000,000원을 미착품 원가에 포함하였다. 제24기 말 현재 해당 재화는 아직 도착하지 않았다.

3. 제조업을 영위하는 ㈜대구는 ㈜B(특수관계법인 아님)와 기계장치를 교환하였다. ㈜대구가 보유한 기계장치 X의 시가는 9,000,000원(장부가액 8,000,000원)이며, ㈜B가 보유한 기계장치 Y의 시가는 7,000,000원이나, 회사는 상업적 실질이 없다는 이유로 처분손익을 인식하지 않고 다음과 같이 회계처리하였다. 감가상각비 관련 세무조정은 고려하지 않기로 한다.

(차) 기계장치(Y)	8,000,000	(대) 기계장치(X)	10,000,000
감가상각누계액	2,000,000		

4. 도매업을 영위하는 ㈜광주는 ㈜C(특수관계법인 아님)와 동종의 기계장치를 교환하였다. ㈜광주가 보유한 기계장치 E의 시가는 10,000,000원(장부가액 8,000,000원)이며, ㈜C가 보유한 기계장치 F의 시가는 8,000,000원이다. ㈜광주는 당 자산의 시가 차이인 2,000,000원을 ㈜C로부터 수령하였다. ㈜광주의 회계처리는 다음과 같다. 감가상각비 관련 세무조정은 무시하기로 한다.

(차) 기계장치(F)	6,000,000	(대) 기계장치(E)	10,000,000
감가상각누계액	2,000,000		
현금	2,000,000		

[물음] 각 회사별로 제24기 세무조정을 아래의 답안 양식에 따라 제시하시오.

기업명	익금산입·손금불산입			손금산입·익금불산입		
	과목	금액	소득처분	과목	금액	소득처분
㈜서울						
㈜수원						
㈜대구						
㈜광주						

─┤ **해답** ├─────────────────────────────

기업명	익금산입·손금불산입			손금산입·익금불산입		
	과목	금액	소득처분	과목	금액	소득처분
㈜서울	건물	40,000,000	유보	토지	44,000,000	유보
	부가가치세	4,000,000	유보			
㈜수원	해당사항 없음					
㈜대구				기계장치	1,000,000	유보
㈜광주	기계장치	2,000,000	유보			

1. 일괄구입 – ㈜서울

(1) 계속 사용하는 경우

법인이 토지와 건물 및 구축물 등을 일괄 취득하여 각 자산별 취득가액이 구분되지 않는 경우, 시가를 기준으로 안분계산하는 것이나, 그 시가가 불분명한 경우 감정평가가액(2 이상인 경우 그의 평균액)이 있는 경우에는 우선 그 취득가액을 감정가액에 비례하여 안분계산하고, 감정가액이 없는 경우에는 「상속세 및 증여세법」상의 평가방법을 준용하여 평가한 가액에 비례하여 안분계산한다.

(2) 즉시 철거하는 경우

토지만을 사용할 목적으로 건축물이 있는 토지를 취득하여 그 건축물을 철거하거나, 자기 소유의 토지상에 있는 임차인의 건축물을 취득하여 철거한 경우 철거한 건축물의 취득가액과 철거비용은 당해 토지에 대한 자본적 지출로 하여야 한다.

(3) 자산별 취득원가 및 부가가치세

① 건물의 부가가치세 과세표준

$$84,000,000 \times \frac{50,000,000}{50,000,000 + 50,000,000 \times 110\%} = 40,000,000$$

② 건물에 대한 부가가치세 매입세액: $40,000,000 \times 10\% = 4,000,000$

③ 토지의 취득가액: $(84,000,000 - 4,000,000) \times 50\%(감정가액비율) = 40,000,000$

2. 연지급수입이자 – ㈜수원

연지급수입이자는 자산의 취득원가에 산입하는 것을 원칙으로 한다. 다만, 법인이 연지급수입이자를 취득가액과 구분하여 지급이자로 계상한 금액에 대하여는 취득가액에 포함하지 아니한다. 따라서 별도의 세무조정은 없다.

3. 자산의 교환(현금의 수수가 없는 경우) – ㈜대구

「법인세법」상 교환으로 취득한 자산의 취득가액은 상업적 실질의 유무, 이종자산 또는 동종자산 간의 교환 여부에 불구하고 법인이 취득하는 자산의 취득 당시의 시가로 한다. 따라서 누락된 처분손실 1,000,000원을 손금에 산입하여야 한다.

〈세법상 처리〉

(차)	기계장치(Y)	7,000,000	(대)	기계장치(X)	10,000,000
	감가상각누계액	2,000,000			
	처분손실	1,000,000			

4. 자산의 교환(현금의 수수가 있는 경우) – ㈜광주

교환거래에서 현금 수수거래가 있다고 하더라도 법인이 취득하는 자산의 취득원가는 취득 당시 시가이다. 따라서 누락된 처분이익 2,000,000원을 익금에 산입하여야 한다.

〈세법상 처리〉

(차)	기계장치(F)	8,000,000	(대)	기계장치(E)	10,000,000
	감가상각누계액	2,000,000		처분이익	2,000,000
	현금	2,000,000			

다음은 제조업을 영위하는 ㈜백두의 제24기 사업연도(2024년 1월 1일 ~ 2024년 12월 31일) 법인세 신고 관련 자료이다. 다음 자료를 이용하여 물음에 답하시오.

1. ㈜백두는 2024년 3월 1일에 대표이사로부터 토지 A를 100,000,000원에 매입하고, 매입가액을 취득원가로 회계처리하였다. 매입 당시 토지 A의 시가는 불분명하며, 감정평가법인의 감정가액은 70,000,000원, 개별공시지가는 80,000,000원, 지방세 시가표준액은 60,000,000원이다.

2. ㈜백두는 2024년 5월 5일에 최대주주(지분율 5%)인 갑(개인)으로부터 비상장주식 B 1,000주를 1주당 5,000원에 매입하고, 매입가액을 취득원가로 회계처리하였다. 비상장주식 B의 시가는 불분명하며, 감정평가법인의 감정가액은 1주당 6,000원, 「상속세 및 증여세법」의 보충적 평가방법을 준용한 평가가액은 1주당 7,000원이다.

3. ㈜백두는 2023년에 전무이사로부터 토지 C(시가 70,000,000원)를 100,000,000원에 매입하고, 매입가액을 취득원가로 회계처리하였다. 이에 대한 전기의 세무조정은 적법하게 이루어졌다. ㈜백두는 2024년 12월 1일에 토지 C를 150,000,000원에 매각하고 다음과 같이 회계처리하였다.

(차) 현금	150,000,000	(대) 토지 C	100,000,000
		유형자산처분이익	50,000,000

4. ㈜백두는 전기 말에 비상장주식 D 1,000주를 주당 7,000원에 매입하고, 매입가액을 취득원가로 회계처리하였다. 당기 중 제3자 간에 비상장주식 D가 주당 12,000원에 거래된 것을 확인하고 이를 시가로 간주하여 2024년 12월 31일에 다음과 같이 회계처리하였다.

(차) 기타포괄손익	5,000,000	(대) 금융자산평가이익	5,000,000
−공정가치측정금융자산		(기타포괄손익)	

[물음] ㈜백두의 제24기 세무조정 및 소득처분을 다음의 답안 양식에 따라 제시하시오.

자료 번호	익금산입 및 손금불산입			손금산입 및 익금불산입		
	과목	금액	소득처분	과목	금액	소득처분
1.						

─┤ **해답** ├───

$$(7,000 - 5,000) \times 1,000주$$

자료 번호	익금산입 및 손금불산입			손금산입 및 익금불산입		
	과목	금액	소득처분	과목	금액	소득처분
1.	부당행위계산부인	30,000,000	상여	토지 A	30,000,000	유보
2.	비상장주식 B	2,000,000	유보			
3.	토지 C	30,000,000	유보			
4.	기타포괄손익	5,000,000	기타	비상장주식 D	5,000,000	유보

1. **자산의 고가매입**

   특수관계인으로부터 자산을 고가매입한 경우 시가로 취득하고 매입가액과 시가의 차액은 사외유출된 것으로 본다. 자산(주식은 제외)의 시가가 불분명한 경우 감정가액, 「상속세 및 증여세법」의 보충적 평가방법을 준용한 가액의 순서로 적용한 가액을 시가로 한다.

2. **유가증권 저가매입**

   특수관계인인 개인으로부터 유가증권을 시가보다 낮은 가액으로 매입하는 경우 시가와 그 매입가액의 차액에 상당하는 금액은 익금에 산입한다. 이때 주권상장법인이 발행한 주식의 시가는 최종 시세가액으로 하고 비상장법인 주식의 시가는 「상속세 및 증여세법」의 보충적 평가방법을 준용한 시가로 한다.

3. **고가매입한 자산의 처분**

   (1) 세무상 처분손익

   150,000,000 − 70,000,000(취득 당시 시가) = 80,000,000

   취득 당시 특수관계인으로부터 자산을 고가매입하였으므로 시가로 취득하고 그 차액은 사외유출된 것으로 본다.

   (2) 세무조정

   80,000,000(세무상 처분손익) − 50,000,000(회계상 처분손익) = 30,000,000(익금산입)

4. **자산의 임의평가**

   내국법인이 보유하는 자산과 부채의 장부가액을 평가한 경우에는 그 평가일이 속하는 사업연도와 그 후의 각 사업연도의 소득금액을 계산할 때 그 자산과 부채의 장부가액은 평가 전의 가액으로 한다.

문제 20 | 자산의 취득가액 – 현물출자 (1) 유예

㈜대한(사업연도 제24기, 2024. 1. 1. ~ 2024. 12. 31.)은 2024년 1월 2일 ㈜민국(현물출자 당시에 사업을 영위하고 있으며, 사업연도 제24기, 2024. 1. 1. ~ 2024. 12. 31.)에 다음과 같이 현물출자를 하였다. 다음 자료를 이용하여 물음에 답하시오.

1. ㈜대한이 ㈜민국에 현물출자한 건물의 시가는 450,000,000원, 장부가액은 400,000,000원이다.

2. ㈜민국이 발행한 주식의 시가는 500,000,000원(액면가액 100,000,000원)이며, ㈜대한과 ㈜민국은 현물출자 당시 특수관계법인에 해당하지 아니한다.

3. 현물출자 관련하여 출자법인 ㈜대한의 회계처리는 다음과 같다.

   (차) 관계기업투자주식   450,000,000   (대) 건물   400,000,000
                                                처분이익   50,000,000

4. 현물출자 관련하여 피출자법인인 ㈜민국의 회계처리는 다음과 같다.

   (차) 건물   400,000,000   (대) 자본금   100,000,000
                                            주식발행초과금   300,000,000

5. ㈜민국은 제24기 말에 손익계산서에 건물 감가상각비 30,000,000원을 계상하였으며, 세법상 건물의 기준내용연수는 20년, 감가상각방법은 신고하지 않았다.

[물음 1] ㈜대한의 제24기 사업연도의 세무조정을 적격현물출자인 경우와 비적격현물출자인 경우로 구분하여 소득금액조정합계표에 제시하시오.

구분	익금산입 · 손금불산입			손금산입 · 익금불산입		
	과목	금액	소득처분	과목	금액	소득처분
적격현물출자						
비적격현물출자						

[물음 2] ㈜민국의 제24기 사업연도의 세무조정을 소득금액조정합계표에 제시하시오.

[물음 1] 현물출자법인 – ㈜대한

구분	익금산입 · 손금불산입			손금산입 · 익금불산입		
	과목	금액	소득처분	과목	금액	소득처분
적격현물출자	관계기업투자주식	50,000,000	유보	압축기장충당금	100,000,000	유보
비적격현물출자	관계기업투자주식	50,000,000	유보			

1. 주식의 취득원가

   현물출자에 의해 취득한 주식은 해당 주식의 시가를 취득원가로 한다. 다만, 신설법인에 현물출자한 경우에는 주식의 시가가 없으므로 현물출자한 순자산의 시가를 주식의 취득원가로 한다.

2. 세법상 재구성

   건물을 ① 양도한 후 그 대금으로 ② 유상증자에 참여한 것으로 재구성할 수 있다. 만일, ㈜대한과 ㈜민국이 특수관계인이고, 현물출자의 대가로 수령한 주식의 시가가 건물의 시가(450,000,000원)에 미달하면 부당행위계산부인(저가양도) 규정이 적용될 수도 있다. 문제에서는 고가로 양도한 경우에 해당하므로 부당행위계산부인 규정은 적용되지 않는다.

(차) 현금	500,000,000	(대) 건물	400,000,000
		처분이익	100,000,000
(차) 관계기업투자주식	500,000,000	(대) 현금	500,000,000

3. 과세이연

   적격현물출자(과세이연 요건 충족)의 경우에는 현물출자로 인해 발생하는 처분이익에 대해 압축기장충당금을 설정하여 과세이연할 수 있다. 이때 처분이익은 세무상 처분이익을 말한다.

[물음 2] 피출자법인 - ㈜민국

익금산입·손금불산입			손금산입·익금불산입		
과목	금액	소득처분	과목	금액	소득처분
건물	50,000,000	유보	주식발행초과금	50,000,000	기타
감가상각비	7,500,000	유보			

1. 자산의 취득원가

현물출자에 따라 취득한 자산은 해당 자산의 취득 당시 시가로 한다. 만일, ㈜대한과 ㈜민국이 특수관계인이고, 주식의 발행가액이 건물의 시가를 초과하는 경우에는 고가매입(현물출자)에 해당하여 부당행위계산부인 규정이 적용될 수 있다.

2. 세법상 재구성

건물을 취득 당시 건물의 시가로 ① 취득한 후 양도인이 그 대금으로 ② 유상증자에 참여한 것으로 재구성할 수 있다. 주식의 발행가액(시가)과 건물의 시가의 차이는 주주 간의 부의 이전의 문제에 불과하므로 별도로 조정하지 않는다.

(차) 건물	450,000,000	(대) 현금		450,000,000
(차) 현금	450,000,000	(대) 자본금		100,000,000
		주식발행초과금		350,000,000

3. 세무조정

과소계상된 건물 가액을 증액하여 익금산입하고 다시 유입된 주식발행초과금은 자본거래에 해당하므로 익금불산입한다.

4. 감가상각비 세무조정

구분	금액	비고
1. 회사계상액	30,000,000	
2. 상각범위액	22,500,000	$(400,000,000 + 50,000,000) \times \dfrac{1}{20}$
3. 상각부인액	7,500,000	

다음은 제조업을 영위하는 ㈜영동의 제24기 사업연도(2024년 1월 1일 ~ 2024년 12월 31일) 당기 현물출자 자료이다. 다음 자료를 이용하여 물음에 답하시오.

1. 특수관계인이 아닌 비상장법인 ㈜B(현물출자 당시 계속 사업을 영위하던 기존 법인임)에 토지(시가 80,000,000원, 장부가액 50,000,000원)를 현물출자하고, 주식 5,000주(시가 60,000,000원, 액면가액 25,000,000원)를 수령하였다.

2. 현물출자(적격현물출자에 해당함)에 대하여 다음과 같이 회계처리하였다.

   (차) 관계기업투자주식   80,000,000   (대) 토지   50,000,000
                                                      토지처분이익   30,000,000

[물음 1] ㈜영동의 제24기 사업연도 세무조정을 소득금액조정합계표에 제시하시오.

[물음 2] ㈜B가 ㈜영동의 특수관계법인이라고 가정하고, [물음 1]의 답을 다시 제시하시오.

[물음 3] ㈜B가 신설법인에 해당한다고 가정하고, [물음 1]의 답을 다시 제시하시오.

─┤ 해답 ├─

[물음 1]

익금산입·손금불산입			손금산입·익금불산입		
과목	금액	소득처분	과목	금액	소득처분
			관계기업투자주식	20,000,000	유보
			압축기장충당금	10,000,000	유보

1. 자산의 취득원가
현물출자에 의해 취득한 주식은 해당 주식의 시가를 취득원가로 한다. 따라서 주식의 시가인 60,000,000원이 주식의 취득원가이다.

2. 세법상 재구성

(차) 현금	60,000,000	(대) 토지	50,000,000
		처분이익	10,000,000
(차) 관계기업투자주식	60,000,000	(대) 현금	60,000,000

3. 과세이연
적격현물출자(과세이연 요건 충족)의 경우에는 현물출자로 인해 발생하는 처분이익에 대해 압축기장충당금을 설정하여 과세이연할 수 있다. 이때 처분이익은 세무상 처분이익을 말한다.

[물음 2]

익금산입·손금불산입			손금산입·익금불산입		
과목	금액	소득처분	과목	금액	소득처분
부당행위계산부인	20,000,000	기타사외유출	관계기업투자주식	20,000,000	유보
			압축기장충당금	10,000,000	유보

> 60,000,000 − 50,000,000

1. 부당행위계산부인 적용
현물출자로 취득한 주식의 취득원가는 주식의 시가이다. 이때 토지의 시가보다 낮은 금액으로 특수관계인에게 양도한 경우에 해당하므로 부당행위계산부인 규정을 적용한다.

2. 세법상 재구성

(차) 현금	60,000,000	(대) 토지	50,000,000
사외유출	20,000,000	처분이익	30,000,000
(차) 관계기업투자주식	60,000,000	(대) 현금	60,000,000

[물음 3]

익금산입·손금불산입			손금산입·익금불산입		
과목	금액	소득처분	과목	금액	소득처분
			압축기장충당금	30,000,000	유보

1. 자산의 취득원가
신설법인에 현물출자한 경우 주식의 취득원가는 현물출자한 자산의 시가이다. 이론상으로 주식의 시가는 현물출자한 자산의 시가와 동일하기 때문이다.

2. 과세이연
세법상 처분손익은 30,000,000원이므로 과세이연하는 금액은 30,000,000원이 된다.

다음은 ㈜금강의 제24기(2024년 1월 1일 ~ 12월 31일) 사업연도 법인세 신고를 위한 자료이다. 아래의 자료를 기초로 하여 물음에 답하시오. 단, 특별한 언급이 없는 한 거래당사자 간에 「법인세법」상 특수관계는 없고, 1년은 365일로 가정한다.

1. ㈜한강은 「채무자 회생 및 파산에 관한 법률」에 따른 회생계획인가의 결정을 받았다. 위 회생계획에 따라, 당기 중 ㈜한강이 ㈜금강에 지불해야 될 매입채무 200,000,000원 중 100,000,000원 상당의 매입채무는 면제되었으며, 나머지 매입채무 100,000,000원은 출자전환되었다. 출자전환으로 ㈜금강이 취득한 주식의 시가는 30,000,000원(취득한 주식에 대한 발행가액은 100,000,000원임)이다.

2. ㈜금강은 위 내용을 다음과 같이 회계처리하였다.

   | (차) 투자주식 | 30,000,000 | (대) 매출채권 | 200,000,000 |
   | 대손상각비 | 170,000,000 | | |

3. ㈜금강은 2024. 10. 1.에 100% 출자하여 설립한 ㈜원경에게 5년 후에 일시 상환하는 조건으로 200,000,000원을 무이자로 대여했는데, 대여금의 현재가치는 120,000,000원이다. ㈜금강의 회계처리는 다음과 같다.

   (1) 2024. 10. 1.

   | (차) 장기대여금 | 200,000,000 | (대) 현금 | 200,000,000 |
   | 기부금 | 80,000,000 | 현재가치할인차금 | 80,000,000 |

   (2) 2024. 12. 31.

   | (차) 현재가치할인차금 | 15,000,000 | (대) 이자수익 | 15,000,000 |

   (3) ㈜금강은 설립일 이후 차입한 금액이 없고, 「법인세법」상 당좌대출이자율은 10%로 가정한다.

[물음] 위 자료를 이용하여 ㈜금강의 제24기 세무조정을 다음 답안 양식에 제시하시오.

세무조정	과목	금액	소득처분
익금산입	×××	×××	×××

세무조정	과목	금액	소득처분
손금불산입	투자주식	70,000,000	유보
손금불산입	기부금(현재가치할인차금)	80,000,000	유보
익금불산입	이자수익(현재가치할인차금)	15,000,000	△유보
익금산입	부당행위계산부인(인정이자)	5,041,095	기타사외유출

1. 출자전환으로 취득하는 주식의 가액

(1) 원칙

채권자가 출자전환으로 취득하는 채무법인 주식의 취득가액은 출자전환 당시 해당 주식의 시가에 의한다. 이 때 주식의 시가와 소멸된 채권가액의 차액은 부당행위계산의 부인 규정이 적용되는 경우를 제외하고는 그 출자전환의 사유 및 조건 등 구체적인 사실 관계에 따라 대손금 또는 기업업무추진비 등의 해당 여부를 판단하여야 한다.

(2) 예외

다음 중 하나에 해당하는 채무의 출자전환으로 취득한 주식 등은 출자전환된 채권(구상채권 또는 업무무관가지급금은 제외)의 장부가액으로 한다.

① 「채무자 회생 및 파산에 관한 법률」에 따라 채무를 출자로 전환하는 내용이 포함된 회생계획인가의 결정을 받은 법인이 채무를 출자전환하는 경우
② 「기업구조조정 촉진법」에 따라 채무를 출자로 전환하는 내용이 포함된 기업개선계획의 이행을 위한 약정을 체결한 부실징후기업이 채무를 출자전환하는 경우
③ 당해 법인에 대하여 채권을 보유하고 있는 「금융실명거래 및 비밀보장에 관한 법률」에 따른 금융회사 등과 채무를 출자로 전환하는 내용이 포함된 경영정상화계획의 이행을 위한 협약을 체결한 법인이 채무를 출자로 전환하는 경우
④ 「기업 활력 제고를 위한 특별법」에 따른 사업재편계획 승인을 받은 법인이 채무를 출자전환하는 경우

(3) 채권자와 채무자의 세무조정

채무자의 과세이연 요건	채무자	채권자	
	채무면제이익	대손상각비	주식가액
과세이연 가능	익금불산입	손금불산입	장부가액
과세이연 불능	익금산입	손금 인정	시가

특수관계인에 대한 업무무관가지급금 또는 보증채무대위변제 구상채권 등 대손설정불가 채권은 손금불산입

2. 원금면제분

원금면제분은 정당한 사유가 있는 경우에는 대손으로 인정하므로 별도로 세무조정하지 않는다. 회생계획인가 결정에 따른 원금면제는 별다른 사유가 없는 한 정당한 사유가 있는 것으로 본다.

투자주식	30,000,000	▶ 취득한 주식의 시가
대손처리	70,000,000	▶ 출자전환으로 인한 대손 [손금불산입]
대손처리	100,000,000	▶ 원금면제분 [손금산입]

3. 장기 금전대차거래 및 부당행위계산부인

(1) 장기 금전대차거래

장기 금전대차거래에서 발생하는 채권·채무를 현재가치로 평가하여 명목가액과 현재가치의 차액을 현재가치할인차금으로 계상하여 당기손익으로 처리한 경우 이를 각사업연도소득금액 계산상 익금 또는 손금에 산입하지 아니하며, 추후 현재가치할인차금을 상각 또는 환입하면서 이를 이자비용 또는 이자수익으로 계상한 경우에도 각사업연도소득금액 계산상 익금 또는 손금에 산입하지 아니한다.

(2) 인정이자

$$200,000,000 \times 10\% \times \frac{92일}{365일} = 5,041,095$$

문제 23 재고자산평가 (1)

제조업을 영위하는 ㈜만세의 제24기 사업연도(2024년 1월 1일 ~ 2024년 12월 31일) 재고자산과 관련된 자료이다. 아래 자료를 이용하여 물음에 답하시오.

1. ㈜만세의 제24기 말 재고자산평가내역은 다음과 같다.

구분	장부상 계상금액	세무상 평가금액		
		총평균법	후입선출법	선입선출법
제품	10,000,000원	10,000,000원	9,000,000원	11,000,000원
재공품	6,200,000원	6,000,000원	7,000,000원	6,500,000원
원재료	7,500,000원	8,000,000원	7,000,000원	7,500,000원

2. ㈜만세는 제품의 평가방법을 후입선출법으로 신고하여 평가해 왔으나, 제24기부터는 총평균법으로 변경하기로 하고 2024년 10월 5일에 재고자산평가방법 변경신고를 하였다.

3. ㈜만세는 재공품의 평가방법을 총평균법으로 신고하고 평가해왔으나, 계산착오로 200,000원을 과대계상하였다.

4. ㈜만세는 원재료의 평가방법을 신고하지 않았고, 전기 말 원재료는 당기 중 모두 비용처리되었다.

5. 전기 자본금과 적립금 조정명세서(을) 표에는 원재료와 관련된 재고자산평가증 100,000원(△유보)이 있다.

[물음] ㈜만세의 제24기 재고자산 관련 세무조정을 다음 답안 양식에 제시하시오.

익금산입 · 손금불산입			손금산입 · 익금불산입		
과목	금액	소득처분	과목	금액	소득처분

익금산입·손금불산입			손금산입·익금불산입		
과목	금액	소득처분	과목	금액	소득처분
제품	1,000,000	유보	재공품	200,000	유보
재고자산평가증(원재료)	100,000	유보			

1. 제품

   재고자산 변경신고를 사업연도 종료일로부터 3개월 이전에 신고하지 아니하였으므로 세법상 평가방법은 변경되지 않는다.

2. 재공품

   단순한 계산착오는 임의변경으로 보지 아니한다.

3. 원재료

   무신고 시에는 선입선출법에 따라 평가한다. 전기 말 원재료가 당기 중에 모두 비용처리되었으므로 관련 재고자산평가증은 전액 익금산입으로 추인한다.

4. 당기 말 재고자산평가

구분	장부가액	세무상 가액	세무조정	비고
제품	10,000,000	11,000,000	(+)1,000,000	Max(선입선출, 후입선출)
재공품	6,200,000	6,000,000	(−)200,000	총평균법
원재료	7,500,000	7,500,000		선입선출법

다음은 제조업을 영위하는 ㈜한공(이하 '회사'라고 함)의 제24기(2024. 1. 1. ~ 2024. 12. 31.)의 재고자산 관련 세무조정 자료이다. 전기까지의 세무조정은 적법하게 이루어진 것으로 가정한다. 회사는 국제회계기준을 적용하는 법인이 아니다. 아래 자료를 이용하여 물음에 답하시오.

1. 회사는 상품 및 제품의 평가방법을 후입선출법(신고일 2010년 5월 15일)으로, 원재료의 평가방법은 총평균법(신고일 2010년 5월 19일)으로 신고하였다.

2. 회사는 2023년(전기) 10월 2일에 상품을 총평균법으로 변경신고하였으며, 2024년 10월 2일에는 원재료의 재고자산평가방법을 총평균법에서 후입선출법으로 변경신고하였다.

3. 회사는 제23기(전기) 말 장부상 상품을 총평균법으로 25,000,000원을 계상하였으며, 후입선출법으로 평가한 금액 23,000,000원, 선입선출법으로 평가한 금액은 27,000,000원이다.

4. 재고자산의 내역 및 평가액

(단위: 원)

과목	수량	단가			회사계상액
		총평균법	후입선출법	선입선출법	
상품	50,000개	510	490	530	25,500,000
제품	120,000개	280	260	290	33,600,000
원재료	130,000개	210	190	270	24,700,000
합계	300,000개				83,800,000

5. 위와는 별도로 원가 5,000,000원(시가 7,000,000원)의 반제품을 감모손실로 회계처리하였다. 감모손실의 내용은 정상파손 1,000,000원, 직원의 개인적 사용 3,000,000원, 대표이사의 개인적 사용 1,000,000원이다. 관련 부가가치세는 고려하지 않는다.

[물음] ㈜한공의 제24기 세무조정내역을 다음 답안 양식에 맞추어 제시하시오.

세무조정	내용	금액	소득처분
익금산입	제품	×××	유보(△유보)

---| 해답 |--

세무조정	내용	금액	소득처분
손금산입	상품(전기)	2,000,000	△유보
익금산입	제품	1,200,000	유보
익금산입	원재료	10,400,000	유보
익금산입	매출누락	5,600,000	상여

1. 상품

(1) 제23기(전기)

상품의 재고자산 변경신고는 제23기(전기)에는 그 효력이 없고 제24기(당기)부터 발생한다. 따라서 전기 말 재고자산의 세법상 가액은 후입선출법(당초 신고한 방법)과 선입선출법 중 큰 금액인 27,000,000원이다. 장부상 총평균법으로 계상한 금액 25,000,000원과의 차이를 익금산입한다. 다만, 재고자산은 자동으로 추인되므로 당기에는 동 금액을 손금산입하여야 한다.

(2) 제24기(당기)

총평균법으로 적법하게 변경된 것이며, 회사계상액과 총평균법으로 평가한 가액이 동일하므로 당기 말 상품에 대한 세무조정은 없다.

2. 제품

신고한 평가방법(후입선출법)으로 평가하지 아니하였으므로 임의변경에 해당한다. 따라서 세법상 평가가액은 당초 신고한 평가방법(후입선출법)과 선입선출법 중 큰 가액으로 한다.

3. 원재료

회사는 원재료평가방법을 재고자산평가방법 변경일 이후에 신고하였으므로 세법상 평가방법은 여전히 총평균법이다. 따라서 당초 신고방법(총평균법)과 선입선출법을 적용한 가액 중 큰 금액을 원재료 가액으로 한다.

4. 당기 말 재고자산별 평가

구분	장부가액	세무상 가액	세무조정	비고
상품	25,500,000	25,500,000		510 × 50,000
제품	33,600,000	34,800,000	(+)1,200,000	Max(260 × 120,000, 290 × 120,000)
원재료	24,700,000	35,100,000	(+)10,400,000	Max(210 × 130,000, 270 × 130,000)

5. 반제품 매출누락

① 정상감모손실은 손금으로 인정한다. 재고자산평가 관련 문제가 아니다.

② 대표이사와 직원의 개인적 사용분에 대하여는 시가만큼 익금에 산입하여야 한다. 주의할 것은, 관련 재고자산의 원가는 손금으로 인정한다.

③ 매출누락액: $(1,000,000 + 3,000,000) \times \dfrac{7,000,000}{5,000,000} = 5,600,000$

다음은 제조업체 ㈜귀속의 재고자산평가충당금 설정과 관련된 회계처리이다. 아래 자료를 이용하여 물음에 답하시오.

1. 회사는 재고자산의 평가방법을 원가법으로 신고하였다. 제23기에 설정된 재고자산평가충당금은 제24기에 모두 환입되었다.

2. 회사의 재고자산 관련 회계처리는 다음과 같다.

제23기	(차)	재고자산평가손실	50,000	(대)	재고자산평가충당금	200,000
		전기오류수정손실 (잉여금)	150,000			
제24기	(차)	재고자산평가손실	60,000	(대)	재고자산평가충당금	60,000

[물음] ㈜귀속의 제23기와 제24기의 사업연도의 세무조정을 제시하시오.

─┤ 해답 ├─

1. 제23기(전기) 세무조정

[손금산입]	전기오류수정손실	150,000	기타
[손금불산입]	재고자산평가충당금	200,000	유보

자산을 감액하면서 이를 손익계산서에 반영하지 않고 잉여금의 감소로 처리한 부분은 우선 손금산입하고 기타로 처분한다. 원가법으로 평가방법을 신고한 법인이 재고자산을 임의평가감하였으므로 이를 손금불산입한다.

2. 제24기(당기) 세무조정

[익금불산입]	재고자산평가충당금(전기)	200,000	△유보
[손금불산입]	재고자산평가충당금(당기)	60,000	유보

전기 재고자산평가충당금은 모두 환입되었다. 이에 따라 전기 손금부인된 재고자산평가충당금을 모두 익금불산입한다. 당기에 설정된 재고자산평가충당금은 손금불산입한다.

다음은 제조업을 영위하는 ㈜한국의 제24기 사업연도(2024년 1월 1일 ~ 2024년 12월 31일) 법인세 관련 자료이다. 전기까지의 세무조정은 적법하게 이루어졌고 재고자산에 대한 유보사항은 없다. 다음 자료를 이용하여 물음에 답하시오.

1. 제24기 사업연도 말 현재 재무상태표상 재고자산금액과 각 평가방법에 따른 평가금액은 다음과 같다. 회사는 재고자산평가방법을 원가법으로 신고하였다.

(단위: 원)

구분	장부금액	총평균법	선입선출법	후입선출법
제품	86,000,000	86,000,000	84,000,000	88,000,000
재공품	64,000,000	65,000,000	61,000,000	64,000,000
원재료	50,000,000	56,000,000	50,000,000	45,000,000
저장품	15,000,000	13,000,000	14,000,000	12,000,000

2. 제품은 회사 설립 시부터 총평균법으로 신고하여 적용하였으며, 당기에 제품의 판매가 하락으로 인한 저가법 평가에 따라 다음과 같이 재고자산평가손실을 계상하였다.

(차) 재고자산평가손실 10,000,000 (대) 재고자산평가충당금 10,000,000

3. 재공품은 평가방법을 신고한 바 없으며 당기에는 후입선출법으로 평가하였다.

4. 원재료는 제23기 사업연도까지 총평균법으로 신고하여 평가하였으나, 제24기부터 선입선출법으로 변경하기로 결정하고 2024년 10월 1일에 재고자산평가방법 변경신고를 하였다.

5. 저장품은 총평균법으로 신고하여 전기 이전부터 적용하고 있다. 당기 말에 저장품에 대해 신고한 총평균법으로 평가하였으나, 계산착오로 실제 금액과 다른 금액으로 평가하였다.

[물음] ㈜한국이 해야 하는 제24기 세무조정 및 소득처분을 답안 양식에 따라 제시하시오.

익금산입 및 손금불산입			손금산입 및 익금불산입		
과목	금액	소득처분	과목	금액	소득처분

익금산입 및 손금불산입			손금산입 및 익금불산입		
과목	금액	소득처분	과목	금액	소득처분
재고자산평가충당금	10,000,000	유보	재공품	3,000,000	유보
원재료	6,000,000	유보	저장품	2,000,000	유보

1. 당기 말 재고자산평가

구분	장부가액	세무상 가액	비고
제품	86,000,000	86,000,000	평가충당금 반영 전 금액으로 함
재공품	64,000,000	61,000,000	무신고 시 선입선출법
원재료	50,000,000	56,000,000	Max(총평균법, 선입선출법)
저장품	15,000,000	13,000,000	총평균법(계산착오에 불과함)

2. 재고자산평가충당금

회사는 원가법으로 신고하였으므로 파손·부패 등의 사유로 정상가격으로 판매할 수 없는 경우를 제외하고는 저가법에 따른 평가손실은 인정하지 않는다. 재고자산평가충당금은 손금으로 인정되는 충당금이 아니므로 전액 손금불산입한다.

3. 임의변경(원재료)

2024년 9월 30일까지 재고자산평가방법을 변경신고하지 않았으므로 종전 평가방법인 총평균법으로 평가하는 것이 원칙이다. 임의변경에 해당하므로 선입선출법과 총평균법을 적용한 금액 중 큰 금액을 세법상 재고자산의 평가금액으로 한다.

4. 저장품

신고한 방법으로 평가하였으나 계산착오로 과대 또는 과소평가한 경우에는 임의변경으로 보지 않는다. 따라서 계산 차이금액만 세무조정한다.

다음은 제조업을 영위하는 영리 내국 상장법인으로서 중소기업이 아닌 ㈜한국의 제24기 사업연도 (2024. 1. 1. ~ 2024. 12. 31.)의 세무조정을 위한 재고자산과 관련된 자료이다. 전기까지 세무조정은 적법하게 이루어졌다고 가정한다. 다음 자료를 이용하여 물음에 답하시오. 단, 관련 부가가치세는 고려하지 않는다.

1. ㈜한국의 제24기 사업연도 말 현재 재무상태표상 재고자산금액과 「법인세법」상 평가금액은 다음과 같다.

구분	재무상태표상 금액	「법인세법」상 평가금액	
		선입선출법	총평균법
제품	10,000,000원	15,000,000원	10,000,000원
재공품	4,000,000원	4,000,000원	3,200,000원
원재료	1,800,000원	1,900,000원	1,500,000원

2. ㈜한국은 제23기 사업연도까지 제품의 평가방법을 선입선출법으로 신고하고 평가하여 왔으나, 제24기 사업연도부터 총평균법으로 변경하기로 하고, 2024. 10. 31. 재고자산평가방법 변경 신고를 하였다.

3. ㈜한국은 제23기 사업연도까지는 재공품의 평가방법을 신고하지 아니하였으나, 2024. 8. 4. 재공품의 평가방법을 선입선출법으로 신고하였다.

4. ㈜한국은 원재료의 평가방법을 총평균법으로 신고하여 전기 사업연도 이전부터 적용하여 오고 있다. 따라서 ㈜한국은 제24기 사업연도에 신고한 방법(총평균법)에 의하여 평가하였으나 계산상의 착오로 실제 금액과 다른 금액으로 평가하였다.

5. ㈜한국의 제24기 사업연도 말의 재고자산에 대한 실사 결과, 저장품의 부족금액 160,000원을 발견하여 이를 손익계산서상의 기타비용으로 처리하였으며, 부족금액이 발생한 사유별 내역은 다음과 같다.

부족 사유 구분	시가	원가
정상적인 파손	100,000원	78,000원
대주주*의 개인적 사용	80,000원	59,000원
사유를 알 수 없음	30,000원	23,000원
합계	210,000원	160,000원

* ㈜한국의 임원 또는 직원이 아닌 개인임

[물음] ㈜한국의 제24기 사업연도 세무조정을 제시하시오.

[익금산입]	제품	5,000,000	유보
[손금산입]	원재료	300,000	△유보
[익금산입]	저장품(개인적 사용)	80,000	배당
[익금산입]	저장품(사유 불분명분)	30,000	상여

1. 제품

변경신고기한(9. 30.)이 지나서 변경신고하였으므로 임의변경에 해당한다. 따라서 세법상 평가액은 당초 신고한 평가방법(선입선출법)으로 한다.

2. 재공품

재고자산평가방법 변경신고는 사업연도 종료일로부터 3개월(9. 30.) 이전에 신고하여야 그 해당 사업연도부터 효력이 인정된다. 재공품은 2024. 8. 4.에 변경신고하였으므로, 2024 사업연도부터 변경된 것으로 본다.

3. 원재료

신고한 방법으로 평가하였으나 계산착오로 과대 또는 과소평가한 경우에는 임의변경으로 보지 않는다. 따라서 계산 차이금액만 세무조정한다.

4. 당기 말 재고자산별 평가

구분	장부가액	세무상 가액	세무조정	비고
제품	10,000,000	15,000,000	(+)5,000,000	선입선출법
재공품	4,000,000	4,000,000		선입선출법
원재료	1,800,000	1,500,000	(−)300,000	총평균법(계산착오)

5. 저장품

(1) 정상적인 파손

객관적 사유가 있는 정상파손은 손금으로 인정한다. 별도로 세무조정할 것은 없다.

(2) 대주주 개인사용분

대주주의 개인사용분은 부당행위계산부인에 해당하므로 시가 상당액을 익금산입하고 배당으로 소득처분한다. 다만, 재고자산부족분은 손금으로 인정되므로 원가에 대해 세무조정할 것은 없다.

(3) 부족 사유를 알 수 없는 경우

사유를 알 수 없는 부족분은 매출누락으로 보아 시가 상당액을 익금산입하고 대표자에 대한 상여로 소득처분한다. 다만, 재고자산부족분은 손금으로 인정되므로 원가에 대해 세무조정할 것은 없다.

비상장 내국법인 ㈜민국의 제24기(2024년 1월 1일 ~ 2024년 12월 31일)의 재고자산 관련 자료
이다. 다음 자료를 이용하여 물음에 답하시오. 단, 세부담 최소화를 가정한다.

1. ㈜민국은 재고자산에 대해 2023년까지 후입선출법으로 신고하여 적용하여 왔으나, 2024년
   도에 한국채택국제회계기준을 최초로 적용하면서 2024년 9월 30일에 총평균법으로 변경신
   고하였다.

2. 회계정책 변경으로 인한 회사의 수정분개는 다음과 같다.

   (차) 재고자산　　　　　　　　1,000,000　　(대) 이월이익잉여금　　　　　　1,000,000

3. 전기 말 후입선출법으로 계산한 재고자산금액은 5,000,000원이고, 당기 초 총평균법에 의한
   평가금액은 6,000,000원이며, 당기 초 선입선출법에 의한 평가금액은 7,000,000원이다.

[물음] ㈜민국의 제24기 법인세 세무조정을 다음 답안 양식에 제시하시오.

익금산입·손금불산입			손금산입·익금불산입		
과목	금액	소득처분	과목	금액	소득처분

익금산입·손금불산입			손금산입·익금불산입		
과목	금액	소득처분	과목	금액	소득처분
이익잉여금	1,000,000	기타	재고자산	1,000,000	유보

1. **회계정책의 변경으로 인한 기초재고자산금액 수정**

   기초재고자산에 대한 수정은 자산의 임의평가에 해당하므로 과대평가된 자산을 감액(손금산입)하고 이익잉여금의 증가로 처리한 것은 익금에 산입하고 기타로 처분한다.

2. **국제회계기준 적용 내국법인의 재고자산평가차익 익금불산입**

(1) 과세특례 적용 취지

> 기초에 수정된 재고자산(△유보)은 모두 당기 말에 익금산입된다. 결국 과세표준에 최종적으로 미치는 영향은 다음과 같다.
>
> **❶** 최초 수정분개 [익금산입] 이월이익잉여금 1,000,000 기타
> [손금산입] 재고자산 1,000,000 △유보
>
> **❷** 기말재고자산 조정 [익금산입] 재고자산 1,000,000 유보
>
> **❸** 과세표준에 미치는 영향 1,000,000
>
> → 과거 이연된 법인세 일시 과세

과거 이연된 법인세가 일시에 과세되는 문제점을 해결하고자 국제회계기준을 최초로 적용한 법인에 한하여 과세특례를 적용한다.

(2) 특례 적용 내용

일반기업회계기준을 적용하던 회사가 국제회계기준을 도입함에 따라 후입선출법에서 다른 재고자산평가방법으로 변경함에 따라 발생한 재고자산평가차익은 평가차익이 발생한 그 다음 사업연도부터 5년간 균등하게 나누어 익금에 산입하는 방법으로 과세이연한다. 따라서 당기 말에 별도로 익금산입하지 않고, 제25기(차기)부터 매년 200,000원(= 1,000,000 ÷ 5년)을 익금에 산입한다.

(3) 과세특례를 적용받는 경우의 세무조정

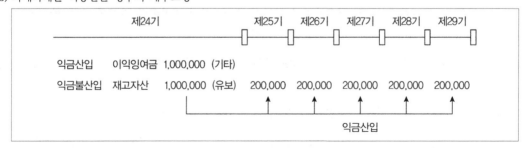

3. **당기 말 재고자산평가**

당기 말 재고자산금액에 대한 자료가 제시되어 있지 아니하다. 따라서 당기 말 재고자산평가는 세법상 평가방법(9. 30.에 변경신고하였으므로 적법한 변경에 해당함)인 총평균법으로 평가되었을 것이라고 가정하였으며, 별도의 세무조정은 불필요하다.

다음은 제조업을 영위하는 상장 중소기업인 ㈜한국의 제24기 사업연도(2024. 1. 1. ~ 2024. 12. 31.) 세무조정을 위한 자료이다. 전기까지의 세무조정은 세부담 최소화를 전제로 정상적으로 처리되었으며, 법인세부담을 최소화하고자 한다는 것을 가정하고 물음에 답하시오.

1. 다음은 ㈜한국의 상품 관련 자료이다.

구분	취득원가	소비자가격
기초상품	15,128,000원	18,910,000원
당기 매입	28,566,000원	43,510,000원
합계	43,694,000원	62,420,000원

   ① ㈜한국은 계속해서 매출가격환원법을 사용하여 기말상품금액을 평가해 왔는데 매출원가율은 평균법을 적용하여 구하였다. 판매예정차익은 기말소비자가격과 평균법에 의한 매출원가율을 적용하여 추정된 기말재고자산금액(원가)과의 차이를 말한다. 상품평가방법은 적절하게 신고하였다.

   ② 기말 보유상품에 대한 판매예정가격은 17,984,000원인데 ㈜한국은 결산상 기말재고를 15,000,000원으로 계상하고 있다.

2. ㈜한국은 2024년 제2기 부가가치세 과세기간 동안 의제매입세액공제가 적용되는 원재료 52,000,000을 매입하여 당기 말 현재 70%를 사용하였다. ㈜한국은 의제매입세액공제와 관련하여 아무런 회계처리도 하지 아니하였다. 단, 의제매입세액공제율은 4/104이며 공제 한도 내 금액에서 공제 가능하다.

3. ㈜한국은 제23기(전기)에 최초로 국제회계기준을 적용하면서 재공품에 대한 평가방법을 후입선출법에서 총평균법으로 변경하였다. 회사는 세법상 적절하게 평가방법 변경신고를 하였으며, 제23기 법인세 신고 시 "재고자산평가차익 익금불산입 신청서"를 관할 세무서장에게 제출하였다. 국제회계기준을 적용하면서 회사가 재고자산의 평가방법 변경에 따라 제22기(전기) 기초시점에 회계처리한 내역은 다음과 같다.

   (차) 재공품(기초)   4,000,000   (대) 미처분이익잉여금   4,000,000

[물음] ㈜한국의 제24기 세무조정을 다음 답안 양식에 제시하시오.

번호	익금산입·손금불산입			손금산입·익금불산입		
	과목	금액	소득처분	과목	금액	소득처분

번호	익금산입·손금불산입			손금산입·익금불산입		
	과목	금액	소득처분	과목	금액	소득처분
1.				상품	2,411,200	유보
2.	부가가치세	2,000,000	유보	원재료	2,000,000	유보
	원재료	1,400,000	유보			
3.	재공품	800,000	유보			

1. 상품

(1) 매출가격환원법

매출가격환원법은 재고자산을 품종별로 당해 사업연도 종료일에 있어서 판매될 예정가격에서 판매예정차익금을 공제하여 산출한 취득가액을 그 자산의 평가액으로 하는 방법이다. 세법상 매출가격환원법은 인정되며, 회계에서는 소매재고법이라고도 한다.

(2) 차이조정

① 세법상 평가금액: $17,984,000 \times \dfrac{43,694,000}{62,420,000} = 12,588,800$

② 평가차익: $15,000,000 - 12,588,800 = 2,411,200$(과대계상, 손금산입)

2. 의제매입세액공제

구분	회계처리		세법	
구입 시	(차) 원재료 52,000,000		(차) 원재료 52,000,000	
	(대) 현금 52,000,000		(대) 현금 52,000,000	
			(차) 부가가치세 2,000,000	
			(대) 원재료 2,000,000	
판매 시	(차) 매출원가 36,400,000		(차) 매출원가 35,000,000	
	(대) 원재료 36,400,000		(대) 원재료 35,000,000	

$52,000,000 \times \dfrac{4}{104}$

$52,000,000 \times 70\%$

3. 재공품

국제회계기준을 최초로 적용하는 사업연도에 재고자산평가방법을 후입선출법에서 다른 평가방법으로 변경신고한 경우에는 재고자산평가차익을 익금에 산입하지 아니하고, 최초로 적용하는 사업연도의 다음 사업연도 개시일부터 5년이 되는 날이 속하는 사업연도까지 5년간 균등하게 나누어 익금에 산입한다. 재고평가차익 4,000,000원을 5년간 나누어 익금에 산입하므로, 800,000원은 당기 익금에 산입한다.

문제 30 유가증권평가 (1)

㈜한국은 상장법인인 ㈜태백의 주식을 보유하고 있다. 당해 주식은 당기손익인식금융자산으로 분류된다. 전기까지의 세무조정은 정상적으로 처리되었으며, 법인세부담을 최소화하고자 한다는 것을 가정하며, ㈜한국이 제24기에 지급한 이자비용은 없다. 다음 자료를 이용하여 물음에 답하시오.

1. 2023. 10. 5. 지분율 0.2%에 해당되는 10,000주를 주당 5,000원에 취득하고 거래수수료 150,000원은 결산상 비용으로 처리하였다.

2. 2023. 12. 20. ㈜태백은 보통주 주식발행초과금을 재원으로 하여 10%의 무상증자를 실시하였다. 2023. 12. 31. 현재 ㈜태백의 주당 종가는 6,000원이다. ㈜한국은 ㈜태백의 주식을 기말 종가로 평가하고 취득원가와의 차이를 결산상 영업외수익으로 인식하였다.

   (차) 금융자산   16,000,000   (대) 금융자산평가이익   16,000,000

3. 2024. 4. 1. ㈜한국은 주당 7,000원에 ㈜태백의 주식을 5,500주를 처분하고 다음과 같이 회계처리하였다.

   (차) 현금   38,500,000   (대) 금융자산   33,000,000
                                          금융자산처분이익   5,500,000

4. 2024. 4. 15. ㈜태백이 주당 6,000원에 유상감자를 실시함에 따라 1,100주를 반납하고 다음과 같이 회계처리하였다.

   (차) 현금   6,600,000   (대) 금융자산   6,600,000

5. 2024. 12. 28. ㈜한국은 나머지 주식 중 2,200주를 주당 6,000원에 처분하고 다음과 같이 회계처리하였다.

   (차) 현금   13,200,000   (대) 금융자산   13,200,000

6. 2024. 12. 31. ㈜한국은 나머지 주식을 모두 주당 8,000원에 평가하고 평가손익을 결산에 반영하였다.

[물음] ㈜한국의 제24기 사업연도(2024. 1. 1. ~ 2024. 12. 31.) 세무조정을 다음 답안 양식에 제시하시오. 단, 주식과 관련된 세무조정은 일자별로 처리하며, 수입배당금 익금불산입은 고려하지 않는다.

일자	조정유형	과목	금액	소득처분
2024. 4. 1.				
2024. 4. 15.				
2024. 12. 28.				
2024. 12. 31.				

| 해답 |

일자	조정유형	과목	금액	소득처분
2024. 4. 1.	익금산입	금융자산	8,000,000	유보
2024. 4. 15.	익금산입	금융자산	3,600,000	유보
2024. 12. 28.	익금산입	금융자산	2,200,000	유보
2024. 12. 31.	익금불산입	금융자산	4,400,000	△유보

1. 2024. 4. 1.(주식처분)

(1) 세무상 처분이익

$$38,500,000 - 5,500주 \times \frac{10,000 \times 5,000 + 1,000 \times 0}{11,000주} = 13,500,000$$

(2) 세무조정: $13,500,000 - 5,500,000 = 8,000,000$(익금산입)

2. 2024. 4. 15.(감자)

구분	금액	비고
1. 감자대가	6,600,000	1,100주 × 6,000
2. 취득원가	3,000,000	500주 × 0 + 600주 × 5,000
3. 의제배당	3,600,000	1,000주 × (1 − 5,500/11,000주)

감자일로부터 소급하여 2년 이내 수령한 과세되지 아니한 무상주부터 감소하는 것으로 본다.

3. 2024. 12. 28.(주식처분)

(1) 세무상 처분이익

$13,200,000 - 2,200주 \times 5,000 = 2,200,000$

(2) 세무조정: $2,200,000 - 0 = 2,200,000$(익금산입)

2024. 4. 15. 감자 시 무상주가 전부 소각되었으므로 2023. 10. 5. 취득한 주식을 처분한 것이다.

4. 2024. 12. 31.(결산 시)

$(8,000 - 6,000) \times (11,000주 - 5,500주 - 1,100주 - 2,200주) = 4,400,000$

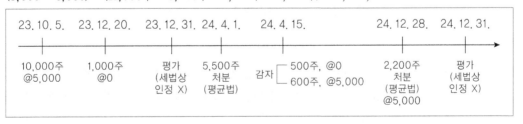

다음은 A가 B법인의 주식을 단기시세차익 목적으로 취득한 거래내역이다. 2022년 1월 10일에 설립된 B법인의 설립 당시 보통주 발행주식총수는 25,000주이며, 다음의 거래 이외의 주식 변동은 없다. 회계기간, 과세기간 및 사업연도는 매년 1월 1일부터 12월 31일까지이다. 다음 자료를 이용하여 물음에 답하시오.

1. 2023년도 거래내역

　① 2023. 6. 17. A는 B법인의 주식을 1주당 5,000원(1주당 액면가액: 3,000원)에 1,000주(지분율: 4%)를 매입하였다.

　② 2023. 7. 25. B법인은 이익준비금을 재원으로 기존 주주에게 무상증자 10%를 실시하였다.

　③ 2023. 12. 31. B법인의 1주당 공정가치는 6,000원이고, 공정가치로 평가하였다.

2. 2024년도 거래내역

　① 2024. 2. 3. B법인은 기존 주주에게 보통주 주식발행초과금을 재원으로 무상증자 20%를 실시하였으며, A는 220주를 수령하였다.

　② 2024. 12. 31. A는 증권시장에서 1주당 8,000원(종가)에 660주를 매도하였다.

　③ 2024. 12. 31. A는 나머지 B법인 주식을 공정가치(종가)로 평가하였다.

3. 주식 매매와 관련된 거래비용은 고려하지 않으며, 회사는 회계기준에 따라 처분손익을 인식하였다.

[물음 1] A가 비상장 영리 내국법인이고 B법인이 유가증권시장에 상장된 중소기업일 경우 A의 제24기(2024년 1월 1일 ~ 12월 31일) 사업연도의 세무조정사항을 다음 답안 양식에 따라 제시하시오. 다만, A는 단기매매증권평가손익을 당기손익으로 회계처리하였다.

익금산입·손금불산입			손금산입·익금불산입		
과목	금액	소득처분	과목	금액	소득처분

[물음 2] A가 거주자이며 B법인이 유가증권시장에 상장된 비중소기업(벤처기업 아님)일 경우 A가 부담해야 될 2024년도 귀속소득에 대한 소득세의 과세표준을 다음 답안 양식에 따라 제시하시오. 만일, 과세대상이 아닐 경우에는 그 이유를 기술하시오. 단, 기타필요경비는 없는 것으로 가정한다.

구분	금액
… 소득금액	
… 과세표준	

[물음 1]

익금산입·손금불산입			손금산입·익금불산입		
과목	금액	소득처분	과목	금액	소득처분
유가증권	650,000	유보	유가증권	1,980,000	유보

1. 2024. 12. 31. 주식처분 시

(1) 세무상 처분이익

$$660주 \times 8,000 - (1,000주 \times 5,000 + 100주 \times 3,000 + 220주 \times 0) \times \frac{660주}{1,320주} = 2,630,000$$

(2) 회계상 처분이익

$$660주 \times 8,000 - (1,100주 \times 6,000 + 220주 \times 0) \times \frac{660주}{1,320주} = 1,980,000$$

(3) 세무조정

2,630,000 − 1,980,000 = 650,000(전기 유보 △1,300,000 중 절반 추인)

2. 2024. 12. 31. 주식평가 시

8,000 × 660주 − (6,000 × 550주 + 0 × 110주) = 1,980,000(익금불산입)

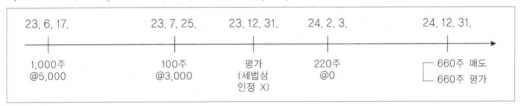

[물음 2]

구분	금액	비고
양도가액	5,280,000	660주 × 8,000
취득가액	2,750,000	$(1,000주 \times 5,000 + 1,000주 \times 20\% \times 0) \times \frac{660}{1,200}$
양도차익	2,530,000	
장기보유특별공제		토지, 건물, 조합원입주권만 공제대상임
양도소득금액	2,530,000	
양도소득기본공제	2,500,000	
양도소득과세표준	30,000	

① 상장법인의 대주주가 양도한 주식의 양도차익은 과세대상이다.

② 양도소득세 계산 시 주식의 취득원가는 선입선출에 따라 계산한다.

③ 법인의 잉여금을 자본에 전입함에 따라 주주가 무상으로 받은 주식의 취득일은 그 무상주의 취득이 「소득세법」상의 제배당으로 과세하지 않는 경우 당해 무상주 취득의 원인이 되는 기존 주식의 취득일로 본다.

다음은 영리 내국법인 ㈜백두의 제24기 사업연도(2024년 1월 1일 ~ 2024년 12월 31일) 법인세 신고 관련 자료이다. 아래 자료를 이용하여 물음에 답하시오.

1. ㈜백두는 2024년 3월 1일에 대표이사로부터 비상장주식 A 10,000주를 100,000,000원에 매입하고, 매입가액을 취득원가로 회계처리하였다. 매입 당시 비상장주식 A의 시가는 불분명하며, 감정평가법인의 감정가액은 1주당 8,000원, 「상속세 및 증여세법」의 보충적 평가방법을 준용한 평가가액은 1주당 7,000원이다.

2. 2023년 1월 5일 특수관계법인이 아닌 자로부터 주권상장법인인 ㈜B의 주식 100주를 주당 8,000원에 취득하고 매입가액을 취득원가로 회계처리하고 다음과 같은 거래가 발생하였다.

    (1) 제23기 중 ㈜B가 주식배당으로 주주들에게 교부한 주식 중 20주(1주당 액면가액 5,000원, 1주당 발행금액 7,500원)를 수령하였고 회사는 아무런 회계처리도 하지 않았다.

    (2) 회사는 제23기 말 단기매매금융자산평가이익 200,000원을 당기손익에 반영하였다.

    (3) 제24기 중 ㈜B가 건물의 재평가적립금(적격합병·분할 시 승계된 것에 해당하지 아니함)을 자본전입하면서 주식 5주(1주당 액면가액 5,000원, 1주당 시가 8,000원)를 수령하였으며, 이와 관련하여 회사는 아무런 회계처리도 하지 않았다.

    (4) 제24기 말 ㈜B의 주식 중 50주를 1주당 10,000원에 처분하고 처분이익 100,000원을 계상하였다.

3. 회사는 2024. 10. 1. 만기보유 목적으로 16,000,000원에 취득한 ㈜C의 회사채(액면 20,000,000원)를 제24기 말에 다음과 같이 회계처리하였다.

    (차) 상각후원가측정금융자산   2,000,000   (대) 이자수익   2,000,000

4. 회사는 2023년 초 ㈜D(상장법인)의 의결권 있는 주식 30%를 60,000,000원에 취득하였다. 주식취득일 현재 ㈜D의 재무상태표상 순자산가액은 200,000,000원이고 순자산가액은 공정가치와 일치하였다. 회사는 2024. 3. 5. ㈜D로부터 현금배당 3,000,000원을 받았으며, 2024년 말 ㈜D가 당기순이익을 보고함에 따라 다음과 같이 회계처리하였다. 단, ㈜D의 배당기준일은 2023. 12. 31.이다.

    (1) 2024. 3. 5.

         (차) 현금   3,000,000   (대) 관계기업투자주식   3,000,000

    (2) 2024. 12. 31.

         (차) 관계기업투자주식   5,000,000   (대) 지분법이익   5,000,000

[물음] ㈜백두의 제24기 세무조정 및 소득처분을 자료번호별로 소득금액조정합계표에 제시하시오.

자료 번호	익금산입 및 손금불산입			손금산입 및 익금불산입		
	과목	금액	소득처분	과목	금액	소득처분
1.	부당행위계산부인	30,000,000	상여	주식 A	30,000,000	유보
2.	주식 B	20,000	유보			
3.				채권 C	2,000,000	유보
4.	주식 D	3,000,000	유보	주식 D	5,000,000	유보
				수입배당금	2,400,000	기타

1. 주식 A

자산의 고가매입으로 부당행위계산부인 규정을 적용한다. 비상장주식의 시가는 「상속세 및 증여세법」상 보충적 평가액으로 한다.

2. 주식 B

(1) 세무상 처분이익: $(10,000 - 7,600) \times 50주 = 120,000$

(2) 세무조정: $120,000 - 100,000$(회계상 처분이익) $= 20,000$(익금산입)

구분	주식 수	단가	증감	잔액
취득 시	100	8,000	800,000	800,000
무상주(주식배당)	20	7,500	150,000	950,000
무상주(의제배당)	5			950,000
처분 전	125	7,600		950,000

3. 채권 C

채권의 상각액은 익금에 산입하지 않는다. 미수이자를 계상한 것과 마찬가지이기 때문이고, 유가증권의 평가손익은 인정하지 않는다.

구분	채권자	채무자
회계처리	(차) 상각후원가측정금융자산 100 　(대) 이자수익 100	(차) 이자비용 100 　(대) 사채할인발행차금 100
세법	원천징수대상 미수이자에 해당하므로 익금에 산입하지 않음	반드시 손금처리

4. 주식 D

관계기업투자주식의 평가손익은 인정되지 않는다. 다만, 배당금 수령은 익금항목인 동시에 수입배당금 익금불산입 적용 항목이다.

구분	회계처리	세법상 처리
배당금 수령	(차) 현금 100 　(대) 관계기업투자주식 100	(차) 현금 100 　(대) 배당금수익 100
결산 시	(차) 관계기업투자주식 100 　(대) 지분법이익 100	평가손익 인정하지 않음

문제 33 외화자산 및 부채의 평가

다음은 제조업을 영위하는 중소기업인 ㈜금강의 제23기 및 제24기 사업연도의 외화자산 및 부채의 평가에 대한 자료이다. 다음 자료를 이용하여 물음에 답하시오.

1. 제23기의 외화평가 자료이다. 외화평가 전 재무상태표상 가액은 거래일의 환율로 평가한 금액이고, 제23기 사업연도 말 매매기준율은 950원이다.

과목	외화금액	평가 전 재무상태표상 가액	평가손익
외화대여금	$12,000	11,000,000원	400,000원
외화차입금	$35,000	33,500,000원	250,000원

2. 외화평가 후 재무상태표상 가액은 제24기 사업연도 말의 매매기준율로 평가한 금액이고, 제24기 사업연도 말의 매매기준율은 1,000원/$이다.

과목	외화금액	평가 전 재무상태표상 가액	평가손익
외화대여금	$12,000	11,400,000원	600,000원
선급금(제품 관련)	$25,000	23,750,000원	1,250,000원
유형자산	$50,000	47,500,000원	2,500,000원
외화차입금	$35,000	33,250,000원	△1,750,000원

3. ㈜금강은 외화자산과 부채의 평가손익을 영업외손익으로 회계처리하였으며, 평가방법(사업연도 종료일 현재의 매매기준율 등으로 평가하는 방법)을 제24기 법인세 과세표준신고와 함께 신고하였다.

[물음] ㈜금강의 제24기 외화자산·부채 관련 세무조정을 소득금액조정합계표에 나타내시오.

익금산입·손금불산입			손금산입·익금불산입		
과목	금액	소득처분	과목	금액	소득처분

익금산입·손금불산입			손금산입·익금불산입		
과목	금액	소득처분	과목	금액	소득처분
외화대여금(전기)	400,000	유보	선급금	1,250,000	유보
외화차입금(전기)	250,000	유보	유형자산	2,500,000	유보

1. 제23기(전기) 말 평가

전기 말 현재 화폐성 외화자산·부채에 대해서 별도의 평가방법을 신고하지 아니하였으므로, 외화자산과 부채에 대한 평가손익은 인정하지 아니한다.

일자	장부가액 (기말 환율)	세무상 가액 (거래일 환율)	차이	비고
외화대여금	11,400,000	11,000,000	△400,000	자산 감소
외화차입금	33,250,000	33,500,000	△250,000	부채 증가

화폐성 외화자산·부채의 세무조정은 자동추인 조정사항이므로 전기에 익금불산입하고 당기에는 익금산입하여야 한다.

2. 제24기(당기) 말 평가

제24기 법인세 신고 시, 외화자산·부채를 평가함에 있어 기말 환율 평가방법으로 적법하게 신고하였으므로 세무조정은 불필요하다. 다만, 화폐성 외화자산·부채에 한하여 기말 환율로 평가를 인정하므로 비화폐성 자산·부채인 선급금과 유형자산의 평가손익은 부인한다.

다음은 제조업을 영위하는 ㈜군산(이하 '회사'라 함)의 제24기 사업연도(2024년 1월 1일 ~ 2024년 12월 31일) 회계처리 자료이다.

1. 회사는 2024. 10. 1. 상품 1,000개를 개당 ₩100에 매입하였다. 매입 시 1년 이내 추가로 상품 1,000개를 매입하는 경우에는 개당 ₩10의 장려금 금액을 수령하기로 약정하였으며, 회사의 판단으로는 2025년 초에 매입에누리를 수령할 가능성이 높다. 2024년 중 판매된 상품은 800개이다. 이와 관련한 회계처리는 다음과 같다.

   〈2024. 10. 1.〉 (차) 상품   90,000 (대) 현금   100,000
                         미수금   10,000

   〈2024. 12. 31.〉(차) 매출원가   72,000 (대) 상품   72,000

2. A리스회사는 2024. 1. 1. ₩379,000을 지급하고 기계장치를 매입하였다. 기계장치의 잔존 가치는 없으며 내용연수는 5년이다. 한편, 회사는 매년 말 리스료 ₩100,000을 지급하고 5년간 리스하기로 하는 계약을 A리스회사와 체결하였다. 리스제공자의 내재이자율은 10%이다. 「법인세법」상 이러한 리스계약은 운용리스계약에 해당한다. 회사는 국제회계기준을 적용하여 다음과 같이 회계처리하였다.

   〈2024. 1. 1.〉   (차) 사용권자산   379,000 (대) 리스부채   379,000

   〈2024. 12. 31.〉(차) 이자비용   38,000 (대) 현금   100,000
                         리스부채   62,000

   〈2024. 12. 31.〉(차) 감가상각비   75,800 (대) 감가상각누계액   75,800

3. 회사는 국제회계기준을 적용함에 따라 지분상품 100,000원을 취득한 후 다음과 같이 회계처리하였다.

   〈2024. 1. 1.〉   (차) 기타포괄손익-   100,000 (대) 현금   100,000
                    공정가치측정금융자산

   〈2024. 12. 31.〉(차) 기타포괄손익-   20,000 (대) 평가이익   20,000
                    공정가치측정금융자산   (기타포괄손익)

   〈2025. 6. 30.〉 (차) 기타포괄손익-   10,000 (대) 평가이익   10,000
                    공정가치측정금융자산   (기타포괄손익)
                    (차) 현금   130,000 (대) 기타포괄손익-   130,000
                                          공정가치측정금융자산
                    (차) 평가이익   30,000 (대) 이익잉여금   30,000
                        (기타포괄손익)

[물음] ㈜군산의 제24기 사업연도 세무조정을 다음 양식에 제시하시오. 단, 세무조정사항이 없는 경우에는 '세무조정 없음'으로 기재하시오.

구분		익금산입 및 손금불산입			손금산입 및 익금불산입		
		과목	금액	소득처분	과목	금액	소득처분
문항 1	2024. 10. 1.						
	2024. 12. 31						
문항 2	2024. 1. 1.						
	2024. 12. 31.						
문항 3	2024. 12. 31.						
	2025. 6. 30.						

구분		익금산입 및 손금불산입			손금산입 및 익금불산입		
		과목	금액	소득처분	과목	금액	소득처분
문항 1	2024. 10. 1.	상품	10,000	유보	미수금	10,000	유보
	2024. 12. 31.				상품	8,000	유보
문항 2	2024. 1. 1.	리스부채	379,000	유보	사용권자산	379,000	유보
	2024. 12. 31.				리스부채	62,000	유보
		감가상각비	75,800	유보			
문항 3	2024. 12. 31.	평가이익	20,000	기타	금융자산	20,000	유보
	2025. 6. 30.	평가이익	10,000	기타	금융자산	10,000	유보
		금융자산	30,000	유보			

1. 매입원가

　① 국제회계기준에서는 매입할인, 리베이트 및 기타 유사한 항목은 매입원가에서 차감한다. 특히 재고자산 매입 시 매입에누리 등을 수령할 가능성이 높은 경우에는 매입 시부터 매입에누리 등을 차감하여 재고자산을 인식한다.

　② 이러한 국제회계기준은 「법인세법」상 인정되지 않으므로 매입에누리 추정액을 손금산입하여 감액하고 다시 상품을 익금산입하여 증액한다. 이후 관련 상품이 판매될 때 상품 관련 유보액은 추인한다.

2. 리스

　「법인세법」은 국제회계기준상 리스변경 기준에 관계없이 종전 리스분류에 따른다. 따라서 회사가 계상한 사용권자산과 리스부채는 인정하지 않으며 감가상각비도 인정하지 않는다.

3. 기타포괄손익－공정가치측정금융자산

　① 기타포괄손익－공정가치측정금융자산을 공정가치로 평가함에 따라 자산가액이 변동되는 경우에는 평가 전 금액을 취득원가로 한다. 평가이익을 기타포괄손익으로 처리하였으므로 익금불산입하고 △유보하는 동시에 기타포괄손익을 익금산입 기타로 처분한다.

　② 기타포괄손익이 존재하는 금융자산을 처분하더라도 기타포괄손익누계액이 당기손익이 아닌 자본 내에서 재조정되므로 세무상 처분손익을 별도로 익금에 산입하여야 한다.

제조업을 영위하는 ㈜서울(영리 내국법인)의 제24기 사업연도(2024년 1월 1일 ~ 2024년 12월 31일) 법인세 관련 자료이다. 전기까지의 세무조정은 적법하게 이루어졌다.

1. ㈜서울은 ㈜A로부터 토지와 건물을 600,000,000원(부가가치세를 제외한 금액임)에 일괄 취득하였으며, 결산상 토지와 건물을 별도로 구분하지 않고 취득가액 전부를 건물로 계상하였다. 일괄 취득 시 토지와 건물의 ㈜A 장부가액과 감정평가가액은 다음과 같다.

구분	㈜A 장부가액	감정평가가액
토지	100,000,000원	300,000,000원
건물	100,000,000원	200,000,000원

2. ㈜서울은 전기에 비상장법인 ㈜B의 주식을 20,000,000원에 취득하였으며, 전기 말 유보(△유보)잔액은 없다. 당기에 ㈜B가 파산하여 주식 시가가 0원이 됨에 따라 다음과 같이 회계처리하였다.

(차) 금융자산평가손실　　　20,000,000　　(대) 금융자산(B주식)　　　20,000,000
　　(기타포괄손익)

3. ㈜서울의 외화자산·부채에 대한 평가 내역은 다음과 같다.

과목	외화금액	평가손익 반영 전 재무상태표 가액	평가손익(영업외손익)
외화외상매출금	$30,000	38,800,000원	200,000원
외화선급금(제품 관련)	$12,000	15,480,000원	120,000원
외화재고자산	$50,000	66,500,000원	(−)1,500,000원
외화차입금	$15,000	20,000,000원	500,000원

① ㈜서울은 관할세무서장에게 외화자산·부채를 사업연도 종료일 현재의 매매기준율로 평가하는 방법으로 신고하였다.

② 제24기 말 현재 1$당 매매기준율은 1,300원이다.

③ 외화차입금은 전기 말 잔액인 $45,000 중 2024년 9월 19일에 $30,000을 상환한 후의 잔액이다. ㈜서울은 외화차입금 상환차익을 영업외손익으로 계상하였다. 외화차입금의 전기 말 △유보잔액은 6,000,000원이다.

4. ㈜서울의 수입이자와 지급이자에 대한 자료는 다음과 같다.

① 2024년 1월 1일에 매입한 ㈜C 기명사채(액면기액 5억원, 액면이자율 6%, 만기 3년, 원리금 만기 일시 지급 조건)에 대한 기간경과분 미수이자 30,000,000원과 유효이자율법에 따라 상각한 금액(액면가액과 매입가액의 차액임) 7,000,000원을 손익계산서에 이자수익으로 계상하였다.

② 2024년 1월 1일에 특수관계인 ㈜D(제조업)로부터 1억원(이자율 연 9%, 차입기간 3년, 이자는 만기 일시 지급 조건)을 차입한 후 당기 기간경과분 미지급이자 9,000,000원을 손익계산서에 이자비용으로 계상하였다.

[물음] 위 자료를 이용하여 ㈜서울이 해야 하는 제24기 세무조정 및 소득처분을 답안 양식에 따라 제시하시오.

익금산입 및 손금불산입			손금산입 및 익금불산입		
과목	금액	소득처분	과목	금액	소득처분

─┤ 해답 ├─

익금산입 및 손금불산입			손금산입 및 익금불산입		
과목	금액	소득처분	과목	금액	소득처분
토지	360,000,000	유보	건물	360,000,000	유보
금융자산	1,000	유보	기타포괄손익	20,000,000	기타
외화재고자산	1,500,000	유보	외화선급금	120,000	유보
외화차입금(전기)	6,000,000	유보			
미지급이자	9,000,000	유보	미수이자	30,000,000	유보
			사채	7,000,000	유보

1. 토지와 건물의 일괄 취득

   법인이 토지와 그 토지에 정착된 건물 및 그 밖의 구축물 등을 함께 취득하여 토지의 가액과 건물 등의 가액의 구분이 불분명한 경우 시가에 비례하여 안분계산한다.

   ① 토지: 600,000,000 × (300,000,000 ÷ 500,000,000) = 360,000,000

   ② 건물: 600,000,000 × (200,000,000 ÷ 500,000,000) = 240,000,000

2. 금융자산

   ① 주식 발행법인이 파산한 경우 파산한 사업연도에 사업연도 종료일 현재 시가(주식 등의 발행법인별로 보유주식총액을 시가로 평가한 가액이 1,000원 이하인 경우에는 1,000원으로 한다)로 평가한 가액으로 감액할 수 있다. 단, 결산에 반영한 경우에 한한다.

   ② 자산을 감액하면서 결산에 손비처리하지 아니하고 기타포괄손실(자본의 감소)로 처리한 경우에는 감액처리한 것으로 의제하고 손금산입한다.

3. 외화자산·부채의 평가

(1) 당기 말 평가

과목	외화금액	평가 후 장부가액	세무상 가액 (결산일 환율)	세무조정
외화외상매출금	$30,000	39,000,000	39,000,000	−
외화선급금 (제품 관련)	$12,000	15,600,000	비화폐성 자산·부채는 평가하지 아니함	[익금불산입] 120,000
외화재고자산	$50,000	65,000,000		[손금불산입] 1,500,000
외화차입금	$15,000	19,500,000	19,500,000	−

(2) 전기 말 평가

   화폐성 외화자산·부채의 전기 말 유보잔액은 자동추인항목이다.

4. 수입이자 및 지급이자

(1) 수입이자

   이자수익의 익금귀속시기는 이자를 실제로 수령한 날이다. 또한 채권할인액의 수입시기도 만기 또는 중도매각일이다. 따라서 미수이자 또는 채권의 상각액은 모두 익금불산입한다.

(2) 지급이자

   결산을 확정할 때 이미 경과한 기간에 대응하는 이자 및 할인액을 해당 사업연도의 손비로 계상한 경우에는 그 계상한 사업연도의 손금으로 한다. 다만, 차입일부터 이자지급일이 1년을 초과하는 특수관계인과의 거래에 따른 이자 및 할인액은 결산에 미지급이자를 계상하더라도 손금에 산입하지 아니한다.

해커스 세무회계연습 2

회계사·세무사·경영지도사 단번에 합격!
해커스 경영아카데미 cpa.Hackers.com

제 5 장

감가상각비

Warm-up 문제

감가상각비

01 한국채택국제회계기준을 적용하지 않는 비상장법인 ㈜A(사업연도 1. 1. ~ 12. 31.)의 감가상각과 관련된 자료이다. 감가상각과 관련하여 제24기 ㈜A의 세무조정을 하시오. 【회계사 12】

1. 건물과 기계장치의 최초 취득가액은 각각 5억원과 1억원이다.

2. 재무상태표상 제23기 말 기계장치의 감가상각누계액은 50,000,000원이다.

3. 손익계산서상 수선비로 계상한 자본적 지출액

구분	건물	기계장치
제22기	10,000,000원	5,000,000원
제23기	6,000,000원	8,000,000원

   * 위의 자본적 지출액들은 각각 전기 말 재무상태표상 미상각잔액의 5%를 초과하며, 주기적인 수선을 위한 지출이 아님

4. 손익계산서상 건물의 제23기 감가상각비는 55,000,000원이고, 제24기 감가상각비는 45,000,000원이며, 기계장치의 제23기와 제24기의 감가상각비는 각각 20,000,000원이다.

5. 제22기 말 건물의 상각부인액 잔액은 0원이고, 제22기 말 기계장치의 상각부인액 잔액은 10,000,000원이다.

6. 건물과 기계장치의 감가상각방법은 신고하지 않았다(정액법 상각률은 0.1이고, 정률법 상각률은 0.2로 가정함).

─┤ 해답 ├───

1. 건물(정액법)

	제23기(전기)		제24기(당기)	
(1) 회사계상액(① + ②)		61,000,000		45,000,000
① 손익계산서	55,000,000		45,000,000	
② 당기 즉시상각의제	6,000,000		–	
(2) 상각범위액[(① + ②) × ③]		51,600,000		51,600,000
① 취득원가	500,000,000		500,000,000	
② 즉시상각의제(누적)	16,000,000		16,000,000	
③ 상각률	0.1		0.1	
(3) 상각부인액(시인부족액)		9,400,000		△6,600,000

[손금산입] 감가상각비 6,600,000 (△유보)

2. 기계장치(정률법)

	제23기(전기)		제24기(당기)	
(1) 회사계상액(① + ②)		28,000,000		20,000,000
① 손익계산서	20,000,000		20,000,000	
② 당기 즉시상각의제	8,000,000		–	
(2) 상각범위액[(① − ② + ③ + ④) × ⑤]		17,600,000		14,080,000
① 취득원가	100,000,000		100,000,000	
② 전기 말 감가상각누계액	30,000,000		50,000,000	
③ 당기 즉시상각의제	8,000,000		–	
④ 유보잔액	10,000,000		20,400,000	
⑤ 상각률	0.2		0.2	
(3) 상각부인액		10,400,000		5,920,000

[손금불산입] 감가상각비 5,920,000 (유보)

다음은 ㈜국세(제24기, 2024. 1. 1. ~ 2024. 12. 31.)의 유형자산과 관련된 세무조정 자료이다. 다음 자료를 이용하여 물음에 답하시오. 단, ㈜국세는 국제회계기준을 적용하지 아니한다.

1. 아래 제시된 자료는 ㈜국세의 장부상의 수선비 계정에 대한 명세이다.

(단위: 원)

발생일자	금액	자산구분	상황	전기 말 재무상태표상 미상각잔액	상각률
2024. 3. 9.	125,000,000	건물 A*	엘리베이터 설치	500,000,000	0.05 (정액법)
2024. 9. 25.	8,000,000	건물 B	건물외벽 도장	150,000,000	0.05 (정액법)
2024. 10. 14.	5,000,000	기계장치	본래의 용도를 변경하기 위한 개조	5,000,000	0.369 (정률법)

* 건물 A의 취득가액은 800,000,000원이다.

2. ㈜국세는 당기 손익계산서에 감가상각비를 계상하지 않았고 감가상각방법을 신고한 바 없으며, 전기 말에도 감가상각과 관련한 상각부인액도 없다고 가정한다.

[물음] 다음 답안 양식에 맞춰서 ㈜국세의 제24기 세무조정을 하시오.

구분	조정내역	금액	소득처분

─┤ 해답 ├─

구분	조정내역	금액	소득처분
손금불산입	감가상각비	78,750,000	유보

1. 즉시상각의제 여부 검토

자산구분	상황	구분	세법상 처리	상각방법(무신고)
건물 A	엘리베이터 설치	자본적 지출	즉시상각의제 적용	정액법
건물 B	건물외벽 도장	수익적 지출	당기 손금 인정	정액법
기계장치	본래의 용도를 변경 하기 위한 개조	자본적 지출	600만원 미달 (적용 배제 특례)	정률법

2. 감가상각비 시부인 계산

(1) 건물 A

구분	금액	비고
1. 회사계상액	125,000,000	
2. 상각범위액	46,250,000	$(800,000,000 + 125,000,000) \times 0.05$
3. 상각부인액	78,750,000	

자본적 지출액은 상각범위액을 계산할 때 감가상각 기초가액에 합산하는 것이다. 따라서 기중 자본적 지출이 발생한 경우라도 별도로 월할 계산하지 아니한다.

(2) 건물 B

즉시상각의제는 자본적 지출에 해당하는 지출을 당기 비용으로 처리한 것에 한하여 적용한다. 따라서 건물외벽의 도장은 수익적 지출에 해당하므로 즉시상각의제를 적용하지 않는다.

(3) 기계장치

소액수선비 특례 규정에 따라 당기 수선비 지출액이 600만원 미만인 경우에는 즉시상각의제 규정을 적용하지 아니한다.

문제 02 　감가상각비 시부인 (1)

한국채택국제회계기준을 적용하지 않는 비상장법인 ㈜나라의 제24기 사업연도(2024년 1월 1일 ~ 2024년 12월 31일) 감가상각과 관련된 자료이다. 이 자료를 이용하여 물음에 답하시오.

1. 유형자산의 현황

구분	제24기 말 감가상각누계액	손익계산서상 감가상각비	
		제23기	제24기
건물	120,000,000원	20,000,000원	15,000,000원
비품	90,000,000원	10,000,000원	18,000,000원

① 건물과 비품의 최초 취득가액은 각각 200,000,000원과 150,000,000원이다.

② 제22기 말 건물의 상각부인잔액은 2,000,000원이고, 제22기 말 비품의 상각부인잔액은 5,000,000원이다.

2. 다음은 제23기까지 자본적 지출에 해당하는 수선비를 손익계산서상 비용으로 계상한 것으로서 모두 전기 말 재무상태표상 미상각잔액의 5%를 초과하며, 주기적인 수선을 위한 지출이 아니다.

구분	건물	비품
제22기	10,000,000원	15,000,000원
제23기	8,000,000원	15,000,000원

3. ㈜나라는 건물에 대한 전기 감가상각비를 과소계상했다고 판단하고 제24기에 전기오류수정손실로 인식하여 다음과 같이 회계처리하였다.

(차) 전기오류수정손실　　　3,000,000　　(대) 감가상각누계액　　　3,000,000
　　(잉여금)

4. 건물과 비품의 감가상각방법은 신고하지 않았다. (정액법 상각률은 0.1이고, 정률법 상각률은 0.25로 가정함)

[물음] ㈜나라의 제24기 세무조정을 아래의 답안 양식에 제시하시오.

익금산입 및 손금불산입			손금산입 및 익금불산입		
과목	금액	소득처분	과목	금액	소득처분

익금산입 및 손금불산입			손금산입 및 익금불산입		
과목	금액	소득처분	과목	금액	소득처분
			전기오류수정손실	3,000,000	기타
			감가상각비(건물)	3,800,000	유보
			감가상각비(비품)	2,250,000	유보

1. 건물 감가상각 시부인

$\boxed{15,000,000 + 3,000,000(오류수정)}$

	제23기		제24기	
(1) 회사계상액		28,000,000		18,000,000
① 손익계산서	20,000,000		18,000,000	
② 즉시상각의제	8,000,000			
(2) 상각범위액		21,800,000		21,800,000
① 취득가액	200,000,000		200,000,000	
② (누적)즉시상각의제	18,000,000		18,000,000	
소계	218,000,000		218,000,000	
상각률	× 0.1		× 0.1	
(3) 상각부인액(시인부족액)		6,200,000		△3,800,000

2. 비품 감가상각 시부인

	제23기		제24기	
(1) 회사계상액		25,000,000		18,000,000
① 손익계산서	10,000,000		18,000,000	
② 즉시상각의제	15,000,000			
(2) 상각범위액		27,000,000		20,250,000
① 취득가액	150,000,000		150,000,000	
② (당기)즉시상각의제	15,000,000			
③ 감가상각누계액	(62,000,000)		(72,000,000)	
④ 유보잔액	5,000,000		3,000,000	
소계	108,000,000		81,000,000	
상각률	× 0.25		× 0.25	
(3) 상각부인액(시인부족액)		△2,000,000		△2,250,000

$\boxed{90,000,000 - 10,000,000 - 18,000,000}$ $\boxed{5,000,000 - Min(2,000,000, 5,000,000)}$

다음은 제조업을 영위하는 ㈜강북(중소기업이 아님)의 제24기 사업연도(2024년 1월 1일 ~ 2024년 12월 31일)의 법인세 신고 자료이다. 단, ㈜강북은 법인의 본점을 지방으로 이전함에 따른 법인세 감면이 적용된다.

1. 제23기 4월 20일에 취득한 기계장치 A의 재무상태표상 취득가액과 손익계산서상 감가상각비는 다음과 같다.

구분	재무상태표상 취득가액	손익계산서상 감가상각비
제23기	49,000,000원	13,252,500원
제24기	57,000,000원	16,418,515원

   ① 제23기 9월 20일에 기계장치 A에 대한 자본적 지출에 해당하는 수선비 6,000,000원(주기적인 수선에 해당하지 아니함)을 비용으로 계상하였다.

   ② 제24기 4월 12일에 기계장치 A에 대한 자본적 지출에 해당하는 수선비 8,000,000원을 자산 취득가액에 가산하였다.

2. 제24기 10월 15일에 특수관계인 ㈜강서로부터 기계장치 B(시가 60,000,000원)를 매입하고, 매입가액인 80,000,000원을 장부상 취득가액으로 계상하였다. 제24기에 기계장치 B에 대한 감가상각비 10,000,000원을 손익계산서에 비용으로 계상하였다. 기계장치 B는 ㈜강서가 2년간 사용한 것이다.

3. 제24기에 취득한 비품의 내역은 다음과 같다.

   ① 비품 A: 10월 2일에 복사기를 5,000,000원에 매입하고 손익계산서에 비용(소모품비)으로 계상하였다.

   ② 비품 B: 7월 15일에 회의용 탁자를 6,000,000원에 취득하고 유형자산으로 계상하였다. 제24기에 비품 B에 대한 감가상각비 584,000원을 손익계산서에 비용으로 계상하였다.

4. ㈜강북은 기계장치와 비품에 대한 감가상각방법을 정률법으로, 내용연수는 6년으로 신고(기준내용연수: 기계장치 8년, 비품 5년)하였다. 상각률은 다음과 같다.

내용연수	4년	5년	6년	8년
상각률	0.528	0.451	0.394	0.313

[물음] ㈜강북의 제24기 세무조정 및 소득처분을 소득금액조정합계표에 제시하시오.

익금산입·손금불산입			손금산입·익금불산입		
과목	금액	소득처분	과목	금액	소득처분
부당행위	20,000,000	기타사외유출	기계장치 A	2,000,000	유보
기계장치 B	2,500,000	유보	기계장치 B	20,000,000	유보
기계장치 B	1,590,000	유보	비품 B (감가상각의제)	598,000	유보
비품 A	4,507,500	유보			

1. 기계장치 A

	제23기		제24기	
(1) 회사계상액		19,252,500		16,418,515
① 손익계산서	13,252,500		16,418,515	
② 즉시상각의제	6,000,000			
(2) 상각범위액		16,252,500		18,418,515
① 취득가액	49,000,000		57,000,000	
② (당기)즉시상각의제	6,000,000			
③ 감가상각누계액			(13,252,500)	
④ 유보잔액			3,000,000	
소계	55,000,000		46,747,500	
상각률	$\times 0.394 \times \dfrac{9}{12}$		$\times 0.394$	
(3) 상각부인액(시인부족액)		3,000,000		△2,000,000

2. 기계장치 B

(1) 고가매입

특수관계인으로부터 자산을 고가로 매입한 경우 시가로 매입하고 거래금액과의 차이는 사외유출된 것으로 본다. 따라서 기계장치 취득원가를 시가로 감액(손금산입)하고 그 차액은 손금불산입하고 기타사외유출(그 귀속자가 내국법인)로 처분한다. 세법상 재구성은 다음과 같다.

(차) 기계장치	60,000,000	(대) 현금	80,000,000
사외유출	20,000,000		

(2) 감가상각 시부인

① 자산감액분 상각비(1단계)

$$10,000,000 \times \frac{20,000,000}{80,000,000} = 2,500,000(손금불산입)$$

② 감가상각 시부인(2단계)

구분	금액	비고
1. 회사계상액	7,500,000	$10,000,000 - 2,500,000$
2. 상각범위액	5,910,000	$(80,000,000 - 20,000,000) \times 0.394 \times \frac{3}{12}$
3. 상각부인액	1,590,000	

양도법인이 사용한 기간이 기준내용연수(8년)의 50% 이상을 경과하지 않았으므로 중고자산 수정내용연수를 적용할 수 없다.

3. 비품 A

$$5,000,000 - 5,000,000 \times 0.394 \times \frac{3}{12} = 4,507,500$$

개인용 컴퓨터(PC) 또는 그 주변기기는 해당 자산을 사업에 사용한 날이 속하는 사업연도의 손금으로 계상한 경우, 전액 손금으로 인정한다. (즉시상각의제 특례) 그러나 복사기는 개인용 컴퓨터의 주변기기로 보기 어렵다. 따라서 즉시상각의제 특례 규정이 적용될 수 없으므로 감가상각 시부인 계산한다.

4. 비품 B

탁자는 가구에 해당하며, 즉시상각의제 특례 규정을 적용받을 수 있다. 그러나 즉시상각의제 특례 규정을 적용받기 위해서는 해당 자산을 사업에 사용한 날이 속하는 사업연도의 손금으로 계상하여야 한다. 따라서 자산으로 등록한 탁자의 감가상각비는 시부인 계산하여야 한다.

구분	금액	비고
1. 회사상각비	584,000	
2. 상각범위액	1,182,000	$6,000,000 \times 0.394 \times \frac{6}{12}$
3. 시인부족액	△598,000	감가상각의제 적용하여 손금산입

문제 04　감가상각비 시부인 (3)

다음은 제조업을 영위하는 ㈜국세의 제24기 사업연도(2024. 1. 1. ~ 2024. 12. 31.)의 감가상각 자료이다. 다음 자료를 이용하여 물음에 답하시오.

1. 제23기(전기) 세무조정계산서상 감가상각비 조정내역

(단위: 원)

구분	건물	기계장치 A	기계장치 B
취득일	2019. 4. 1.	2019. 5. 1.	2021. 7. 1.
신고한 감가상각방법	정액법	정률법	정률법
취득원가	3,000,000,000	1,250,000,000	800,000,000
기초 감가상각누계액	600,000,000	900,000,000	550,000,000
기초 상각부인액 누계액	0	27,000,000	34,000,000
당기 감가상각비	150,000,000	100,000,000	65,000,000
당기 감가상각범위액	150,000,000	97,000,000	73,000,000
신고내용연수	20년	10년	10년

2. 회사는 당기에 건물에 대한 감가상각비 150,000,000원, 기계장치 B에 대한 감가상각비 40,000,000원을 계상하였다. 한편, 기계장치 A에 대한 감가상각비는 없다.

3. 제24기 발생한 수선비 내역은 다음과 같으며 회사는 모두 손익계산서상 비용처리하였다.
   ① 냉난방장치 설치(4월 19일): 100,000,000원
   ② 피난시설 설치(6월 25일): 30,000,000원

4. 회사의 손익계산서에는 기계장치 A에 대한 손상차손 250,000,000원이 계상되어 있다. 기계장치 A는 당기 6월 30일까지만 사용하고 철거하였으나 처분되지는 않은 상태이다.

5. 기준내용연수 20년에 대한 정액법 상각률은 0.05, 기준내용연수 10년에 대한 정률법 상각률은 0.259이다.

[물음] ㈜국세의 제24기 세무조정을 다음 양식에 제시하시오.

구분	조정내역	금액	소득처분

구분	조정내역	금액	소득처분
손금불산입	건물	123,500,000	유보
손금불산입	기계장치 A	213,740,000	유보
손금산입	기계장치 B	14,649,000	△유보

1. 건물 감가상각 시부인

제24기

(1) 회사계상액		280,000,000
① 손익계산서	150,000,000	
② 즉시상각의제	130,000,000*	
(2) 상각범위액		156,500,000
① 취득가액	3,000,000,000	
② (누적)즉시상각의제	130,000,000	
소계	3,130,000,000	
상각률	× 0.05	
(3) 상각부인액(시인부족액)		123,500,000

* 130,000,000 ≥ (3,000,000,000 − 750,000,000) × 5%
→ 즉시상각의제 특례 규정을 적용할 수 없음

(1) 수선비 구분

냉난방 설치비, 피난시설 설치비는 자본적 지출에 해당한다. 자본적 지출에 해당하는 수선비를 당기 비용처리한 경우 즉시 상각한 것으로 의제한다.

(2) 즉시상각의제 특례

다음의 어느 하나에 해당하는 수선비를 그 지출한 사업연도의 손비로 계상한 경우에는 자본적 지출이 아닌 수익적 지출로 본다.

> ① 개별 자산별로 수선비로 지출한 금액이 600만원 미만인 경우
> ② 개별 자산별로 수선비로 지출한 금액이 직전 사업연도 종료일 현재 재무상태표상 자산가액(취득가액 − 감가상각누계액)의 5%에 미달하는 경우
> ③ 3년 미만의 기간마다 주기적인 수선을 위하여 지출하는 경우

2. 기계장치 감가상각 시부인

	기계장치 A		기계장치 B	
	손상차손			
(1) 회사계상액		250,000,000		40,000,000
① 손익계산서	250,000,000		40,000,000	
② 즉시상각의제				
(2) 상각범위액		36,260,000		54,649,000
① 취득가액	1,250,000,000		800,000,000	
② (당기)즉시상각의제				
③ 감가상각누계액	(1,000,000,000)		(615,000,000)	
④ 유보잔액	30,000,000		26,000,000	
소계	280,000,000		211,000,000	
상각률	$\times\,0.259 \times \dfrac{6}{12}$		$\times\,0.259$	
(3) 상각부인액(시인부족액)		213,740,000		△14,649,000

$34,000,000 + (65,000,000 - 73,000,000)$

(1) 손상차손

감가상각자산이 진부화, 물리적 손상 등에 따라 시장가치가 급격히 하락하여 법인이 기업회계기준에 따라 손상차손을 계상한 경우에는 해당 금액을 감가상각비로서 손비로 계상한 것으로 보아 일정한 상각범위액 내에서 손금에 산입한다.

(2) 즉시상각의제 특례

유형자산으로서 천재지변 또는 화재, 법령에 의한 수용 및 채굴예정량의 채진으로 인한 폐광 등의 사유로 파손되거나 멸실된 것은 그 장부가액을 감액하여 손금에 산입한 경우에는 본 규정의 즉시상각의제대상에서 제외한다.

(3) 감가상각중단

① 사용 중 철거하여 사업에 사용하지 아니하는 기계 및 장치, ② 취득 후 사용하지 아니하고 보관 중인 기계 및 장치 등은 감가상각할 수 없다. 따라서 기계장치 A는 7월 이후분에 대해서는 감가상각하지 않는다.

다음은 제조업을 영위하는 ㈜한국의 제24기 사업연도(2024년 1월 1일 ~ 2024년 12월 31일)의 감가상각 관련 법인세 신고 자료이다. 다음 자료를 이용하여 물음에 답하시오.

1. 2024년 7월 1일에 특수관계가 없는 ㈜동해로부터 정당한 사유 없이 시가 300,000,000원인 기계장치 A를 450,000,000원에 매입하였다.

2. 2024년 9월 1일에 기계장치 A에 대한 수선비(자본적 지출이며 주기적 수선에 해당하지 않음)로 25,000,000원을 지출하였으며, 이를 손익계산서상 비용으로 계상하였다.

3. 제24기 말 기계장치 A가 진부화됨에 따라 시장가치가 급락하여, 이에 대한 회수가능가액을 검토하여 5,000,000원의 손상차손을 손익계산서상 비용으로 계상하였다.

4. 손익계산서상 감가상각비는 22,500,000원이다.

5. 회사는 기계장치에 대한 감가상각방법으로 정액법을 신고하였으나 내용연수는 신고하지 아니하였다. 기준내용연수는 8년이며, 내용연수별 정액법 상각률은 다음과 같다.

내용연수	6년	8년	10년
상각률	0.166	0.125	0.100

[물음] ㈜한국이 해야 하는 제24기 세무조정 및 소득처분을 답안 양식에 따라 제시하시오.

익금산입 및 손금불산입			손금산입 및 익금불산입		
과목	금액	소득처분	과목	금액	소득처분

─┤ 해답 │─

익금산입 및 손금불산입			손금산입 및 익금불산입		
과목	금액	소득처분	과목	금액	소득처분
비지정기부금	60,000,000	기타사외유출	기계장치 A	60,000,000	유보
기계장치 A	3,666,666	유보			
감가상각비	22,895,834	유보			

1. 고가매입(기계장치 A)

특수관계인 이외의 자로부터 자산을 정당한 사유 없이 고가매입한 경우 정상가액(시가의 130%)으로 취득하고 그 차액은 비지정기부금으로 본다. 세법상 처리는 다음과 같다.

(차) 비지정기부금	60,000,000	(대) 현금	450,000,000
기계장치	390,000,000		

2. 자산감액분 세무조정

$$(22,500,000 + 5,000,000) \times \frac{60,000,000}{450,000,000} = 3,666,666$$

감가상각자산이 진부화, 물리적 손상 등에 따라 시장가치가 급격히 하락하여 법인이 기업회계기준에 따라 손상차손을 계상한 경우에는 해당 금액을 감가상각비로서 손비로 계상한 것으로 본다.

3. 감가상각 시부인

(1) 회사계상액 　　　　[22,500,000 + 5,000,000 − 3,666,666] 　　48,833,334

① 손익계산서 　　　23,833,334

② 즉시상각의제 　　25,000,000 ----- 600만원 미달, 신규취득자산은 전기 말 가액 검토하지 않음

(2) 상각범위액 　　　　　　　　　　25,937,500

① 취득가액 　　　390,000,000

② (당기)즉시상각의제 　25,000,000

③ 감가상각누계액

④ 유보잔액 　　　──────

소계 　　　415,000,000

상각률 　　　$\times 0.125 \times \dfrac{6}{12}$

　　　　　　　　　　──────

(3) 상각부인액(시인부족액) 　　　22,895,834

다음은 제조업을 영위하는 ㈜한국의 제23기 사업연도(2023년 1월 1일 ~ 2023년 12월 31일) 및 제24기 사업연도(2024년 1월 1일 ~ 2024년 12월 31일) 법인세 신고 관련 자료이다. 다음 자료를 이용하여 물음에 답하시오.

1. ㈜한국은 2023년 1월 10일 사용하고 있던 기계장치 A를 다른 기업의 동종 기계장치 B와 교환하고, 다음과 같이 회계처리하였다. 교환 당시 기계장치 B의 시가는 20,000,000원이다.

(차) 기계장치 B	25,000,000	(대) 기계장치 A	28,000,000
감가상각누계액	4,000,000	기계장치처분이익	1,000,000

2. 기계장치 B에 대한 수선비(자본적 지출이며 주기적 수선에 해당하지 않음)로 지출한 금액은 다음과 같으며, 이를 모두 손익계산서상 비용으로 회계처리하였다.

구분	금액
제23기	8,000,000원
제24기	5,000,000원

3. 제24기 말 기계장치 B에 대한 회수가능가액을 검토하여 3,000,000원의 손상차손을 손익계산서상 비용으로 계상하였다. 해당 손상차손은 물리적 손상에 따른 시장가치 급락을 반영한 것이다.

4. 제23기와 제24기에 손익계산서에 계상한 감가상각비는 각각 5,000,000원이다.

5. 회사는 기계장치에 대한 감가상각방법 및 내용연수를 신고하지 않았으며, 기계장치의 기준내용연수는 8년이다. 내용연수별 상각률은 다음과 같다.

내용연수	6년	8년	10년
정액법	0.166	0.125	0.100
정률법	0.394	0.313	0.259

[물음] ㈜한국의 세무조정 및 소득처분을 다음의 답안 양식에 따라 제시하시오.

구분	익금산입 및 손금불산입			손금산입 및 익금불산입		
	과목	금액	소득처분	과목	금액	소득처분
제23기						
제24기						

구분	익금산입 및 손금불산입			손금산입 및 익금불산입		
	과목	금액	소득처분	과목	금액	소득처분
제23기	기계장치 B	1,000,000	유보	기계장치 B	5,000,000	유보
	상각부인액	3,236,000	유보			
제24기	기계장치 B	1,600,000	유보			
	상각부인액	379,132	유보			

1. 교환 시 취득원가

「법인세법」상 교환으로 취득한 자산의 취득가액은 상업적 실질의 유무, 이종자산 또는 동종자산 간의 교환 여부에 불구하고 법인이 취득하는 자산의 취득 당시 시가(20,000,000원)로 한다.

2. 자산감액에 대한 감가상각

> 5,000,000 + 3,000,000(손상차손)

구분	제23기	제24기
감가상각비	5,000,000	8,000,000
자산감액분 손금불산입	1,000,000	1,600,000

> 5,000,000 × 5,000,000/25,000,000   8,000,000 × 5,000,000/25,000,000

감가상각자산이 진부화, 물리적 손상 등에 따라 시장가치가 급격히 하락하여 법인이 기업회계기준에 따라 손상차손을 계상한 경우에는 해당 금액을 감가상각비로서 손비로 계상한 것으로 본다.

3. 감가상각 시부인(정률법)

> 5,000,000 − 1,000,000   5,000,000 + 3,000,000 − 1,600,000

	제23기		제24기	
(1) 회사계상액		12,000,000		6,400,000
① 손익계산서	4,000,000		6,400,000	
② 즉시상각의제	8,000,000			
(2) 상각범위액		8,764,000		6,020,868
① 취득가액	20,000,000		20,000,000	
② (당기)즉시상각의제	8,000,000			
③ 상각누계액			(4,000,000)	
④ 유보			3,236,000	
소계	28,000,000		19,236,000	
상각률	× 0.313		× 0.313	
(3) 상각부인액(시인부족액)		3,236,000		379,132

① 개별 자산별로 수선비로 지출한 금액이 600만원 미만인 경우에는 이를 자본적 지출에 포함하지 아니하고 손금에 산입한다.

② 회사계상액 중 손익계산서 반영분은 손상차손금액을 감가상각비에 포함하고, 자산감액분 손금불산입액은 차감한다.

③ 취득가액은 세무상 취득가액을 기준으로 조정하고, 자산감액에 대한 유보는 반영하지 않는다. 재무상태표상 취득가액으로 한 후, 자산감액으로 인한 유보를 가감하여도 결과는 동일하기 때문이다.

다음은 제조업을 영위하는 ㈜조세의 제24기 사업연도(2024. 1. 1. ~ 2024. 12. 31.) 자료이다. 다음 자료를 이용하여 물음에 답하시오.

1. ㈜조세가 보유 중인 유형자산 관련 자료는 다음과 같다.

자산	당기 말			전기 말 감가상각누계액	전기 말 상각부인액
	취득가액	감가상각누계액	장부가액		
건물	₩400,000,000	₩235,000,000	₩165,000,000	₩200,000,000	₩20,000,000
기계장치	120,000,000	72,000,000	48,000,000	48,000,000	12,000,000

(*) 제23기에 지출한 건물의 자본적 지출액 ₩50,000,000이 취득가액에 포함되어 있다.

2. 다음은 손익계산서상 수선비 내역이며, 주기적인 수선을 위한 지출이 아니다.

일자	금액	적요
2024. 1. 2.	₩30,000,000	건물 엘리베이터 설치 비용
2024. 1. 10.	5,000,000	기계장치 성능 개선을 위한 수선비

3. 2024. 1. 15.에 금형 제작비용 ₩10,000,000을 지출하면서 손익계산서상 잡손실로 계상하였다. 2024. 1. 30.에 금형이 완성되어 사업에 사용하기 시작하였다.

4. ㈜조세는 건물과 기계장치의 감가상각방법과 내용연수를 신고하지 않았다. 「법인세법」상 기준내용연수 및 상각률은 다음과 같다.

구분	기준내용연수	정액법 상각률	정률법 상각률
건물	40년	0.025	0.073
기계장치	8년	0.125	0.313
금형	8년	0.125	0.313

[물음] ㈜조세의 제24기 세무조정을 아래의 답안 양식에 제시하시오.

익금산입 및 손금불산입			손금산입 및 익금불산입		
과목	금액	소득처분	과목	금액	소득처분

→| 해답 |

익금산입 및 손금불산입			손금산입 및 익금불산입		
과목	금액	소득처분	과목	금액	소득처분
건물 (감가상각비)	54,250,000	유보	기계장치 (감가상각비)	2,292,000	유보
금형	6,870,000	유보			

1. 건물, 기계장치

$$235,000,000 - 200,000,000$$

	건물		기계장치	
(1) 회사계상액		65,000,000		24,000,000
① 손익계산서	35,000,000		24,000,000	
② 즉시상각의제	30,000,000			
(2) 상각범위액		10,750,000		26,292,000
① 취득가액	400,000,000		120,000,000	
② 즉시상각의제	30,000,000			
③ 감가상각누계액			(48,000,000)	
④ 유보잔액			12,000,000	
소계	430,000,000		84,000,000	
상각률	× 0.025		× 0.313	
(3) 상각부인액(시인부족액)		54,250,000		△2,292,000

① 엘리베이터 교체 공사는 자본적 지출에 해당하는 수선비이다. 자본적 지출에 해당하는 수선비를 비용처리한 경우에는 즉시 상각한 것으로 본다.

② 자본적 지출에 해당하는 수선비라도 개별 자산별로 수선비로 지출한 금액이 600만원 미만인 경우에는 당기 비용으로 인정한다.

2. 금형(즉시상각의제)

구분	금액	비고
1. 회사계상액	10,000,000	
2. 상각범위액	3,130,000	$10,000,000 × 0.313 × \dfrac{12}{12}$
3. 상각부인액	6,870,000	

법인이 다음의 단기성 사용자산 및 소모성 자산을 그 사업에 사용한 날이 속하는 사업연도에 손비로 계상한 경우에는 이를 손금에 산입한다.

① 어업에 사용되는 어구(어선용구를 포함)

② 영화필름, 공구, 가구, 전기기구, 가스기기, 가정용 기구·비품, 시계, 시험기기, 측정기기 및 간판
  → 금형은 해당하지 않음

③ 대여사업용 비디오테이프 및 음악용 콤팩트디스크로서 개별 자산의 취득가액이 30만원 미만인 것

④ 전화기(휴대용 전화기를 포함함) 및 개인용 컴퓨터(그 주변기기를 포함)

다음은 제조업을 영위하는 비상장 내국 영리법인 ㈜한국이 제23기(2023. 1. 1. ~ 2023. 12. 31.)와 제24기(2024. 1. 1. ~ 2024. 12. 31.)에 보유하고 있는 기계장치에 대한 내역이다. 아래의 자료를 기초로 물음에 답하시오.

1. ㈜한국은 2023년 1월 1일에 취득원가 ₩50,000,000의 기계장치 A를 취득하였다. 기계장치 A의 잔존가액은 없으며, 신고내용연수는 5년이다.

2. ㈜한국은 기계장치 A를 취득하여 사용하던 중에 물리적 손상 등에 따라 시장가치가 급격히 하락하여 제23기 말에 기계장치 A의 회수가능가액이 ₩18,000,000으로 하락된 것으로 파악되었다. 회수가능가액과 장부가액과의 차이는 중요하다고 판단된다.

3. 제24기 말 기계장치 A의 회수가능가액은 ₩21,000,000으로 확인되었다.

4. ㈜한국은 2024년 7월 1일에 기계장치 A에 대한 부품교체비용 ₩10,000,000을 수선비로 처리하였다. 기계장치 A에 대한 부품교체비용은 3년 미만의 기간마다 주기적 수선을 위해 지출한 것은 아니다.

5. ㈜한국이 기계장치 A에 대한 상각방법을 정액법으로 신고하고, 제23기와 제24기 사업연도 말에 한국채택국제회계기준에 따라 다음과 같이 회계처리하였다.

   (1) 제23기 사업연도 말

(차) 감가상각비	10,000,000	(대) 감가상각누계액	10,000,000
유형자산손상차손	22,000,000	손상차손누계액	22,000,000

   (2) 제24기 사업연도 말

(차) 감가상각비	4,500,000	(대) 감가상각누계액	4,500,000
손상차손누계액	7,500,000	손상차손환입액	7,500,000

6. 내용연수에 따른 상각률은 다음과 같다.

구분	4년	5년
정액법	0.250	0.200
정률법	0.528	0.451

[물음] ㈜한국의 제23기와 제24기 사업연도의 세무조정과 소득처분을 다음의 양식에 따라 제시하시오.

구분	익금산입 및 손금불산입			손금산입 및 익금불산입		
	과목	금액	소득처분	과목	금액	소득처분
제23기						
제24기						

| 해답 |

구분	익금산입 및 손금불산입			손금산입 및 익금불산입		
	과목	금액	소득처분	과목	금액	소득처분
제23기	감가상각부인액	22,000,000	유보			
제24기	감가상각부인액	2,500,000	유보	상각부인액 (손상차손환입)	7,500,000	유보

1. 감가상각비 시부인(기계장치)

`10,000,000 + 22,000,000(손상차손)`

	제23기(전기)		제24기(당기)	
(1) 회사계상액		32,000,000		14,500,000
① 손익계산서	32,000,000		4,500,000	
② 즉시상각의제			10,000,000	
(2) 상각범위액		10,000,000		12,000,000
① 취득가액	50,000,000		50,000,000	
② (누적)즉시상각의제			10,000,000	
소계	50,000,000		60,000,000	
상각률	× 0.2		× 0.2	
(3) 상각부인액(시인부족액)		22,000,000		2,500,000

(1) 자본적 지출

법인이 소유하는 감가상각자산의 내용연수를 연장시키거나 해당 자산의 가치를 현실적으로 증가시키기 위하여 지출한 수선비를 즉시상각의제대상이 되는 자본적 지출로 본다. 부품교체비용이 자본적 지출에 해당하는지는 명확하지 않으나, 3년 미만의 기간마다 주기적 수선을 위해 지출한 것이 아니라는 단서를 감안하여 자본적 지출로 판단하여 풀이한다.

(2) 손상차손 계상

감가상각자산이 진부화, 물리적 손상 등에 따라 시장가치가 급격히 하락하여 법인이 기업회계기준에 따라 손상차손을 계상한 경우에는 해당 금액을 감가상각비로서 손비로 계상한 것으로 보아 일정한 상각범위액 내에서 손금에 산입한다. 다만, 유형자산으로서 천재지변 또는 화재 등의 사유로 파손되거나 멸실된 것은 그 장부가액을 감액하여 손금에 산입한 경우 즉시상각의제대상에서 제외한다.

2. 손상차손의 환입

「법인세법」상 보험업법이나 그 밖의 법률에 따른 유형자산의 평가증만 인정하므로 손상차손의 환입은 자산의 임의평가증으로 간주한다. 따라서 이미 손금부인된 유보금액이 있는 경우 그 금액을 한도로 하여 손금산입한다. 한편, 정률법으로 상각한다고 가정하더라도 감가상각비 시부인 계산과 관련하여 기초 미상각잔액(유보)에 영향을 미치지는 않는다.

다음은 내국법인 ㈜대한의 제24기(2024. 1. 1. ~ 2024. 12. 31.) 사업연도 감가상각 관련 세무조정 자료이다. 다음 자료를 이용하여 물음에 답하시오.

1. 2023. 1. 8.에 취득한 비품 A의 취득가액은 50,000,000원이며, 제23기 말 감가상각누계액은 20,000,000원, 세무상 상각부인액은 4,000,000원이다. ㈜대한은 당기(제24기) 1월 1일에 상각부인액 중에서 1,000,000원을 환입하여 다음과 같이 회계처리하였다.

   (차) 감가상각누계액   1,000,000   (대) 이익잉여금   1,000,000

   ㈜대한은 제24기 9. 1.에 비품 A의 취득가액 중 15,000,000원에 해당하는 부분을 처분하였고, 당기 말에 잔여자산 감가상각비로서 12,000,000원을 계상하였다.

2. 2023. 7. 1.에 취득한 기계장치 B(취득가액 200,000,000원)는 취득 당시 ㈜민국이 5년간 사용한 중고자산으로서 당기 말 재무상태표상 장부가액은 60,000,000원(전기 말 재무상태표상 감가상각누계액은 60,000,000원)이다. 한편, ㈜대한이 전기 말에 기계장치 B의 자본적 지출로서 손익계산서에 수선비로 비용계상한 금액 15,000,000원이 있다.

3. ㈜대한은 감가상각방법을 신고하지 아니하였다. 모든 자산의 기준내용연수는 8년으로서 법인세부담 최소화를 감안하여 각 자산별로 내용연수를 신고하였다. 정액법 및 정률법에 의한 감가상각률은 다음과 같다.

구분	4년	6년	8년	10년
정액법	0.250	0.166	0.125	0.100
정률법	0.528	0.394	0.313	0.259

[물음] ㈜대한의 제24기 세무조정 및 소득처분을 소득금액조정합계표에 제시하시오.

─┤ 해답 ├─

익금산입·손금불산입			손금산입·익금불산입		
과목	금액	소득처분	과목	금액	소득처분
이익잉여금	1,000,000	기타	감가상각누계액(비품)	1,000,000	유보
감가상각비(비품)	2,622,800	유보	감가상각비(비품)	900,000	유보
			감가상각비(기계장치)	3,550,720	유보

1. **자산의 임의평가증**

   감가상각누계액을 감액하는 것은 자산의 임의평가증과 동일하다. 따라서 이를 익금불산입한다. 단, 이익잉여금의 증가로 처리한 것은 익금산입하고 기타로 처분한다.

2. **자산의 일부 양도**

   감가상각자산을 양도한 경우 해당 자산의 상각부인액은 양도일이 속하는 사업연도의 손금에 산입한다. 자산의 일부 가액만을 양도하는 경우에는 다음의 금액을 손금추인한다.

   $$양도자산의\ 상각부인액 = 전체\ 자산의\ 상각부인액 \times \frac{양도자산의\ 취득가액}{전체\ 자산의\ 취득가액}$$
   $$= (4,000,000 - 1,000,000) \times 30\% = 900,000$$

   자산의 임의평가

3. **내용연수**

   ① 비품 A: 세부담 최소화를 위해 가장 짧은 내용연수를 적용한다. 특례내용연수를 적용할 수 있는 요건은 별도로 없으므로, 기준내용연수의 25%를 차감한 6년(상각률 0.394)을 적용한다.

   ② 기계장치 B: 기준내용연수의 50% 이상이 경과된 자산을 다른 법인으로부터 취득한 경우에는 기준내용연수의 50% 범위 내에서 선택한 내용연수를 적용할 수 있다. 따라서 세부담 최소화를 위해 내용연수 4년(상각률 0.528)을 적용한다.

4. **감가상각 시부인(비품)**

구분	금액	비고
1. 회사계상액	12,000,000	
2. 상각범위액	9,377,200	$(50,000,000 - 20,000,000 + 4,000,000) \times 70\% \times 0.394$
3. 상각부인액	2,622,800	

   정률법 적용 시 상각범위액은 세무상 기초잔액을 기준으로 한다. 기중에 평가하거나 환입한 것은 반영하지 않는다. 다만, 기중에 양도하였으므로 잔존가액의 기초 세무상 잔액을 기준으로 한다.

5. **감가상각비 시부인(기계장치)**

   140,000,000(전기 말 장부가액) - 60,000,000(당기 말 장부가액)

	제23기(전기)		제24기(당기)	
(1) 회사계상액		75,000,000		80,000,000
① 손익계산서	60,000,000		80,000,000	
② 즉시상각의제	15,000,000			
(2) 상각범위액		56,760,000		83,550,720
① 취득가액	200,000,000		200,000,000	
② (당기)즉시상각의제	15,000,000			
③ 감가상각누계액			(60,000,000)	
④ 유보잔액			18,240,000	
소계	215,000,000		158,240,000	
상각률	$\times 0.528 \times \frac{6}{12}$		$\times 0.528$	
(3) 상각부인액(시인부족액)		18,240,000		△3,550,720

제조업을 영위하는 ㈜한국의 제23기 사업연도(2023. 1. 1. ~ 2023. 12. 31.) 및 제24기 사업연도(2024. 1. 1. ~ 2024. 12. 31.) 법인세 신고 관련 자료이다.

1. 재무상태표상 유형자산 자료는 다음과 같다.

구분	제24기 말	제23기 말
건물 A	800,000,000원	800,000,000원
감가상각누계액	(80,000,000)원	(40,000,000)원
기계장치 B	200,000,000원	200,000,000원
감가상각누계액	(140,000,000)원	(90,000,000)원

2. ㈜한국은 2023. 1. 1. 건물 A를 800,000,000원에 취득(중고자산 아님)하였고, 2023. 4. 1. 기계장치 B를 200,000,000원에 취득(취득 당시 다른 법인이 5년 3개월 동안 사용한 중고자산)하였다.

3. 제24기 중 건물 A와 기계장치 B에 대한 다음의 수선비를 손익계산서상 비용처리하였다. 모두 주기적인 수선을 위한 지출이 아니다.

구분	건물 A	기계장치 B
자본적 지출	10,000,000원	5,000,000원
수익적 지출	40,000,000원	1,000,000원

4. 제24기 말에 기계장치 B에 대한 회수가능가액을 검토하여 3,000,000원의 손상차손을 손익계산서상 비용으로 계상하였다. 해당 손상차손은 물리적 손상(파손에 해당하지는 않음)에 따른 시장가치 급락을 반영한 것이다.

   (차) 유형자산손상차손　　　　3,000,000　　　(대) 손상차손누계액　　　　　　3,000,000

5. 건물의 기준내용연수는 40년이며, 기계장치의 기준내용연수는 8년이다. 내용연수별 상각률은 다음과 같다.

내용연수	4년	6년	8년	30년	40년
정액법	0.250	0.166	0.125	0.034	0.025
정률법	0.528	0.394	0.313	0.096	0.073

6. 회사는 건물 및 기계장치에 대한 감가상각방법을 각각 정액법, 정률법으로 신고하였고 내용연수는 법인세부담 최소화를 감안하여 신고하였다.

[**물음**] ㈜한국의 세무조정 및 소득처분을 다음의 답안 양식에 따라 제시하시오.

구분	익금산입 및 손금불산입			손금산입 및 익금불산입		
	과목	금액	소득처분	과목	금액	소득처분
제23기	건물					
	기계장치					
제24기	건물					
	기계장치					

─┤ **해답** ├─

구분	익금산입 및 손금불산입			손금산입 및 익금불산입		
	과목	금액	소득처분	과목	금액	소득처분
제23기	건물	12,800,000	유보			
	기계장치	10,800,000	유보			
제24기	건물	22,460,000	유보			
				기계장치	8,422,400	유보

1. 건물 A 감가상각 시부인

	제23기		제24기	
(1) 회사계상액		40,000,000		50,000,000
① 손익계산서	40,000,000		40,000,000	
② 즉시상각의제			10,000,000	
(2) 상각범위액		27,200,000		27,540,000
① 취득가액	800,000,000		800,000,000	
② (누적)즉시상각의제			10,000,000	
소계	800,000,000		810,000,000	
상각률	× 0.034		× 0.034	
(3) 상각부인액(시인부족액)		12,800,000		22,460,000

① 기준내용연수의 75% 범위의 내용연수를 선택하여 신고할 수 있다. 이때 내용연수는 30년이 적용되고, 취득가액을 30으로 나누어 상각범위액을 계산하면 안 된다. 세법상 내용연수별로 상각률이 법정화되어 있기 때문이다. 다만, 문제에서 상각률이 제시되지 않는다면 정액법에 한하여 취득가액을 내용연수로 나누어 상각범위액을 계산한다.

② 개별 자산별로 수선비로 지출한 금액이 600만원 미만 또는 직전 사업연도 종료일 현재 재무상태표상 자산가액의 5%에 미달하는 경우에는 자본적 지출로 보지 않는다. 이때 개별 자산별로 수선비로 지출한 금액은 개별 자산에 대한 자본적 지출액과 수익적 지출액을 합산한 수선비총액을 말한다.

2. 기계장치 B 감가상각 시부인

	(5,000,000 + 1,000,000) ≧ 600만원		50,000,000 + 3,000,000	
	제23기		제24기	
(1) 회사계상액		90,000,000		58,000,000
① 손익계산서	90,000,000		53,000,000	
② 즉시상각의제			5,000,000	
(2) 상각범위액		79,200,000		66,422,400
① 취득가액	200,000,000		200,000,000	
② (당기)즉시상각의제			5,000,000	
③ 감가상각누계액			(90,000,000)	
④ 유보잔액			10,800,000	
소계	200,000,000		125,800,000	
상각률	$\times 0.528 \times \dfrac{9}{12}$		× 0.528	
(3) 상각부인액(시인부족액)		10,800,000		△8,422,400

① 법인이 기준내용연수의 50% 이상 경과한 중고자산을 다른 법인 또는 사업자로부터 취득(합병·분할에 의하여 자산을 승계한 경우를 포함)한 경우 그 중고자산에 대한 감가상각 적용 시 그 자산의 기준내용연수의 50%에 상당하는 연수와 기준내용연수의 범위에서 선택하여 납세지 관할 세무서장에게 신고한 수정내용연수를 내용연수로 할 수 있다.

② 감가상각자산이 진부화, 물리적 손상 등에 따라 시장가치가 급격히 하락하여 법인이 기업회계기준에 따라 손상차손을 계상한 경우에는 해당 금액을 감가상각비로서 손비로 계상한 것으로 보아 일정한 상각범위액 내에서 손금에 산입한다.

다음은 ㈜대한의 제24기 사업연도(2024. 1. 1. ~ 2024. 12. 31.)의 사용수익기부자산 등에 관한 자료이다. 아래 자료를 이용하여 아래 물음에 답하시오.

1. ㈜대한은 서울특별시가 보유하고 있는 토지에 건물을 신축하며 무상으로 기부하고 완공 후 10년간 동 건물을 무상으로 사용하기로 하였다.

2. ㈜대한이 2024. 7. 1. 건물의 완공시점까지 투입한 건설자금의 장부가액은 200,000,000원이며, 완공 건물에 대한 취득세는 20,000,000원이다.

3. ㈜대한은 동 건물을 2024. 7. 1. 완공시점에 서울특별시에 기부하였으며, 건물의 시가인 300,000,000원을 사용수익기부자산으로 계상하고 다음과 같이 회계처리하였다.

   (1) 건물 완공 회계처리

(차) 건물	220,000,000	(대) 건설중인자산	200,000,000
		현금	20,000,000

   (2) 사용수익기부자산 회계처리

(차) 사용수익기부자산	300,000,000	(대) 건물	220,000,000
		유형자산처분이익	80,000,000

4. ㈜대한은 제24기 사업연도 사용수익기부자산의 감가상각비로 30,000,000원을 계상하였다.

[물음 1] ㈜대한의 제24기 사업연도 사용수익기부자산에 대한 세무조정을 하시오.

[물음 2] ㈜대한이 사용수익기부자산에 대하여 2024. 10. 31. 건물피난시설에 대한 설치비 10,000,000원을 수선비로 계상한 경우 ㈜대한의 제24기 사업연도 사용수익기부자산 상각 부인액을 계산하시오. 단, 사용수익기부자산 상각부인액 계산 시 사용수익기부자산의 취득 가액은 200,000,000원이고 회계상 감가상각비는 20,000,000원으로 한다.

[물음 1]

[손금산입]	사용수익기부자산	80,000,000	△유보
[손금불산입]	감가상각비(자산감액분)	8,000,000	유보
[손금불산입]	감가상각비	11,000,000	유보

1. 사용수익기부자산

(1) 사용수익기부자산의 범위

사용수익기부자산가액이란 법인이 소유하거나 법인의 부담으로 취득한 금전 외의 자산을 일정한 기간 동안 사용하거나 또는 수익을 얻을 것을 조건으로 하여 국가·지방자치단체, 특례기부금 대상 법인 또는 일반기부금 대상 법인에게 무상으로 기부하는 자산의 세무상 장부가액을 말한다.

(2) 비지정기부금

법인이 국가·지방자치단체·기부금 단체 등이 아닌 자에게 사용·수익하는 조건으로 무상으로 기부하는 자산은 사용수익기부자산이 아닌 비지정기부금으로 보아 손금에 산입하지 아니한다.

(3) 부가가치세 포함 여부

사용수익기부자산가액은 기부 당시 당해 자산의 세무상 장부가액을 말한다. 여기에는 법인이 당해 기부자산에 대하여 부담하기로 한 부가가치세가 포함된다.

2. 사용수익기부자산 취득 시 세무조정

회계처리		세무상 처리	
(차) 사용수익기부자산 300,000,000		(차) 사용수익기부자산 220,000,000	
(대) 건물	220,000,000	(대) 건물	220,000,000
유형자산처분이익	80,000,000		

사용수익기부자산은 건물의 세무상 취득가액으로 취득한 것으로 보고 처분손익은 인식하지 아니한다. 그 결과 자산이 80,000,000원 과대계상되었으므로 이를 손금산입한다. 기부채납하고 그 반대급부로 무상사용권을 취득하였으므로 부가가치세 과세대상이나, 부가가치세에 대해서는 별도의 언급이 없으므로 이를 반영하지 않았다.

3. 자산의 감가상각

(1) 자산감액분 상각비(1단계)

$$30,000,000 \times \frac{80,000,000}{300,000,000} = 8,000,000$$

(2) 감가상각 시부인(2단계)

구분	금액	비고
1. 회사상각비	22,000,000	$30,000,000 - 8,000,000$
2. 상각범위액	11,000,000	$(300,000,000 - 80,000,000) \times \frac{1}{10} \times \frac{6}{12}$
3. 상각부인액	11,000,000	

[물음 2]

| [손금불산입] | 감가상각비 | 19,500,000 | 유보 |

1. 자본적 지출
사용수익기부자산의 기부 당시 또는 그 이후에 추가적으로 발생하는 비용의 경우에는 그 성격에 따라 자본적 지출 또는 수익적 지출로 구분한다.

2. 감가상각비 세무조정

구분	금액	비고
1. 회사상각비	30,000,000	$20,000,000 + 10,000,000$(즉시상각의제)
2. 상각범위액	10,500,000	$(200,000,000 + 10,000,000) \times \dfrac{1}{10} \times \dfrac{6}{12}$
3. 상각부인액	19,500,000	

다음은 ㈜바른의 제24기(2024. 1. 1. ~ 2024. 12. 31.) 사업연도의 사용수익기부자산 내역이다. 아래 제시된 자료를 이용하여 물음에 답하시오.

1. 기부채납한 건물의 내역

구분	사용수익기부자산
장부가액	200,000,000원
시가	230,000,000원
기부처	서울시

2. 회사는 서울시 보유 토지상에 건물을 신축(7월 1일 완공)한 후 건물을 무상으로 기부하고 향후 10년간 건물을 무상으로 사용하기로 하였다. 회사는 기부시점에 다음과 같이 회계처리한 후, 제24기 감가상각비로 25,000,000원을 계상하였다.

(차) 무형자산	250,000,000	(대) 건설중인자산	200,000,000
		유형자산처분이익	30,000,000
		부가가치세예수금*	20,000,000

* 기부채납 관련 법률에 따라 계산된 건축비 등 가액을 과세표준으로 하여 계산된 금액으로서 「부가가치세법」상 적정한 금액이다.

[물음] 사용수익기부자산과 관련하여 ㈜바른의 제24기 사업연도의 세무조정을 제시된 답안 양식에 따라 하시오.

세무조정	과목	금액	소득처분

─┤ **해답** ├─────────────────────────────

세무조정	과목	금액	소득처분
손금산입	사용수익기부자산	30,000,000	△유보
손금불산입	감가상각비(감액분)	3,000,000	유보
손금불산입	감가상각비(상각부인액)	11,000,000	유보

1. 사용수익기부자산

회계처리	세무상 처리
(차) 사용수익기부자산　250,000,000	(차) 사용수익기부자산　220,000,000
(대) 건설중인자산　　　200,000,000	(대) 건설중인자산　　　200,000,000
유형자산처분이익　　30,000,000	부가가치세예수금　　20,000,000
부가가치세예수금　　20,000,000	

사용수익기부자산은 건물의 세무상 취득가액으로 취득한 것으로 보고 처분손익은 인식하지 아니한다. 그 결과 자산이 30,000,000원 과대계상되었으므로 이를 손금산입한다. 기부채납으로 인해 부담하는 부가가치세는 자산의 취득원가에 가산한다.

2. 자산의 감가상각

(1) 자산감액분 상각비(1단계)

$$25,000,000 \times \frac{30,000,000}{250,000,000} = 3,000,000$$

(2) 감가상각 시부인(2단계)

구분	금액	비고
1. 회사상각비	22,000,000	25,000,000 − 3,000,000
2. 상각범위액	11,000,000	$(250,000,000 - 30,000,000) \times \frac{1}{10} \times \frac{6}{12}$
3. 상각부인액	11,000,000	

다음은 제조업을 영위하는 상장 중소기업인 ㈜한국의 제24기 사업연도(2024. 1. 1. ~ 2024. 12. 31.)의 법인세 신고 자료이다. 아래 자료를 이용하여 물음에 답하시오.

1. ㈜한국은 2023. 10. 2. ㈜설악으로부터 토지 A와 건물 B를 676,000,000원(부가가치세 포함)에 일괄구입한 후 영업활동에 사용해 오다가 2024. 11. 20. 700,000,000원(부가가치세 포함)에 일괄처분하였다.

2. 2023. 10. 2. 일괄구입 시 ㈜설악의 장부가액은 토지 A 150,000,000원, 건물 B 100,000,000원이었으며, 감정평가가액은 토지 A 300,000,000원, 건물 B 200,000,000원이었다. ㈜한국은 결산상 토지 A와 건물 B를 별도로 구분하지 않고 부가가치세를 제외한 취득가액 전부를 건물 B로 계상하였다.

3. ㈜한국은 결산상 건물 B의 감가상각비로 2023년도 15,000,000원, 2024년도 35,000,000원을 각각 인식하였다. 건물 B의 기준내용연수는 세법상 10년이다. 회사는 내용연수와 상각방법을 신고하지 않았다.

4. ㈜한국은 2024. 7. 1. 사업을 구조조정하면서 사용 중이던 건물 C(신고내용연수 25년, 장부가액 600,000,000원, 시가 700,000,000원)를 지방자치단체에 기부하고 향후 10년 동안 동 건물에 대한 임대료수익을 얻기로 계약을 체결하였다. 결산상 회사는 동 건물 C의 장부가액을 무형자산으로 대체하였으며 향후 10년 동안 예상 임대료수익 120,000,000원(월 1,000,000원 × 120개월)을 전액 당기 수익으로 인식하고 당기 무형자산상각비로 50,000,000원을 계상하였다. 임대계약에 의하면 처음 임대기간(연장 가능함)은 2024. 7. 1.부터 2026. 6. 30.까지이며, 매월 임대료는 1,000,000원이지만 당기 12월분은 당기 말 현재 미수령한 상태에 있다.

[물음] ㈜한국의 제24기 사업연도의 세무조정을 제시된 답안 양식에 따라 하시오.

구분	익금산입 및 손금불산입			손금산입 및 익금불산입		
	과목	금액	소득처분	과목	금액	소득처분
제23기						
제24기						

─| 해답 |─

구분	익금산입 및 손금불산입			손금산입 및 익금불산입		
	과목	금액	소득처분	과목	금액	소득처분
제23기	토지 A	390,000,000	유보	건물 B	390,000,000	유보
	감가상각비(건물 B)	9,000,000	유보			
제24기	건물 B	381,000,000	유보	토지 A	390,000,000	유보
	사용수익기부자산	20,000,000	유보	임대료수익	114,000,000	유보

1. 토지와 건물

(1) 세무상 취득가액

① 건물 B: $676,000,000 \times [200,000,000 \div (500,000,000 + 20,000,000)] = 260,000,000$ ← 건물 감정가액의 10%

② 토지 A: $676,000,000 \times [300,000,000 \div (500,000,000 + 20,000,000)] = 390,000,000$

③ 부가가치세(건물 공급가액의 10%) 26,000,000

과대계상된 건물 B를 손금산입하고 과소계상된 토지 A를 익금산입한다.

(2) 자산감액분 상각비(1단계)

$$15,000,000 \times \frac{390,000,000}{650,000,000} = 9,000,000$$

$676,000,000 - 26,000,000$

(3) 감가상각 시부인(2단계)

구분	금액	비고
1. 회사상각비	6,000,000	$15,000,000 - 9,000,000$
2. 상각범위액	6,500,000	$(650,000,000 - 390,000,000) \times \frac{1}{10} \times \frac{3}{12}$
3. 시인부족액	500,000	상각부인액이 없으므로 손금산입 불가

(4) 자산처분

건물 B와 토지 A 관련 유보잔액을 모두 추인한다.

2. 사용수익기부자산

(1) 사용수익기부자산 감가상각

$50,000,000(회사상각비) - 600,000,000(장부가액) \times \frac{1}{10} \times \frac{6}{12} = 20,000,000(상각부인액)$

회사는 장부가액을 대체하였으므로 자산감액조정은 필요 없다.

(2) 임대료

① 세무상 임대수익: $1,000,000 \times 6개월 = 6,000,000$

② 회계상 임대수익: 120,000,000

③ 세무조정: 114,000,000(익금불산입)

다음은 ㈜백두의 제24기 사업연도(2024년 1월 1일 ~ 2024년 12월 31일) 법인세 신고 관련 자료이다. 다음 자료를 이용하여 물음에 답하시오.

1. ㈜백두는 2024년 1월부터 신제품 개발을 시작하여 2024년 10월 1일 제품 개발을 완료하였으며, 2024년 12월 1일부터 신제품의 판매를 시작하였다.

2. 개발비 지출액 전액(5억원)을 무형자산(개발비)으로 계상하였으며, 개발비 지출액의 내역은 다음과 같다.

구분	개발비 지출액
개발부서 인건비	250,000,000원
개발 관련 재료비	100,000,000원
개발부서 관리비	150,000,000원

3. 개발부서 재료비에는 판매비와 관리비로 처리되어야 할 소모품비 5,000,000원이 포함되어 있다.

4. 개발부서 관리비에는 「개인정보 보호법」의 규정에 따라 지급한 손해배상액 30,000,000원이 포함되어 있다. 동 손해배상액은 신제품 개발과 무관한 일반관리비이며, 손해배상액과 관련하여 실제 발생한 손해액이 분명하지 않다.

5. 개발비의 상각기간을 5년으로 신고하였으며, 개발비 상각비 14,000,000원을 비용으로 계상하였다.

[물음] ㈜백두의 제24기 세무조정 및 소득처분을 다음의 답안 양식에 따라 제시하시오.

익금산입·손금불산입			손금산입·익금불산입		
과목	금액	소득처분	과목	금액	소득처분

─┤ 해답 ├─

익금산입·손금불산입			손금산입·익금불산입		
과목	금액	소득처분	과목	금액	소득처분
징벌적 손해배상금	20,000,000	기타사외유출	개발비 감액	35,000,000	유보
자산감액분 상각비	980,000	유보			
개발비 상각부인액	5,270,000	유보			

1. 개발비 감액

   소모품비(5,000,000원)와 손해배상액(30,000,000원)은 세법상 개발비(자산)로 인정받을 수 없다. 따라서 자산계상 개발비를 손금산입하고 유보 처분한다.

2. 징벌적 손해배상

   내국법인이 지급한 손해배상금 중 실제 발생한 손해를 초과하여 지급하는 금액은 내국법인의 각 사업연도의 소득금액을 계산할 때 손금에 산입하지 아니한다. 이때 실제 발생한 손해액이 분명하지 아니한 경우에는 내국법인이 지급한 손해배상금에 3분의 2를 곱한 금액(20,000,000원)을 손금불산입 대상 손해배상금으로 한다.

3. 개발비 상각 시부인

(1) 자산감액분 세무조정

$$14,000,000 \times \frac{35,000,000}{500,000,000} = 980,000$$

(2) 감가상각비 시부인

구분	금액	비고
1. 회사상각비	13,020,000	14,000,000 − 980,000
2. 상각범위액	7,750,000	$(500,000,000 - 35,000,000) \times \frac{1}{5} \times \frac{1}{12}$
3. 상각부인액	5,270,000	

사업연도 중에 새로이 취득한 자산의 상각범위액은 신규로 취득한 자산의 사용일로부터 사업연도 종료일까지 월수를 12월로 나누어 계산한다. 세법상 감가상각은 사용가능일이 아닌 실제로 사용하는 날부터 개시하며, 개발비의 경우 관련 제품의 판매 또는 사용이 가능한 시점부터 상각한다.

다음은 제조업을 영위하는 영리 내국 상장법인으로서 중소기업이 아닌 ㈜한국의 제24기 사업연도 (2024. 1. 1. ~ 2024. 12. 31.)의 개발비 등에 대한 자료이다. 다음 자료를 이용하여 물음에 답하시오.

1. ㈜한국은 2024. 1. 1.부터 신제품을 개발하기 시작하여 2024. 10. 1. 제품 개발을 완료하였으며, 동 일자부터 신제품의 판매를 시작하였다.

2. ㈜한국은 신제품 개발기간에 지출한 1,200,000,000원을 개발비(무형자산) 계정으로 처리하였으며, 이 중에는 해당 신제품 개발부서의 임원으로 근무해 오다 2024. 9. 30. 퇴직한 갑의 인건비 235,000,000원이 포함되어 있다. 동 인건비는 당해 사업연도 중 임원 갑의 9개월분 (2024. 1. 1. ~ 2024. 9. 30.)의 급여와 상여금 그리고 퇴직 시 지급한 퇴직금으로 구성된다.

3. 임원 갑의 퇴직 직전 1년간 지급한 급여는 120,000,000원(매월 10,000,000원 지급)이고, 퇴직 직전 1년간 별도로 상여금 60,000,000원(매월 5,000,000원 지급)을 지급하였으며, 퇴직시점(2024. 9. 30.)에 지급한 퇴직금은 100,000,000원이다. 해당 임원의 입사일은 2003. 7. 1.이고, 2020. 9. 10.에 임원으로 승진되었으며, 임원으로 승진하던 시점에 퇴직금을 수령한 바 있다.

4. ㈜한국의 이사회 결의사항에 따르면, 임원의 상여금 지급 한도는 급여총액의 40%이고, 퇴직급여와 관련된 별도의 규정은 없다. 한편, ㈜한국은 퇴직급여충당금을 설정하지 않으므로 퇴직 시에 지급한 퇴직금을 모두 퇴직급여(당기비용)로 회계처리하거나 필요한 경우 적절한 자산의 원가로 배분하고 있다. 그리고 임원 갑에 대해 지급한 급여총액은 주주총회에서 승인된 금액이다.

5. ㈜한국의 개발비 상각기간은 5년으로 신고하였고, 240,000,000원을 개발비 상각비 계정으로 당해 사업연도의 손익계산서상 당기비용으로 계상하였다.

[물음] ㈜한국의 제24기 세무조정을 다음 답안 양식에 제시하시오.

익금산입 · 손금불산입			손금산입 · 익금불산입		
과목	금액	소득처분	과목	금액	소득처분

익금산입 · 손금불산입			손금산입 · 익금불산입		
과목	금액	소득처분	과목	금액	소득처분
임원상여금	9,000,000	상여	개발비	9,000,000	유보
임원퇴직금	32,800,000	상여	개발비	32,800,000	유보
무형자산상각비 (자산감액분)	8,360,000	유보			
무형자산상각비 (상각부인액)	173,730,000	유보			

1. **임원상여금 및 퇴직금 한도초과액**

(1) **임원상여금 한도초과**

   $45,000,000 - 10,000,000 \times 9개월 \times 40\% = 9,000,000$

(2) **임원퇴직금 한도초과**

   2020. 9. 10. ~ 2024. 9. 30.(1개월 미만 절사)

   $100,000,000 - (120,000,000 + 120,000,000 \times 40\%) \times \dfrac{1}{10} \times \dfrac{48}{12} = 32,800,000$

   ① 개발비로 계상된 임원상여금 및 퇴직금 한도초과액은 손금으로 인정될 수 없다. 사외유출되면서 손금으로 인정되지 않는 비용을 자산계상한 경우에는 자산을 감액(손금산입, △유보)하고 동 금액을 손금불산입하고 사외유출된 것으로 소득처분한다.

   ② 임원에 대한 퇴직급여가 정관에 정하여지지 아니한 경우에는 법정산식(총급여액 × 10% × 근속연수)에 따른다. 이때 근속연수는 임원으로 승진한 날부터 계산하는 것이 원칙이나, 근속연수를 계산함에 있어 해당 임원이 직원에서 임원으로 된 때에 퇴직금을 지급하지 아니한 경우에는 직원으로 근무한 기간을 근속연수에 합산할 수 있다.

2. **개발비 감가상각 시부인 계산**

(1) **자산감액분 세무조정**

   9,000,000 + 32,800,000

   $240,000,000 \times \dfrac{41,800,000}{1,200,000,000} = 8,360,000$

(2) **감가상각비 시부인**

   관련 제품 판매 시부터 상각

구분	금액	비고
1. 회사상각비	231,640,000	$240,000,000 - 8,360,000$
2. 상각범위액	57,910,000	$(1,200,000,000 - 41,800,000) \times \dfrac{1}{5} \times \dfrac{3}{12}$
3. 상각부인액	173,730,000	

다음은 정보처리업을 영위하고 있는 ㈜변경의 감가상각 관련 자료이다. 아래 자료를 기초로 물음에 답하시오.

1. 제23기(2023. 1. 1. ~ 2023. 12. 31.) 1월 1일에 기계장치를 100,000,000원에 취득하였다.

2. 회사는 2023년 7월 1일 기계장치 부품 교체비용(기업회계상 수익적 지출이나 「법인세법」상으로는 자본적 지출에 해당됨) 10,000,000원을 수선비로 회계처리하였다.

3. 기계장치의 기준내용연수는 5년이며, 회사는 내용연수를 신고하지 않았다.

4. 감가상각과 관련된 각각의 상황은 다음과 같다. 감가상각방법의 신고와 감가상각방법 변경의 신청 및 승인은 모두 「법인세법」에 따라 이루어졌다.

5. 제23기에 정액법에 따른 감가상각비 20,000,000원을 계상하였다. 제24기에 정액법에서 정률법으로 상각방법을 변경하고 다음과 같이 회계처리하였다.

(차) 회계변경누적효과 (이익잉여금)	25,100,000	(대) 감가상각누계액	25,100,000
(차) 감가상각비	24,759,900	(대) 감가상각누계액	24,759,900

6. 내용연수에 따른 상각률은 다음과 같다.

구분	4년	5년
정액법	0.250	0.200
정률법	0.528	0.451

[물음 1] 제24기(2024. 1. 1. ~ 2024. 12. 31.) 세무조정과 소득처분을 소득금액조정합계표에 제시하시오.

[물음 2] 자료 5의 내용을 다음과 같이 변경하는 경우에 [물음 1]을 다시 제시하시오.

제23기에 정률법에 따른 감가상각비 45,100,000원을 계상하였다. 제24기에 정률법에서 정액법으로 상각방법을 변경하고 다음과 같이 회계처리하였다.

(차) 감가상각누계액	25,100,000	(대) 회계변경누적효과 (이익잉여금)	25,100,000
(차) 감가상각비	20,000,000	(대) 감가상각누계액	20,000,000

— **해답** —

[물음 1] 정액법 → 정률법

익금산입·손금불산입			손금산입·익금불산입		
과목	금액	소득처분	과목	금액	소득처분
감가상각비	10,171,900	유보	이익잉여금	25,100,000	기타

1. 회계변경 누적효과

① 법인이 전기에 과소계상한 유형자산의 감가상각비를 기업회계기준에 따라 이월이익잉여금을 감소시키는 전기오류수정손실로 회계처리한 경우, 동 상각비는 당기에 손금으로 계상한 것으로 보아 당해 사업연도의 감가상각비에 가산하여 시부인 계산한다.

② 자산을 감액하면서 손익계산서에 비용처리하지 않은 경우에는 우선 손금산입하여야 한다. 따라서 이익잉여금의 감소로 처리한 부분을 손금산입하고 기타로 처분한다.

2. 감가상각 시부인 계산

25,100,000 + 24,759,900

	제23기(정액법)		제24기(정률법)	
(1) 회사계상액		30,000,000		49,859,900
① 손익계산서	20,000,000		49,859,900	
② 즉시상각의제	10,000,000			
(2) 상각범위액		22,000,000		39,688,000
① 취득가액	100,000,000		100,000,000	
② 즉시상각의제	10,000,000			
③ 감가상각누계액			(20,000,000)	
④ 유보잔액			8,000,000	
소계	110,000,000		88,000,000	
상각률	× 0.2		× 0.451	
(3) 상각부인액(시인부족액)		8,000,000		10,171,900

① 감가상각방법 변경 시에는 세무상 기초 미상각잔액에 상각률을 곱하여 상각범위액을 계산한다. 정액법에서 정률법으로 변경되든, 정률법에서 정액법으로 변경되든 마찬가지이다.

② 내용연수는 신고(기준)내용연수에 따르며 잔존내용연수를 적용하지 아니한다.

[물음 2] 정률법 → 정액법

익금산입·손금불산입			손금산입·익금불산입		
과목	금액	소득처분	과목	금액	소득처분
이익잉여금	25,100,000	기타	감가상각누계액	25,100,000	유보
감가상각비	7,922,000	유보			

1. 자산의 임의평가증
   전기이월이익잉여금 증가액을 익금산입(기타)하고, 동 금액을 손금산입(△유보)으로 소득처분하여야 한다.

2. 감가상각 시부인 계산

	제23기(정률법)		제24기(정액법)	
(1) 회사계상액		55,100,000		20,000,000
① 손익계산서	45,100,000		20,000,000	
② 즉시상각의제	10,000,000			
(2) 상각범위액		49,610,000		12,078,000
① 취득가액	100,000,000		100,000,000	
② 즉시상각의제	10,000,000			
③ 감가상각누계액			(45,100,000)	
④ 유보잔액			5,490,000	
소계	110,000,000		60,390,000	
상각률	× 0.451		× 0.2	
(3) 상각부인액(시인부족액)		5,490,000		7,922,000

① 감가상각방법을 변경한 경우에는 정액법을 적용하더라도 세무상 기초 미상각잔액을 기준으로 감가상각범위액을 계산한다.

② 기중에 자산의 임의평가증이 있더라도, 상각방법 변경 시에는 세무상 기초 미상각잔액을 기준으로 감가상각범위액을 계산한다.

다음은 제조업을 영위하는 비상장 내국 영리법인 ㈜민국의 제23기(2023. 1. 1. ~ 2023. 12. 31.)와 제24기(2024. 1. 1. ~ 2024. 12. 31.) 감가상각 관련 자료이다. 아래의 자료를 기초로 물음에 답하시오.

1. 2023년 1월 1일에 기계장치 B를 ₩50,000,000에 취득하였다.

2. 2023년 7월 1일에 기계장치 B에 대한 부품교체비용 ₩6,000,000을 수선비로 회계처리하였다. 기계장치 B에 대한 부품교체비용은 3년 미만의 기간마다 주기적 수선을 위해 지출한 것은 아니다.

3. 제23기에 기계장치 B의 내용연수를 신고하지 않았으며 기준내용연수는 5년이다.

4. 제23기에 기계장치 B의 감가상각방법은 정률법으로 신고하였고, 제23기에 정률법에 따른 기계장치 B에 대한 감가상각비를 다음과 같이 회계처리하였다.

   (차) 감가상각비   22,550,000   (대) 감가상각누계액   22,550,000

5. 제24기에 정률법에서 정액법으로 기계장치 B의 상각방법을 변경하고 소급법을 적용하여 다음과 같이 회계처리하였다. 제24기에 기계장치 B의 감가상각방법 변경의 신청 및 승인은 모두 「법인세법」에 따라 이루어졌다.

   (차) 감가상각누계액   12,550,000   (대) 회계변경누적효과   12,550,000
                                             (이익잉여금)

   (차) 감가상각비   10,000,000   (대) 감가상각누계액   10,000,000

6. 내용연수에 따른 상각률은 다음과 같다.

구분	4년	5년
정액법	0.250	0.200
정률법	0.528	0.451

[물음] ㈜민국의 제23기와 제24기 사업연도의 세무조정과 소득처분을 다음의 양식에 따라 제시하시오.

구분	익금산입 및 손금불산입			손금산입 및 익금불산입		
	과목	금액	소득처분	과목	금액	소득처분
제23기						
제24기						

구분	익금산입 및 손금불산입			손금산입 및 익금불산입		
	과목	금액	소득처분	과목	금액	소득처분
제23기	감가상각부인액	3,294,000	유보			
제24기	이익잉여금	12,550,000	기타	감가상각누계액	12,550,000	유보
	감가상각부인액	3,851,200	유보			

1. 자산의 임의평가증
   전기이월이익잉여금 증가액을 익금산입(기타)하고, 동 금액을 손금산입(△유보)으로 소득처분하여야 한다.

2. 감가상각 시부인 계산

	제23기(정률법)		제24기(정액법)	
(1) 회사계상액		28,550,000		10,000,000
① 손익계산서	22,550,000		10,000,000	
② 즉시상각의제	6,000,000			
(2) 상각범위액		25,256,000		6,148,800
① 취득가액	50,000,000		50,000,000	
② 즉시상각의제	6,000,000			
③ 감가상각누계액			(22,550,000)	
④ 유보잔액			3,294,000	
소계	56,000,000		30,744,000	
상각률	× 0.451		× 0.2	
(3) 상각부인액(시인부족액)		3,294,000		3,851,200

① 감가상각방법을 변경한 경우에는 정액법을 적용하더라도 세무상 기초 미상각잔액을 기준으로 감가상각범위액을 계산한다.

② 기중에 자산의 임의평가증이 있더라도, 상각방법 변경 시에는 세무상 기초 미상각잔액을 기준으로 감가상각범위액을 계산한다.

3. 감가상각방법 변경 시 상각범위액

구분	상각범위액
정액법으로 변경	(감가상각누계액을 공제한 장부가액 + 전기이월상각한도초과액) × 신고내용연수(무신고 시 기준내용연수)의 정액법에 의한 상각률
정률법으로 변경	(감가상각누계액을 공제한 장부가액 + 전기이월상각한도초과액) × 신고내용연수(무신고 시 기준내용연수)의 정률법에 의한 상각률

정액법으로 변경하는 경우의 상각범위액 계산 산식 중 '전기이월상각한도초과액'이라 함은 전기까지 감가상각한도초과액으로 손금에 산입되지 아니한 금액의 누계액인 전기이월상각부인누계액을 의미한다.

다음은 ㈜한강의 감가상각대상 자산인 기계장치 K에 대한 자료이다. ㈜한강은 법인세가 면제되는 법인으로 제24기부터 5년간 법인세를 면제받았다. 다음 자료를 이용하여 물음에 답하시오.

1. ㈜한강은 2024. 1. 3.에 기계장치 K를 70,000,000원에 취득하여 사업에 사용하고 있으며, 연도별 손익계산서상 감가상각비의 계상액은 다음과 같다.

구분	기간	금액
제24기	2024. 1. 1. ~ 2024. 12. 31.	40,000,000원
제25기	2025. 1. 1. ~ 2025. 12. 31.	12,000,000원
제26기	2026. 1. 1. ~ 2026. 12. 31.	0원
제27기	2027. 1. 1. ~ 2027. 12. 31.	0원
제28기	2028. 1. 1. ~ 2028. 1. 31.	7,000,000원

2. ㈜한강은 기계장치 K에 대하여 감가상각방법과 내용연수를 신고하지 않았다고 가정한다. 기계장치 K에 대한 기준내용연수는 5년이며 이와 관련하여 상각률표는 다음과 같다.

내용연수	4	5	6	7	8	9	10
정액법	0.250	0.200	0.166	0.142	0.125	0.111	0.100
정률법	0.528	0.451	0.394	0.349	0.313	0.284	0.259

3. 제28기 말에 기계장치 K를 44,000,000원에 처분하고 다음과 같이 회계처리하였다.

(차) 현금	44,000,000	(대) 기계장치	70,000,000
감가상각누계액	59,000,000	기계장치처분이익	33,000,000

[물음] ㈜한강의 제24기 ~ 제28기 세무조정을 다음 양식에 제시하시오. 단, 세무조정란은 가산조정이면 'A', 차감조정이면 'B'로 기입하시오. 단, 해당사항이 없는 사업연도는 기재하지 않기로 한다.

구분	세무조정	금액	소득처분

구분	세무조정	금액	소득처분
제24기	A	8,430,000	유보
제25기	B	5,331,930	△유보
제26기	B	9,515,229	△유보
제27기	B	5,223,861	△유보
제28기	A	11,641,020	유보

1. 감가상각범위액

구분	회사상각비	상각범위액
제24기	40,000,000	$70,000,000 \times 0.451 = 31,570,000$
제25기	12,000,000	$(70,000,000 - 31,570,000) \times 0.451 = 17,331,930$
제26기	0	$(70,000,000 - 31,570,000 - 17,331,930) \times 0.451 = 9,515,229$
제27기	0	$(70,000,000 - 31,570,000 - 17,331,930 - 9,515,229) \times 0.451 = 5,223,861$

2. 유보잔액(처분 전)

$8,430,000 - 5,331,930 - 9,515,229 - 5,223,861 = △11,641,020$

해당 사업연도에 자산을 처분한 경우에는 유보잔액만 추인하면 된다.

중소기업인 ㈜대한의 제21기(2021년 1월 1일 ~ 2021년 12월 31일)부터 제24기(2024년 1월 1일 ~ 2024년 12월 31일)까지의 자료를 이용하여 각 물음에 답하시오.

1. 기계장치 관련 자료는 다음과 같다.

사업연도	손익계산서상 감가상각비	추가사항
제21기	2,500,000원	2021년 10월 1일에 기계장치를 20,000,000원에 취득
제22기	3,000,000원	본래의 용도를 변경하기 위한 개조비용 3,500,000원과 부품 교체비용 5,000,000원을 지출하고 수선비로 처리
제23기	4,500,000원	
제24기	5,000,000원	

2. 기계장치에 대하여 감가상각방법과 내용연수를 신고하지 않았다.
   (1) 기준내용연수: 5년
   (2) 상각방법 및 상각률

구분	4년	5년	6년
정액법	0.250	0.200	0.166
정률법	0.528	0.451	0.327

3. ㈜대한은 설립 이후 매년 중소기업에 대한 특별세액감면을 적용받아 왔다.

4. 당기 말에 기계장치를 5,000,000원에 처분하였다.

5. 소수점 이하는 절사한다.

[물음 1] 위의 자료를 이용하여 답안 양식에 따라 제21기부터 제24기까지의 연도별로 세무조정 및 소득처분을 하시오.

사업연도	계산근거	세무조정 및 소득처분
제21기		
제22기		
제23기		
제24기		

[물음 2] ㈜대한은 법인세가 면제되거나 감면받는 사업을 영위하지 않으며, 제24기에 기계장치를 처분하지 않았다고 가정하고 답하시오. ㈜대한은 2024년에 기계장치의 세무상 감가상각방법을 정액법으로 적법하게 변경신고하고, 회계상 회계변경의 누적효과와 당기 감가상각비를 다음과 같이 회계처리하였다. ㈜대한의 제24기 세무조정을 소득금액조정합계표에 제시하시오.

(차) 감가상각누계액	2,000,000	(대) 회계변경누적효과 (이익잉여금)	2,000,000
(차) 감가상각비	3,000,000	(대) 감가상각누계액	3,000,000

| 해답 |

[물음 1]

사업연도	계산근거	세무조정 및 소득처분
제21기	1. 회사계상액: 2,500,000 2. 상각범위액: $20,000,000 \times 0.451 \times \dfrac{3}{12} = 2,255,000$ 3. 상각부인액: 245,000	[손금불산입] 245,000(유보)
제22기	1. 회사계상액: 3,000,000 + 3,500,000(즉시상각의제) = 6,500,000 2. 상각범위액: $(20,000,000 - 2,500,000 + 245,000 + 3,500,000)$ $\times 0.451 = 9,581,495$ 3. 시인부족액: △3,081,495	[손금산입] 3,081,495(△유보)
제23기	1. 회사계상액: 4,500,000 2. 상각범위액: $(20,000,000 - 5,500,000 - 2,836,495) \times 0.451$ $= 5,260,240$ 3. 시인부족액: △760,240 $\boxed{3,081,495 - 245,000}$	[손금산입] 760,240(△유보)
제24기	기존 유보금액 추인함	[익금산입] 3,596,735(유보)

① 회사는 설립 이후 중소기업에 대한 특별세액감면을 적용받아 왔기 때문에 감면기간 동안에는 장부상 감가상각하지 않은 경우에도 감가상각한 것으로 본다. (감가상각의제)

② 기계장치에 대하여 감가상각방법을 신고하지 아니하였으므로 정률법을 적용하며, 내용연수는 기준내용연수인 5년을 적용하여 상각률을 0.451로 한다.

③ 한국채택국제회계기준을 적용하지 않는 내국법인으로서 법인세를 감면받는 경우, 상각범위액에 해당하는 개별 자산의 감가상각비를 각사업연도소득금액 계산상 손금에 산입하여야 한다.

④ 감가상각의제가 적용되더라도 처분시점에 기존의 유보금액을 추인하는 것은 동일하다.

[별해]

구분	회사상각비	상각범위액
제21기	2,500,000	$20,000,000 \times 0.451 \times \dfrac{3}{12} = 2,255,000$
제22기	6,500,000	$(23,500,000 - 2,255,000) \times 0.451 = 9,581,495$
제23기	4,500,000	$(23,500,000 - 2,255,000 - 9,581,495) \times 0.451 = 5,260,240$

모든 회계처리가 세법에 따라 이루어졌다고 가정하고 상각범위액을 계산한다. 제22기 지출한 세법상 자본적 지출액은 자산으로 계상한 것으로 간주하고 상각범위액을 계산한다.

[물음 2]

익금산입·손금불산입			손금산입·익금불산입		
과목	금액	소득처분	과목	금액	소득처분
이익잉여금	2,000,000	기타	감가상각누계액	2,000,000	유보
감가상각비	1,000,000	유보			

1. 전기 말까지 세무상 유보

   245,000(제21기) − 245,000(제22기) + 0(시인부족액) = 0

   감가상각의제가 적용되지 않는 경우 시인부족액이 발생하더라도 손금산입하지 않는다.

2. 자산의 임의평가증

   감가상각누계액을 감소시키는 것은 자산금액을 증액하는 것과 동일하다. 따라서 감소된 감가상각누계액을 손금산입하고 △유보로 처분하며, 증가된 이익잉여금을 익금산입하고 기타로 처분한다.

3. 감가상각 시부인 계산

구분	금액	비고
1. 회사계상액	3,000,000	
2. 상각범위액	2,000,000	$(20,000,000 - 2,500,000 - 3,000,000 - 4,500,000) \times 0.2$
3. 상각부인액	1,000,000	

다음은 제조업을 영위하는 영리 내국법인 ㈜대한(중소기업)의 제24기(2024. 1. 1. ~ 2024. 12. 31.) 감가상각과 관련된 자료이다. 〈자료〉에서 다른 언급이 없는 한 조세부담 최소화를 가정한다. 다음 자료를 이용하여 물음에 답하시오.

1. ㈜대한은 2023. 5. 1. 개인주주(지분율 3%)가 취득 후 3년간 사용하던 기계장치를 500,000,000원(시가 400,000,000원)에 매입하여 즉시 사업에 사용하고, 취득원가를 매입가액으로 계상하였다.

(1) 동 기계장치와 관련하여 손익계산서상 수선비로 계상한 내역은 다음과 같다.

구분	제23기	제24기
자본적 지출액[1]	50,000,000원	20,000,000원
수익적 지출액	10,000,000원	2,000,000원

[1] 자본적 지출액은 주기적인 수선을 위한 지출이 아님

(2) 동 기계장치의 손익계산서상 감가상각비로 제23기 40,000,000원, 제24기 20,000,000원을 계상하였다.

(3) 기계장치의 법정내용연수는 10년이며 상각률은 다음과 같다.

구분	8년	10년	12년
정액법	0.125	0.100	0.083
정률법	0.313	0.259	0.221

(4) 동 기계장치는 「조세특례제한법」에 의한 중소기업특별세액감면을 적용받는 사업에 사용하고 있으며 당기에 해당 세액감면을 받았다.

2. ㈜대한은 2023. 1. 1. 회사 보유 토지 위에 제1공장 건물의 건설에 착공하여 2024. 4. 1. 완공하고 즉시 사업에 사용하기 시작하였다.

(1) 건물의 취득가액은 1,000,000,000원이다.

(2) 공장 건설을 위해 2023. 7. 1. 800,000,000원(이자율 10%)을 차입하고, 당기 말 현재 상환하지 않고 있다.

(3) ㈜대한은 차입금으로부터 전기 및 당기에 발생한 모든 이자비용을 장부상 비용으로 처리하였다.

(4) 당기에 장부상 감가상각비로 계상한 금액은 30,000,000원이다.

(5) 건물에 대한 법정내용연수는 20년으로 가정한다.

3. ㈜대한은 기계장치 및 건물에 대한 감가상각방법을 신고하지 않았다.

4. ㈜대한은 한국채택국제회계기준을 적용하지 않으며, 설비투자자산의 감가상각비 손금산입 특례를 적용하지 않는 것으로 한다.

[물음] 위의 자료를 이용하여 ㈜대한의 세무조정을 다음 양식에 따라 작성하시오. (세무조정은 가산 조정이면 'A', 차감조정이면 'B'로 표시할 것)

구분	세무조정	과목	금액(단위: 원)	소득처분
제23기	A	×××	×××	×××
제24기				

─┤ **해답** ├─

구분	세무조정	과목	금액(단위: 원)	소득처분
	A	부당행위	100,000,000	배당
	B	기계장치	100,000,000	△유보
제23기	A	기계장치(자산감액분)	8,000,000	유보
	A	감가상각비(기계장치)	4,300,000	유보
	A	건설자금이자	40,000,000	유보
	A	기계장치(자산감액분)	4,000,000	유보
제24기	B	감가상각비(기계장치)	80,425,700	△유보
	A	감가상각비(건물)	10,250,000	유보

1. 고가매입(기계장치)

    특수관계인으로부터 자산을 고가매입한 경우 시가로 매입하고 그 차액을 사외유출한 것으로 본다. 따라서 과대계상된 자산을 감액(손금산입)하고 사외유출된 금액은 손금불산입한다. 세법상 처리는 다음과 같다.

(차) 기계장치	400,000,000	(대) 현금	500,000,000
사외유출	100,000,000		

2. 자산감액분 상각비(기계장치)

(1) 제23기

$$40,000,000 \times \frac{100,000,000}{500,000,000} = 8,000,000$$

(2) 제24기

$$20,000,000 \times \frac{100,000,000}{500,000,000} = 4,000,000$$

3. 감가상각 시부인(기계장치)

	제23기 $\boxed{40,000,000 - 8,000,000}$		제24기 $\boxed{20,000,000 - 4,000,000}$	
(1) 회사계상액		82,000,000		16,000,000
① 손익계산서	32,000,000		16,000,000	
② 즉시상각의제	50,000,000			
(2) 상각범위액		77,700,000		96,425,700
① 취득가액	500,000,000		500,000,000	
② (당기)즉시상각의제	50,000,000			
③ 감가상각누계액			(40,000,000)	
④ 유보잔액	(100,000,000)		(87,700,000)	
소계	450,000,000		372,300,000	
상각률	$0.259 \times \frac{8}{12}$		$\times 0.259$	
(3) 상각부인액(시인부족액)		4,300,000		△80,425,700

$\boxed{\triangle 100,000,000 + 8,000,000 + 4,300,000}$

① 감가상각방법을 신고한 바 없으므로 정률법을 적용한다. 내용연수를 신고하였는지에 대해서는 별도의 언급이 없다. 통상 상각방법과 내용연수의 신고는 함께 이루어지므로 내용연수도 신고하지 않은 것으로 가정하였다.

② 제24기에 지출한 수선비 금액(22,000,000원)은 전기 말 재무상태표상 장부가액의 5%(460,000,000원 × 5% = 23,000,000원)에 미달하므로 즉시상각의제 특례 규정에 따라 감가상각한 것으로 보지 않는다.

4. 건설자금이자

(1) 제23기

$$800,000,000 \times 10\% \times \frac{6}{12} = 40,000,000$$

각 사업연도 말에 건설이 진행 중인 유형·무형자산에 대해 과소계상된 건설자금이자는 손금불산입하고, 건설이 완료되어 사용하는 날이 속하는 사업연도부터 동 손금불산입된 건설자금이자를 상각부인액으로 보아서 해당 사업연도 시인부족액의 범위 내에서 손금추인한다.

(2) 제24기

$$800,000,000 \times 10\% \times \frac{3}{12} = 20,000,000$$

당해 연도에 건설 등이 완료된 경우 법인이 손비로 계상한 건설자금이자는 감가상각한 것으로 의제한다.

5. 감가상각 시부인(건물)

	제24기	
(1) 회사계상액		50,000,000
① 손익계산서	30,000,000	
② 즉시상각의제	20,000,000	
(2) 상각범위액		39,750,000
① 취득가액	1,000,000,000	
② (누적)즉시상각의제	60,000,000 ---- 40,000,000 + 20,000,000	
소계	1,060,000,000	
상각률	$\times\, 0.05 \times \dfrac{9}{12}$	
(3) 상각부인액		10,250,000

제조업을 영위하는 중소기업인 ㈜한국의 제24기 사업연도(2024년 1월 1일 ~ 2024년 12월 31일) 감가상각 관련 자료이다. ㈜한국은 설립 이후 당기까지 중소기업에 대한 특별세액감면을 적용받고 있으며, 전기까지의 세무조정은 적법하게 이루어졌다.

1. 기계장치 A

   ① ㈜한국은 2023년 7월 1일에 기계장치 A를 40,000,000원에 취득하고, 기계장치에 대한 감가상각방법을 정률법(기준내용연수 8년, 상각률 0.313)으로 신고하였으나, 제24기부터 정액법으로 적법하게 변경하였다.

   ② ㈜한국은 제23기에 기계장치 A에 대한 감가상각비 6,000,000원을 손익계산서에 비용으로 계상하였다.

   ③ ㈜한국은 제24기에 기계장치 A의 감가상각과 관련하여 다음과 같이 회계처리하였다.

(차) 감가상각누계액	3,500,000	(대) 회계변경누적효과 (이익잉여금)	3,500,000
감가상각비	4,000,000	감가상각누계액	4,000,000

2. 기계장치 B

   ① ㈜한국은 2024년 7월 1일에 특수관계인 ㈜대한으로부터 기계장치 B를 취득(취득 당시 시가 100,000,000원)하고, 매입가액인 120,000,000원을 장부상 취득가액으로 계상하였다.

   ② ㈜대한은 기계장치 B를 취득한 후 5년간 사업에 직접 사용하였다.

   ③ ㈜한국은 2024년 12월 1일에 기계장치 B에 대한 수선비(자본적 지출이며 주기적 수선에 해당하지 않음)로 10,000,000원을 지출하였으며, 이를 손익계산서에 비용으로 계상하였다.

   ④ ㈜한국은 기계장치 B에 대한 제24기 감가상각비 6,000,000원을 손익계산서에 비용으로 계상하였다.

3. 공장건물

   ① ㈜한국은 2023년 1월 1일에 공장건물을 착공하여 2024년 7월 1일에 완공하고, 즉시 사업에 사용하였다.

   ② ㈜한국은 공장건물의 건설을 위하여 2023년 2월 1일에 대한은행으로부터 600,000,000원을 연이자율 5%로 차입하고, 2024년 12월 31일에 전액 상환하였다.

   ③ ㈜한국은 차입금에서 발생한 지급이자를 다음과 같이 각 사업연도의 손익계산서에 이자비용으로 계상하였다. 건설자금이자의 계산은 편의상 월할 계산하기로 한다.

구분	이자비용
제23기	27,500,000원
제24기	30,000,000원

④ 공장건물의 장부상 취득가액은 20억원이며, 공장건물에 대한 제24기 감가상각비 60,000,000원을 손익계산서에 비용으로 계상하였다.

⑤ 공장건물에 대한 신고내용연수는 20년이며, 감가상각방법은 신고하지 않았다.

4. 내용연수별 정액법 상각률은 다음과 같다.

내용연수	4년	8년	10년	20년
상각률	0.250	0.125	0.100	0.050

[물음] 위 자료를 이용하여 ㈜한국이 해야 하는 제24기 세무조정 및 소득처분을 답안 양식에 따라 제시하시오.

익금산입 및 손금불산입			손금산입 및 익금불산입		
과목	금액	소득처분	과목	금액	소득처분

익금산입 및 손금불산입			손금산입 및 익금불산입		
과목	금액	소득처분	과목	금액	소득처분
이익잉여금	3,500,000	기타	감가상각누계액	3,500,000	유보
			감가상각비(의제)	217,500	유보
부당행위계산부인	20,000,000	기타사외유출	기계장치 B	20,000,000	유보
기계장치 B	1,000,000	유보			
기계장치 B (감가상각비)	1,250,000	유보			
공장건물	23,937,500	유보			

1. 기계장치 A

(1) 회계변경

(차) 감가상각누계액	3,500,000	(대) 이익잉여금	3,500,000
└→ 자산의 임의평가증과 동일		└→ 익금산입하고 기타 처분함	

회계변경에 따른 회계처리는 상각범위액에는 영향이 없다.

(2) 기계장치 A 감가상각 시부인

	제23기		제24기	
(1) 회사계상액		6,000,000		4,000,000
① 손익계산서	6,000,000		4,000,000	
② 즉시상각의제				
(2) 상각범위액		6,260,000		4,217,500
① 취득가액	40,000,000		40,000,000	
② 감가상각누계액			(6,000,000)	
③ 유보잔액			△260,000	
소계	40,000,000		33,740,000	
상각률	× 0.313 × 6/12		× 0.125	
(3) 상각부인액(시인부족액)		△260,000		△217,500

감가상각의제(손금산입)

정액법으로 변경하는 경우에도 세무상 미상각잔액에 상각률(기준내용연수 또는 신고내용연수)을 곱한 금액을 상각범위액으로 한다.

2. 기계장치 B

(1) 고가매입

특수관계인으로부터 자산을 고가매입하였으므로 시가 초과분은 손금산입하고 그 차액은 사외유출된 것으로 본다.

[손금산입]	기계장치	20,000,000	△유보
[익금산입]	부당행위계산부인	20,000,000	기타사외유출

(2) 자산감액분 상각비

$$6,000,000 \times \frac{20,000,000}{120,000,000} = 1,000,000(손금불산입)$$

(3) 기계장치 B 상각 시부인

(1) 회사계상액		15,000,000

> 6,000,000 − 1,000,000

① 손익계산서	5,000,000
② 즉시상각의제	10,000,000

(2) 상각범위액   13,750,000

① 취득가액	120,000,000
② (누적)즉시상각의제	10,000,000
③ 감가상각누계액	
④ 유보잔액	(20,000,000)
소계	110,000,000
상각률	× 0.25 × 6/12

(3) 상각부인액(시인부족액)   1,250,000

기준내용연수(해당 내국법인에게 적용되는 기준내용연수를 말함, 여기서는 ㈜한국의 기준내용연수)의 50% 이상이 경과된 중고자산을 다른 법인으로부터 취득(합병·분할에 의하여 자산을 승계한 경우를 포함)한 경우에는 그 자산의 기준내용연수의 50%에 상당하는 연수와 기준내용연수의 범위에서 선택하여 납세지 관할세무서장에게 신고한 수정내용연수를 내용연수로 할 수 있다. 이 경우 수정내용연수를 계산할 때 1년 미만은 없는 것으로 한다. 법인세 부담 최소화 가정에 따라 기계장치는 수정내용연수(기준내용연수의 50%)를 적용하였다.

3. 공장건물

(1) 제23기 건설자금이자

27,500,000(2023년 2월 1일부터 2023년 12월 31일까지 발생이자 전액)

각 사업연도 말에 건설이 진행 중인 유형·무형자산에 대해 과소계상된 건설자금이자는 일단 손금불산입한다. 이후 해당 유형·무형자산의 건설이 완료되어 사용하는 날이 속하는 사업연도부터 동 손금불산입된 건설자금이자를 상각부인액으로 보아 해당 사업연도의 시인부족액의 범위 내에서 손금추인한다. 또한 과소계상된 건설자금이자는 자산의 취득원가에 해당한다.

(2) 제24기 건설자금이자

15,000,000(2024년 1월 1일부터 2024년 6월 30일까지 발생이자)

당해연도에 건설 등이 완료된 경우 법인이 손비로 계상한 건설자금이자는 손금불산입으로 하는 것이 아니라 동액만큼 감가상각한 것으로 의제한다.

(3) 감가상각 시부인

구분	금액	비고
1. 회사계상액	75,000,000	60,000,000 + 15,000,000
2. 상각범위액	51,062,500	$(2,000,000,000 + 27,500,000 + 15,000,000) \times 0.05 \times \dfrac{6}{12}$
3. 상각부인액	23,937,500	

문제 22 감가상각과 재평가 [유예]

핸드폰 제조업을 영위하는 ㈜국세는 한국채택국제회계기준을 적용함으로써 유형자산에 대해서 재평가모형을 사용하여 회계처리하고 있다. 세법상 재평가모형은 인정되지 않으며, 당기는 제24기 (2024년 1월 1일 ~ 2024년 12월 31일)이고, 설립일은 2021년 1월 1일이다. 다음 자료를 이용하여 물음에 답하시오.

1. 회사는 2023년 1월 1일 구축물을 10,000,000원에 취득하였으며, 정액법으로 상각한다. (신고내용연수는 10년, 잔존가치는 없음) 2023년 말 공정가치는 8,100,000원이고, 2024년 말 공정가치는 7,920,000원이다. 회사는 2024년 7월 1일 구축물의 자본적 지출에 해당되는 5,000,000원과 수익적 지출에 해당하는 1,500,000원을 수선비로 처리하였으며, 900,000원을 2024년도 감가상각비로 계상하였다.

2. 매 연도 말 재평가 시 회사의 회계처리는 다음과 같다.

   (1) 2023년 12월 31일 재평가 시

(차) 감가상각누계액	100,000	(대) 구축물	1,000,000
재평가손실[1]	900,000		

   [1] 구축물 재평가손실은 당기손익에 반영하였다.

   (2) 2024년 12월 31일 재평가 시

(차) 구축물	900,000	(대) 감가상각누계액	180,000
		재평가이익[2]	720,000

   [2] 구축물 재평가이익은 당기손익에 반영하였다.

[**물음**] ㈜국세의 세무조정과 소득처분을 아래 답안 양식에 따라 제시하시오.

구분	익금산입·손금불산입			손금산입·익금불산입		
	과목	금액	소득처분	과목	금액	소득처분
제23기						
제24기						

구분	익금산입 · 손금불산입			손금산입 · 익금불산입		
	과목	금액	소득처분	과목	금액	소득처분
제23기	감가상각비	900,000	유보			
제24기	감가상각비	4,400,000	유보	구축물	900,000	유보
	감가상각누계액	180,000	유보			

1. 제23기 세무조정

$$10,000,000 - (8,100,000 + 900,000)$$

구분	금액	비고
1. 회사계상액	1,900,000	$1,000,000 + 900,000$
2. 상각범위액	1,000,000	$10,000,000 \times \dfrac{1}{10}$
3. 상각부인액	900,000	

재평가손실은 즉시상각의제로 보는 견해와 자산의 임의평가감으로 보아 전액 손금불산입하는 것으로 보는 견해로 나뉜다. 세법상 자산을 감액하여 향후 감가상각대상 금액이 감소하는 경우에는 감가상각하는 것으로 보는 견해(즉시상각의제)에 따라 풀이하였다. 다만, 제23기에는 어떤 견해에 따르던 손금불산입 금액은 동일하다.

2. 제24기 세무조정

구분	금액	비고
1. 회사계상액	5,900,000	$5,000,000 + 900,000$
2. 상각범위액	1,500,000	$(10,000,000 + 5,000,000) \times \dfrac{1}{10}$
3. 상각부인액	4,400,000	

① 수선비 합계액이 600만원 이상이므로 즉시상각의제 규정을 적용한다.
② 자산재평가를 한 경우에도 세법상 상각범위액에는 영향이 없다.
③ 자산재평가를 통해 자산을 임의평가증한 경우 그 평가익은 익금불산입한다.

다음은 국제회계기준을 적용하는 내국법인인 ㈜민국의 감가상각과 관련된 자료이다. 단, 제시된 자료 외의 감가상각자산은 없으며, 회사는 세부담을 최소화하려고 한다.

1. 기계장치내역

구분	취득일자	취득가액	결산상 상각비
A	2024. 1. 1.	10,000,000원	3,000,000원
B	2024. 1. 1.	20,000,000원	3,300,000원
합계		30,000,000원	6,300,000원

2. 기타 자료

① 회사가 관할 세무서장에게 신고한 상각방법 및 내용연수: 정액법, 4년

② 기획재정부령으로 정하는 기계장치의 기준내용연수: 5년

③ 기준상각률: 0.23(IFRS 도입 전 3개년 평균 상각률)

[물음] 아래의 답안 양식에 따라 ㈜민국의 제24기(2024. 1. 1. ~ 2024. 12. 31.) 사업연도의 세무조정을 하시오.

세무조정	과목	금액	소득처분

—| 해답 |——————————————————————————————————————

세무조정	과목	금액	소득처분
손금불산입	감가상각비(기계장치 A)	500,000	유보
손금산입	감가상각비(기계장치 B)	275,000	△유보

1. 감가상각 시부인 및 개별 자산 추가 손금

자산	감가상각비	신고내용연수 (0.25)	기준내용연수 (0.2)	손금불산입	손금산입 (결산 − 기준)
A	3,000,000	2,500,000	2,000,000	500,000	
B	3,300,000	5,000,000	4,000,000		700,000
합계	6,300,000	7,500,000	6,000,000	500,000	700,000

2. 동종자산 한도

(1) 한도액

① $30,000,000 \times 0.2$(기준내용연수) $- 5,800,000 = 200,000$

② $30,000,000 \times 0.23$(기준상각률) $- 5,800,000 = 1,100,000$

(2) 추가 손금 검토

if, ② $\times 25\% >$ ① $\rightarrow$ ② $\times 25\%$ 적용함

$1,100,000 \times 25\% = 275,000 > 200,000 \rightarrow 275,000$

다음은 제조업을 영위하는 ㈜서울(이하 '회사'라 함)의 제24기 사업연도(2024년 1월 1일 ~ 2024년 12월 31일) 기계장치 관련 자료이다.

구분	기계장치 A	기계장치 B	기계장치 C
취득가액	₩30,000,000	₩20,000,000	₩50,000,000
전기 말 감가상각누계액	12,000,000	10,000,000	10,000,000
당기 감가상각비	8,000,000	2,000,000	8,000,000

1. 기계장치는 2014년 이후 취득한 자산으로서 동종자산에 해당한다. 회사는 2015년 한국채택국제회계기준을 도입하였다.

2. 회사는 관할 세무서에 내용연수는 4년, 정액법으로 상각하는 것으로 신고하였다. 기준내용연수는 5년이다. 상각률은 다음과 같다.

4년	5년	기준상각률
0.25	0.2	0.3

3. 전기 말 기계장치 관련 유보잔액은 없다.

[물음] ㈜서울의 제24기 사업연도 기계장치 관련하여 세무조정을 다음 양식에 제시하시오. (단, 세무조정란은 가산조정이면 'A', 차감조정이면 'B'로 기입할 것)

구분	세무조정	금액	소득처분
기계장치 A			
기계장치 B			
기계장치 C			

―| 해답 |――

구분	세무조정	금액	소득처분
기계장치 A	A	500,000	유보
기계장치 B	B	1,562,500	△유보
기계장치 C	B	1,562,500	△유보

1. 감가상각 시부인 및 개별 자산 추가 손금

자산	감가상각비	신고내용연수 (0.25)	기준내용연수 (0.2)	손금불산입	손금산입 (결산−기준)
A	8,000,000	7,500,000	6,000,000	500,000	
B	2,000,000	5,000,000	4,000,000		2,000,000
C	8,000,000	12,500,000	10,000,000		2,000,000
합계	18,000,000	25,000,000	20,000,000	500,000	4,000,000

2. 동종자산 한도

(1) 한도액

① $100,000,000 \times 0.2(기준내용연수) - 17,500,000 = 2,500,000$

② $100,000,000 \times 0.3(기준상각률) - 17,500,000 = 12,500,000$

(2) 추가 손금 검토

if, ② $\times$ 25% > ① → ② $\times$ 25% 적용함

$12,500,000 \times 25\% = 3,125,000 > 2,500,000 → 3,125,000$

3. 개별 자산별 추가 손금산입

B: $3,125,000 \times \dfrac{2,000,000}{4,000,000} = 1,562,500$

C: $3,125,000 \times \dfrac{2,000,000}{4,000,000} = 1,562,500$

다음은 제조업을 영위하는 국제회계기준 적용기업 ㈜세계(중소·중견기업 아님)의 제24기 사업연도(2024년 1월 1일 ~ 2024년 12월 31일)의 법인세 신고 관련 자료이다.

1. 제24기 사업연도의 감가상각대상 자산의 내역은 다음과 같다.

구분	기계장치 A	기계장치 B	기계장치 C
재무상태표상 기말 취득가액	20,000,000원	20,000,000원	20,000,000원
재무상태표상 기말 감가상각누계액	7,000,000원	6,000,000원	3,000,000원
당기 감가상각비 계상액	6,000,000원	3,000,000원	1,000,000원

2. 기계장치 A, B, C는 2014년 1월 1일 이후에 취득한 감가상각자산으로서 동종자산에 해당한다. 회사는 국제회계기준을 도입하였으며, 위의 기계장치는 동일 종류로서 동일 업종에 사용되는 자산이다.

3. 회사의 결산상각방법은 정액법이고, 기준내용연수는 5년이다.

4. 회사가 세무서에 신고한 상각방법은 정액법이고, 신고내용연수는 4년이다.

5. 기준상각률은 0.33이다.

6. 회사는 원가모형을 사용하며, 전기 말 기계장치 관련 유보잔액은 없다.

[물음] 기계장치 B와 C의 제24기 말 세무상 장부가액을 다음 답안 양식에 맞추어 제시하시오.

기계장치 B	
기계장치 C	

기계장치 B	13,250,000	$(20,000,000 - 6,000,000) - 750,000$
기계장치 C	14,750,000	$(20,000,000 - 3,000,000) - 2,250,000$

1. 감가상각 시부인 및 개별 자산 추가 손금

자산	감가상각비	신고내용연수 (0.25)	기준내용연수 (0.2)	손금불산입	손금산입 (결산-기준)
A	6,000,000	5,000,000	4,000,000	1,000,000	
B	3,000,000	5,000,000	4,000,000		1,000,000
C	1,000,000	5,000,000	4,000,000		3,000,000
합계	10,000,000	15,000,000	12,000,000	1,000,000	4,000,000

2. 동종자산 한도

(1) 한도액

① $60,000,000 \times 0.2$(기준내용연수) $- 9,000,000 = 3,000,000$

② $60,000,000 \times 0.33$(기준상각률) $- 9,000,000 = 10,800,000$

(2) 추가 손금 검토

if, ② × 25% > ① → ② × 25% 적용함

$10,800,000 \times 25\% = 2,700,000 < 3,000,000 \rightarrow 3,000,000$

3. 개별 자산별 추가 손금산입

B: $3,000,000 \times \dfrac{1,000,000}{4,000,000} = 750,000$

C: $3,000,000 \times \dfrac{3,000,000}{4,000,000} = 2,250,000$

해커스 세무회계연습 2

회계사 · 세무사 · 경영지도사 단번에 합격!
해커스 경영아카데미 cpa.Hackers.com

제 **6** 장

충당금과 준비금

Warm-up 문제

대손충당금

01 제조업을 영위하는 영리 내국법인 ㈜A의 제24기(2024. 1. 1. ~ 2024. 12. 31.) 대손금 및 대손충당금 관련 자료이다. ㈜A의 대손금 및 대손충당금 관련 세무조정이 제24기 각사업연도소득금액에 미치는 영향을 계산하시오.　【회계사 20】

---

(1) 제24기 대손충당금 계정

대손충당금

당기 상계액	5,000,000원*	기초잔액	15,000,000원
기말잔액	30,000,000원	당기 설정액	20,000,000원

＊ 당기 상계액 중 2,000,000원은 법령상 대손요건을 충족하지 못한 외상매출금임

(2) 전기 말 자본금과 적립금조정명세서(을) 중 유보잔액내역

과목 또는 사항	기말잔액
대손충당금 한도초과액	3,000,000원
외상매출금(대손부인액)*	7,000,000원
대여금(대손부인액)	10,000,000원

＊ 회수 노력에도 불구하고 회수하지 못하여 당기 중 「상법」상 소멸시효가 완성됨

(3) 제24기 말 재무상태표상 채권내역

구분	금액	비고
대여금	50,000,000원	특수관계인이 아닌 자에 대한 금전소비대차계약으로 인한 것임
미수금	300,000,000원	
매출채권	500,000,000원	
계	850,000,000원	

(4) 대손실적률은 1.5%로 가정한다.

─┤ 해답 ├─

1. 당기 대손금 관련 세무조정

구분	대손인정	대손불인정
당기 상계	3,000,000	2,000,000

2. 당기 말 자본금과 적립금조정명세서(을)

과목	기초	감소	증가	기말
외상매출금	7,000,000	7,000,000	2,000,000	2,000,000
대여금	10,000,000			10,000,000
대손충당금	3,000,000	3,000,000	17,070,000	17,070,000

3. 대손충당금 한도초과액

구분	금액	비고
회사계상액	30,000,000	
한도액	12,930,000	(850,000,000 + 12,000,000) × 1.5%
한도초과액	17,070,000	

4. 각사업연도소득금액에 미치는 영향

2,000,000(대손요건미충족) − 7,000,000(전기 외상매출금) − 3,000,000(전기 대손충당금 한도초과)
+ 17,070,000(당기 대손충당금 한도초과) = 9,070,000

퇴직급여충당금 및 퇴직연금충당금

02 다음은 ㈜서해의 제24기 사업연도(2024년 1월 1일 ~ 12월 31일) 퇴직급여 관련 자료이다. 제24기 퇴직금 지급, 퇴직급여충당금 및 퇴직연금충당금에 관한 세무조정을 하시오. 【회계사 16】

1. 제24기 퇴직급여충당금 계정의 증감내역은 다음과 같다.

    〈퇴직급여충당금〉 (단위: 원)

당기 감소액	20,000,000	기초잔액	841,000,000
기말잔액	840,000,000	당기 설정액	19,000,000

2. 퇴직급여충당금 기초잔액 중에는 한도초과로 부인되어 손금불산입된 금액이 826,500,000원 포함되어 있다.

3. 퇴직급여충당금 당기 감소액은 전액 당기에 현실적으로 퇴직한 직원에게 지급한 퇴직금과 상계한 것이다. 퇴직금 중 퇴직연금운용자산에서 지급한 금액 이외의 금액은 ㈜서해가 직접 현금으로 지급하였다.

4. 제24기 확정급여형 퇴직연금과 관련된 퇴직연금운용자산의 변동내역은 다음과 같다.

    (단위: 원)

전기 이월	당기 증가	당기 지급	기말잔액
827,000,000	80,000,000	7,000,000	900,000,000

5. ㈜서해는 신고조정에 의하여 퇴직연금충당금을 설정하고 있으며, 전기까지 827,000,000원이 손금에 산입되었다.

6. ㈜서해의 보험수리적기준 퇴직급여추계액은 820,000,000원이며, 일시퇴직기준 퇴직급여추계액은 840,000,000원이다.

7. 퇴직급여충당금 설정대상이 되는 임직원에게 지급한 총급여액은 500,000,000원이며, 제24기 말 퇴직금전환금 잔액은 6,000,000원이다.

┤ **해답** ├──────────────────────────────

1. 퇴직금 지급 시 세무조정

　[손금불산입] 퇴직연금충당금　7,000,000　(유보)
　[손금산입]　퇴직급여충당금　7,000,000　(△유보)

2. 퇴직급여충당금 세무조정

　(1) 퇴직급여충당금 설정 전 잔액

　　841,000,000 − (826,500,000 − 7,000,000) − 20,000,000 = 1,500,000
　　→ 지급액 중 손금산입할 금액은 없음

　(2) 한도액: Min[①, ②] = 4,500,000

　　① 총급여액 기준: 500,000,000 × 5% = 25,000,000
　　② 추계액 기준: 840,000,000 × 0% + 6,000,000 − 1,500,000 = 4,500,000

　(3) 한도초과액 세무조정

　　[손금불산입] 퇴직급여충당금 14,500,000* (유보)

　　* 19,000,000 − 4,500,000 = 14,500,000

　(4) 퇴직급여충당금 유보잔액

과목	기초	감소	증가	기말
퇴직급여충당금	826,500,000	7,000,000	14,500,000	834,000,000

3. 퇴직연금충당금 세무조정

　(1) 한도액: Min[추계액 기준, 운용자산 기준] = 14,000,000

구분	추계액 기준	운용자산 기준
① 퇴직급여추계액(운용자산)	840,000,000	900,000,000
② 세무상 퇴직급여충당금 잔액	(−)6,000,000	
③ 퇴직연금충당금 설정 전 잔액	(−)820,000,000*	(−)820,000,000
한도액	14,000,000	80,000,000

　* 퇴직연금충당금 설정 전 잔액: 827,000,000 − 7,000,000 = 820,000,000

　(2) 한도초과액 세무조정

　　[손금산입] 퇴직연금충당금　14,000,000　(△유보)

　(3) 퇴직연금충당금 유보잔액

과목	기초	감소	증가	기말
퇴직연금충당금	△827,000,000	△7,000,000	△14,000,000	△834,000,000

비상장 내국법인 ㈜민국(중소기업임)의 제24기(2024년 1월 1일 ~ 2024년 12월 31일) 자료를 이용하여 물음에 답하시오. 단, 아래 모든 상황과 관련하여 채권에 저당권이 설정되지는 아니하였으며 전기까지 세무조정은 적절하게 이루어졌다.

1. 2023. 9. 30.에 부도발생한 거래처 A에 대한 매출채권 3,000,000원(부가가치세 제외)에 대해 금융기관이 확인한 부도어음을 비용처리하였다. 매출채권 발생일은 2023. 7. 1.이며, 거래처 A는 ㈜민국의 특수관계법인에 해당한다.

2. 2024. 12. 31. 현재 재무상태표에 거래처 B에 대한 「상법」상 소멸시효(소멸시효 완성일 2024. 8. 7.)가 완성된 외상매출금 5,500,000원(부가가치세 500,000원 포함)이 있으며 이와 관련하여 회사는 아무런 회계처리를 하지 않았다. 단, ㈜민국은 「부가가치세법」상 대손세액공제를 적법하게 신청하였다.

3. 2024. 12. 31. 현재 재무상태표에 「채무자 회생 및 파산에 관한 법률」에 따른 회생계획인가의 결정 또는 법원의 면책결정에 따라 회수불능으로 확정된 매출채권(거래처 C에 대한 것임) 10,000,000원이 있으며 이와 관련하여 회사는 아무런 회계처리를 하지 않았다.

4. ㈜민국의 대표이사(회사 주식을 보유하고 있지 않음)에게 업무와 관련 없이 대여한 채권 5,000,000원이 있다. 대표이사는 당기 말 퇴사하였으나, 회사는 아무런 회계처리하지 않았다. 단, 인정이자는 고려하지 아니한다.

5. 거래처 D에 대한 외상매출금 8,000,000원에 대해 당기 말 대손충당금과 상계처리하였다. 거래처 D에 대한 외상매출금은 당기 말 현재 회수기일이 2년 이상 경과하였으며, 거래처 D는 특수관계인에 해당한다.

[물음] ㈜민국의 제24기 세무조정을 다음 양식에 제시하시오. (단, 세무조정란은 가산조정이면 'A', 차감조정이면 'B'로 기입할 것)

자료번호	세무조정	금액	소득처분
1.			
⋮			
5.			

자료번호	세무조정	금액	소득처분
1.	B	2,999,000	△유보
2.	B	5,000,000	△유보
3.	B	10,000,000	△유보
4.	A	5,000,000	상여
	B	5,000,000	△유보
5.	A	8,000,000	유보

1. 부도어음
   ① 부도발생일로부터 6개월 이상 지난 수표 또는 어음상의 채권 및 외상매출금(중소기업의 외상매출금으로서 부도발생일 이전의 것에 한정함)은 대손금으로 계상한 사업연도에 손금산입할 수 있다.
   ② 이 경우 손금의 귀속시기가 도래하기 전에 손비로 계상하여 손금불산입한 대손금은 그 후 대손금 귀속시기가 속하는 사업연도에 세무조정으로 손금에 산입할 수 있다.
   ③ 특수관계인 여부는 부도어음의 대손사유에 영향이 없다.

2. 소멸시효 완성
   ① 「상법」상 소멸시효가 완성된 채권은 소멸시효가 완성된 사업연도에 손비처리하여야 한다.
   ② 부가가치세 매출세액 미수금으로서 회수할 수 없는 것 중 「부가가치세법」에 따라 대손세액공제를 받은 것은 대손금으로 처리가 불가능하다.

3. 회생계획인가 결정
   다음의 채권은 대손사유가 발생한 사업연도에 손금으로 처리하여야 한다. (신고조정)

   > ① 「상법」에 따른 소멸시효가 완성된 외상매출금 및 미수금
   > ② 「어음법」, 「수표법」에 따른 소멸시효가 완성된 어음, 수표
   > ③ 「민법」에 따른 소멸시효가 완성된 대여금 및 선급금
   > ④ 「채무자 회생 및 파산에 관한 법률」에 따른 회생계획인가 또는 법원의 면책결정에 따라 회수불능으로 확정된 채권
   > ⑤ 「서민의 금융생활 지원에 관한 법률」에 따른 채무조정을 받아 신용회복지원협약에 따라 면책으로 확정된 채권
   > ⑥ 「민사집행법」에 따라 채무자의 재산에 대한 경매가 취소된 압류채권

   강제 신고조정사항인 대손금을 손비처리하지 않은 경우에는 손금산입하여야 한다.

4. 특수관계가 소멸된 시점의 가지급금
   ① 특수관계가 소멸되는 시점까지 회수되지 않은 가지급금은 특수관계가 소멸하는 날이 속하는 사업연도에 특수관계인에 대한 사외유출로 소득처분한다. 업무무관가지급금은 향후 장부상 대손처리하는 시점에 손금불산입(유보)한다.
   ② 한편, 특수관계가 소멸할 때까지 채권을 회수하지 아니한 정당한 사유가 있거나 회수할 것이 객관적으로 입증되는 경우에는 대손금을 손금으로 인정하며 귀속자에 대한 소득처분을 하지 아니한다.

5. 중소기업의 회수기일 2년 이상 경과 채권
   중소기업의 외상매출금 및 미수금으로서 회수기일이 2년 이상 지난 외상매출금 등은 대손금으로 해당 사업연도의 소득금액을 계산할 때 손금에 산입한다. 다만, 특수관계인과의 거래로 인하여 발생한 외상매출금 등은 제외한다.

다음은 제조업을 영위하는 ㈜국세(영리 내국법인, 중소기업임)의 제24기(당기) 사업연도(2024. 1. 1. ~ 2024. 12. 31.)의 대손금 및 대손충당금 자료이다. 아래 자료를 이용하여 물음에 답하시오. 단, 제23기(전기)까지의 세무조정은 적법하게 이루어졌다고 가정하고, 2개 이상의 세무조정이 있는 경우에는 상계하지 말고 모두 표시하시오.

1. 대손충당금 내역

대손충당금			(단위: 원)
당기 상계	7,000,000	기초잔액	20,000,000
기말잔액	48,000,000	당기 설정액	35,000,000
	55,000,000		55,000,000

2. 대손충당금 기초잔액 중에는 전기에 한도초과로 부인된 금액 3,000,000원이 포함되어 있으며, 당기 상계액 7,000,000원은 기말 현재 부도발생일로부터 8개월이 경과한 K회사 외상매출금 상계분 2,000,000원(1,000원을 공제한 금액임)과 전기 말 소멸시효 완성된 채권 5,000,000원이다.

3. 재무상태표상 채권의 잔액은 제23기 말 165,000,000원이고 제24기 말 190,000,000원이다. 제23기 말 채권 중에는 「상법」상 소멸시효 완성된 채권 5,000,000원이 있다.

[물음] ㈜국세의 제24기 법인세 세무조정을 다음 답안 양식에 제시하시오.

익금산입 및 손금불산입			손금산입 및 익금불산입		
과목	금액	소득처분	과목	금액	소득처분

─┤ 해답 ├─

익금산입 및 손금불산입			손금산입 및 익금불산입		
과목	금액	소득처분	과목	금액	소득처분
매출채권(전기)	5,000,000	유보	대손충당금(전기)	3,000,000	유보
대손충당금 한도초과	45,625,000	유보			

1. 당기 대손금

구분	대손 인정	대손금 유보			
기초					
당기 상계	2,000,000	기초	감소	증가	기말
기말		△5,000,000	△5,000,000		
합계	2,000,000				

① 중소기업인 회사의 외상매출금은 부도발생일로부터 6개월이 지난 경우에도 손금산입할 수 있다.

② 전기 말 소멸시효 완성된 채권은 전기 세무조정 시 신고조정으로 손금산입하고 당기 대손처리할 때 손금불산입한다.

2. 대손실적률

$$\frac{2,000,000}{165,000,000 - 5,000,000} = 1.25\%$$

3. 대손충당금 한도

$190,000,000 \times \text{Max}(1.25\%, \ 1\%) = 2,375,000$

4. 대손충당금 한도초과액

$48,000,000(\text{기말}) - 2,375,000 = 45,625,000$

제조업을 영위하는 ㈜만세의 제24기 사업연도(2024년 1월 1일 ~ 2024년 12월 31일) 대손충당금과 관련된 자료이다. 아래 자료를 이용하여 물음에 답하시오.

1. 대손충당금 변동내역

기초잔액	당기 상계액(감소)	당기 설정액(증가)	기말잔액
6,000,000원	2,000,000원	1,000,000원	5,000,000원

2. 대손충당금 관련 자료
   (1) 당기 상계액은 모두 「법인세법」상 대손사유를 충족하였으나, 그 중 800,000원은 특수관계인(영리 내국법인)에 대한 업무무관가지급금(대여금)이다.
   (2) 제23기 말 현재 대손부인액(전액 매출채권임)은 1,000,000원으로서 그 중 300,000원은 당기 중 「법인세법」상 대손사유를 충족하였다.
   (3) 제24기 말 현재 재무상태표상 매출채권 150,000,000원 중 500,000원이 「상법」상 소멸시효가 완성되었다.
   (4) 「법인세법」상 대손충당금 설정대상 채권잔액(세무상 장부가액임)의 내역은 다음과 같다.
      ① 제23기 말: 100,000,000원
      ② 제24기 말: 200,000,000원

[물음] ㈜만세의 제24기 법인세 세무조정을 다음 답안 양식에 제시하시오.

익금산입·손금불산입			손금산입·익금불산입		
과목	금액	소득처분	과목	금액	소득처분

─┤ 해답 ├───

익금산입 · 손금불산입			손금산입 · 익금불산입		
과목	금액	소득처분	과목	금액	소득처분
가지급금 (특수관계법인)	800,000	기타사외유출	매출채권 (대손사유 충족)	300,000	유보
대손충당금 한도초과액	1,000,000	유보	매출채권 (소멸시효 완성)	500,000	유보

1. 당기 대손금

구분	대손 인정	대손금 유보			
기초	300,000				
당기 상계	1,200,000	기초	감소	증가	기말
기말	500,000	1,000,000	300,000	△500,000	200,000
합계	2,000,000				

① 특수관계인에게 명칭 여하에 불구하고 해당 법인의 업무와 관련 없이 지급한 자금의 대여액에 대하여는 대손금을 손금에 산입할 수 없다. 이때 대손요건은 충족하였으므로 법인이 세무상 채권을 보유한 것으로 볼 수 없다. 따라서 사외유출된 것으로 소득처분한다. (당기 상계분)

② 소멸시효가 완성된 채권은 신고조정사항으로 소멸시효가 완성된 사업연도에 손금으로 산입하여야 한다. (기말채권)

2. 대손실적률: $2,000,000 \div 100,000,000 = 2\%$

3. 대손충당금 한도: $200,000,000 \times Max(2\%, 1\%) = 4,000,000$

4. 대손충당금 한도초과액: $5,000,000(기말) - 4,000,000 = 1,000,000$

중소기업이 아닌 제조업체 ㈜대손의 제24기 사업연도(2024년 1월 1일 ~ 2024년 12월 31일) 대손충당금 관련 내역이다. 다음 자료를 이용하여 물음에 답하시오.

1. 대손충당금 명세는 다음과 같다.

구분	기초	당기 상계액	당기 설정액	기말
대손충당금	10,000,000원	5,000,000원	6,000,000원	11,000,000원

2. 다음은 당기 상계액에 대한 세부자료이다.
   ① 부도채권 1,500,000원(외상매출금 1,000,000원과 받을어음 1매 500,000원. 모두 부도발생일인 2024년 6월 30일 이전의 것)
   ② 제23기 사업연도(2023년 1월 1일 ~ 2023년 12월 31일)에 「상법」상 소멸시효가 완성된 채권 1,500,000원
   ③ 제23기 사업연도에 채무자의 파산으로 인하여 회수불능이 된 채권 2,000,000원

3. 기말 재무상태표상 채권의 내역과 특이사항은 다음과 같다.

구분	장부가액	특이사항
외상매출금	100,000,000원	자본금과 적립금 조정명세서(을)상 외화평가 관련 익금산입 유보금액 1,000,000원이 있음
받을어음	50,000,000원	장부가액에는 할인어음 10,000,000원(매각거래 해당분)이 포함되어 있음
대여금	200,000,000원	장부가액에는 특수관계인에게 당해 법인이 업무와 관련 없이 지급한 가지급금 100,000,000원이 포함되어 있음
미수금	150,000,000원	기계장치 매각대금임

4. 전기 세무상 설정대상채권가액은 175,000,000원이고, 당기 대손발생액은 전액 대손충당금과 상계하였다.

5. 전기 대손충당금 한도초과액은 1,000,000원이다.

6. 대손실적률 계산 시 소수점 둘째 자리에서 절사한다. (3.49% → 3.4%)

[물음] ㈜대손의 제24기 법인세 세무조정을 다음 답안 양식에 제시하시오.

익금산입 · 손금불산입			손금산입 · 익금불산입		
과목	금액	소득처분	과목	금액	소득처분

| 해답 |

익금산입·손금불산입			손금산입·익금불산입		
과목	금액	소득처분	과목	금액	소득처분
부도채권	1,500,000	유보	대손충당금(전기)	1,000,000	유보
채권(전기 소멸시효 완성)	1,500,000	유보			
대손충당금(당기)	6,682,500	유보			

1. 당기 대손금

구분	대손 인정	대손금(채권) 유보			
기초		기초	감소	증가	기말
당기 상계	2,000,000	△1,500,000	△1,500,000	1,500,000	1,500,000
기말					1,000,000
합계	2,000,000				

연결선 라벨: 전기 소멸시효 완성 · 부도채권 · 외화평가

① 부도발생일인 2024년 6월 30일로부터 6개월 이상 경과한 시점은 2025년 1월 1일이다. 따라서 2024년에는 부도어음 전액을 손금에 산입할 수 없다.

② 중소기업이 아닌 경우에는 부도발생일로부터 6개월이 경과하더라도 외상매출금을 대손처리할 수 없다.

③ 「상법」상 전기 소멸시효 완성(신고조정사항)된 채권은 당기 손금에 산입할 수 없다. 채무자의 파산은 결산조정사항이므로 당기에 대손금으로 인정된다.

2. 대손실적률: 2,000,000 ÷ 175,000,000 = 1.14% → 1.1%

3. 대손충당금 설정 채권

100,000,000 + (50,000,000 − 10,000,000) + (200,000,000 − 100,000,000) + 150,000,000 + 2,500,000(기말 유보잔액) = 392,500,000

① 받을어음을 금융기관에 할인한 것이 기업회계기준상 실질적으로 매각거래에 해당한다면 대손충당금을 설정할 수 없다. 반대로 실질적으로 차입거래에 해당하면 대손충당금을 설정할 수 있다.

② 채무보증(일정한 예외 있음)으로 인하여 발생한 구상채권 또는 특수관계인에 대한 업무무관가지급금은 대손충당금 설정대상 채권에서 제외한다. 이 경우 특수관계인에 대한 판단은 대여시점을 기준으로 한다.

4. 대손충당금 한도: 392,500,000 × Max(1.1%, 1%) = 4,317,500

5. 대손충당금 한도초과액: 11,000,000(기말) − 4,317,500 = 6,682,500

다음은 제조업을 영위하고 있는 ㈜세종(중소기업 아님)의 제24기(당기) 사업연도(2024. 1. 1. ~ 2024. 12. 31.) 자료이다. 아래 자료를 이용하여 물음에 답하시오. 단, 전기까지의 세무조정은 적법하게 이루어졌다고 가정한다.

1. ㈜세종의 당기 대손충당금 계정은 다음과 같다.

기초잔액	당기 설정액	당기 상계액	기말잔액
30,000,000원	36,000,000원[1]	16,000,000원[2]	50,000,000원

[1] 당기 대손충당금 증가액 중 18,000,000원은 과거 손금 인정된 대손제각 채권 중 일부 대금회수에 따라 증가한 것임

[2] 부도발생 후 6개월이 지난 어음 1매의 금액으로 손금요건을 충족하였으며 동 금액은 1천원을 공제한 금액이다.

2. 전기 말 유보금 중에는 대손충당금 한도초과액 6,000,000원과 제23기(전기)에 대손부인된 외상매출금 4,000,000원(당기에 「상법」상 소멸시효가 완성됨)이 있다.

3. 전기 말 현재 재무상태표상 대손충당금 설정대상 채권은 662,000,000원이다.

4. 당기 말 재무상태표상 내역은 다음과 같다.

구분	금액	비고
외상매출금	600,000,000원	지방자치단체에 대한 채권 3,000,000원과 특수관계인에 대한 외상매출금 8,000,000원이 포함되어 있음
받을어음	300,000,000원	담보제공거래(차입거래 성격)의 할인어음 3,000,000원이 포함되어 있음
구상채권	20,000,000원	채무보증으로 인한 구상채권이며, 이 구상채권은 「독점규제 및 공정거래에 관한 법률」 등에 따른 채무보증에 해당하지 않음
대여금	100,000,000원	대표이사 대여금이며 이와 별도로 대표이사 가수금도 20,000,000원 있음
미수이자	80,000,000원	정기예금 미수이자임
합계	1,100,000,000원	

5. 대손실적률 계산 시 소수점 셋째 자리 미만은 버린다. (0.021 → 0.02)

[물음] ㈜세종의 제24기 사업연도 대손충당금 한도초과액을 다음 답안 양식에 제시하시오.

구분	금액
대손충당금 한도액	
대손충당금 한도초과액	

─┤ **해답** ├─

구분	금액	비고
대손충당금 한도액	27,000,000	900,000,000 × 3%
대손충당금 한도초과액	23,000,000	50,000,000 − 27,000,000

1. 당기 대손금

구분	대손 인정	대손금 유보			
기초	4,000,000	**기초**	**감소**	**증가**	**기말**
당기 상계	16,000,000	4,000,000	4,000,000		
기말		전기 말 대손부인 채권 중 당기 소멸시효 완성된 채권은 당기 대손금으로 인정된다.			
합계	20,000,000				

① 세법상 손금에 산입한 대손금 중 회수한 금액은 그 금액을 회수한 날이 속하는 사업연도에 익금에 산입한다.

② 대손충당금 회수액을 상각채권추심이익(영업외수익)으로 처리하지 않고 대손충당금의 증가로 회계처리하여도 별도의 세무조정은 없으며 기말 대손충당금 설정액에도 영향이 없다.

③ 중소기업이 아니더라도 부도발생 후 6개월이 지난 부도어음·수표(1,000원 제외)는 대손처리할 수 있다.

2. 대손실적률

20,000,000 ÷ (662,000,000 + 4,000,000) = 3%

3. 대손충당금 설정 잔액

1,100,000,000 − 20,000,000 − 100,000,000 − 80,000,000 + 0(기말유보 없음) = 900,000,000

① 국가나 지방자치단체에 대한 채권도 원칙적으로 대손충당금 설정대상 채권에 포함한다.

② 특수관계인에 대한 업무무관대여금만을 대손충당금 설정제외 채권으로 하므로 외상매출금은 설정대상 채권에 포함한다.

③ 차입거래에 해당하는 할인어음은 대손충당금 설정대상 채권에 포함한다.

④ 채무보증으로 인하여 발생하는 구상채권에 대하여 대손충당금을 손비로 계상한 경우 원칙적으로 손금으로 인정되지 않으며, 대손충당금 설정대상 채권에 포함하지 않는다.

⑤ 법인이 동일인에 대하여 매출채권과 매입채무를 가지고 있는 경우에는 당해 매입채무를 상계하지 아니하고 대손충당금을 계상할 수 있다. 다만, 당사자 간의 약정에 의하여 상계하기로 한 경우에는 그러하지 아니하다. 그러나 문제는 업무무관가지급금이므로 대여금 전부를 제외한다.

⑥ 「법인세법」상 익금의 귀속시기가 도래하지 아니한 미수이자의 경우에는 대손충당금의 설정대상이 되는 채권잔액에 포함되지 아니한다.

다음은 제조업과 도매업을 영위하는 ㈜설악(중소기업 아님)의 제24기 사업연도(2024년 1월 1일 ~ 2024년 12월 31일) 법인세 신고 관련 자료이다.

1. ㈜설악의 전기 말 재무상태표상 채권잔액은 12,460,000,000원이며, 전기 자본금과 적립금 조정명세서(을)의 기말잔액은 다음과 같다.

과목	기말잔액
대손충당금 한도초과액	25,000,000원
매출채권 대손부인액*1	48,000,000원
소멸시효 완성채권	△8,000,000원

*1 전기에 대손부인된 매출채권은 모두 당기에 소멸시효가 완성되었다.

2. ㈜설악의 제24기 대손충당금 계정의 변동내역은 다음과 같다.

대손충당금

당기 상계	200,000,000원	전기 이월	250,000,000원
차기 이월	280,000,000원	당기 설정	230,000,000원
합계	480,000,000원	합계	480,000,000원

3. 대손충당금 당기 상계내역은 다음과 같다.

  ① 전기에 소멸시효가 완성된 채권: 8,000,000원

  ② 당기 3월 1일에 부도가 발생하여 받을 수 없게 된 외상매출금: 25,000,000원

  ③ 당기에 채무자의 강제집행으로 회수할 수 없게 된 미수금: 12,000,000원

  ④ 당기에 소멸시효가 완성된 채권: 155,000,000원

4. 당기 말 재무상태표상 채권내역은 다음과 같다.

구분	금액
거래처에 대한 외상매출금	12,700,000,000원
수탁판매한 물품의 판매대금 미수금	500,000,000원
원재료 매입을 위한 선급금	1,100,000,000원
토지 양도 미수금*2	600,000,000원
무주택 직원에 대한 주택자금 대여금	100,000,000원
합계	15,000,000,000원

*2 특수관계인 ㈜A에게 시가 400,000,000원인 토지를 600,000,000원에 양도한 것이다.

[물음 1] ㈜설악의 당기 대손실적률을 다음의 답안 양식에 따라 제시하시오. 단, 대손실적률 계산 시 소수점 셋째 자리에서 절사하여 제시하시오. (예 2.567% → 2.56%)

당기 대손금	
전기 말 대손충당금 설정대상 채권잔액	
당기 대손실적률	

[물음 2] ㈜설악의 당기 대손충당금 한도초과액을 다음의 답안 양식에 따라 제시하시오. 단, 당기 대손실적률은 1.60%로 가정한다.

당기 말 대손충당금 설정대상 채권잔액	
당기 대손충당금 한도액	
당기 대손충당금 한도초과액	

─┤ 해답 ├─

[물음 1]

당기 대손금	215,000,000	
전기 말 대손충당금 설정대상 채권잔액	12,500,000,000	12,460,000,000 + 40,000,000
당기 대손실적률	1.72%	215,000,000 ÷ 12,500,000,000

1. 당기 대손금

구분	대손 인정	대손 불인정	비고
기초	48,000,000		전기 부인액 당기 소멸시효 완성
당기 상계		8,000,000	전기 소멸시효 완성분
		25,000,000	부도발생 외상매출금 상계(중소기업 아님)
	12,000,000		강제집행 회수불능(결산조정)
	155,000,000		소멸시효 완성
합계	215,000,000	33,000,000	

2. 대손금 유보

구분	기초	감소	증가	기말
매출채권	48,000,000	48,000,000		
소멸시효 완성	△8,000,000	△8,000,000		
부도 외상매출금			25,000,000	25,000,000
합계	40,000,000	40,000,000	25,000,000	25,000,000

[물음 2]

당기 말 대손충당금 설정대상 채권잔액	14,225,000,000	15,000,000,000 − 500,000,000 − 200,000,000 − 100,000,000 + 25,000,000(유보잔액)
당기 대손충당금 한도액	227,600,000	14,225,000,000 × Max(1.6%, 1%)
당기 대손충당금 한도초과액	52,400,000	280,000,000 − 227,600,000

① 수탁업자의 수탁판매 미수금의 경우 수탁판매법인의 수입금액을 구성하는 채권이 아니므로 수탁업자는 수탁물품 미수금에 대해 대손충당금을 설정하지 못한다. (법인22601-1818, 1990. 9. 14.)

② 특수관계인과의 거래에서 발생한 시가초과액에 상당하는 채권에 대하여는 대손충당금을 설정할 수 없다.

③ 중소기업 아닌 기업의 무주택 직원에 대한 주택자금 대여금은 업무무관가지급금에 해당한다. 따라서 대손충당금 설정 대상 채권에서 제외한다.

문제 07　대손금과 대손충당금 (6)

다음은 ㈜한강과 ㈜금강의 제24기(2024. 1. 1. ~ 2024. 12. 31.) 및 제25기(2025. 1. 1. ~ 2025. 12. 31.) 세무조정 관련 자료이다. 다음 자료를 이용하여 물음에 답하시오.

1. 제조업을 영위하는 ㈜한강의 제24기 말 재무상태표상 채권내역은 다음과 같다.

구분	금액	비고
외상매출금	500,000,000원	부가가치세 매출세액 미수금 50,000,000원 포함
받을어음	225,000,000원	매각거래에 해당하는 할인어음 25,000,000원 포함
대여금	345,000,000원	업무와 관련 없는 대표이사 대여금 45,000,000원 포함
미수금(주1)	500,000,000원	
합계	1,570,000,000원	

(주1) 미수금 잔액 500,000,000원은 특수관계법인 ㈜금강(내국법인)에게 시가 300,000,000원의 토지를 2024. 12. 31. 매각하고 다음과 같이 회계처리한 것이다. 소유권이전등기 및 사용수익은 2024. 12. 31. 이루어졌다.

(1) 2024. 12. 31.

(차) 현금	500,000,000	(대) 토지	200,000,000
미수금	500,000,000	유형자산처분이익	800,000,000

(2) 2025. 1. 31.

(차) 현금	500,000,000	(대) 미수금	500,000,000

2. 제24기 말 대손충당금 내역

기초잔액(전기 부인액 10,000,000원 포함)	60,000,000원
당기 전입액	10,000,000원
당기 감소액(소멸시효 미도래분 7,000,000원)	27,000,000원
기말잔액	43,000,000원

3. 제23기 말 세무상 대손충당금 설정대상 채권잔액은 1,000,000,000원이고, 재무상태표상 채권금액과 일치한다.

4. ㈜금강의 토지 취득 관련 회계처리는 다음과 같다.

(1) 2024. 12. 31.

(차) 토지	1,000,000,000	(대) 현금	500,000,000
		미지급금	500,000,000

(2) 2025. 1. 31.

(차) 미지급금	500,000,000	(대) 현금	500,000,000

[물음 1] ㈜금강의 토지 취득 관련 세무조정을 다음 답안 양식에 제시하시오.

구분	세무조정	과목	금액	소득처분
제24기				
제25기				

[물음 2] ㈜한강의 제24기 사업연도 대손충당금 한도초과액을 다음 답안 양식에 제시하시오.

구분	금액
대손충당금 한도액	
대손충당금 한도초과액	

│ 해답 │

[물음 1]

구분	세무조정	과목	금액	소득처분
제24기	손금산입	토지	700,000,000	△유보
	익금산입	미지급금	500,000,000	유보
	익금산입	부당행위계산부인	200,000,000	기타사외유출
제25기	손금산입	미지급금	500,000,000	△유보
	익금산입	부당행위계산부인	500,000,000	기타사외유출

1. 자산 과대계상

   특수관계인으로부터 자산을 고가매입한 경우에는 시가로 취득하고 그 차액은 사외유출된 것으로 본다. 따라서 시가초과분으로서 과대계상된 자산은 감액처리(손금산입)하고 △유보로 처분한다. 그 이후, 동 자산에 대한 감가상각비가 계상될 때 혹은 양도할 때 시가초과액에 해당하는 분은 손금불산입(유보)한다.

2. 대금의 일부 지급

   대금을 분할하여 지급하는 때에는 시가에 상당하는 금액을 먼저 지급한 것으로 본다. 따라서 시가초과분 중 미지급한 금액은 손금불산입(유보)하고 실제로 지급되는 때 미지급금을 손금산입(△유보)하고 동시에 사외유출에 대해 소득처분하여야 한다.

[물음 2]

구분	금액	비고
대손충당금 한도액	20,140,000	1,007,000,000 × 2%
대손충당금 한도초과액	22,860,000	43,000,000 − 20,140,000

1. 당기 대손금

구분	대손 인정	대손금 유보			
기초		기초	감소	증가	기말
당기 상계	20,000,000			7,000,000	7,000,000
기말		전기 말 세무상 대손충당금 설정 채권과 재무상태표상 채권이 일치하			
합계	20,000,000	므로 기초 유보잔액은 없는 것으로 볼 수 있다.			

2. 대손실적률

   20,000,000 ÷ 1,000,000,000 = 2%

3. 대손충당금 설정 잔액

   1,570,000,000 − 25,000,000 − 45,000,000 − 500,000,000(시가 초과액) + 7,000,000(기말유보)
   = 1,007,000,000

   ① 업무무관가지급금은 설정대상 채권에서 제외한다.

   ② 자산의 고가양수 등 부당행위계산부인 규정을 적용받는 시가초과액에 상당하는 채권은 제외한다.

다음은 제조업을 영위하는 중소기업인 ㈜남해의 제24기 사업연도(2024년 1월 1일 ～ 2024년 12월 31일) 대손금 및 대손충당금과 관련된 자료이다. 이 자료를 이용하여 아래 물음에 답하시오.

1. 전기 말 자본금과 적립금 조정명세서(을)상 기말잔액의 내역

과목	기말잔액	비고
대손충당금 한도초과액	4,000,000원	전기의 대손실적률은 0.6%임
외상매출금 대손부인액	10,000,000원	이 중 4,000,000원은 당기에 「상법」상 소멸시효가 완성
받을어음 대손부인액	5,000,000원	2023년 8월 20일에 부도발생한 어음 2매 (3,000,000원 1매는 당기에 회수하여 대손충당금 증가로 회계처리함)

2. 당기 대손충당금 계정의 내역

기초잔액	당기 상계액(감소)	당기 설정액(증가)	기말잔액
20,000,000원	10,000,000원	15,000,000원	25,000,000원

3. 당기 대손충당금 상계액의 내역
   ① 5월 20일에 부도발생한 거래처 A에 대한 외상매출금: 3,000,000원(부도발생일 이전의 채권으로서 채무자의 재산에 대하여 저당권을 설정하고 있지 않음)
   ② 거래처 B와의 거래관계 개선을 위하여 채권을 임의로 포기한 금액: 1,000,000원
   ③ 「채무자 회생 및 파산에 관한 법률」에 따른 회생계획인가의 결정에 따라 회수불능으로 확정된 외상매출금: 6,000,000원

4. 당기 말 재무상태표상 채권의 내역

과목	기말잔액	비고
외상매출금	600,000,000원	채무자의 파산으로 인하여 회수할 수 없는 외상매출금 20,000,000원과 법원의 면책결정에 따라 회수불능으로 확정된 외상매출금 7,000,000원 포함
받을어음	400,000,000원	기업회계기준에 따라 차입거래로 보는 할인어음 30,000,000원 포함
대여금	300,000,000원	직원에 대한 주택자금 대여액 50,000,000원과 직원에 대한 학자금 대여액 100,000,000원 포함
합계	1,300,000,000원	

[물음 1] 당기의 대손실적률을 다음의 답안 양식에 따라 제시하시오. 단, 대손실적률 계산 시 소수점 셋째 자리에서 절사한다. (2.627% → 2.62%)

당기 대손금(ⓐ)	
전기 말 채권잔액(ⓑ)	
당기 대손실적률(= ⓐ ÷ ⓑ)	

[물음 2] 당기의 대손충당금 한도초과액을 다음의 답안 양식에 따라 제시하시오. 단, [물음 1]에 의한 당기의 대손실적률은 1.5%로 가정한다.

당기 말 채권잔액	
당기 대손충당금 한도액	
당기 대손충당금 한도초과액	

→| 해답 |

[물음 1]

당기 대손금(Ⓐ)	21,998,000
전기 말 채권잔액(Ⓑ)	1,600,000,000
당기 대손실적률(= Ⓐ ÷ Ⓑ)	1.37%

1. 당기 대손금 $(3,000,000 - 1,000) + 6,000,000$

구분	대손 인정	대손금 유보			
기초	5,999,000				
당기 상계	8,999,000	기초	감소	증가	기말
기말	7,000,000	15,000,000	8,999,000	△6,999,000	△998,000
합계	21,998,000				

4,000,000(당기 소멸시효 완성분) + 1,999,000(6개월 경과분) + 3,000,000(당기 회수분)

① 전기 부인된 대손금이 당기 「상법」상 소멸시효 완성된 경우에는 손금에 산입하여야 한다.

② 채무자의 파산으로 인하여 회수할 수 없는 외상매출금은 결산조정사항이다. 따라서 당기 말 현재 대손처리하지 않은 경우에는 대손금으로 보지 않는다.

③ 「채무자 회생 및 파산에 관한 법률」에 따른 회생계획인가의 결정 또는 법원의 면책결정에 따라 회수불능으로 확정된 채권은 신고조정사항이므로 기말 채권을 손금산입하여야 한다.

④ 채권의 임의포기액은 기업업무추진비로 본다. 따라서 당기 대손금에는 포함하지 아니한다.

⑤ 전기 대손처리한 부도어음(1,999,000원)은 전기 말 현재 부도발생일로부터 6개월이 경과하지 않았으므로 손금 불산입되었다. 그러나 당기 중 6개월이 경과되었으므로 손금처리하여야 한다. 전기에 장부상 대손처리한 것도 결산상 대손처리한 것으로 인정된다.

2. 전기 말 세무상 대손 설정대상 채권
$(20,000,000 - 4,000,000) ÷ 1\% = 1,600,000,000$
  └→ 전기 말 세무상 대손충당금 인정액

3. 대손실적률
$21,998,000 ÷ 1,600,000,000 = 1.374\% → 1.37\%$

[물음 2]

당기 말 채권잔액	1,299,002,000	1,300,000,000 − 998,000(기말 유보잔액)
당기 대손충당금 한도액	19,485,030	1,299,002,000 × Max(1%, 1.5%)
당기 대손충당금 한도초과액	5,514,970	25,000,000 − 19,485,030

1. 대손금 유보 정리

5/20 부도발생 외상매출금

구분	기초	감소	증가	기말
전기 외상매출금	10,000,000	4,000,000		6,000,000
부도어음	5,000,000	4,999,000		1,000
당기 부도어음			1,000	1,000
신고조정			△7,000,000	△7,000,000
합계	15,000,000	8,999,000	△6,999,000	△998,000

2. 당기 말 채권잔액
   ① 신고조정으로 손금에 산입할 대손금은 유보잔액에 반영되므로 재무상태표상 채권에서 직접 조정하지는 않는다.
   ② 차입거래로 보는 할인어음은 대손충당금 설정대상 채권에 포함한다.
   ③ 중소기업의 직원(임원·지배주주 등 제외)에 대한 주택구입·전세자금 대여금은 업무무관가지급금에서 제외한다.

문제 09 대손금과 대손충당금 (8)

다음은 제조업을 영위하는 중소기업 ㈜동해(일반기업회계기준 적용)의 제24기 사업연도(2024년 1월 1일 ~ 2024년 12월 31일) 법인세 신고 관련 자료이다. 다음 자료를 이용하여 물음에 답하시오.

1. 전기 말 자본금과 적립금 조정명세서(을)상 기말잔액의 내역

과목	기말잔액	비고
대손충당금 한도초과액	3,000,000원	
소멸시효 완성채권	△12,000,000원	①
단기대여금 대손부인액	9,000,000원	②

① 소멸시효 완성채권은 제23기에 「상법」상 소멸시효가 완성된 외상매출금(A)을 신고조정에 의하여 손금산입한 것이다.

② 단기대여금 대손부인액은 제22기에 임원 甲에 대한 주택자금 대여액을 대손부인한 것이다.

2. 재무상태표상 채권 및 대손충당금 내역

과목	제24기	제23기	비고
매출채권	1,000,000,000원	978,500,000원	①
(대손충당금)	(25,000,000)원	(17,000,000)원	
미수수익	12,000,000원	10,000,000원	②
미수금	100,000,000원	150,000,000원	③
장기대여금	300,000,000원	300,000,000원	④
(대손충당금)	(10,000,000)원	(10,000,000)원	

① 당기 말 매출채권에는 채무자의 파산으로 회수할 수 없는 채권 4,500,000원과 「민사집행법」에 따라 채무자의 재산에 대한 경매가 취소된 압류채권 7,000,000원이 포함되어 있다.

② 미수수익은 정기예금 미수이자이다.

③ 미수금은 비품 매각대금으로 대손가능성이 없다고 판단되어 대손충당금을 설정하지 않았다.

④ 장기대여금은 해외현지법인(특수관계인)에 회사의 영업활동과 관련하여 시설 및 운영자금을 대여한 것이다.

3. 제24기의 손익계산서상 대손상각비는 27,500,000원이다.

4. 대손충당금 당기 상계액의 내역

　　① 제23기에 「상법」상 소멸시효가 완성되어 전기에 신고조정에 의하여 손금산입한 외상매출금(A): 12,000,000원

　　② 부도발생일부터 6개월 이상 지난 받을어음 2매(부도발생일 이전의 것으로 저당권이 설정되어 있지 않음)에 대한 외상매출금 전액: 7,700,000원

　　③ 채무자의 사업폐지로 회수할 수 없는 외상매출금: 2,300,000원

5. 회사는 전기에 대손금으로 손금 인정된 매출채권 2,500,000원을 당기 중 회수하여 대손충당금의 증가로 회계처리하였다.

6. 전기 이전의 세무조정은 적법하며, 세부담 최소화를 가정한다.

[물음 1] 당기의 대손실적률을 다음의 답안 양식에 따라 제시하시오. 단, 대손실적률은 %로 제시하며, 소수점 셋째 자리에서 절사한다. (1.2345% → 1.23%)

당기 대손금(Ⓐ)	
전기 말 채권잔액(Ⓑ)	
당기 대손실적률(= Ⓐ ÷ Ⓑ)	

[물음 2] 당기의 대손충당금 한도초과액을 다음 답안 양식에 따라 제시하시오. 단, [물음 1]에 의한 당기의 대손실적률은 0.70%로 가정한다.

당기 말 채권잔액	
대손충당금 한도초과액	

[물음 1]

당기 대손금	16,998,000	
전기 말 채권잔액	1,416,500,000	$978,500,000 + 150,000,000 + 300,000,000 - 12,000,000$
당기 대손실적률	1.2%	$16,998,000 \div 1,416,500,000$

1. 당기 대손금

구분	대손 인정	비고
기초		
당기 상계	9,998,000	$(7,700,000 - 2,000) + 2,300,000$
기말	7,000,000	기말 재무상태표상 채권 중 신고조정사항
합계	16,998,000	

① 채무자의 파산으로 회수할 수 없는 채권(4,500,000원)은 결산조정사항이고, 「민사집행법」에 따라 채무자의 재산에 대한 경매가 취소된 압류채권(7,000,000원)은 신고조정사항이다.

② 소멸시효 완성채권을 당기 대손충당금과 상계하여도 당기 대손금으로 보지 않는다. 소멸시효가 완성된 때 대손금이기 때문이다.

2. 대손금 유보

구분	기초	감소	증가	기말
소멸시효 완성채권(A)	△12,000,000	△12,000,000		
경매취소채권			△7,000,000	△7,000,000
부도어음(2매)			2,000	2,000
합계	△12,000,000	△12,000,000	△6,998,000	△6,998,000

임원 甲에 대한 주택자금 대여액은 특수관계인에 대한 업무무관가지급금에 해당되므로 대손충당금 설정대상 채권에서 제외된다. 따라서 대손금 유보관리내역에서 처음부터 제외하여 혼선을 줄인다. 즉, 유보잔액에 그대로 두면 대손충당금 설정 채권에 유보로 포함되고 다시 대손채권에서 제외하여야 하므로 처음부터 유보에 기재하지 않는다.

3. 전기 말 채권잔액

① 「법인세법」상 익금의 귀속시기가 도래하지 아니한 미수이자의 경우에는 대손충당금의 설정대상이 되는 채권잔액에 포함되지 아니한다.

② 내국법인이 해외현지법인의 시설 및 운영자금을 대여한 경우에 그 자금의 대여가 사실상 내국법인의 영업활동과 관련된 것인 때에는 이를 업무무관가지급금 등으로 보지 아니한다. (「법인세법」 집행기준 28-53-2)

[물음 2]

기말유보

당기 말 채권잔액	1,393,002,000	$1,000,000,000 + 100,000,000 + 300,000,000 - 6,998,000$
대손충당금 한도초과액	21,069,980	$35,000,000 - 1,393,002,000 \times \text{Max}(0.7\%, 1\%)$

25,000,000 + 10,000,000

다음은 제조업을 영위하는 내국 영리법인 ㈜대한(중소기업임)의 제24기(2024. 1. 1. ~ 2024. 12. 31.) 법인세 신고 관련 자료이다.

1. 제23기 자본금과 적립금조정명세서(을)의 기말잔액과 발생내역 및 이와 관련된 당기 처리 자료는 다음과 같다.

과목 또는 사항	기말잔액
㈜A 외상매출금 대손부인액	₩12,000,000
㈜B 외상매출금 소멸시효 완성에 따른 신고조정액	△3,000,000
받을어음 대손부인액	8,000,000
대손충당금 한도초과액	1,200,000

   (1) 대손부인된 ㈜A 외상매출금 중 ₩2,600,000은 당기 중 회수하여 대손충당금의 증가로 회계처리하였으며, ₩900,000은 2024년 4월 8일 「민사조정법」에 따른 조정으로 회수불능채권으로 확정되었다.

   (2) 받을어음 대손부인액은 2023년 7월 26일 부도가 발생한 어음에 대한 세무조정이며, 2024년 6월 15일에 회수하여 손익계산서상 수익으로 계상하였다.

2. 제24기 재무상태표상 대손충당금 계정의 내역은 다음과 같다.
   (1) 기초잔액: ₩9,000,000
   (2) 당기 상계액: ₩5,000,000
   (3) 상각채권 회수: ₩2,600,000
   (4) 당기 설정액: ₩2,500,000

3. 대손충당금의 당기 상계액은 다음과 같다. (단, 채무자의 재산에 대해 저당권을 설정하고 있지 않음)
   (1) 거래처의 파산으로 회수할 수 없는 채권 ₩950,000
   (2) ㈜B 외상매출금 ₩1,000,000: 제23기에 「상법」상 소멸시효 완성에 따라 신고조정으로 손금산입한 ₩3,000,000의 일부이다.
   (3) 「채무자 회생 및 파산에 관한 법률」에 따른 회생계획인가의 결정에 따라 회수불능으로 확정된 채권 ₩1,350,000
   (4) 「민사집행법」에 따라 채무자의 재산에 대한 경매가 취소된 압류채권 ₩1,200,000
   (5) ㈜C 외상매출금 ₩500,000: 회사 채권관리규정에 따라 회수가 불가능하다고 판단한 것으로 「법인세법」상 대손요건을 충족하지는 못하였다.

4. 제24기 재무상태표상 기말 채권 잔액은 다음과 같다.

과목	금액	비고
외상매출금	₩185,000,000	2024년 7월 2일로 「상법」상 소멸시효가 완성된 ㈜D 외상매출금 ₩1,000,000이 포함되어 있음
받을어음	68,000,000	2024년 3월 5일 부도가 발생한 어음상의 채권이나 제24기에 대손처리하지 않음(소멸시효는 완성되지 않음)
미수금	87,000,000	기계장치를 할부로 매각한 대금임
대여금	55,000,000	「법인세법」상 특수관계인에 대한 금전소비대차계약에 따른 대여금으로서, 대여시점에는 특수관계인이 아니었으나 당기 말 현재 특수관계인에 해당됨
합계	₩395,000,000	

5. 전기 말 재무상태표상 채권 잔액은 ₩373,000,000이다.

6. 전기 이전의 모든 세무조정은 적정하게 이루어졌고, 조세부담 최소화를 가정한다.

[물음 1] 당기 대손실적률 계산과 관련하여 ① ~ ②에 해당하는 금액을 제시하시오. (단, 대손실적률 계산 시 백분율 기준 소수점 둘째 자리에서 반올림한다)

당기 대손금	①
당기 대손실적률	②

[물음 2] 당기 대손충당금 한도초과액 계산과 관련하여 ③ ~ ④에 해당하는 금액을 제시하시오.

당기 말 대손충당금 설정대상 채권잔액	③
당기 대손충당금 한도초과액	④

---| 해답 |---

[물음 1]

당기 대손금	① 5,400,000
당기 대손실적률	② 1.4%

[물음 2]

당기 말 대손충당금 설정대상 채권잔액	③ 401,000,000
당기 대손충당금 한도초과액	④ 3,486,000

1. 당기 대손금

구분	대손 인정	비고
기초	900,000	㈜A 외상매출금 당기 대손요건 충족
당기 상계	950,000	거래처 파산(대손요건 충족함)
	1,350,000	회생계획인가의 결정받은 채권(대손요건 충족함)
	1,200,000	경매가 취소된 압류채권(대손요건 충족함)
기말	1,000,000	당기 소멸시효 완성(신고조정)
합계	5,400,000	

2. 대손금 유보

2,600,000(채권 회수) + 900,000(대손)

구분	기초	감소	증가	기말
㈜A 외상매출금	12,000,000	3,500,000		8,500,000
㈜B 신고조정	△3,000,000	△1,000,000		△2,000,000
받을어음	8,000,000	8,000,000		
㈜C 외상매출금			500,000	500,000
㈜D 외상매출금			△1,000,000	△1,000,000
합계	17,000,000	10,500,000	△500,000	6,000,000

① 「민사조정법」에 따른 조정으로 회수불능으로 확정된 채권은 결산조정사항이다. 결산조정항목을 당기 이전에 비용처리하고 당기 중 대손요건을 갖춘 경우에는 당기에 손금요건이 충족된 것으로 본다.

② 전기 대손요건을 충족하지 못하여 대손부인(손금불산입)된 채권(받을어음 대손부인액)을 당기 회수하는 경우 이를 익금불산입하고 △유보 처분한다.

③ 전기에 소멸시효가 완성되어 손금산입한 채권(㈜B 외상매출금)을 당기 상각(제각)하는 경우 이를 손금불산입하고 관련 유보를 추인한다.

3. 대손실적률

5,400,000 ÷ (373,000,000 + 17,000,000) = 1.4%(소수점 둘째 자리에서 반올림)

└→ 전기 말 세무상 유보

4. 대손충당금 설정 채권

  $395,000,000 + 6,000,000 = 401,000,000$

  업무무관가지급금은 대손충당금 설정대상 채권에 해당하지 아니한다. 이 경우 특수관계인에 대한 판단은 대여시점을 기준으로 한다. 따라서 대여시점에 특수관계인이 아닌 경우에는 대손금 손금산입 및 대손충당금 설정대상 채권에 해당한다.

5. 대손충당금 한도: $401,000,000 \times \text{Max}(1.4\%, 1\%) = 5,614,000$

6. 대손충당금 한도초과액: <u>9,100,000(기말)</u> $- 5,614,000 = 3,486,000$

  $\quad\quad\quad\quad\quad\quad\quad\hookrightarrow\ 9,000,000 - 5,000,000 + 2,600,000 + 2,500,000$

문제 11 대손금과 대손충당금 (10) 유예

다음은 제조업을 영위하는 영리 내국법인 ㈜국세(중소기업임)의 제24기(2024. 1. 1. ~ 2024. 12. 31.) 대손금 및 대손충당금 관련 자료이다. 아래 자료를 이용하여 물음에 답하시오.

1. 제23기 자본금과 적립금 조정명세서(을) 기말잔액의 내역은 다음과 같다.

과목 또는 사항	기말잔액
미수금 대손부인액	8,000,000원
대손충당금 한도초과액	1,603,200원
㈜A 외상매출금 대손부인액	3,000,000원
㈜B 받을어음 대손부인액	2,000,000원
㈜C 매출채권 소멸시효 완성분 신고조정액	△3,200,000원

(1) 제23기의 미수금 대손부인액 중 2,500,000원은 제24기에 회수하여 대손충당금의 증가로 처리하였으며, 1,000,000원은 2024. 5. 31. 「민사소송법」에 의한 화해로 회수불능 채권으로 확정되었다.

(2) ㈜A 외상매출금 대손부인액 중 제24기에 소멸시효가 완성된 채권금액은 2,000,000원이다.

(3) ㈜B 받을어음 대손부인액은 2023. 7. 25. 부도가 발생한 어음(2매, 저당권을 설정하지 않음)이다.

2. 제24기 재무상태표상 대손충당금 계정의 내역은 다음과 같다.

대손충당금 (단위: 원)

당기 상계액	9,000,000	기초잔액	12,000,000
		상각채권 추심	2,500,000
기말잔액	19,500,000	당기 설정액	14,000,000
합계	28,500,000	합계	28,500,000

(1) 당기 상계액 중 7,800,000원은 부도발생일부터 6개월이 지난 ㈜D 외상매출금(부도발생일 이전의 것)으로 채무자의 재산에 충분한 저당권을 설정하고 있다.

(2) 당기 상계액 중 1,200,000원은 ㈜C 매출채권으로 제23기에 「상법」상 소멸시효 완성에 따라 신고조정으로 손금산입한 금액의 일부이다.

3. 제24기 중 외상으로 판매한 제품(원가 2,000,000원, 시가 2,600,000원(부가가치세 제외 금액))에 대하여 회계처리를 하지 않았다.

4. 제24기 말 재무상태표상 채권잔액의 내역은 다음과 같다.

과목	금액	비고
외상매출금	70,000,000	당기 중 「상법」상 소멸시효가 완성된 채권 1,500,000원 포함 금액임
받을어음	60,000,000	부도발생일로부터 6개월 이상 지난 어음상 채권 20,000,000원(저당권을 설정하고 있지 않음) 포함 금액임
미수금	120,000,000	대손세액공제를 받은 부가가치세 매출세액 미수금 24,000,000원과 부당행위계산에 해당하는 고가양도에 따른 시가초과 상당금액 16,000,000원 포함 금액임
대여금	133,700,000	특수관계인 아닌 자에 대한 채무보증대위변제로 인한 구상채권 5,000,000원 및 직원(임원이나 지배주주 아님)에 대한 주택구입자금 대여금 30,000,000원 포함 금액임
합계	383,700,000	

5. 전기의 대손실적률은 2.4%이다.

[물음 1] ㈜국세의 당기 대손실적률을 다음 양식에 따라 제시하시오.

당기 대손금(①)	
전기 말 채권잔액(②)	
당기 대손실적률(① ÷ ②)	

[물음 2] ㈜국세의 대손충당금 한도초과액을 다음 양식에 따라 제시하시오.

당기 말 채권잔액	
당기 대손충당금 한도액	
당기 대손충당금 한도초과액	

—| 해답 |—

[물음 1]

당기 대손금(①)	6,498,000	
전기 말 채권잔액(②)	433,200,000	$(12,000,000 - 1,603,200) \div 2.4\%$
당기 대손실적률(① ÷ ②)	1.5%	$6,498,000 \div 433,200,000$

1. 당기 대손금

구분	대손 인정	비고
기초	4,998,000	$1,000,000 + 2,000,000 + (2,000,000 - 2,000)$
당기 상계		㈜D 외상매출금은 저당권 설정, ㈜C 매출채권은 전기 손금
기말	1,500,000	당기 소멸시효 완성
합계	6,498,000	

① 재판상 화해 등 확정판결과 같은 효력을 가지는 것은 대손사유로 인정된다. 손금의 귀속시기가 도래하기 전에 손비로 계상하여 손금불산입한 대손금은 그 후 대손금 귀속시기가 속하는 사업연도에 세무조정으로 손금에 산입할 수 있다.

② 부도발생일로부터 6개월이 지난 어음상 채권(기말채권 20,000,000원)은 결산조정사항이므로 장부에 대손처리하지 않은 경우에는 당기 대손금으로 보지 않는다.

2. 대손금 유보

구분	기초	감소	증가	기말
미수금	8,000,000	3,500,000		4,500,000
㈜A 외상매출금	3,000,000	2,000,000		1,000,000
㈜B 받을어음	2,000,000	1,998,000		2,000
㈜C 매출채권	△3,200,000	△1,200,000		△2,000,000
부도어음			7,800,000	7,800,000
외상매출누락			2,860,000	2,860,000
외상매출금			△1,500,000	△1,500,000
합계	9,800,000	6,298,000	9,160,000	12,662,000

① 전기 이전 대손부인액이 당기 회수된 경우 당기 대손금에는 영향이 없으나 손금부인된 금액이 환입되는 것이므로 익금불산입하고 △유보 처분한다.

② 저당권 설정된 채권은 대손처리할 수 없다.

③ 외상매출누락분 중 부가가치세 매출세액은 세무상 채권에 포함된다.

3. 전기 말 채권잔액

$(12,000,000 - 1,603,200) \div 2.4\% = 433,200,000$
└→ 전기 말 대손충당금 한도액

[물음 2]

당기 말 채권잔액	351,362,000	$383,700,000 - 45,000,000 + 12,662,000$
당기 대손충당금 한도액	5,270,430	$351,362,000 \times \text{Max}(1.5\%, 1\%)$
당기 대손충당금 한도초과액	14,229,570	$19,500,000 - 5,270,430$

설정제외 채권

24,000,000(대손세액공제받은 매출세액) + 16,000,000(고가양도 시가차액) + 5,000,000(구상채권)

= 45,000,000

① 채무보증대위변제로 인한 구상채권은 대손충당금 설정대상 채권에서 제외한다. 보증의 상대방이 특수관계인 인지 여부와 관계없다.

② 특수관계인에게 자산을 고가양도함에 따라 발생한 미수금 중 시가와의 차액은 대손충당금 설정대상 채권에서 제외한다.

다음은 제조업을 영위하는 중소기업인 ㈜한국의 제24기 사업연도(2024년 1월 1일 ~ 2024년 12월 31일) 법인세 신고 관련 자료이다. 다음 자료를 이용하여 물음에 답하시오.

1. 전기 말 재무상태표상 채권잔액은 9,500,000,000원이며, 전기「자본금과적립금조정명세서(을)」의 기말잔액은 다음과 같다.

과목	기말잔액
대손충당금 한도초과액	30,000,000원
외상매출금 대손부인액*	65,000,000원
소멸시효 완성채권	△20,000,000원

* 대손부인된 외상매출금 중 40,000,000원은 제24기에 소멸시효가 완성됨

2. 제24기 대손충당금 계정의 변동내역은 다음과 같다.

대손충당금

당기 상계	120,000,000원	전기 이월	150,000,000원
차기 이월	230,000,000원	당기 설정	200,000,000원
합계	350,000,000원	합계	350,000,000원

3. 대손충당금의 당기 상계내역은 다음과 같다.

① 당기에 소멸시효가 완성된 대여금: 45,000,000원

② 2024년 3월 1일에 매출한 거래처가 2024년 5월 1일에 부도가 발생하여 받을 수 없게 된 외상매출금: 25,000,000원

③ 법원의 면책결정에 따라 회수불능으로 확정된 채권: 10,000,000원

④ 물품의 수출로 발생한 채권으로 법정 대손사유에 해당하여 한국무역보험공사로부터 회수불능으로 확인된 채권: 30,000,000원

⑤ 특수관계법인의 파산으로 회수불가능한 업무무관 대여금: 10,000,000원

4. 당기 말 재무상태표상 채권내역은 다음과 같다.

구분	금액
외상매출금	8,700,000,000원
할부판매 미수금	500,000,000원
원재료 매입을 위한 선급금	300,000,000원
채무보증으로 인하여 발생한 구상채권	2,000,000,000원
금전소비대차에 따라 대여한 금액	1,000,000,000원
전기 소멸시효 완성채권	20,000,000원
합계	12,520,000,000원

[물음 1] ㈜한국의 당기 대손실적률을 답안 양식에 따라 제시하시오. 단, 대손실적률 계산 시 소수점 둘째 자리에서 반올림하시오. (2.57% → 2.6%)

당기 대손금	
전기 말 대손충당금 설정대상 채권잔액	
당기 대손실적률	

[물음 2] 대손금 및 대손충당금과 관련하여 ㈜한국이 해야 하는 제24기 세무조정과 소득처분을 답안 양식에 따라 제시하시오. 단, 당기 대손실적률은 1.5%로 가정한다.

익금산입 및 손금불산입			손금산입 및 익금불산입		
과목	금액	소득처분	과목	금액	소득처분

─ | 해답 |

[물음 1]

당기 대손금	149,999,000	
전기 말 대손충당금 설정대상 채권잔액	9,545,000,000	9,500,000,000 + 45,000,000
당기 대손실적률	1.6%	149,999,000 ÷ 9,545,000,000

[물음 2]

익금산입 및 손금불산입			손금산입 및 익금불산입		
과목	금액	소득처분	과목	금액	소득처분
외상매출금	1,000	유보	전기대손충당금	30,000,000	유보
대여금	10,000,000	기타사외유출	외상매출금	40,000,000	유보
대손충당금	72,124,985	유보			

1. 당기 대손금

$45,000,000 + 24,999,000 + 10,000,000 + 30,000,000$

구분	대손 인정	대손금 유보				
기초	40,000,000	구분	기초	감소	증가	기말
당기 상계	109,999,000	외상매출금	65,000,000	40,000,000		25,000,000
기말		소멸시효	△20,000,000			△20,000,000
합계	149,999,000	부도어음			1,000	1,000
		합계	45,000,000	40,000,000	1,000	5,001,000

① 중소기업의 외상매출금은 부도발생일로부터 6개월이 지난 때 손금에 산입한다. 다만, 1,000원은 비망계정으로 손금불산입한다.

② 업무무관 대여금은 대손금으로 손비처리할 수 없다.

③ 당기 말 재무상태표에 포함된 채권 중 신고조정으로 손금처리하여야 할 것은 없다.

④ 특수관계법인의 업무무관가지급금이 「채무자 회생 및 파산에 관한 법률」에 따른 면책결정에 의하여 회수불능으로 확정되어 대손금으로 결산서에 계상한 경우 손금불산입하고 귀속자에게 소득처분한다. 그 귀속자가 내국법인인 경우에는 법인세가 과세되므로 기타사외유출로 처분한다. (법인세과-256, 2010. 03. 18.) 다만, 대손요건을 갖추지 못한 업무무관가지급금을 대손처리한 경우에는 손금불산입하고 유보로 처분하여야 한다.

2. 대손충당금 설정대상 채권

$12,520,000,000 - 2,000,000,000 + 5,001,000 = 10,525,001,000$

① 채무보증으로 발생한 구상채권은 대손충당금 설정대상 채권에서 제외한다.

② 금전소비대차에 따라 대여한 금액이라도 특수관계인에게 대여한 것이 아닌 경우에는 대손충당금 설정대상 채권에 포함한다.

3. 대손충당금 한도초과액

$230,000,000 - 10,525,001,000 \times 1.5\% = 72,124,985$

다음은 제조업을 영위하는 ㈜대한의 제24기(2024. 1. 1. ~ 2024. 12. 31.) 사업연도 법인세 신고를 위한 자료이다. 이 자료를 기초로 하여 물음에 답하시오.

1. 2024. 4. 1. ㈜대한은 특수관계가 없는 제3자인 법인 乙로부터 액면가액 100,000,000원의 채권을 시가로 평가하여 10,000,000원에 취득하였다. 2024. 12. 1. 회사는 당해 채권을 채무자인 법인의 주식으로 출자전환하였으며, 출자전환주식의 발행가액은 100,000,000원, 액면가액은 15,000,000원, 시가는 20,000,000원이었다. 동 채권의 취득 및 출자전환과 관련된 회사의 회계처리 내역은 다음과 같다. 다만, 동 출자전환은 과세이연 요건을 갖춘 출자전환이 아니다.

   (1) 2024. 4. 1. 채권 취득 시

(차) 채권	10,000,000	(대) 현금	10,000,000

   (2) 2024. 12. 1. 출자전환 시

(차) 주식	10,000,000	(대) 채권	10,000,000

2. 2024. 12. 30. ㈜ 대한의 특수관계가 없는 제3자인 법인 丙에 대해 지속적인 사업관계 유지를 위해 당사자 간 합의(「채무자 회생 및 파산에 관한 법률」에 의한 회생절차에 해당하지 않음)에 의하여 매출채권 120,000,000원 중 20,000,000원은 면제하고, 100,000,000원은 만기를 2년 연장하기로 하였다. 조정된 채권의 현재가치는 90,000,000원이며, 회사는 조정된 채권의 장부가액과 현재가치의 차액인 10,000,000원을 기업회계기준에 따라 대손상각비(대변에는 현재가치할인차금 계상)로 계상하였다. 또한 포기한 채권 20,000,000원을 대손처리하였다.

3. 회사의 손익계산서상 기업업무추진비는 30,000,000원이고, 기업업무추진비 한도액은 35,000,000원이다.

[물음] ㈜대한의 제24기 사업연도 법인세 신고와 관련하여 소득금액조정합계표를 작성하시오.

│ 해답 │

익금산입 · 손금불산입			손금산입 · 익금불산입		
과목	금액	소득처분	과목	금액	소득처분
주식	10,000,000	유보			
기업업무추진비 한도초과액	15,000,000	기타사외유출			
대손상각비	10,000,000	유보			

(30,000,000 + 20,000,000) − 35,000,000

1. 출자전환

출자전환으로 인해 취득하는 주식의 취득원가는 취득 당시의 시가를 원칙으로 한다. 다만, 출자전환이 일정한 법률의 요건을 만족하는 경우(채무면제이익 익금불산입 요건을 갖춘 채무의 출자전환)로 취득한 주식 등은 출자전환된 채권의 장부가액의 취득원가로 한다.

2. 채권 재조정

(1) 채무면제액(원금면제액)

채권의 임의포기에 해당하므로 기업업무추진비로 본다. 기업업무추진비 시부인 계산에 포함하여 조정한다.

(2) 만기 연장

이자감면 또는 만기 연장에 따라 채권의 현재가치 감소분을 기업회계기준에 따라 비용처리한 경우 손금으로 인정한다. 이에 따른 현재가치 환입액도 익금으로 인정한다. 그러나 단순히 거래처와의 관계 개선을 위해 채권의 장부가액을 현재가치로 조정하는 것은 채권 · 채무 재조정에 해당하지 않으므로 관련 대손상각비(현재가치할인차금)를 손금부인하는 것이 타당하다.

다음은 제조업을 영위하고 있는 ㈜국세의 제24기(2024. 1. 1. ~ 2024. 12. 31.) 사업연도 법인세 신고를 위한 자료이다. 아래 자료를 이용하여 물음에 답하시오.

1. 임원과 근속연수 1년 미만의 직원에 대하여는 사규에 따라 퇴직금을 지급하지 않고 있다. 직원 중에는 확정기여형 퇴직연금에 가입한 경우가 있으며, 퇴직연금에 가입한 직원에 대한 회계처리는 적절하게 이루어졌다.

2. 당기 말 현재 재무상태표상 퇴직급여충당금 잔액은 950,000,000원이며, 전기로부터 이월된 금액은 550,000,000원이다. 한편, 당기 중에 퇴직한 직원에게 지급한 퇴직금은 200,000,000원이다.

3. 당기 말 현재 사규상 퇴직금 지급대상 직원이 퇴직할 경우의 퇴직금추계액은 900,000,000원이며, 보험수리적 방법에 의해 계산한 퇴직급여추계액은 950,000,000원이다.

4. 지난 1년간 모든 직원에게 지급한 총급여액은 3,100,000,000원이며, 이 중에는 당기 말 현재 근속연수 1년 미만의 직원에게 지급한 금액 150,000,000원과 확정기여형 퇴직연금에 가입한 직원에게 지급한 금액 400,000,000원이 포함되어 있다.

5. 전기 말 자본금과 적립금 조정명세서(을)상의 유보금에는 퇴직급여충당금 한도초과액 380,000,000원(유보)이 있다.

6. 당기 말 현재 재무상태표상 퇴직금전환금은 5,000,000원이다.

[물음 1] ㈜국세의 제24기 사업연도의 세무조정(계산근거 포함)을 다음 답안 양식에 제시하시오.

구분	조정내역	금액	소득처분

[물음 2] ㈜국세의 제24기 자본금과 적립금 조정명세서(을) 표를 다음의 양식에 따라 제시하시오.

과목	기초잔액	감소	증가	기말잔액

[물음 1]

구분	조정내역	금액	소득처분
손금산입	퇴직급여충당금(기초)	30,000,000	△유보
손금불산입	퇴직급여충당금(기말)	595,000,000	유보

1. 퇴직급여충당금 한도액: Min[(1), (2)] = 5,000,000

(1) 총급여액 기준

$$(3,100,000,000 - 150,000,000 - 400,000,000) \times 5\% = 127,500,000$$

기말시점 현재 퇴직급여 지급대상자가 아닌 자에게 지급한 급여는 포함하지 아니한다. 따라서 1년 미만 근속자와 확정기여형 퇴직연금에 가입한 자의 급여는 제외한다.

(2) 추계액 기준: ① − ② + ③ = 5,000,000

① 추계액: Max(900,000,000, 950,000,000) × 0% = 0

② 세무상 퇴직급여충당금 설정 전 잔액: (550,000,000 − 380,000,000) − 200,000,000 = 0

└→ 음수인 경우 → '0'으로 보고 음수 금액(30,000,000)을 손금에 산입함

③ 퇴직금전환금: 5,000,000

2. 퇴직급여충당금 한도초과액

950,000,000 − (550,000,000 − 200,000,000) − 5,000,000(한도액) = 595,000,000

└→ 회사계상액

[물음 2]

과목	기초잔액	감소	증가	기말잔액
퇴직급여충당금	380,000,000	30,000,000	595,000,000	945,000,000

다음은 제조업을 영위하는 ㈜한강의 제24기 사업연도(2024. 1. 1. ~ 2024. 12. 31.)의 퇴직급여 관련 자료이다. 별도의 언급이 없는 한 전기까지의 세무조정은 적절하게 이루어졌으며, 세부담을 최소화하는 것으로 가정한다.

1. 재무상태표상 퇴직급여충당금 계정의 변동내역

퇴직급여충당금

(단위: 원)

당기 지급액	20,000,000	전기 이월	130,000,000
차기 이월	210,000,000	당기 설정액	100,000,000
합계	230,000,000	합계	230,000,000

2. 퇴직급여충당금 기초잔액 중 부인액은 100,000,000원이다.

3. 기말 현재 1년간 계속 근로한 임직원의 총급여액은 800,000,000원이다.

4. 퇴직급여충당금 당기 설정액과 관련된 회계처리는 다음과 같다.

   (차) 퇴직급여　　　　　80,000,000　　(대) 퇴직급여충당금　　100,000,000
   　　 전기오류수정손실*　20,000,000

   * 전기오류수정손실은 이익잉여금의 감소로 처리됨

5. 퇴직급여추계액은 일시퇴직기준에 따르면 400,000,000원, 보험수리적기준에 따르면 300,000,000원이다.

6. 당기 지급액은 모두 현실적인 퇴직으로 인해 지급한 것이며, 정관에 따르면 퇴직급여는 1년 이상 근속자에게 지급하고 있다.

[물음 1] ㈜한강의 제24기 사업연도 법인세 세무조정을 다음 답안 양식에 제시하시오.

익금산입 · 손금불산입			손금산입 · 익금불산입		
과목	금액	소득처분	과목	금액	소득처분

[물음 2] ㈜한강의 제24기 자본금과 적립금 조정명세서(을) 표를 다음의 양식에 따라 제시하시오.

과목	기초잔액	감소	증가	기말잔액

─┤ 해답 ├─

[물음 1]

익금산입 · 손금불산입			손금산입 · 익금불산입		
과목	금액	소득처분	과목	금액	소득처분
퇴직급여충당금	100,000,000	유보	전기오류수정손실	20,000,000	기타

1. 퇴직급여충당금 한도액: Min[(1), (2)] = 0

(1) 총급여액 기준: 800,000,000 × 5% = 40,000,000

(2) 추계액 기준: ① − ② + ③ = 0 → 음수이더라도 손금에 산입하지 아니함

　① 추계액: Max(300,000,000, 400,000,000) × 0% = 0

　② 세무상 퇴직급여충당금 설정 전 잔액: (130,000,000 − 100,000,000) − 20,000,000 = 10,000,000

　③ 퇴직금전환금: 0

2. 퇴직급여충당금 한도초과액

　100,000,000 − 0(한도액) = 100,000,000

　전기오류수정손실(이익잉여금의 감소)로 퇴직급여충당금을 증가시킨 것은 손금산입하고 이를 회사의 퇴직급여충당금 설정액으로 본다.

[물음 2]

과목	기초잔액	감소	증가	기말잔액
퇴직급여충당금	100,000,000		100,000,000	200,000,000

당기 말 재무상태표상 퇴직급여충당금 잔액은 210,000,000원이다. 200,000,000원이 유보잔액이고 세무상 누적적으로 손금 인정된 금액은 10,000,000원(=210,000,000원 − 200,000,000원)이다. 전기 말 세무상 손금 인정된 금액 30,000,000원(=130,000,000원 − 100,000,000원) 중에서 20,000,000원이 당기 중 지급되었기 때문에 잔액 10,000,000원이 남은 것으로 볼 수 있다.

다음은 제조업을 영위하는 ㈜금강의 제24기(2024. 1. 1. ~ 2024. 12. 31.) 사업연도의 퇴직급여와 관련된 자료이다. 단, 법인세부담 최소화를 가정한다. 다음 자료를 이용하여 물음에 답하시오.

1. 제24기(당기) 말 현재 퇴직급여추계액은 일시퇴직기준과 보험수리적기준 각각 900,000,000원, 1,000,000,000원이다.

2. 세법상 퇴직급여충당금 설정대상자에게 지급한 당기 총급여는 500,000,000원이다.

3. 당기 중 지급한 퇴직급여(퇴직급여충당금과 상계처리되지 아니함) 50,000,000원이 있는데, 이는 당기 중 퇴사한 임원 갑에게 지급한 것이다. 임원 갑의 퇴사 직전 1년간의 총급여는 200,000,000원이며, 근무기간은 총 2년이다. 회사에는 별도의 임원퇴직금 규정이 없다.

4. 당기 중 퇴직급여충당금의 변동내역은 다음과 같다.

퇴직급여충당금 (단위: 원)

지급[2]	100,000,000	기초[1]	280,000,000
기말	270,000,000	설정	90,000,000
합계	370,000,000	합계	370,000,000

[1] 전기 말 현재 퇴직급여충당금 부인누계액은 130,000,000원이다.

[2] 당기 퇴직급여 지급액 중에는 전무이사가 부사장(임원 을)으로 승진함에 따라 지급한 금액 30,000,000원이 포함되어 있다. 퇴직금을 지급한 시점은 2024. 1. 1.이다.

[물음] ㈜금강의 제24기 사업연도의 소득금액조정합계표를 작성하시오. 단, 부당행위계산부인(인정이자)에 관한 세무조정은 고려하지 않기로 한다.

익금산입 · 손금불산입			손금산입 · 익금불산입		
과목	금액	소득처분	과목	금액	소득처분

─┤ 해답 ├─

익금산입·손금불산입			손금산입·익금불산입		
과목	금액	소득처분	과목	금액	소득처분
임원퇴직급여 (한도초과)	10,000,000	상여	퇴직급여충당금	30,000,000	유보
퇴직급여충당금 (충당금 상계)	40,000,000	유보			
업무무관가지급금	30,000,000	유보			
퇴직급여충당금 (한도초과)	90,000,000	유보			

1. 임원퇴직급여 한도초과

   $50,000,000 - 200,000,000 \times 10\% \times 2년 = 10,000,000$

2. 퇴직급여 지급 시의 처리

(1) 회계처리				
(차) 퇴직급여	50,000,000	(대) 현금		50,000,000
(2) 세법상 재구성				
(차) 퇴직급여충당금	40,000,000	(대) 현금		50,000,000
사외유출(근로소득)	10,000,000			

   퇴직급여충당금을 계상한 법인이 퇴직자에게 퇴직급여를 지급하는 경우에는 퇴직급여충당금에서 먼저 상계하여야 한다.

3. 비현실적인 퇴직

   임원의 연임으로 인해 퇴직금을 지급하는 것은 현실적인 퇴직으로 보지 않는다. 따라서 임원의 연임(또는 승진) 시에 지급하는 퇴직금은 업무무관가지급금으로 본다.

(1) 회계처리				
(차) 퇴직급여충당금	30,000,000	(대) 현금		30,000,000
(2) 세법상 재구성				
(차) 업무무관가지급금	30,000,000	(대) 현금		30,000,000

   퇴직급여충당금 감소액 중 일반적인 지급액이 아닌 것은 모두 기손금 부인액이 감소된 것으로 본다.

4. 퇴직급여충당금 한도액: Min[(1), (2)] = 0

(1) 총급여액 기준: 500,000,000 × 5% = 25,000,000

(2) 추계액 기준: ① − ② + ③ = 0 → 음수이더라도 손금에 산입하지 아니함
   ① 추계액: Max(900,000,000, 1,000,000,000) × 0% = 0
   ② 세무상 퇴직급여충당금 설정 전 잔액: (280,000,000 − 140,000,000) − 100,000,000 = 40,000,000
      └→ 130,000,000 − 30,000,000 + 40,000,000
   ③ 퇴직금전환금: 0

5. 퇴직급여충당금 한도초과액
   90,000,000 − 0(한도액) = 90,000,000

6. 자본금과 적립금 조정명세서(을)

40,000,000 + 90,000,000

과목	기초잔액	감소	증가	기말잔액
퇴직급여충당금	130,000,000	30,000,000	130,000,000	230,000,000

문제 17 퇴직급여충당금 – 환입 [유예]

다음은 제조업을 영위하는 비상장 중소기업인 ㈜세무의 제24기 사업연도(2024. 1. 1. ~ 2024. 12. 31.) 자료이다. 다음 자료를 이용하여 물음에 답하시오.

1. 퇴직급여충당금 계정의 변동내역

    기초잔액은 93,000,000원(세무상 한도초과 부인액 제22기 3,300,000원, 제23기 4,950,000원 포함)이며, 기중에 제23기 퇴직급여충당금 한도초과분 4,950,000원을 환입하고 영업외수익으로 회계처리하였으며, 기중 퇴직금 지급액은 21,000,000원이고, 퇴직급여충당금 당기 설정액은 24,000,000원이다.

2. 당기 중 지급한 총급여액은 220,000,000원이다.

3. 퇴직급여추계액은 일시퇴직기준 1,200,000,000원, 보험수리적기준 1,300,000,000원이다.

4. 당기 말 현재 재무상태표상 퇴직금전환금 잔액은 8,000,000원이다.

[물음] ㈜세무의 제24기 사업연도의 소득금액조정합계표를 작성하시오.

익금산입 · 손금불산입			손금산입 · 익금불산입		
과목	금액	소득처분	과목	금액	소득처분

익금산입 · 손금불산입			손금산입 · 익금불산입		
과목	금액	소득처분	과목	금액	소득처분
퇴직급여충당금	24,000,000	유보	퇴직급여충당금	4,950,000	유보

1. **전기 말 퇴직급여충당금 환입액**
   퇴직급여충당금 환입액은 퇴직급여충당금 부인액을 먼저 환입한 것으로 보므로 퇴직급여충당금 환입액을 익금불산입하고 △유보 처분한다. 즉, 퇴직급여충당금 감소액 중 일반적인 지급액이 아닌 것은 모두 기손금 부인액이 감소된 것으로 본다.

2. **퇴직급여충당금 한도액:** $\text{Min}[(1), (2)] = 0$

(1) **총급여액 기준:** $220,000,000 \times 5\% = 11,000,000$

(2) **추계액 기준:** ① − ② + ③ = 0 → 음수이더라도 손금에 산입하지 아니함
   ① 추계액: $\text{Max}(1,200,000,000, 1,300,000,000) \times 0\% = 0$
   ② 세무상 퇴직급여충당금 설정 전 잔액

   $(93,000,000 - 3,300,000) - (21,000,000 + 4,950,000) = 63,750,000$
   └→ 3,300,000 + 4,950,000 − 4,950,000   └→ 회계상 퇴직급여충당금 감소

   ③ 퇴직금전환금: 8,000,000

3. **회계상 퇴직급여충당금 변동**

   퇴직급여충당금

지급	21,000,000	기초	93,000,000
환입	4,950,000	설정	24,000,000
기말	91,050,000		
합계	117,000,000	합계	117,000,000

4. **퇴직급여충당금 한도초과액**
   $24,000,000 - 0 = 24,000,000$

5. **자본금과 적립금 조정명세서(을)**

과목	기초잔액	감소	증가	기말잔액
퇴직급여충당금	8,250,000	4,950,000	24,000,000	27,300,000

㈜국세의 제24기 사업연도(2024. 1. 1. ~ 2024. 12. 31.) 퇴직급여충당금과 관련된 자료는 다음과 같다. 아래 자료를 이용하여 물음에 답하시오.

1. 퇴직급여충당금의 기초잔액은 115,000,000원(세무상 한도초과액 70,000,000원 포함)이며, 당해 연도 1분기에 관계회사인 ㈜징세로부터 일부 직원이 전입되면서 퇴직급여충당금 30,000,000원(부인액 18,000,000원 포함)을 현금으로 인계받았다.

2. 회사는 관리상의 어려움으로 ㈜징세로부터 인계받은 퇴직급여충당금을 별도로 관리하지 아니하기로 결정하였다.

3. 당해 연도에 퇴사자에게 퇴직금을 지급하고 퇴직급여충당금에서 차감한 금액은 총 45,000,000원으로 이 금액에는 ㈜징세로부터 전입한 직원에 대한 퇴직금 15,000,000원이 포함되어 있다. 동 ㈜징세로부터 전입한 직원에 대하여 회사는 근무기간을 통산하여 퇴직금을 계산·지급하였다. ㈜징세의 근무기간에 따른 금액은 8,000,000원, ㈜국세에 근무한 기간에 따른 금액은 4,000,000원이다.

4. 퇴사자 중 일부가 회사의 구조조정과 관련하여 퇴직함에 따라 예상하지 못했던 35,000,000원의 명예퇴직금을 추가로 지급하였으며 이는 영업외비용으로 계상되어 있다.

5. 당해 연도 중 지급한 총급여액은 780,000,000원으로 동 금액에는 연차수당 지급액 24,000,000원이 포함되어 있으며 회사의 연차수당 지급에 관한 규정에 의하면 직전 연도 7월부터 당해 연도 6월에 해당하는 연차수당을 당해 연도 7월에 지급하도록 되어 있다.

6. 당해 연도 말 현재 퇴직금추계액(일시퇴직기준과 보험수리적기준 금액이 일치함)은 700,000,000원이며 이는 당해 연도 말 회사의 퇴직급여충당금 설정액과 일치한다.

[물음] ㈜국세의 제24기 자본금과 적립금 조정명세서(을) 표를 다음의 양식에 제시하시오.

과목	기초잔액	감소	증가	기말잔액

—| **해답** |—

과목	기초잔액	감소	증가	기말잔액
퇴직급여충당금	70,000,000		600,000,000	670,000,000

1. 관계회사직원 전입 및 퇴직 시 회계처리

   (1) 전입 시

      (차) 현금   30,000,000   (대) 퇴직급여충당금   30,000,000

   (2) 퇴직 시

      (차) 퇴직급여충당금   15,000,000   (대) 현금   15,000,000

2. 퇴직급여충당금 변동액 분석

   퇴직급여충당금

지급	45,000,000	기초	115,000,000
		설정(관계사 전입)	30,000,000
기말	700,000,000	설정(비용처리)	600,000,000
	745,000,000		745,000,000

관계회사에서 전입된 직원에 대한 퇴직급여충당금 승계액은 회사의 기초 충당금으로 간주한다. 이때 퇴직급여충당금 부인액이 개인별로 설정되는 것이 아니기 때문에 퇴직급여충당금 부인액은 승계하지 아니한다.

3. 퇴직급여충당금과 상계하지 않고 처리한 퇴직급여
   ① 퇴직급여충당금을 손금에 산입한 내국법인이 「근로자 퇴직급여 보장법」에 따라 퇴직급여 중간 정산을 실시하면서 지급하는 퇴직급여 중간 정산액과는 별도로 퇴직급여지급규정·취업규칙의 개정 등으로 퇴직급여지급제도 변경에 따른 손실보상을 위해 지급하는 금액은 퇴직급여충당금에서 상계처리하지 아니하고 직접 해당 사업연도의 손금에 산입할 수 있다.
   ② 퇴직급여충당금을 손금에 산입한 내국법인이 일부 사업의 폐지 또는 중단 등으로 인하여 부득이하게 퇴직하는 임원 및 직원에게 퇴직급여지급규정에 따라 명예퇴직금을 지급하는 경우 퇴직급여충당금에서 상계처리하지 아니하고 직접 해당 사업연도의 손금에 산입할 수 있다.

4. 연차수당
   연차수당의 지급대상기간이 2개 사업연도에 걸쳐 있는 경우에도 당해 사업연도에 지급의무가 확정된 날이 속하는 사업연도에 전액을 손금에 산입한다. 이 경우 연차수당은 퇴직급여충당금 한도액 계산 시 총급여액에 포함한다.

5. 퇴직급여충당금 한도액: Min[(1), (2)] = 0

(1) 총급여액 기준: 780,000,000 × 5% = 39,000,000

(2) 추계액 기준: ① − ② + ③ = 0 → 음수이더라도 손금에 산입하지 아니함

   ① 추계액: Max(700,000,000, 700,000,000) × 0% = 0

   ② 세무상 퇴직급여충당금 설정 전 잔액

      (115,000,000 + 30,000,000 − 70,000,000) − 45,000,000 = 30,000,000
                         └→ 승계분   └→ 당기 지급액

   ③ 퇴직금전환금: 0

   관계회사로부터 전입되는 시점에 현금으로 퇴직급여충당금을 인계받았으므로 향후 전입된 직원의 퇴사시점에 전입법인이 퇴직금을 전액 지급하여야 한다. 따라서 관계회사로부터 전입된 직원의 퇴직금을 회사가 전액 지급하는 것은 세무조정이 필요하지 않다.

6. 퇴직급여충당금 한도초과액: 600,000,000 − 0 = 600,000,000

다음은 ㈜백두의 제24기 사업연도(2024. 1. 1. ~ 2024. 12. 31.)의 퇴직급여 관련 세무조정 자료이다. 다음 자료를 이용하여 물음에 답하시오.

1. ㈜백두의 퇴직급여충당금 변동내역은 다음과 같다.

퇴직급여충당금

（단위: 원）

감소	30,000,000	기초	90,000,000
기말	100,000,000	증가	40,000,000
합계	130,000,000	합계	130,000,000

2. 당기 말 보험수리적기준 퇴직급여추계액은 110,000,000원, 일시퇴직기준에 따른 추계액은 100,000,000원이다. 기초 퇴직급여충당금에는 부인액 75,000,000원이 포함되어 있다.

3. 당기 중 ㈜백두는 ㈜한라와 합병하였으며, ㈜한라로부터 퇴직급여충당금 10,000,000원(퇴직급여충당금 부인액 8,000,000원)을 승계하였다.

4. 당기 중 특수관계법인 ㈜설악으로부터 직원이 전입하여 왔으며, ㈜설악은 퇴직급여를 지급하지 아니하였다. 또한 ㈜백두는 ㈜설악으로부터 직원 전입 시 퇴직금을 현금으로 수령하지 아니하였으며, 퇴사시점에 이를 안분하여 부담하기로 하였다. 전입하여 온 직원 중 1명이 퇴사하였으며, ㈜백두는 퇴직금으로 12,000,000원을 지급하면서 퇴직급여충당금과 상계하였다. 전입 후 ㈜백두의 근속기간만을 기준으로 계산한 퇴직급여는 4,000,000원이고 ㈜설악의 근속기간만을 기준으로 계산한 퇴직급여는 6,000,000원이다.

5. 당기 말 퇴직급여 지급대상자에게 지급한 1년간 총급여액은 300,000,000원이다.

6. 부당행위계산부인(인정이자 계산)과 관련된 세무조정은 고려하지 않기로 한다.

[물음] ㈜백두의 제24기 사업연도 소득금액조정합계표를 작성하시오.

익금산입·손금불산입			손금산입·익금불산입		
과목	금액	소득처분	과목	금액	소득처분

익금산입 · 손금불산입			손금산입 · 익금불산입		
과목	금액	소득처분	과목	금액	소득처분
관계회사대여금	7,200,000	유보	퇴직급여충당금	7,200,000	유보
퇴직급여충당금 (한도초과)	30,000,000	유보	퇴직급여충당금	5,800,000	유보

1. 퇴직급여충당금의 승계

구분	관계회사로부터 전입	합병
퇴직급여충당금 승계 요건	전출법인이 퇴직금을 지급하지 않는 대신 전입법인에게 현금을 지급한 경우	피합병법인이 퇴직금을 지급하지 않는 경우
승계 효과	기초 퇴직급여충당금으로 본다. 그러나 퇴직급여충당금 부인액은 승계하지 않는다. (퇴직급여충당금 부인액은 개인별로 설정되는 것이 아니기 때문임)	기초 퇴직급여충당금과 퇴직급여충당금 부인액을 모두 승계한다. (개인별로 승계하는 것이 아니라 직원 전체의 퇴직급여를 승계하기 때문임)

2. 관계회사 전입 직원에게 지급한 퇴직급여

관계회사로부터 직원 전입 시 현금을 지급받지 못하였으므로 인수 당시 퇴직급여충당금을 승계하지 아니하였다. 추후 실제 직원이 퇴사할 때에는 각 회사별 분담금액에 따라 퇴직금을 지급하여야 한다. ㈜백두가 퇴사시점에 퇴직금을 모두 지급하였으므로 이 중 ㈜설악의 부담분은 관계법인에게 대여한 것으로 간주한다. 이때 퇴직급여충당금을 상계하였으므로 기손금 부인액을 손금에 산입하여야 한다.

$$㈜설악의\ 부담액 = 12,000,000 \times \frac{6,000,000}{10,000,000} = 7,200,000$$

3. 퇴직급여충당금 한도액: Min[(1), (2)] = 0

(1) 총급여액 기준: 300,000,000 × 5% = 15,000,000

(2) 추계액 기준: ① − ② + ③ = 0 → ②가 음수인 경우에는 ②를 '0'으로 간주함

① 추계액: Max(110,000,000, 100,000,000) × 0% = 0

② 세무상 퇴직급여충당금 설정 전 잔액

(90,000,000 + 10,000,000 − 75,800,000) − 30,000,000 = (−)5,800,000 → 손금산입
　　　　　　　　└→ 승계분　└→ 75,000,000 + 8,000,000 − 7,200,000

③ 퇴직금전환금: 0

4. 퇴직급여충당금 한도초과액

[40,000,000 − 10,000,000(당기 증가액 중 승계분)] − 0 = 30,000,000

제조업을 영위하고 있는 ㈜국세의 제24기(당기) 사업연도(2024. 1. 1. ~ 2024. 12. 31.)의 퇴직급여와 관련된 자료는 다음과 같다. 다음 자료를 이용하여 물음에 답하시오.

1. 장부상 퇴직급여충당금의 변동내역

퇴직급여충당금 (단위: 원)

당기 지급	35,000,000	전기 이월	65,000,000
		퇴직급여	100,000,000
기말잔액	150,000,000	보험수리적손실	20,000,000
	185,000,000		185,000,000

2. 전기 말 퇴직급여충당금 부인누계액은 40,000,000원이다.

3. 퇴직급여 지급대상이 되는 임원 또는 직원의 1년간의 총급여액: 1,000,000,000원

4. 당기 손익계산서상 당기순이익에 반영된 퇴직급여는 100,000,000원이고, 보험수리적손실은 기타포괄손익으로 처리되었다.

5. 당해 사업연도 종료일 현재 퇴직급여추계액: 일시퇴직기준 130,000,000원, 보험수리적기준 150,000,000원

6. ㈜국세는 한국채택국제회계기준에 근거하여 회계처리하고, 전기까지의 세무조정은 적법하게 이루어졌다고 가정한다.

[물음] ㈜국세의 제24기 사업연도 소득금액조정합계표를 작성하시오.

익금산입 · 손금불산입			손금산입 · 익금불산입		
과목	금액	소득처분	과목	금액	소득처분

─┤ 해답 ├─

익금산입·손금불산입			손금산입·익금불산입		
과목	금액	소득처분	과목	금액	소득처분
퇴직급여충당금 (한도초과)	120,000,000	유보	보험수리적손실	20,000,000	기타
			퇴직급여충당금	10,000,000	유보

1. 보험수리적손실

   퇴직급여충당금의 증가로 처리한 보험수리적손실(기타포괄손익)은 손금산입하고 기타로 처분한다. 해당 보험수리적손실 금액은 당기 설정액으로 간주하고 퇴직급여충당금 시부인 계산하여야 한다.

2. 퇴직급여충당금 한도액: Min[(1), (2)] = 0

(1) 총급여액 기준: 1,000,000,000 × 5% = 50,000,000

(2) 추계액 기준: ① − ② + ③ = 0 → ②가 음수인 경우에는 ②를 '0'으로 간주함

   ① 추계액: Max(130,000,000, 150,000,000) × 0% = 0

   ② 세무상 퇴직급여충당금 설정 전 잔액

   (65,000,000 − 40,000,000) − 35,000,000 = (−)10,000,000 → 손금산입
   　　　　　└→ 전기 말 부인액

   ③ 퇴직금전환금: 0

3. 퇴직급여충당금 한도초과액

   [100,000,000 + 20,000,000(보험수리적손실)] − 0 = 120,000,000

4. 자본금과 적립금 조정명세서(을)

과목	기초잔액	감소	증가	기말잔액
퇴직급여충당금	40,000,000	10,000,000	120,000,000	150,000,000

비상장 내국법인 ㈜민국의 제24기(2024년 1월 1일 ~ 2024년 12월 31일) 확정급여형 퇴직연금부담금과 관련된 정보는 다음과 같다. 다음 자료를 이용하여 물음에 답하시오.

1. 제24기 말 현재 재무상태표상 퇴직급여충당금은 30,000,000원이고, 전기 말 퇴직급여충당금 한도초과액은 3,000,000원이며, 당기 설정한 퇴직급여충당금에서 4,500,000원이 손금불산입되었다. 한편, 전기 퇴직연금충당금 관련 △유보금액이 4,000,000원 있다.

2. 당기 말 현재 퇴직급여추계액은 일시퇴직기준으로 90,000,000원과 보험수리기준으로 70,000,000원이다.

3. 제24기 확정급여형 퇴직연금운용자산의 변동내역은 다음과 같다.

퇴직연금운용자산 (단위: 원)

기초잔액	4,000,000	당기 지급액	2,000,000
당기 납부액	10,000,000	기말잔액	12,000,000
	14,000,000		14,000,000

4. ㈜민국의 퇴직연금운용자산 기초잔액은 전기에 신고조정에 의하여 손금산입된 금액이고, 퇴직연금운용자산의 당기분은 장부상 계상하지 않았다.

[물음] ㈜민국의 제24기 자본금과 적립금 조정명세서(을) 표를 제시하시오.

──┤ **해답** ├────────────

과목	기초잔액	감소	증가	기말잔액
퇴직급여충당금	3,000,000	2,000,000	4,500,000	5,500,000
퇴직연금충당금	△4,000,000	△2,000,000	△10,000,000	△12,000,000

1. **퇴직급여 지급 시**

(1) 지급처리 순서

　퇴직보험료 등을 손금에 산입한 법인의 임원 또는 직원이 실제로 퇴직하는 경우 손금산입할 퇴직급여의 범위 액은 퇴직급여지급규정에 의한 퇴직급여 상당액에서 해당 직원의 퇴직으로 인하여 보험회사 등으로부터 수령한 ① 퇴직보험금(퇴직연금), ② 퇴직급여충당금 순으로 차감한 금액으로 한다. 다만 신고조정에 의하여 퇴직보험료 등을 손금에 산입한 경우에는 해당 퇴직보험금 상당액을 퇴직급여로 계상한 후 동 금액을 익금에 산입하여야 한다. (「법인세법」 통칙 26-44의 2…2)

(2) 회계처리

(차) 퇴직급여충당금	2,000,000	(대) 퇴직연금운용자산	2,000,000

(3) 세무조정

　퇴직급여충당금 감소액 중 일반적인 지급액이 아닌 것은 모두 기손금 부인액이 감소된 것으로 본다. 그 결과 퇴직연금충당금을 결산에 설정하지 않고 신고조정하는 법인이 퇴직연금에서 퇴직금을 지급하는 경우에는 기손금된 퇴직연금충당금을 익금산입하고 동시에 퇴직급여충당금 부인액을 손금산입하여야 한다.

[익금산입]	퇴직연금충당금	2,000,000	유보
[손금산입]	퇴직급여충당금	2,000,000	△유보

2. **퇴직연금충당금 한도액: Min[(1), (2)] = 10,000,000**

(1) 추계액 기준: ① - ② - ③ = 63,500,000

　① 세무상 추계액: Max(90,000,000, 70,000,000) = 90,000,000

　② 세무상 퇴직급여충당금 기말잔액

$$30,000,000 - (\underbrace{3,000,000 - 2,000,000 + 4,500,000}_{\text{퇴직급여충당금 세무조정 완료 후}}) = 24,500,000$$

　③ 퇴직연금충당금 설정 전 잔액: 4,000,000 - 2,000,000 = 2,000,000

(2) 운용자산 잔액 기준: ① - ② = 10,000,000

　① 운용자산 기말잔액: 12,000,000

　② 퇴직연금충당금 설정 전 잔액: 4,000,000 - 2,000,000 = 2,000,000

3. **퇴직연금충당금 세무조정**

　한도액 10,000,000원까지 신고조정으로 손금산입한다.

4. **분석**

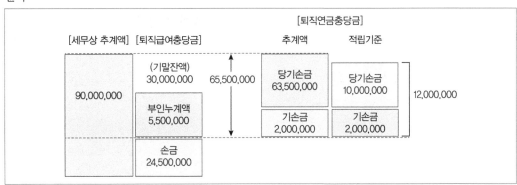

문제 22 퇴직연금충당금 (2)

다음은 ㈜퇴직의 제24기 사업연도(2024년 1월 1일 ~ 2024년 12월 31일) 법인세 신고 관련 자료이다. 다음 자료를 이용하여 물음에 답하시오.

1. 제24기 확정급여형 퇴직연금과 관련된 퇴직연금운용자산의 변동내역은 다음과 같다. 당기 지급액은 현실적으로 퇴직한 임직원에게 지급된 금액이다.

전기 이월	800,000,000원	당기 지급	160,000,000원
당기 예치	450,000,000원	기말 잔액	1,090,000,000원

2. ㈜퇴직의 보험수리적기준 퇴직급여추계액은 960,000,000원이며, 일시퇴직기준 퇴직급여추계액은 880,000,000원이다.

3. ㈜퇴직은 제24기 말 현재 퇴직급여충당금과 퇴직금전환금이 없다.

4. ㈜퇴직은 결산조정에 의하여 퇴직연금충당금을 설정하고 있으며, 퇴직연금충당금의 제24기 변동내역은 다음과 같다.

당기 감소	160,000,000원	기초 잔액	800,000,000원
기말 잔액	1,090,000,000원	당기 증가	450,000,000원

5. 전기 말 현재 퇴직연금충당금에 대한 손금불산입 유보잔액은 100,000,000원이다.

[물음 1] ㈜퇴직의 제24기 세무조정 및 소득처분을 소득금액조정합계표에 제시하시오.

[물음 2] ㈜퇴직이 퇴직연금충당금을 신고조정한다고 가정할 경우 ㈜퇴직의 제24기 세무조정 및 소득처분을 소득금액조정합계표에 제시하시오. 단, 전기까지 신고조정에 의해 손금산입된 퇴직연금충당금은 800,000,000원이다. (자료상의 4번 사항과 5번 사항은 무시한다)

[물음 3] [물음 2]에 따라 퇴직연금충당금을 신고조정하는 경우 ㈜퇴직의 제24기 자본금과 적립금 조정명세서(을)를 다음의 답안 양식에 따라 제시하시오.

과목	기초	당기 중 증감		기말
		감소	증가	

─| 해답 |─

[물음 1]

익금산입 및 손금불산입			손금산입 및 익금불산입		
과목	금액	소득처분	과목	금액	소득처분
퇴직연금충당금	30,000,000	유보			

1. 결산조정

    당기 퇴직연금운용자산에서 지급한 퇴직금 160,000,000원은 당기 퇴직연금충당금과 먼저 상계하였다. 기손금된 퇴직연금충당금에서 지급하였으므로 별도의 세무조정은 없다.

(차) 퇴직연금충당금	160,000,000	(대) 퇴직연금운용자산	160,000,000

2. 퇴직연금충당금 한도액: Min(A, B) = 420,000,000

구분	추계액 기준(A)	운용자산 기준(B)
① 퇴직급여추계액(운용자산)	960,000,000	1,090,000,000
② 세무상 퇴직급여충당금 잔액		
③ 퇴직연금충당금 설정 전 잔액	(−)540,000,000	(−)540,000,000
한도액	420,000,000	550,000,000

    ② 세무상 퇴직급여충당금 기말잔액: 0

    ③ 퇴직연금충당금 설정 전 잔액: $(800,000,000 - 100,000,000) - 160,000,000 = 540,000,000$
    　　　　　　　　　　　　　└→ 전기 말 세무상 퇴직연금충당금

3. 퇴직연금충당금 세무조정

    $450,000,000 - 420,000,000 = 30,000,000$

4. 자본금과 적립금 조정명세서(을)

과목	기초잔액	감소	증가	기말잔액
퇴직연금충당금	100,000,000		30,000,000	130,000,000

5. 당기 말 세무상 퇴직연금충당금

    $1,090,000,000 - 130,000,000 = 960,000,000$ → 퇴직금추계액과 일치함

[물음 2]

익금산입 및 손금불산입			손금산입 및 익금불산입		
과목	금액	소득처분	과목	금액	소득처분
퇴직연금충당금	160,000,000	유보	퇴직연금충당금	320,000,000	유보

1. 퇴직급여 지급 시

(차) 퇴직급여	160,000,000	(대) 퇴직연금운용자산	160,000,000

   퇴직연금운용자산으로 지급된 퇴직금은 퇴직연금충당금과 먼저 상계하여야 한다. 만일, 퇴직연금충당금을 설정하지 않은 경우에는 퇴직급여로 처리하여야 한다. 따라서 신고조정으로 손금산입한 퇴직연금충당금을 퇴직급여충당금과 상계한 부분은 익금산입(퇴직연금충당금)한다.

2. 퇴직연금충당금 한도액: Min(A, B) = 320,000,000

구분	추계액 기준(A)	운용자산 기준(B)
① 퇴직급여추계액(운용자산)	960,000,000	1,090,000,000
② 세무상 퇴직급여충당금 잔액		
③ 퇴직연금충당금 설정 전 잔액	(−)640,000,000	(−)640,000,000
한도액	320,000,000	450,000,000

   ② 세무상 퇴직급여충당금 기말잔액: 0
   ③ 퇴직연금충당금 설정 전 잔액: (800,000,000) − 160,000,000 = 640,000,000
   └→ 전기 말 세무상 퇴직연금충당금

3. 퇴직연금 세무조정
   당기 퇴직연금충당금 설정액 한도인 320,000,000원만큼 신고조정으로 손금산입한다.

[물음 3]

과목	기초	당기 중 증감		기말
		감소	증가	
퇴직연금충당금	△800,000,000	△160,000,000	△320,000,000	△960,000,000

당기 말 세무상 퇴직연금충당금 잔액은 추계액과 일치한다.

다음은 제조업을 영위하는 ㈜설악의 제24기 사업연도(2024년 1월 1일 ~ 2024년 12월 31일) 법인세 관련 자료이다. 다음 자료를 이용하여 물음에 답하시오.

1. ㈜설악은 결산조정에 의하여 퇴직연금충당금을 설정하고 있으며 퇴직연금충당금 계정의 당기 중 변동내역은 다음과 같다.

퇴직연금충당금

당기 상계	200,000,000원	전기 이월*	450,000,000원
차기 이월	570,000,000원	당기 설정	320,000,000원
합계	770,000,000원	합계	770,000,000원

* 전기 말 세무상 퇴직연금충당금의 부인누계액(유보)은 50,000,000원임

2. 당기 중 직원 퇴직으로 인한 퇴직금은 사외에 적립한 퇴직연금운용자산에서 지급되었으며 다음과 같이 회계처리하였다.

(차) 퇴직연금충당금   200,000,000   (대) 퇴직연금운용자산   230,000,000
　　　퇴직급여충당금　　 30,000,000

3. ㈜설악의 당기 말 퇴직급여추계액은 다음과 같다.
   ① 보험수리적기준: 910,000,000원
   ② 일시퇴직기준: 900,000,000원

4. 확정급여형 퇴직연금과 관련하여 사외에 적립한 퇴직연금운용자산 계정의 변동내역은 다음과 같다.

퇴직연금운용자산

전기 이월	450,000,000원	당기 지급*	230,000,000원
당기 예치	410,000,000원	기말잔액	630,000,000원
합계	860,000,000원	합계	860,000,000원

* 당기 지급액은 모두 현실적으로 퇴직한 임직원에게 지급됨

5. 기말 현재 재무상태표상 퇴직급여충당금 기말잔액은 100,000,000원이며, 세무상 퇴직급여충당금 부인누계액(유보)은 20,000,000원이다.

[물음 1] ㈜설악의 퇴직금 관련 세무조정 및 소득처분을 다음의 답안 양식에 따라 제시하시오.

익금산입 및 손금불산입			손금산입 및 익금불산입		
과목	금액	소득처분	과목	금액	소득처분

[물음 2] ㈜설악은 신고조정에 의하여 퇴직연금충당금을 손금에 산입하고 있다고 가정한다. 〈자료〉 중 1번은 고려하지 않으며, 2번의 분개 중 '퇴직연금충당금'을 '퇴직급여'로 한다. 전기 말 현재 신고조정에 의한 퇴직연금충당금의 손금산입액(△유보)이 400,000,000원일 때 퇴직금 관련 세무조정 및 소득처분을 다음의 답안 양식에 따라 제시하시오.

익금산입 및 손금불산입			손금산입 및 익금불산입		
과목	금액	소득처분	과목	금액	소득처분

해답

[물음 1]

익금산입 및 손금불산입			손금산입 및 익금불산입		
과목	금액	소득처분	과목	금액	소득처분
퇴직연금충당금	30,000,000	유보	퇴직급여충당금	30,000,000	유보
			퇴직연금충당금	140,000,000	유보

1. 퇴직연금충당금 한도액: Min(A, B) = 460,000,000

구분	추계액 기준(A)	운용자산 기준(B)
① 퇴직급여추계액(운용자산)	910,000,000	630,000,000
② 세무상 퇴직급여충당금 잔액	(−)80,000,000	
③ 퇴직연금충당금 설정 전 잔액	(−)170,000,000	(−)170,000,000
한도액	660,000,000	460,000,000

① 퇴직급여추계액: Max[910,000,000, 900,000,000] = 910,000,000
② 세무상 퇴직급여충당금 기말잔액

   100,000,000 − 20,000,000 = 80,000,000 → 퇴직급여충당금 세무조정 완료 후
③ 퇴직연금충당금 설정 전 잔액

   (450,000,000 − 50,000,000) − 200,000,000 − 30,000,000 = 170,000,000

2. 퇴직연금세무조정

320,000,000 − 460,000,000 = △140,000,000

3. 유보관리

구분	기초	감소	증가	기말
퇴직급여충당금	50,000,000	30,000,000		20,000,000
퇴직연금충당금	50,000,000	△30,000,000	△140,000,000	△60,000,000

4. 세무상 퇴직연금충당금(검증)

570,000,000 + 60,000,000 = 630,000,000(운용자산잔액과 일치)

[물음 2]

익금산입 및 손금불산입			손금산입 및 익금불산입		
과목	금액	소득처분	과목	금액	소득처분
퇴직연금충당금	230,000,000	유보	퇴직급여충당금	30,000,000	유보
			퇴직연금충당금	460,000,000	유보

1. 퇴직연금충당금 한도액: Min(A, B) = 460,000,000

구분	추계액 기준(A)	운용자산 기준(B)
① 퇴직급여추계액(운용자산)	910,000,000	630,000,000
② 세무상 퇴직급여충당금 잔액	(−)80,000,000	
③ 퇴직연금충당금 설정 전 잔액	(−)170,000,000	(−)170,000,000
한도액	660,000,000	460,000,000

① 퇴직급여추계액: Max[910,000,000, 900,000,000] = 910,000,000

② 세무상 퇴직급여충당금 기말잔액

100,000,000 − 20,000,000 = 80,000,000 → 퇴직급여충당금 세무조정 완료 후

③ 퇴직연금충당금 설정 전 잔액

400,000,000 − 230,000,000 = 170,000,000

2. 퇴직연금세무조정

[손금산입]   퇴직연금충당금   460,000,000   △유보

3. 유보관리

구분	기초	감소	증가	기말
퇴직연금충당금	△400,000,000	△230,000,000	△460,000,000	△630,000,000

* 기말 유보잔액이 당기 말 운용자산금액과 일치함

다음은 ㈜서해의 제24기 사업연도(2024년 1월 1일 ~ 2024년 12월 31일) 퇴직급여 관련 자료이다. 다음 자료를 이용하여 물음에 답하시오.

1. 제24기 퇴직급여충당금 계정의 증감내역은 다음과 같다.

퇴직급여충당금

(단위: 원)

당기 감소액	20,000,000	기초잔액	841,000,000
기말잔액	840,000,000	당기 설정액	19,000,000

2. 퇴직급여충당금 기초잔액 중에는 한도초과로 부인되어 손금불산입된 금액이 826,500,000원 포함되어 있다.

3. 퇴직급여충당금 당기 감소액은 전액 당기에 현실적으로 퇴직한 직원에게 지급한 퇴직금과 상계한 것이다. 퇴직금 중 퇴직연금운용자산에서 지급한 금액 이외의 금액은 ㈜서해가 직접 현금으로 지급하였다.

4. 제24기 확정급여형 퇴직연금과 관련된 퇴직연금운용자산의 변동내역은 다음과 같다.

전기 이월	당기 증가	당기 지급	기말잔액
827,000,000원	80,000,000원	7,000,000원	900,000,000원

5. ㈜서해는 신고조정에 의하여 퇴직연금충당금을 설정하고 있으며, 전기까지 827,000,000원이 손금에 산입되었다.

6. ㈜서해의 보험수리적기준 퇴직급여추계액은 820,000,000원이며, 일시퇴직기준 퇴직급여추계액은 840,000,000원이다.

7. 퇴직급여충당금 설정대상이 되는 임직원에게 지급한 총급여액은 500,000,000원이며, 제24기 말 퇴직금전환금 잔액은 6,000,000원이다.

[물음] ㈜서해의 제24기 자본금과 적립금 조정명세서(을)를 제시하시오.

구분	기초잔액	감소	증가	기말잔액
퇴직급여충당금				
퇴직연금충당금				

구분	기초잔액	감소	증가	기말잔액
퇴직급여충당금	826,500,000	7,000,000	14,500,000	834,000,000
퇴직연금충당금	△827,000,000	△7,000,000	△14,000,000	△834,000,000

1. 퇴직급여 지급 시

(차) 퇴직급여충당금	20,000,000	(대) 현금	13,000,000
		퇴직연금운용자산	7,000,000

퇴직연금운용자산으로 지급된 퇴직금은 퇴직연금충당금과 먼저 상계하여야 한다. 따라서 신고조정으로 손금산입한 퇴직연금충당금을 퇴직급여충당금과 상계한 부분은 익금산입(퇴직연금충당금)하고 동시에 손금산입(퇴직급여충당금)하여야 한다.

2. 퇴직급여충당금 한도액: Min[(1), (2)] = 4,500,000

(1) 총급여액 기준: 500,000,000 × 5% = 25,000,000

(2) 추계액 기준: ① − ② + ③ = 4,500,000

   ① 추계액: Max(820,000,000, 840,000,000) × 0% = 0

   ② 세무상 퇴직급여충당금 설정 전 잔액

   (841,000,000 − 819,500,000) − 20,000,000 = 1,500,000
   └→ 826,500,000 − 7,000,000

   ③ 퇴직금전환금: 6,000,000

3. 퇴직급여충당금 한도초과액

   19,000,000 − 4,500,000 = 14,500,000

4. 퇴직연금충당금 한도액: Min(A, B) = 14,000,000

구분	추계액 기준(A)	운용자산 기준(B)
① 퇴직급여추계액(운용자산)	840,000,000	900,000,000
② 세무상 퇴직급여충당금 잔액	(−)6,000,000	
③ 퇴직연금충당금 설정 전 잔액	(−)820,000,000	(−)820,000,000
한도액	14,000,000	80,000,000

   ② 세무상 퇴직급여충당금 기말잔액

   840,000,000 − (826,500,000 − 7,000,000 + 14,500,000) = 6,000,000
   └→ 퇴직급여충당금 세무조정 완료 후

   ③ 퇴직연금충당금 설정 전 잔액: 827,000,000 − 7,000,000 = 820,000,000

5. 퇴직연금 세무조정

   한도액 14,000,000원까지 신고조정으로 손금산입한다.

다음은 ㈜국세의 제24기 사업연도(2024. 1. 1. ~ 2024. 12. 31.) 퇴직급여 및 퇴직연금에 대한 세무조정에 관한 자료이다. 다음 자료를 이용하여 물음에 답하시오.

1. ㈜국세의 제24기 사업연도의 퇴직급여 지급대상 임직원의 총급여액은 700,000,000원이다.

2. ㈜국세의 제24기 사업연도 말 현재 일시퇴직기준 퇴직급여추계액은 300,000,000원이고 보험수리기준 퇴직급여추계액은 250,000,000원이다. 제23기 사업연도 말 퇴직급여충당금 부인액은 195,000,000원이다.

3. ㈜국세의 제24기 사업연도의 퇴직급여충당금 계정의 내역은 다음과 같다.

퇴직급여충당금 (단위: 원)

퇴직급여 지급액	40,000,000	기초잔액	230,000,000
기말잔액	230,000,000	당기 설정액	40,000,000
합계	270,000,000	합계	270,000,000

4. 당기 중 직원 2명이 임원으로 승진하면서 지급한 퇴직급여의 회계처리는 다음과 같다.

(차) 퇴직급여충당금	40,000,000	(대) 현금	40,000,000
(차) 퇴직연금충당금	25,000,000	(대) 퇴직연금운용자산	25,000,000

5. ㈜국세의 제24기 사업연도의 퇴직연금운용자산 계정의 내역은 다음과 같다.

퇴직연금운용자산 (단위: 원)

기초잔액	138,000,000	당기 감소액	25,000,000
당기 설정액	133,000,000	기말잔액	246,000,000
합계	271,000,000	합계	271,000,000

6. ㈜국세의 제24기 사업연도의 퇴직연금충당금 계정의 내역은 다음과 같다.

퇴직연금충당금 (단위: 원)

당기 감소액	25,000,000	기초잔액	140,000,000
기말잔액	246,000,000	당기 설정액	131,000,000
합계	271,000,000	합계	271,000,000

7. 전기 말 퇴직연금충당금 부인액은 2,000,000원이다.

[물음] ㈜국세의 제24기 자본금과 적립금 조정명세서(을)를 제시하시오.

구분	기초잔액	감소	증가	기말잔액
퇴직급여충당금				
퇴직연금충당금				

—| **해답** |—

과목	기초잔액	감소	증가	기말잔액
퇴직급여충당금	195,000,000	5,000,000	40,000,000	230,000,000
퇴직연금충당금	2,000,000	2,000,000		

1. 퇴직급여 지급
   ① 직원이 임원으로 승진하는 시점에 퇴직금을 지급하는 것은 현실적인 퇴직으로 인해 퇴직금을 지급하는 것으로 본다.
   ② 퇴직연금자산에서 퇴직금이 지급된 경우에는 퇴직연금충당금, 퇴직급여충당금, 퇴직급여의 순서로 지급된 것으로 본다. 따라서 퇴직연금충당금을 설정한(결산조정) 경우에는 퇴직금 지급 시 별도의 세무조정을 하지 아니한다.

2. 퇴직급여충당금 한도액: Min[(1), (2)] = 0

(1) 총급여액 기준: 700,000,000 × 5% = 35,000,000

(2) 추계액 기준: ① − ② + ③ = 0 → 음수인 경우에는 '0'으로 봄
   ① 추계액: Max(300,000,000, 250,000,000) × 0% = 0
   ② 세무상 퇴직급여충당금 설정 전 잔액
     (230,000,000 − 195,000,000) − 40,000,000 = (−)5,000,000 → '0'으로 보고 손금산입
   ③ 퇴직금전환금: 0

3. 퇴직급여충당금 한도초과액: 40,000,000 − 0 = 40,000,000

4. 퇴직연금충당금 한도액: Min(A, B) = 133,000,000

구분	추계액 기준(A)	운용자산 기준(B)
① 퇴직급여추계액(운용자산)	300,000,000	246,000,000
② 세무상 퇴직급여충당금 잔액		
③ 퇴직연금충당금 설정 전 잔액	(−)113,000,000	(−)113,000,000
한도액	187,000,000	133,000,000

   ② 세무상 퇴직급여충당금 기말잔액: 230,000,000 − 230,000,000 = 0
   ③ 퇴직연금충당금 설정 전 잔액: (140,000,000 − 2,000,000) − 25,000,000 = 113,000,000
     └→ 퇴직연금운용자산에서 지급

5. 퇴직연금충당금 한도초과액
   131,000,000 − 133,000,000 = (−)2,000,000 → 손금산입(신고조정)

다음은 제조업을 영위하는 ㈜만세의 제24기 사업연도(2024. 1. 1. ~ 2024. 12. 31.) 법인세 관련 자료이다. 다음 자료를 이용하여 물음에 답하시오.

1. ㈜만세가 제24기에 손익계산서상 인건비로 계상한 총급여액 ₩1,150,000,000에는 다음의 금액이 포함되어 있다.
   ① 당기 중에 퇴직한 직원의 급여 ₩40,000,000
   ② 당기 중에 입사한 직원의 급여 ₩10,000,000(회사의 퇴직급여지급 규정에는 1년 미만 근속자에게도 퇴직급여를 지급하도록 규정하고 있음)
   ③ 확정기여형 퇴직연금 설정자에 대한 급여 ₩50,000,000
   ④ 임원상여금 한도초과액 ₩6,000,000
   ⑤ ㈜만세의 지배주주와 특수관계에 있는 총무과장이 동일 직위에 있는 다른 직원보다 정당한 사유 없이 초과 지급받은 급여 ₩10,000,000

2. 제24기 퇴직급여충당금 계정의 증감내역은 다음과 같다.

   퇴직급여충당금 (단위: 원)

당기 감소액	260,000,000	기초잔액	800,000,000[*1)]
기말잔액	1,000,000,000	당기 설정액	460,000,000

   [*1)] 한도 초과로 손금불산입된 금액 ₩650,000,000이 포함되어 있음

3. 당기 중 퇴직급여 ₩260,000,000을 지급하고 회사는 다음과 같이 회계처리하였다.

(차) 퇴직급여충당금	260,000,000	(대) 퇴직연금운용자산	140,000,000
		현금	120,000,000

4. 회사는 확정급여형 퇴직연금과 확정기여형 퇴직연금을 동시에 운용하고 있으며, 제24기 확정급여형 퇴직연금과 관련된 퇴직연금운용자산의 변동내역은 다음과 같다.

   퇴직연금운용자산 (단위: 원)

전기 이월액	850,000,000	당기 지급액	140,000,000
당기 증가액	230,000,000	차기 이월액	940,000,000

5. ㈜만세는 퇴직연금을 신고조정하고 있으며, 전기까지 ₩850,000,000이 손금에 산입되었다.

6. 퇴직급여추계액은 다음과 같다.

① 퇴직급여지급 규정에 따라 당기 말 현재 재직하는 임직원의 전원이 퇴직할 경우에 퇴직급여로 지급되어야 할 금액의 추계액(확정기여형 퇴직연금으로 손금에 산입된 금액 ₩30,000,000 은 제외되어 있음)

구분		일시퇴직기준 추계액
확정급여형 퇴직연금가입자	확정급여형 퇴직연금 가입기간 추계액	₩755,000,000
	확정급여형 퇴직연금 미가입기간 추계액	25,000,000
확정급여형 퇴직연금 미가입자		40,000,000
계		₩820,000,000

② 「근로자퇴직급여보장법」 제16조 제1항 제1호에 따른 금액(당기 말 현재를 기준으로 산정한 확정급여형 퇴직연금제도 가입자의 보험수리적기준 퇴직급여추계액)은 ₩820,000,000 (확정기여형 퇴직연금으로 손금에 산입된 금액 ₩30,000,000 포함)이다.

7. 제24기 말 퇴직금전환금 잔액은 ₩8,000,000이다.

[물음 1] ㈜만세의 당기 퇴직급여충당금 한도액과 퇴직연금 손금산입 한도액을 다음의 양식에 따라 제시하시오.

구분	금액
퇴직급여충당금 한도액	①
퇴직연금 손금산입 한도액	②

[물음 2] ㈜만세의 제24기 세무조정과 소득처분을 다음의 양식에 따라 제시하시오.

익금산입 및 손금불산입			손금산입 및 익금불산입		
과목	금액	소득처분	과목	금액	소득처분

[물음 1]

구분	금액
퇴직급여충당금 한도액	① 0
퇴직연금 손금산입 한도액	② 115,000,000

1. 퇴직급여충당금 한도액: Min[(1), (2)] = 0

(1) 총급여액 기준

$(1,150,000,000 - 40,000,000 - 50,000,000 - 6,000,000 - 10,000,000) \times 5\% = 52,200,000$

(2) 추계액 기준: ① − ② + ③ = △22,000,000 < 0 → '0'으로 본다.

① 추계액: Max[820,000,000, 855,000,000] × 0% = 0

   $\quad \quad \hookrightarrow$ 820,000,000 − 30,000,000 + 25,000,000 + 40,000,000

② 세무상 퇴직급여충당금 설정 전 잔액

   $(800,000,000 - 510,000,000) - 260,000,000 = 30,000,000 \rightarrow$ if < 0(손금산입)

   $\quad \quad \hookrightarrow$ 650,000,000 − 140,000,000

③ 퇴직금전환금: 8,000,000

2. 총급여액에 포함 여부

당기 말 현재 퇴직급여를 지급할 의무(정관을 기준으로 함)가 있는 임직원에 대한 급여를 포함한다. 퇴직한 직원의 급여와 확정기여형 퇴직연금 설정자에 대한 급여, 손금불산입된 급여는 제외한다.

3. 일시퇴직기준에 의한 추계액

해당 사업연도 종료일 현재 재직하는 임원 또는 직원의 전원이 퇴직할 경우에 퇴직급여로 지급되어야 할 금액의 추계액을 말한다. 다만, 확정기여형 퇴직연금으로서 손금에 산입한 금액은 제외한다.

4. 보험수리적기준에 의한 추계액

퇴직연금의 손금산입 한도를 보험수리적기준에 의한 추계액 기준에 따라 산정함에 있어 퇴직급여 손금불산입액은 제외하도록 하는 한편, 퇴직연금 미가입자가 있는 경우 그 미가입분(퇴직연금 가입자 중 퇴직연금 미가입기간이 있는 경우 그 미가입기간분도 포함)에 대해서는 일시퇴직기준을 적용하여 추계액을 산정하도록 한다. 다만, 확정기여형 퇴직연금으로서 손금에 산입한 금액은 제외한다.

5. 퇴직급여충당금 한도초과액

$460,000,000 - 0 = 460,000,000$

6. 퇴직연금충당금 한도액: Min(A, B) = 115,000,000

구분	추계액 기준(A)	운용자산 기준(B)
① 퇴직급여추계액(운용자산)	855,000,000	940,000,000
② 세무상 퇴직급여충당금 잔액	(−)30,000,000	
③ 퇴직연금충당금 설정 전 잔액	(−)710,000,000	(−)710,000,000
한도액	115,000,000	230,000,000

② 세무상 퇴직급여충당금 기말잔액

$1,000,000,000 - (650,000,000 - 140,000,000 + 460,000,000) = 30,000,000$

$\quad \quad \hookrightarrow$ 퇴직급여충당금 세무조정 완료 후

③ 퇴직연금충당금 설정 전 잔액: $850,000,000 - 140,000,000 = 710,000,000$

[물음 2]

익금산입 및 손금불산입			손금산입 및 익금불산입		
과목	금액	소득처분	과목	금액	소득처분
임원상여 한도초과	6,000,000	상여	퇴직급여충당금	140,000,000	△유보
과다보수 지급액	10,000,000	상여	퇴직연금충당금	115,000,000	△유보
퇴직급여충당금	460,000,000	유보			
퇴직연금충당금	140,000,000	유보			

1. 퇴직급여 지급 시

(차) 퇴직급여충당금	140,000,000	(대) 퇴직연금운용자산	140,000,000

퇴직연금운용자산으로 지급된 퇴직금은 퇴직연금충당금과 먼저 상계하여야 한다. 따라서 신고조정으로 손금산입한 퇴직연금충당금을 퇴직급여충당금과 상계한 부분은 익금산입(퇴직연금충당금)하고 동시에 손금산입(퇴직연금충당금)하여야 한다.

2. 유보정리

구분	기초잔액	감소	증가	기말잔액
퇴직급여충당금	650,000,000	140,000,000	460,000,000	970,000,000
퇴직연금충당금	△850,000,000	△140,000,000	△115,000,000	△825,000,000

다음은 국제회계기준을 적용하는 ㈜한강의 제24기(2024. 1. 1. ~ 12. 31.) 사업연도 퇴직금 관련 자료이다. 아래 자료를 이용하여 물음에 답하시오.

1. 당기 확정급여채무의 변동내역은 다음과 같다.

확정급여채무

(단위: 원)

| 감소 | 60,000,000 | 기초잔액 | 300,000,000 |
| 기말잔액 | 440,000,000 | 증가 | 200,000,000 |

(1) 당기 확정급여채무 증가분에 대한 회계처리는 다음과 같다.

| (차) | 퇴직급여 | 150,000,000 | (대) | 확정급여채무 | 150,000,000 |
| (차) | 보험수리적손실 (기타포괄손익) | 50,000,000 | (대) | 확정급여채무 | 50,000,000 |

(2) 퇴직급여 지급 시 회계처리는 다음과 같다.

| (차) | 확정급여채무 | 60,000,000 | (대) | 현금 | 20,000,000 |
| | | | | 사외적립자산 | 40,000,000 |

(3) 확정급여채무 기말잔액은 보험수리적기준에 의한 퇴직급여추계액과 동일하며, 일시퇴직기준에 의한 추계액은 410,000,000원이다.

2. 당기 사외적립자산 변동내역은 다음과 같다.

사외적립자산

(단위: 원)

기초잔액	300,000,000	지급	40,000,000
이자수익(기대수익)	30,000,000	재측정요소	5,000,000
기여금(사용자분)	115,000,000	기말잔액	400,000,000

3. 사외적립자산 변동내역 중 기대수익과 재측정요소에 관한 회계처리는 다음과 같다.

| (차) | 사외적립자산 | 25,000,000 | (대) | 퇴직급여 | 30,000,000 |
| | 재측정요소 (기타포괄손익) | 5,000,000 | | | |

4. 총급여액에 의한 퇴직급여충당금 한도액은 고려하지 아니하며, 전기 말 자본금과 적립금 조정명세서(을)상의 유보잔액은 다음과 같다.
① 퇴직급여충당금 270,000,000
② 퇴직연금충당금 △270,000,000

[물음] ㈜한강의 제24기 사업연도 소득금액조정합계표를 작성하시오.

익금산입 · 손금불산입			손금산입 · 익금불산입		
과목	금액	소득처분	과목	금액	소득처분

─┤ 해답 ├─

익금산입 · 손금불산입			손금산입 · 익금불산입		
과목	금액	소득처분	과목	금액	소득처분
퇴직연금충당금	40,000,000	유보	보험수리적손실	55,000,000	기타
퇴직급여충당금	200,000,000	유보	퇴직급여충당금	40,000,000	유보
			퇴직연금충당금	170,000,000	유보

1. 각 회계처리별 세무조정

(1) 보험수리적손실

결산에 비용처리하지 아니한 퇴직급여충당금(확정급여채무) 설정액을 손금산입하고 기타 처분한다.

(2) 퇴직금 지급

퇴직연금운용자산(사외적립자산)에서 지급한 퇴직금을 당기 퇴직급여충당금(확정급여채무)의 감소로 처리하였으므로, 퇴직급여충당금(확정급여채무) 40,000,000원을 손금산입하고 동시에 퇴직연금충당금을 익금산입한다.

(3) 재측정요소

실제 운용수익에 해당하는 금액만 당기 과세표준을 증가시켜야 함에도 불구하고 기대수익을 기준으로 과세표준을 증가시켰으므로, 5,000,000원을 익금불산입하고 기타로 처분한다.

2. 퇴직급여충당금 한도액: Min[(1), (2)] = 0

(1) 총급여액 기준: 고려하지 않음

(2) 추계액 기준: ① − ② + ③ = 0 → 음수인 경우에는 '0'으로 봄

① 추계액: Max(410,000,000, 440,000,000) × 0% = 0

② 세무상 퇴직급여충당금 설정 전 잔액

(300,000,000 − 230,000,000) − 60,000,000 = 10,000,000
$\quad$└→ 270,000,000 − 40,000,000(사외적립자산 지급분)

③ 퇴직금전환금: 0

3. 퇴직급여충당금 한도초과액: 200,000,000 − 0 = 200,000,000

4. 퇴직연금충당금 한도액: Min(A, B) = 170,000,000

구분	추계액 기준(A)	운용자산 기준(B)
① 퇴직급여추계액(운용자산)	440,000,000	400,000,000
② 세무상 퇴직급여충당금 잔액	(−)10,000,000	
③ 퇴직연금충당금 설정 전 잔액	(−)230,000,000	(−)230,000,000
한도액	200,000,000	170,000,000

② 세무상 퇴직급여충당금 기말잔액: 440,000,000 − 430,000,000 = 10,000,000
　　　　　　　　　　　　　　　└→ 270,000,000 − 40,000,000 + 200,000,000

③ 퇴직연금충당금 설정 전 잔액: 270,000,000 − 40,000,000 = 230,000,000

5. 퇴직연금충당금 한도초과액

　퇴직연금충당금을 결산에 반영하지 않았으므로 퇴직연금충당금 한도액(170,000,000원)만큼 손금에 산입한다.

6. 자본금과 적립금 조정명세서(을)

과목	기초잔액	감소	증가	기말잔액
퇴직급여충당금	270,000,000	40,000,000	200,000,000	430,000,000
퇴직연금충당금	△270,000,000	△40,000,000	△170,000,000	△400,000,000

7. 분석

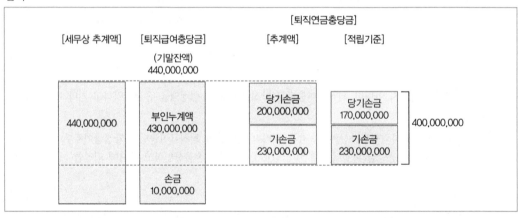

다음은 ㈜금빛의 제24기(2024년 1월 1일 ~ 12월 31일) 사업연도 법인세 신고를 위한 자료이다. 다음 자료를 이용하여 물음에 답하시오. 단, 세부담을 최소화한다고 가정한다.

1. ㈜금빛은 2023년 7월 1일 국고보조금 10,000,000원을 수령하고 동 일자로 사업용 기계장치(취득가액: 20,000,000원)를 취득하였다. 회사는 기계장치에 대해 정액법(잔존가치 없음)을 적용하며 5년 동안 상각한다. 회사는 국고보조금을 기계장치에서 차감하는 형식으로 표시하고 있으며, 국고보조금을 감가상각비와 상계하는 회계처리를 하고 있다. 전기(제23기) 세무조정사항 중에는 국고보조금에 대해 일시상각충당금을 설정하여 손금산입한 금액이 있다. 상각부인액과 시인부족액은 발생되지 않는다.

2. ㈜금빛은 2024. 12. 30. 지방자치단체로부터 공장입주와 관련하여 3년분 임차료(30,000,000원)를 지원받게 되는 통지를 받았다. 실제로 임차료 지원금은 2025. 1. 20.에 지급되었으며, 동 지원금에 대해 반환의무는 없다. 회사는 실제로 임차료를 지원받은 시점인 2025. 1. 20.에 다음과 같이 회계처리하였다. 해당 보조금은 과세이연 가능한 보조금으로 가정한다.

(차) 현금　　　　　　　30,000,000　　　(대) 국고보조금(수익)　　　30,000,000

[물음] ㈜금빛의 제24기 사업연도 소득금액조정합계표를 작성하시오.

익금산입 · 손금불산입			손금산입 · 익금불산입		
과목	금액	소득처분	과목	금액	소득처분

익금산입 · 손금불산입			손금산입 · 익금불산입		
과목	금액	소득처분	과목	금액	소득처분
일시상각충당금	2,000,000	유보	국고보조금	2,000,000	유보
국고보조금	30,000,000	유보	일시상각충당금	30,000,000	유보

1. 자산에서 차감하는 국고보조금

시점	회계처리	세무조정
현금 수령 시	(차) 현금　　　　　　　10,000,000 　　(대) 국고보조금　　　　　10,000,000	[익금산입] 국고보조금　　　　　10,000,000　　(유보)
기계 취득 시	(차) 기계장치　　　　　20,000,000 　　(대) 현금　　　　　　　20,000,000	[손금산입] 일시상각충당금　　10,000,000 (△유보)
제23기 결산	(차) 감가상각비　　　　　2,000,000 　　(대) 감가상각누계액　　　2,000,000 (차)　국고보조금　　　1,000,000 　　(대) 감가상각비　　　　　1,000,000	[손금산입] 국고보조금　　　　　1,000,000　　(△유보) [익금산입] 일시상각충당금　　　1,000,000　　(유보)
제24기 결산	(차) 감가상각비　　　　　4,000,000 　　(대) 감가상각누계액　　　4,000,000 (차) 국고보조금　　　　2,000,000 　　(대) 감가상각비　　　　　2,000,000	[손금산입] 국고보조금　　　　　2,000,000　　(△유보) [익금산입] 일시상각충당금　　　2,000,000　　(유보)

과세이연

2. 국가나 지방자치단체로부터 교부받은 임차료 보조금이 국고보조금에 해당하는 경우, 익금의 귀속시기는 동 보조금의 교부통지를 받은 날이 속하는 사업연도이다.

[익금산입]	국고보조금	30,000,000	유보
[손금산입]	일시상각충당금	30,000,000	△유보

반환의무가 없는 보조금은 익금에 산입하나, 반환의무가 있는 보조금은 부채에 해당하므로 익금에 산입하지 아니한다.

문제 29 국고보조금 (2)

다음은 ㈜한강의 제24기 사업연도(2024. 1. 1. ~ 2024. 12. 31.)의 국고보조금 관련 자료이다. 법인세부담을 최소화한다는 가정하에 아래 자료를 이용하여 물음에 답하시오.

1. ㈜한강은 2024. 1. 5.에 기계장치를 200,000,000원에 구입하였으며, 2024. 10. 5.에 동 기계장치 구입과 관련하여 국가로부터 국고보조금 50,000,000원을 수령하였다. 해당 국고보조금은 보조금에 관한 법률에 따라 지급된 것으로서 일시상각충당금 설정대상 보조금이다.

2. 회사는 동 기계장치의 구입 및 국고보조금 수령과 관련하여 다음과 같이 회계처리하였다.

   (1) 구입 시

(차) 기계장치	200,000,000	(대) 현금	200,000,000

   (2) 국고보조금 수령 시

(차) 현금	50,000,000	(대) 국고보조금 (기계장치 차감)	50,000,000

   (3) 결산 시

(차) 감가상각비	60,000,000	(대) 감가상각누계액	60,000,000
(차) 국고보조금	15,000,000	(대) 감가상각비	15,000,000

3. 기계장치의 세법상 내용연수는 4년, 상각방법은 정액법(상각률 0.25)이다.

[물음] ㈜한강의 제24기 사업연도 소득금액조정합계표를 작성하시오.

익금산입 · 손금불산입			손금산입 · 익금불산입		
과목	금액	소득처분	과목	금액	소득처분

익금산입·손금불산입			손금산입·익금불산입		
과목	금액	소득처분	과목	금액	소득처분
국고보조금	50,000,000	유보	일시상각충당금	50,000,000	유보
감가상각비	10,000,000	유보	국고보조금	15,000,000	유보
일시상각충당금	12,500,000	유보			

1. 국고보조금 수령 시 세무조정

국고보조금을 지급받아 그 지급받은 날이 속하는 사업연도 종료일까지 사업용 자산을 취득하거나, 개량하는 데 사용한 경우 일시상각충당금(압축기장충당금)을 설정하여 손금에 산입할 수 있다. 다만, 국고보조금 등을 지급받은 날이 속하는 사업연도의 종료일까지 사업용 자산을 취득하거나 개량하지 아니한 내국법인이 그 사업연도의 다음 사업연도 개시일부터 1년 이내에 사업용 자산을 취득하거나 개량하려는 경우에는 일시상각충당금(압축기장충당금)을 설정하여 손금산입할 수 있다.

2. 국고보조금 세무조정

① 국고보조금이 감가상각비와 대체되기 전의 금액을 기준으로 감가상각비 시부인 계산한다.

② 감가상각비와 대체된 국고보조금을 익금불산입한다. 감가상각비 시부인 계산 시 국고보조금을 손금에 산입한 것으로 보기 때문이다.

3. 감가상각비 시부인 계산

구분	금액	비고
1. 회사계상액	60,000,000	국고보조금이 감가상각비와 대체되기 전의 금액
2. 상각범위액	50,000,000	200,000,000 × 0.25
3. 상각부인액	10,000,000	

4. 일시상각충당금 상계

$$일시상각충당금\ 설정액 \times \frac{손금에\ 산입된\ 감가상각비}{자산의\ 취득가액}$$

$$= 50,000,000 \times \frac{60,000,000 - 10,000,000}{200,000,000} = 12,500,000$$

당기 손금에 산입된 감가상각비 중 일시상각충당금과 상계될 금액을 익금에 산입한다. 이때 상계할 비율은 취득가액과 손금에 산입되는 감가상각비이다.

다음은 제조업을 영위하는 ㈜대한(상장 내국법인이며 중소기업이 아님)의 「보조금 관리에 관한 법률」에 따른 국고보조금 관련 자료이다. 아래 자료를 이용하여 다음 물음에 답하시오.

1. ㈜대한은 2023. 3. 1. 국고보조금 20,000,000원을 현금으로 수령하고 다음과 같이 회계처리하였다.

   (차) 현금　　　　　　　　　20,000,000　　(대) 이연국고보조금수익　　20,000,000

2. ㈜대한은 수령한 국고보조금으로 2023. 4. 30.에 취득가액 40,000,000원의 기계장치를 구입하여 사업에 사용하고 다음과 같이 회계처리하였다.

   (차) 기계장치　　　　　　　40,000,000　　(대) 현금　　　　　　　　　40,000,000

3. 2023. 12. 31. ㈜대한은 위 기계장치에 대해 감가상각을 하고 다음과 같이 회계처리하였다. 기계장치의 잔존가치는 없으며 신고내용연수는 5년, 감가상각방법은 정액법으로 신고하였다.

   (차) 감가상각비　　　　　　6,000,000　　(대) 감가상각누계액　　　　6,000,000
   　　 이연국고보조금수익　　3,000,000　　　　 국고보조금수령이익　　3,000,000

4. ㈜대한은 2024. 1. 1. 위 기계장치를 25,000,000원에 처분하고 다음과 같이 회계처리하였다.

   (차) 현금　　　　　　　　　25,000,000　　(대) 기계장치　　　　　　　40,000,000
   　　 감가상각누계액　　　　6,000,000
   　　 유형자산처분손실　　　9,000,000

   (차) 이연국고보조금수익　 17,000,000　　(대) 국고보조금수령이익　 17,000,000

[물음] ㈜대한의 법인세부담이 최소화되도록 제23기(2023. 1. 1. ~ 2023. 12. 31.)와 제24기(2024. 1. 1. ~ 2024. 12. 31.)의 세무조정을 다음 양식에 따라 작성하시오.

구분		익금산입 및 손금불산입			손금산입 및 익금불산입		
		과목	금액	소득처분	과목	금액	소득처분
제23기	3. 1.						
	4. 30.						
	12. 31.						
제24기	1. 1.						

구분		익금산입 및 손금불산입			손금산입 및 익금불산입		
		과목	금액	소득처분	과목	금액	소득처분
제23기	3. 1.	국고보조금	20,000,000	유보			
	4. 30.				일시상각충당금	20,000,000	유보
	12. 31.	일시상각충당금	3,000,000	유보	국고보조금	3,000,000	유보
제24기	1. 1.	일시상각충당금	17,000,000	유보	국고보조금	17,000,000	유보

1. 국고보조금 수령 시

   익금에 산입하여야 함에도 불구하고 이연수익으로 계상하였으므로 보조금 수령액을 전액 익금에 산입한다. 추후 회사가 이익을 계상하는 때 익금불산입한다.

2. 일시상각충당금

   국고보조금 등에 대한 일시상각충당금의 손금산입 시기는 당해 국고보조금 등을 지급받은 날이 속하는 사업 연도이다. 따라서 2023. 12. 31.에 세무조정하는 것으로 처리하여도 무방하다. 다만, 「법인세법」통칙 36−64…1【국고보조금에 대한 세무조정방법】의 세무조정 예시에 따라 날짜를 제시한 것으로 보인다.

3. 감가상각비

구분	금액	비고
1. 회사계상액	6,000,000	
2. 상각범위액	6,000,000	$40,000,000 \times \dfrac{1}{5} \times \dfrac{9}{12}$
3. 상각부인액		

4. 일시상각충당금 상계

   $$20,000,000 \times \frac{6,000,000}{40,000,000} = 3,000,000$$

5. 처분 시 세무조정

   국고보조금과 일시상각충당금 유보잔액은 처분 시 전액 추인된다.

문제 31 보험차익 (1)

다음은 ㈜세종의 제24기 사업연도(2024. 1. 1. ~ 2024. 12. 31.)의 보험차익과 관련된 자료이다. 법인세부담을 최소화한다는 가정하에 물음에 답하시오.

1. ㈜세종은 2024. 4. 2.에 화재로 건물이 전소했는데, 동 건물의 제23기 사업연도 말 상각부인 액은 5,000,000원이다. ㈜세종은 2024. 4. 2.에 다음과 같이 회계처리하였다.

(차) 감가상각누계액	60,000,000	(대) 건물	100,000,000
미결산계정	40,000,000		

2. ㈜세종은 2024. 5. 20.에 위 화재와 관련하여 보험금 90,000,000원을 수령하고, 다음과 같이 보험차익을 수익으로 회계처리하였다.

(차) 현금	90,000,000	(대) 미결산계정	40,000,000
		보험차익	50,000,000

3. ㈜세종은 2024. 10. 1.에 보험금을 이용하여 동일한 종류의 건물을 취득하고, 다음과 같이 회계처리하였다. 건물의 신고내용연수는 20년이다.

(차) 건물	80,000,000	(대) 현금	80,000,000

4. ㈜세종은 2024. 12. 31.에 신 건물에 대한 감가상각비를 다음과 같이 회계처리하였다.

(차) 감가상각비	1,000,000	(대) 감가상각누계액	1,000,000

[물음] ㈜세종의 제24기 사업연도 소득금액조정합계표를 작성하시오.

익금산입·손금불산입			손금산입·익금불산입		
과목	금액	소득처분	과목	금액	소득처분

익금산입·손금불산입			손금산입·익금불산입		
과목	금액	소득처분	과목	금액	소득처분
일시상각충당금	437,500	유보	건물(상각부인액)	5,000,000	유보
			일시상각충당금	35,000,000	유보

1. 보험차익

구분	금액	비고
1. 회계상 보험차익	50,000,000	
2. 세무상 보험차익	45,000,000	90,000,000 − (40,000,000 + 5,000,000)
3. 익금불산입	5,000,000	소실된 자산에 남아 있는 유보(5,000,000원)금액이 추인

2. 일시상각충당금

(1) 과세가능한 금액

90,000,000(보험금) − 80,000,000(신규자산 취득) = 10,000,000 → 음수면 '0'으로 봄

(2) 일시상각충당금 설정액

45,000,000(세무상 보험차익) − 10,000,000(과세가능한 금액) = 35,000,000

보험금 수령액 중 신규자산(동종자산에 한함)을 취득하기 위한 금액을 제외한 금액만 당기 과세될 수 있도록 일시상각충당금액을 설정한다.

3. 감가상각자산 시부인

$$1,000,000 − 80,000,000 \times \frac{1}{20} \times \frac{3}{12} = 0$$

4. 일시상각충당금 환입액

$$35,000,000 \times \frac{1,000,000}{80,000,000} = 437,500$$

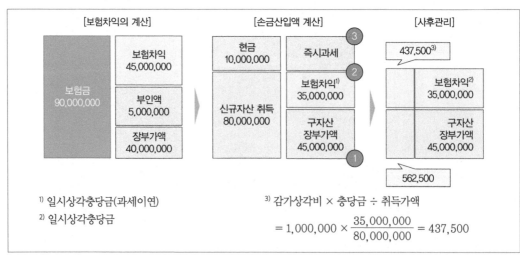

다음은 제조업을 영위하는 ㈜한국의 제24기(2024. 1. 1. ~ 2024. 12. 31.) 보험차익에 관한 자료이다. 다음 자료를 이용하여 물음에 답하시오.

1. 2024. 1. 1. 건물 A에 화재가 발생하여 전소되었다. 화재발생 당시 건물 A의 재무상태표상 장부가액은 40,000,000원으로 세무상 가액과 동일하였다.

2. 2024. 4. 1. 동 화재와 관련하여 보험금 80,000,000원을 수령하고 보험차익 40,000,000원을 손익계산서에 수익으로 계상하였다.

3. 2024. 7. 30. 건물 A와 동일한 종류의 건물 B를 100,000,000원에 취득하였다.

4. 건물 B에 대한 세무상 감가상각방법은 정액법, 내용연수는 20년을 적용하며, ㈜한국은 제24기에 건물 B의 감가상각비로 4,000,000원을 계상하였다.

[물음] ㈜한국의 제24기 사업연도 소득금액조정합계표를 작성하시오.

익금산입 · 손금불산입			손금산입 · 익금불산입		
과목	금액	소득처분	과목	금액	소득처분

익금산입·손금불산입			손금산입·익금불산입		
과목	금액	소득처분	과목	금액	소득처분
감가상각비	1,500,000	유보	일시상각충당금	40,000,000	유보
일시상각충당금	1,000,000	유보			

1. 일시상각충당금

(1) 과세가능한 금액

80,000,000(보험금) − 100,000,000(신규자산 취득) = 0 → 음수면 '0'으로 봄

(2) 일시상각충당금 설정액

40,000,000(세무상 보험차익) − 0(과세가능한 금액) = 40,000,000

보험금 수령액 중 신규자산(동종자산에 한함)을 취득하기 위한 금액을 제외한 금액만 당기 과세될 수 있도록 일시상각충당금액을 설정한다.

2. 감가상각자산 시부인

$$4,000,000 - 100,000,000 \times \frac{1}{20} \times \frac{6}{12} = 1,500,000$$

3. 일시상각충당금 환입액

$$40,000,000 \times \frac{4,000,000 - 1,500,000}{100,000,000} = 1,000,000$$

cpa.Hackers.com

해커스 세무회계연습 2

회계사 · 세무사 · 경영지도사 단번에 합격!
해커스 경영아카데미 cpa.Hackers.com

부당행위계산의 부인

Warm-up 문제

사택제공 및 저가용역 제공

01 다음은 건설업을 영위하는 영리 내국법인 ㈜A의 제24기(2024. 1. 1. ~ 2024. 12. 31.) 자료이다. 사택 임대 및 건설용역 제공과 관련된 세무조정이 제24기 각사업연도소득금액에 미치는 순영향을 계산하시오. 【회계사 22】

> (1) 사택 임대
> ① ㈜A는 출자임원(소액주주 아님)인 갑에게 사택을 임대(임대기간: 2023. 1. 1. ~ 2024. 12. 31.)하고 보증금 100,000,000원을 임대개시일에 수령하였으며, 약정에 의해 수령한 연간 임대료 총액 2,000,000원을 손익계산서상 수익으로 계상하였다.
> ② 사택 제공에 대한 임대료의 시가는 불분명하나 사택의 시가는 400,000,000원으로 확인된다.
> ③ 기획재정부령으로 정하는 정기예금이자율은 3%로 가정한다.
>
> (2) 건설용역 제공
> ① ㈜A는 특수관계인인 ㈜B에게 건설용역(계약기간: 2024. 3. 1. ~ 2024. 10. 31.)을 제공하고 받은 용역대가 240,000,000원을 매출로 계상하였으며, 해당 용역의 원가 200,000,000원을 매출원가로 계상하였다.
> ② 동 건설용역의 시가는 불분명하며, ㈜A가 당기 중 특수관계인이 아닌 자에게 제공한 유사용역의 매출액은 500,000,000원, 매출원가는 400,000,000원이다.

│ 해답 │

구분	시가	회사수익	비율차이	부당행위계산부인
1. 사택	3,000,000[*1]	2,000,000	33.3%	1,000,000
2. 용역 제공	250,000,000[*2]	240,000,000	4%	−[*3]

[*1] (400,000,000 × 50% − 100,000,000) × 3% = 3,000,000

[*2] ① 유사용역의 원가가산율: (500,000,000 − 400,000,000) ÷ 400,000,000 = 25%

　② ㈜B에 대한 용역 시가: 200,000,000 × (1 + 25%) = 250,000,000

[*3] 시가와 거래가액의 차액이 3억원 이상이거나 시가의 5%에 상당하는 금액 이상인 경우에 한하여 부당행위계산부인 규정을 적용한다.

각사업연도소득금액에 미치는 순영향: 1,000,000 증가

가지급금 인정이자 (1)

02 제조업을 영위하는 영리 내국법인 ㈜A의 제24기(2024. 1. 1. ~ 2024. 12. 31.) 자료이다. 가지급금 인정이자 및 지급이자 손금불산입 관련 세무조정이 제24기 각사업연도소득금액에 미치는 순영향을 계산하시오. 단, 전기의 세무조정은 정확하게 이루어졌다. 단, 1년은 365일로 가정한다.

【회계사 23】

(1) ㈜A가 특수관계인들에게 2023년 5월 6일에 대여한 「법인세법」상 업무무관가지급금(대여기간: 3년)의 내역은 다음과 같으며 이자수익은 전액 장부에 계상하였다.

구분	연이자율	대여금	이자수익
갑	–	30,000,000원	–
을	8%	40,000,000원	3,200,000원

(2) ㈜A의 당기 말 현재 차입금과 지급이자의 내역은 다음과 같으며 차입금은 모두 은행(특수관계인 아님)으로부터 2023년 3월 7일에 차입하였다.

구분	연이자율	차입금	지급이자
기업구매자금대출*	8%	600,000,000원	48,000,000원
운영자금대출	10%	900,000,000원	90,000,000원

* 한국은행총재가 정한 규정에 따른 것임

(3) 당좌대출이자율은 12%이며 ㈜A는 「법인세법」상 금전대차거래의 시가를 신고하지 아니하였다.

┤ **해답** ├──────────────────────────────

1. 인정이자(부당행위계산부인)

(1) 가중평균차입이자율: $8\% \times \dfrac{600}{1,500}(40\%) + 10\% \times \dfrac{900}{1,500}(60\%) = 9.2\%$

기업구매자금대출이자는 지급이자 손금불산입 계산 시 지급이자에서 제외하지만 가중평균차입이자율을 계산할 때는 포함한다.

(2) 인정이자 익금산입: 3,240,000

갑: $30,000,000 \times 9.2\% = 2,760,000$

을: $40,000,000 \times 9.2\% - 3,200,000 = 480,000$

2. 지급이자 손금불산입

$90,000,000 \times (70,000,000 \div 900,000,000) = 7,000,000$

3. 각사업연도소득금액에 미치는 순영향

$3,240,000 + 7,000,000 = 10,240,000$

가지급금 인정이자 (2)

03 제조업을 영위하는 영리 내국법인 ㈜A의 제24기(2024. 1. 1. ~ 12. 31.)에 대한 자료가 다음과 같을 경우 법인세법령상 부당행위계산과 관련한 제24기 사업연도 익금산입 세무조정 금액을 계산하시오. 단, 1년은 365일로 가정한다. 【세무사 23】

(1) ㈜A가 임원에게 업무와 관련 없이 대여한 자금(가지급금) 내역

구분	금액	대여일 및 대여기간	제24기 약정이자 수취액 (결산상 이자수익 계상)
대표이사	50,000,000원	2024. 7. 1.부터 1년	500,000원
전무이사	40,000,000원	2024. 5. 1.부터 2년	800,000원
상무이사	30,000,000원	2024. 4. 1.부터 7년	–

(2) ㈜A의 제24기 사업연도 차입금

채권자	금액(원)	차입일 및 차입기간	연이자율	비고
B은행	50,000,000	2023. 3. 1.부터 1년	6%	
C은행	40,000,000	2023. 1. 1.부터 3년	3%	
㈜D	30,000,000	2023. 10. 1.부터 2년	4%	㈜A와 특수관계인에 해당됨

(3) 기획재정부령이 정하는 당좌대출이자율은 연 4.6%, 금전을 무상 또는 시가보다 낮은 이율로 대부한 경우에 적용하는 시가를 정하는 경우, 가중평균차입이자율의 적용이 불가능한 경우로서 기획재정부령으로 정하는 사유는 없는 것으로 가정한다. 또한 ㈜A는 과세표준 신고 시 당좌대출이자율을 금전의 대여에 대한 시가로 선택하지 않았다.

┤ 해답 ├

구분	적정이자	적정이자 근거	인정이자
대표이사	756,164	$50,000,000 \times 3\% \times (184 \div 365)$	256,164
전무이사	805,479	$40,000,000 \times 3\% \times (245 \div 365)$	–
상무이사	678,082	$30,000,000 \times 3\% \times (275 \div 365)$	678,082

* $256,164 + 678,082 = 934,246$

B은행 차입금은 대여 당시의 차입금에 해당하지 않고, ㈜D로부터의 차입금은 특수관계인 차입금에 해당하므로 가중평균차입이자율 계산 시 제외하고, 전무이사 대여금은 적정이자와 약정이자의 차이가 5% 이내이므로 부당행위계산부인 규정을 적용하지 않는다. 상무이사 대여금은 대여일로부터 5년이 경과하지 않았으므로 가중평균차입이자율을 적용한다.

불공정자본거래와 의제배당

04 ㈜서울의 주주구성 및 주당 취득원가 내역이 다음과 같다고 가정한다.

주주	주당 취득가액	감자 전 주식 수	감자 주식 수	감자 후 주식 수
㈜강남	@1,000원	500주	200주	300주
㈜강북	@2,000원	500주	300주	200주
합계	–	1,000주	500주	500주

㈜강남과 ㈜강북은 특수관계인이다. 감자 전 1주당 평가액은 20,000원이며, 감자대가로 지급한 금액은 1주당 10,000원이다. ㈜서울의 감자로 인한 ㈜강남의 의제배당금액을 계산하시오.

──| 해답 |──

1. 불공정자본거래로 인한 이익
   시가보다 낮은 가액으로 감자하므로 주식을 소각한 주주의 특수관계인에 해당하는 대주주인 ㈜강남이 이익을 분여받았다.
   (1) 감자 후 주가

   $$\frac{1,000주 \times 20,000 - 500주 \times 10,000}{500주} = @30,000$$

   (2) 현저한 이익

   $$\frac{20,000 - 10,000}{20,000} = 50\% \geq 30\%$$

   (3) ㈜강남이 얻은 이익분여액

구분	금액	비고
감자 후 재산	11,000,000	200주 × 10,000 + 300주 × 30,000
감자 전 재산	10,000,000	500주 × 20,000
분여받은 이익	1,000,000	

2. ㈜강남의 의제배당

구분	금액	비고
감자대가	1,000,000	200주 × 10,000 − 1,000,000
취득가액	200,000	200주 × 1,000
의제배당	800,000	

문제 01 고가매입 (1)

다음은 ㈜한국(제24기 사업연도, 2024. 1. 1. ~ 2024. 12. 31.)의 세무조정 자료이다. 다음 자료를 이용하여 물음에 답하시오.

> ㈜한국은 2024. 5. 2. 대주주 S씨로부터 시가 600,000,000원의 토지를 1,000,000,000원에 매입하고 장부에 취득가액 1,000,000,000원으로 계상하였으며, 그 매입대금은 2024. 8. 1. 700,000,000원, 2025. 8. 1. 300,000,000원을 지급하였다. 당해 토지는 2026. 1. 9. 1,200,000,000원에 매도하였다.

[물음] 아래 답안 양식에 맞추어 ㈜한국의 세무조정을 제시하시오.

사업연도	익금산입·손금불산입			손금산입·익금불산입		
	과목	금액	소득처분	과목	금액	소득처분
제24기						
제25기						
제26기						

사업연도	익금산입·손금불산입			손금산입·익금불산입		
	과목	금액	소득처분	과목	금액	소득처분
제24기	부당행위계산부인	100,000,000	배당	토지	400,000,000	유보
	미지급금	300,000,000	유보			
제25기	부당행위계산부인	300,000,000	배당	미지급금	300,000,000	유보
제26기	토지	400,000,000	유보			

1. 부당행위 여부의 판단

   시가와 거래가액의 차액이 3억원 이상이거나 시가의 5%에 상당하는 금액 이상인 경우에 한하여 부당행위계산부인 규정을 적용한다.

   > $1,000,000,000 - 600,000,000 \geq \text{Min}(600,000,000 \times 5\%,\ 300,000,000)$
   > → 부당행위계산부인 적용

2. 회계처리 및 세법상 재구성

시점	회계처리			세법상 재구성		
제24기	(차) 토지		10억원	(차) 토지		6억원
	(대) 현금		7억원	사외유출(배당)		1억원
	미지급금		3억원	(대) 현금		7억원
제25기	(차) 미지급금		3억원	(차) 사외유출(배당)		3억원
	(대) 현금		3억원	(대) 현금		3억원
제26기	(차) 현금		12억원	(차) 현금		12억원
	(대) 토지		10억원	(대) 토지		6억원
	처분이익		2억원	처분이익		6억원

대금을 분할하여 지급하는 때에는 시가에 상당하는 금액을 먼저 지급한 것으로 본다. 따라서 시가초과분 중 미지급한 금액은 손금불산입(유보)하고 실제로 지급되는 때 미지급금을 손금산입(△유보)하고 동시에 사외유출에 대해 소득처분하여야 한다.

다음은 ㈜한강의 토지거래내역이다. 다음 자료를 이용하여 물음에 답하시오.

1. 회사는 대표이사 개인소유의 토지를 법인의 업무용으로 이용하기 위하여 다음의 조건으로 구입하였다.
   (1) 취득일자: 2022년 7월 10일(등기이전일)
   (2) 회사의 장부상 취득가액: 100,000,000원
   (3) 취득 당시의 시가: 60,000,000원
   (4) 구입대금 분할지급조건

지급약정일자	금액	비고
2022년 7월 10일	50,000,000원	계약금
2023년 7월 10일	30,000,000원	중도금
2024년 7월 10일	20,000,000원	잔금

2. 토지 대금은 사전약정된 지급일자에 현금으로 지급되었다.

3. 회사는 취득한 토지를 2024년 10월 26일 당 법인의 특수관계법인인 ㈜낙동에 150,000,000원에 양도하고 유형자산처분이익 50,000,000원을 영업외수익으로 계상하였다. 양도시점의 시가는 100,000,000원이다.

[물음] 아래 답안 양식에 맞추어 ㈜한강의 세무조정을 제시하시오.

사업연도	익금산입 · 손금불산입			손금산입 · 익금불산입		
	과목	금액	소득처분	과목	금액	소득처분
제22기						
제23기						
제24기						

─┤ **해답** ├────────────────────────────────

사업연도	익금산입·손금불산입			손금산입·익금불산입		
	과목	금액	소득처분	과목	금액	소득처분
제22기	미지급금	40,000,000	유보	토지	40,000,000	유보
제23기	부당행위계산부인	20,000,000	상여	미지급금	20,000,000	유보
제24기	부당행위계산부인	20,000,000	상여	미지급금	20,000,000	유보
	토지	40,000,000	유보			

1. 제22기(취득 시)

(1) 부당행위계산부인

시가와 거래가액의 차액이 3억원 이상이거나 시가의 5%에 상당하는 금액 이상인 경우에 한하여 부당행위계산부인 규정을 적용한다.

$$(100,000,000 - 60,000,000) \geq Min(60,000,000 \times 5\%,\ 300,000,000) \to 부당행위계산부인 적용$$

(2) 회계처리와 세법상 재구성

회계처리		세법상 재구성	
(차) 토지　　100,000,000		(차) 토지　　60,000,000	
(대) 현금	50,000,000	(대) 현금	50,000,000
미지급금	50,000,000	미지급금	10,000,000

2. 제23기(중도금 지급)

회계처리		세법상 재구성	
(차) 미지급금　30,000,000		(차) 미지급금　　10,000,000	
		사외유출(상여)　20,000,000	
(대) 현금	30,000,000	(대) 현금	30,000,000

3. 제24기(잔금지급 및 처분)

회계처리		세법상 재구성	
(차) 미지급금　20,000,000		(차) 사외유출(상여)　20,000,000	
(대) 현금	20,000,000	(대) 현금	20,000,000
(차) 현금　　150,000,000		(차) 현금　　150,000,000	
(대) 토지	100,000,000	(대) 토지	60,000,000
처분이익	50,000,000	처분이익	90,000,000

다음은 비상장 영리 내국법인 ㈜A의 제23기(2023. 1. 1. ~ 2023. 12. 31.)와 제24기(2024. 1. 1. ~ 2024. 12. 31.)의 자산 고가양수에 관한 자료이다. 다음 자료를 이용하여 물음에 답하시오.

1. 제23기 2023년 1월 2일에 출자임원으로부터 기계장치를 ₩100,000,000(시가: ₩80,000,000)에 매입하고, 매입대금을 전액 현금 지급하였다. ㈜A는 기계장치의 취득가액으로 ₩100,000,000을 계상하였다.

2. 기계장치의 내용연수는 5년, 감가상각방법은 정률법(상각률은 40%로 가정함)으로 하여 납세지 관할세무서장에게 신고하고, 이를 기준으로 계산한 감가상각비를 손익계산서에 반영하였다.

3. 제24기 2024년 12월 31일에 기계장치를 현금 ₩20,000,000에 양도하였다.

[물음] 기계장치와 관련된 제23기 및 제24기의 회계처리와 세무조정을 행하시오. 단, 세무조정이 없는 경우 "세무조정 없음"으로 표시한다.

─┤ 해답 ├─

1. [제23기] 회계처리와 세무조정

(1) 회계처리

| 취득 시 | (차) 기계장치 | 100,000,000 | (대) 현금 | 100,000,000 |
| 결산 시 | (차) 감가상각비 | 40,000,000 | (대) 감가상각누계액 | 40,000,000 |

(2) 세무조정

[익금산입]	부당행위계산부인(사외유출)	20,000,000	상여
[손금산입]	기계장치(고가매입)	20,000,000	△유보
[손금불산입]	감가상각비(기계장치)	8,000,000	유보

(3) 감가상각비 시부인

[1단계] 고가매입분 직부인

$$40,000,000 \times \frac{20,000,000}{100,000,000} = 8,000,000 \rightarrow 손금불산입$$

[2단계] 감가상각비 시부인 계산

구분	금액	비고
회사계상액	32,000,000	40,000,000 − 8,000,000
상각범위액	32,000,000	(100,000,000 − 20,000,000) × 0.4
시부인액	−	

2. [제24기] 회계처리와 세무조정

(1) 회계처리

$(100,000,000 - 40,000,000) \times 0.4$

| 결산 시 | (차) 감가상각비 | 24,000,000 | (대) 감가상각누계액 | 24,000,000 |
| 처분 시 | (차) 현금
감가상각누계액
유형자산처분손실 | 20,000,000
64,000,000
16,000,000 | (대) 기계장치 | 100,000,000 |

(2) 세무조정

$20,000,000 - 8,000,000$

| [손금불산입] | 기계장치 | 12,000,000 | 유보 |

유형자산 처분 시 감가상각자산 시부인 계산은 생략하고 유보잔액을 추인한다.

문제 04 고가매입 (4) 유예

다음은 제조업을 영위하고 있는 ㈜세종의 제24기(당기) 사업연도(2024. 1. 1. ~ 2024. 12. 31.) 법인세 세무조정 자료이다. 법인세부담을 최소화하는 가정 아래 다음 물음에 답하시오.

1. ㈜세종은 2024년 1월 8일에 시가 800,000,000원인 건물을 대표이사에게 현금 1,000,000,000원을 지급하여 취득하고 그 가액을 취득가액으로 계상하였다. 당기 건물 감가상각비로는 73,000,000원을 계상하였다.

2. 위 건물의 신고내용연수는 40년이며, 상각률은 정액법 0.025, 정률법 0.073이다.

3. 2024년 9월 12일에 ㈜세종의 특수관계인인 ㈜태조로부터 내용연수가 14년 경과한 기계장치를 700,000,000원에 매입하고 그 대금 중 650,000,000원은 현금으로 지급하고 잔액을 미지급하였다. 이 기계장치의 시가는 불분명하며, 감정평가법인의 감정가액은 600,000,000원, 「상속세 및 증여세법」상 평가액은 650,000,000원이다.

4. ㈜세종은 기계장치에 대하여 감가상각방법을 정액법으로 신고하였다. 기계장치의 기준내용연수는 20년이며, ㈜세종은 법이 허용하는 한 가장 짧은 내용연수를 적용하여 신청하였다. 회사는 이 기계장치에 대하여 35,000,000원의 감가상각비를 계상하였다.

[물음] ㈜세종의 법인세 세무조정과 소득처분을 아래 예시된 답안 양식에 따라 작성하시오.

관련 자산	세무조정	과목	금액	소득처분
건물				
기계장치				

관련 자산	세무조정	과목	금액	소득처분
건물	손금산입	건물	200,000,000	△유보
	익금산입	부당행위계산부인	200,000,000	상여
	손금불산입	감가상각비(자산감액분)	14,600,000	유보
	손금불산입	감가상각비(상각부인액)	38,400,000	유보
기계장치	손금산입	기계장치	100,000,000	△유보
	손금불산입	미지급금	50,000,000	유보
	익금산입	부당행위계산부인	50,000,000	기타사외유출
	손금불산입	감가상각비(자산감액분)	5,000,000	유보
	손금불산입	감가상각비(상각부인액)	10,000,000	유보

1. 건물

(1) 고가매입(부당행위계산부인)

시가와 거래가액의 차액이 3억원 이상이거나 시가의 5%에 상당하는 금액 이상인 경우에 한하여 부당행위계산부인 규정을 적용한다.

$$(1,000,000,000 - 800,000,000) \geq Min(800,000,000 \times 5\%, \ 300,000,000)$$
$$\rightarrow 부당행위계산부인 적용$$

(2) 회계처리와 세법상 재구성

회계처리	세법상 처리
(차) 건물 　　1,000,000,000 　　(대) 현금 　　1,000,000,000	(차) 건물 　　　　　　800,000,000 　　사외유출(상여) 　200,000,000 　　　　(대) 현금 　　1,000,000,000

(3) 감가상각비 세무조정

① 자산감액분 상각비(1단계)

$$73,000,000 \times \frac{200,000,000}{1,000,000,000} = 14,600,000(손금불산입)$$

② 감가상각 시부인(2단계)

구분	금액	비고
1. 회사계상액	58,400,000	73,000,000 − 14,600,000
2. 상각범위액	20,000,000	(1,000,000,000 − 200,000,000) × 0.025
3. 상각부인액	38,400,000	

2. 기계장치

(1) 고가매입(부당행위계산부인)

시가와 거래가액의 차액이 3억원 이상이거나 시가의 5%에 상당하는 금액 이상인 경우에 한하여 부당행위계산부인 규정을 적용한다.

$$700,000,000 - 600,000,000 \geq Min(600,000,000 \times 5\%,\ 300,000,000)$$
$$\rightarrow 부당행위계산부인\ 적용$$

「법인세법」상 일반자산의 시가는 감정평가법인의 감정가액이 「상속세 및 증여세법」상 평가액보다 우선한다.

(2) 회계처리와 세법상 재구성

회계처리		세법상 재구성		
(차) 기계장치　700,000,000		(차) 기계장치	600,000,000	
(대) 현금	650,000,000	사외유출	50,000,000	
미지급금	50,000,000	(대) 현금		650,000,000

(3) 세무조정

[손금산입]	기계장치	100,000,000	△유보
[익금산입]	부당행위계산부인	50,000,000	기타사외유출
[손금불산입]	미지급금	50,000,000	유보

특수관계인이 외국법인 주주인 경우에는 배당으로 소득처분하여야 한다. 단, 주주인 외국법인의 국내사업장이 있고, 해당 소득이 국내사업장의 소득과 관련이 있는 경우에는 기타사외유출로 처분한다.

(4) 감가상각비 세무조정

① 자산감액분 상각비(1단계)

$$35,000,000 \times \frac{100,000,000}{700,000,000} = 5,000,000(손금불산입)$$

② 감가상각 시부인(2단계)

구분	금액	비고
1. 회사계상액	30,000,000	$35,000,000 - 5,000,000$
2. 상각범위액	20,000,000	$(700,000,000 - 100,000,000) \times \dfrac{1}{10} \times \dfrac{4}{12}$
3. 상각부인액	10,000,000	중고자산 내용연수

다음은 제조업을 영위하는 ㈜한국(영리 내국법인)의 제24기(당기) 사업연도(2024. 1. 1. ~ 2024. 12. 31.)의 자료이다. 다음 자료를 이용하여 물음에 답하시오.

1. ㈜한국은 2024. 4. 1.에 당사의 전무이사로부터 ㈜세종의 보통주 20,000주를 증권시장 외에서 거래하는 방법으로 주당 17,000원에 매입하여 매입가격을 동 주식의 취득원가로 계상하였다.

2. ㈜세종의 보통주는 유가증권시장에 상장된 주식으로, ㈜세종의 총 발행 보통주식수는 200,000주이며, 2024. 4. 1.에 ㈜한국은 동 주식의 취득으로 인하여 ㈜세종의 최대주주가 되는 것은 아니다.

3. ㈜한국은 2024. 6. 30.에 상기 주식 중 10,000주를 거주자인 당사의 대주주(당사의 임원 또는 직원이 아님)에게 1주당 16,000원에 처분하였다.

4. ㈜세종 주식의 2024. 4. 1.과 2024. 6. 30.의 한국거래소 최종시세가액은 각각 주당 20,000원과 21,000원이다.

[물음] ㈜한국의 제24기 세무조정을 아래의 답안 양식에 제시하시오.

익금산입 및 손금불산입			손금산입 및 익금불산입		
과목	금액	소득처분	과목	금액	소득처분

익금산입 및 손금불산입			손금산입 및 익금불산입		
과목	금액	소득처분	과목	금액	소득처분
유가증권	60,000,000	유보	유가증권	30,000,000	유보
부당행위계산부인	50,000,000	배당			

1. 유가증권 저가매입

「법인세법」상 상장법인주식의 시가는 한국거래소 최종시세가액으로 한다. 특수관계인인 개인으로부터 유가증권을 저가매입한 경우는 시가와 매입가액의 차액을 익금산입한다.

$(20,000 - 17,000) \times 20,000주 = 60,000,000(익금산입)$

2. 부당행위계산부인(저가양도)

특수관계인에게 자산을 저가로 양도한 경우 시가로 양도하고 그 차액은 사외유출된 것으로 본다. 상장주식을 한국거래소에서 거래한 경우에는 부당행위계산부인 규정을 적용하지 않으나, 장외에서 거래한 경우에는 부당행위계산부인 규정을 적용한다.

$(21,000 - 16,000) \times 10,000주 = 50,000,000(익금산입)$

3. 유보추인

(1) 회계상 처분손익: $160,000,000 - 170,000,000 = 10,000,000(처분손실)$

(2) 세무상 처분손익: $160,000,000 - 200,000,000 = 40,000,000(처분손실)$

$$유보추인 금액: 60,000,000 \times \frac{10,000주}{20,000주} = 30,000,000(손금산입)$$

4. 회계처리 및 세법상 재구성

회계처리		세법상 재구성	
(차) 현금　　　　　　160,000,000		(차) 현금　　　　　　160,000,000	
유가증권처분손실　10,000,000		처분손실　　　　　40,000,000	
(대)　유가증권　　170,000,000		사외유출　　　　　50,000,000	
		(대) 유가증권　　200,000,000	
		처분이익　　　50,000,000	

다음은 ㈜한국의 제24기 사업연도(2024. 1. 1. ~ 2024. 12. 31.)의 사택제공내역이다. 다음 자료를 이용하여 물음에 답하시오.

1. 당기 중 임원 등에게 사택을 제공한 내역은 다음과 같다.

(단위: 원)

구분	제공대상자	감정가액 1	감정가액 2	임대보증금	월 임대료 수령액
사택 A	출자임원 (소액주주 아님)	150,000,000	–	30,000,000	90,000
사택 B	직원	95,000,000	103,000,000	–	120,000
사택 C	대주주	250,000,000	270,000,000	100,000,000	100,000
사택 D	출자임원 (소액주주)	130,000,000	–	–	150,000

2. '감정가액 1'과 '감정가액 2'는 동일한 사택에 대하여 두 군데의 감정평가법인의 감정을 받은 것을 표시한 것이며, 특수관계인 외의 불특정다수인과 거래한 가격 또는 특수관계인이 아닌 제3자 간에 일반적으로 거래된 가격은 존재하지 않는다고 가정한다. (단, 사택의 임차기간은 공히 2024. 1. 1.부터 2024. 12. 31.이고, 기획재정부령으로 정하는 1년 만기 정기예금이자율은 7%라고 가정한다)

[물음] 사택제공과 관련하여 ㈜한국의 제24기 사업연도 세무조정을 아래 답안 양식에 맞추어 제시하시오.

익금산입 · 손금불산입			손금산입 · 익금불산입		
과목	금액	소득처분	과목	금액	소득처분

익금산입·손금불산입			손금산입·익금불산입		
과목	금액	소득처분	과목	금액	소득처분
부당행위계산부인	2,070,000	상여			
부당행위계산부인	900,000	배당			

1. 적용대상자

   법인의 비출자임원(소액주주임원 포함)이나 직원에게 사택을 제공하는 것은 부당행위로 보지 않는다. 따라서 사택 B(직원에게 제공한 것)와 사택 D(소액주주임원에게 제공한 것)는 부당행위계산부인 규정을 적용하지 아니한다.

2. 부당행위계산부인 금액

구분	익금산입액	비고
사택 A	2,070,000	$(150,000,000 \times 50\% - 30,000,000) \times 7\% - 90,000 \times 12$
사택 C	900,000	$(260,000,000 \times 50\% - 100,000,000) \times 7\% - 100,000 \times 12$

① 감정한 가액이 둘 이상인 경우에는 그 감정한 가액의 평균액을 시가로 한다.

② 사택 A와 사택 C 모두 적정임대료의 5% 이상 차이가 발생한다.

   사택 A: $2,070,000 \geq 3,150,000 \times 5\%$

   사택 C: $900,000 \geq 2,100,000 \times 5\%$

다음은 제조업을 영위하는 상장 중소기업인 ㈜한국의 제24기 사업연도(2024. 1. 1. ~ 2024. 12. 31.) 세무조정을 위한 자료이다. 다음 자료를 이용하여 물음에 답하시오.

㈜한국의 대표이사는 ㈜한국의 지분 5%를 보유하면서 사실상 경영 지배력을 갖고 있는데 ㈜북악에 대한 지분도 35%를 보유하고 있다. 2024. 8. 1. ㈜한국은 ㈜북악에 건설용역을 제공하는 계약을 체결하고 2024. 12. 15.에 용역제공을 완료하였으며 대금은 2025. 3. 5. 현금으로 수령하기로 하였다.

1. 용역대가는 55,000,000원이며 용역원가는 50,000,000원인데 용역원가 중에는 간접원가 5,000,000원이 포함되어 있다.

2. 특수관계인이 아닌 거래처에 대해 건설용역을 제공할 경우 통상적인 매출원가율(매출원가 ÷ 매출액)은 80%이다.

[물음] 2024년 ㈜한국의 ㈜북악에 대한 용역거래가 부당행위계산부인에 해당하는지 검토하시오. 그리고 만일 해당한다면 부인되어야 할 금액을 구하고 부당행위계산부인과 관련된 세무조정을 하시오.

1. 특수관계 여부 검토

㈜한국의 출자자가 다른 회사의 30% 이상을 출사(시배적인 영향력을 행사)하고 있는 경우 다른 회사와 ㈜한국은 특수관계에 있다.

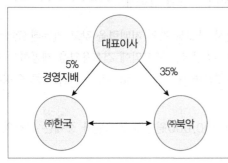	해당 법인(한국)이 직접 또는 그와 특수관계에 있는 자(해당 법인의 경영에 대해 사실상 영향력을 행사하고 있다고 인정되는 자, 소액주주 아닌 주주, 법인의 임원 등)를 통하여 어느 법인(북악)의 경영에 대해 지배적인 영향력(30% 이상의 지분)을 행사하고 있는 경우 그 법인은 해당 법인과 특수관계에 있는 자로 본다.

2. 부당행위계산부인

(1) 시가

용역원가 × (1 + 동일 유사거래 원가 가산율)

= 50,000,000 × (1 + 25%) = 62,500,000

└→ 직접비 + 간접비

$$\frac{매출액 - 매출원가}{매출원가} = \frac{20\%}{80\%}$$

(2) 현저한 이익

$(62,500,000 - 55,000,000) \geq 62,500,000 \times 5\%$

3. 세무조정

[익금산입]	부당행위계산부인	7,500,000	기타사외유출

다음은 제조업을 영위하는 ㈜한국의 제24기 사업연도(2024. 1. 1. ~ 2024. 12. 31.)에 발생한 지급이자와 가지급금에 대한 자료이다. 조세부담을 최소화한다는 가정하에 물음에 답하시오. 단, 1년은 365일로 가정한다.

1. 손익계산서상 계상된 이자비용 관련 자료(차입금은 모두 당기 이전에 차입된 것으로 당기 중 잔액의 변동은 없음)

이자율	이자비용	차입금	비고
17%	1,700,000원	10,000,000원	채권자 불분명 사채이자이며, 원천징수는 이루어지지 않음
14%	4,900,000원	35,000,000원	
12%	2,400,000원	20,000,000원	건설중인자산에 대한 특정차입금 이자비용임
10%	3,000,000원	30,000,000원	

2. 제24기 사업연도 종료일 현재 가지급금 내역

대여자	지급일자	적수	비고
대표이사	2024. 5. 1.	4,900,000,000원	업무무관(이자 약정 없음) 가수금 적수 1,000,000,000원 있음*
영업부장	2024. 7. 1.	4,600,000,000원	직원에 대한 경조사비의 대여액
㈜경기	2024. 9. 1.	4,880,000,000원	특수관계가 있고, 일시적인 자금 대여로 연이자율은 11%임

* 별도 약정 없음

3. 기획재정부령으로 정하는 당좌대출이자율은 연 13%로 가정하며, 가중평균차입이자율은 예시와 같이 반올림한다. (0.10123 → 0.1012)

[물음] ㈜한국의 제24기 사업연도 세무조정을 아래 답안 양식에 맞추어 제시하시오.

세무조정	과목	금액	소득처분

| 해답 |

세무조정	과목	금액	소득처분
손금불산입	채권자 불분명 사채이자	1,700,000	대표자상여
손금불산입	건설자금이자	2,400,000	유보
손금불산입	업무무관자산 관련 이자	2,923,582	기타사외유출
익금산입	인정이자(대표이사)	1,295,013	상여
익금산입	인정이자(경기)	149,742	기타사외유출

1. 지급이자 세무조정

(1) 채권자 불분명 사채이자

지급이자에 대한 원천징수가 없었던 경우에는 지급이자 총액을 손금불산입하고 대표자상여로 소득처분하여야 한다.

(2) 건설자금이자

건설자금이자를 손금에 산입하지 않고 자산의 취득원가에 산입한다. 관련 자산의 건설이 완료되기 전까지는 손금불산입하고 유보 처분한다.

(3) 업무무관자산 등 관련 지급이자

$$(4,900,000 + 3,000,000) \times \frac{\overset{4,900,000,000 - 1,000,000,000}{3,900,000,000} + 4,880,000,000}{(35,000,000 + 30,000,000) \times 365} = 2,923,582$$

업무무관가지급금 등의 합계액을 계산함에 있어서 동일인에 대한 가지급금과 가수금이 함께 있는 경우에는 이를 상계한 잔액으로 한다. 다만, 가지급금이나 가수금의 발생 시에 각각 상환기간·이자율 등에 관한 약정이 있어 이를 상계할 수 없는 경우에는 상계하지 못한다.

2. 가지급금 인정이자

(1) 가중평균차입이자율

[방법 1]

$$14\% \times \frac{35,000,000}{85,000,000} + 12\% \times \frac{20,000,000}{85,000,000} + 10\% \times \frac{30,000,000}{85,000,000} = 0.12117(\to 12.12\%)$$

[방법 2]

$$\frac{4,900,000 + 2,400,000 + 3,000,000}{35,000,000 + 20,000,000 + 30,000,000} = 0.12117(\to 12.12\%)$$

① 특수관계인으로부터의 차입금, 채권자 불분명 차입금 및 비실명채권의 차입금은 가중평균차입이자율 산정 시 제외하지만 건설자금이자는 가중평균차입이자율 산정 시 고려한다.

② 인정이자를 계산할 때에는 대여시점의 가중평균차입이자율을 적용한다. 차입금이 모두 당기 이전에 발생한 것이고, 당기 중 잔액 변동은 없으므로 모든 대여금에 대하여 동일한 가중평균차입이자율을 적용한다.

(2) 인정이자

구분	익금산입액	비고
대표이사	1,295,013	$(4,900,000,000 - 1,000,000,000) \times 12.12\% \div 365$
㈜경기	149,742	$4,880,000,000 \times (12.12\% - 11\%) \div 365$

① 직원에게 대한 경조사비 대여액은 업무무관가지급금으로 보지 아니한다.

② $(12.12\% - 11\%) \geq 12.12\% \times 5\%$ → 이자율 차이가 시가의 5% 이상

제조업체 ㈜비업무(중소기업 아님)의 제24기 사업연도(2024년 1월 1일 ~ 2024년 12월 31일)의 거래내역이다. 아래 자료를 이용하여 물음에 답하시오. 단, 1년은 365일로 가정한다.

1. 기말 현재 차입금 내역은 다음과 같으며, 차입금은 모두 회사와 특수관계 없는 은행으로부터 차입하였다.

구분	차입금	이자율	이자비용	차입일자	상환일자
차입금 A	40,000,000원	6%	1,795,068원	2023. 1. 1.	2024. 10. 1.
차입금 B	80,000,000원	3%	604,932원	2024. 10. 1.	2026. 1. 30.
차입금 C*	30,000,000원	2%	600,000원	2023. 12. 1.	2025. 11. 30.

* 차입금 C는 전액 기말 미완성상태인 건물 신축에 사용

2. 회사의 자금대여 내역은 다음과 같다.

구분	대여금	대여일자	수령 이자	비고
대표이사 갑	4,000,000원	2024. 2. 1.	210,000원	대표이사 동창회 회비
직원 을	20,000,000원	2024. 11. 1.	30,000원	전세자금 대출
직원 병	5,000,000원	2024. 3. 1.	5,000원	학자금 대출
거래처 ㈜구포	100,000,000원	2024. 12. 1.	10,000,000원	특수관계 없는 법인임 원재료구매자금 지원

3. ㈜비업무의 가중평균차입이자율과 대여금리가 해당 대여시점 현재 거래처 ㈜구포의 가중평균 차입이자율보다 높다.

4. ㈜비업무는 기말 현재 세법상 업무무관자산인 토지(취득가액 20,000,000원, 취득일 2016. 2. 1.)를 보유하고 있다.

5. 기획재정부령이 정한 당좌대출이자율은 6.9%로 가정하고, 가중평균차입이자율은 소수점 첫째 자리에서 반올림한다. (11.9% → 12%)

[물음] ㈜비업무의 제24기 사업연도 세무조정을 아래 답안 양식에 맞추어 제시하시오.

세무조정	과목	금액	소득처분

세무조정	과목	금액	소득처분
손금불산입	건설자금이자	600,000	유보
손금불산입	업무무관자산 관련 이자	1,294,004	기타사외유출
익금산입	인정이자	70,273	상여

1. 업무무관자산

(1) 업무무관가지급금 적수

구분	금액	일수	가지급금 적수	비고
대표이사 갑	4,000,000	334	1,336,000,000	
직원 을	20,000,000	61	1,220,000,000	비중소기업의 직원
합계	24,000,000		2,556,000,000	

① 직원 병에 대한 학자금 대출액(자녀학자금 대출액 포함)은 업무무관가지급금으로 보지 아니한다.

② 거래처 ㈜구포에 대한 대여금은 특수관계인에게 대여한 것이 아니므로 업무무관가지급금에 해당하지 아니한다.

(2) 업무무관부동산 적수: $20,000,000 \times 365 = 7,300,000,000$

(3) 합계: $2,556,000,000 + 7,300,000,000 = 9,856,000,000$

2. 지급이자 손금불산입

(1) 건설자금이자

당기 말 현재 건설 중인 자산에 대한 건설자금이자는 손금불산입하고 유보로 처분한다.

(2) 업무무관자산 관련 지급이자

$$(1,795,068 + 604,932) \times \frac{9,856,000,000}{40,000,000 \times 273 + 80,000,000 \times 92} = 1,294,004$$

3. 부당행위계산부인(인정이자)

(1) 가중평균차입이자율 산정

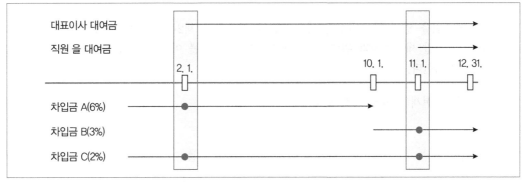

① 대표이사 갑

$$6\% \times \frac{40,000,000}{70,000,000} + 2\% \times \frac{30,000,000}{70,000,000} = 4.28\% \rightarrow 4\%$$

② 직원 을

$$3\% \times \frac{80,000,000}{110,000,000} + 2\% \times \frac{30,000,000}{110,000,000} = 2.73\% \rightarrow 3\%$$

대여시점의 가중평균차입이자율을 산정할 때, 건설자금이자도 포함하여 계산한다. 다만, 특수관계인 차입금, 채권자 불분명 사채와 비실명 채권과 증권, 연지급수입 관련 채무와 장기연불매입 관련 채무에 관한 이자는 포함하지 아니한다.

(2) 가지급금 인정이자 익금산입액

≥ 100,273 × 5%

구분	가지급금 적수	이자율	인정이자	회사계상액	익금산입
대표이사 갑	1,336,000,000	4%	146,410	210,000	
직원 을	1,220,000,000	3%	100,273	30,000	70,273

대표이사의 경우는 회사가 수령한 이자가 인정이자보다 더 많으므로 추가로 익금산입할 금액은 없다.

다음은 제조업을 영위하는 비상장 중소기업인 ㈜우진의 제24기 사업연도(2024. 1. 1. ~ 2024. 12. 31.)의 기말 세무조정과 관련된 자료이다. 다음 자료를 이용하여 물음에 답하시오. 단, 1년은 365일로 가정한다.

1. 당기 말 현재 대여금 계정 명세

	적요	잔액	대여일
갑(개인)[1]	월정액급여액 범위 내의 일시적인 급여 가불	500,000원	2024. 11. 30.
을(개인)[1]	국민주택규모 이하의 주택 임차자금으로 대여	50,000,000원	2024. 12. 1.
병(개인)[2]	생활자금 대여액(당좌대출이자율로 이자수령)	50,000,000원	2024. 12. 1.
정(법인)[3]	운영자금 일시 대여	10,000,000원	2023. 12. 15.

[1] 갑과 을은 회사의 직원으로서 무이자로 대여하고 있음
[2] 병(개인)은 ㈜우진의 대표이사임
[3] 정(법인)은 특수관계인으로서 대출약정은 체결하지 않았으며, 별도로 이자를 수령하지 않음

2. 당기 중 이자율별 지급이자 금액은 다음과 같다.

차입금	지급이자	연이자율	비고
사채(私債)	1,800,000	18.00%	채권자 불분명, 원천징수 안 함
A저축은행	6,000,000	14.60%	
B은행	3,300,000	10.95%	

3. 기획재정부령으로 정하는 당좌대출이자율은 제23기 9%, 제24기 8.5%이며, 제23기에 금전대차거래에 대한 시가로서 당좌대출이자율을 적용하기로 관할 세무서에 신고한 상태이다.

[물음] ㈜우진의 대여금 및 차입금과 관련한 자료를 기초로 하여 제24기 세무조정을 다음 답안 양식에 제시하시오.

세무조정	과목	금액	소득처분

─┤ 해답 ├─

세무조정	과목	금액	소득처분
익금산입	인정이자(정)	850,000	기타사외유출
손금불산입	채권자 불분명 사채이자	1,800,000	대표자상여
손금불산입	업무무관자산 관련 지급이자	1,860,000	기타사외유출

1. 부당행위계산부인(인정이자)

   업무무관가지급금

   ① 월정액급여 범위 내 일시적인 가불금은 업무무관가지급금으로 보지 않는다.

   ② 중소기업의 직원에 대한 주택자금 대여액은 업무무관가지급금으로 보지 않는다.

   ③ 적정이자율로 이자를 수령하더라도 업무무관가지급금에는 해당한다. 다만, 시가와의 차이가 발생하지 않으므로 부당행위계산부인(인정이자 계산)은 적용하지 아니한다.

2. 가지급금 인정이자

   $$10,000,000 \times 365 \times 8.5\% \times \frac{1}{365} = 850,000$$

   회사는 제23기에 당좌대출이자율을 시가로 선택하여 신고하였으므로 제25기까지 당좌대출이자율을 시가로 하여 인정이자를 계산하여야 한다. 또한, 기획재정부령이 정하는 당좌대출이자율이 변경되는 경우 변경된 당좌대출이자율을 적용한다.

3. 업무무관자산 관련 지급이자

   병(개인)

   $$(6,000,000 + 3,300,000) \times \frac{50,000,000 \times 31 + 10,000,000 \times 365}{(6,000,000 \div 14.6\% + 3,300,000 \div 10.95\%) \times 365} = 1,860,000$$

해커스 세무회계연습 2

제7장 부당행위계산의 부인

다음은 ㈜동해의 제24기(2024. 1. 1. ~ 2024. 12. 31.) 사업연도의 세무조정 자료이다. 아래 자료를 이용하여 물음에 답하시오. 단, 1년은 365일로 가정한다.

1. 회사의 대여금 내역은 다음과 같다.

   (1) 2024. 4. 1.에 대표이사에게 업무와 관련 없이 10,000,000원을 대여(당기의 대여금 적수는 25억원으로 가정함)하였다. 동 대여금에 대한 상환기간과 이자율에 대한 별도의 약정은 없으며, 이자수령액 및 장부상 미수이자 계상액은 없다.

   (2) 2024. 12. 1. 甲법인(자회사)에 3년 후 원금 및 이자를 일시 상환하는 조건으로 영업자금 30,000,000원을 대여(당기의 대여금 적수는 10억원으로 가정함)하였으며, 약정이자율에 의한 이자 상당액 50,000원을 장부상 미수이자(이자수익)로 계상하였다.

2. 회사의 차입금 내역은 다음과 같다.

   (1) 차입금 A: 80,000,000원(전기에 특수관계가 없는 A은행으로부터 연이자율 16%로 차입하였으며, 2024. 6. 30.에 전액 상환하였다)

   (2) 차입금 B: 20,000,000원(전기에 특수관계가 없는 B은행으로부터 연이자율 9%로 차입하였으며, 2024. 9. 30.에 전액 상환하였다)

   (3) 차입금 C: 50,000,000원(전기에 모회사로부터 연이자율 5%로 차입하였으며, 당기 말 현재 미상환하였다)

   (4) 위 차입금 A, B, C에 대한 지급이자 총액은 10,000,000원이며, 총 차입금 적수는 350억원으로 가정한다.

3. 기획재정부령으로 정하는 당좌대출이자율은 7.3%로 가정하며, ㈜동해는 관할 세무서에 금전대차거래에 대해 적용할 이자율을 신고한 바 없다.

[물음] ㈜동해의 대여금 및 차입금과 관련한 다음의 자료를 기초로 하여 제24기 세무조정을 다음 답안 양식에 제시하시오.

세무조정	과목	금액	소득처분

⊣│해답│⊢

세무조정	과목	금액	소득처분
익금불산입	미수이자	50,000	△유보
익금산입	인정이자(대표이사)	1,000,000	상여
익금산입	인정이자(자회사)	150,000	기타사외유출
손금불산입	업무무관자산 등 지급이자	1,000,000	기타사외유출

1. 적용될 가중평균차입이자율

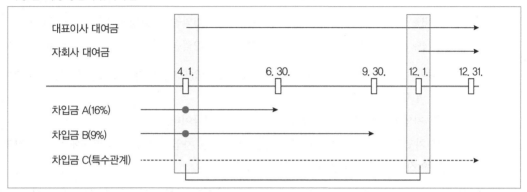

가중평균차입이자율은 대여시점 현재 차입금 잔액을 기준으로 산정한다. 차입금 C는 특수관계법인으로부터 차입한 것이므로 가중평균차입이자율 산정 시 고려하지 아니한다.

(1) 대표이사 대여금에 적용할 가중평균차입이자율

$$16\% \times \frac{80,000,000}{100,000,000} + 9\% \times \frac{20,000,000}{100,000,000} = 14.6\%$$

(2) 자회사 대여금에 적용할 가중평균차입이자율

대여시점에 특수관계인 이외의 자로부터 차입한 차입금이 없으므로 적용할 가중평균차입이자율이 없다. 따라서 당좌대출이자율을 적용한다. 이처럼 가중평균차입이자율의 계산이 불가능한 경우 해당 대여금에 한하여 당좌대출이자율을 시가로 한다.

2. 가지급금 인정이자

① 대표이사: $2,500,000,000 \times 14.6\% \times \dfrac{1}{365} = 1,000,000$

② 자회사: $1,000,000,000 \times 7.3\% \times \dfrac{1}{365} - 50,000(미수이자) = 150,000 \rightarrow 200,000 \times 5\%$ 이상

비영업대금의 이익(원천징수대상 이자)의 손익귀속시기는 약정에 의한 이자지급일이므로 甲법인 대여금의 이자수익 귀속시기는 2027. 12. 1.이다. 귀속시기가 아직 도래하지 아니하였으므로 회사가 계상한 미수이자를 익금불산입하고 △유보 처분한다. 다만, 인정이자 계산 시 미수이자는 "회사계상액"으로 본다.

3. 업무무관자산 관련 지급이자

$$10,000,000 \times \frac{2,500,000,000 + 1,000,000,000}{35,000,000,000} = 1,000,000$$

지급이자 손금불산입 계산 시 특수관계인으로부터 차입한 금액(차입금 C)도 포함한다.

다음은 ㈜서해(중소기업 아님)의 제24기 사업연도(2024년 1월 1일 ~ 2024년 12월 31일) 법인세 신고 관련 자료이다. 1년은 365일로 가정한다. 다음 자료를 이용하여 물음에 답하시오.

1. 손익계산서상 이자비용의 내역은 다음과 같다.

구분	이자율	이자비용	차입금	차입금 적수	차입기간
①	8%	16,000,000원	2억원	730억원	2022. 7. 1. ~ 2027. 6. 30.
②	6%	8,926,027원	3억원	543억원	2022. 7. 1. ~ 2024. 6. 30.
③	4%	6,049,315원	3억원	552억원	2024. 7. 1. ~ 2026. 6. 30.

① 회사채이자로서 금융회사를 통해 채권자에 지급되었으며, 이자비용에는 사채할인발행차금 상각액 4,000,000원이 포함되어 있다.

② A은행 차입금으로 당기에 상환한 운영자금 차입금이다.

③ B은행 차입금으로 당기에 신규로 차입한 운영자금 차입금이며, 이자비용에는 기간 경과분 미지급이자 1,000,000원이 포함되어 있다.

2. ㈜서해는 2023년 10월 1일 업무에 직접 사용하지 않는 자동차를 특수관계인으로부터 100,000,000원(시가 60,000,000원)에 취득하여 보유하고 있다. 동 자동차와 관련하여 당기 중 감가상각비 20,000,000원(내용연수 5년, 정액법 상각)을 비용으로 계상하였다.

3. 가지급금의 내역은 다음과 같다.

구분	지급일	금액	대여금 적수
①	2024. 3. 7.	100,000,000원	300억원
②	2024. 6. 15.	30,000,000원	60억원
③	2024. 9. 23.	36,500,000원	36.5억원

① 대표이사 대여금으로 대표이사에게 업무와 무관하게 무상으로 대여한 금액이다. 한편 당기 말 현재 대표이사로부터 별도의 상환 약정 없이 차입한 차입금(가수금 적수는 154억원임)이 있다.

② 학자금 대여액으로 직원에게 자녀학자금을 무상으로 대여한 금액이다.

③ 주택자금 대여액으로 무주택 직원에게 국민주택 취득자금으로 대여한 금액이다. 동 대여금과 관련하여 약정에 의한 이자수익 400,000원을 손익계산서에 이자수익으로 계상하였다.

4. ㈜서해는 가중평균차입이자율을 적용하여 인정이자를 계산한다.

5. ㈜서해는 A은행 및 B은행과 특수관계가 없다.

[물음] ㈜서해의 제24기 세무조정 및 소득처분을 소득금액조정합계표에 제시하시오.

─┤ **해답** ├─────────────────────────────────────

익금산입 · 손금불산입			손금산입 · 익금불산입		
과목	금액	소득처분	과목	금액	소득처분
업무무관자산	20,000,000	유보			
지급이자	9,292,602	기타사외유출			
인정이자(대표이사)	2,720,000	상여			
인정이자(직원)	160,000	상여			

1. 업무무관자산의 감가상각

   업무에 사용하지 아니하는 자산은 감가상각대상 자산에서 제외하므로 회사계상 감가상각비는 전부 손금불산입한다.

2. 지급이자

(1) 업무무관자산 및 업무무관가지급금의 적수

구분	적수	비고
비업무용 승용차	36,500,000,000	100,000,000 × 365
대표이사 대여금	14,600,000,000	300억원 − 154억원
주택자금 대여금	3,650,000,000	
합계	54,750,000,000	

① 특수관계인으로부터 업무무관자산을 시가를 초과하여 구입한 경우, 시가초과금액도 업무무관자산에 포함한다. 실제로 자산을 취득하는데 소요된 자금이기 때문이다.

② 가지급금과 가수금은 서로 상계하지 아니한다는 별도의 약정이 없는 한 상계한다.

③ 직원에 대한 학자금 대여액은 업무무관가지급금으로 보지 아니한다. 반면, ㈜서해가 중소기업이 아니므로 직원에 대한 주택자금 대출액은 업무무관가지급금에 해당한다.

(2) 업무무관자산 등 관련 이자

$$30,975,342 \times \frac{54,750,000,000}{182,500,000,000} = 9,292,602$$

3. 가지급금 인정이자

(1) 대여시점의 가중평균차입이자율

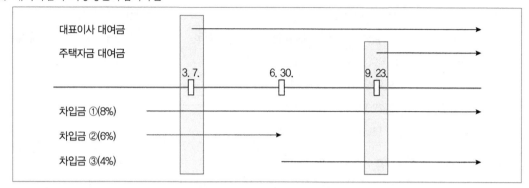

① 대표이사 대여금

$$8\% \times \frac{2억}{2억 + 3억} + 6\% \times \frac{3억}{2억 + 3억} = 6.8\%$$

② 주택자금 대여금

$$8\% \times \frac{2억}{2억 + 3억} + 4\% \times \frac{3억}{2억 + 3억} = 5.6\%$$

(2) 인정이자 계상액

① 대표이사 대여금

$$(300억원 - 154억원) \times 6.8\% \times \frac{1}{365} - 0 = 2,720,000$$

② 직원에 대한 주택자금 대여금

$$36.5억원 \times 5.6\% \times \frac{1}{365} - 400,000 = 160,000 \geq 560,000 \times 5\%$$

다음은 제조업을 영위하는 ㈜한국의 제24기 사업연도(2024년 1월 1일 ~ 2024년 12월 31일) 법인세 관련 자료이다. 다음 자료를 이용하여 물음에 답하시오.

1. 2024년 3월 1일에 자회사인 ㈜A에 200,000,000원을 3년 후 상환하는 조건으로 대여하고 약정이자율 1.2%로 계산한 2,000,000원을 이자수익으로 계상하였다. ㈜한국은 전기에 과세표준신고를 할 때 당좌대출이자율(연 4.6%)을 시가로 선택하였으며, 2024년 3월 1일의 가중평균차입이자율은 4%이다.

2. 2024년 4월 1일에 대표이사로부터 토지 B를 150,000,000원에 매입하고, 매입가액을 취득원가로 회계처리하였다. 매입 당시 시가는 불분명하며, 감정평가법인의 감정가액은 100,000,000원, 개별공시지가는 120,000,000원이다.

3. 출자임원에게 임대기간에 대한 약정 없이 사택 C를 임대보증금 100,000,000원, 월임대료 500,000원에 2023년 7월 1일부터 임대 중이다. 사택 C에 대한 적정임대료는 불분명하고, 사택 건물의 시가는 800,000,000원이며, 기획재정부령으로 정하는 정기예금이자율은 3%로 가정한다.

4. 2024년 10월 1일에 특수관계인인 대주주에게 2022년 3월 1일에 취득한 비사업용 토지 D (미등기)를 350,000,000원에 양도하였다. 양도 당시 시가는 500,000,000원(취득원가 50,000,000원)이었으며, 보유기간 동안 장부가액의 변동은 없었다.

[물음 1] ㈜한국이 해야 하는 제24기 세무조정 및 소득처분을 답안 양식에 따라 제시하시오.

익금산입 및 손금불산입			손금산입 및 익금불산입		
과목	금액	소득처분	과목	금액	소득처분

[물음 2] ㈜한국의 제24기 토지 등 양도소득에 대한 법인세를 제시하시오.

[물음 1]

익금산입 및 손금불산입			손금산입 및 익금불산입		
과목	금액	소득처분	과목	금액	소득처분
인정이자	5,712,876	기타사외유출	토지	50,000,000	유보
부당행위계산부인	50,000,000	상여			
사택임대료	3,000,000	상여			
부당행위계산부인	150,000,000	배당			

1. 금전의 저리대여(인정이자)

   당좌대출이자율을 시가로 하여 선택한 사업연도와 이후 2개 사업연도는 당좌대출이자율을 시가로 한다. 특수관계인(자회사)에 시가보다 낮은 이자율로 자금을 대여하였고, 시가(4.6%)와 실제 약정이자(1.2%)의 차이가 시가의 5% 이상(3.4% ÷ 4.6%)이므로 부당행위계산부인 규정을 적용한다.

   $$200,000,000 \times 4.6\% \times \frac{306}{365} - 2,000,000 = 5,712,876$$

2. 고가매입

   특수관계인으로부터 자산을 고가매입한 경우 시가에 취득한 것으로 보고 매입가액과 시가의 차액은 사외유출된 것으로 본다. 시가가 불분명한 경우 감정평가가액을 가장 우선 적용한다.

   〈세법상 처리〉

(차) 사외유출	50,000,000	(대) 현금	150,000,000
토지	100,000,000		

3. 사택

   출자임원에게 사택을 시가보다 낮은 가액으로 임대한 경우에는 시가와 실제 수령한 임대료의 차액을 익금에 산입하는 동시에 사외유출된 것으로 본다.

   ① 임대료 시가: $(800,000,000 \times 50\% - 100,000,000) \times 3\% = 9,000,000$

   ② 수취한 임대료: $500,000 \times 12 = 6,000,000$

   ③ 차액: 3,000,000 → 시가(9,000,000)의 5% 이상

4. 저가양도

   특수관계인에게 자산을 저가양도한 경우 시가와 거래가액의 차액을 시가에 양도하고 거래가액과 차액은 사외유출된 것으로 본다.

[물음 2] 토지 등 양도소득에 대한 법인세

1. 토지 등 양도소득

    양도가액 − 취득가액 = 500,000,000 − 50,000,000 = 450,000,000

2. 토지 등 양도소득에 대한 법인세

    450,000,000 × 40% = 180,000,000

    ① 미등기 토지를 양도한 경우의 토지 등 양도소득에 대한 법인세율은 40%이다.

    ② 법인세 부당행위계산은 법인세를 부당하게 감소시킨 것으로 인정되는 경우에 적용한다.

    토지 등 양도소득에 대한 법인세는 각 사업연도 소득에 대한 법인세에 추가하여 납부하므로 법인세에 해당한다. 만일, 토지 등 양도소득에 대한 법인세가 법인세에 해당하지 않는다면 각사업연도소득금액 계산 시 손금에 산입해야 한다는 모순이 발생하게 된다. 따라서 토지 등 양도소득에 대한 법인세 계산 시에도 부당행위계산부인 규정을 적용하는 것이 「법인세법」 해석 및 부당행위계산부인 입법취지에 부합하다.

다음은 ㈜서울의 제24기 사업연도(2024. 1. 1. ~ 2024. 12. 31.)의 특수관계인인 ㈜부산의 흡수합병 등에 관한 자료이다. 다음 자료를 이용하여 물음에 답하시오.

1. ㈜서울과 ㈜부산은 모두 비상장법인이며 합병 직전 각 법인의 발행주식총수와 1주당 평가액 및 액면가액은 다음과 같다.

구분	㈜서울	㈜부산
발행주식총수	30,000주	20,000주
1주당 평가액	50,000원	10,000원
액면가액	5,000원	5,000원

2. ㈜서울과 ㈜부산의 주주 현황은 다음과 같다.

구분	주주	지분율
㈜서울	㈜대한	75%
	㈜민국	15%
	거주자 A	10%
㈜부산	㈜화성	40%
	㈜금성	55%
	거주자 B	5%

3. ㈜대한과 ㈜화성은 특수관계인이고, ㈜민국과 거주자 B는 특수관계인이며, 그 밖에 특수관계인에 해당하는 주주는 없다.

4. ㈜서울은 ㈜부산을 흡수합병하면서 ㈜부산의 주식 2주당 ㈜서울의 주식 1주를 ㈜부산의 주주에게 교부하였으며, 합병교부금은 지급하지 않았다.

[물음 1] ㈜서울의 제24기 사업연도에 ㈜부산의 흡수합병으로 인한 ① ㈜대한의 세무조정과 ② ㈜민국의 세무조정을 각각 하시오.

[물음 2] ㈜서울의 제24기 사업연도에 ㈜부산의 흡수합병으로 인한 ㈜화성의 세무조정을 하시오.

| 해답 |

[물음 1]

① ㈜대한의 세무조정

| [익금산입] | 부당행위계산부인 | 67,500,000 | 기타사외유출 |

자본거래로 인하여 특수관계인인 다른 주주(㈜화성) 등에게 이익을 분여한 경우에는 부당행위계산의 부인 규정을 적용한다.

② ㈜민국의 세무조정

| [익금산입] | 부당행위계산부인 | 1,687,500 | 기타사외유출 |

자본거래로 인하여 특수관계인인 다른 주주(거주자 B) 등에게 이익을 분여한 경우에는 부당행위계산의 부인 규정을 적용한다.

[물음 2]

| [익금산입] | 투자주식(서울) | 67,500,000 | 유보 |

자본거래로 인하여 특수관계인(㈜대한)으로부터 분여받은 이익은 익금에 산입한다.

1. 합병 후 주가

$$\frac{\text{합병법인 기업가치} + \text{피합병법인 기업가치}}{\text{합병 후 주식 수}}$$

$$= \frac{30,000주 \times 50,000 + 20,000주 \times 10,000}{30,000주 + 10,000주} = 42,500$$

2. 현저한 이익

$$42,500 - 10,000 \times 2주 \geqq 42,500 \times 30\%$$

3. 분여이익의 계산 – ㈜대한 〔30,000주 × 75%〕

$$(50,000 - 42,500) \times 22,500주 = 168,750,000$$

주식이동이 없는 주주의 손해 또는 이익을 가장 먼저 계산한다.

4. 분여이익 금액 계산

이익을 분여한 주주		이익을 분여받은 주주		
주주	이익분여액	㈜화성(40%)	㈜금성(55%)	거주자 B(5%)
㈜대한	168,750,000	67,500,000	92,812,500	8,437,500
㈜민국	33,750,000	13,500,000	18,562,500	1,687,500
거주자 A	22,500,000	9,000,000	12,375,000	1,125,000
합계	225,000,000	90,000,000	123,750,000	11,250,000

㈜백두는 제24기(2024년 1월 1일 ~ 12월 31일) 사업연도 중 「법인세법」상 특수관계에 있는 ㈜한라(사업연도 제24기, 2024년 1월 1일 ~ 12월 31일)를 흡수합병하였다. 다음의 자료를 기초로 하여 물음에 답하시오.

1. ㈜백두는 ㈜한라의 주주들에게 ㈜한라의 주식 1주당 ㈜백두의 주식 1주를 합병대가로 교부하였다.

2. 합병 직전, 합병당사법인 주식의 1주당 평가가액 등의 현황은 다음과 같다.

구분	㈜백두	㈜한라
1주당 평가가액	20,000원	10,000원
발행주식의 총수	300,000주	300,000주
1주당 액면가액	5,000원	5,000원

3. 합병 직전 ㈜백두와 ㈜한라의 주주 구성은 다음과 같으며, 「법인세법」상 ㈜금성과 ㈜화성은 특수관계에 있다.
    ① ㈜백두의 주주: ㈜금성(180,000주, 60%), 거주자 '갑'(120,000주, 40%)
    ② ㈜한라의 주주: ㈜화성(210,000주, 70%), 거주자 '을'(90,000주, 30%)

4. ㈜백두 및 ㈜한라는 모두 비상장법인이다.

[물음] ㈜금성과 ㈜화성의 제24기(2024년 1월 1일 ~ 12월 31일) 사업연도 법인세 신고를 위한 세무조정 및 소득처분을 다음 답안 양식에 제시하시오.

회사명	익금산입 · 손금불산입			손금산입 · 익금불산입		
	과목	금액	소득처분	과목	금액	소득처분
㈜금성						
㈜화성						

---| 해답 |--

회사명	익금산입 · 손금불산입			손금산입 · 익금불산입		
	과목	금액	소득처분	과목	금액	소득처분
㈜금성	부당행위계산부인	630,000,000	기타사외유출			
㈜화성	유가증권	630,000,000	유보			

1. 합병 후 주가

$$\frac{20{,}000 \times 300{,}000주 + 10{,}000 \times 300{,}000주}{300{,}000주 + 300{,}000주} = 15{,}000$$

2. 현저한 이익

$15{,}000 - 10{,}000 \times 1주 \geqq 15{,}000 \times 30\%$

3. 분여이익의 계산(금성)

$(20{,}000 - 15{,}000) \times 180{,}000 = 900{,}000{,}000$

주식이동이 없는 주주의 손해 또는 이익을 가장 먼저 계산한다.

4. 분여이익의 안분

이익을 분여한 주주		이익을 분여받은 주주	
주주	이익분여액	㈜화성(70%)	을(30%)
㈜금성	900,000,000	630,000,000	270,000,000
갑	600,000,000	420,000,000	180,000,000
합계	1,500,000,000	1,050,000,000	450,000,000

비상장 영리 내국법인인 ㈜갑은 특수관계인인 비상장 영리 내국법인 ㈜을을 흡수합병하고 2024년 6월 5일 합병등기를 하였다. 아래의 자료를 이용하여 물음에 답하시오.

1. 합병 직전 ㈜갑의 주식 1주당 평가액은 500,000원(액면가액 100,000원)이며, ㈜을의 주식 1주당 평가액은 100,000원(액면가액 50,000원)이다.

2. 합병 직전 ㈜갑과 ㈜을의 주주 구성은 다음과 같다.

회사	주주	주식 수	지분비율
㈜갑	A	1,400주	70%
	B	600주	30%
	합계	2,000주	100%
㈜을	X	1,125주	75%
	Y	363주	24.2%
	Z	12주	0.8%
	합계	1,500주	100%

3. ㈜갑은 ㈜을의 주주들에게 ㈜을의 주식 3주당 ㈜갑의 신주 1주를 교부하였다.

4. ㈜갑의 주주 B와 ㈜을의 주주 Y는 특수관계인이며, 그 이외에는 서로 특수관계인에 해당하는 주주가 없다.

[물음 1] ㈜갑의 주주 A, B와 ㈜을의 주주 X, Y, Z가 모두 개인인 경우 각각의 과세문제(구체적인 금액 포함)를 답안 양식에 따라 제시하시오. 만일 과세문제가 없다면 "없음"이라고 적고 그 이유를 기술하시오.

구분	세무처리 내용
A	
B	
X	
Y	
Z	

[물음 2] ㈜갑의 주주 A, B와 ㈜을의 주주 X, Y, Z가 모두 영리 내국법인인 경우 각각의 과세문제 (구체적인 금액 포함)를 답안 양식에 따라 제시하시오. 만일 과세문제가 없다면 "없음"이라고 적고 그 이유를 기술하시오.

구분	세무처리 내용
A	
B	
X	
Y	
Z	

─┤ **해답** ├─

[물음 1]

구분	세무처리 내용
A	없음(이익을 분여한 자로서 개인)
B	없음(이익을 분여한 자로서 개인)
X	증여세 과세(증여재산가액은 60,000,000원)
Y	증여세 과세(증여재산가액은 19,360,000원)
Z	없음(대주주 아니므로 증여세 과세되지 않음)

1. 합병 후 주가

$$\frac{500{,}000 \times 2{,}000주 + 100{,}000 \times 1{,}500주}{2{,}000주 + 500주} = 460{,}000$$

2. 현저한 이익

$(460{,}000 - 100{,}000 \times 3) \geqq 460{,}000 \times 30\%$

3. 분여이익의 계산(A)

$(500{,}000 - 460{,}000) \times 1{,}400 = 56{,}000{,}000$

4. 분여이익의 안분

이익을 분여한 주주		이익을 분여받은 주주	
주주	이익분여액	X(75%)	Y(24.2%)
A	56,000,000	42,000,000	13,552,000
B	24,000,000	18,000,000	5,808,000
합계	80,000,000	60,000,000	19,360,000

① 이익을 분여한 자가 개인인 경우에는 과세문제가 발생하지 아니한다.

② 이익을 분여받은 자가 개인인 경우에는 특수관계인으로부터 분여받았는지 여부에 관계없이 증여세를 부과한다. 단, 이익을 분여받은 자는 대주주(1% 또는 3억원 이상)일 것을 요한다. 따라서 주주 Z는 제외한다.

[물음 2]

구분	세무처리 내용
A	없음(특수관계인에게 분여한 이익은 없음)
B	부당행위계산부인을 적용하여 5,808,000원을 익금에 산입한다.
X	없음(특수관계인으로부터 분여받은 이익은 없음)
Y	특수관계인으로부터 분여받은 이익 5,808,000원을 익금에 산입한다.
Z	없음(특수관계인으로부터 분여받은 이익은 없음)

분여이익의 안분

이익을 분여한 주주		이익을 분여받은 주주	
주주	이익분여액	X(75%)	Y(24.2%)
A	56,000,000	42,000,000	13,552,000
B	24,000,000	18,000,000	5,808,000
합계	80,000,000	60,000,000	19,360,000

① 이익을 분여한 자가 법인인 경우에는 부당행위계산부인을 적용할 수 있다. 단, 이익을 분여받은 자와 특수관계에 있어야 한다.

② 이익을 분여받은 자가 법인인 경우에는 순자산 증가로 보아 익금에 산입한다.

참고

본 문제는 세무회계연습 1「상속세 및 증여세법」편에도 수록되어 있음 다음은 ㈜한국의 유상증자와 관련된 자료이다. 이 자료를 기초로 하여 물음에 답하시오.

1. ㈜한국은 유상증자를 위하여 100,000주의 주식을 1주당 20,000원에 발행하였다.

2. 유상증자 전 ㈜한국 주식의 1주당 평가가액은 40,000원이다.

3. 유상증자 전 ㈜한국의 주주별 지분비율은 다음과 같다.

주주	주식 수	지분비율
㈜태평양	50,000주	50%
㈜대서양	10,000주	10%
(재단법인)한강	10,000주	10%
'갑'(거주자)	20,000주	20%
'을'(거주자)	10,000주	10%
합계	100,000주	100%

4. ㈜태평양은 신주인수를 포기하였으며, 당해 실권주는 다른 주주들에게 각자의 지분비율에 비례하여 재배정되었다.

5. ㈜태평양 및 ㈜대서양은 주권상장법인 또는 코스닥상장법인에 해당하지 않는다.

6. ㈜태평양, ㈜대서양 및 '갑'(거주자)은 「법인세법」상 특수관계인에 해당한다.

[물음] ㈜태평양과 ㈜대서양의 위 유상증자에 관한 세무조정 및 소득처분을 다음 답안 양식에 제시하시오.

회사명	익금산입·손금불산입			손금산입·익금불산입		
	과목	금액	소득처분	과목	금액	소득처분
㈜태평양						
㈜대서양						

회사명	익금산입·손금불산입			손금산입·익금불산입		
	과목	금액	소득처분	과목	금액	소득처분
㈜태평양	부당행위계산부인	300,000,000	기타사외유출			
㈜대서양	유가증권	100,000,000	유보			

1. 증자 후 주가

$$\frac{100,000주 \times 40,000 + 100,000주 \times 20,000}{100,000주 + 100,000주} = 30,000$$

2. 현저한 이익

실권주를 재배정한 경우에는 현저한 이익 여부를 불문하고 과세한다.

3. 분여이익의 계산(㈜태평양)

$(40,000 - 30,000) \times 50,000주 = 500,000,000$

증자 후 지분의 변동이 없는 주주의 이익 또는 손실을 가장 먼저 계산한다.

4. 분여이익의 안분

이익을 분여한 주주		이익을 분여받은 주주			
주주	이익분여액	㈜대서양	(재단법인)한강	갑(거주자)	을(거주자)
㈜태평양	100%	20%	20%	40%	20%
	500,000,000	100,000,000	100,000,000	200,000,000	100,000,000

재단법인(한강)과 거주자 갑, 을에게는 모두 증여세가 과세된다. 저가발행 시 실권주를 인수한 경우에는 특수관계 여부에 관계없이 증여세가 과세된다. 익금에 산입한 금액으로서 귀속자(이익을 분여받은 자)에게 「상속세 및 증여세법」에 의하여 증여세가 과세되는 금액은 기타사외유출로 처분한다. 귀속자가 내국법인인 경우에도 기타사외유출로 처분한다.

| 문제 18 | 불균등증자 – 실권주 재배정 (2) |

다음은 ㈜한강의 제24기(2024. 1. 1. ~ 2024. 12. 31.) 사업연도 중 실시한 유상증자 관련 자료이다. 다음 자료를 이용하여 아래의 물음에 답하시오.

1. 증자 전 ㈜한강의 주주 및 주식 현황은 다음과 같다.

주주명	보유 주식 수	지분율
A법인	4,000주	40%
B법인	1,000주	10%
C법인	3,000주	30%
D법인	2,000주	20%
합계	10,000주	100%
1주당 액면가액	5,000원	
1주당 평가가액	10,000원	

2. ㈜한강은 20,000주의 유상증자를 실시하였으며, 1주당 발행가액은 16,000원이다. C법인과 D법인은 유상증자에 참여하지 않았으며, 실권주를 A법인과 B법인에게 지분율에 따라 배정하였다.

3. A법인은 B법인과 D법인의 주식을 각각 1%와 1.5%씩 보유하고 있고, C법인은 B법인과 D법인의 주식을 각각 0.5%와 1%씩 보유하고 있다.

[물음] 위 유상증자에 관한 세무조정 및 소득처분을 다음 답안 양식에 제시하시오. 단, 해당사항이 없는 법인은 기재하지 않아도 된다.

회사명	익금산입 · 손금불산입			손금산입 · 익금불산입		
	과목	금액	소득처분	과목	금액	소득처분
A법인						
B법인						
C법인						
D법인						

— | 해답 |

회사명	익금산입·손금불산입			손금산입·익금불산입		
	과목	금액	소득처분	과목	금액	소득처분
A법인	부당행위계산부인	6,400,000	기타사외유출	유가증권	6,400,000	유보
D법인	유가증권	6,400,000	유보			

1. 증자 후 주가

$$\frac{10,000 \times 10,000주 + 16,000 \times 20,000주}{10,000주 + 20,000주} = 14,000$$

2. 현저한 이익

실권주를 재배정한 경우에는 현저한 이익 여부를 불문하고 과세한다.

3. 분여이익의 계산(C법인)

$(14,000 - 10,000) \times 3,000주 = 12,000,000$

증자 후 지분의 변동이 없는 주주의 이익 또는 손실을 가장 먼저 계산한다.

4. 특수관계인 파악

주주	B법인	D법인
A법인	특수관계 O(1% 이상)	특수관계 O(1% 이상)
C법인	특수관계 ×(1% 미달)	특수관계 O(1% 이상)

5. 분여이익의 계산

이익을 분여한 주주		이익을 분여받은 주주	
주주	이익분여액	C법인	D법인
A법인(80%)	16,000,000	9,600,000	6,400,000
B법인(20%)	4,000,000	2,400,000	1,600,000
합계	20,000,000	12,000,000	8,000,000

6. 고가매입

고가매입으로 인한 부당행위계산부인 규정이 적용되므로 자산을 손금산입(△유보 처분)함과 동시에 부당행위계산부인 규정을 적용한다. 사안에서 A법인과 B법인은 주식을 고가로 매입하면서 이익을 분여하므로 이에 해당한다.

478 회계사·세무사·경영지도사 단번에 합격! 해커스 경영아카데미 cpa.Hackers.com

다음은 ㈜한강의 제24기(2024. 1. 1. ~ 2024. 12. 31.) 사업연도 중 실시한 유상증자 관련 자료이다. 아래의 물음에 답하시오.

1. 증자 전 ㈜한강의 주주 및 주식 현황은 다음과 같다.

주주명	증자 전 주식 수	증자 주식 수	증자 후 주식 수
A법인	4,000주	15,000주	19,000주
B법인	1,000주	5,000주	6,000주
C법인	3,000주		3,000주
D법인	2,000주		2,000주
합계	10,000주	20,000주	30,000주
1주당 액면가액	5,000원		
1주당 평가가액	10,000원		

2. ㈜한강은 20,000주의 유상증자를 실시하고자 하였으나, C법인과 D법인은 유상증자에 참여하지 않아 10,000주의 실권주가 발생하였다. 실권주는 A법인과 B법인에 불균등하게 재배정하였으며 주당 발행가액은 4,000원이다.

3. A법인과 C법인은 특수관계법인에 해당한다.

[물음] 위 유상증자에 관한 세무조정 및 소득처분을 다음 답안 양식에 제시하시오. 단, 해당사항이 없는 법인은 기재하지 않아도 된다.

회사명	익금산입·손금불산입			손금산입·익금불산입		
	과목	금액	소득처분	과목	금액	소득처분
A법인						
B법인						
C법인						
D법인						

⊣ 해답 ⊢

회사명	익금산입 · 손금불산입			손금산입 · 익금불산입		
	과목	금액	소득처분	과목	금액	소득처분
A법인	유가증권	8,400,000	유보			
C법인	부당행위계산부인	8,400,000	기타사외유출			

1. 증자 후 주가

$$\frac{10,000 \times 10,000주 + 4,000 \times 20,000주}{10,000주 + 20,000주} = 6,000$$

2. 현저한 이익

    실권주를 재배정한 경우에는 현저한 이익 여부를 불문하고 과세한다.

3. 분여이익의 계산(C법인)

    $(10,000 - 6,000) \times 3,000주 = 12,000,000$

    증자 후 지분의 변동이 없는 주주의 이익 또는 손실을 가장 먼저 계산한다.

4. 각 법인별 재배정받은 주식 수

    ① A법인이 재배정받은 주식 수: 15,000주 − 20,000주 × 40% = 7,000주(70%)

    ② B법인이 재배정받은 주식 수: 5,000주 − 20,000주 × 10% = 3,000주(30%)

5. 분여이익의 계산

이익을 분여한 주주		이익을 분여받은 주주	
주주	이익분여액	A법인(70%)	B법인(30%)
C법인	12,000,000	8,400,000	3,600,000
D법인	8,000,000	5,600,000	2,400,000
합계	20,000,000	14,000,000	6,000,000

실권주가 재배정된 경우 특정 주주 간에 분여된 이익은 다음과 같이 계산한다.

$$1주당 \ 평가차액 \times 실권주주의 \ 실권 \ 주식 \ 수 \times \frac{재배정받은 \ 주식 \ 수}{증자법인의 \ 실권주 \ 총수}$$

A법인이 증자한 주식수(15,000주)와 B법인이 증자한 주식수(5,000주)의 비율로 이익을 분여하는 것이 아니다. A법인과 B법인이 당초 배정받은 주식수를 초과하는 주식수의 비율대로 안분하여야 한다. A법인은 7,000주(15,000주 − 20,000주 × 40%), B법인은 3,000주(5,000주 − 20,000주 × 10%)를 각각 초과배정받았다.

다음은 ㈜한강의 제24기(2024. 1. 1. ~ 2024. 12. 31.) 사업연도 중 실시한 유상증자 관련 자료이다. 아래의 물음에 답하시오.

1. 증자 전 ㈜한강의 주주 및 주식 현황은 다음과 같다.

주주명	보유 주식 수	지분율
A법인	4,000주	40%
B법인	1,000주	10%
C법인	3,000주	30%
D법인	2,000주	20%
합계	10,000주	100%
1주당 액면가액	5,000원	
1주당 평가가액	10,000원	

2. ㈜한강은 20,000주의 유상증자를 실시하고자 하였으나, A법인과 B법인이 참여하지 않아 10,000주의 실권주가 발생하였다. 실권주는 재배정하지 않았으며, 1주당 발행가액은 4,000원이다.

3. A법인과 C법인은 특수관계인에 해당한다.

[물음] 위 유상증자에 관한 세무조정 및 소득처분을 다음 답안 양식에 제시하시오. 단, 해당사항이 없는 법인은 기재하지 않아도 된다.

회사명	익금산입·손금불산입			손금산입·익금불산입		
	과목	금액	소득처분	과목	금액	소득처분
A법인						
B법인						
C법인						
D법인						

회사명	익금산입·손금불산입			손금산입·익금불산입		
	과목	금액	소득처분	과목	금액	소득처분
A법인	부당행위계산부인	7,200,000	기타사외유출			
C법인	유가증권	7,200,000	유보			

1. 증자 후 주가

$$\frac{10,000 \times 10,000주 + 4,000 \times 10,000주}{10,000주 + 10,000주} = 7,000$$

2. 현저한 이익

(1) 균등증자 시 1주당 평가액

$$\frac{10,000 \times 10,000주 + 4,000 \times 20,000주}{10,000주 + 20,000주} = 6,000$$

(2) 현저한 이익

$(6,000 - 4,000) \geq 6,000 \times 30\%$

균등증자를 가정할 경우 1주당 가격에서 1주당 인수가액의 차액이 1주당 가격의 30% 이상인 경우에는, 실권주를 인수하지 않더라도 부당행위계산부인 규정을 적용한다.

3. 분여이익의 계산(A법인)

$(10,000 - 7,000) \times 4,000주 = 12,000,000$

증자 후 지분의 변동이 없는 주주의 이익 또는 손실을 가장 먼저 계산한다.

4. 분여이익의 안분

이익을 분여한 주주		이익을 분여받은 주주	
주주	이익분여액	C법인(60%)	D법인(40%)
A법인	12,000,000	7,200,000	4,800,000
B법인	3,000,000	1,800,000	1,200,000
합계	15,000,000	9,000,000	6,000,000

문제 21 　불균등증자 – 실권 (2)

다음은 ㈜한강의 제24기(2024. 1. 1. ~ 2024. 12. 31.) 사업연도 중 실시한 유상증자 관련 자료이다. 아래의 물음에 답하시오.

1. 증자 전 ㈜한강의 주주 및 주식 현황은 다음과 같다.

주주명	증자 전 주식 수	증자 주식 수	증자 후 주식 수
A법인	4,000주	8,000주	12,000주
B법인	1,000주	2,000주	3,000주
C법인	3,000주		3,000주
D법인	2,000주		2,000주
합계	10,000주	10,000주	20,000주
1주당 액면가액	5,000원		
1주당 평가가액	10,000원		

2. ㈜한강은 20,000주의 유상증자를 실시하고자 하였으나, C법인과 D법인은 유상증자에 참여하지 않아 10,000주의 실권주가 발생하였다. 실권주는 재배정하지 아니하였으며, 1주당 발행가액은 20,000원이다.

3. B법인과 C법인은 특수관계법인에 해당한다.

[물음] 위 유상증자에 관한 세무조정 및 소득처분을 다음 답안 양식에 제시하시오. 단, 해당사항이 없는 법인은 기재하지 않아도 된다.

회사명	익금산입·손금불산입			손금산입·익금불산입		
	과목	금액	소득처분	과목	금액	소득처분
A법인						
B법인						
C법인						
D법인						

회사명	익금산입·손금불산입			손금산입·익금불산입		
	과목	금액	처분	과목	금액	처분
B법인	부당행위계산부인	3,000,000	기타사외유출	유가증권	3,000,000	유보
C법인	유가증권	3,000,000	유보			

1. 증자 후 주가

$$\frac{10,000 \times 10,000주 + 20,000 \times 10,000주}{10,000주 + 10,000주} = 15,000$$

2. 현저한 이익

$(20,000 - 15,000) \geq 15,000 \times 30\%$

3. 분여이익의 계산(C법인)

$(15,000 - 10,000) \times 3,000주 = 15,000,000$

주식 수의 변동이 없는 법인의 이익 또는 손해를 계산한다.

4. 분여이익의 안분

이익을 분여한 주주		이익을 분여받은 주주	
주주	이익분여액	C법인(60%)	D법인(40%)
A법인(80%)	20,000,000	12,000,000	8,000,000
B법인(20%)	5,000,000	3,000,000	2,000,000
합계	25,000,000	15,000,000	10,000,000

5. 고가매입

고가매입으로 인한 부당행위계산부인 규정이 적용되므로 자산을 손금산입(△유보 처분)함과 동시에 부당행위계산부인 규정을 적용한다. 사안에서 B법인은 주식을 고가로 매입하면서 이익을 분여하므로 이에 해당한다.

다음은 ㈜민국(비상장 영리법인)의 유상증자와 관련된 자료이다. 아래 자료를 이용하여 물음에 답하시오.

1. ㈜민국은 유상증자를 위해 50,000주의 신주를 발행하기로 하였다. 증자 전 ㈜민국의 주주 현황은 다음과 같다.

주주	보유 주식 수	지분비율
A법인주주	80,000주	40%
B개인주주	40,000주	20%
C법인주주	60,000주	30%
D개인주주	20,000주	10%
합계	200,000주	100%

2. 주주 중 A법인주주와 B개인주주가 신주인수를 포기하였다.

3. A법인주주와 C법인주주는 비상장 영리법인이며, B개인주주와 D개인주주는 거주자이다.

4. A법인주주, C법인주주, D개인주주는 특수관계인에 해당한다.

5. ㈜민국의 유상증자 전 1주당 평가액은 20,000원이다.

[물음 1] 증자 시 발행되는 신주 1주당 인수가액이 35,000원이고 A법인주주와 B개인주주가 포기한 신주를 증자 전의 지분비율대로 다른 주주에게 추가 배정하는 경우에 개별주주의 세법상 처리를 다음 양식에 따라 제시하시오.

구분	익금산입 및 손금불산입			손금산입 및 익금불산입		
	과목	금액	소득처분	과목	금액	소득처분
A법인주주						
B개인주주						
C법인주주						
D개인주주						

[물음 2] 증자 시 발행되는 신주 1주당 인수가액이 36,500원이고 A법인주주와 B개인주주가 포기한 신주를 재배정하지 않는 경우에 개별주주의 세법상 처리를 [물음 1]의 양식에 따라 제시하시오.

[물음 1]

구분	익금산입 및 손금불산입			손금산입 및 익금불산입		
	과목	금액	소득처분	과목	금액	소득처분
A법인주주	유가증권	240,000,000	유보			
C법인주주	부당행위	180,000,000	기타사외유출	유가증권	180,000,000	유보

이익을 분여한 자가 개인(B)인 경우에는 과세할 것이 없으며, 이익을 분여받은 개인주주(D)는 증여세 과세 여부만 문제되므로 위 소득금액조정합계표에는 반영하지 아니한다.

1. 증자 후 주가

$$\frac{200,000주 \times 20,000 + 50,000주 \times 35,000}{250,000주} = 23,000$$

2. 현저한 이익

   실권주를 재배정하는 경우 현저한 이익 여부에 관계없이 부당행위계산부인 규정을 적용한다.

3. 분여이익의 계산(A법인)

   $(23,000 - 20,000) \times 80,000주 = 240,000,000$

   주식 수의 변동이 없는 법인의 이익 또는 손해를 계산한다.

4. 분여이익의 안분

이익을 분여한 자		이익을 분여받은 자	
주주	이익분여액	A법인	B개인
C법인(75%)	270,000,000	180,000,000	90,000,000
D개인(25%)	90,000,000	60,000,000	30,000,000
합계	360,000,000	240,000,000	120,000,000

[물음 2]

구분	익금산입 및 손금불산입			손금산입 및 익금불산입		
	과목	금액	소득처분	과목	금액	소득처분
A법인주주	유가증권	120,000,000	유보			
C법인주주	부당행위	90,000,000	기타사외유출	유가증권	90,000,000	유보

1. 증자 후 가액

$$\frac{200,000주 \times 20,000 + 20,000주 \times 36,500}{220,000주} = 21,500$$

2. 현저한 이익

$$(36,500 - 21,500) \geq 21,500 \times 30\%$$

3. 분여이익의 계산(A법인)

$$(21,500 - 20,000) \times 80,000주 = 120,000,000$$

주식 수의 변동이 없는 법인의 이익 또는 손해를 계산한다.

4. 분여이익의 안분

이익을 분여한 자		이익을 분여받은 자	
주주	이익분여액	A법인	B개인
C법인(75%)	135,000,000	90,000,000	45,000,000
D개인(25%)	45,000,000	30,000,000	15,000,000
합계	180,000,000	120,000,000	60,000,000

다음은 비상장기업인 ㈜해인의 유상감자에 대한 자료이다. 다음 자료를 이용하여 물음에 답하시오.

1. ㈜해인의 주식 1주당 액면가액은 10,000원이고, 감자 전 1주당 평가액은 5,000원이었다.

2. ㈜해인의 유상감자 내역

주주명	감자 전 주식 수	감자 주식 수	감자 후 주식 수
갑법인	500	250	250
을법인	200	–	200
병법인	200	100	100
정법인	100	50	50
합계	1,000	400	600

3. 갑법인과 을법인은 「법인세법」상 특수관계인에 해당되며, 그 외의 특수관계인은 없다.

[물음 1] ㈜해인이 감자대가로 1주당 2,000원을 지급한 경우 각각의 주주에 대한 세무조정 및 소득처분을 하시오. (단, 세무조정이 없는 주주의 경우 "세무조정 없음"으로 표시할 것)

[물음 2] ㈜해인이 감자대가로 1주당 7,000원을 지급한 경우 각각의 주주에 대한 세무조정 및 소득처분을 하시오. (단, 세무조정이 없는 주주의 경우 "세무조정 없음"으로 표시할 것)

[물음 3] ㈜해인이 감자대가로 1주당 6,000원을 지급한 경우 각각의 주주에 대한 세무조정 및 소득처분을 하시오. (단, 세무조정이 없는 주주의 경우 "세무조정 없음"으로 표시할 것)

─| 해답 |─

[물음 1]

1. 감자 후 주가

$$\frac{\text{감자 전 기업가치} - \text{유상감자 대가}}{\text{감자 후 주식 수}} = \frac{5,000 \times 1,000주 - 2,000 \times 400주}{1,000주 - 400주} = 7,000$$

2. 현저한 이익

$(5,000 - 2,000) \geq \underset{\underset{\text{감자 전 주가}}{\uparrow}}{5,000} \times 30\%$

3. 분여이익의 계산(을법인)

$(7,000 - 5,000) \times 200주 = 400,000$

주식 수의 변동이 없는 법인의 이익 또는 손해를 계산한다.

4. 분여이익 금액 계산

이익을 분여한 주주			이익을 분여받은 주주
주주	분여비율	이익분여액	을법인
갑법인	$\frac{250}{400} = 62.5\%$	250,000	250,000
병법인	$\frac{100}{400} = 25.0\%$	100,000	100,000
정법인	$\frac{50}{400} = 12.5\%$	50,000	50,000
합계	100%	400,000	400,000

감자 전 평가가액보다 낮은 금액으로 감자하므로 소멸되는 주식의 주주가 이익을 분여한 주주(손해를 본 주주)가 된다. 따라서 을법인은 이익을 분여받은 법인이 되고 갑법인, 병법인, 정법인은 이익을 분여한 법인이 된다.

5. 각 주주별 세무조정 및 소득처분

(1) 갑법인

[익금산입]	부당행위계산부인	250,000	기타사외유출

(2) 을법인

[익금산입]	유가증권	250,000	유보

(3) 병법인: 세무조정 없음

(4) 정법인: 세무조정 없음

[물음 2]

1. 감자 후 주가의 산정

$$\frac{5,000 \times 1,000주 - 7,000 \times 400주}{1,000주 - 400주} = 3,667$$

2. 현저한 이익

$(7,000 - 5,000) \geq 5,000 \times 30\%$

3. 분여이익의 계산(을법인)

$(5,000 - 3,667) \times 200주 = 266,667$

주식 수의 변동이 없는 법인의 이익 또는 손해를 계산한다.

4. 분여이익 금액 계산

이익을 분여한 주주		이익을 분여받은 주주		
주주	이익분여액	갑법인(62.5%)	병법인(25%)	정법인(12.5%)
을법인	266,667	166,667	66,667	33,333

감자 전 평가가액보다 큰 금액으로 감자하므로 감자되지 않은 주주가 이익을 분여한 주주(손해를 본 주주)가 된다. 갑법인, 병법인, 정법인은 이익을 분여받은 법인이 되고 을법인은 이익을 분여한 법인이 된다.

5. 각 주주별 과세문제

(1) 갑법인

[익금산입]	유가증권	166,667	유보

(2) 을법인

[익금산입]	부당행위계산부인	166,667	기타사외유출

(3) 병법인: 세무조정 없음

(4) 정법인: 세무조정 없음

[물음 3]

1. 현저한 이익

$(6,000 - 5,000) \leq 5,000 \times 30\%$ → 조건 충족하지 못함

현저한 이익이 없으므로 과세되는 주주는 없다.

2. 각 주주별 과세문제

(1) 갑법인: 세무조정 없음

(2) 을법인: 세무조정 없음

(3) 정법인: 세무조정 없음

(4) 병법인: 세무조정 없음

다음은 비상장 영리 내국법인 ㈜A의 제24기(2024. 1. 1. ~ 2024. 12. 31.)의 감자에 관한 자료이다. 다음 자료를 이용하여 물음에 답하시오.

제24기에 ㈜A는 주주 甲, 乙, 丁의 보유 주식을 감자 목적으로 다음과 같이 일부 소각하였다. 주주 甲, 乙, 丙, 丁 모두 영리 내국법인이며, 주주 甲과 丙은 「법인세법」상 특수관계에 있다. (그 외 특수관계는 없음) ㈜A의 1주당 액면가액은 ₩5,000이며, 감자 전 1주당 평가액은 ₩10,000이다.

주주	소각 전 주식수	주식소각	소각 후 주식수
甲	10,000주	4,000주	6,000주
乙	6,000주	2,000주	4,000주
丙	8,000주	–	8,000주
丁	6,000주	4,000주	2,000주
합계	30,000주	10,000주	20,000주

〈답안 양식〉

구분	세무상 처리에 대한 설명
주주 甲	
주주 乙	
주주 丙	
주주 丁	

구분	익금산입 및 손금불산입			손금산입 및 익금불산입		
	과목	금액	소득처분	과목	금액	소득처분
주주 甲						
주주 乙						
주주 丙						
주주 丁						

[물음 1] ㈜A가 감자대가로 1주당 ₩4,000을 지급한 경우, 계산과정을 제시하고 〈답안 양식〉을 이용하여 각 주주의 세무상 처리에 대한 설명과 세무조정 및 소득처분을 행하시오. (세무조정이 없는 경우 "세무조정 없음"으로 표시한다)

[물음 2] ㈜A가 감자대가로 1주당 ₩8,000을 지급한 경우, 계산과정을 제시하고 〈답안 양식〉을 이용하여 각 주주의 세무상 처리에 대한 설명과 세무조정 및 소득처분을 행하시오. (세무조정이 없는 경우 "세무조정 없음"으로 표시한다)

[물음 3] ㈜A가 감자대가로 1주당 ₩13,000을 지급한 경우, 계산과정을 제시하고 〈답안 양식〉을 이용하여 각 주주의 세무상 처리에 대한 설명과 세무조정 및 소득처분을 행하시오. (세무조정이 없는 경우 "세무조정 없음"으로 표시한다)

[물음 1]

구분	세무상 처리에 대한 설명
주주 甲	특수관계인 丙에게 이익을 부당하게 분여한 이익 9,600,000원을 익금산입하고 기타사외유출로 소득처분한다.
주주 乙	이익을 분여받은 주주 丙과 특수관계가 없으므로 부당행위계산부인 규정을 적용하지 아니한다.
주주 丙	자본거래로 인하여 특수관계인으로부터 분여받은 이익 9,600,000원을 익금산입하고 유보로 소득처분한다.
주주 丁	이익을 분여받은 주주 丙과 특수관계가 없으므로 부당행위계산부인 규정을 적용하지 아니한다.

구분	익금산입 및 손금불산입			손금산입 및 익금불산입		
	과목	금액	처분	과목	금액	처분
주주 甲	부당행위	9,600,000	기타사외유출			
주주 乙	세무조정 없음					
주주 丙	유가증권	9,600,000	유보			
주주 丁	세무조정 없음					

1. 현저한 이익

    $(10,000 - 4,000) \geq 10,000 \times 30\%$

    └→ 감자 전 주가

2. 감자 후 주가

$$\frac{감자\ 전\ 기업가치 - 유상감자\ 대가}{감자\ 후\ 주식\ 수} = \frac{10,000 \times 30,000주 - 4,000 \times 10,000주}{30,000주 - 10,000주} = 13,000$$

3. 분여이익의 계산(丙법인)

    $(13,000원 - 10,000원) \times 8,000주 = 24,000,000$

    주식 수의 변동이 없는 법인의 이익 또는 손해를 계산한다.

4. 분여이익의 안분

이익을 분여한 주주		이익을 분여받은 주주
주주	분여비율	丙
甲	$\dfrac{4,000}{10,000} = 40\%$	9,600,000
乙	$\dfrac{2,000}{10,000} = 20\%$	4,800,000
丁	$\dfrac{4,000}{10,000} = 40\%$	9,600,000
합계	100%	24,000,000

[물음 2]

구분	세무상 처리에 대한 설명
주주 甲	현저한 이익 이상을 분여하지 않았으므로 부당행위계산부인 규정을 적용하지 아니한다.
주주 乙	이익을 분여한 법인 丙과 특수관계가 없으므로 부당행위계산부인 규정을 적용하지 아니한다.
주주 丙	부당행위계산부인 규정을 적용받지 않으므로 자본거래로 인해 분여받은 이익을 과세하지 아니한다.
주주 丁	이익을 분여한 법인 丙과 특수관계가 없으므로 부당행위계산부인 규정을 적용하지 아니한다.

구분	익금산입 및 손금불산입			손금산입 및 익금불산입		
	과목	금액	처분	과목	금액	처분
주주 甲	세무조정 없음					
주주 乙	세무조정 없음					
주주 丙	세무조정 없음					
주주 丁	세무조정 없음					

1. 현저한 이익
   (10,000 - 8,000) 〈 10,000 × 30%
   ↳ 감자 전 주가

2. 부당행위계산부인 적용 여부
   감자 전 주가와 감자대가의 차이가 감자 전 주가의 30%에 미달하므로 부당행위계산부인 규정을 적용하지 아니한다.

[물음 3]

구분	세무상 처리에 대한 설명
주주 甲	자본거래로 인하여 특수관계인으로부터 분여받은 이익 4,800,000원을 익금산입하고 유보로 소득처분한다.
주주 乙	이익을 분여한 주주 丙과 특수관계가 없으므로 부당행위계산부인을 적용하지 아니한다.
주주 丙	특수관계인 甲에게 이익을 부당하게 분여한 이익 4,800,000원을 익금산입하고 기타사외유출로 소득처분한다.
주주 丁	이익을 분여한 주주 丙과 특수관계가 없으므로 부당행위계산부인을 적용하지 아니한다.

구분	익금산입 및 손금불산입			손금산입 및 익금불산입		
	과목	금액	처분	과목	금액	처분
주주 甲	유가증권	4,800,000	유보			
주주 乙	세무조정 없음					
주주 丙	부당행위	4,800,000	기타사외유출			
주주 丁	세무조정 없음					

1. 현저한 이익

    $(13,000 - 10,000) \geq 10,000 \times 30\%$

    └→ 감자 전 주가

2. 감자 후 주가

$$\frac{\text{감자 전 기업가치} - \text{유상감자 대가}}{\text{감자 후 주식 수}} = \frac{10,000 \times 30,000주 - 13,000 \times 10,000주}{30,000주 - 10,000주} = 8,500$$

3. 분여이익의 계산(丙법인)

    $(10,000원 - 8,500원) \times 8,000주 = 12,000,000$

    주식 수의 변동이 없는 법인의 이익 또는 손해를 계산한다.

4. 분여이익의 안분

이익을 분여한 주주		이익을 분여받은 주주		
주주	이익분여액	甲(40%)	乙(20%)	丁(40%)
丙	12,000,000	4,800,000	2,400,000	4,800,000

제조업을 영위하는 비상장내국법인 ㈜대한은 2024년 3월 15일에 유상감자를 실시하였다. 유상감자 관련 자료는 다음과 같다.

1. ㈜대한의 1주당 액면가액은 10,000원, 감자 전 1주당 평가액은 6,000원이다.

2. ㈜대한은 감자대가로 1주당 4,000원을 지급하였으며, 유상감자 내역은 다음과 같다.

주주	감자 전 주식수	감자 주식수	감자 후 주식수
A법인	40,000주	10,000주	30,000주
B법인	30,000주	9,000주	21,000주
C법인	20,000주	–	20,000주
D법인	10,000주	1,000주	9,000주
합계	100,000주	20,000주	80,000주

3. A법인, C법인과 D법인은 「법인세법」상 특수관계인에 해당되며, 그 외의 특수관계인은 없다.

4. B법인이 ㈜대한의 주식을 취득한 내역은 다음과 같다.

취득일	주식수	비고
2023. 10. 10.	20,000주	1주당 7,600원에 유상 취득
2023. 11. 15.	4,000주	이익준비금 자본전입으로 무상주 취득
2023. 12. 28.	6,000주	보통주 주식발행초과금 자본전입으로 무상주 취득
합계	30,000주	

[물음 1] 유상감자로 인한 분여이익과 관련하여 각 주주가 해야 하는 세무조정 및 소득처분을 답안 양식에 따라 제시하시오. 단, 의제배당은 고려하지 아니하며, 세무조정이 없는 경우에는 "세무조정 없음"이라고 표시하시오.

A법인	
B법인	
C법인	
D법인	

[물음 2] 유상감자로 인한 B법인의 의제배당액을 계산하시오.

[물음 1]

A법인	[익금산입] 5,000,000(기타사외유출)
B법인	세무조정 없음
C법인	[익금산입] 5,500,000(유보)
D법인	[익금산입] 500,000(기타사외유출)

1. 현저한 이익

    $(6,000 - 4,000) \geq 6,000 \times 30\%$

    └→ 감자 전 주가

2. 감자 후 주가

    $$\frac{감자\ 전\ 기업가치 - 유상감자\ 대가}{감자\ 후\ 주식\ 수} = \frac{6,000 \times 100,000주 - 4,000 \times 20,000주}{100,000주 - 20,000주} = 6,500$$

3. 분여이익의 계산(C법인)

    $(6,500원 - 6,000원) \times 20,000주 = 10,000,000$

    주식 수의 변동이 없는 법인의 이익 또는 손해를 계산한다.

4. 분여이익의 안분

이익을 분여한 주주		이익을 분여받은 주주
주주	분여비율	C법인
A법인	$\frac{10,000}{20,000} = 50\%$	5,000,000
B법인	$\frac{9,000}{20,000} = 45\%$	4,500,000
D법인	$\frac{1,000}{20,000} = 5\%$	500,000
합계	100%	10,000,000

[물음 2] 의제배당

$$\frac{20,000주 \times 7,600 + 4,000주 \times 10,000}{24,000주}$$

구분	금액	비고
1. 감자대가	36,000,000	9,000주 × 4,000
2. 취득가액	24,000,000	① 6,000주 × 0 ② 3,000주 × 8,000
3. 의제배당	12,000,000	36,000,000 − 24,000,000

주식의 소각일로부터 과거 2년 이내에 의제배당으로 과세되지 않은 무상주를 취득한 경우에는 그 주식 등이 먼저 소각된 것으로 보며, 그 주식 등의 취득가액은 0으로 한다.

해커스 세무회계연습 2

제 **8** 장

과세표준과 세액계산 및 납세절차

Warm-up 문제

이월결손금

01 다음은 영리 내국법인 ㈜백두의 제24기 사업연도(2024. 1. 1. ~ 12. 31.) 세무조정 관련 자료이다. 세부담 최소화를 가정할 경우 제24기의 법인세 과세표준금액을 계산하시오. (단, ㈜백두는 「조세특례제한법」상 중소기업이 아니며 회생계획을 이행 중인 기업 등 대통령령으로 정하는 법인에 해당하지 않고 주어진 자료 이외에는 고려하지 않음) 【세무사 20】

(1) 세무조정 내역*

손익계산서상 당기순이익	10,000,000원
익금산입·손금불산입	17,000,000원
손금산입·익금불산입	(-)12,000,000원
계	15,000,000원

* 매입채무에 대한 채무면제이익 10,000,000원이 영업외수익으로 당기순이익에 포함되어 있으며, 이와 관련된 세무조정은 포함되지 않음

(2) 과거 사업연도에 공제되지 않은 세무상 이월결손금 내역

제12기 사업연도(2012. 1. 1. ~ 2012. 12. 31.)	5,000,000원
제21기 사업연도(2021. 1. 1. ~ 2021. 12. 31.)	5,000,000원
제22기 사업연도(2022. 1. 1. ~ 2022. 12. 31.)	5,000,000원
계	15,000,000원

│ 해답 │

구분	금액	비고
1. 수정 전 각사업연도소득금액	15,000,000	
2. 익금불산입	(-)10,000,000	채무면제이익 이월결손금에 충당
3. 수정 후 각사업연도소득금액	5,000,000	
4. 이월결손금	(-)4,000,000	Min(5,000,000, 5,000,000 × 80%) = 4,000,000
5. 과세표준	1,000,000	15,000,000 − 10,000,000

결손금 소급공제

02 다음은 제조업을 영위하는 영리 내국법인 ㈜A(중소기업)의 제24기(2024. 1. 1. ~ 2024. 12. 31.) 각 사업연도 소득에 대한 법인세 환급과 관련된 자료이다. 법인세 환급 후 결손금 경정으로 징수되는 법인세액(이자 상당액은 고려하지 말 것)을 계산하시오. 【회계사 20 수정】

(1) 제23기(2023. 1. 1. ~ 2023. 12. 31.) 법인세 관련 내역

법인세 과세표준	산출세액	공제·감면세액	가산세액
350,000,000원	46,500,000원	27,500,000원	3,000,000원

(2) 당기에 결손금 200,000,000원이 발생하여 이 중 100,000,000원을 소급공제신청하고 이에 대한 법인세를 환급받았다.

(3) 법인세 환급 이후 제24기에 대한 법인세 과세표준과 세액의 경정으로 인해 당초의 결손금 200,000,000원이 50,000,000원으로 감소하였다.

(4) 제23기 사업연도까지 발생한 결손금은 없었다.

(5) 2023. 1. 1. 이후 개시되는 사업연도에 대해서는 다음의 세율을 적용한다.
   ① 과세표준 2억원 이하분: 9%
   ② 과세표준 2억원 초과분: 19%

─┤ **해답** ├─

1. 결손금 소급공제

구분	소급공제 전	소급공제 후	비고
(1) 과세표준	350,000,000	250,000,000	350,000,000 − 100,000,000
(2) 산출세액	46,500,000	27,500,000	
(3) 공제감면세액	(27,500,000)	(27,500,000)	감면세액은 유지
(4) 결정세액	19,000,000	0	환급세액 19,000,000

2. 환급취소

구분	경정 전	감소		경정 후
(1) 소급공제	100,000,000	(50,000,000)	[2순위]	50,000,000
(2) 이월결손금	100,000,000	(100,000,000)	[1순위]	
합계	200,000,000	(150,000,000)		50,000,000

3. 환급취소세액

$$19,000,000 \times \frac{50,000,000}{100,000,000} = 9,500,000$$

외국납부세액공제와 외국자회사 수입배당금 익금불산입

03 ㈜국세는 제시된 바와 같이 외국자회사들로부터 제24기 사업연도(2024. 1. 1. ~ 12. 31.)에 배당금을 수령하였다. ㈜국세가 외국자회사들로부터 수령한 수입배당금과 관련된 세무조정이 제24기 각사업연도소득금액에 미치는 순영향을 계산하시오.

(1) 외국자회사로부터 수령한 배당금 관련 자료

국가	외국자회사가 부담한 법인세액	자회사 소득금액	배당금 수령액
중국	20,000,000	100,000,000	40,000,000
미국	20,000,000	100,000,000	40,000,000

(2) ㈜국세는 중국 자회사로부터 받은 배당금은 「외국자회사 수입배당금액의 익금불산입」 규정을 적용하고, 미국 자회사로부터 받은 배당금은 「간접외국납부세액공제」 규정을 적용하기로 하며, 관련 요건은 모두 충족한 것으로 가정한다.

(3) ㈜국세가 받은 외국자회사 수입배당금과 관련하여 발생한 직접외국납부세액은 없다.

─┤ **해답** ├─

1. 외국자회사 수입배당금액의 익금불산입
   $40,000,000 \times 95\% = 38,000,000$

2. 간접외국납부세액 익금산입
   $20,000,000 \times 40,000,000 \div (100,000,000 - 20,000,000) = 10,000,000$

3. 각사업연도소득금액에 미치는 순영향
   $\triangle 38,000,000 + 10,000,000 = \triangle 28,000,000$

외국납부세액공제와 외국자회사 수입배당금 익금불산입 비교

04 다음은 영리 내국법인 ㈜A(중소기업)의 제24기 사업연도(2024. 1. 1. ~ 12. 31.)의 외국납부세액 관련 자료이다. ㈜A는 외국에서 사업을 영위하는 외국자회사 ㈜B의 의결권 있는 주식 100%를 보유하고 있다. 2022. 1. 1. ㈜B의 주식을 취득한 이후 지분율에는 변동이 없는 상태이다. ㈜A가 외국자회사 배당금에 대해 익금불산입 규정을 적용하는 경우와 외국납부세액공제제도를 적용하는 경우의 ㈜A와 ㈜B가 총부담한 세부담 차이를 계산하시오. (단, 주어진 자료 이외에는 고려하지 않음) 【세무사 22 변형】

> (1) ㈜B로부터 외국법인세 원천징수세액 240,000원 차감 후 배당금 4,560,000원을 수령하고 다음과 같이 회계처리하였다.
>
> | (차) 현금 | 4,560,000원 | (대) 배당금수익 | 4,800,000원 |
> |---|---|---|---|
> | 선급법인세 | 240,000원 | | |
>
> (2) ㈜B의 제24기 사업연도(2024. 1. 1. ~ 12. 31.) 소득금액은 5,000,000원이고, 이에 대한 외국법인세는 200,000원이다.
>
> (3) ㈜A의 국내원천소득은 100,000,000원이며, 세무상 이월결손금은 없다.
>
> (4) 중소기업의 법인세율은 과세표준 200,000,000원까지 9%이며, 과세표준 200,000,000원 초과 20,000,000,000원까지는 19%이다.

─┤ 해답 ├─

1. 수입배당금 익금불산입
   (1) 외국법인세(자회사 부담 법인세): 200,000
   (2) 외국원천세(직접 외국납부세액): 240,000
   (3) 국내법인세: $4,800,000 \times (1 - 95\%) \times 9\% = 21,600$
   (4) ㈜A[(2) + (3)]와 자회사[(1)]의 총부담세액: 461,600

2. 외국납부세액공제제도
   (1) 국외원천소득에 대해 추가로 납부한 국내법인세
   $5,000,000$(배당금수익 + 간접외국납부세액[*]) $\times 9\% -$ Min$(440,000, 5,000,000 \times 9\%) = 10,000$
   [*] $200,000 \times 4,800,000 \div (5,000,000 - 200,000) = 200,000$
   (2) ㈜A[1. (2) + 2. (1)]와 자회사[1. (1)]의 총부담세액: 450,000

3. 세부담 차이
   $461,600 - 450,000 = 11,600$

최저한세 (1)

05 다음은 제조업을 영위하는 영리 내국법인 ㈜A(중소기업임)의 제24기 사업연도 (2024. 1. 1. ~ 2024. 12. 31.)의 법인세 신고 관련 자료이다. ㈜A의 제24기 차감납부할 법인세액 또는 환급받을 법인세액을 계산하시오. 【회계사 17 수정】

(1) 각 사업연도의 소득금액: 50,000,000원

(2) 이월결손금의 내역

발생사업연도	발생액
제22기(2022. 1. 1. ~ 2022. 12. 31.)	40,000,000원

(3) 고용증대에 대한 세액공제액: 300,000원

(4) 외국납부세액공제액: 200,000원

(5) 중간예납세액: 600,000원

(6) 중소기업인 내국법인의 최저한세율: 7%

(7) 법인세부담 최소화를 가정하며, 주어진 자료 이외의 다른 사항은 고려하지 않는다.

─┤ **해답** ├─

구분	감면 후 세액	최저한세 계산	재계산
1. 각사업연도소득금액	50,000,000		50,000,000
2. 이월결손금	(−)40,000,000*		(−)40,000,000
3. 과세표준	10,000,000	10,000,000	10,000,000
× 세율	× 9%	× 7%	× 9%
4. 산출세액	900,000	700,000	900,000
5. 고용증대세액공제	(−)300,000		(−)200,000
6. 감면 후 세액	600,000		700,000
7. 외국납부세액공제			(−)200,000
8. 총부담세액			500,000
9. 기납부세액			(−)600,000
10. 차감납부(환급)할 세액			△100,000

* 이월결손금공제액: Min[40,000,000, 50,000,000 × 100%] = 40,000,000

최저한세 (2)

06 다음은 제조업을 영위하는 내국법인인 ㈜A(중소기업에 해당함)의 제24기 사업연도(2024. 1. 1. ~ 2024. 12. 31.)의 법인세 신고와 관련된 자료이다. 제24기 사업연도의 ㈜A의 총부담세액(산출세액에서 세액공제와 세액감면을 빼고 가산세액을 더한 금액)을 계산하시오. 【회계사 19】

(1) 각사업연도소득금액: 198,000,000원

(2) 위 금액에는 「조세특례제한법」상 손금산입항목 5,000,000원이 신고조정으로 손금에 포함되어 있다.

(3) 연구·인력개발비에 대한 세액공제: 2,000,000원

(4) 근로소득을 증대시킨 기업에 대한 세액공제(최저한세대상): 7,800,000원

(5) 외국납부세액공제: 1,000,000원

(6) 최저한세 적용 시 조세특례의 배제는 경정 시 배제순서를 따른다.

─┤ 해답 ├─

구분	감면 후 세액	최저한세 계산	재계산
1. 각사업연도소득금액	198,000,000		203,000,000
2. 과세표준	198,000,000	203,000,000	203,000,000
× 세율	× 9%	× 7%	× 9%, 19%
3. 산출세액	17,820,000	14,210,000	18,570,000
4. 근로소득증대 세액공제	(−)7,800,000		(−)4,360,000
5. 감면 후 세액	10,020,000		14,210,000
6. 연구·인력개발비 세액공제			(−)2,000,000
7. 외국납부세액공제			(−)1,000,000
8. 총부담세액			11,210,000

1. 감면 전 과세표준

198,000,000 + 5,000,000 = 203,000,000

2. 감면 배제해야 할 금액

적용 배제 순서	배제되는 세액	비고
(1) 손금산입	750,000	2,000,000 × 9% + 3,000,000 × 19%
(2) 세액공제	3,440,000	7,800,000 − 4,360,000(근로소득 증대 세액공제)
합계	4,190,000	14,210,000 − 10,020,000

07 제조업을 영위하는 ㈜태백(중소기업)은 2024. 1. 1. ~ 12. 31. 사업연도에 대한 법인세 과세표준 및 세액을 2025. 3. 30.에 신고·납부한 후, 과세관청에 의해 오류가 있음이 적발되어 2025. 9. 15.을 납부고지일로 하여 경정결정에 의해 추가납부할 세액을 고지받았다. 다음 자료에 의하여 2024 사업연도에 대한 법인세 경정으로 추가납부할 법인세액(가산세 포함)을 계산하시오. (단, 납부지연가산세 계산 시 1일 22/100,000를 적용하고 납부고지서상 납부기일에 적법하게 납부하였다)

1. 당초 신고한 법인세 과세표준 및 산출세액

   과세표준 250,000,000원   산출세액 27,500,000원   세액공제 4,500,000원

2. 당초신고 시 누락사항

   ① 거래를 조작하여 고의로 누락한 매출액 30,000,000원
   ② 위 ①과 연계하여 누락된 매출원가 20,000,000원
   ③ 기업업무추진비 한도초과액 7,000,000원
   ④ 가지급금 인정이자 과소신고액 3,000,000원
   ⑤ 과다세액공제액 3,500,000원(단, 과다세액공제액은 일반적인 과소신고에 해당한다)

─| 해답 |─────────────────────────────────

1. 과소신고금액 구분

구분	부정과소신고	일반과소신고
(1) 매출누락	30,000,000	
(2) 매출원가누락	(20,000,000)	
(3) 기업업무추진비 한도초과		7,000,000
(4) 인정이자		3,000,000
합계	10,000,000	10,000,000

2. 추가납부세액

구분	금액	비고
(1) 경정 후 납부세액	30,300,000	$(250,000,000 + 20,000,000) \times$ 세율 $- 1,000,000$
(2) 당초 납부세액	23,000,000	$27,500,000 - 4,500,000$
(3) 추가 납부세액	7,300,000	

3. 추가납부할 세액

구분	금액	비고
(1) 법인세액	7,300,000	
(2) 부정과소신고가산세	760,000	부정과소신고가산세: Max(①, ②) = 760,000 ① $10,000,000 \times 19\% \times 40\% = 760,000$ ② $30,000,000 \times \dfrac{14}{10,000} = 42,000$
(3) 일반과소신고가산세	540,000	일반과소신고가산세: $(10,000,000 \times 19\% + 3,500,000) \times 10\% = 540,000$
(4) 납부지연가산세	268,202	$7,300,000 \times 167$일$(4.\ 1. \sim 9.\ 14.) \times 0.022\%$
추가납부할 세액	8,868,202	

중간예납세액(직전 사업연도 기준)

08 다음은 ㈜한강의 중간예납 관련 자료이다. ㈜한강은 전기에 법인세를 납부하였다. ㈜한강이 제 24기 사업연도(2024. 1. 1. ~ 2024. 12. 31.)의 중간예납세액을 직전 사업연도의 산출세액 기준에 의한 방법으로 계산할 때 납부하여야 할 중간예납세액을 계산하시오.

[제23기 법인세 신고내역](단위: 원)

과세표준	300,000,000
산출세액	42,000,000 (토지 등 양도소득에 대한 법인세 5,000,000 포함)
감면세액	10,000,000
가산세	2,000,000
총부담세액	34,000,000
기납부세액	24,000,000 (중간예납세액 8,000,000, 원천징수세액 12,000,000, 수시부과세액 4,000,000)

─┤ 해답 ├─

구분	금액	비고
1. 직전 사업연도에 확정된 산출세액	39,000,000	42,000,000 − 5,000,000 + 2,000,000
2. 감면세액	(10,000,000)	
3. 기납부세액	(16,000,000)	중간예납세액은 포함하지 않음
4. 기준금액	13,000,000	
5. 중간예납세액	6,500,000	13,000,000 × 6/12

확정된 산출세액에 토지 등 양도소득에 대한 법인세는 제외하고 가산세는 포함한다.

09 제조업을 영위하는 ㈜한강(중소기업)이 제24기 사업연도(2024. 1. 1. ~ 12. 31.)의 중간예납세액을 해당 중간예납기간의 법인세액을 기준으로 납부한다고 할 때, 중간예납세액을 계산하시오.

1. 각사업연도소득금액(2024. 1. 1. ~ 2024. 6. 30.)	180,000,000원	
2. 이월결손금(제23기 발생분)	40,000,000원	
3. 세액공제액(최저한세 적용대상)	12,000,000원	
4. 원천징수세액(2024. 1. 1. ~ 2024. 6. 30.)	2,000,000원	

─│ **해답** │─

구분	감면 후 세액	최저한세 계산	재계산
1. 각사업연도소득금액	180,000,000	180,000,000	
2. 이월결손금	(−)40,000,000	(−)40,000,000	
3. 과세표준	140,000,000	140,000,000	140,000,000
× 세율	9%, 19%	7%	9%, 19%
4. 산출세액	16,600,000	9,800,000	16,600,000
5. 세액공제	(−)12,000,000		(−)6,800,000
6. 감면 후 세액	4,600,000		9,800,000
7. 기납부세액			(−)2,000,000
8. 중간예납세액			7,800,000

구분	금액	비고
각사업연도소득금액	180,000,000	
이월결손금	(−)40,000,000	
과세표준	140,000,000	
산출세액	16,600,000	$140,000,000 \times 12/6 \times 세율 \times 6/12$

문제 01 중소기업의 결손금 소급공제 (1)

다음은 제조업을 영위하는 중소기업인 ㈜한강의 법인세 관련 자료이다. 아래 자료를 이용하여 물음에 답하시오.

1. 제23기(2023. 1. 1. ~ 2023. 12. 31.)의 각 사업연도의 소득에 대한 법인세 과세표준은 250,000,000원, 산출세액은 27,500,000원, 공제·감면된 법인세액은 18,000,000원이었으며, 가산세 5,000,000원을 추가로 부담하였다.

2. 제24기(2024. 1. 1. ~ 2024. 12. 31.)에 발생한 결손금은 120,000,000원이다.

3. ㈜한강은 최대한 결손금 공제를 받고자 하며, 법인세 과세표준 신고기한 내에 제23기와 제24기의 각 사업연도 소득에 대한 법인세 과세표준 및 세액을 각각 신고하였다.

[물음] 다음 답안 양식에 따라 제24기에 환급받을 수 있는 법인세와 제25기로 이월되는 결손금을 계산하시오.

법인세 환급세액	제25기로 이월되는 결손금

—| 해답 |—

법인세 환급세액	제25기로 이월되는 결손금
9,500,000	70,000,000

1. 결손금 소급공제

구분	소급공제 전	소급공제 후	비고
과세표준	250,000,000	200,000,000	18,000,000 ÷ 9%
산출세액	27,500,000	18,000,000	감면세액과 동일
공제감면세액	(18,000,000)	(18,000,000)	감면세액은 유지
결정세액	9,500,000	0	환급세액 한도 9,500,000

① 가산세는 소급공제대상이 아니므로 고려하지 않는다.

② 소급공제되는 환급세액은 한도액에 해당하는 9,500,000원이다.

2. 소급공제와 이월공제

(1) 소급공제되는 결손금

250,000,000 − 200,000,000 = 50,000,000

(2) 이월되는 결손금

120,000,000 − 50,000,000 = 70,000,000

문제 02 중소기업의 결손금 소급공제 (2)

다음은 중소기업인 내국법인 ㈜A의 법인세 신고 자료이다. 아래 자료를 이용하여 물음에 답하시오.

1. 제23기(2023. 1. 1. ~ 2023. 12. 31.)의 각 사업연도의 소득에 대한 법인세 과세표준은 300,000,000원, 산출세액은 51,000,000원(토지 등 양도소득에 대한 법인세 14,000,000원 포함), 공제·감면된 법인세액은 13,000,000원이었다.

2. 제24기(2024. 1. 1. ~ 2024. 12. 31.)에 결손금 120,000,000원이 발생하여 이 중 100,000,000원을 소급공제 신청하고 이에 대한 법인세를 환급받았다. 이후 제24기에 대한 법인세의 과세표준과 세액이 경정됨으로써 당초의 결손금이 70,000,000원으로 감소하였다.

[물음] ㈜A의 제24기 환급받은 법인세와 제24기 결손금 감소로 인하여 환급이 취소되는 세액(이자상당액은 무시함)을 계산하시오.

환급받은 법인세	환급취소세액

─┤ 해답 ├─

환급받은 법인세	환급취소세액
19,000,000	5,700,000

1. 결손금 소급공제

구분	소급공제 전	소급공제 후	비고
과세표준	300,000,000	200,000,000	300,000,000 − 100,000,000
산출세액	37,000,000	18,000,000	감면세액과 동일
공제·감면세액	(13,000,000)	(13,000,000)	감면세액은 유지
결정세액	24,000,000	5,000,000	환급세액: 19,000,000

2. 환급취소

구분	경정 전	감소		경정 후
소급공제	100,000,000	(30,000,000)	[2순위]	70,000,000
이월결손금	20,000,000	(20,000,000)	[1순위]	
합계	120,000,000	(50,000,000)		70,000,000

3. 환급취소세액

$$19,000,000 \times \frac{30,000,000}{100,000,000} = 5,700,000$$

다음은 중소기업인 ㈜한강의 제23기(2023. 1. 1. ~ 2023. 12. 31.) 및 제24기 사업연도(2024. 1. 1. ~ 2024. 12. 31.)의 법인세 신고 및 결손금 자료이다. 아래 자료를 이용하여 물음에 답하시오.

1. 제조업을 영위하는 중소기업인 ㈜한강은 제24기 사업연도의 결손금 100,000,000원이 발생하였다.

2. 제23기 과세표준 및 법인세 신고 현황은 다음과 같다.

과세표준	280,000,000원
산출세액	33,200,000원
공제감면세액	△18,000,000원
가산세	2,000,000원

[물음 1] ㈜한강이 제24기에 발생한 결손금을 소급공제 신청한다고 할 때 최대한 공제받을 수 있는 결손금을 계산하시오.

[물음 2] 위 [물음 1]에 따라 ㈜한강이 결손금을 최대한 공제받았다고 가정한다. 결손금 소급공제 후 과세관청은 세무조사를 통하여 감가상각비 세무조정의 문제를 지적하고 제22기 사업연도에는 50,000,000원의 과세표준을 증가시키고 제23기 사업연도에는 과세표준 50,000,000원을 감소시켰다. 경정된 제23기 과세표준 및 법인세 내역은 다음과 같다.

과세표준	230,000,000원
산출세액	23,700,000원
공제감면세액	△14,580,000원
가산세	2,000,000원
총부담세액	11,120,000원

제23기 경정을 통한 결손금 소급공제액의 추징세액을 계산하시오. 단, 당초 환급세액의 통지일의 다음날부터 고지일까지의 기간은 400일이다.

─ | 해답 |

[물음 1]

1. 결손금 소급공제

구분	소급공제 전	소급공제 후	비고
과세표준	280,000,000	200,000,000	
산출세액	33,200,000	18,000,000	감면세액과 동일
공제감면세액	(18,000,000)	(18,000,000)	감면세액은 유지
결정세액	15,200,000	0	환급세액: 15,200,000

2. 최대한 소급공제받을 수 있는 결손금: 280,000,000 − 200,000,000 = 80,000,000

[물음 2]

1. 경정으로 인한 환급세액 재계산

구분	소급공제 전	소급공제 후	비고
과세표준	230,000,000	162,000,000	14,580,000 ÷ 9%
산출세액	23,700,000	14,580,000	감면세액과 동일
공제감면세액	(14,580,000)	(14,580,000)	감면세액은 유지
결정세액	9,120,000	0	환급세액: 9,120,000

경정으로 인해 과세표준이 변경되면서 감면세액도 함께 변경되는 경우도 있다.

2. 추징되는 세액

(1) 환급세액 추징: 15,200,000 − 9,120,000 = 6,080,000

(2) 가산세: 6,080,000 × 0.022% × 400일 = 535,040

(3) 추징되는 세액: 6,080,000 + 535,040 = 6,615,040

㈜감면은 제조업 및 서비스업을 영위하는 중소기업으로 당해 연도 법인세 신고 시 중소기업특별세액감면을 신청하고자 한다. 다음 자료를 이용하여 물음에 답하시오.

1. 손익 관련 자료
   ① 매출액: 5,000,000,000원(서비스업 매출액 1,000,000,000원 포함)
   ② 매출원가: 3,400,000,000원(서비스업 매출원가 600,000,000원 포함)
   ③ 판매비와 관리비: 900,000,000원
   ④ 영업외수익 및 특별이익: 150,000,000원(유가증권처분이익 10,000,000원, 유형자산처분이익 5,000,000원 포함)
   ⑤ 영업외비용 및 특별손실: 170,000,000원(유가증권처분손실 70,000,000원, 유형자산처분손실 30,000,000원 포함)

2. 세무조정 내역
   ① 퇴직급여충당금 부인액: 25,000,000원
   ② 기업업무추진비 부인액: 15,000,000원
   ③ 직원 대여금에 대한 인정이자 계상액: 3,000,000원

3. 중소기업 세액감면율은 30%이며, 서비스업은 감면대상 업종이 아니다.

[물음] ㈜감면의 2024 사업연도(2024. 1. 1. ~ 2024. 12. 31.)의 법인세 감면세액을 계산하시오.

1. 소득구분

구분	제조업(감면)	서비스업(비감면)	합계
1. 개별익금			
① 매출액	4,000,000,000(80%)	1,000,000,000(20%)	5,000,000,000
② 유가증권처분이익		10,000,000	10,000,000
③ 유형자산처분이익		5,000,000	5,000,000
④ 인정이자		3,000,000	3,000,000
2. 공통익금	108,000,000◀	27,000,000◀	135,000,000
3. 개별손금	80%	20%	
① 매출원가	(2,800,000,000)	(600,000,000)	(3,400,000,000)
② 유가증권처분손실		(70,000,000)	(70,000,000)
③ 유형자산처분손실		(30,000,000)	(30,000,000)
4. 공통손금	(744,000,000)◀	(186,000,000)◀	(930,000,000)
5. 과세표준	564,000,000	159,000,000	723,000,000

2. 안분기준

(1) 공통익금

① 공통익금 합계액

$\underline{150,000,000}$ − 15,000,000 = 135,000,000
　└→ 영업외수익

② 공통익금 안분

공통익금(기타영업외수익)은 매출액에 따라 안분한다.

− 제조업(감면): 135,000,000 × 80% = 108,000,000

− 서비스업(비감면): 135,000,000 × 20% = 27,000,000

(2) 개별손금비율

구분	금액	비고
제조업(감면)	2,800,000,000(80%)	
서비스업(비감면)	700,000,000(20%)	600,000,000 + 70,000,000 + 30,000,000
합계	3,500,000,000(100%)	

(3) 공통손금

① 공통손금 합계액

$\underline{(-)900,000,000}$ + $\underline{(-)170,000,000}$ − (-)100,000,000 + $\underline{25,000,000}$ + $\underline{15,000,000}$ = (-)930,000,000
　└→ 판매비와 관리비　└→ 영업외비용　　　　　　└→ 퇴충 부인액　└→ 기업업무추진비 부인액

② 공통손금 안분

공통손금은 개별손금액에 따라 안분한다.

− 제조업(감면): 930,000,000 × 80% = 744,000,000

− 서비스업(비감면): 930,000,000 × 20% = 186,000,000

3. 산출세액

$[(564,000,000 + 159,000,000) - 200,000,000] \times 19\% + 18,000,000 = 117,370,000$

4. 세액감면

$$117,370,000 \times \frac{564,000,000}{723,000,000} \times 30\% = 27,467,502$$

5. 공통익금·손금 구분 기준

수익·비용이 구분하여야 할 사업이나 소득 중 어느 원천에서 발생하였음이 분명한 경우에는 개별익금 또는 개별손금이라 하며, 그 발생원천이 불분명한 수익 또는 비용을 공통익금 또는 공통손금이라 한다. 공통익금과 공통손금의 구분은 다음에 따른다.

공통익금		수입금액(매출액)에 따라 비례
공통손금	업종이 동일한 경우	수입금액(매출액)에 따라 비례
	업종이 다른 경우	개별손금액에 비례

개별손금이라 함은 매출원가와 판매관리비 및 영업외비용 등 모든 개별손금의 합계액을 말한다. 이자수입(인정이자 포함), 유가증권처분손익, 유형·무형자산처분손익은 모두 비감면대상 소득으로 간주한다.

내국법인 ㈜승리(중소기업임)의 제24기 사업연도(2024년 1월 1일 ~ 2024년 12월 31일) 법인세 신고와 관련된 자료이다. 아래 자료를 이용하여 물음에 답하시오.

1. 국내원천 소득금액은 300,000,000원이다.

2. 국외원천 소득금액 및 외국납부 법인세 현황

구분	A국	B국	C국
소득금액	50,000,000원	40,000,000원	10,000,000원
외국납부세액	6,500,000원	3,000,000원	2,000,000원

(1) 외국납부세액은 소득금액을 계산할 때 손금불산입되었다.

(2) 제22기 사업연도에 한도초과로 공제되지 못한 B국의 외국납부세액은 500,000원이다.

(3) 제20기 사업연도에 발생한 이월결손금 50,000,000원이 있으며, 이월결손금이 발생한 국가는 불분명하다.

3. 법인세율

과세표준	세율
2억원 이하	과세표준의 100분의 9
2억원 초과 200억원 이하	1,800만원 + 2억원을 초과하는 금액의 100분의 19

[물음] ㈜승리의 제24기 외국납부세액공제액을 계산하시오.

1. 법인세 산출세액

$18,000,000 + (\underbrace{400,000,000}_{\text{국내 + 국외}} - \underbrace{50,000,000}_{\text{이월결손금}} - 200,000,000) \times 19\% - 46,500,000$

2. 국가별 외국납부세액공제액

(1) 국가별 과세표준

구분	국내	국외			합계
		A국	B국	C국	
1. 소득금액	300,000,000	50,000,000	40,000,000	10,000,000	400,000,000
	75%	12.5%	10%	2.5%	100%
2. 이월결손금	(37,500,000)	(6,250,000)	(5,000,000)	(1,250,000)	(50,000,000)
3. 과세표준	262,500,000	43,750,000	35,000,000	8,750,000	350,000,000
	75%	12.5%	10%	2.5%	100%

이월결손금이 발생한 국가가 불분명한 경우에는 국내외 소득금액비율로 안분한다.

(2) 외국납부세액공제액

국가	① 외국납부세액	② 한도	③ 외국납부세액공제액 Min(①, ②)
A국	6,500,000	46,500,000 × 12.5% = 5,812,500	5,812,500
B국	3,500,000	46,500,000 × 10% = 4,650,000	3,500,000
C국	2,000,000	46,500,000 × 2.5% = 1,162,500	1,162,500
		합계	10,475,000

이월공제액 500,000 포함

다음은 제조업을 영위하는 중소기업인 ㈜국세의 제24기 사업연도(2024. 1. 1. ~ 2024. 12. 31.) 법인세액 산출을 위한 자료이다. ㈜국세는 국내원천소득과 국외원천소득이 있으며, 국외원천소득은 A국과 B국에서 발생한 것이다. ㈜국세와 해외지점 및 해외자회사의 결산일은 동일하며, 자료 이외의 공제감면세액은 없는 것으로 가정한다. 다음 자료를 이용하여 물음에 답하시오.

1. 소득금액과 외국납부세액의 내역

(단위: 원)

구분	국내	A국	B국	합계
소득금액	400,000,000	200,000,000	100,000,000	700,000,000
직접외국납부세액	–	25,000,000	15,000,000	40,000,000
의제외국납부세액	–	–	5,000,000	5,000,000

2. A국과 B국의 직접외국납부세액은 위 소득금액 계산 시 손금불산입되었다.

3. A국 소득금액에는 ㈜국세가 의결권 있는 발행주식 중 지분율 30%에 해당하는 주식을 3년 전부터 보유하고 있는 해외자회사로부터 받은 배당금수익 30,000,000원(원천징수세액공제 전 금액이며, 원천징수세액 4,000,000원은 A국 직접외국납부세액에 포함되어 있음)이 포함되어 있으나, 간접외국납부세액은 포함되어 있지 않다. 해외자회사의 해당 사업연도 소득금액은 200,000,000원이며, 법인세는 50,000,000원이다.

4. B국의 의제외국납부세액은 B국에서 법인세를 감면받은 세액으로서 B국과의 조세조약에 따라 「법인세법」상 세액공제의 대상이 되는 것이나 위 소득금액 계산 시 손금산입되지 아니하였다.

5. 공제 가능한 이월결손금 5,000,000원이 있으며, 이는 A국에서 발생된 것이다.

6. 외국자회사 수입배당금의 익금불산입 규정은 적용되지 아니한다.

7. 법인세율은 과세표준 2억원 이하 9%, 2억원 초과 200억원 이하는 19%이다.

[물음] ㈜국세가 외국납부세액에 대한 처리방법으로서 외국납부세액공제를 적용할 경우 ㈜국세의 법인세 산출세액과 외국납부세액공제액을 계산하시오.

—| 해답 |—

1. 간접외국납부세액

$$50,000,000 \times \frac{30,000,000}{200,000,000 - 50,000,000} = 10,000,000$$

의결권 있는 발행주식총수의 10% 이상을 배당기준일 현재 6개월 이상 계속하여 보유한 경우에는 간접외국납부세액공제대상이다.

2. 간주(의제)외국납부세액

조세조약 상대국에서 감면받은 효과를 국내법인세 계산 시에도 그대로 유지하기 위해서 외국에서 감면받은 세액을 납부한 것으로 간주하는 제도를 간주외국납부세액이라고 한다. 의제외국납부세액(간주외국납부세액)은 소득금액에 별도로 가산하지는 않고, 외국납부세액공제만 적용한다.

3. 법인세 산출세액

구분	국내	A국	B국	합계
1. 세무조정 전 소득	400,000,000	200,000,000	100,000,000	700,000,000
2. 간접외국납부세액		10,000,000		10,000,000
3. 세무조정 후 소득	400,000,000	210,000,000	100,000,000	710,000,000
4. 이월결손금		(5,000,000)		(5,000,000)
5. 과세표준	400,000,000	205,000,000	100,000,000	705,000,000
6. 산출세액				113,950,000
7. 유효법인세율				16.16%

4. 외국납부세액공제액

구분	① 외국납부세액	② 한도	③ 외국납부세액공제액 Min(①, ②)
A국	35,000,000[1]	$113,950,000 \times \dfrac{205,000,000}{705,000,000} = 33,134,397$	33,134,397
B국	20,000,000[2]	$113,950,000 \times \dfrac{100,000,000}{705,000,000} = 16,163,121$	16,163,121
합계	55,000,000		49,297,518

[1] 25,000,000(직접) + 10,000,000(간접) = 35,000,000
[2] 15,000,000(직접) + 5,000,000(의제) = 20,000,000

문제 07 | 외국납부세액공제 (3) [유예]

㈜한강은 해외에서 제조업을 영위하는 자회사와 지점을 가지고 있다. 자회사의 주식은 3년 전에 일괄하여 취득한 것이다. 아래 자료를 이용하여 물음에 답하시오. 단, 외국자회사 수입배당금의 익금불산입 규정은 적용되지 아니한다.

1. 자회사와 지점 보유 현황 및 배당금 자료

(단위: 원)

국가	형태	법인세액	소득금액	배당금 수령액
중국	종속회사(50%*)	20,000,000	100,000,000	20,000,000
영국	피투자회사(4%*)	50,000,000	200,000,000	12,000,000
브라질	지점	−	20,000,000	−

   * ㈜한강의 주식 보유 지분율을 말함

2. 법인세액 및 소득금액은 외국자회사 또는 지점이 당해 연도 소재지국에서 납부한 법인세액 및 소득금액이다.

3. 브라질지점에서 본래 납부하여야 할 법인세액은 1,000,000원이나 브라질 관련 법률에 따라 전액 감면되었다. 한국과 브라질 사이에 체결된 조세조약에 따르면 감면된 세액은 납부한 세액으로 간주된다.

4. 배당금 수령액은 ㈜한강이 외국자회사로부터 당해 연도 확정되어 수령한 배당금액이다. 동 배당금액은 원천징수 후 금액이며 회사는 실제로 수령한 배당금만 배당금수익으로 회계처리하였다. 중국에서 수령한 배당금에 대해 원천징수된 세액은 없으나, 영국에서 발생한 배당금에 대해서는 3,000,000원 원천징수되었다.

5. ㈜한강의 국내소득에 대한 과세표준(외국납부세액에 대한 세무조정을 하기 전 금액을 말함)은 140,000,000원이다.

[물음] ㈜한강의 법인세 계산 시 공제받을 수 있는 외국납부세액공제액을 계산하시오.

—| 해답 |—————————————————————————————————————

1. 직접외국납부세액(영국)

회사의 회계처리		세법상 처리	
(차) 현금　　　　　12,000,000		(차) 현금　　　　　12,000,000	
(대) 배당금수익　　12,000,000		법인세비용　　　3,000,000	
		(대) 배당금수익　　15,000,000	

익금누락액은 익금산입하여야 하고, 손금 인정되지 않는 법인세비용을 누락하였으므로 추가로 조정할 것은 없다.

2. 간접외국납부세액(중국)

$$20,000,000 \times \frac{20,000,000}{100,000,000 - 20,000,000} = 5,000,000$$

내국법인이 직접 외국자회사의 의결권 있는 발행주식총수 또는 출자총액의 10% 이상을 외국자회사의 배당기준일 현재 6개월 이상 보유하고 있는 경우에는 간접외국납부세액공제 규정을 적용한다. 영국법인의 경우에는 지분율이 10%에 미달하므로 간접외국납부세액공제 규정을 적용할 수 없다.

3. 간주(의제)외국납부세액(브라질)
조세조약 상대국에서 감면받은 효과를 국내법인세 계산 시에도 그대로 유지하기 위해서 외국에서 감면받은 세액을 납부한 것으로 간주하는 제도를 간주외국납부세액이라고 한다. 의제외국납부세액(간주외국납부세액)은 소득금액에 별도로 가산하지는 않고, 외국납부세액공제만 적용한다.

4. 법인세 산출세액

구분	국내	중국	영국	브라질	합계
1. 세무조정 전 소득	140,000,000	20,000,000	12,000,000	20,000,000	192,000,000
2. 직접외국납부세액			3,000,000		3,000,000
3. 간접외국납부세액		5,000,000			5,000,000
4. 세무조정 후 소득	140,000,000	25,000,000	15,000,000	20,000,000	200,000,000
5. 산출세액					18,000,000
6. 외국납부세액공제		(2,250,000)	(1,350,000)	(1,000,000)	4,600,000

5. 외국납부세액공제액(별해)　　[20,000,000 + 5,000,000]

구분	① 외국납부세액	② 한도	③ 외국납부세액공제액 Min(①, ②)
중국	5,000,000	25,000,000 × 9%(유효법인세율) = 2,250,000	2,250,000
영국	3,000,000	15,000,000 × 9% = 1,350,000	1,350,000
브라질	1,000,000	20,000,000 × 9% = 1,800,000	1,000,000
합계	9,000,000		4,600,000

1. 사회적 기업인 A법인(중소기업에 해당함)의 제24기 차가감소득금액은 1억원이다. 제24기에 지출한 기부금 내역은 다음과 같으며, 제23기 특례기부금 한도초과액 10,000,000원이 있다. (세무상 공제 가능한 이월결손금 없음)

① 이재민구호금품(특례기부금): 20,000,000원

② 어음지급 일반기부금(어음만기일: 2025년 2월 10일): 5,000,000원

③ 사회복지법인 일반기부금(현금): 30,000,000원

2. 제조업을 영위하는 B법인은 2023년 6월 1일에 국고보조금 20,000,000원을 수령하고, 2023년 7월 1일에 기계장치를 50,000,000원에 취득하여 사업에 사용하기 시작하였다. 회사는 국고보조금을 기계장치에서 차감하는 형식으로 표시하고 있으며, 국고보조금을 감가상각비와 상계처리하고 있다.

① 회사는 기계장치에 대하여 정액법(「법인세법」상 신고한 상각방법)을 적용하여 5년(신고내용연수) 동안 상각하고 있다. (잔존가액 없음)

② 제23기에 세법 규정에 따라 일시상각충당금을 설정하였으며, 제23기와 제24기에 기계장치에 대한 상각부인액 또는 시인부족액은 없다.

3. 건설업을 영위하는 C법인은 2024년 7월 1일 특례기부금 해당 단체에 건물(취득가액: 200,000,000원, 감가상각누계액: 140,000,000원, 시가: 100,000,000원)을 기부하고 이후 20년간 사용수익하기로 하였다.

① 사용수익에 대한 회계처리는 다음과 같다.

(차) 사용수익기부자산	100,000,000	(대) 건물	200,000,000
감가상각누계액	140,000,000	유형자산처분이익	40,000,000

② 제24기 사용수익기부자산에 대한 결산서상 감가상각비 계상액은 2,500,000원이다.

4. 제조업을 영위하는 D법인은 2024년 4월 20일에 외국자회사(배당기준일 현재 1년간 의결권 있는 발행주식총수의 50%를 보유함)인 E법인으로부터 현금배당금 18,000,000원(E법인 소재지국 원천징수세액 2,000,000원을 제외한 금액임)을 수령하였다. 단, 외국자회사 수입배당금의 익금불산입 규정은 적용되지 아니한다.

① E법인의 각사업연도소득금액은 50,000,000원이며, 소재지국에서 납부한 법인세액은 10,000,000원이다.

② 현금배당에 대한 원천징수세액은 세금과공과(비용)로 회계처리하였으며, 회사는 외국납부세액공제를 적용하고자 한다.

[물음] 각 법인의 제24기 세무조정 및 소득처분을 다음의 답안 양식에 따라 제시하시오. 단, 세부담 최소화를 가정한다. 단, 기부금 한도초과액도 아래 답안 양식에 기재한다.

구분	익금산입 및 손금불산입			손금산입 및 익금불산입		
	과목	금액	소득처분	과목	금액	소득처분
A법인						
B법인						
C법인						
D법인						

구분	익금산입 및 손금불산입			손금산입 및 익금불산입		
	과목	금액	소득처분	과목	금액	소득처분
A법인	미지급기부금	5,000,000	유보	특례기부금(전기)	10,000,000	기타
	일반기부금	6,000,000	기타사외유출			
B법인	일시상각충당금	4,000,000	유보	국고보조금	4,000,000	유보
C법인	사용수익기부자산	1,000,000	유보	사용수익기부자산	40,000,000	유보
D법인	외국납부세액(직접)	2,000,000	기타사외유출			
	외국납부세액(간접)	5,000,000	기타사외유출			

1. A법인

(1) 미지급기부금

법인이 기부금의 지출을 위하여 어음을 발행한 경우에는 그 어음이 실제로 결제된 날에 지출한 것으로 보며, 수표를 발행한 경우에는 당해 수표를 교부한 날에 지출한 것으로 본다. 따라서 2025년 결제될 어음은 당기 손금에 산입하지 아니한다.

(2) 기준금액

$100,000,000 + 20,000,000(특례) + 30,000,000(일반) - 0(이월결손금) = 150,000,000$

(3) 특례기부금

구분	지출액	한도액	전기 이월액 손금	한도초과액
전기	10,000,000	10,000,000	10,000,000	
당기	20,000,000	65,000,000		
합계	30,000,000	75,000,000*	10,000,000	

* 한도액: $150,000,000 \times 50\% = 75,000,000$

(4) 일반기부금

구분	지출액	한도액	전기 이월액 손금	한도초과액
당기	30,000,000	24,000,000*		6,000,000

* 한도액: $(150,000,000 - 30,000,000) \times 20\%(사회적 기업) = 24,000,000$

2. B법인

국고보조금 수령액 20,000,000원을 익금산입하고, 동시에 일시상각충당금으로 같은 금액을 익금불산입한다. 이후 감가상각비와 상계되는 국고보조금은 손금산입하고 일시상각충당금 환입액은 익금산입한다.

제24기 일시상각충당금 환입액: $20,000,000 \times \dfrac{10,000,000}{50,000,000} = 4,000,000$

3. C법인

(1) 사용수익기부자산

금전 외의 자산을 특례기부금 단체 또는 일반기부금 단체에 기부한 후 그 자산을 사용하거나 그 자산으로부터 수익을 얻는 경우 해당 자산의 세무상 장부가액을 취득원가로 한다.

(2) 회계처리와 세무상 처리

회계처리	(차) 사용수익기부자산	100,000,000	(대) 건물	200,000,000
	감가상각누계액	140,000,000	유형자산처분이익	40,000,000
세법	(차) 사용수익기부자산	60,000,000	(대) 건물	60,000,000

사용수익기부자산은 건물의 세무상 취득가액으로 취득한 것으로 보고 처분손익은 인식하지 아니한다. 그 결과 장부상 자산이 40,000,000원 과대계상되었으므로 이를 감액하기 위하여 손금산입한다.

(3) 자산의 감가상각

① 자산감액분 감가상각비(1단계)

$$2,500,000 \times \frac{40,000,000}{100,000,000} = 1,000,000$$

② 감가상각 시부인(2단계)

구분	금액	비고
1. 회사계상액	1,500,000	2,500,000 − 1,000,000
2. 상각범위액	1,500,000	$60,000,000 \times \frac{1}{20} \times \frac{6}{12}$
3. 상각부인액		

4. D법인

(1) 직접외국납부세액

원천징수세액 2,000,000원이 직접외국납부세액이며 세금과공과로 비용처리한 것은 손금불산입한다.

(2) 간접외국납부세액

외국자회사로부터 수령한 배당금의 원천인 국외자회사 소득 중 외국에서 납부한 법인세는 간접외국납부세액이다. 간접외국납부세액을 익금산입한 후 외국납부세액공제를 적용하여야 한다.

$$10,000,000 \times \frac{20,000,000}{50,000,000 - 10,000,000} = 5,000,000$$

간접외국납부세액공제액을 계산할 때 국외원천소득은 직접외국납부세액을 차감하기 전의 소득금액으로 한다.

문제 09 외국자회사 수입배당금 익금불산입과 외국납부세액공제

㈜대한이 제24기 사업연도(2024. 1. 1. ~ 2024. 12. 31.)에 외국자회사로부터 수령한 배당금 관련 자료는 다음과 같다.

1. 배당금 내역

회사명	국가	현금배당액 (원천징수세액 차감 후)	원천징수세액	외국자회사의 소득금액	외국자회사의 외국법인세
A	일본	4,500,000원	500,000원	9,000,000원	1,000,000원
B	미국	9,000,000원	1,000,000원	50,000,000원	25,000,000원
C	미국	18,000,000원	2,000,000원	45,000,000원	5,000,000원

2. 위 제시된 외국자회사 주식은 일시에 지분율 20%로 취득한 것이고 취득일은 2024. 1. 1., 배당기준일은 2024. 9. 30.이다. 각 회사별로 배당금 수령 시 회계처리는 다음과 같으며, A 회사로부터 배당금 수령 시 원천징수된 외국법인세액은 500,000원이다.

   (1) A회사

   (차) 현금   4,500,000   (대) 배당금수익   4,500,000

   (2) B회사

   (차) 현금   9,000,000   (대) 배당금수익   10,000,000
   세금과공과   1,000,000

   (3) C회사

   (차) 현금   18,000,000   (대) 배당금수익   20,000,000
   법인세비용   2,000,000

3. 국외원천소득을 제외한 회사의 제24기 소득은 500,000,000원이며, 이월결손금·비과세소득·소득공제액은 없으며, 제시된 자료 이외의 세액공제액, 기납부세액은 없다.

4. 위 회사 A, B, C로부터 받은 수입배당금은 2023년 12월 31일 기준 이익잉여금을 재원으로 한 것이다.

5. 법인세율은 다음과 같다.

과세표준	법인세율
2억원 이하	9%
2억원 초과 200억원 이하	1천 8백만원 + 2억원을 초과하는 금액의 19%

[물음 1] ㈜대한이 외국자회사로부터 수령한 수입배당금이 익금불산입 대상에 해당하는 경우의 세무조정을 답안 양식에 제시하고, 회사의 차감납부할 세액을 제시하시오.

익금산입 및 손금불산입			손금산입 및 익금불산입		
과목	금액	소득처분	과목	금액	소득처분

[물음 2] ㈜대한이 외국자회사로부터 수령한 수입배당금이 익금불산입 대상에 해당하지 않는 경우의 세무조정을 답안 양식에 제시하고, 회사의 차감납부할 세액을 제시하시오.

익금산입 및 손금불산입			손금산입 및 익금불산입		
과목	금액	소득처분	과목	금액	소득처분

| 해답 |

[물음 1] 수입배당금 익금불산입

1. 세무조정

익금산입 및 손금불산입			손금산입 및 익금불산입		
과목	금액	소득처분	과목	금액	소득처분
배당금수익(A)	500,000	기타사외유출	수입배당금	33,250,000	유보
세금과공과(B)	1,000,000	기타사외유출			
법인세비용(C)	2,000,000	기타사외유출			

2. 납부세액: 75,332,500

(1) 수입배당금

$(4,500,000 + 500,000) + (9,000,000 + 1,000,000) + (18,000,000 + 2,000,000) = 35,000,000$

(2) 수입배당금 익금불산입

$35,000,000 \times 95\% = 33,250,000$

최초로 보유하게 된 날 직전일 기준 이익잉여금을 재원으로 한 수입배당금의 경우 익금불산입하되 취득가액을 조정한다. 따라서 유보로 처분한다.

(3) 납부세액

① 과세표준

$500,000,000 + (35,000,000 - 33,250,000) = 501,750,000$

② 산출세액

$18,000,000 + (501,750,000 - 200,000,000) \times 19\% = 75,332,500$

③ 납부세액: 75,332,500

외국납부세액공제는 없으므로 산출세액과 납부세액은 동일하다.

[물음 2]

1. 세무조정

익금산입 및 손금불산입			손금산입 및 익금불산입		
과목	금액	소득처분	과목	금액	소득처분
배당금수익(A)	500,000	기타사외유출			
세금과공과(B)	1,000,000	기타사외유출			
법인세비용(C)	2,000,000	기타사외유출			
간접외국납부세액	13,125,000	기타사외유출			

2. 납부세액: 76,755,988

(1) 외국법인세액

① 직접외국납부세액

$500,000 + 1,000,000 + 2,000,000 = 3,500,000$

② 간접외국납부세액: $A + B + C = 13,125,000$

A: $1,000,000 \times 5,000,000 \div (9,000,000 - 1,000,000) = 625,000$

B: $25,000,000 \times 10,000,000 \div (50,000,000 - 25,000,000) = 10,000,000$

C: $5,000,000 \times 20,000,000 \div (45,000,000 - 5,000,000) = 2,500,000$

(2) 납부세액

① 과세표준

$500,000,000 + (5,000,000 + 625,000) + (10,000,000 + 10,000,000) + (20,000,000 + 2,500,000)$
$= 548,125,000$

② 산출세액

$18,000,000 + (548,125,000 - 200,000,000) \times 19\% = 84,143,750$

③ 외국납부세액공제

구분	외국납부세액	한도
일본	1,125,000	$84,143,750 \times 5,625,000 \div 548,125,000 = 863,504$
미국	15,500,000	$84,143,750 \times 42,500,000 \div 548,125,000 = 6,524,258$
합계		7,387,762

④ 납부세액

$84,143,750 - 7,387,762 = 76,755,988$

문제 10 재해손실세액공제 (1)

㈜한강은 제24기 사업연도(2024. 1. 1. ~ 2024. 12. 31.) 중 2024년 5월 화재가 발생하여 다음과 같은 자산의 소실이 있었다. 다음 자료를 이용하여 물음에 답하시오.

1. ㈜한강의 화재로 인한 장부가액 변동내역

(단위: 원)

구분	화재 전	화재 후
토지	50,000,000	50,000,000
건물	50,000,000	30,000,000
재고자산	40,000,000	30,000,000
합계	140,000,000	110,000,000

2. ㈜한강은 ㈜A의 재고자산 10,000,000원을 보관(재무상태표에 포함되지 않음)하고 있었으며 5월 화재로 인해 모두 소실되었다. ㈜한강은 해당 재고자산에 대해 변상책임이 있다. 한편, ㈜한강의 건물은 보험에 가입되어 있으며 보험금으로 40,000,000원을 수령하였다.

3. 화재 발생일 현재 정부의 결정에 의해 제23기 사업연도의 법인세 10,000,000원(무신고가산세 2,000,000원 포함)과 납부지연가산세 1,000,000원이 고지된 상태이다.

4. 제24기 법인세 과세표준은 300,000,000원이며, 외국납부세액공제 10,000,000원과 연구·인력개발비 세액공제 5,000,000원, 사실과 다른 회계처리로 인한 경정에 따른 세액공제 3,000,000원이 있다.

[물음] ㈜한강이 제24기 사업연도 법인세 신고 시 공제받을 수 있는 재해손실세액공제액을 계산하시오.

1. 자산상실비율

$$\frac{100,000,000 - 60,000,000}{100,000,000} = 40\% \geq 20\%$$

① 재해상실비율을 산정할 때 토지가액은 제외한다.

② 변상책임 있는 자산은 포함하여 재해상실비율을 계산한다.

③ 보험금 수령 여부는 자산상실비율을 산정하는 것과 무관하다.

2. 재해손실세액공제액: Min(①, ②) = 17,200,000

① 상실된 자산의 가액: 100,000,000 − 60,000,000 = 40,000,000

② 재해손실세액공제액

구분	금액	비고
제23기분	4,400,000	(10,000,000[1] + 1,000,000[1]) × 40%
제24기분	12,800,000	(37,000,000[2] − 5,000,000[3]) × 40%
합계	17,200,000	

[1] 가산세 포함

[2] 제24기 산출세액

[3] 「법인세법」 외 다른 법률에 의한 공제 및 감면세액만 차감함

<u>참고</u>

재해손실세액공제가 적용되는 가산세액은 무신고·장부의 기록·보관 불성실가산세, 과소신고·초과환급신고가산세 및 납부지연가산세, 원천징수 등 납부지연가산세만 포함된다. 따라서 적격증명서류 미수취가산세 등은 재해손실세액공제 대상에 포함하지 아니한다.

문제 11 재해손실세액공제 [2]

다음은 제조업을 영위하는 ㈜한국(중소기업 아님)의 제24기 사업연도(2024년 1월 1일 ~ 2024년 12월 31일) 법인세 관련 자료이다. 다음 자료를 이용하여 물음에 답하시오.

1. 2024년 6월 1일에 발생한 화재로 인해 다음과 같이 자산의 일부가 소실되었다.

구분	화재 전 자산가액	화재 후 자산가액
토지	500,000,000원	450,000,000원
건물	300,000,000원	50,000,000원
기계장치	80,000,000원	50,000,000원
재고자산	150,000,000원	58,000,000원
합계	1,030,000,000원	608,000,000원

① 건물과 기계장치에 대해서 각각 100,000,000원과 20,000,000원의 보험금을 수령하였다.

② 기계장치는 자회사의 자산이며, 화재로 인해 상실된 가치에 대해 ㈜한국이 변상할 책임은 없다.

③ 재고자산의 재해손실에는 거래처로부터 수탁받은 상품의 소실액 12,000,000원이 포함되어 있으며, 동 상품에 대한 변상책임은 ㈜한국에 있다.

2. 재해발생일 현재 미납된 법인세 및 재해가 발생한 당해 연도의 법인세와 관련된 사항은 다음과 같다.

① 재해발생일 현재 미납된 법인세액은 21,200,000원(납부지연가산세 1,200,000원 포함)이다.

② 당해 연도의 법인세 산출세액은 12,000,000원이며, 외국납부세액공제액 2,000,000원과 「조세특례제한법」에 의한 투자세액공제액 1,000,000원이 있다.

[물음] ㈜한국의 제24기 사업연도 재해손실세액공제액을 답안 양식에 따라 제시하시오. 단, 재해상실비율 계산 시 소수점 둘째 자리에서 반올림하시오. (2.57% → 2.6%)

구분	금액
재해상실비율	
공제대상 법인세액	
재해손실세액공제액	

─┤ 해답 ├─

구분	금액	비고
재해상실비율	76%	12,000,000 − 1,000,000
공제대상 법인세액	32,200,000	21,200,000 + 11,000,000
재해손실세액공제액	24,472,000	Min(32,200,000 × 76%, 342,000,000)

상실된 자산가액

1. 재해상실비율

$$\frac{450,000,000 - (50,000,000 + 58,000,000)}{450,000,000} = 76\%$$

① 재해상실비율을 산정할 때 토지가액은 제외한다.

② 타인 소유의 자산으로서 그 상실로 인한 변상책임이 당해 법인에게 있는 것만 상실대상 자산에 포함한다.

③ 법인이 재해로 인하여 수탁받은 자산을 상실하고 그 자산가액의 상당액을 보상하여 주는 경우에는 이를 재해로 인하여 상실된 자산의 가액 및 상실 전의 자산총액에 포함하되, 예금·받을어음·외상매출금 등은 당해 채권추심에 관한 증서가 멸실된 경우에도 이를 상실된 자산의 가액에 포함하지 아니한다. 이 경우 그 재해자산이 보험에 가입되어 있어 보험금을 수령하는 때에도 그 재해로 인하여 상실된 자산의 가액을 계산함에 있어서 동 보험금을 차감하지 아니한다.

2. 공제대상 법인세액

① 법인세액에는 다른 법률에 따른 공제 및 감면세액은 차감한다.

② 법인세액에는 장부의 기록·보관 불성실가산세와 무신고가산세, 과소신고·초과환급신고가산세, 납부지연가산세, 원천징수 등 납부지연가산세를 포함한다.

③ 재해발생일 현재 부과되지 아니한 법인세와 부과된 법인세로서 미납된 법인세를 포함한다. 참고로 미납된 법인세를 포함하지 않아야 한다는 의견도 있으나 제외할 이유는 없다고 본다.

문제 12 연구·인력개발비 세액공제

다음은 ㈜한강의 제24기 사업연도(2024. 1. 1. ~ 2024. 12. 31.)의 연구·인력개발비 세액공제와 관련된 자료이다. 다음 자료를 이용하여 물음에 답하시오.

1. 제20기부터 제24기까지 발생한 연구·인력개발비 내역은 다음과 같다.

구분	연구·인력개발비 발생액
제24기(당기)	40,000,000원
제23기	35,000,000원
제22기	25,000,000원
제21기	–
제20기	30,000,000원

2. 제24기 사업연도의 수입금액 대비 연구·인력개발비 비율은 5%이다.

3. 연구·인력개발비 중에는 신성장동력연구인력개발비와 원천기술연구개발비는 없다.

[물음 1] ㈜한강이 중소기업이라고 가정하고 제24기 법인세 신고 시 공제할 수 있는 연구·인력개발비 세액공제액을 계산하시오.

[물음 2] ㈜한강이 대기업이라고 가정하고 제24기 법인세 신고 시 공제할 수 있는 연구·인력개발비 세액공제액을 계산하시오.

[물음 1] 중소기업의 연구·인력개발비에 대한 세액공제

1. 세액공제액 계산방법의 판단

(1) 증가 발생액 기준 요건

다음 중 어느 하나의 경우에 해당하면, 당기 발생액 기준만을 적용한다.

① 과거 4년간 연구·인력개발비가 발생하지 아니한 경우

② 전기 연구·인력개발비가 과거 4년간 발생한 연구·인력개발비의 연평균 발생액보다 적은 경우

(2) 요건 충족 여부

$$35,000,000^{1)} > \frac{35,000,000 + 25,000,000 + 0 + 30,000,000}{3^{2)}}$$

1) 전기 발생액

2) 연구·인력개발비가 발생하지 아니한 사업연도는 제외함

2. 연구·인력개발비에 대한 세액공제액: Max((1), (2)) = 10,000,000

(1) 당기 발생액 기준

$40,000,000 \times 25\% = 10,000,000$

(2) 증가 발생액 기준

$(40,000,000 - 35,000,000^*) \times 50\% = 2,500,000$

* 직전 과세연도 발생액

[물음 2] 일반기업의 연구·인력개발비에 대한 세액공제

1. 세액공제액 계산방법의 판단: [물음 1]과 동일함

2. 연구·인력개발비에 대한 세액공제액: Max[(1), (2)] = 1,250,000

(1) 당기 발생액 기준

$$40,000,000 \times \text{Min}\begin{bmatrix} 2\% \\ 5\% \times 50\% = 2.5\% \end{bmatrix} = 800,000$$

(2) 증가 발생액 기준

$(40,000,000 - 35,000,000^*) \times 25\% = 1,250,000$

* 직전 과세연도 발생액

다음은 제조업을 영위하는 영리 내국법인 ㈜세무의 제24기 사업연도(2024. 1. 1. ~ 2024. 12. 31.)의 법인세 과세표준 및 세액계산 관련 자료이다. 다음 자료를 이용하여 물음에 답하시오.

1. 손익계산서상 당기순이익은 150,000,000원이며 아래 주어진 자료 이외의 세무조정사항은 없다.

2. 이월결손금의 내역은 다음과 같으며 모두 국내소득에서 발생하였다.

발생사업연도	발생액
제22기(2022. 1. 1. ~ 2022. 12. 31.)	20,000,000원
제16기(2016. 1. 1. ~ 2016. 12. 31.)	40,000,000원[1]

[1] 이 중 10,000,000원은 제20기에 자산수증이익으로 충당되었고, 15,000,000원은 제21기 법인세 과세표준계산에서 공제함

3. 외국에 본점을 둔 해외투자처인 C사(지분율 30%, 취득일 2023. 1. 1.)로부터 지급받은 배당금 관련 내용은 다음과 같다. ㈜세무는 외국납부세액공제를 선택하였으며, 직접 납부한 국외원천징수세액은 손익계산서상 비용으로 회계처리하였다. 단, 외국자회사 수입배당금의 익금불산입 규정은 적용되지 아니한다.

구분	수입배당금 (원천징수세액 포함)	수입배당금 국외원천징수세액	C사 소득금액	C사 법인세액
금액	20,000,000원	2,000,000원	300,000,000원	50,000,000원

4. 연구 및 인력개발비 관련 자료는 다음과 같다.
   (1) 연구 및 인력개발비 발생액

사업연도	제24기	제23기	제22기	제21기	제20기
발생액	20,000,000원	19,000,000원	16,000,000원	18,000,000원	15,000,000원

   (2) 연구 및 인력개발비에는 신성장동력·원천기술연구개발비는 없다.
   (3) ㈜세무는 전기에 중소기업유예기간이 종료되었으며, 2024년부터 중견기업에 해당한다.

5. 당기 중에 납부한 중간예납세액은 2,500,000원이다.

6. ㈜세무는 법에서 정하는 회생계획, 기업개선계획 및 경영정상화계획을 이행 중에 있지 않다.

[물음 1] 연구 및 인력개발비 세액공제액을 계산하시오. (단, 적용 공제율은 당기 발생분은 15%, 전기 대비 초과발생분은 40%로 한다)

[물음 2] 외국납부세액공제액에 대한 세무조정을 하시오.

[물음 3] 최저한세를 계산하시오. (단, 최저한세율은 8%로 한다)

[물음 4] 차감납부할 세액을 계산하시오.

| 해답 |

[물음 1]

1. 연구 및 인력개발비 세액공제액: Max(①, ②) = 3,000,000
   ① 당기 발생액 기준: $20,000,000 \times 15\% = 3,000,000$
   ② 증가 발생액 기준: $(20,000,000 - 19,000,000) \times 40\% = 400,000$
   직전 4년간의 평균
   $= (19,000,000 + 16,000,000 + 18,000,000 + 15,000,000) \div 4년 = 17,000,000 < 19,000,000$
   단, 최저한세액에 걸린 부분을 감안하면, 1,210,000원이다. 구체적으로 당기 연구 및 인력개발비 세액공제 신청은 3,000,000원으로 하고 공제액은 1,210,000원으로 한다.

[물음 2] 외국납부세액공제액

① 직접외국납부세액: 2,000,000

② 간접외국납부세액: $50,000,000 \times \dfrac{20,000,000}{300,000,000 - 50,000,000} = 4,000,000$

[손금불산입]	직접외국납부세액	2,000,000	기타사외유출
[익금산입]	간접외국납부세액	4,000,000	기타사외유출

[물음 3, 4]

150,000,000 + 6,000,000 − 35,000,000(이월결손금)

구분	감면 후 세액	최저한세 계산	재계산
1. 과세표준	121,000,000	121,000,000	121,000,000
× 세율	9%	8%	9%
2. 산출세액	10,890,000	9,680,000	10,890,000
3. 연구·인력개발비 세액공제(ㄱ)	(−)3,000,000		(−)1,210,000
4. 감면 후 세액	7,890,000		9,680,000
5. 외국납부세액공제(ㄴ)	외국납부세액공제 한도액 $10,890,000 \times \dfrac{20,000,000 + 4,000,000}{121,000,000}$ $= 2,160,000$		(−)2,160,000
6. 총부담세액			7,520,000
7. 기납부세액			(−)2,500,000
8. 차감납부할 세액			5,020,000

자산수증이익으로 충당된 이월결손금, 전기 이전 과세표준 계산 시 공제한 이월결손금을 차감한 이월결손금을 당해 사업연도의 과세표준 계산 시 공제한다.

다음은 중소기업인 ㈜대한의 제24기(2024. 1. 1. ~ 2024. 12. 31.) 법인세 과세표준 및 세액계산 자료이다. 아래 자료를 이용하여 물음에 답하시오.

1. ㈜대한의 각사업연도소득금액은 다음과 같다.

구분	금액
당기순이익	₩400,000,000
(+) 익금산입 및 손금불산입	250,000,000
(−) 손금산입 및 익금불산입	270,000,000*1)
각사업연도소득금액	₩380,000,000

*1) 「조세특례제한법」 제28조의2에 규정하고 있는 중소·중견기업 설비투자자산의 감가상각비 손금산입 특례에 따라 손금산입한 금액 ₩150,000,000이 포함되어 있음

2. 세무상 이월결손금은 전액 국내원천소득에서 발생한 것으로 제12기에 발생한 ₩20,000,000 과 제18기에 발생한 ₩30,000,000으로 구성되어 있다.

3. ㈜대한은 미국에 소재하는 A사와 B사에 2023년 초부터 출자하고 있으며, 당기에 지급받은 배당금 관련 내용은 다음과 같다(동 배당금은 제24기 당기순이익에 포함되어 있음). 직접 납부한 국외원천징수세액과 간접외국납부세액은 익금산입 및 손금불산입으로 세무조정되었으며, 제22기 외국납부세액 중 한도초과로 공제받지 못하여 이월된 금액 ₩2,000,000이 있다. 단, 외국자회사 수입배당금 익금불산입 규정은 적용받지 못하는 것으로 가정한다.

구분	출자비율	수입배당금 (국외원천징수 세액 포함)	수입배당금 국외원천징수 세액	소득금액	법인세액
A사	28%	₩24,000,000	₩5,000,000	₩200,000,000	₩80,000,000
B사	5%	40,000,000	2,500,000	600,000,000	100,000,000

* A사와 B사는 해외자원개발사업을 영위하는 법인이 아님

4. 2024. 5. 10.에 발생한 화재와 관련된 자료는 다음과 같다. ㈜대한은 제23기에 대한 법인세 ₩25,000,000(납부지연가산세 ₩5,000,000 포함)을 납부하지 않고 있다.

자산	화재 전 가액	화재 후 가액	화재손실액
건물	₩500,000,000	₩300,000,000	₩200,000,000*1)
토지	300,000,000	300,000,000	–
제품 및 상품	500,000,000	345,000,000	155,000,000*2)
기계장치	300,000,000	200,000,000	100,000,000
계	₩1,600,000,000	₩1,145,000,000	₩455,000,000

*1) 건물 소실액에 대하여 보험회사로부터 ₩150,000,000의 보험금을 수령함

*2) 제품 및 상품의 화재손실액 중에는 거래처로부터 수탁받은 상품소실액 ₩60,000,000(계약상 배상책임이 ㈜대한에 있음)이 포함되어 있음

5. 제24기에 연구 및 인력개발비 세액공제액 ₩8,000,000, 통합투자세액공제 ₩21,000,000, 장부의 기록·보관 불성실가산세 ₩2,000,000, 중간예납세액 ₩12,000,000이 있다.

6. 중소기업에 대한 최저한세율은 7%이다.

[물음 1] ㈜대한의 감면 후 세액(최저한세 적용대상 조세감면 등을 적용받은 후의 세액을 말함)과 최저한세를 다음의 양식에 따라 제시하시오.

구분	금액
감면 후 세액	①
최저한세	②

[물음 2] 최저한세로 인하여 적용 배제되는 조세감면 항목과 당기에 손금산입한 설비투자자산에 대한 감가상각비 중 실제 손금으로 인정되는 금액을 다음의 양식에 따라 제시하시오. (단, 최저한세 적용으로 인한 조세감면의 배제는 경정 시 배제순서에 따른다)

구분	적용 배제 항목 또는 금액
최저한세로 인하여 적용 배제되는 조세감면 항목	①
설비투자자산에 대한 감가상각비 중 손금 인정액	②

[물음 3] [물음 1]에서 계산된 최저한세를 고려하여 ㈜대한의 제24기 사업연도 ① ~ ③의 금액을 다음의 양식에 따라 제시하시오.

구분	금액
간접외국납부세액	①
외국납부세액공제 한도액	②
외국납부세액공제액	③

[물음 4] [물음 1]에서 계산된 최저한세를 고려하여 ㈜대한의 제24기 사업연도 재해손실세액공제액을 계산하시오. (단, 재해상실비율 계산 시 소수점 첫째 자리에서 반올림한다)

[물음 5] [물음 3] 및 [물음 4]의 정답과 관계없이 한도 내에서 공제받을 수 있는 외국납부세액공제액이 ₩3,000,000, 재해손실세액공제액이 ₩4,000,000이라고 가정할 때 ㈜대한의 제24기 사업연도 차감납부할 세액을 계산하시오.

---| 해답 |---

[물음 1] 감면 후 세액과 최저한세

구분	금액
감면 후 세액	① 25,500,000
최저한세	② 35,000,000

구분	감면 후 세액	최저한세 계산	재계산
1. 각사업연도소득금액	380,000,000	530,000,000	430,000,000
2. 이월결손금	(−)30,000,000	(−)30,000,000	(−)30,000,000
3. 과세표준	350,000,000	500,000,000	400,000,000
× 세율	9%, 19%	7%	9%, 19%
4. 산출세액	46,500,000	35,000,000	56,000,000
5. 통합투자세액공제(ㄱ)	(−)21,000,000		(−)21,000,000
6. 감면 후 세액	25,500,000		35,000,000

2020. 1. 1. 개시 전 사업연도에서 발생한 이월결손금은 10년을 공제기간으로 한다. 따라서 제12기(2012년) 사업연도에 발생한 이월결손금은 과세표준 계산 시 공제하지 아니한다.

[물음 2] 최저한세 적용으로 배제되는 조세감면 항목

구분	적용 배제 항목 또는 금액
최저한세로 인하여 적용 배제되는 조세감면 항목	① 설비투자자산의 감가상각비 손금산입
설비투자자산에 대한 감가상각비 중 손금 인정액	② 100,000,000

(1) 배제세액: 35,000,000 − 25,500,000 = 9,500,000

(2) 손금배제액: 9,500,000 ÷ 19% = 50,000,000

[물음 3] 외국납부세액공제

구분	금액
간접외국납부세액	① 16,000,000
외국납부세액공제 한도액	② 11,200,000
외국납부세액공제액	③ 11,200,000

1. 간접외국납부세액공제액

$$80,000,000 \times \frac{24,000,000}{200,000,000 - 80,000,000} = 16,000,000$$

간접외국납부세액공제를 적용받기 위해서는 외국자회사의 의결권 있는 지분의 10%(해외자원개발사업을 하는 외국자회사는 5%) 이상을 보유하여야 한다. 따라서 외국자회사 B로부터 수령한 배당금은 간접외국납부세액공제대상이 아니다.

해커스 세무회계연습 2

제8장 과세표준과 세액계산 및 납세절차

2. 외국납부세액

　① 직접외국납부세액(원천징수세액): 2,000,000(이월액) + 5,000,000 + 2,500,000 = 9,500,000

　② 간접외국납부세액: 16,000,000

　③ 외국납부세액: 9,500,000 + 16,000,000 = 25,500,000

3. 외국납부세액공제 한도액

재계산된 산출세액

$$56,000,000 \times \frac{[(24,000,000 + 16,000,000) + 40,000,000]}{400,000,000} = 11,200,000$$

재계산된 과세표준

외국납부세액은 국가별로 한도를 계산한다. A사와 B사 모두 미국에 소재하므로 A사와 B사의 소득을 합하여 국외원천소득으로 계산한다.

[물음 4] 재해손실세액공제액

1. 재해상실비율

$$\frac{455,000,000(화재손실액, 보험금 차감하지 않고, 배상책임 있는 상품 소실액 포함)}{1,300,000,000(토지 제외)} = 35\% \geqq 20\%$$

2. 재해손실세액공제액

　(1) 공제액: ① + ② = 18,900,000

　　　① 25,000,000 × 35% = 8,750,000

　　　② (56,000,000 − 29,000,000 + 2,000,000) × 35% = 10,150,000
　　　　　└ 산출세액　　└「법인세법」이외의 세액공제·감면(21,000,000 + 8,000,000)

　(2) 한도액: 455,000,000(상실된 재산가액)

법인세액에는 장부의 기록·보관 불성실가산세, 무신고가산세, 과소신고·초과환급신고가산세, 납부지연가산세, 원천징수 등 납부지연가산세를 포함하는 것으로 한다.

3. 재해손실세액공제대상 법인세

　① 재해발생일 현재 부과되지 아니한 법인세와 부과된 법인세로서 미납된 법인세

　② 재해발생일이 속하는 사업연도의 소득에 대한 법인세

이 중 '재해발생일 현재 부과되지 아니한 법인세'는 재해발생일 현재 과세기간 종료로 납세의무는 성립하였으나 과세표준 신고기한이 경과하지 아니한 것을 의미한다. 예를 들면, ×2년 법인세 신고 전에 발생한 ×1년 귀속 법인세를 말한다. '재해발생일 현재 부과된 법인세로서 미납된 법인세'는 재해발생일 현재 세무조사를 받아 경정통지를 받았으나 납부하지 못한 법인세 또는 신고는 하였으나 납부하지 못한 법인세를 말한다.

납세지 관할 세무서장은 ①의 법인세(신고기한이 지나지 아니한 것은 제외)에 대한 공제신청을 받으면 그 공제세액을 결정하여 해당 법인에 알려야 한다. 문제에서 제24기 사업연도 재해손실세액공제액을 요구하고 있으므로 ①에 해당하는 법인세는 포함하지 않는다고 볼 여지가 있다. 그러나 재해발생일 현재 납부하고 있지 아니한 점(즉, 제23기 법인세 신고와 함께 공제를 신청한 것이 아님)을 미루어 볼 때 제24기 사업연도라고 표시한 것이 ①에 해당하는 법인세를 제외하고 풀이하라는 뜻으로 보기는 어려울 것으로 판단된다.

[물음 5] 차감납부할 세액

(1) 총부담세액

35,000,000 − 8,000,000(연구 및 인력개발비 세액공제) − 3,000,000(외국납부세액공제) − 4,000,000(재해손실세액공제) + 2,000,000(가산세) = 22,000,000

(2) 차감납부할 세액

22,000,000 − 12,000,000(기납부세액) = 10,000,000

다음은 제조업을 영위하는 ㈜한국(중소기업)의 제24기 사업연도(2024년 1월 1일 ~ 2024년 12월 31일) 법인세 관련 자료이다. 다음 자료를 이용하여 물음에 답하시오.

1. ㈜한국의 각사업연도소득금액은 다음과 같다.

구분		금액
당기순이익		250,000,000원
(+)	익금산입·손금불산입	200,000,000원
(−)	손금산입·익금불산입	120,000,000원*
각사업연도소득금액		330,000,000원

   * 「조세특례제한법」상 최저한세대상금액 20,000,000원이 포함됨

2. ㈜한국의 「법인세법」상 비과세소득은 45,000,000원이다.

3. 세무상 이월결손금은 전액 국내원천소득에서 발생한 것이며, 제12기에 발생한 15,000,000원과 제17기에 발생한 25,000,000원으로 구성되어 있다.

4. ㈜한국은 외국에 본점을 둔 A사에 해외투자(투자지분 30%, 투자일 2020년 1월 1일)로 당기 중 배당금을 수령하였으며 그 내용은 다음과 같다. 단, 외국자회사 수입배당금의 익금불산입 규정은 적용되지 아니한다.

구분	금액	비고
수입배당금	50,000,000원	수입배당금 50,000,000원은 원천징수 전 금액이며, 이에 대한 국외원천징수세액 5,000,000원과 간접외국납부세액은 세무조정 시 가산조정되었음
A사의 소득금액	350,000,000원	
A사의 법인세액	100,000,000원	

5. 「조세특례제한법」상 세액공제내역은 다음과 같다.

구분	금액
통합투자세액공제	18,000,000원
연구·인력개발비 세액공제	3,600,000원

6. 중소기업에 대한 최저한세율은 7%이다.

[물음 1] ㈜한국의 외국납부세액공제액을 다음의 답안 양식에 따라 제시하시오.

간접외국납부세액	
외국납부세액공제 한도액	
외국납부세액공제액	

[물음 2] [물음 1]의 정답과 관계없이 외국납부세액공제액을 5,000,000원으로 가정하고 ㈜한국의 총부담세액을 다음의 답안 양식에 따라 제시하시오.

감면 후 세액	
최저한세	
총부담세액	

[물음 1]

간접외국납부세액	20,000,000
외국납부세액공제 한도액	8,300,000
외국납부세액공제액	8,300,000

1. 간접외국납부세액

   $100,000,000 \times 50,000,000 \div (350,000,000 - 100,000,000) = 20,000,000$

2. 직접외국납부세액

   5,000,000

3. 외국납부세액 한도

(1) 외국납부세액공제 한도를 계산하기 위한 과세표준 및 산출세액

구분	감면 후 세액	최저한세 계산	재계산
1. 각사업연도소득금액	330,000,000	350,000,000	350,000,000
2. 이월결손금	(25,000,000)	(25,000,000)	(25,000,000)
3. 비과세소득	(45,000,000)	(45,000,000)	(45,000,000)
4. 과세표준	260,000,000	280,000,000	280,000,000
× 세율	9%, 19%	7%	9%, 19%
5. 산출세액	29,400,000	19,600,000	33,200,000
6. 통합투자세액공제(ㄱ)	(−)18,000,000		(−)13,600,000
7. 감면 후 세액	11,400,000		19,600,000

(2) 외국납부세액공제 한도

   $33,200,000 \times (50,000,000 + 20,000,000) \div 280,000,000 = 8,300,000$

[물음 2]

감면 후 세액	11,400,000
최저한세	19,600,000
총부담세액	11,000,000

구분	감면 후 세액	최저한세 계산	재계산
1. 감면 후 세액	11,400,000		19,600,000
2. 외국납부세액공제(ㄴ)			(5,000,000)
3. 연구·인력개발비 세액공제(ㄴ)			(3,600,000)
4. 총부담세액			11,000,000

다음은 영리 내국법인인 ㈜국세의 제24기 사업연도(2024. 1. 1. ~ 2024. 12. 31.)의 법인세 신고와 관련된 자료이다. 법인세부담을 최소화한다고 가정한다. 다음 자료를 이용하여 물음에 답하시오.

1. 각사업연도소득금액 계산과정은 다음과 같다.

손익계산서상 당기순이익		350,000,000
익금산입·손금불산입:		32,000,000
• 법인세비용(외국납부세액포함)	30,000,000	
• 기부금 한도초과액	2,000,000	
손금산입·익금불산입:		40,000,000
• 「조세특례제한법」상 익금불산입	40,000,000	
각사업연도소득금액		342,000,000

2. 세무상 이월결손금은 제13기에 발생한 20,000,000원과 제22기에 발생한 60,000,000원이 있다.

3. 연구·인력개발비 관련 자료는 다음과 같다.
   (1) 제23기 발생한 연구·인력개발비는 35,000,000원이며 이 금액은 소급 4년 평균 발생액을 초과한다.
   (2) 제24기에 발생한 연구·인력개발비는 40,000,000원이다.
   (3) 제24기의 수입금액 대비 연구·인력개발비 비율은 5%이다.
   (4) 연구·인력개발비 중에는 신성장동력연구개발비와 원천기술연구개발비가 없다.

4. 제24기 중에 발생한 화재와 관련한 자료는 다음과 같다.
   (1) 자산의 변동내역(아래의 토지와 건물 외에 사업용자산은 없다)

구분	화재 전 가액	화재 후 가액
토지	200,000,000원	200,000,000원
건물	120,000,000원	90,000,000원

   위 건물에 대한 화재보험금 50,000,000원을 수령하였다.
   (2) 제24기의 적격증명서류 관련 가산세는 2,000,000원이다.

5. 제24기에 직접외국납부세액은 6,000,000원(세액공제를 적용하며, 외국납부세액을 차감한 국외원천소득은 24,000,000임), 고용을 증대시킨 기업에 대한 세액공제 4,000,000원 및 중간예납세액 2,500,000원이 있다.

6. 관련 세율은 다음과 같다.
   중소기업에 적용되는 최저한세율은 7%, 그 외 법인에 적용되는 최저한세율은 10%로 가정한다.

[물음 1] ㈜국세가 중소기업인 경우와 중소기업이 아닌 경우(처음부터 중소기업이 아니었으며, 중견기업에도 해당하지 아니한 경우를 말함) 연구·인력개발비에 대한 세액공제액을 구하시오.

구분	중소기업인 경우	중소기업이 아닌 경우
연구·인력개발비 세액공제		

[물음 2] 위의 [물음 1]에 대한 정답이 1,400,000원이라고 가정할 경우, 다음 답안 양식에 따라 최저한세액 등의 금액을 계산하시오. 단, 중소기업인 경우 고용을 증대시킨 기업에 대한 세액공제는 16,400,000원으로 가정한다.

구분	중소기업인 경우	중소기업이 아닌 경우
1. 감면 후 세액		
2. 최저한세액		
3. 재해손실세액공제액		
4. 외국납부세액공제액		

---| 해답 |---

[물음 1]

구분	중소기업인 경우	중소기업이 아닌 경우
연구·인력개발비 세액공제	10,000,000	1,250,000

1. 중소기업인 경우: Max[(1), (2)] = 10,000,000

(1) 당해 연도 발생액 기준

$40,000,000 \times 25\% = 10,000,000$

(2) 증가 발생금액 기준

$(40,000,000 - 35,000,000) \times 50\% = 2,500,000$

2. 중소기업이 아닌 경우: Max[(1), (2)] = 1,250,000

(1) 당해 연도 발생액 기준

$$40,000,000 \times \text{Min} \begin{bmatrix} 2\% \\ 5\% \times 50\% = 2.5\% \end{bmatrix} = 800,000$$

(2) 증가 발생금액 기준

$(40,000,000 - 35,000,000) \times 25\% = 1,250,000$

[물음 2]

구분	중소기업인 경우	중소기업이 아닌 경우
1. 감면 후 세액	17,180,000	28,180,000
2. 최저한세액	22,540,000	32,200,000
3. 재해손실세액공제액	5,285,000	8,050,000
4. 외국납부세액공제액	3,765,829	3,720,833

1. 중소기업인 경우

(1) 차감납부할 세액

342,000,000 + 28,210,526

구분	감면 후 세액	최저한세 계산	재계산
「조특법」상 익금불산입		40,000,000	
1. 각사업연도소득금액	342,000,000	382,000,000	370,210,526
2. 이월결손금	(−)60,000,000	(−)60,000,000	(−)60,000,000
3. 과세표준	282,000,000	322,000,000	310,210,526
× 세율	9%, 19%	7%	9%, 19%
4. 산출세액	33,580,000	22,540,000	38,940,000
5. 고용 관련 세액공제(ㄱ)	(−)16,400,000		(−)16,400,000
6. 감면 후 세액	17,180,000		22,540,000
7. 연구·인력개발비 세액공제(ㄴ)			(−)1,400,000
8. 재해손실세액공제(ㄴ)			(−)5,285,000
9. 외국납부세액(ㄴ)	외국납부세액공제(한도)		(−)3,765,829
10. 가산세	$38,940,000 \times \dfrac{30,000,000}{310,210,526}$		2,000,000
11. 총부담세액	= 3,765,829		14,089,171
12. 기납부세액			(−)2,500,000
13. 차감납부할 세액			11,589,171

① 재해손실세액공제는 「법인세법」 이외의 모든 세액공제를 반영한 후의 세액을 기준으로 하여야 하므로, 다른 세액공제가 완료된 후에 적용한다.

② 외국납부세액공제 한도액 계산 시에는 재계산에 따라 변경된 산출세액을 기준으로 하여야 한다. 재해손실세액공제도 마찬가지이다.

(2) 감면 배제 세액

5,360,000 ÷ 19%

적용 배제 순서	배제되는 세액	비고
① 익금불산입	5,360,000	28,210,526 × 19%(세율)
② 세액공제		익금불산입액을 먼저 배제함
합계	5,360,000	22,540,000 − 17,180,000

(3) 재해손실세액공제

　① 자산상실비율: $\dfrac{120,000,000 - 90,000,000}{120,000,000} = 25\%$

　② 재해손실세액공제: $(38,940,000 - 16,400,000 - 1,400,000) \times 25\% = 5,285,000$

2. 중소기업이 아닌 경우

(1) 차감납부할 세액

$\boxed{342,000,000 + 21,157,894}$

구분	감면 후 세액	최저한세 계산	재계산
「조특법」상 익금불산입		40,000,000	
1. 각사업연도소득금액	342,000,000	382,000,000	363,157,894
2. 이월결손금	(−)60,000,000	(−)60,000,000	(−)60,000,000
3. 과세표준	282,000,000	322,000,000	303,157,894
× 세율	9%, 19%	10%	9%, 19%
4. 산출세액	33,580,000	32,200,000	37,600,000
5. 고용 관련 세액공제(ㄱ)	(−)4,000,000		(−)4,000,000
6. 연구·인력개발비 세액공제(ㄱ)	(−)1,400,000		(−)1,400,000
7. 감면 후 세액	28,180,000		32,200,000
8. 재해손실세액공제(ㄴ)	(3) 재해손실세액공제 $32,200,000 \times 25\% = 8,050,000$ (4) 외국납부세액공제(한도) $37,600,000 \times \dfrac{30,000,000}{303,157,894}$ $= 3,720,833$		(−)8,050,000
9. 외국납부세액(ㄴ)			(−)3,720,833
10. 가산세			2,000,000
11. 총부담세액			22,429,167
12. 기납부세액			(−)2,500,000
13. 차감납부할 세액			19,929,167

(2) 감면 배제 세액

$\boxed{4,020,000 \div 19\%}$

적용 배제 순서	배제되는 세액	비고
① 익금불산입	4,020,000	$21,157,894 \times 19\%$(세율)
② 세액공제		익금불산입액을 먼저 배제함
합계	4,020,000	$32,200,000 - 28,180,000$

다음은 제조업을 영위하고 있는 ㈜갑의 제24기 사업연도(2024년 1월 1일 ~ 2024년 12월 31일) 법인세 신고 관련 자료이다. 아래 자료를 이용하여 아래 물음에 답하시오. 단, 세부담 최소화를 가정한다.

1. 각사업연도소득금액은 180,000,000원이며, 과세표준도 동일하다.

2. 위 금액은 「조세특례제한법」상 최저한세대상 익금불산입액 120,000,000원이 차감된 금액이다.

3. 일반 연구 및 인력개발비 내역은 다음과 같다.

구분	금액	비고
당기 발생분	20,000,000원	수입금액 대비 일반 연구 및 인력개발비는 2%임
전기 발생분	10,000,000원	전기 발생분은 소급하여 4년간 연평균 발생액보다 적음

4. 외국납부세액은 12,000,000원이다. ㈜갑은 외국납부세액에 대한 세무조정은 적절하게 이루어졌다. 과세표준에 포함된 국외원천소득은 104,550,000원이다.

5. 적격증명서류 미수취가산세가 1,000,000원 있다.

6. 최저한세율은 중소기업은 7%, 비중소기업은 10%이다.

[물음 1] ㈜갑이 중소기업일 경우 다음 물음에 답하시오.

[물음 1-1] ㈜갑의 제24기 연구 및 인력개발비 세액공제액을 계산하시오.

[물음 1-2] [물음 1-1]의 정답이 1,000,000원이라고 가정하고, ㈜갑의 제24기 다음 각 금액을 답안 양식에 따라 제시하시오.

「조세특례제한법」상 익금불산입 적용 배제 금액	
외국납부세액공제액	
총부담세액	

[물음 2] ㈜갑이 비중소기업일 경우(최초로 중소기업에 해당하지 않게 된 과세연도부터 10년이 경과하였으며, 중견기업이 아님) 다음 물음에 답하시오.

[물음 2-1] ㈜갑의 제24기 연구 및 인력개발비 세액공제액을 계산하시오.

[물음 2-2] [물음 2-1]의 정답이 1,000,000원이라고 가정하고, ㈜갑의 제24기 다음 각 금액을 답안 양식에 따라 제시하시오.

「조세특례제한법」상 익금불산입 적용 배제 금액	
외국납부세액공제액	
총부담세액	

─┤ **해답** ├─

[물음 1-1]

구분	금액	비고
연구 및 인력개발비 세액공제액	5,000,000	20,000,000 × 25%

전기 발생액이 과거 4년 평균 지출액보다 적은 경우에는 당기 지출액 기준만 적용한다.

[물음 1-2]

「조세특례제한법」상 익금불산입 적용 배제 금액	35,789,474
외국납부세액공제액	10,174,500
총부담세액	10,825,500

1. 총부담세액 $\boxed{180,000,000 + 35,789,474}$

구분	감면 후 세액	최저한세 계산	재계산
「조특법」상 익금불산입		120,000,000	
1. 과세표준	180,000,000	300,000,000	215,789,474
× 세율	9%	7%	9%, 19%
2. 산출세액	16,200,000	21,000,000	21,000,000
3. 감면 후 세액	16,200,000		21,000,000
4. 연구·인력개발비 세액공제(ㄴ)	외국납부세액공제(한도)		(−)1,000,000
5. 외국납부세액공제	$21,000,000 \times \dfrac{104,550,000}{215,789,474}$		(−)10,174,500
6. 가산세			1,000,000
7. 총부담세액	= 10,174,500		10,825,500

2. 감면 배제해야 할 금액

적용 배제 순서	배제되는 세액	비고
① 익금불산입	4,800,000	20,000,000 × 9% + 15,789,474 × 19%
② 세액공제		익금불산입액을 먼저 배제함
합계	4,800,000	21,000,000 − 16,200,000

[물음 2-1]

구분	금액	비고
연구 및 인력개발비 세액공제액	200,000	20,000,000 × Min(2% × 50%, 2%)

[물음 2-2]

「조세특례제한법」상 익금불산입 적용 배제 금액	88,421,053
외국납부세액공제액	12,000,000
총부담세액	19,000,000

1. 총부담세액

$200,000,000 + 13,000,000 \div 19\%$

구분	감면 후 세액	최저한세 계산	재계산
「조특법」상 익금불산입		120,000,000	
1. 과세표준	180,000,000	300,000,000	268,421,053
× 세율	9%	10%	9%, 19%
2. 산출세액	16,200,000	30,000,000	31,000,000
3. 연구·인력개발비 세액공제(ㄱ)	(−)1,000,000		(−)1,000,000
4. 감면 후 세액	15,200,000		30,000,000
5. 외국납부세액공제	외국납부세액공제(한도)		(−)12,000,000
6. 가산세	$31,000,000 \times \dfrac{104,550,000}{268,421,053} = 12,074,500$		1,000,000
7. 총부담세액			19,000,000

2. 감면 배제해야 할 금액

적용 배제 순서	배제되는 세액	비고
① 익금불산입	14,800,000	20,000,000 × 9% + 68,421,053 × 19%
② 세액공제		익금불산입액을 먼저 배제함
합계	14,800,000	30,000,000 − 15,200,000

다음의 자료를 이용해서 제조업을 운영하는 ㈜절세의 제24기 사업연도(2024년 1월 1일 ~ 2024 년 12월 31일)의 법인세 자료이다. 아래 자료를 이용하여 물음에 답하시오.

1. ㈜절세는 제24기 사업연도의 법인세 과세표준을 다음과 같이 계산하였다. 다음의 금액은 아래 5.의 외국납부세액에 대한 세무조정을 포함하지 않은 잠정적인 계산이다.

당기순이익	190,500,000원
(+)익금산입·손금불산입	150,000,000원
(−)손금산입·익금불산입	110,000,000원
(−)비과세소득	30,000,000원
과세표준	200,500,000원

   익금불산입 중에는 「조세특례제한법」상 익금불산입액 50,000,000원이 포함되어 있고, 비과 세소득은 국내 공익신탁의 신탁재산에서 생기는 소득이다.

2. ㈜절세는 제24기 사업연도에 30,000,000원의 일반연구·인력개발비가 발생했고, 동 사업연 도의 매출액은 3,000,000,000원이다. 또한, ㈜절세의 제20기 사업연도(2020년 1월 1일 ~ 2020년 12월 31일)부터 제23기 사업연도까지 발생한 일반연구·인력개발비 내역은 다음 과 같다.

2020년	2021년	2022년	2023년	합계
6,000,000원	0원	20,000,000원	28,000,000원	54,000,000원

3. ㈜절세는 제22기 사업연도까지 중소기업에 해당했으나, 제23기 사업연도부터는 중견기업에 해당하게 되었다. 중소기업 유예기간 경과 후 처음 3년간 최저한세율은 8%이다.

4. ㈜절세는 최저한세 적용대상 조세감면 중 일부를 배제할 때 과세관청이 경정하는 경우의 배제 순위를 동일하게 적용한다.

5. ㈜절세는 미국에 본점을 둔 외국자회사인 JS사 주식의 70%를 2022년에 취득했고, 2024년 4월 15일에 JS사로부터 33,000,000원의 배당금을 지급받았다. (동 배당금은 한미조세조약 에 따른 12%의 제한세율로 원천징수한 세액을 차감한 후의 금액이며, 회사는 원천징수세액을 세금과공과로 회계처리하였음) 동 배당금은 JS사의 2023년 과세기간의 이익처분에 의한 것 인데, JS사의 동 과세기간의 소득금액과 법인세액은 각각 350,000,000원과 100,000,000 원이다. 단, 외국자회사 수입배당금의 익금불산입 규정은 적용되지 아니한다.

[물음] ㈜절세의 제24기 사업연도 총부담세액을 계산하시오. 단, 법인세부담의 최소화를 가정한다.

—| 해답 |—

1. 외국납부세액

(1) 직접외국납부세액

구분	금액	비고
원천징수 전 배당금수익	37,500,000	33,000,000 ÷ (1 − 12%)
직접외국납부세액	4,500,000	37,500,000 − 33,000,000

(2) 간접외국납부세액

$$100,000,000 \times \frac{37,500,000}{350,000,000 - 100,000,000} = 15,000,000 \rightarrow 익금산입$$

(3) 외국납부세액을 반영한 과세표준

200,500,000 + 4,500,000 + 15,000,000 = 220,000,000

2. 연구·인력개발비 세액공제: Max[(1), (2)] = 4,500,000

(1) 당기 발생액 기준: 30,000,000 × 15% = 4,500,000

(2) 증가 발생액 기준: (30,000,000 − 28,000,000) × 40% = 800,000

3. 총부담세액

220,000,000 + 22,631,579

구분	감면 후 세액	최저한세 계산	재계산
「조특법」상 익금불산입		50,000,000	
1. 과세표준	220,000,000	270,000,000	242,631,579
× 세율	9%, 19%	8%	9%, 19%
2. 산출세액	21,800,000	21,600,000	26,100,000
3. 연구·인력개발비 세액공제(ㄱ)	(−)4,500,000		(−)4,500,000
4. 감면 후 세액	17,300,000		21,600,000
5. 외국납부세액공제	외국납부세액공제(한도) $$26,100,000 \times \frac{37,500,000 + 15,000,000}{242,631,579}$$ $= 5,647,451$		(−)5,647,451
6. 총부담세액			15,952,549

4. 감면 배제해야 할 금액

적용 배제 순서	배제되는 세액	비고
① 익금불산입	4,300,000	22,631,579 × 19%
② 세액공제		익금불산입액을 먼저 배제함
합계	4,300,000	21,600,000 − 17,300,000

다음은 제조업을 영위하는 ㈜호남의 제24기 사업연도(2024년 1월 1일 ~ 2024년 12월 31일) 법인세 신고 관련 자료이다. 이 자료를 이용하여 아래 물음에 답하시오. 단, 별도의 언급이 없는 한 조세부담을 최소화할 수 있는 방법으로 풀이하시오.

1. ㈜호남의 결산서상 당기순이익은 800,000,000원이며, 아래 제시된 내역을 제외하고는 세무조정사항이 없는 것으로 가정한다.

   ① 회사는 10월 5일에 제품을 인도하고 그 대금을 10월 말일부터 매월 말일에 2,000,000원씩 총 20개월에 걸쳐 회수하기로 약정하였다. 이와 관련하여 회사는 인도기준에 의하여 인도일에 할부매출액 40,000,000원과 할부매출원가 32,000,000원(원가율: 80%)을 계상하였다.

   ② 특수관계인이 아닌 거래처에 대한 전기 외상매출 누락액 100,000,000원을 당기에 회수하고 매출액으로 계상하였다.

   ③ 손익계산서상 매출액은 5,000,000,000원(특수관계인에 대한 매출액 1,000,000,000원 포함)이며, 기업업무추진비는 50,000,000원이다.

2. 제23기에 300,000,000원의 결손금이 발생하였으며, 제22기의 법인세 신고내용은 다음과 같다.

   ① 각사업연도소득에 대한 법인세 과세표준: 500,000,000원

   ② 산출세액: 100,000,000원(토지 등 양도소득에 대한 법인세 20,000,000원 포함)

   ③ 공제·감면세액: 50,000,000원

3. 사업연도별 연구 및 인력개발비(신성장동력연구개발비 또는 원천기술연구개발비는 없음)의 내역은 다음과 같다.

사업연도	연구 및 인력개발비
제20기	100,000,000원
제21기	200,000,000원
제22기	50,000,000원
제23기	150,000,000원
제24기	200,000,000원

[물음 1] ㈜호남이 중소기업일 경우와 중소기업이 아닐 경우로 구분하여 제24기 각사업연도소득에 대한 과세표준을 다음의 답안 양식에 따라 제시하시오. 단, 결손금을 소급공제하는 경우에는 공제 한도까지 최대한 소급공제하는 것으로 가정한다.

구분	중소기업	비중소기업
각사업연도소득금액		
(−)이월결손금		
과세표준		

[물음 2] ㈜호남이 중소기업일 경우와 중소기업이 아닐 경우(최초로 중소기업에 해당하지 않게 된 과세연도부터 10년이 경과하였으며, 중견기업이 아님)로 구분하여 연구 및 인력개발비 세액공제액을 다음의 답안 양식에 따라 제시하시오.

중소기업	
비중소기업	

[물음 1]

구분	중소기업	비중소기업
각사업연도소득금액	695,200,000원	726,000,000원
(−)이월결손금	(−)150,000,000원	(−)300,000,000원*
과세표준	545,200,000원	426,000,000원

* Min(300,000,000, 726,000,000 × 80%) = 300,000,000

1. 각사업연도소득금액

구분	중소기업	비중소기업
1. 당기순이익	800,000,000	800,000,000
2. 장기 할부매출	(34,000,000)	
3. 장기 할부매출원가	27,200,000	
4. 매출누락	(100,000,000)	(100,000,000)
5. 기업업무추진비 한도초과	2,000,000	26,000,000
6. 각사업연도소득금액	695,200,000	726,000,000

(1) 장기할부매출

① 매출액: 40,000,000 − 2,000,000 × 3 = 34,000,000 → 익금불산입

② 매출원가: 34,000,000 × 80% = 27,200,000 → 손금불산입

중소기업의 경우 장기할부매출의 손익귀속시기를 결산상 회계처리 여부에 관계없이 회수기일도래기준으로 적용할 수 있다. 중소기업이 아닌 경우에는 결산에 반영한 경우에 한하여 회수기일도래기준으로 적용할 수 있다.

(2) 기업업무추진비

구분	중소기업	비중소기업
기업업무추진비 지출액	50,000,000	50,000,000
한도액	48,000,000	24,000,000
한도초과액	2,000,000	26,000,000

① 중소기업 기업업무추진비 한도

36,000,000 + (50억원 − 10억원 − 1억원) × 0.3% + (10억원 × 0.3% × 10%) = 48,000,000

② 비중소기업의 기업업무추진비 한도

12,000,000 + (39억원 × 0.3%) + (10억원 × 0.3% × 10%) = 24,000,000

수입금액은 기업회계기준상 매출액을 기준으로 한다. 따라서 할부매출 조정분은 수입금액에 반영하지 아니한다. 다만, 수입금액 누락 등 기업회계기준상 매출액이 누락된 경우에는 수입금액에 반영하여야 한다.

2. 결손금 소급공제(중소기업)

구분	소급공제 전	소급공제 후	비고
과세표준	500,000,000	350,000,000	200,000,000 + 30,000,000 ÷ 20%
산출세액	80,000,000	50,000,000	감면세액과 동일
공제감면세액	(50,000,000)	(50,000,000)	감면세액은 유지
결정세액	30,000,000		환급세액: 30,000,000

(1) 소급공제되는 결손금: 500,000,000 − 350,000,000 = 150,000,000

(2) 이월되는 결손금: 300,000,000 − 150,000,000 = 150,000,000

[물음 2]

중소기업	50,000,000
비중소기업	12,500,000

1. 중소기업의 연구·인력개발비 세액공제

   Max(①, ②) = 50,000,000

   ① 증가 발생액 기준: (200,000,000 − 150,000,000) × 50% = 25,000,000

   전기 발생액(150,000,000원)이 직전 4년간 연평균 발생액(125,000,000원)을 초과하므로 증가 발생액을 적용할 수 있음

   ② 당기 지출액 기준: 200,000,000 × 25% = 50,000,000

   중소기업의 연구·인력개발비 세액공제는 최저한세 적용대상 아님

2. 비중소기업의 연구·인력개발비 세액공제

   Max(①, ②) = 12,500,000

   ① 증가 발생액 기준: (200,000,000 − 150,000,000) × 25% = 12,500,000

   전기 발생액(150,000,000원)이 직전 4년간 연평균 발생액(125,000,000원)을 초과하므로 증가 발생액을 적용할 수 있음

   ② 당기 지출액 기준: 200,000,000 × 2% = 4,000,000

   $$공제율 = Min(\frac{200,000,000}{4,900,000,000} \times 50\%, \ 2\%) = 2\%$$

   비중소기업의 연구·인력개발비 세액공제는 최저한세 적용대상이다. 연구·인력개발비 세액공제 후의 세액이 최저한세 이상이므로 해당 공제세액을 전액 적용한다.

구분	감면 후 세액	최저한세
과세표준	426,000,000	426,000,000
× 세율	× t	× 10%
산출세액	60,940,000	42,600,000
연구·인력개발비 세액공제	(−)12,500,000	
감면 후 세액	48,440,000	

다음은 제조업을 영위하는 ㈜동백(중소기업)의 제24기 사업연도(2024년 1월 1일 ~ 2024년 12월 31일) 법인세 신고 관련 자료이다. 다음 자료를 이용하여 물음에 답하시오.

1. 회사의 결산서상 당기순이익은 433,400,000원이며, 아래 제시된 내역을 제외하고 세무조정 사항은 없는 것으로 가정한다. 단, 외국자회사 수입배당금의 익금불산입 규정은 적용되지 아니한다.

   ① 손익계산서상 법인세비용: 10,000,000원

   ② 영업외수익으로 계상한 자산수증이익 25,000,000원을 이월결손금 보전에 사용하였다.

   ③ 2024년 12월 5일에 불우이웃돕기성금(10% 한도 기부금 단체, 일반기부금 단체)으로 20,000,000원을 지출하였다. 회사는 제20기 과세표준 및 세액신고 시 일반기부금 한도 초과액이 50,000,000원 있었다.

   ④ 회사는 2024년 2월 2일에 의결권 있는 지분 80%(지분취득일: 2021. 1. 20.)를 보유하고 있는 중국소재 자회사 ㈜상해로부터 배당금을 수취하였다. 회사는 배당금 20,000,000원 중 중국정부에 납부한 원천징수세액 1,000,000원을 차감한 잔액을 송금받고, 다음과 같이 회계처리하였다. 동 수입배당금에 대응되는 과세기간의 ㈜상해의 소득금액과 법인세액은 각각 27,000,000원과 2,000,000원이다.

(차)	현금	19,000,000	(대)	배당금수익	20,000,000
	법인세비용	1,000,000			

2. 결손금 발생내역

발생 사업연도	발생액	전기까지 과세표준 계산상 공제된 금액
2013년	100,000,000원	85,000,000원
2023년	80,000,000원	30,000,000원

3. 회사는 사업용 자산의 구입을 위하여 2024년 12월에 계약금으로 30,000,000원을 지출하였다. 잔금 20,000,000원은 사업용 자산의 인도일인 2025년 1월 10일에 지급한다. 이는 「조세특례제한법」상 통합세액공제대상이며 세액공제율은 3%로 가정한다.

4. 회사는 통합투자세액공제(공제율: 3%)를 신청하였으며, 외국법인세액에 대해 세액공제방법을 선택하였다.

5. 회사는 수도권과밀억제권역 외에 소재하며, 기타의 공제·감면세액은 없다.

6. 중소기업의 최저한세율은 100분의 7이다.

[물음 1] ㈜동백의 제24기 각 사업연도 소득에 대한 법인세 과세표준을 다음의 답안 양식에 따라 제시하시오.

차가감소득금액	
각사업연도소득금액	
과세표준금액	

[물음 2] ㈜동백의 제24기 각 사업연도 소득에 대한 법인세 공제·감면세액과 총부담세액을 다음의 답안 양식에 따라 제시하시오. 단, [물음 1]에 의한 과세표준금액은 300,000,000원으로 가정한다.

공제·감면세액	
총부담세액	

─| **해답** |─

[물음 1]

차가감소득금액	420,000,000
각사업연도소득금액	400,000,000
과세표준금액	360,000,000

1. 과세표준금액

구분	금액	비고
1. 당기순이익	433,400,000	
2. 법인세비용	(+)10,000,000	법인세비용에 직접외국납부세액이 포함되어 있음
3. 자산수증이익	(−)25,000,000	2013년 발생분: 15,000,000, 2023년 발생분: 10,000,000
4. 간접외국납부세액	(+)1,600,000	$2,000,000 \times \dfrac{20,000,000}{27,000,000 - 2,000,000}$
5. 차가감소득금액	420,000,000	
6. 기부금 한도초과액	(+)20,000,000	
7. 기부금 손금산입	(−)40,000,000	
8. 각사업연도소득금액	400,000,000	
9. 이월결손금	(−)40,000,000	80,000,000 − 30,000,000(기공제) − 10,000,000(보전)
10. 비과세소득		
11. 과세표준	360,000,000	

2. 기부금 한도액

(1) 기준금액

420,000,000 + 20,000,000(일반) − 40,000,000(이월결손금) = 400,000,000

(2) 일반기부금

구분	지출액	한도액	전기 이월액 손금	한도초과액
전기	50,000,000	40,000,000	40,000,000	
당기	20,000,000			20,000,000
합계	70,000,000	40,000,000*	40,000,000	20,000,000

* 한도액: 400,000,000 × 10% = 40,000,000

[물음 2]

공제·감면세액	3,500,000	900,000(통합투자세액공제) + 2,600,000(외국납부세액공제)
총부담세액	33,500,000	

1. 총부담세액

구분	감면 후 세액	최저한세 계산	재계산
1. 과세표준	300,000,000	300,000,000	300,000,000
× 세율	9%, 19%	7%	9%, 19%
2. 산출세액	37,000,000	21,000,000	37,000,000
3. 통합투자세액공제	(−)900,000		(−)900,000
4. 감면 후 세액	36,100,000		36,100,000
5. 외국납부세액공제		30,000,000 × 3%	(−)2,600,000
6. 총부담세액			33,500,000

투자가 2개 이상의 과세연도에 걸쳐서 이루어지는 경우에는 그 투자가 이루어지는 과세연도마다 해당 과세연도에 투자한 금액에 대하여 투자세액공제를 적용받을 수 있다.

2. 외국납부세액공제

구분	금액	비고
1. 외국납부세액	2,600,000	1,000,000(직접) + 1,600,000(간접)
2. 한도액	2,664,000	$37,000,000 \times \dfrac{20,000,000(배당금수익) + 1,600,000(간접)}{300,000,000}$

㈜태백은 2023. 1. 1. ~ 12. 31. 사업연도에 대한 법인세 과세표준 및 세액을 2024. 3. 30.에 신고·납부한 후, 오류가 있음을 발견하고 2024. 9. 15.에 수정신고 및 추가된 세액 등을 납부하고자 한다. 단, 1년은 365일로 가정한다.

1. 당초 신고한 법인세 과세표준 및 산출세액

   과세표준: 190,000,000원

   산출세액: 17,100,000원(= 190,000,000원 × 9%)

2. 당초신고 시 누락사항

   매출누락금액: 30,000,000원

   누락된 매출원가: 20,000,000원

   기업업무추진비 한도초과액: 7,000,000원

   가지급금 인정이자 과소신고액: 8,000,000원

[물음] 위 자료를 이용하여 2023 사업연도에 대한 법인세 수정신고 시 추가납부할 법인세액(가산세 포함)을 계산하시오. 단, 가산세 계산 시 부정과소신고와 일반과소신고를 구분하지 말고 모두 일반과소신고로 보고 계산하되, 경정이 있을 것을 미리 알고 수정신고하는 것이 아닌 것으로 한다.

| 해답 |

구분	금액	비고
당초 과세표준	190,000,000	
증가되는 소득금액	25,000,000	$30,000,000 - 20,000,000 + 7,000,000 + 8,000,000$
수정 후 과세표준	215,000,000	
세율	× 9%(19%)	
수정 후 산출세액	20,850,000	
당초 산출세액	(−)17,100,000	
산출세액 증가액	3,750,000	
과소신고가산세	187,500	$3,750,000 × 10\% × 50\%$
납부지연가산세	138,600	$3,750,000 × 0.022\% × 168$일*
추가납부할 세액	4,076,100	$3,750,000 + 187,500 + 138,600$

* 30일 + 31일 + 30일 + 31일 + 31일 + 15일(2024. 4. 1. ~ 2024. 9. 15.)

1. 가산세 감면

   법정신고기한이 지난 후 3개월 초과 6개월 이내에 수정신고한 경우에는 가산세를 50% 감면한다.

수정신고	감면율
법정신고기한이 지난 후 1개월 이내	90%
법정신고기한이 지난 후 1개월 초과 3개월 이내	75%
법정신고기한이 지난 후 3개월 초과 6개월 이내	50%
법정신고기한이 지난 후 6개월 초과 1년 이내	30%
법정신고기한이 지난 후 1년 초과 1년 6개월 이내	20%
법정신고기한이 지난 후 1년 6개월 초과 2년 이내	10%

2. 납부지연가산세 대상기간

   법인세 신고기한의 다음날부터 자진납부일까지: 2024. 4. 1. ~ 2024. 9. 15.

㈜한국은 제24기 사업연도(2024. 1. 1. ~ 2024. 12. 31.)의 신고내용에 오류 또는 누락이 있어 이에 대해 세무조사를 받은 결과, 납세지 관할 세무서장으로부터 다음과 같은 내용의 통지서를 받았다. 아래 자료를 이용하여 물음에 답하시오. 단, 1년은 365일로 가정한다.

1. 2024년 12월 30일 개인소비자에 대한 현금매출액 25,000,000원(부가가치세 별도)과 매출 원가 15,000,000원을 대표이사의 지시에 따라 고의적으로 누락하였다. 이와 관련된 세금계산서를 발행하지 않았다.

2. 회계담당자의 계산착오로 인하여 제24기 귀속분 대표이사에 대한 가지급금 인정이자 5,000,000원을 과소계상하였다.

3. 회계담당자는 대표이사의 지시에 따라 대표이사에게 부과된 제24기 귀속분 벌과금 5,000,000원을 잡비 계정으로 처리하였다.

4. 대표이사가 개인적으로 사용한 제24기 귀속분 기업업무추진비 5,000,000원(법인카드를 사용함)을 회계담당자가 의도적으로 복리후생비 계정으로 처리하였다.

5. 제24기(2024년) 사업연도의 과세표준은 300,000,000원이고, 상기 오류 또는 누락사항 이외에는 정확하게 처리하였다고 가정한다.

6. 세무조사결과 통지일은 2026. 10. 10., 납부고지일은 2026. 10. 28., 고지서상의 납부기한은 2026. 11. 30.이다.

[물음] ㈜한국이 위 추징세액을 실제로 납부한 날이 2026. 12. 5.일 때 법인세 추징대상세액의 합계를 계산하시오.

─┤ 해답 ├─

1. 과소신고금액

구분	부정과소신고	일반과소신고	비고
1. 현금매출누락	25,000,000		고의 누락
2. 매출원가누락	(−)15,000,000		매출대응
3. 인정이자 계산누락		5,000,000	계산착오
4. 벌과금 부당 계상	5,000,000		고의 인지(대표이사의 지시)
5. 기업업무추진비 부당 계상	5,000,000		담당자의 의도
합계	20,000,000	5,000,000	

2. 법인세 추가납부세액: ① + ② = 4,750,000
   ① 부정: 20,000,000 × 19% = 3,800,000
   ② 일반: 5,000,000 × 19% = 950,000

3. 과소신고가산세
(1) 부정과소신고가산세: Max(①, ②) = 1,520,000

   ① 20,000,000 × 19% × 40% = 1,520,000
   ② 25,000,000 × $\dfrac{14}{10,000}$ = 35,000

(2) 일반과소신고가산세: 5,000,000 × 19% × 10% = 95,000
(3) 과소신고가산세: 1,520,000 + 95,000 = 1,615,000

4. 납부지연가산세
(1) 지연이자
   4,750,000 × 580일 × 0.022% = 606,100
   법정납부기한의 다음날부터 납부일까지 부과한다. 이때 납부고지일부터 납부고지서에 따른 납부기한까지의 기간(2026. 10. 28. ~ 2026. 11. 30.)은 제외한다. 따라서 2025. 4. 1. ~ 2026. 10. 27.까지의 기간과 2026. 12. 1. ~ 2026. 12. 5.까지의 기간 동안만 납부지연가산세(지연이자 상당액)가 부과된다.

(2) 고지서상 체납지체
   4,750,000 × 3% = 142,500
(3) 납부지연가산세: (1) + (2)
   606,100 + 142,500 = 748,600

5. 법인세 추징세액
   ① 추가납부세액   4,750,000
   ② 과소신고·초과환급신고가산세   1,615,000
   ③ 납부지연가산세   748,600
   ④ 법인세 추징세액   7,113,600

다음은 제24기 사업연도(2024. 1. 1. ~ 2024. 12. 31.) 법인세 과세표준 및 세액신고에 대한 관할 세무서장의 경정내역이다. 다음 자료를 이용하여 물음에 답하시오. 단, 1년은 365일로 가정한다.

1. 회사는 제24기 사업연도에 대한 법인세 과세표준과 세액을 2025. 3. 28.(신고기한은 2025. 3. 31.)에 신고 및 납부하였으며, 그 내역은 다음과 같다.

   (1) 각사업연도소득금액: 300,000,000원

   (2) 이월결손금: (−)50,000,000원

   (3) 과세표준: 250,000,000원

   (4) 산출세액: 27,500,000원

   (5) 연구 및 인력개발비 세액공제: (−)3,000,000원

   (6) 기납부세액: (−)2,000,000원

   (7) 법인세 납부세액: 22,500,000원

2. 관할 세무서장의 경정내역은 다음과 같으며, 경정에 의한 산출세액은 37,000,000원이다.

   (1) 이중장부의 작성을 통한 매출누락 20,000,000원과 매출원가누락 10,000,000원

   (2) 거짓증빙의 수취(거짓임을 알고 수취함)에 의한 손금과다계상액 30,000,000원

   (3) 세무조정 착오로 인한 가지급금 인정이자 미계상액 15,000,000원

   (4) 세무조정 착오로 인한 수입배당금 익금불산입 누락액 5,000,000원

   (5) 계산착오로 인하여 연구·인력개발비 세액공제액 2,000,000원이 과다공제되었다.

3. 관할 세무서장이 경정에 의한 법인세 추징세액을 고지한 날은 2025. 7. 10.이며, 고지서상 납부기일은 2025. 7. 31.이다. 회사가 고지된 세액을 납부한 날은 2025. 7. 15.이다.

[물음 1] 관할 세무서장의 경정고지에 의하여 회사가 추가납부할 법인세액(가산세 제외)을 계산하시오. (단, 최저한세는 고려하지 말 것)

[물음 2] 과소신고가산세를 계산하시오.

[물음 3] 회사가 추가납부할 법인세액이 12,000,000원이라고 가정할 경우 납부지연가산세를 계산하시오.

[물음 1]

1. 과소신고 과세표준 구분

구분	부정과소신고	일반과소신고
1. 매출누락	20,000,000	
2. 매출원가누락	(−)10,000,000	
3. 거짓증빙 수취	30,000,000	
4. 인정이자누락		15,000,000
5. 수입배당금누락		(−)5,000,000
합계	40,000,000	10,000,000

2. 추가납부할 법인세(가산세 제외)

구분	금액	비고
1. 경정 시 산출세액	37,000,000	(250,000,000 + 50,000,000) × 세율
2. 연구인력개발비 세액공제	(1,000,000)	3,000,000 − 2,000,000
3. 기납부세액(경정 전 총부담세액)	(24,500,000)	2,000,000 + 22,500,000
4. 추가납부할 법인세액	11,500,000	

[물음 2]

1. 부정과소신고가산세

(1) 부정과소신고 부분에 대한 세액

$40,000,000 \times 19\% = 7,600,000$

(2) 부정과소신고가산세: Max(①, ②) = 3,040,000

> ① $40,000,000 \times 19\% \times 40\% = 3,040,000$
>
> ② $20,000,000^* \times \dfrac{14}{10,000} = 28,000$

* 과소신고된 과세표준 관련 수입금액

2. 일반과소신고가산세

(1) 일반과소신고 부분에 대한 세액

$10,000,000 \times 19\% + 2,000,000(과다세액공제) = 3,900,000$

(2) 일반과소신고가산세

> $(10,000,000 \times 19\% + 2,000,000) \times 10\% = 390,000$

3. 과소신고가산세

$3,040,000 + 390,000 = 3,430,000$

[물음 3]

납부지연가산세: $12,000,000 \times 100(2025. 4. 1. \sim 2025. 7. 9.) \times 0.022\% = 264,000$

다음은 ㈜제주의 제24기 사업연도 중간예납기간(2024년 1월 1일 ~ 2024년 6월 30일)을 대상으로 하는 중간예납을 위한 자료이다. 아래 자료를 이용하여 물음에 답하시오.

1. ㈜제주의 제23기(2023. 1. 1. ~ 2023. 12. 31.) 사업연도에 대한 법인세 신고 및 납부내역은 다음과 같다.

   (1) 과세표준: 300,000,000원

   (2) 산출세액: 37,000,000원

   (3) 원천징수세액: 5,000,000원

   (4) 중간예납세액: 15,000,000원

   (5) 가산세: 2,000,000원

   (6) 세액감면 및 공제액: 해당 없음

2. ㈜제주의 제24기 중간예납기간(2024. 1. 1. ~ 2024. 6. 30.)에 대한 자료는 다음과 같다.

   (1) 손익계산서상 당기순이익: 200,000,000원

   (2) 손익계산서상 법인세비용: 20,000,000원

   (3) 원천징수세액: 2,500,000원

   (4) 통합투자세액공제: 20,000,000원

   (5) 상기 외 세무조정, 비과세소득, 소득공제, 수시부과세액, 세액공제 및 세액감면 등: 해당 없음

3. ㈜제주는 제조업을 영위하고 있으며, 중소기업에 해당하는 내국법인이다.

4. 2024년 1월 1일 이후 개시하는 사업연도에 대한 법인세 신고분(중간예납 포함)부터 중소기업에 적용하는 최저한세 세율은 7%이다.

[물음] ㈜제주의 제24기 사업연도 중간예납세액을 계산하고 납부방법을 간략히 기술하시오. 단, 납부부담을 최소화할 수 있는 방법을 선택하기로 한다.

─| **해답** |──────────────────────────────

1. 직전 사업연도 실적기준에 의한 중간예납세액

구분	금액	비고
1. 직전 사업연도 산출세액	39,000,000	37,000,000 + 2,000,000(가산세)
2. 감면공제세액		
3. 원천징수세액, 수시부과세액	(5,000,000)	중간예납세액은 포함하지 않음
4. 가감 계	34,000,000	1. − 2. − 3.
5. 중간예납세액	17,000,000	$34,000,000 \times \dfrac{6}{12}$

2. 중간예납기간의 실적기준(가결산)에 의한 중간예납세액

구분	감면 후 세액	최저한세 계산	재계산
1. 당기순이익	200,000,000	200,000,000	
2. 법인세비용	20,000,000	20,000,000	
3. 과세표준	220,000,000	220,000,000	220,000,000
× 세율	9%, 19%	7%	9%, 19%
4. 산출세액	31,800,000 ─	15,400,000	31,800,000
5. 통합투자세액공제(ㄱ)	(−)20,000,000		(−)16,400,000
6. 감면 후 세액	11,800,000		15,400,000
7. 총부담세액			15,400,000
8. 기납부세액(원천징수)			(−)2,500,000
9. 중간예납세액			12,900,000

3. 중간예납산출세액(가결산 시)

$$(220,000,000 \times \dfrac{12}{6}) \times 세율 \times \dfrac{6}{12} = 31,800,000 \blacktriangleleft$$

4. 결론

가결산하여 중간예납세액 12,900,000원을 납부한다. 분납도 가능하여 10,000,000원을 먼저 8월 31일까지 납부하고, 나머지 2,900,000원은 10월 31일까지 추가납부한다.

다음은 제조업을 영위하는 중소기업이 아닌 내국 영리법인 ㈜대한과 관련된 자료이며, ㈜대한의 제24기(2024. 1. 1. ~ 2024. 12. 31.) 중간예납기간의 중간예납세액을 계산하기 위한 자료는 다음과 같다. 아래의 자료를 기초로 물음에 답하시오.

1. ㈜대한의 제23기(2023. 1. 1. ~ 2023. 12. 31.)에 대한 법인세 신고 및 납부내역은 다음과 같다.
   (1) 과세표준: ₩450,000,000
   (2) 산출세액: ₩65,500,000(토지 등 양도소득에 대한 법인세가 제외되어 있다)
   (3) 원천징수세액: ₩6,000,000
   (4) 수시부과세액: ₩8,000,000
   (5) 중간예납세액: ₩18,000,000
   (6) 공제·감면세액: ₩7,000,000
   (7) 가산세: ₩5,000,000

2. ㈜대한의 제24기 중간예납기간(2024. 1. 1. ~ 2024. 6. 30.)에 대한 자료는 다음과 같다.
   (1) 손익계산서상 당기순이익: ₩500,000,000
   (2) 익금산입 및 손금불산입: ₩120,000,000
   (3) 손금산입 및 익금불산입: ₩150,000,000
   (4) 원천징수세액: ₩5,000,000
   (5) 수시부과세액: ₩2,000,000
   (6) 연구·인력개발비에 대한 세액공제: ₩30,000,000
   (7) 고용창출투자세액공제: ₩10,000,000

3. ㈜대한에 적용되는 최저한세율은 10%이다.

[물음 1] ㈜대한의 직전 사업연도 산출세액에 의한 중간예납세액을 계산하려고 한다. 다음의 양식에 따라 ①~④의 금액을 제시하시오.

구분	금액
직전 사업연도 산출세액	①
공제·감면세액	②
기납부세액	③
중간예납세액	④

[물음 2] ㈜대한의 중간예납기간의 실적기준(가결산)에 의해 중간예납세액을 계산하려고 한다. 다음의 양식에 따라 ①~③의 금액을 제시하시오.

구분	금액
감면후세액	①
최저한세	②
중간예납세액	③

[물음 1]

구분	금액	비고
직전 사업연도 산출세액	① 70,500,000	65,500,000 + 5,000,000
공제·감면세액	② 7,000,000	
기납부세액	③ 14,000,000	6,000,000 + 8,000,000
중간예납세액	④ 24,750,000	$(70,500,000 - 7,000,000 - 14,000,000) \times \dfrac{6}{12}$

1. 직전 사업연도의 법인세로 확정된 산출세액

   가산세를 포함하고 토지 등 양도소득에 대한 법인세 및 투자·상생협력 촉진을 위한 과세특례를 적용하여 계산한 법인세액은 제외한다.

2. 공제·감면세액

   해당 사업연도의 직전 사업연도에 감면된 법인세액을 말한다. 다만, 소득에서 공제되는 금액은 제외한다.

3. 기납부세액

   직전 사업연도에 법인세로서 납부한 원천징수세액 및 수시부과세액은 포함하나 중간예납세액은 포함하지 않는다.

[물음 2]

구분	금액
감면후세액	① 39,300,000
최저한세	② 47,000,000
중간예납세액	③ 40,000,000

1. 중간예납기간의 실적기준(가결산)에 의한 중간예납세액

구분	감면 후 세액	최저한세 계산	재계산
1. 당기순이익	500,000,000	500,000,000	
2. 익금산입·손금불산입	120,000,000	120,000,000	
3. 손금산입·익금불산입	150,000,000	150,000,000	
4. 각사업연도소득금액(과세표준)	470,000,000	470,000,000	470,000,000
× 세율	9%, 19%	10%	9%, 19%
5. 산출세액	79,300,000	47,000,000	79,300,000
6. 세액공제(ㄱ)	(−)40,000,000		(−)32,300,000
7. 감면 후 세액	39,300,000		47,000,000
8. 기납부세액			(−)7,000,000
9. 중간예납세액			40,000,000

2. 중간예납산출세액(가결산 시)

   $(470,000,000 \times \dfrac{12}{6}) \times 세율 \times \dfrac{6}{12} = 79,300,000$

다음은 제조업체 ㈜한국과 관련된 자료이며, ㈜한국은 중소기업에 해당하지 않는다. ㈜한국의 제 24기 사업연도 중간예납기간(2024. 1. 1. ~ 2024. 6. 30.)의 중간예납세액을 계산하기 위한 자료는 다음과 같다. 아래 자료를 이용하여 물음에 답하시오.

1. ㈜한국의 제23기 사업연도(2023. 1. 1. ~ 2023. 12. 31.)에 대한 법인세 신고 및 납부내역은 다음과 같다.
   (1) 과세표준: 500,000,000원
   (2) 산출세액: 95,000,000원(가산세 15,000,000원과 토지 등 양도소득에 대한 법인세 5,000,000원이 포함됨)
   (3) 원천징수세액: 6,000,000원
   (4) 수시부과세액: 8,000,000원
   (5) 중간예납세액: 18,000,000원
   (6) 감면세액: 7,000,000원

2. ㈜한국의 제24기 중간예납기간(2024. 1. 1. ~ 2024. 6. 30.)에 대한 자료는 다음과 같다.
   (1) 손익계산서상 당기순이익: 400,000,000원
   (2) 익금산입 및 손금불산입: 90,000,000원
   (3) 손금산입 및 익금불산입: 70,000,000원
   (4) 원천징수세액: 7,000,000원
   (5) 수시부과세액: 3,000,000원
   (6) 외국납부세액공제: 2,000,000원
   (7) 연구·인력개발비에 대한 세액공제 : 35,000,000원(단, 위에 제시된 자료 외에는 비과세소득, 소득공제, 세액공제 및 세액감면 등은 없다고 가정한다)

3. 최저한세율은 10%이다.

[물음 1] 위의 자료를 이용하여 직전 사업연도 실적기준에 의한 중간예납세액을 계산하시오.

[물음 2] 중간예납기간의 실적기준(가결산)에 의한 ㈜한국의 중간예납세액을 계산하시오.

─┤ 해답 ├─

[물음 1]

구분	금액	비고
1. 직전 사업연도 산출세액	90,000,000	95,000,000 − 5,000,000
2. 감면공제세액	(−)7,000,000	
3. 기납부세액	(−)14,000,000	6,000,000 + 8,000,000
4. 가감 계	69,000,000	
5. 중간예납세액	34,500,000	$69,000,000 \times \dfrac{6}{12}$

$$(직전\ 사업연도\ 산출세액 - 감면공제세액 - 기납부세액) \times \frac{6}{직전\ 사업연도\ 월수}$$

① 직전 사업연도 산출세액에 가산세는 포함하고, 토지 등 양도소득에 대한 법인세 및 투자·상생협력촉진 법인세는 제외한다.

② 기납부세액에는 직전 사업연도의 원천징수세액과 수시부과세액은 포함하고 중간예납세액은 제외한다.

[물음 2]

1. 중간예납기간의 실적기준(가결산)에 의한 중간예납세액 $\boxed{400,000,000 + 90,000,000 - 70,000,000}$

구분	감면 후 세액	최저한세 계산	재계산
1. 과세표준	420,000,000	420,000,000	420,000,000
× 세율	9%, 19%	10%	9%, 19%
2. 산출세액	69,800,000	42,000,000	69,800,000
3. 연구·인력개발비 세액공제(ㄱ)	(−)35,000,000		(−)27,800,000
4. 감면 후 세액	34,800,000		42,000,000
5. 외국납부세액공제(ㄴ)			(−)2,000,000
6. 총부담세액			40,000,000
7. 기납부세액			(−)10,000,000
8. 중간예납세액			30,000,000

$\boxed{원천징수세액 + 수시부과세액}$

2. 중간예납산출세액(가결산 시)

$$\left(420,000,000 \times \frac{12}{6}\right) \times 세율 \times \frac{6}{12} = 69,800,000$$

문제 27 중간예납세액의 계산 (4) [유예]

다음은 제조업을 영위하는 ㈜한강(중소기업이 아님)의 제24기 사업연도(2024년 1월 1일 ~ 2024년 12월 31일) 법인세 신고 관련 자료이다.

1. ㈜한강의 제23기 사업연도(2023년 1월 1일 ~ 2023년 12월 31일) 법인세 신고납부내역은 다음과 같다.

   (1) 산출세액: 40,000,000원(토지 등 양도소득에 대한 법인세 5,000,000원 포함)

   (2) 공제감면세액: 4,000,000원

   (3) 중간예납세액: 15,000,000원

   (4) 원천징수세액: 2,000,000원

   (5) 가산세: 1,000,000원

2. ㈜한강의 제24기 중간예납기간(2024년 1월 1일 ~ 2024년 6월 30일)에 대한 자료는 다음과 같다.

   (1) 손익계산서상 당기순이익: 250,000,000원

   (2) 2024년 4월 1일에 대표이사에게 100,000,000원을 업무와 관련 없이 무상으로 대여하였다.

   (3) 차입금은 모두 제23기 중 차입한 것으로서 중간예납기간 중 변동은 없으며, 지급이자의 내역은 다음과 같다.

구분	차입금	이자율	지급이자
차입금 A	600,000,000원	6%	18,000,000원
차입금 B	400,000,000원	4.5%	9,000,000원

   (4) 중간예납기간 중 내국법인 현금배당(수입배당금액 익금불산입 대상이 아님) 20,000,000원과 국내은행 정기예금이자 10,000,000원을 수령하였다.

   (5) 외국납부세액공제: 8,600,000원

   (6) 연구·인력개발비에 대한 세액공제: 25,000,000원

   (7) 적격증명서류 미수취가산세: 300,000원

   (8) 제시된 자료 이외의 세무조정, 비과세소득, 소득공제, 수시부과세액, 세액공제 및 세액감면은 없다.

[물음 1] 〈자료〉의 1번을 이용하여 직전 사업연도 실적기준에 의한 중간예납세액을 제시하시오.

[물음 2] 〈자료〉의 2번을 이용하여 아래 물음에 답하시오. 단, 1년은 365일로 한다.

[물음 2-1] 제24기 중간예납기간의 세무조정 금액을 다음의 답안 양식에 따라 제시하시오. 단, 인정이자 계산 시 가중평균차입이자율을 적용한다.

지급이자 손금불산입액	
인정이자 익금산입액	

[물음 2-2] 제24기 중간예납기간의 과세표준이 300,000,000원이라고 가정하고, 중간예납기간의 실적기준(가결산)에 의한 중간예납세액을 제시하시오. 단, 최저한세율은 10%로 가정한다.

─┤ **해답** ├─

[물음 1] 직전 사업연도 실적기준에 의한 중간예납세액

구분	금액	비고
1. 직전 사업연도 산출세액	36,000,000	40,000,000 − 5,000,000 + 1,000,000
2. 감면공제세액	(−)4,000,000	
3. 기납부세액	(−)2,000,000	중간예납세액은 포함하지 않음
4. 가감 계	30,000,000	
5. 중간예납세액	15,000,000	$30,000,000 \times \dfrac{6}{12}$

[물음 2-1]

지급이자 손금불산입액	1,357,458	27,000,000 × 9,100,000,000 ÷ 181,000,000,000
인정이자 익금산입액	1,346,301	9,100,000,000 × 5.4% ÷ 365

1. 지급이자 손금불산입액
   ① 업무무관가지급금 적수: 100,000,000 × 91일(4. 1. ~ 6. 30.) = 9,100,000,000
   ② 차입금 적수: (600,000,000 + 400,000,000) × 181일(1. 1. ~ 6. 30.) = 181,000,000,000
      제시된 이자비용은 중간예납기간(1. 1. ~ 6. 30.)의 이자이다. 업무무관 적수, 차입금 적수도 모두 6개월을 기준으로 하여야 한다. 한편, 문제에 제시된 이자율은 일수를 정확히 반영한 이자가 아닌 연간 이자금액의 절반을 제시한 것이다. 이 경우 이자금액을 이자율로 나누고 365를 곱하여 계산하여도 정답으로 처리하는 것이 타당할 것이다.

2. 인정이자

(1) 가중평균차입이자율

$$6\% \times \frac{600,000,000}{1,000,000,000} + 4.5\% \times \frac{400,000,000}{1,000,000,000} = 5.4\%$$

(2) 인정이자

업무무관자산의 적수를 6개월로 반영하였으므로 연이자율(가중평균차입이자율)을 곱하고 365로 나눠서 6개월분의 이자만 계산하여 익금에 산입한다.

[물음 2-2]

1. 중간예납세액

구분	감면 후 세액	최저한세 계산	재계산
1. 과세표준	300,000,000	300,000,000	300,000,000
× 세율	9%, 19%	10%	9%, 19%
2. 산출세액	47,000,000	30,000,000	47,000,000
3. 연구·인력개발비 세액공제(ㄱ)	(−)25,000,000		(−)17,000,000
4. 감면 후 세액	22,000,000		30,000,000
5. 외국납부세액공제(ㄴ)			(−)8,600,000
6. 가산세	중간예납 시 가산세는 고려하지 않음		
7. 총부담세액			21,400,000
8. 기납부세액			(−)1,400,000
9. 중간예납세액			20,000,000

2. 중간예납산출세액(가결산 시)

$$(300,000,000 \times \frac{12}{6}) \times 세율 \times \frac{6}{12} = 47,000,000$$

3. 기납부세액

$10,000,000 \times 14\% = 1,400,000$

내국법인의 소득 중 이자소득과 집합투자기구로부터의 이익 중 투자신탁의 이익에 대해서만 원천징수대상이다. 따라서 내국법인의 현금배당은 원천징수대상이 아니다.

중소기업(설립시점부터 중소기업 아님)이 아닌 ㈜민국의 제24기 사업연도(2024. 1. 1. ~ 2024. 12. 31.) 법인세 신고 관련 자료이다. 아래의 자료를 이용하여 다음의 물음에 답하시오. 별도의 언급이 없는 한 기업회계기준에 따라 회계처리하였다고 가정한다. 다음 자료를 이용하여 물음에 답하시오.

1. 손익계산서상 매출액은 800,000,000원(국외 특수관계인 매출액 200,000,000원 포함), 법인세비용은 30,000,000원, 당기순이익은 200,000,000원이다.

2. 국내매출액에는 매출할인이 5,000,000원 포함되어 있으며, 국내매출액 50,000,000원(매출원가 20,000,000원)이 누락되었다.

3. 공익신탁재산소득 1,000,000원이 당기순이익에 포함되어 있다.

4. 2024년 1월 1일에 국고보조금 5,000,000원을 받아서 2024년 1월 29일에 사업용 기계장치를 10,000,000원에 취득하였다. 회사는 장부상 취득가액을 10,000,000원으로 계상하였으며, 감가상각방법은 정액법, 내용연수는 5년으로 신고하고, 감가상각비는 2,000,000원을 계상하였다.

5. 손익계산서상 기업업무추진비는 20,000,000원(적격증빙 수취)이다.

6. 자기주식처분이익 3,000,000원과 자기주식소각이익 3,500,000원은 자본잉여금으로 계상하였고, 자기사채소각이익 4,000,000원은 영업외수익으로 계상하였다.

7. 제13기(2013. 1. 1. ~ 12. 31.)에 발생한 세무상 이월결손금 3,000,000원과 제19기(2019. 1. 1. ~ 12. 31.)에 발생한 세무상 이월결손금 4,500,000원이 있다.

8. 연구 및 인력개발비 세액공제액은 2,300,000원이다.

9. 국외원천소득 관련 자료는 다음과 같다.

각사업연도소득금액	과세표준	외국납부세액
100,000,000원[1]	54,000,000원	7,000,000원

[1] 외국납부세액을 손금산입하지 아니한 금액임

10. 원천납부세액은 1,800,000원이며, 중간예납세액은 1,200,000원이다.

11. 기업업무추진비 수입금액 적용률은 다음과 같다.

수입금액	100억원 이하	100억원 초과 500억원 이하	500억원 초과
적용률	$\dfrac{3}{1,000}$	$\dfrac{2}{1,000}$	$\dfrac{3}{10,000}$

[물음 1] ㈜민국의 제24기 법인세 과세표준을 답안 양식에 따라 계산하시오.

당기순이익	×××
익금산입 및 손금불산입	×××
...	...
손금산입 및 익금불산입	×××
...	...
각사업연도소득금액	×××
...	...
과세표준	×××

[물음 2] ㈜민국의 제24기 법인세 과세표준이 270,000,000원이라고 가정하고, 답안 양식에 따라 법인세 차감납부할 세액 및 최대분납가능세액을 계산하시오.

과세표준	×××
...	...
산출세액	×××
...	...
총부담세액	×××
...	...
차감납부할 세액	×××
최대분납가능세액	×××

[물음 1]

당기순이익	200,000,000	비고
익금산입 및 손금불산입	95,005,000	
법인세비용	30,000,000	
매출누락	50,000,000	
국고보조금	5,000,000	기계장치 취득용 국고보조금
일시상각충당금환입	1,000,000	5,000,000 × (1,000,000 ÷ 5,000,000)
기업업무추진비 한도초과액	6,005,000	20,000,000 − 13,995,000
자기주식처분이익	3,000,000	
손금산입 및 익금불산입	(−)26,000,000	
매출원가	20,000,000	매출누락 상대조정
일시상각충당금	5,000,000	일시상각충당금 설정액
국고보조금	1,000,000	감가상각비 상계액
각사업연도소득금액	269,005,000	
이월결손금	(−)4,500,000	2013년 발생분은 공제시한 10년
비과세소득	(−)1,000,000	공익신탁의 이익
과세표준	263,505,000	

1. 매출할인

아래와 같이 회사가 대금회수시점에 매출할인금액만큼 비용으로 계상하였다고 가정하고 세무조정이 필요 없는 것으로 풀이하였다. 다만, 기업업무추진비 한도 계산 시 손익계산서상 매출액에서 5,000,000원을 차감하여야 한다.

회사의 회계처리			세법상 회계처리		
(차) 현금	95,000,000		(차) 현금	95,000,000	
비용	5,000,000		매출(할인)	5,000,000	
	(대) 매출채권	100,000,000		(대) 매출채권	100,000,000

2. 매출누락

매출이 누락된 경우에는 매출액을 익금에 산입하고 대표자상여로 처분한다. 이에 대응되는 매출원가(재고자산)는 손금에 산입하고 유보로 처분한다.

3. 공익신탁재산소득

공익신탁의 신탁재산에서 생기는 소득에 대하여는 각 사업연도의 소득에 대한 법인세를 과세하지 아니한다. 공익신탁재산소득은 비과세소득에 해당하므로 익금불산입하지 아니하고, 과세표준을 계산할 때에 각사업연도 소득금액에서 차감한다.

4. 기업업무추진비 한도액

$$12,000,000 + \begin{bmatrix} 645,000,000^{1)} \times 0.3\% \\ 200,000,000 \times 0.3\% \times 10\% \end{bmatrix} = 13,995,000$$

1) 800,000,000 − 200,000,000 + 50,000,000(매출누락) − 5,000,000(매출할인) = 645,000,000

5. 자기주식처분이익 등

구분	세법	회계처리	세무조정
자기주식처분이익	익금	자본잉여금	익금산입
자기주식소각이익	익금 아님(감자차익)	자본잉여금	없음
자기사채소각이익	익금(사채상환이익)	영업외수익	없음

6. 외국납부세액

외국납부세액공제 방법을 선택한 경우에는 외국납부세액을 손금에 산입할 수 없다. 외국납부세액이 결산상 비용에 반영되었는지 여부가 불분명하나 외국납부세액이 법인세비용에 포함되어 있다고 가정하고 풀이하였다.

[물음 2]

과세표준	270,000,000	
산출세액	31,300,000	
연구·인력개발비 세액공제	(−)2,300,000	
외국납부세액공제	(−)6,260,000	$Min(7,000,000, \ 31,300,000 \times \dfrac{54,000,000}{270,000,000})$
총부담세액	22,740,000	
기납부세액		
원천납부세액	(−)1,800,000	
중간예납세액	(−)1,200,000	
차감납부할 세액	19,740,000	
최대분납가능세액	9,740,000	19,740,000 − 10,000,000

차감납부할 세액	분납가능 세액
1천만원 이하	분납 불가
1천만원 초과 2천만원 이하	1천만원 초과 금액
2천만원 초과	세액의 50% 이하

총부담세액

구분	감면 후 세액	최저한세 계산	재계산
1. 과세표준	270,000,000	270,000,000	270,000,000
× 세율	9%, 19%	10%	9%, 19%
2. 산출세액	31,300,000	27,000,000	31,300,000
3. 연구·인력개발비 세액공제(ㄱ)	(−)2,300,000		(−)2,300,000
4. 감면 후 세액	29,000,000		29,000,000
5. 외국납부세액공제			(−)6,260,000
6. 총부담세액			22,740,000

다음은 ㈜태백의 제24기(당기) 사업연도(2024. 1. 1. ~ 2024. 12. 31.)의 법인세 신고와 관련한 자료이다. ㈜태백은 영리 내국법인이며, 중소기업이 아니다. 아래 자료를 이용하여 물음에 답하시오. 단, 외국자회사 수입배당금의 익금불산입 규정은 적용되지 아니한다.

1. ㈜태백의 당기 손익계산서상 매출액은 제품매출액 15,500,000,000원이다. 동 제품매출액은 매출환입액 200,000,000원이 차감된 금액이며, 「법인세법」상 특수관계인인 관계회사에 대한 매출액 5,000,000,000원이 포함된 금액이다.

2. ㈜태백은 손익계산서상 중단사업손익 200,000,000원을 계상하고 있으며 중단사업손익에는 중단사업부문의 매출액 5,000,000,000원이 포함되어 있다.

3. ㈜태백의 기업업무추진비(전통시장 사용금액 없음) 관련 당기 회계처리 내역은 다음과 같으며 모두 적격증빙을 수취하였다.

구분	금액	접대일	회계처리 내역
기업업무추진비 1	4,000,000원	2023. 12. 24.	당기 비용으로 회계처리
기업업무추진비 2	55,800,000원	2024. 6. 16.	선급비용으로 회계처리
기업업무추진비 3	12,000,000원	2024. 8. 17.	당기 비용(문화기업업무추진비)으로 회계처리

4. ㈜태백의 기업업무추진비 및 외국납부세액 관련 세무조정 이외의 모든 세무조정이 반영된 제24기 법인세 각사업연도소득금액은 340,000,000원이다. 이 금액에는 「조세특례제한법」에 따라 익금불산입된 40,000,000원(최저한세대상임)이 반영되어 있다.

5. 제21기에 발생한 세무상 이월결손금 40,000,000원(국내발생분)이 있으며 비과세소득과 소득공제는 없다.

6. ㈜태백은 제23기에 감독당국으로부터 분식회계를 한 사실이 적발되어 주의조치를 받았다. 이에 ㈜태백은 관할 세무서장에게 감액경정청구를 하였고 2024. 12. 10.에 감액경정을 받았다. 감액경정을 받은 과다납부세액은 1,000,000원이다.

7. ㈜태백은 외국으로 진출을 하기 위하여 외국에 본점을 둔 A사에 해외투자(지분율 50%)를 하였고(투자일 2022. 12. 31.) 해외투자처로부터 배당금(수령일 2024. 5. 2.)을 수령받았다. 동 배당금 관련 내역은 다음과 같다. ㈜태백은 외국납부세액공제를 선택하였으며 직접 납부한 국외원천징수세액은 비용으로 처리하였다.

구분	금액
수입배당금(원천징수세액 포함)	60,000,000원
수입배당금 국외원천징수세액	5,000,000원
A사 소득금액	400,000,000원
A사 법인세액	200,000,000원

8. 연구 및 인력개발비의 세액공제액은 3,000,000원이며, 중간예납세액은 1,500,000원이다.

[물음 1] ㈜태백의 제24기 사업연도의 기업업무추진비 및 외국납부세액 관련 세무조정내역을 제시하시오.

익금산입 · 손금불산입			손금산입 · 익금불산입		
과목	금액	소득처분	과목	금액	소득처분
…	…	…	…	…	…

[물음 2] ㈜태백의 제24기 사업연도의 각사업연도소득금액 및 과세표준을 계산하시오.

각사업연도소득금액	× × ×
과세표준	

[물음 3] ㈜태백의 각사업연도소득금액 340,000,000원을 기업업무추진비 및 외국납부세액을 포함한 모든 세무조정이 반영된 금액으로 가정할 경우 다음의 답안 양식에 따라 (1) 최저한세액 (2) 외국납부세액공제금액 (3) 차감납부할 세액을 구하시오. (감면배제세액이 발생할 경우 「법인세법」상 경정 시의 순서에 따른다)

(1) 최저한세액	× × ×
(2) 외국납부세액공제금액	× × ×
(3) 차감납부할 세액	× × ×

[물음 1]

익금산입·손금불산입			손금산입·익금불산입		
과목	금액	소득처분	과목	금액	소득처분
전기 발생 기업업무추진비	4,000,000	유보	선급비용	55,800,000	유보
기업업무추진비 한도초과	3,000,000	기타사외유출			
직접외국납부세액	5,000,000	기타사외유출			
간접외국납부세액	60,000,000	기타사외유출			
합계	72,000,000		합계	55,800,000	

1. 기업업무추진비 세무조정

(1) 기업업무추진비 기간귀속

기업업무추진비의 손익귀속시기는 실제로 접대가 이루어진 때이다.

구분	귀속시기	세무조정	시부인 포함 여부	당기 기업업무추진비
기업업무추진비 1	전기	[손금불산입]	×	
기업업무추진비 2	당기	[손금산입]	○	55,800,000
기업업무추진비 3	당기		○	12,000,000
합계				67,800,000

(2) 기업업무추진비 한도액

① 수입금액

일반수입금액: 15,500,000,000 − 5,000,000,000 + 5,000,000,000 = 15,500,000,000

특수관계인 수입금액: 5,000,000,000　└→ 중단사업매출액

② 일반기업업무추진비 한도액

$$12,000,000 + \left[\begin{array}{l} 100억원 \times 0.3\% + 55억원 \times 0.2\% \\ + 50억원 \times 0.2\% \times 10\% \end{array} \right. = 54,000,000$$

③ 문화기업업무추진비 한도액: Min(12,000,000, 54,000,000 × 20%) = 10,800,000

④ 기업업무추진비 한도액: 54,000,000 + 10,800,000 = 64,800,000

(3) 기업업무추진비 한도초과액

67,800,000 − 64,800,000 = 3,000,000

2. 외국납부세액

(1) 직접외국납부세액공제

수입배당금 국외원천징수세액은 직접외국납부세액공제대상이다. 당기 비용처리한 것을 손금불산입하고 세액공제를 적용한다.

(차) 현금	55,000,000	(대) 배당금수익	60,000,000
세금과공과(법인세비용)	5,000,000		

(2) 간접외국납부세액공제

배당기준일 현재 6개월 이상 외국자회사의 의결권 있는 지분의 10% 이상을 보유한 경우에는 간접외국납부세액공제 규정을 적용한다. 간접외국납부세액을 익금산입하고 세액공제를 적용한다.

$$200,000,000 \times \frac{60,000,000}{400,000,000 - 200,000,000} = 60,000,000$$

[물음 2]

각사업연도소득금액	356,200,000	340,000,000 + 72,000,000(가산조정) − 55,800,000(차감조정)
과세표준	316,200,000	356,200,000 − Min(40,000,000, 356,200,000 × 80%)

[물음 3]

(1) 최저한세액	34,000,000
(2) 외국납부세액공제금액	14,800,000
(3) 차감납부할 세액	17,500,000

1. 차감납부할 세액

구분	감면 후 세액	최저한세 계산	재계산
「조특법」상 익금불산입		40,000,000	
1. 각사업연도소득금액	340,000,000	380,000,000	340,000,000
2. 이월결손금	(−)40,000,000	(−)40,000,000	(−)40,000,000
3. 과세표준	300,000,000	340,000,000	300,000,000
× 세율	9%, 19%	10%	9%, 19%
4. 산출세액	37,000,000	34,000,000	37,000,000
5. 연구·인력개발비 세액공제(ㄱ)	(−)3,000,000		(−)3,000,000
6. 감면 후 세액	34,000,000		34,000,000
7. 외국납부세액(ㄴ)			(−)14,800,000
8. 사실과 다른 회계처리에 따른 세액공제(1,000,000 × 20%)			(−)200,000
9. 총부담세액			19,000,000
10. 기납부세액(중간예납)			(−)1,500,000
11. 차감납부할 세액			17,500,000

2. 외국납부세액공제

(1) 외국납부세액: 5,000,000 + 60,000,000 = 65,000,000

(2) 한도: $37,000,000 \times \dfrac{60,000,000 + 60,000,000}{300,000,000} = 14,800,000$

간접외국납부세액

cpa.Hackers.com

해커스 세무회계연습 2

회계사 · 세무사 · 경영지도사 단번에 합격!
해커스 경영아카데미 cpa.Hackers.com

제 **9** 장

합병 및 분할

Warm-up 문제

합병 과세구조

01 다음 자료를 이용하여 갑법인의 합병매수차익, 을법인의 양도차익, 병법인의 의제배당금액을 각각 계산하시오. 【회계사 14 수정】

(1) 갑법인은 을법인을 2024년 1월 1일에 흡수합병하였으며, 동 합병은 비적격합병에 해당한다.

(2) 합병 직전 을법인의 재무상태는 다음과 같다.

구분	장부가액	시가
자산	100,000원	120,000원
부채	30,000원	30,000원
자본금	40,000원	
자본잉여금	20,000원	
이익잉여금	10,000원	

(3) 갑법인은 을법인의 주주인 병법인에게 합병대가로 갑법인 주식 100주(1주당 액면가액 500원, 1주당 시가 800원)를 교부하고 다음과 같이 회계처리하였다.

(차) 자산	120,000	(대) 부채	30,000
		자본금	50,000
		주식발행초과금	30,000
		미지급법인세	2,500[1]
		염가매수차익	7,500

[1] 을법인의 합병에 따른 양도차익에 대한 법인세를 갑법인이 대신 납부하는 금액이다.

(4) 병법인은 두 법인의 합병 전에 을법인의 주식을 100% 소유하고 있었으며, 합병 직전 주식의 장부가액(취득가액과 동일)은 70,000원이었다.

해답

1. 합병법인의 매수차익(갑법인)
   순자산의 취득가액(시가) − 합병대가
   $= (120,000 − 30,000) − (50,000 + 30,000 + 2,500) = 7,500$

2. 피합병법인의 양도차익(을법인)
   합병법인으로부터 받은 양도가액 − 피합병법인의 순자산 장부가액
   $= 82,500 − 70,000 = 12,500$

3. 피합병법인 주주의 의제배당(병법인)
   피합병법인의 주주가 받은 재산가액 − 종전 주식의 세무상 장부가액
   $= 80,000 − 70,000 = 10,000$

합병

02 다음의 자료를 이용하여 제조업을 영위하는 내국법인 ㈜A의 제24기 사업연도(2024. 1. 1. ~ 2024. 12. 31.)의 합병 시 의제배당금액을 계산하시오.

1. 제24기 3월 중 ㈜B는 ㈜C를 흡수합병하였으며, 합병 전 ㈜A는 1주당 취득가액이 10,000원인 ㈜C의 주식 10,000주를 소유하고 있었다.

2. ㈜A는 합병대가로 ㈜B의 주식 12,000주와 ㈜C의 주식 1주당 5,000원의 합병교부금을 수령하였다.

3. 합병등기일에 교부된 ㈜B 주식의 시가는 15,000원이며 액면가액은 5,000원이다.

4. ㈜B와 ㈜C는 합병등기일 현재 1년 이상 계속하여 제조업을 영위하던 내국법인으로서, 서로 특수관계 성립요건에 해당되지 않는다.

5. 제시된 자료 이외의 고려사항은 없다.

─┤ **해답** ├───

1. **적격합병 여부**
   (1) 합병대가
      합병주식가액 + 합병교부금
      = 12,000주 × 15,000원 + 10,000주 × 5,000원 = 230,000,000원
   (2) 주식교부비율
      $\dfrac{12,000주 \times 15,000원}{230,000,000}$ ≒ 78% < 80%

      주식교부비율이 80% 미만이므로 적격합병에 해당하지 않음

2. **의제배당금액**
   합병대가 − 소멸주식의 취득원가
   = 230,000,000 − 10,000주 × 10,000원 = 130,000,000

문제 01 　합병 (1)

비상장법인인 ㈜여의도는 비상장법인인 ㈜종로를 2024. 7. 1.에 다음과 같이 흡수합병하였다. 합병일 현재 각 회사주식의 시가 및 발행주식총수 등은 다음과 같다. 제시된 자료에 근거하여 각 물음에 답하시오.

1. 각 법인의 시가 및 주주 현황

구분	㈜여의도	㈜종로
발행주식총수	2,000주	1,000주
1주당 평가액	2,000원	1,000원
주주	甲법인(100%)	乙법인(60%), 丙개인(40%)

2. 합병일 전일의 ㈜종로의 재무상태표는 다음과 같다.

재무상태표

(단위: 원)

유동자산	200,000	부채	500,000
기계장치	300,000	자본금	300,000
토지*	300,000	주식발행초과금	200,000
건물	400,000	이익잉여금	200,000
자산총계	1,200,000	부채와 자본총계	1,200,000

* 토지와 관련하여 유보액 50,000원이 있다.

3. ㈜여의도는 乙법인과 丙개인에게 ㈜여의도의 신주를 각각 300주, 200주씩 발행하여 교부하였다. 乙법인과 丙개인의 ㈜종로 주식 취득원가는 주당 200원이다.

4. 합병과 관련한 ㈜여의도는 ㈜종로의 자산·부채를 공정가치로 승계하였으며 회계처리는 다음과 같다. 또한 ㈜종로는 합병과 관련하여 아무런 회계처리도 하지 아니하였으며, 건물의 신고 내용연수는 10년이고 정액법으로 상각한다.

(차) 유동자산	200,000	(대) 부채	500,000
기계장치	300,000	자본금	200,000
토지	500,000	주식발행초과금	800,000
건물	500,000		

[물음 1] 위의 합병이 비적격합병이라고 가정할 때 양도손익과 합병매수차익을 다음 답안 양식에 제시하시오. 단, 개인 주주의 의제배당액은 계산하지 아니한다.

구분	회사명	금액
양도손익		
매수차익		
의제배당		

[물음 2] 위의 합병이 적격합병이라고 가정할 때 ㈜여의도의 세무조정을 다음 답안 양식에 나타내시오.

일자	익금산입·손금불산입			손금산입·익금불산입		
	과목	금액	소득처분	과목	금액	소득처분
2024. 7. 1.						
2024. 12. 31.						

[물음 3] 위의 합병이 적격합병이며, ㈜여의도가 2025. 6. 30.에 ㈜종로로부터 승계받은 사업을 전부 폐지한다고 가정한다. 이 경우 ㈜여의도의 2025년도 세무조정을 답안 양식에 맞추어 작성하시오.

기업명	익금산입·손금불산입			손금산입·익금불산입		
	과목	금액	소득처분	과목	금액	소득처분
㈜여의도						

[물음 1]

구분	회사명	금액
양도손익	㈜종로	250,000
매수차익	㈜여의도	0
의제배당	乙법인	480,000

1. 합병 후 주가

$$\frac{2,000주 \times 2,000 + 1,000주 \times 1,000}{2,000주 + 500주} = 2,000원$$

2. 피합병법인(종로)의 양도손익

양도가액 − 순자산 장부가액

$= 500주 \times 2,000 - (1,200,000 - 500,000 + 50,000) = 250,000$

3. 합병법인(여의도)의 합병매수차익

순자산(시가) − 합병대가

$= (1,500,000 - 500,000) - 500주 \times 2,000 = 0$

4. 피합병법인의 주주(乙법인)의 의제배당액

합병대가 − 취득원가

$= 300주 \times 2,000원 - 600주 \times 200원 = 480,000$

[물음 2]

일자	익금산입·손금불산입			손금산입·익금불산입		
	과목	금액	소득처분	과목	금액	소득처분
2024. 7. 1.	주식발행초과금	300,000	기타	자산조정계정	300,000	유보
2024. 12. 31.	자산조정계정	5,000	유보			

1. 자산조정계정

구분	시가(A)	회계상 장부가액(B)	자산조정계정(A − B)
토지	500,000	300,000	200,000
건물	500,000	400,000	100,000
합계	1,000,000	700,000	300,000

적격합병의 경우 합병법인은 피합병법인의 자산을 장부가액으로 승계한다. 다만, 회계처리상 시가로 승계하므로 시가와 장부가액의 차이를 자산조정계정으로 손금산입한다. 적격합병의 경우 유보는 승계하므로 자산조정계정 산정 시 별도로 구별할 필요는 없다.

2. 주식발행초과금

피합병법인의 양도손익이 과세되지 않으므로(양도손익에 유보금액을 합한 금액), 이를 합병법인이 익금에 산입하여야 한다. 또는 적격합병 시 합병법인은 과세되지 않으므로 회계상 손익과 세무조정을 가감한 최종 과세소득이 "0"이 되도록 주식발행초과금에서 조정된 것으로도 볼 수 있다.

3. 결산 시 세무조정(자산조정계정 추인)

$$100,000(건물의\ 자산조정계정) \times 0.1 \times \frac{6}{12} = 5,000$$

[물음 3]

기업명	익금산입·손금불산입			손금산입·익금불산입		
	과목	금액	소득처분	과목	금액	소득처분
㈜여의도	자산조정계정	295,000	유보	토지	50,000	유보

> 300,000 − 5,000

1. 관련 개념

과세특례 중단 사유가 발생하면 처음부터 비적격합병을 적용한 경우와 동일한 세부담이 이루어지도록 한다. 다만, 그 부담의 주체만 달라질 뿐이다.

> 5,000(2024년) + 295,000(2025년)

구분	비적격합병	과세특례 중단
양도손익 과세(피합병법인)	250,000	
자산조정계정(합병법인)		300,000
유보추인		△50,000
합계	250,000	250,000

2. 세무조정

과세특례 중단 사유가 발생한 경우에는 다음과 같이 세무조정한다.

① 자산조정계정 잔액을 익금산입한다. → 시가로 승계한 것으로 조정하는 개념

② 합병매수차익을 합병등기일로부터 5년간 익금에 산입한다. (문제에서는 비적격합병 시 합병법인의 매수차익이 '0'이므로 합병법인의 매수차익을 5년간 익금에 산입하는 금액이 존재하지 않는다)

③ 승계받은 세무조정사항을 추인한다.

제조업을 영위하는 비상장내국법인 ㈜A는 2024. 9. 1.(합병등기일)에 동종업종을 영위하는 특수관계인이 아닌 비상장내국법인 ㈜B를 흡수합병하였다. ㈜A와 ㈜B의 사업연도는 매년 1. 1.부터 12. 31.까지이다. 다음 자료를 이용하여 물음에 답하시오.

1. 합병 직전 ㈜B의 재무상태표상 자본은 자본금 ₩100,000,000, 이익잉여금 ₩20,000,000으로 구성되어 있으며, 자산과 부채에 관한 자료는 다음과 같다.

구분	재무상태표상 금액	시가	유보
유동자산	₩100,000,000	₩100,000,000	
건물*1)	40,000,000	50,000,000	₩5,000,000
기타 비유동자산	200,000,000	200,000,000	
자산합계	340,000,000		
유동부채	80,000,000	80,000,000	
비유동부채	140,000,000	140,000,000	
부채합계	220,000,000		

   *1) 건물의 취득일은 2019. 10. 1., 취득가액은 ₩60,000,000, 신고내용연수 및 기준내용연수는 20년, 유보는 상각부인액이며, 취득 이후 감가상각 시부인 계산은 적법하게 세무처리되었다고 가정함

2. ㈜A는 합병대가로 ㈜A의 신주(액면금액 ₩120,000,000, 시가 ₩160,000,000)를 교부하였다. 합병대가 중 ₩30,000,000에 해당되는 금액은 ㈜B의 상호에 대하여 사업상 가치가 있다고 보아 지급한 대가이다. ㈜A는 합병에 대하여 다음과 같이 회계처리하였다.

(차) 유동자산	100,000,000	(대) 유동부채	80,000,000
건물	50,000,000	비유동부채	140,000,000
기타 비유동자산	200,000,000	자본금	120,000,000
영업권	30,000,000	주식발행초과금	40,000,000

3. ㈜A는 합병으로 승계한 건물의 상각범위액 계산방법으로 양도법인의 상각범위액을 승계하는 방법을 선택하였다. 합병으로 승계한 건물의 2024년 감가상각비 계상액은 ₩1,000,000이다. 합병 전 ㈜A의 기존 건물에 대한 신고내용연수는 기준내용연수와 동일한 20년이다.

4. ㈜A의 2023년의 자본금과 적립금조정명세서(을)상 자산조정계정(건물)과 합병매수차손의 기말잔액은 ₩0이다.

5. ㈜A가 대납하는 ㈜B의 법인세 등은 ₩8,000,000이다.

6. 합병 전에 ㈜B의 주식(취득가액 ₩40,000,000)을 소유하고 있던 ㈜C는 지분율(30%)에 따라 합병대가로 ㈜A의 신주(액면금액 ₩36,000,000, 시가 ₩48,000,000)를 받았다. ㈜A와 ㈜C는 특수관계가 아니다.

[물음 1] 자료의 합병이 적격합병인 경우 ㈜A의 2024년의 자본금과 적립금조정명세서(을)상 자산조정계정(건물)의 기말잔액을 제시하시오.

[물음 2] 자료의 합병이 적격합병인 경우 ㈜A의 2024년의 자본금과 적립금조정명세서(을)상 합병으로 승계한 건물의 상각부인액의 기말잔액을 제시하시오.

[물음 3] 자료의 합병이 비적격합병인 경우 합병으로 인한 ㈜B의 양도손익을 제시하시오.

[물음 4] 자료의 합병이 비적격합병인 경우 ㈜A의 2024년의 자본금과 적립금조정명세서(을)상 합병매수차손의 기말잔액을 제시하시오.

[물음 5] 자료의 합병이 비적격합병인 경우 합병으로 인한 ㈜C의 의제배당액을 제시하시오.

─┤ **해답** ├─

[물음 1] 자산조정계정(건물)의 잔액

1. 자산조정계정(합병등기일)

   $50,000,000(시가) - 40,000,000(장부가액) = 10,000,000$

2. 자산조정계정 상각액

   $$1,000,000 \times \frac{10,000,000}{50,000,000} = 200,000$$

   합병법인이 승계한 취득가액

3. 자산조정계정 잔액

   $10,000,000 - 200,000 = 9,800,000$

구분	발생원인	합병 시	상각 또는 양도
(+)자산조정계정	시가 > 결산상 순자산 장부가액	익금불산입	익금산입
(−)자산조정계정	시가 < 결산상 순자산 장부가액	익금산입	익금불산입

[물음 2] 건물 유보잔액

1. 감가상각 시부인 계산

구분	금액	비고
1. 회사계상액	800,000	$1,000,000 - 200,000$(자산조정계정 상각)
2. 상각범위액	1,000,000	$60,000,000 \times 0.05 \times \dfrac{4}{12}$
3. 시인부족액	200,000	상각부인액 5,000,000원 있으므로 손금산입 가능함

합병등기일 이후 감가상각비

합병등기일 이후 상각

감가상각자산에 설정된 자산조정계정이 0보다 큰 경우에는 해당 자산의 감가상각비와 상계하고, 0보다 작은 경우에는 감가상각비에 가산한다.

2. 적격합병 등에 따라 취득한 자산의 상각범위액 등

적격합병, 적격분할, 적격물적분할 또는 적격현물출자에 의하여 취득한 자산의 상각범위액을 정할 때 취득가액은 적격합병 등에 의하여 자산을 양도한 법인의 취득가액으로 하고, 미상각잔액은 양도법인의 양도 당시의 장부가액에서 적격합병 등에 의하여 자산을 양수한 법인이 이미 감가상각비로 손금에 산입한 금액을 공제한 잔액으로 하며, 해당 자산의 상각범위액은 다음의 어느 하나에 해당하는 방법으로 정할 수 있다. 이 경우 선택한 방법은 그 후 사업연도에도 계속 적용한다.

① 양도법인의 상각범위액을 승계하는 방법	양도법인이 적용하던 상각방법 및 내용연수에 의하여 계산한 금액으로 함
② 양수법인의 상각범위액을 적용하는 방법	양수법인이 적용하던 상각방법 및 내용연수에 의하여 계산한 금액으로 함

3. 유보잔액

$5,000,000 - 200,000 = 4,800,000$

[물음 3] 피합병법인의 양도손익(비적격합병)

구분	금액	비고
1. 양도가액	168,000,000	160,000,000(합병법인 신주의 시가) + 8,000,000(법인세 대납액)
2. 순자산 장부가액	125,000,000	340,000,000 - 220,000,000 + 5,000,000(유보)
3. 양도손익	43,000,000	

합병법인이 대납하는 법인세는 합병대가에 포함한다. 다만, 피합병법인 주주가 직접 지급받는 것은 아니므로 의제배당에는 포함하지 아니한다.

[물음 4] 합병매수차손의 기말잔액

1. 합병매수차손

구분	금액	비고
1. 양도가액	168,000,000	160,000,000(합병법인 신주의 시가) + 8,000,000(법인세 대납액)
2. 순자산 시가	130,000,000	350,000,000 − 220,000,000
3. 양도손익	38,000,000	

합병매수차손은 합병매수차익과 달리 합병법인이 피합병법인의 상호·거래관계, 그 밖의 영업상의 비밀 등에 대하여 사업상 가치가 있다고 보아 대가를 지급한 경우에 한하여 손금으로 인정한다. 문제에서 30,000,000 원만 사업상 가치가 있다고 하였는데, 현실적으로 법인세 대납액을 제외하고 30,000,000원만 구분하여 사업상 가치가 있다고 판단하기는 어렵다.

2. 합병매수차손 상각액

$$38,000,000 \times \frac{4}{60} = 2,533,333$$

3. 합병매수차손 기말잔액

$$38,000,000 - 2,533,333 = 35,466,667$$

4. 세무조정

> 대납한 법인세 8,000,000원을 영업권으로 처리한 것으로 가정

[손금산입]	영업권	38,000,000	△유보
[손금불산입]	합병매수차손	38,000,000	유보
[손금산입]	합병매수차손	2,533,333	유보

참고

사업상 가치가 있다고 판단되는 30,000,000원에 한하여 합병매수차손을 손금산입하는 것으로 가정한다면, 법인세 대납액은 손금불산입(기타)처리되어야 한다. 즉, 회사가 영업권으로 계상한 경우에는 손금산입(△유보), 손금불산입(기타)한다. 이 경우 합병매수차손 기말잔액은 28,000,000원(= 30,000,000 × 56 ÷ 60)이 된다.

[물음 5] 피합병주주의 의제배당액

구분	금액	비고
1. 합병대가	48,000,000	법인세 대납액은 피합병법인 주주가 직접 받은 것이 아님
2. 취득가액	40,000,000	합병으로 인해 소멸되는 주식의 취득가액
3. 의제배당	8,000,000	

해커스 세무회계연습 2

제9장 합병 및 분할

다음은 합병과 관련된 자료를 읽고 물음에 답하시오. 단, ㈜A는 ㈜B로부터 승계한 사업을 계속하였고 적격합병요건 중 고용승계요건은 충족한 것으로 가정한다.

1. ㈜A법인은 ㈜B법인을 흡수합병하였다. 합병 전 甲법인은 ㈜B의 주식을 20,000주(지분율 100%) 보유하고 있었으며, 취득원가는 주당 5,000원이다.

2. ㈜甲은 합병대가로 ㈜A의 주식 10,000주를 수령하였으며, 동시에 ㈜B의 주식 1주당 아래 물음에 제시된 금액의 합병교부금을 함께 수령하였다.

3. 합병 후 ㈜A의 주식의 시가는 20,000원이었다. ㈜A와 ㈜B는 합병등기일 현재 1년 이상 계속하여 제조업을 영위하던 내국법인이며, 합병 후 지분의 양도는 없었다. 또한, ㈜A와 ㈜B는 서로 특수관계인에 해당되지 아니한다.

[물음] 1주당 합병교부금이 2,000원인 경우와 3,000원인 경우로 나누어 갑법인의 의제배당금액을 계산하시오.

---| 해답 |---

1주당 합병교부금	2,000원	3,000원
의제배당금액	40,000,000원	160,000,000원

1-1. 1주당 합병교부금이 2,000원인 경우
  ① 합병대가: 10,000주 × 20,000원 + 20,000주 × 2,000원 = 240,000,000

  ② 주식교부비율: $\dfrac{200,000,000}{240,000,000}$ = 83.33% ≥ 80% → 적격합병

1-2. 1주당 합병교부금이 3,000원인 경우
  ① 합병대가: 10,000주 × 20,000원 + 20,000주 × 3,000원 = 260,000,000

  ② 주식교부비율: $\dfrac{200,000,000}{260,000,000}$ = 76.92% < 80% → 비적격합병

2. 적격합병 의제배당금액
  합병대가 − 주식의 취득원가
  = (합병교부주식가액 + 합병교부금) − 주식의 취득원가
  = {Min(시가, 종전의 장부가액) + 합병교부금} − 주식의 취득원가
  = {Min(200,000,000, 20,000주 × 5,000원) + 40,000,000} − 20,000주 × 5,000원
  = 40,000,000원 → 합병교부금만 과세됨

3. 비적격합병 의제배당금액
  합병대가 − 주식의 취득원가
  = (합병교부주식가액 + 합병교부금) − 주식의 취득원가
  = (10,000주 × 20,000원 + 60,000,000) − (20,000주 × 5,000원)
  = 160,000,000원

㈜말복은 당기 중 특수관계인이 아닌 ㈜중복을 2024. 1. 2.에 흡수합병하였다. 다음 합병 관련 자료에 의하여 각 물음에 대하여 답하시오.

1. ㈜중복은 비상장·비등록 제조법인으로 중소기업에 해당하지 않는다. ㈜중복의 합병 직전 재무상태표는 다음과 같다.

재무상태표

(단위: 원)

토지	500,000	부채	500,000
기계장치	400,000	자본금	350,000
		주식발행초과금	5,000
		자기주식처분이익	5,000
		이익잉여금	40,000
자산총계	900,000	부채 및 자본총계	900,000

(1) ㈜중복의 자본금과 적립금 조정명세서(을)에는 기계장치에 대한 감가상각부인액 100,000원이 있다. 피합병법인의 세무조정사항은 승계가 가능한 경우 승계하기로 한다.

(2) 자본은 자본금 350,000원, 자본잉여금 10,000원(주식발행초과금 5,000원, 자기주식처분이익 5,000원)과 이익잉여금 40,000원으로 구성되어 있다.

2. ㈜말복의 합병시점에서의 회계처리는 다음과 같다.

(차) 토지	770,000	(대) 부채	500,000
기계장치	500,000	자본금	320,000
		주식발행초과금	380,000
		염가매수차익(당기손익)	70,000

(1) 합병대가로 지급한 주식은 시가 700,000원(액면 320,000원)이다.

(2) 합병 시 자산 및 부채는 공정가액으로 승계한 것이며 합병일 현재 피합병법인 유형자산의 시가는 승계 시의 가액과 동일한 1,270,000원이다.

3. 회사는 당기 말 기계장치의 감가상각비 100,000원을 계상하였다.

[물음 1] 위 제시된 과세특례요건을 충족하지 못한 경우(상황 1)와, 과세특례요건을 충족한 경우(상황 2)로 구분하여 합병법인 ㈜말복에 필요한 세무조정을 다음 답안 양식에 따라 제시하시오.

구분		익금산입 및 손금불산입			손금산입 및 익금불산입		
		과목	금액	소득처분	과목	금액	소득처분
상황 1	2024. 1. 2.						
	2024. 12. 31.						
상황 2	2024. 1. 2.						
	2024. 12. 31.						

[물음 2] ㈜말복은 2024. 12. 31.에 합병 시 계상한 「상법」상 합병차익을 전부 자본에 전입하였다. 합병 후 합병법인 주식의 10% 지분을 보유하고 있는 ㈜배당의 무상주 수령과 관련된 의제배당액을 다음과 답안 양식과 같이 구분하여 제시하시오.

구분	의제배당금액
비적격합병의 경우	
적격합병의 경우	

[물음 1] 합병법인 ㈜말복의 세무조정

구분		익금산입 및 손금불산입			손금산입 및 익금불산입		
		과목	금액	소득처분	과목	금액	소득처분
상황 1	2024. 1. 2.				합병매수차익	70,000	유보
	2024. 12. 31.	합병매수차익	14,000	유보			
상황 2	2024. 1. 2.	주식발행초과금	300,000	기타	자산조정계정	370,000	유보
	2024. 12. 31.	자산조정계정	20,000	유보			

1. 과세특례요건을 충족하지 못한 경우(비적격합병)

(1) 합병매수차익

$(770,000 + 500,000 - 500,000) - 700,000 = 70,000$

(2) 세무조정

합병매수차익은 60개월 동안 균등분할하여 익금에 산입한다. 따라서 당기손익 처리한 염가매수차익(합병매수차익)을 익금불산입한 후, 당기 귀속분(1년)을 다시 익금산입한다.

2. 과세특례요건을 충족한 경우(적격합병)

(1) 자산조정계정

$(1,270,000 - 500,000) - (900,000 - 500,000) = 370,000$

적격합병의 경우, 피합병법인의 기계장치 관련 유보를 승계한다. 따라서 자산조정계정을 구할 때 별도로 유보 승계가액을 반영하지 아니한다.

(2) 주식발행초과금

피합병법인의 양도손익이 과세되지 않으므로(양도손익에 유보추인금액을 합한 금액), 이를 합병법인이 익금에 산입하여야 한다. 또는 적격합병 시 합병법인은 과세되지 않으므로 회계상 손익과 세무조정을 가감한 최종 과세소득이 "0"이 되도록 주식발행초과금에서 조정된 것으로도 볼 수 있다.

사안에서 피합병법인의 양도손익은 다음과 같으며 유보추인액은 100,000원이다.

$700,000(합병대가) - (900,000 - 500,000 + 100,000) = 200,000$

(3) 결산 시 자산조정계정

$$자산조정계정 \times \frac{감가상각비}{합병 후 시가} = 100,000 \times \frac{100,000}{500,000} = 20,000$$

[물음 2]

구분	의제배당금액
비적격합병의 경우	7,000
적격합병의 경우	41,500

1. 합병차익

  승계한 순자산가액 − (자본금 증가액 + 합병교부금 지급액)

  = 주식발행초과금 + 합병매수차익(익금항목)

  = (1,270,000 − 500,000) − 320,000 = 450,000

2. 합병차익의 구성

(1) 비적격합병

  합병매수차익은 이익잉여금으로 대체되어 과세되는 잉여금에 해당한다. 주식발행초과금은 피합병법인 주주가 납입한 자본금에 해당하므로 이를 자본에 전입하더라도 과세하지 않는다.

「상법」상 합병차익	금액	의제배당 여부	비고
합병매수차익	70,000	O	과세되지 않는 잉여금이 먼저 자본에 전입되는 것으로 본다.
주식발행초과금	380,000	×	
합계	450,000		

  주식발행초과금은 감자차익 30,000원, 피합병법인의 주식발행초과금 5,000원, 자기주식처분이익 5,000원, 피합병법인의 이익잉여금 40,000원, 양도손익 300,000원(유보추인 포함)으로 구성된다.

(2) 적격합병

  피합병법인의 장부를 그대로 승계하므로 자본계정은 합병 전 피합병법인의 장부상 자본금액을 기준으로 하여야 한다.

「상법」상 합병차익	금액	의제배당 여부	비고
자산조정계정	370,000	O	과세되지 않는 잉여금이 먼저 자본에 전입되는 것으로 본다.
합병감자차익	30,000	×	
주식발행초과금 승계액	5,000	×	
자기주식처분이익 승계액	5,000	O	
이익잉여금 승계액	40,000	O	
합계	450,000		

3. 의제배당금액

(1) 비적격합병의 경우

  70,000 × 10% = 7,000

(2) 적격합병의 경우

  (370,000 + 5,000 + 40,000) × 10% = 41,500

甲법인은 乙법인(발행주식총수 1,000주)을 2024년 1월 2일에 흡수합병하였다. 甲법인과 乙법인은 모두 합병등기일 현재 1년 이상 사업을 계속한 내국법인이며, 합병 후 주주의 변동은 없는 것으로 가정한다. 또한 2024. 12. 31.까지 甲법인은 乙법인으로부터 승계한 사업을 계속하였고, 과세이연요건 중 고용승계요건을 충족하는 것으로 가정한다.

1. 乙법인의 2023. 12. 31. 재무상태표

재무상태표   (단위: 원)

토지	10,000,000	부채	10,000,000
건물	20,000,000	자본금	5,000,000
		주식발행초과금	5,000,000
		이익잉여금	10,000,000
자산총계	30,000,000	부채 및 자본총계	30,000,000

2. 甲법인은 乙법인의 주식 300주를 합병등기일 현재 보유하고 있으며, 취득일 및 취득 주식 수는 다음과 같다.

취득일자	주식 수
2021. 7. 1.	50주
2022. 7. 1.	250주

3. 甲법인은 乙법인의 나머지 주주(700주)에게만 乙법인 주식 1주당 甲법인 주식 1주를 지급하였으며, 합병 후 1주당 시가는 40,000원이다.

4. 甲법인의 합병 관련 회계처리는 다음과 같다.

(차) 토지	10,000,000	(대) 부채	10,000,000
건물	30,000,000	자본금	3,500,000
영업권	10,000,000	주식발행초과금	24,500,000
		투자주식	12,000,000

토지와 건물은 시가로 평가한 것이며, 영업권으로 계상한 금액은 상호·거래관계 그 밖의 영업상 비밀 등에 대하여 사업상 가치가 있다고 보아 지급한 경우에 해당한다. 건물의 내용연수는 20년이며, 세법상 범위액만큼 감가상각하였다.

5. 乙법인은 합병 시 양도손익과 관련된 아무런 회계처리도 하지 아니하였다.

[물음 1] 甲법인이 乙법인의 지배주주인 경우, 다음의 답안 양식에 따라 甲법인과 乙법인의 2024년 세무조정을 하시오.

구분		익금산입 및 손금불산입			손금산입 및 익금불산입		
		과목	금액	소득처분	과목	금액	소득처분
회사명	2024. 1. 2.						
	2024. 12. 31.						

[물음 2] 甲법인이 乙법인의 지배주주가 아닌 경우, 다음의 답안 양식에 따라 甲법인과 乙법인의 2024년 세무조정을 하시오.

구분		익금산입 및 손금불산입			손금산입 및 익금불산입		
		과목	금액	소득처분	과목	금액	소득처분
회사명	2024. 1. 2.						
	2024. 12. 31.						

[물음 1]

구분		익금산입 및 손금불산입			손금산입 및 익금불산입		
		과목	금액	소득처분	과목	금액	소득처분
甲	2024. 1. 2.	합병매수차손	10,000,000	유보	영업권	10,000,000	유보
	2024. 12. 31.				합병매수차손	2,000,000	유보
乙	2024. 1. 2.	양도손익	20,000,000	기타			

$$10,000,000 \times \frac{1}{5} \times \frac{12}{12}$$

1. 적격합병 여부 판단 → 80% 미만이므로 비적격합병

$$주식교부비율 = \frac{합병법인의\ 주식\ 등의\ 가액^{3)}}{합병대가의\ 총합계액} = \frac{700주 + 300주^{1)} - 250주^{2)}}{700주 + 300주^{1)}} = 75\% < 80\%$$

[1] 합병포합주식 등에 대해서는 합병교부주식 등을 교부하지 않더라도 그 지분비율에 따라 합병교부주식을 교부한 것으로 보아 합병교부주식 등의 가액을 계산한다.

[2] 합병법인이 합병등기일 현재 지배주주인 경우에는 합병법인이 합병등기일 전 2년 이내에 취득한 합병포합주식은 합병교부금으로 간주한다.

[3] 총합계액 − 교부금 등

2. 甲(합병법인의 세무조정)

(1) 합병매수차손 = 순자산가액 − 합병대가

= $(40,000,000^{1)} - 10,000,000) - 40,000,000^{2)} = \triangle 10,000,000$

[1] 영업권가액은 합병매수차손 그 자체에 해당하므로 순자산가액에 포함하지 아니한다.

[2] 700주 × 40,000 + 300주(포합주식) × 40,000

(2) 세무조정

① 세무상 자산으로 인정되지 아니하는 영업권을 손금에 산입한다.

② 피합병법인의 상호·거래관계, 그 밖의 영업상의 비밀 등에 대하여 사업상 가치가 있다고 보아 대가를 지급한 경우 합병매수차손은 5년간 균등하게 나누어 손금에 산입한다.

3. 乙의 양도손익

양도가액(포합주식 포함) − 순자산 장부가액

= (700주 + 300주) × 40,000 − (30,000,000 − 10,000,000) = 20,000,000

└→ 교부의제

[물음 2]

구분		익금산입 및 손금불산입			손금산입 및 익금불산입		
		과목	금액	소득처분	과목	금액	소득처분
甲	2024. 1. 2.	주식발행초과금	20,000,000	기타	영업권	10,000,000	유보
					자산조정계정	10,000,000	유보
	2024. 12. 31.	자산조정계정	500,000	유보			

$$10,000,000 \div 20년$$

1. **적격합병 여부 판단 → 80% 이상이므로 적격합병**

$$주식교부비율 = \frac{합병법인의 \ 주식 \ 등의 \ 가액}{합병대가의 \ 총합계액} = \frac{700주 + 300주 - 50주^*}{700주 + 300주} = 95\% \geqq 80\%$$

* 250주 − 1,000주 × 20% = 50주

합병법인이 합병등기일 현재 피합병법인의 지배주주가 아닌 경우에는, 합병등기일 전 2년 이내 취득한 포합주식이 피합병법인의 발행주식총수의 20%를 초과하는 부분만 합병교부금으로 간주한다.

2. **甲(합병법인의 세무조정)**

(1) **자산조정계정(건물)**

시가 승계액 − 피합병법인의 순자산 장부가액

= 30,000,000 − 20,000,000 = 10,000,000

(2) **주식발행초과금**

피합병법인의 양도손익이 과세되지 않으므로, 이를 합병법인이 익금에 산입하여야 한다. 또는 적격합병 시 합병법인은 과세되지 않으므로 회계상 손익과 세무조정을 가감한 최종 과세소득이 "0"이 되도록 주식발행초과금에서 조정된 것으로도 볼 수 있다.

(3) **영업권**

합병 시 취득한 영업권은 세법상 자산으로 인정하지 않으므로 감액한다.

3. 乙법인은 적격합병이므로 세무조정사항이 없다.

비상장 내국법인인 ㈜갑은 특수관계인이 아닌 비상장 내국법인 ㈜을을 흡수합병하였다. (합병등기일: 2024년 7월 5일) 합병당사법인은 모두 제조업을 영위하고 있다. 정관상 사업연도는 매년 1월 1일부터 12월 31일까지이며, 각 물음과 관련된 공통 자료는 다음과 같다. 각 물음은 독립적이다.

〈공통자료〉

1. ㈜을의 합병 직전 재무상태표

(단위: 원)

유동자산	50,000,000	부채	80,000,000
구축물	50,000,000	자본금	20,000,000
토지	100,000,000	주식발행초과금	30,000,000
		이익잉여금	70,000,000
합계	200,000,000	합계	200,000,000

2. 합병 직전 ㈜을이 보유한 자산의 시가는 다음과 같으며, 부채의 시가는 장부가액과 동일하다.

구분	금액
유동자산	50,000,000원
구축물	100,000,000원
토지	150,000,000원

3. 물음에서 별도의 언급이 없는 한 ㈜을의 자산 및 부채와 관련된 유보(또는 △유보) 사항은 없다고 가정한다.

4. 물음에서 별도의 언급이 없는 한 ㈜갑이 납부하는 ㈜을의 법인세는 없다고 가정한다.

〈추가자료 ①〉

1. 합병 직전 ㈜을의 주주 관련 사항은 다음과 같다.

주주	지분비율	취득가액
㈜갑	30%	10,000,000원
㈜병	70%	40,000,000원

㈜갑은 ㈜을의 주식을 2022년 7월 10일에 취득하였으며, ㈜병과는 특수관계가 아니다.

2. ㈜갑은 ㈜병에게 합병대가로 액면가액 20,000,000원(시가 42,000,000원)의 ㈜갑의 신주를 교부하고 10,500,000원의 합병교부금을 지급하였다. 합병포합주식에 대해서는 ㈜갑 주식과 합병교부금을 지급하지 않았다.

3. 합병대가 중 주식가액이 차지하는 비율이 80% 이상이어야 한다는 요건을 제외하고 다른 과세이연요건은 모두 충족된다고 가정한다.

[물음 1] 〈추가자료 ①〉을 이용하여 합병대가 중 주식가액이 차지하는 비율이 80% 이상인지 여부를 구체적으로 제시하시오.

[물음 2] [물음 1]의 결과에 따른 ㈜병의 의제배당금액을 제시하시오.

〈추가자료 ②〉

1. 합병등기일 현재 ㈜을의 토지 계정에는 취득세와 관련된 유보금액 4,000,000원이 있다.

2. ㈜갑은 ㈜을의 유일한 주주인 ㈜병에게 합병대가로 액면가액 50,000,000원(시가 150,000,000원)의 ㈜갑의 신주를 교부하고 20,000,000원의 합병교부금을 지급하였다. ㈜병은 ㈜을의 주식을 50,000,000원에 취득하였으며, ㈜갑과 특수관계가 아니다.

3. ㈜갑은 ㈜을의 자산과 부채를 합병등기일 현재 시가로 취득하고 한국채택국제회계기준에 따라 아래와 같이 회계처리하였다.

(차) 유동자산	50,000,000	(대) 부채	80,000,000
구축물	100,000,000	현금	20,000,000
토지	150,000,000	자본금	50,000,000
		주식발행초과금	100,000,000
		염가매수차익(수익)	50,000,000

[물음 3] 법인세부담 최소화를 가정하고 〈추가자료 ②〉를 이용하여 위의 합병이 비적격합병으로 간주될 경우 다음의 금액을 답안 양식에 따라 제시하시오.

[물음 3-1] 합병으로 인한 ㈜을의 양도손익

양도가액	
순자산 장부가액	
양도손익	

[물음 3-2] 합병과 관련된 ㈜갑의 2024 사업연도의 세무조정

익금산입 및 손금불산입			손금산입 및 익금불산입		
과목	금액	소득처분	과목	금액	소득처분

[물음 3-3] 합병으로 인해 발생하는 ㈜병의 의제배당금액

[물음 1]

1. 관련 쟁점

> 합병법인이 합병등기일 전 취득한 합병포합주식이 있는 경우에는 그 합병포합주식에 대하여 합병교부주식을 교부하지 아니하더라도 그 지분비율에 따라 합병교부주식을 교부한 것으로 보아 합병교부주식의 가액을 계산한다. (「법인세법 시행령」 제80조 제1항 제2호 가목 단서)

쟁점은 기타 주주에 대하여 주식과 교부금을 함께 지급한 경우, 합병포합주식에 대하여 기타 주주에게 지급한 주식에 상당하는 부분만 주식을 교부한 것으로 볼지 아니면 기타 주주에게 지급한 주식과 교부금을 포함한 금액에 대해 주식을 교부한 것으로 볼지 여부이다. '합병교부주식을 교부하지 않더라도'라는 문언에 충실하게 '주식에 상당하는 부분만' 주식을 교부한 것으로 본다는 의견(1설)과 논리적으로 기타 주주에게 지급한 교부금에 해당하는 부분까지 합쳐서 주식을 교부한 것으로 본다는 의견(2설)으로 나뉜다. 명문의 규정이 미비하므로 어느 설로 풀이하여도 상관없겠으나, 2설로 풀이하는 것으로 한다.

2. 적격합병 여부 판단

(1) 1설(합병법인에는 금전을 교부하지 않은 것으로 보는 학설)

구분	주식	교부금	합계
갑(30%)	18,000,000	0	18,000,000
병(70%)	42,000,000	10,500,000	52,500,000
합계	60,000,000	10,500,000	70,500,000

① 합병교부주식 중 금전교부 간주액

$$18,000,000 \times \frac{30\% - 20\%}{30\%} = 6,000,000$$

갑은 지배주주가 아니므로 2년 내 취득한 주식 중 지분의 20%를 초과하는 분에 대해 교부금을 수령한 것으로 본다.

② 합병대가 중 주식교부비율

$$주식교부비율 = \frac{70,500,000 - 6,000,000 - 10,500,000}{70,500,000} = 76.6\% < 80\%$$

(2) 2설(합병법인에도 금전을 교부한 것으로 보는 학설)

구분	주식	교부금	합계
갑(30%)	18,000,000	4,500,000	22,500,000
병(70%)	42,000,000	10,500,000	52,500,000
합계	60,000,000	15,000,000	75,000,000

① 합병교부주식 중 금전교부 간주액

$$22,500,000 \times \frac{30\% - 20\%}{30\%} = 7,500,000$$

갑은 지배주주가 아니므로 2년 내 취득한 주식 중 지분의 20%를 초과하는 분에 대해 교부금을 수령한 것으로 본다.

② 합병대가 중 주식교부비율

$$주식교부비율 = \frac{75,000,000 - 7,500,000 - 10,500,000}{75,000,000} = 76\% < 80\%$$

[물음 2]

1. 합병대가: $42,000,000 + 10,500,000 = 52,500,000$

   ① 비적격합병이므로 합병교부주식은 시가로 평가한다.

   ② 의제배당 계산 시 합병대가는 주식가액과 금전 등 기타 재산가액의 합계액으로 하며, 합병포합주식 교부 간주액과 합병법인의 법인세 대납액은 포함하지 아니한다.

2. 피합병법인 주식의 장부가액: $40,000,000$

3. 의제배당금액: $52,500,000 - 40,000,000 = 12,500,000$

[물음 3 - 1] 합병으로 인한 ㈜을의 양도손익

양도가액	170,000,000	150,000,000 + 20,000,000
순자산 장부가액	124,000,000	(200,000,000 − 80,000,000) + 4,000,000(유보)
양도손익	46,000,000	

[물음 3 - 2] 합병과 관련된 ㈜갑의 2024 사업연도의 세무조정

익금산입 및 손금불산입			손금산입 및 익금불산입		
과목	금액	소득처분	과목	금액	소득처분
합병매수차익	5,000,000	유보	합병매수차익	50,000,000	유보

1. 합병매수차익

   $(300,000,000 - 80,000,000) - (150,000,000 + 20,000,000) = 50,000,000$

2. 결산 시 익금산입할 합병매수차익(5년간 균등하게 익금)

   $$50,000,000 \times \frac{1}{5} \times \frac{6}{12} = 5,000,000$$

[물음 3 - 3] 합병으로 인해 발생하는 ㈜병의 의제배당금액

$150,000,000 + 20,000,000 - 50,000,000 = 120,000,000$

제조업을 영위하는 비상장 내국법인 ㈜A는 2024. 10. 10.(합병등기일)에 동종업종을 영위하는 특수관계인이 아닌 비상장 내국법인 ㈜B를 흡수합병하였다. ㈜A와 ㈜B의 정관상 사업연도는 매년 1. 1.부터 12. 31.까지이다. 각 물음은 서로 독립적이다.

〈자료 1〉 다음은 ㈜B의 합병 직전 재무상태표와 시가 자료이다.

1. 합병 직전 ㈜B의 재무상태표

재무상태표 (단위: 원)

유동자산	40,000,000	부채	50,000,000
토지	100,000,000	자본금	20,000,000
건물	20,000,000	주식발행초과금	30,000,000
		이익잉여금	60,000,000
합계	160,000,000	합계	160,000,000

2. ㈜B가 합병 직전 보유한 자산의 시가 자료는 아래와 같으며, 부채의 장부가액과 시가는 동일하다.

구분	금액
유동자산	₩40,000,000
토지	120,000,000
건물	40,000,000
합계	₩200,000,000

3. ㈜B의 자산 및 부채와 관련된 유보(또는 △유보)는 없다고 가정한다.

4. ㈜A가 납부하는 ㈜B의 법인세는 없다고 가정한다.

〈자료 2〉 다음은 ㈜B의 주주 관련 사항 및 합병대가와 관련된 자료이다.

1. 합병 직전 ㈜B의 주주 관련 사항은 다음과 같다.

주주	취득가액	지분비율
㈜A	₩20,000,000	40%
㈜C	30,000,000	60%

2. ㈜A는 ㈜C와 특수관계가 아니며, ㈜A는 ㈜B의 주식을 2022. 10. 15.에 취득하였다.

3. ㈜A는 ㈜C에게 합병대가로 시가 ₩40,000,000(액면가액 ₩20,000,000)인 ㈜A의 신주를 교부하고, 추가적으로 합병교부금 ₩8,000,000을 지급하였다. 합병포합주식에 대해서는 ㈜A의 주식과 합병교부금을 지급하지 않았다.

4. 과세를 이연하기 위한 조건은 피합병법인의 주주가 합병으로 인하여 받은 합병대가의 총합계액 중 합병법인의 주식가액이 80% 이상이어야 한다는 조건을 제외하고는 모두 충족하였다고 가정한다.

[물음 1] 〈자료 1〉과 〈자료 2〉를 이용하여 다음 요구사항에 답하시오.

[물음 1-1] 합병 시 금전교부 간주액은 얼마인지 구체적으로 제시하시오.

[물음 1-2] 합병대가의 총합계액 중 합병법인의 주식가액이 차지하는 비율을 구체적으로 제시하고, 이에 따른 ㈜C의 의제배당금액을 제시하시오.

〈자료 3〉 다음은 합병등기일 현재 ㈜A와 ㈜B의 합병 관련 자료이다.

1. 합병등기일 현재 ㈜B의 자본금과 적립금 조정명세서(을)에는 토지의 취득세와 관련된 세무조정사항 ₩2,000,000(△유보)이 있다.

2. ㈜C는 유일한 ㈜B의 주주이며, ㈜A는 ㈜B의 합병대가로 ㈜C에게 시가 ₩150,000,000 (액면가액 ₩80,000,000)인 ㈜A의 신주를 교부하였다. 또한 ㈜A는 합병교부금으로 ₩20,000,000을 ㈜C에게 지급하였다. ㈜C는 ㈜B의 주식을 ₩40,000,000에 취득하였으며, ㈜A와 ㈜C는 특수관계가 아니다.

3. ㈜A는 합병등기일 현재 시가로 ㈜B의 자산과 부채를 취득하였으며 한국채택국제회계기준에 따라 아래와 같이 회계처리하였다.

(차) 유동자산	40,000,000	(대) 부채	50,000,000
토지	120,000,000	현금	20,000,000
건물	40,000,000	자본금	80,000,000
영업권	20,000,000	주식발행초과금	70,000,000

4. ㈜B의 합병 직전 재무상태표상 자산의 장부가액은 ₩160,000,000이고 부채의 장부가액은 ₩50,000,000이다.

5. 위의 합병은 적격합병이 아니다.

[물음 2] 〈자료 3〉을 이용하여 다음 요구사항에 답하시오. (단, 세부담 최소화를 가정함)

[물음 2-1] 합병과 관련된 ㈜A의 세무조정을 하시오.

[물음 2-2] ㈜B의 합병으로 인한 양도손익을 제시하시오.

[물음 2-3] ㈜C의 합병으로 인한 의제배당금액을 제시하시오.

[물음 1-1] 금전교부 간주액

(1) 1설(합병법인에는 금전을 교부하지 않은 것으로 보는 학설)

구분	주식	교부금	합계
A(40%)	26,666,666	0	26,666,666
C(60%)	40,000,000	8,000,000	48,000,000
합계	66,666,666	8,000,000	74,666,666

합병교부주식 중 금전교부 간주액

$$26,666,666 \times \frac{40\% - 20\%}{40\%} = 13,333,333$$

A는 지배주주가 아니므로 2년 내 취득한 주식 중 지분의 20%를 초과하는 분에 대해 교부금을 수령한 것으로 본다.

(2) 2설(합병법인에도 금전을 교부한 것으로 보는 학설)

구분	주식	교부금	합계
A(40%)	26,666,667	5,333,333	32,000,000
C(60%)	40,000,000	8,000,000	48,000,000
합계	66,666,667	13,333,333	80,000,000

합병교부주식 중 금전교부 간주액

$$32,000,000 \times \frac{40\% - 20\%}{40\%} = 16,000,000$$

A는 지배주주가 아니므로 2년 내 취득한 주식 중 지분의 20%를 초과하는 분에 대해 교부금을 수령한 것으로 본다.

[물음 1-2] 주식교부비율

1. 주식교부비율

(1) 1설(합병법인에는 금전을 교부하지 않은 것으로 보는 학설)

$$주식교부비율 = \frac{74,666,666 - 13,333,333 - 8,000,000}{74,666,666} = 71.4\% < 80\%$$

(2) 2설(합병법인에도 금전을 교부한 것으로 보는 학설)

$$주식교부비율 = \frac{80,000,000 - 16,000,000 - 8,000,000}{80,000,000} = 70\% < 80\%$$

2. 의제배당금액

(1) 합병대가: 40,000,000(비적격합병이므로 시가) + 8,000,000 = 48,000,000

(2) 취득가액: 30,000,000

(3) 의제배당금액: 48,000,000 - 30,000,000 = 18,000,000

[물음 2-1]

[손금산입]	영업권	20,000,000	△유보
[익금산입]	합병매수차손	20,000,000	유보
[손금산입]	합병매수차손	1,000,000	△유보

$$20,000,000 \times \frac{1}{5} \times \frac{3}{12}$$

1. 합병매수차손

   $(200,000,000 - 50,000,000) - (150,000,000 + 20,000,000) = △20,000,000$

   영업권가액은 합병매수차손 그 자체에 해당하므로 순자산가액에 포함하지 아니한다.

2. 세무조정

   ① 세무상 자산으로 인정되지 아니하는 영업권을 손금에 산입한다.

   ② 피합병법인의 상호·거래관계, 그 밖의 영업상의 비밀 등에 대하여 사업상 가치가 있다고 보아 대가를 지급한 경우 합병매수차손은 5년간 균등하게 나누어 손금에 산입한다.

[물음 2-2] B의 양도손익

(1) 양도가액: $150,000,000 + 20,000,000 = 170,000,000$

(2) 순자산 장부가액: $160,000,000 - 50,000,000 - 2,000,000 = 108,000,000$

(3) 양도손익: $170,000,000 - 108,000,000 = 62,000,000$

[물음 2-3] C의 의제배당금액

(1) 합병대가: $150,000,000 + 20,000,000 = 170,000,000$

(2) 취득가액: $40,000,000$

(3) 의제배당금액: $170,000,000 - 40,000,000 = 130,000,000$

비상장법인인 가나주식회사(당기 제24기)는 특수관계인이 아닌 비상장 중소기업인 남산주식회사(당기 제14기)를 2024년 6월 20일자로 흡수합병하였다. 합병당사법인은 모두 제조업을 영위하고 있으며 정관상 사업연도는 매년 1월 1일부터 12월 31일까지이다.

1. 남산주식회사의 합병일 현재 재무상태표

재무상태표

(단위: 천원)

현금	98,000	매입채무	165,000
재고자산	50,000	장기차입금	120,000
구축물	167,000	자본금	200,000
토지	300,000	주식발행초과금	50,000
		이익잉여금	80,000
자산총계	615,000	부채 및 자본총계	615,000

2. 남산주식회사의 2023년 7월 1일 유상증자 전·후 주주별 내역

(단위: 주)

주주	유상증자 전 주식 수	유상증자	유상증자 후
가주주(거주자)	4,000	8,000	12,000
나주주(거주자)	4,000	8,000	12,000
다제조㈜	2,000	4,000	6,000
라제조㈜	10,000	포기	10,000
합계	20,000	20,000	40,000

3. 남산주식회사는 유상증자 시 신주 저가발행(1주당 발행가액 5,000원)에 따라 라제조㈜가 포기한 주식을 다른 주주에게 지분율에 따라 재배정하였다. 재배정에 의한 가주주의 증여재산가액은 50,000,000원이다. 다제조㈜는 유상증자 전 주식 2,000주를 15,000,000원에 취득하였으며, 다제조㈜와 라제조㈜는 「법인세법」상 특수관계 있는 비상장법인이다. 불균등증자 관련 세무조정 등은 정상적으로 처리하였다.

4. 당기(제14기) 남산주식회사의 세무조정과 관련된 추가정보

① 구축물 취득일자 2019년 1월 1일, 취득원가 200,000,000원, 신고내용연수 25년, 잔존가치는 없으며, 전기 말 현재 상각부인액 1,000,000원(유보)이 있다. 당기 감가상각비 8,000,000원은 판매비와 관리비로 계상하였다.

② 일반기업업무추진비 23,200,000원 중 4,000,000원은 비용으로 처리하고 나머지는 토지에 포함되어 있다.

③ 손익계산서상 매출액 200,000,000원(특수관계인과의 거래는 없음)이고, 합병 관련 양도손익은 손익계산서에 포함되어 있지 않다.

④ 남산주식회사의 당기 법인세 등 세금부담액은 가나주식회사가 부담하지 않는다.

5. 가나주식회사는 합병대가로 신주(액면가액 200,000,000원, 시가 450,000,000원)를 발행하였으며, 합병일 현재 남산주식회사 주주에게는 지분율에 비례해서 주식을 지급하였다.

[물음 1] 비적격합병으로 간주할 경우 피합병법인인 남산주식회사의 당기 제14기 법인세 과세표준 및 산출세액을 계산하기 위한 세무조정을 다음 답안 양식에 따라 작성하시오.

익금산입·손금불산입			손금산입·익금불산입		
과목	금액	소득처분	과목	금액	소득처분

[물음 2] 비적격합병의 경우 다제조㈜의 의제배당금액을 계산하시오.

[물음 3] 만일, 자료 5의 가정을 다음과 같이 변경할 경우에 피합병법인의 양도손익을 계산하시오. 단, 비적격합병이라고 가정한다.

① 합병 당시 남산주식회사의 주주 내역

주주	주식 수	지분율
가나주식회사(합병법인)	4,000주	10%
다라주식회사	36,000주	90%

② 합병대가로 다라주식회사에 발행한 신주가액은 450,000,000원(액면 200,000,000원)이며, 가나주식회사에는 주식을 발행하지 아니하였다.

③ 남산주식회사의 당기 법인세 등 세금부담액은 20,000,000원이며, 이를 가나주식회사가 부담하였다.

[물음 1]

익금산입·손금불산입			손금산입·익금불산입		
과목	금액	소득처분	과목	금액	소득처분
감가상각비	4,000,000	유보	토지	600,000	유보
기업업무추진비 한도초과	4,600,000	기타사외유출			
양도손익	115,600,000	기타			

1. 구축물 감가상각비 시부인 계산(의제사업연도 2024. 1. 1. ~ 2024. 6. 20.)

$$8,000,000 - 200,000,000 \times \frac{1}{25} \times \frac{6}{12} = 4,000,000(상각부인액)$$

2. 기업업무추진비 한도초과액

구분	기업업무추진비 해당액	한도초과액	자산조정
판매비와 관리비	4,000,000	4,000,000	
토지	19,200,000	600,000	△600,000
합계	23,200,000	4,600,000	

기업업무추진비 한도액: $36,000,000 \times \dfrac{6}{12} + 200,000,000 \times \dfrac{3}{1,000} = 18,600,000$

3. 피합병법인의 양도손익

(1) 양도가액: 450,000,000

(2) 피합병법인의 순자산 장부가액: 330,000,000 + (1,000,000 + 4,000,000 − 600,000) = 334,400,000

(3) 양도손익: 450,000,000 − 334,400,000 = 115,600,000

[물음 2]

1. 합병대가

$$450,000,000 \times \frac{6,000주}{40,000주} = 67,500,000$$

2. 소멸되는 주식의 취득원가

$$15,000,000 + 4,000주 \times 5,000 + 50,000,000 \times \frac{2,000주}{4,000주} = 60,000,000$$

재배정에 의한 가주주의 증여재산가액은 50,000,000원이므로 다제조㈜의 불균등증자로 인해 분여받은 이익은 25,000,000원임을 추정할 수 있다.

3. 의제배당금액

67,500,000 − 60,000,000 = 7,500,000

[물음 3]

구분	금액	비고
합병대가	520,000,000	$450,000,000 + 450,000,000 \times \dfrac{10\%}{90\%} + 20,000,000$
순자산 장부가액	(−)334,400,000	330,000,000 + 4,400,000(유보잔액)
양도손익	185,600,000	

① 포합주식이 있는 경우 주식을 발행하지 않더라도 발행한 것으로 간주하여 합병대가에 가산한다.

② 양도손익 계산 시 피합병법인의 법인세부담액은 합병대가에 포함한다. 다만, 주주의 의제배당을 계산할 때는 포함하지 아니한다.

다음의 분할 관련 자료에 따라 물음에 답하시오.

1. ㈜여의도는 인터넷사업부와 게임사업부로 구성되어 있으며, 2024년 1월 2일에 인터넷사업부를 분할하여 ㈜종로를 설립하였다.

2. ㈜여의도의 분할일 직전 재무상태표는 다음과 같다.

재무상태표 (단위: 천원)

구분	사업부		합계	구분	사업부		합계
	인터넷	게임			인터넷	게임	
유동자산	2,000	2,000	4,000	유동부채	2,000	1,000	3,000
토지	3,000	4,000	7,000	자본금			5,000
건물	2,000	3,000	5,000	자본잉여금			2,000
				이익잉여금			6,000
합계	7,000	9,000	16,000	합계			16,000

3. 분할 직전 인터넷 사업부 관련 유보사항은 토지 1,000,000원(유보)이 있다.

4. ㈜종로는 ㈜여의도의 주주 甲법인에게 주식 500주(액면 5,000원)를 신주발행하였다. 한편, 甲법인(지분율 100%)은 ㈜여의도의 주식 중 절반을 반납하고 ㈜종로의 주식을 수령한 것이며, 분할 전 甲법인이 보유한 ㈜여의도 주식의 세무상 장부가액은 10,000,000원이다. 甲법인은 분할 시 주식 거래와 관련하여 아무런 회계처리도 하지 아니하였다.

5. ㈜종로는 자산 및 부채를 분할 당시 시가로 계상하였으며, 회계처리는 다음과 같다.

(차) 유동자산	2,000,000	(대) 유동부채	2,000,000
토지	5,000,000	자본금	2,500,000
건물	3,000,000	주식발행초과금	4,500,000
		수익(I/S)	1,000,000

6. ㈜종로가 甲법인에 발행한 주식의 시가는 7,000,000원이다.

[물음 1] ㈜여의도와 ㈜종로의 분할이 과세특례요건을 충족하지 못한다고 가정할 때, 분할시점의 각 당사자별 세무조정을 하시오. 단, 수입배당금 익금불산입 규정은 고려하지 아니한다.

[물음 2] ㈜여의도와 ㈜종로의 분할이 과세특례요건을 충족한다고 가정할 때, 분할시점의 각 당사자별 세무조정을 하시오. 단, 수입배당금 익금불산입 규정은 고려하지 아니한다.

─┤ 해답 ├───

제시된 자료의 분할은 인적분할이다. ㈜여의도의 주주(분할법인의 주주)에게 ㈜종로의 주식(분할신설법인의 주식)을 교부하고 있기 때문이다.

[물음 1] 비적격분할인 경우

1. ㈜여의도의 세무조정: 분할법인의 양도차익
   ① 양도차익: 양도가액(주식의 시가) − 분할한 사업부의 순자산가액
   $$= 7,000,000 − (7,000,000 − 2,000,000 + 1,000,000) = 1,000,000$$
   ② 세무조정

[익금산입]	양도손익	1,000,000	기타

2. ㈜종로의 세무조정: 분할신설법인의 분할매수차익
   ① 분할매수차익: 순자산의 공정가치 − 분할대가
   $$= (10,000,000 − 2,000,000) − 7,000,000 = 1,000,000$$
   ② 세무조정

[익금불산입]	분할매수차익	1,000,000*	△유보

   * 분할매수차익을 익금불산입한 후 5년간 균등하게 나누어 익금에 산입한다.

3. 甲법인의 세무조정: 분할법인 주주의 의제배당
   ① 의제배당: $7,000,000 − 10,000,000 × 50\% = 2,000,000$
   ② 세무조정

[익금산입]	의제배당	2,000,000	유보

▶ 합병과 인적분할의 비교

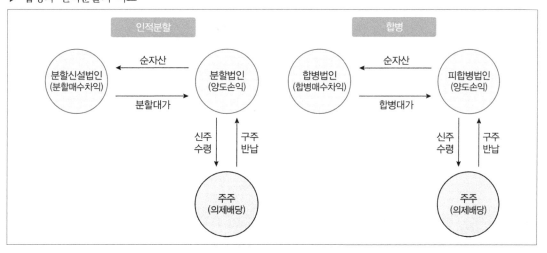

[물음 2] 적격분할인 경우

1. ㈜여의도의 세무조정: 분할법인의 양도차익

    ① 양도차익: 양도가액(순자산 장부가액) − 분할한 사업부의 순자산기액

               $= 6,000,000 - (7,000,000 - 2,000,000 + 1,000,000) = 0$

    ② 세무조정: 없음

2. ㈜종로의 세무조정: 분할신설법인의 자산조정계정

구분	시가(A)	장부가액(B)	자산조정계정(A − B)
유동자산	2,000,000	2,000,000	
토지	5,000,000	3,000,000	2,000,000
건물	3,000,000	2,000,000	1,000,000
합계	10,000,000	7,000,000	3,000,000

[손금산입]	자산조정계정	3,000,000	△유보
[익금산입]	주식발행초과금	2,000,000	기타

3. 甲법인의 세무조정: 분할법인 주주의 의제배당

    분할대가 − 소멸주식 취득가액

    $= 5,000,000 - 10,000,000 \times 50\% = 0$

다음의 분할 관련 자료에 따라 물음에 답하시오.

1. ㈜여의도는 인터넷사업부와 게임사업부로 구성되어 있으며, 2024년 10월 1일 인터넷사업부를 분할하여 ㈜종로를 설립하였다. ㈜여의도의 주식은 모두 甲법인이 보유하고 있다.

2. ㈜여의도의 분할일 직전 재무상태표는 다음과 같다.

재무상태표 (단위: 천원)

구분	사업부		합계	구분	사업부		합계
	인터넷	게임			인터넷	게임	
유동자산	2,000	2,000	4,000	유동부채	2,000	1,000	3,000
토지	3,000	4,000	7,000	자본금			5,000
건물	2,000	3,000	5,000	자본잉여금			2,000
				이익잉여금			6,000
합계	7,000	9,000	16,000	합계	╳		16,000

3. ㈜종로는 ㈜여의도에게 신주 500주를 교부하였으며, 신주의 시가는 18,000원이다.

4. 분할신설법인인 ㈜종로는 ㈜여의도의 자산·부채를 공정가치로 승계하였으며, 회계처리는 다음과 같다.

(차) 유동자산	2,000,000	(대) 유동부채	2,000,000
토지	5,000,000	자본금	2,500,000
건물	4,000,000	주식발행초과금	6,500,000

5. 분할법인 ㈜여의도의 회계처리는 다음과 같다.

(차) 유동부채	2,000,000	(대) 유동자산	2,000,000
투자주식	9,000,000	토지	3,000,000
		건물	2,000,000
		처분이익	4,000,000

[물음 1] 다음의 답안 양식에 따라 분할 당시의 분할 관련된 세무조정금액을 계산하시오. 단, 해당금액이 없는 경우는 "0"으로 기재하고, 익금산입·손금불산입의 경우에는 (+) 표시를, 손금산입·익금불산입의 경우에는 (−)표시를 기재하시오.

구분	과세특례요건을 만족하지 못하는 경우	과세특례요건을 만족하는 경우
㈜여의도		
㈜종로		
甲법인		

[물음 2] [물음 1]과는 관계없이 적격분할이라고 가정한다. 2024. 12. 31.에 ㈜여의도가 ㈜종로의 주식을 20%를 처분함과 동시에 ㈜종로가 승계한 토지를 처분하였다고 가정할 때, ㈜여의도의 세무조정을 하시오.

| 해답 |

[물음 1]

구분	과세특례요건을 만족하지 못하는 경우	과세특례요건을 만족하는 경우
㈜여의도	0	(−)4,000,000
㈜종로	0	0
甲법인	0	0

분할신설법인의 주식을 모두 분할법인에 교부하므로 물적분할에 해당한다.

1. 과세특례요건을 만족하지 못하는 경우

(1) ㈜여의도: 분할법인
   ① 양도차익: 분할대가(시가) − 순자산 장부가액
      $= 9,000,000 - (7,000,000 - 2,000,000) = 4,000,000$
   ② 세무조정: 4,000,000원을 수익(주식처분이익)으로 계상하였으므로 세무조정은 없다.

(2) ㈜종로: 분할신설법인
   분할법인으로 승계한 자산을 공정가액으로 계상하였으므로 세무조정은 없다.

(3) 甲법인: 분할법인의 주주
   물적분할에서 분할법인의 주주는 아무런 과세문제가 발생하지 아니한다.

2. 과세특례요건을 만족하는 경우

(1) ㈜여의도: 분할법인
   압축기장충당금: 물적분할의 경우 분할법인은 주식의 처분이익에 대하여 압축기장충당금을 설정할 수 있다.

   $$설정대상금액 = Min \begin{bmatrix} 분할로\ 취득한\ 주식가액 = 9,000,000 \\ 양도차익 = 4,000,000 \end{bmatrix}$$

[손금산입]	압축기장충당금	4,000,000 △유보

(2) ㈜종로: 분할신설법인
   분할법인으로 승계한 자산을 공정가액으로 계상하였으므로 세무조정은 없다.

(3) 甲법인: 분할법인의 주주
   물적분할에서 분할법인의 주주는 아무런 과세문제가 발생하지 아니한다.

[물음 2]

1. 압축기장충당금 환입액: 압축기장충당금 잔액 × 환입비율

2. 환입비율: 주식처분비율(ⓐ) + 승계한 자산 처분비율(ⓑ) − ⓐ × ⓑ

3. 자산처분비율(ⓑ): $\dfrac{2,000,000}{4,000,000}$ = 50%*

* 양도차익의 비율로 안분함

승계자산	분할등기일 시가	분할등기일 전 장부가액	양도차익
토지	5,000,000	3,000,000	2,000,000(50%)
건물	4,000,000	2,000,000	2,000,000(50%)
합계	9,000,000	5,000,000	4,000,000

① 환입비율: 20% + 50% − 20% × 50% = 60%
② 압축기장충당금 환입액: 4,000,000 × 60% = 2,400,000

[익금산입]	압축기장충당금	2,400,000	유보

토지 100% 처분: 2,000,000

토지 2,000,000

건물 400,000

주식 20% 처분: 2,000,000 × 20% = 400,000

해커스 세무회계연습 2

회계사 · 세무사 · 경영지도사 단번에 합격!
해커스 경영아카데미 cpa.Hackers.com

제 **10** 장

기타 법인세

Warm-up 문제

비영리법인

01 다음 중 장학사업을 영위하는 비영리법인 J장학회의 제24기 사업연도(2024. 1. 1. ~ 12. 31.)의 고유목적사업준비금과 관련된 자료이다. 고유목적사업준비금 관련 세무조정으로 인한 소득금액 증감액을 계산하시오. 단, 이자 상당액은 고려하지 않기로 한다.

(1) 제24기 소득금액내역

소득	금액	비고
이자소득금액	50,000,000원	비영업대금의 이익은 없음
배당소득금액	30,000,000원	

(2) 고유목적사업준비금 적립 및 사용내역

사업연도	적립액	사용액	잔액
제18기	100,000,000원	100,000,000원	-
제19기	200,000,000원	180,000,000원	20,000,000원
제20기	230,000,000원	-	250,000,000원
제21기	150,000,000원	-	400,000,000원
제22기	200,000,000원	-	600,000,000원
제23기	200,000,000원	-	800,000,000원

(3) 제24기 사업연도 중 J장학회가 고유목적사업에 지출한 금액은 없다.

(4) J장학회는 주식회사 외부감사에 관한 법률에 따른 회계감사대상법인이며, 당기에 법정한도까지 고유목적사업준비금을 이익처분하였다.

| 해답 |

1. 준비금 설정 한도액

구분	금액	비고
이자소득	50,000,000	50,000,000 × 100%
배당소득	30,000,000	30,000,000 × 100%
준비금 한도액	80,000,000	

2. 준비금 환입
   제19기분 20,000,000원

3. 세무조정
   [익금산입] 고유목적사업준비금 환입   20,000,000원 (기타)
   [손금산입] 고유목적사업준비금   80,000,000원 (기타)

   * 제19기분 고유목적사업준비금 적립액을 5년 이내(제20기, 제21기, 제22기, 제23기, 제24기) 사용하지 않은 경우에는 5년이 되는 날이 속하는 사업연도(제24기)에 익금에 산입하여야 한다.

4. 소득금액 증감액: (−)80,000,000 + 20,000,000 = (−)60,000,000

02 다음은 제조업을 영위하는 영리 내국법인 ㈜A가 제24기(2024. 1. 1. ~ 2024. 12. 31.) 말에 해산하기로 결의한 후의 해산등기일 현재 재무상태 등에 관한 자료이다. ㈜A의 청산소득금액을 계산하시오.
【회계사 16】

> (1) 제24기 해산등기일(2024. 12. 31.) 현재 재무상태표는 다음과 같다.
>
> 재무상태표
>
> | 토지 | 35,000,000* | 차입금 | 35,000,000 |
> |---|---|---|---|
> | 건물 | 66,000,000* | 자본금 | 50,000,000 |
> | 기계장치 | 12,000,000* | 자본잉여금 | 10,000,000 |
> | | | 이익잉여금 | 18,000,000 |
> | 합계 | 113,000,000 | 합계 | 113,000,000 |
>
> * 청산과정 중 토지는 40,000,000원, 건물은 70,000,000원, 기계장치는 15,000,000원으로 환가하여 차입금 상환 등에 사용되었다.
>
> (2) 제24기 말 현재 세무상 이월결손금은 37,000,000원이다.
>
> (3) 합병이나 분할에 의한 해산이 아니며, ㈜A는 「채무자의 회생 및 파산에 관한 법률」에 따른 회생계획인가 결정 또는 「기업구조조정촉진법」에 따른 경영정상화계획의 이행에 대한 약정을 체결한 법인이 아니다.

──┤ **해답** ├──

구분	금액	비고
1. 잔여재산가액	90,000,000	(40,000,000 + 70,000,000 + 15,000,000) − 35,000,000
2. 세무상 자기자본	50,000,000	50,000,000 + Max[(10,000,000 + 18,000,000 − 37,000,000), 0]
3. 청산소득금액	40,000,000	1. − 2.

비영리 내국법인인 영솔법인은 「사립학교법」에 따른 학교법인이다. 다음은 영솔법인의 제24기 (2024년 1월 1일 ~ 12월 31일) 고유목적사업과 수익사업에 관련된 자료이다. 다음 자료를 이용하여 물음에 답하시오.

1. 영솔법인의 제24기 고유목적사업에서 발생한 소득은 200,000,000원이다.

2. 영솔법인의 제24기 고유목적사업 이외의 사업과 관련하여 발생한 소득은 다음과 같다.

   (1) 사업소득

   ① 부동산 임대업: 100,000,000원

   ② 연구 및 개발업(비상업용): 50,000,000원

   (2) 이자소득

   ① 예금이자: 70,000,000원

   ② 비영업대금의 이익: 30,000,000원

   (3) 배당소득

   ① 주권상장법인인 A사 배당: 30,000,000원

   ② 투자신탁(집합투자증권) 이익: 20,000,000원

   (4) 유형자산(고유목적사업에 2년 동안 사용)의 처분으로 인한 수입: 200,000,000원

   (5) 파생상품 매매이익: 30,000,000원

3. 영솔법인의 제24기 특례기부금(「법인세법」 제24조 제2항에 따른 기부금) 손금산입액은 100,000,000원이고, 제23기 발생한 세무상 이월결손금은 50,000,000원이다.

[물음 1] 영솔법인의 제24기 수익사업소득금액을 다음 답안 양식에 따라 제시하시오.

구분	금액
(1) 사업소득	
(2) 이자소득	
(3) 배당소득	
(4) 유형자산 처분수입	
(5) 파생상품 매매이익	
합계	

[물음 2] 영솔법인의 수익사업소득금액을 500,000,000원(특례기부금을 손금에 산입하기 전의 소득금액)으로 가정할 경우, 고유목적사업준비금의 손금산입 한도액을 구하시오. 단, 영솔법인은 이자소득 등에 대하여 분리과세를 선택하지 않았다.

---| 해답 |---

[물음 1]

구분	금액	비고
(1) 사업소득	100,000,000	
(2) 이자소득	100,000,000	70,000,000 + 30,000,000
(3) 배당소득	50,000,000	30,000,000 + 20,000,000
(4) 유형자산 처분수입	200,000,000	
(5) 파생상품 매매이익	0	
합계	450,000,000	

1. 사업소득

   사업소득 중 연구 및 개발업은 수익사업에서 제외한다. 다만, 계약 등에 의하여 그 대가를 받고 연구 및 개발 용역을 제공하는 사업은 수익사업으로 본다.

2. 유형자산 처분수입

   비영리법인이 유형자산의 처분일 현재 3년 이상 계속하여 원래부터 고유목적사업에 직접 사용한 유형자산의 처분이익은 과세하지 아니한다. 따라서, 회사의 고유목적사업에 2년 동안 사용한 유형자산의 처분수입은 수익사업소득에 포함한다. 수익사업에서 고유목적사업으로 전출한 고정자산을 3년 이상 고유목적사업에 직접 사용 시 전출 이후 발생한 처분수입(양도가액 – 고유목적사업 전출 시 시가)만 비과세한다.

3. 파생상품 매매이익

   파생상품 매매이익은 수익사업소득으로 열거되어 있지 아니하므로 법인세가 과세되지 아니한다. 다만, 이자부상품 또는 배당부상품의 거래와 파생상품이 결합된 경우 해당 파생상품의 거래이익은 이자소득 또는 배당소득으로 보아 수익사업소득에 포함한다.

[물음 2]

1. 고유목적사업준비금 설정액

   $(500{,}000{,}000 - \underline{100{,}000{,}000} - \underline{50{,}000{,}000}) \times 100\% = 350{,}000{,}000$

   ⌐→ 특례기부금   ⌐→ 이월결손금

2. 고유목적사업준비금 한도액

(이자소득의 금액 + 배당소득의 금액) × 100% + (수익사업소득금액 − 이월결손금) × 설정비율

   ① 「사립학교법」에 따른 학교법인은 수익사업소득금액에 100%를 곱하여 고유목적사업준비금의 손금산입 한도액을 계산한다.

   ② 수익사업소득금액은 특례기부금을 손금에 산입한 후 금액을 말한다.

3. 비영리법인의 특례기부금과 일반기부금의 사례

1. 사업소득금액	10,000	
2. 일반기부금	(2,000)	
3. 특례기부금	(3,000)	
4. 당기순이익	5,000	
5. 일반기부금	2,000	손금불산입항목(고유목적사업 지출로 봄)
6. 고유목적사업준비금 설정대상 소득	7,000	
7. 고유목적사업준비금(100% 설정 가정)	(7,000)	특례기부금 손금산입 후의 금액을 기준
8. 각사업연도소득금액	0	

   특례기부금을 손금에 산입하기 전의 금액(10,000원)을 기준으로 고유목적사업준비금을 설정하게 되면 비영리법인의 수익사업소득금액을 계산할 때, 특례기부금 지출액을 중복하여 차감하는 결과가 된다.

비영리법인인 국세재단의 고유목적사업과 수익사업에 관한 자료이다. 국세재단은 「공익법인의 설립·운영에 관한 법률」에 따른 비영리법인이 아니다. 법인세부담 최소화를 가정하고 아래 자료에 근거하여 각 물음에 답하시오.

> 1. 국세재단의 수익사업 관련 자료이다.
>   (1) 이자소득
>   ① 은행 정기예금이자: 50,000,000원
>   ② 비영업대금이자: 30,000,000원
>   (2) 사업소득
>   부동산 임대업에서 발생한 소득: 100,000,000원(동 금액은 일반기부금 20,000,000원을 비용처리한 후의 금액임)
>   (3) 유형자산처분이익: 30,000,000원(처음부터 고유목적사업에 4년을 사용하고 처분한 것이다)
>   (4) 채권매매차익: 10,000,000원
> 2. 국세재단이 이자소득과 배당소득을 수령할 때 적법하게 원천징수되었다.
> 3. 국세재단은 전기 부동산 임대업에서 발생한 이월결손금 50,000,000원이 있다.

[물음 1] 국세재단은 이자소득을 분리과세하지 아니한다고 가정할 때, 국세재단이 설정할 수 있는 고유목적사업준비금 설정액은 얼마인가? 단, 국세재단은 고유목적사업준비금을 신고조정으로 손금산입하는 법인이다.

[물음 2] 국세재단이 이자소득을 분리과세한다고 할 때, 국세재단의 과세표준을 계산하시오.

[물음 3] 국세재단이 이자소득을 분리과세하는 것이 더 유리한지를 밝히시오.

[물음 1]

번호	구분	설정대상금액	설정률	고유목적사업준비금
1.	은행 정기예금이자	50,000,000	100%	50,000,000
	비영업대금이자	30,000,000	50%	15,000,000
2.	사업소득	70,000,000	50%	35,000,000
3.	유형자산처분이익			
4.	채권매매차익	10,000,000	50%	5,000,000
합계				105,000,000

1. **이자소득**

   이자소득(비영업대금이익은 50%) 및 배당소득은 100% 설정대상 소득이며, 그 외 수익사업에서 발생하는 소득은 50% 설정대상 소득이다.

2. **사업소득**

   사업소득금액은 특례·일반기부금 및 고유목적사업준비금을 차감하기 전 소득금액에서 특례기부금과 이월결손금을 뺀 금액으로 한다.

   > 100,000,000 + 20,000,000(일반기부금) − 50,000,000(이월결손금) = 70,000,000

   만일, 이월결손금을 차감한 후의 금액이 음수이면 이자소득 등에서 차감한다.

3. **유형자산처분이익**

   목적사업에 3년 이상 사용하고 처분하여 발생하는 유형자산처분이익은 수익사업소득으로 보지 아니한다. 따라서 고유목적사업준비금도 설정하지 아니한다.

4. **채권매매차익**

   채권 등(그 이자소득에 대하여 법인세가 비과세되는 것은 제외)을 매도함에 따른 매매익(채권 등의 매각익에서 채권 등의 매각손을 차감한 금액)은 비영리 내국법인의 각 사업연도 소득에 포함한다.

[물음 2] 과세표준

구분	금액	비고
1. 수익사업소득금액	160,000,000	30,000,000 + 120,000,000 + 10,000,000
2. 고유목적사업준비금 설정액	(55,000,000)	15,000,000 + 35,000,000 + 5,000,000
3. 각사업연도소득금액	105,000,000	
4. 이월결손금	(50,000,000)	
5. 과세표준	55,000,000	

① 이자소득은 분리과세 신청하므로 별도로 수익사업소득에 합산하지 아니한다.

② 국세재단은 이자소득을 분리과세하므로 은행예금이자에 대하여는 고유목적사업준비금을 설정할 수 없다. 비영업대금이자, 사업소득, 채권매매차익에 대해서만 고유목적사업준비금을 설정한다.

[물음 3]

이자소득을 분리과세하지 아니하는 것이 유리하다. 이자소득은 100% 고유목적사업준비금 설정대상이므로 이자소득을 과세표준에 합산하면, 이자소득에 대한 원천징수세액을 모두 기납부세액으로 공제받을 수 있다.

다음은 제24기 사업연도(2024년 1월 1일 ~ 2024년 12월 31일) 말에 해산하기로 결의하고 청산
절차에 착수한 ㈜한라의 청산소득 관련 자료이다.

1. 해산등기일 현재의 재무상태표는 다음과 같다.

(단위: 원)

현금	50,000,000	부채	200,000,000
재고자산	200,000,000	자본금	100,000,000
기계장치	100,000,000	이익잉여금	50,000,000
합계	350,000,000	합계	350,000,000

2. ㈜한라는 재고자산과 기계장치를 다음과 같이 환가하였으며, 부채는 200,000,000원에 상환
하였다.

   ① 재고자산: 250,000,000원

   ② 기계장치: 80,000,000원

3. ㈜한라의 제24기 말 자본금과 적립금 조정명세서(을)의 유보잔액은 다음과 같다.

   ① 재고자산 평가감: 10,000,000원

   ② 기계장치 상각부인액: 20,000,000원

4. ㈜한라는 2023년 10월 15일 자본잉여금 20,000,000원을 자본금에 전입하고 무상주
4,000주를 발행하였다.

5. ㈜한라의 제24기 말 현재 세무상 이월결손금 잔액의 내역은 다음과 같다.

   ① 제10기 발생분: 50,000,000원

   ② 제20기 발생분: 70,000,000원

6. 위에서 제시한 것 외에 다른 사항은 고려하지 않는다.

[물음] ㈜한라의 청산소득금액을 다음의 답안 양식에 따라 제시하시오.

잔여재산가액	
자기자본	
청산소득금액	

---| 해답 |---

잔여재산가액	180,000,000	50,000,000 + 250,000,000 + 80,000,000 − 200,000,000
자기자본	80,000,000	
청산소득금액	100,000,000	180,000,000 − 80,000,000

1. 잔여재산의 가액

   잔여재산가액은 실제로 환가한 금액을 기준으로 산정한다. 현금은 환가대상이 아니므로 별도로 잔여재산가액에 합산하여야 한다.

2. 자기자본의 총액

구분	금액	비고
1. 자본금	80,000,000	100,000,000 − 20,000,000
2. 세무상 잉여금	100,000,000	50,000,000 + 20,000,000 + 10,000,000 + 20,000,000
3. 이월결손금	(−)100,000,000	Min(120,000,000, 100,000,000)
4. 법인세 환급액		
5. 자기자본의 총액	80,000,000	

(1) 자본금

   해산등기일 전 2년 이내에 자본금에 전입한 잉여금이 있는 경우에는 이를 자본에 전입하지 아니한 것으로 본다.

(2) 잉여금

   회사의 장부가액을 기준으로 회계상 잉여금을 산정한다. 회계상 잉여금은 재무상태표상 자산금액에서 부채총액을 차감한 것이 순자산 장부가액이 된다. 세무상 잉여금은 여기에 다시 유보를 가감한다.

(3) 이월결손금

   청산소득 계산 시 자기자본에서 차감하는 세무상 이월결손금은 그 발생시점에 제한이 없다. 또한 세무상 자기자본을 계산할 때 차감하는 세무상 이월결손금은 잉여금을 한도로 한다.

3. 청산소득금액

   $$180,000,000 − 80,000,000 = 100,000,000원$$

㈜한국(영리 내국법인)은 제24기 사업연도(2024년 1월 1일 ~ 2024년 12월 31일) 말에 해산등기하였고, 청산절차에 착수하였다. 다음 자료를 이용하여 물음에 답하시오.

1. ㈜한국의 해산등기일 현재 재무상태표상 자산 및 환가내역은 다음과 같으며, 모든 부채는 재무상태표상 금액인 565,000,000원에 상환하였다.

구분	장부가액	환가액
현금·예금	15,000,000원	15,000,000원
토지	250,000,000원	450,000,000원
건물	400,000,000원	280,000,000원
기계장치	100,000,000원	60,000,000원
합계	765,000,000원	805,000,000원

2. 자본잉여금을 자본금에 전입한 내역은 다음과 같다.

전입일	금액
2023. 2. 25.	30,000,000원
2021. 2. 28.	50,000,000원

3. 해산등기일 현재 재무상태표상 ㈜한국의 자본내역은 다음과 같다.

구분	금액
자본금	180,000,000원
이익잉여금	20,000,000원

4. 당기 말 자본금과 적립금 조정명세서(갑)의 이월결손금 잔액은 50,000,000원이다.

5. 당기 말 자본금과 적립금 조정명세서(을)의 기말잔액은 다음과 같다.

구분	기말잔액
건물 감가상각비 한도초과액	5,000,000원
토지 자본적 지출	20,000,000원

[물음] ㈜한국의 청산소득금액을 다음의 답안 양식에 따라 제시하시오.

구분	금액
잔여재산가액	
자기자본	
청산소득금액	

─┤ 해답 ├───

구분	금액	비고
잔여재산가액	240,000,000	805,000,000 − 565,000,000
자기자본	175,000,000	
청산소득금액	65,000,000	240,000,000 − 175,000,000

자기자본의 총액

구분	금액	비고
1. 자본금	150,000,000	180,000,000 − 30,000,000
2. 세무상 잉여금	75,000,000	20,000,000 + 30,000,000 + 25,000,000
3. 이월결손금	△50,000,000	잉여금의 금액을 공제한도로 한다.
4. 법인세 환급액		청산기간 중 법인세 환급액은 가산한다.
5. 자기자본의 총액	175,000,000	

① 자본금에는 잉여금의 자본전입액을 포함하되, 해산등기일 전 2년 이내에 자본금에 전입한 잉여금이 있는 경우에는 해당 금액을 자본금에 전입하지 아니한 것으로 본다.

② 세무상 잉여금은 회계상 잉여금에 유보를 가감한다.

문제 05 청산소득 (3)

영리 내국법인인 ㈜한강(중소기업에 해당하지 않음)은 제24기(당기) 사업연도(2024. 1. 1. ~ 2024. 12. 31.) 말에 해산을 결의한 후 등기하였고 청산절차에 착수하였다. 다음 자료를 이용하여 물음에 답하시오.

1. ㈜한강은 청산절차를 진행하면서 아래와 같이 자산을 환가하였으며, 모든 부채는 500,000,000 원(재무상태표상 금액과 동일)에 상환하였다.

자산환가내역	
구분	환가액
재고자산	100,000,000원
토지	400,000,000원
건물	300,000,000원
기계장치	90,000,000원

2. 자산환가내역에 제시한 자산 이외의 해산등기일 현재 재무상태표상 자산은 현금 8,000,000 원만 있으며, 이외의 자산은 없고 자산총액은 758,000,000원이다.

3. ㈜한강은 제20기 사업연도 말에 자본잉여금 전액 20,000,000원을 자본금에 전입하여 무상 주를 발행하였다. 동 자본잉여금은 전액 ㈜한강 설립 시에 주당 액면 5,000원인 주식 20,000주를 주당 6,000원에 발행함에 따라 발생한 것이다. 해산등기일 현재 재무상태표상 ㈜한강의 자본은 자본금과 이익잉여금으로 구성되어 있고, 설립 시 주식 발행과 제20기 무상 주 발행을 제외하고는 주식을 추가로 발행하지 않았다.

4. 재고자산평가방법의 임의변경에 대한 익금산입 20,000,000원(유보) 및 건물에 대한 감가상 각비 한도초과에 따른 손금불산입(유보) 5,000,000원으로 처리한 세무조정항목이 제24기 말 자본금과 적립금 조정명세서(을) 표에 있다.

5. ㈜한강의 제24기 말 자본금과 적립금 조정명세서(갑) 표에는 제16기 사업연도 발생분 130,000,000원 과 제22기 사업연도 발생분 60,000,000원이 이월결손금 잔액으로 있다.

[물음] ㈜한강의 (1) 청산소득금액을 계산하고 (2) 위의 자료와는 상관없이 청산소득금액이 300,000,000 원이라고 가정할 경우 이에 대한 법인세액을 계산하여 다음의 답안 양식에 따라 제시하시오.

구분	금액
(1) 청산소득금액	
(2) 청산소득에 대한 법인세액	

─┤ 해답 ├─

구분	금액	비고
(1) 청산소득금액	278,000,000	398,000,000 − 120,000,000
(2) 청산소득에 대한 법인세액	37,000,000	18,000,000 + (300,000,000 − 200,000,000) × 19%

1. 잔여재산의 가액

구분	금액	비고
자산환가액 + 현금	898,000,000	890,000,000 + 8,000,000
부채총액	(−)500,000,000	
잔여재산의 가액	398,000,000	

잔여재산가액은 실제로 환가한 금액을 기준으로 산정한다. 현금은 환가대상이 아니므로 별도로 잔여재산가액에 합산하여야 한다.

2. 자기자본의 총액

구분	금액	비고
1. 자본금	120,000,000	5,000 × 20,000주 + 20,000,000
2. 세무상 잉여금	163,000,000	138,000,000 + 25,000,000(유보잔액)
3. 이월결손금	(−)163,000,000	Min(190,000,000, 163,000,000)
4. 자기자본의 총액	120,000,000	

(1) 자본금

회사는 설립 시 주식 발행과 제20기 무상주 발행을 제외하고는 주식을 추가로 발행하지 않았다. 해산등기일 전 2년 이내에 자본금에 전입한 잉여금이 있는 경우에는 이를 자본에 전입하지 아니한 것으로 본다. 그러나 회사가 자본잉여금을 자본에 전입한 시점은 해산등기일로부터 2년 이전에 해당하므로 자본에 전입된 것으로 본다.

(2) 세무상 잉여금

회사의 장부가액을 기준으로 회계상 잉여금을 산정한다. 회계상 잉여금은 재무상태표상 자산금액에서 부채총액 및 자본금을 차감한 금액이다. 세무상 잉여금은 여기에 다시 유보를 가감한다.

758,000,000(자산) − 500,000,000(부채) − 120,000,000(자본금) = 138,000,000(회계상 잉여금)

(3) 이월결손금

청산소득 계산 시 자기자본에서 차감하는 세무상 이월결손금은 그 발생시점에 제한이 없다. 또한, 세무상 자기자본을 계산할 때 차감하는 세무상 이월결손금은 잉여금을 한도로 한다.

해커스 세무회계연습 2

제10장 기타 법인세

다음은 제조업을 영위하는 중소기업이 아닌 내국 영리법인 ㈜대한의 제24기(2024. 1. 1. ~ 2024. 12. 31.) 토지 등 양도소득에 대한 법인세 관련 자료이다. 아래의 자료를 기초로 물음에 답하시오.

(1) ㈜대한은 제24기에 등기되어 있는 비사업용 토지를 양도하였다.

(2) 양도가액은 ₩1,000,000,000(실지거래가액)이며, 매입가액은 ₩550,000,000(실지거래가액)이고, 매입부대비용은 ₩30,000,000이다.

(3) ㈜대한은 2021년 1월 1일에 토지를 취득하였다.

[물음] ㈜대한의 제24기 토지 등 양도소득과 토지 등 양도소득에 대한 법인세의 산출세액을 다음 양식에 따라 ①~②의 금액을 제시하시오.

구분	금액
토지 등 양도소득	①
토지 등 양도소득에 대한 법인세 산출세액	②

구분	금액	비고
토지 등 양도소득	① 420,000,000	1,000,000,000 − (550,000,000 + 30,000,000)
토지 등 양도소득에 대한 법인세 산출세액	② 42,000,000	420,000,000 × 10%

1. 토지 등 양도소득에 대한 법인세 과세대상
   ① 주택 및 별장
   ② 비사업용 토지
   ③ 조합원입주권 및 분양권

2. 토지 등 양도소득에 대한 산출세액

   (양도가액 − 장부가액) × 세율(비사업용 토지는 10%)

다음은 제조업을 영위하는 내국 영리법인(중소기업 아님)인 ㈜내국의 제24기(2024. 1. 1. ~ 2024. 12. 31.) 토지 등 양도소득에 관련된 자료이다. 다음 자료를 이용하여 물음에 답하시오.

1. ㈜내국은 제24기에 토지(비사업용)를 양도하였다. 양도가액은 ₩600,000,000(실지거래가액)이며 이 자산의 매입가액은 ₩150,000,000(실지거래가액)이고 매입부대비용은 ₩20,000,000이다.

2. 위의 자료 외의 제24기 ㈜내국의 소득금액은 ₩250,000,000이다.

3. ㈜내국은 해당 토지를 2019. 1. 1.에 취득하였으며, 미등기 상태이다.

[물음 1] 위 자료를 이용하여 제24기 사업연도의 각 사업연도 소득에 대한 법인세의 과세표준과 산출세액을 다음 양식에 따라 제시하시오.

구분	금액
과세표준	
산출세액	

[물음 2] 위 자료를 이용하여 제24기 사업연도의 토지 등 양도소득과 토지 등 양도소득에 대한 법인세의 산출세액을 다음 양식에 따라 제시하시오.

구분	금액
토지 등 양도소득	
토지 등 양도소득에 대한 법인세의 산출세액	

[물음 1]

구분	금액	비고
과세표준	680,000,000	250,000,000 + (600,000,000 − 170,000,000)
산출세액	109,200,000	18,000,000 + (680,000,000 − 200,000,000) × 19%

[물음 2]

구분	금액	비고
토지 등 양도소득	430,000,000	600,000,000 − (150,000,000 + 20,000,000)
토지 등 양도소득에 대한 법인세의 산출세액	172,000,000	430,000,000 × 40%(미등기)

장부가액이란 세무상 장부가액을 의미하므로, 자산의 세무상 취득가액에 자본적 지출을 가산하되, 판매수수료와 같이 자산을 양도하기 위해 지출하는 비용은 장부가액에 포함되지 아니한다.

다음은 제조업을 영위하는 ㈜국세(중소기업에 해당함)의 제23기(2023. 1. 1. ~ 2023. 12. 31.)와 제24기(2024. 1. 1. ~ 2024. 12. 31.)에 관한 자료이다. 각 물음에 답하시오.

1. ㈜국세는 제23기 법인세 신고기한 내에 다음과 같이 법인세를 신고·납부하였다.

구분	금액
과세표준	₩500,000,000
산출세액	75,000,000
공제감면세액	(18,000,000)
가산세액	3,000,000
총부담세액	60,000,000
기납부세액	(20,000,000)
차감납부세액	40,000,000

2. 제24기에 경기상황의 악화로 인해 ㈜국세는 불가피하게 사업부를 축소함에 따라 일부 임직원을 2024년 7월 1일에 명예퇴직 시키면서 다음과 같이 퇴직금을 지급하였다. (단, ㈜국세는 모든 임직원에게 확정급여형 퇴직연금제도를 적용하고 있으며, 퇴직금에 대한 중간정산은 실시하지 않았다)

퇴직자성명 (직책) 근속연월	2023. 7. 1. ~ 2023. 12. 31. 비용 계상한 일반급여	2023. 7. 1. ~ 2023. 12. 31. 비용 계상한 상여금	2024. 1. 1. ~ 2024. 6. 30. 비용 계상한 일반급여	2024. 1. 1. ~ 2024. 6. 30. 비용 계상한 상여금	2024. 7. 1. 지급한 퇴직금
김세무 (전무이사) 5년 8개월	₩60,000,000	₩15,000,000	₩75,000,000	₩0	₩105,000,000
이국민 (부장) 8년 6개월	55,000,000	12,000,000	47,000,000	6,000,000	112,000,000
최미래 (과장) 6년 9개월	37,000,000	8,000,000	33,000,000	2,000,000	64,000,000

(1) 제23기에 비용 계상한 임직원의 일반급여와 상여금은 세법의 규정에 의해 지급한 것으로 전액 손금에 산입되었다.

(2) ㈜국세는 임직원에 대한 퇴직급여지급규정을 별도로 두고 있지 않으며, 퇴직급여충당금을 설정하지 않는다.

3. ㈜국세는 경기상황의 악화에 따른 재무구조 개선과 퇴직금 재원을 마련하기 위해 제24기에 보유하고 있던 비사업용 토지를 다음과 같이 양도하였다. (단, 비사업용 토지의 양도와 취득은 특수관계인이 아닌 제3자와 정상적인 금액으로 이루어진 것이다)

(1) 양도와 관련된 자료는 다음과 같다.

① 양도 시점: 2024. 4. 15.(잔금청산일)

② 양도 당시 실지거래가액: ₩450,000,000

③ 양도에 따른 양도비용(중개수수료 등): ₩10,000,000

(2) 양도 당시의 장부가액과 관련된 자료는 다음과 같다.

① 취득 시점: 2019. 5. 10.(소유권이전등기일)

② 취득 당시 실지거래가액: ₩245,000,000

③ 취득에 따른 부대비용(취득세 등): ₩5,000,000

④ 2020. 1. 15. 발생한 자본적 지출액: ₩10,000,000

4. 2024년 7월 1일에 임직원에게 현금으로 지급한 퇴직금을 전액 손금산입하여 계산된 ㈜국세의 제24기 세법상 결손금은 ₩220,000,000이다. 제24기 세법상 결손금은 퇴직금 지급에 대한 세무조정을 제외한 금액이고, 익금항목·손금항목 및 비사업용 토지의 양도 등에 관한 세무조정은 「법인세법」에 따라 처리되었다.

5. 제23기 이후에 적용되는 법인세율은 다음과 같다.

과세표준	세율
2억원 이하	과세표준 × 9%
2억원 초과 200억원 이하	1,800만원 + (과세표준 − 2억원) × 19%

[물음 1] 임직원의 퇴직금 지급에 대한 세무조정을 하고, 퇴직금 지급에 대한 세무조정을 반영한 ㈜국세의 제24기 세법상 결손금을 계산하시오.

[물음 2] 결손금 소급공제를 신청할 경우 최대한 소급공제받을 수 있는 결손금과 ㈜국세가 제23기 납부한 법인세액 중 최대로 환급받고자 할 경우 제24기 소급공제받을 수 있는 결손금을 각각 계산하시오.

[물음 3] ㈜국세는 결손금에 대한 소급공제를 최대한 받기 위해 제24기 법인세 신고기한 내에 소급공제법인세액환급신청서를 제출하였다면, 제24기 환급받을(납부할) 세액을 계산하시오. (단, 제24기 기중에 납부한 세액(원천납부, 수시납부, 중간예납 등)은 없었으며, 제23기에 납부한 세액은 금전으로 일시납입하였다고 가정한다)

[물음 1]

1. 임원 퇴직금 한도액

$$(60,000,000 + 15,000,000 + 75,000,000) \times 10\% \times \frac{68}{12} = 85,000,000$$

정관에 임원퇴직금 한도에 관한 규정이 없는 경우에는 다음 금액을 임원퇴직금 한도액으로 한다.

> 퇴직 직전 1년간 총급여액 × 10% × 근속연수(1개월 미만 절사)

[비교] 「소득세법」상 임원퇴직금 한도액은 월할 계산 시 1개월 미만의 기간이 있는 경우에는 1개월로 본다.

2. 임원 퇴직금 한도초과액

$105,000,000 - 85,000,000 = 20,000,000$

임원 이외의 일반 직원에 대한 퇴직금은 지급규정이 없더라도 전액 손금산입한다.

3. 세무조정

[손금불산입]	임원 퇴직금 한도초과액	20,000,000	상여

4. 제24기 결손금

$\triangle 220,000,000 + 20,000,000 = \triangle 200,000,000$

[물음 2]

1. 결손금 소급공제를 신청할 경우 최대한 소급공제받을 수 있는 결손금

$500,000,000 - 200,000,000 = 300,000,000$

구분	소급공제 전	소급공제 후	비고
과세표준	500,000,000	200,000,000	18,000,000 ÷ 9%
산출세액	75,000,000	18,000,000	감면세액과 동일
공제감면세액	(18,000,000)	(18,000,000)	감면세액은 유지
결정세액	57,000,000	0	환급세액: 57,000,000

2. 제23기 납부한 법인세액 중 소급공제받을 수 있는 결손금: 200,000,000

제24기 발생한 결손금을 초과하여 소급공제할 수 없으므로 최대 소급공제 가능한 결손금은 200,000,000원이다.

[물음 3]

1. 토지 등 양도소득에 대한 법인세액 245,000,000 + 5,000,000 + 10,000,000

구분	금액	비고
1. 양도금액	450,000,000	
2. 장부가액	260,000,000	세무상 장부가액을 의미하므로, 자산의 세무상 장부가액에 자본적
3. 양도소득	190,000,000	지출·자산평가증 등을 가산하되, 판매수수료와 같이 자산을 양도 하기 위해 지출하는 비용은 포함되지 아니한다.
4. 산출세액	19,000,000	190,000,000 × 10%

2. 제24기 환급받을 세액
(1) 결손금 소급공제에 따라 환급받을 세액: 38,000,000

구분	소급공제 전	소급공제 후	비고
과세표준	500,000,000	300,000,000	500,000,000 − 200,000,000
산출세액	75,000,000	37,000,000	
공제감면세액	(18,000,000)	(18,000,000)	감면세액은 유지
결정세액	57,000,000	19,000,000	환급세액: 57,000,000 − 19,000,000 = 38,000,000

(2) 토지 등 양도소득에 대한 법인세 충당 후 환급세액

38,000,000 − 19,000,000 = 19,000,000

납세자가 동의하는 경우에는 세법에 따라 자진 납부하는 국세(토지 등 양도소득에 대한 법인세)와 국세 환급금(결손금 소급공제에 따라 환급할 법인세)은 충당한 후 환급할 수 있다.

다음은 비중소기업인 ㈜한강의 제24기 사업연도(2024. 1. 1. ~ 2024. 12. 31.) 부동산 거래내역이다. 다음 자료를 이용하여 물음에 답하시오.

1. 제24기 양도한 부동산 거래내역

(단위: 원)

구분	양도금액	취득가액	감가상각누계액	상각부인액
주택 A	150,000,000	120,000,000	20,000,000	5,000,000
주택 B	250,000,000	130,000,000	50,000,000	50,000,000
토지 C	300,000,000	100,000,000	–	–

2. 주택 A(양도일 2024. 7. 5.): 채권변제를 대신하여 2021. 7. 2.에 취득하였다. 주택 취득가액은 주택의 시가와 채권변제가액이 일치되는 금액이다. 한편, 주택 A의 양도와 관련하여 중개수수료 1,000,000원이 지출되었으며 회사 장부에 수수료(판매비와 관리비)로 처리하였다.

3. 주택 B(양도일 2024. 9. 10.): 회사의 대표이사(지분율 5%)가 사택으로 12년 사용하던 것을 특수관계인 이외의 자에게 시가로 매각한 것이다.

4. 토지 C(소유권이전등기일 2024. 12. 31., 잔금청산일 2026. 10. 4.): 토지는 매년 100,000,000원씩 수령하기로 하였으며 채권의 현재가치는 240,000,000원이다. 회사는 현재가치할인차금 60,000,000원을 별도로 장부에 계상하였다. 토지 A는 회사의 업무와는 관련 없이 보유하고 있던 농지이며, 회사 명의로 등기되지 아니하였다.

[물음 1] ㈜한강의 제24기 토지 등 양도소득에 대한 법인세액을 계산하시오.

[물음 2] 부동산 거래 이외에 다른 거래는 없다고 가정하고 ㈜한강의 각사업연도소득금액을 계산하시오.

[물음 3] 주택 A, 주택 B, 토지 C의 양도소득이 각 100,000,000원, △50,000,000원, 60,000,000원이라고 가정할 때 토지 등 양도소득에 대한 법인세액을 계산하시오.

─┤ 해답 ├─

[물음 1]

$(130,000,000 - 50,000,000) + 50,000,000$

구분	주택 A	주택 B	토지 C
1. 양도금액	150,000,000	250,000,000	300,000,000
2. 세무상 장부가액	(105,000,000)	(130,000,000)	(100,000,000)
3. 양도비용			
4. 양도소득	45,000,000	120,000,000	200,000,000
5. 세율	×20%	×20%	×40%
6. 토지 등 양도소득에 대한 법인세액	9,000,000	24,000,000	80,000,000

미등기

> 토지 등 양도소득에 대한 법인세액: 9,000,000 + 24,000,000 + 80,000,000 = 113,000,000

1. 주택 A
   ① 저당권 실행 또는 채권변제를 대신하여 취득한 주택으로서 취득일로부터 3년이 경과하지 아니한 주택에 한하여 토지 등 양도소득에 대한 법인세를 부담하지 아니한다. 취득일로부터 3년 경과하였으므로 과세대상이다.
   ② 장부가액이란 세무상 장부가액을 의미하므로, 자산의 세무상 취득가액에 자본적 지출을 가산하되, 판매수수료와 같이 자산을 양도하기 위해 지출하는 비용은 장부가액에 포함되지 아니한다. 따라서 토지 등 양도소득에 대한 법인세액을 계산할 때에는 양도비용은 차감하지 아니한다.

2. 주택 B
   비출자임원이나 직원에게 제공하는 사택으로서 사택제공기간이 10년 이상인 경우에는 토지 등 양도소득에 대한 법인세를 부담하지 아니한다. 출자임원에게 제공한 것이므로 10년 이상 사택에 제공한 경우라도 과세대상이다.

3. 토지 C
   ① 비사업용 토지를 보유하다 양도한 경우에도 토지 등 양도소득에 대한 법인세를 부담한다.
   ② 미등기 부동산의 경우에는 40%의 세율을 적용한다. 또한, 토지 등 양도소득은 소유권이전등기일, 잔금청산일, 사용수익개시일 중 가장 빠른 날에 명목가치로 양도가액을 산정한다.
   ③ 토지 등 양도소득에 대한 현재가치평가를 인정하는지에 대해서는 명확한 조문이 없으나 양도소득세와 동일하게 현재가치평가는 수용하지 않는 것으로 판단하고 풀이하였다.

[물음 2]

구분	주택 A	주택 B	토지 C
양도금액	150,000,000	250,000,000	240,000,000
세무상 장부가액	(105,000,000)	(130,000,000)	(100,000,000)
양도비용	1,000,000		
각사업연도소득금액	44,000,000	120,000,000	140,000,000

각사업연도소득금액: 44,000,000 + 120,000,000 + 140,000,000 = 304,000,000

[물음 3] 토지 등 양도소득에 대한 법인세액

$(100,000,000 - 50,000,000) \times 20\% + 60,000,000 \times 40\% = 34,000,000$

양도한 자산 중 양도차손이 있는 경우 양도차손이 발생한 자산과 같은 세율을 적용받는 자산의 양도소득에서 먼저 차감하고, 남은 금액을 다른 세율을 적용받는 자산에서 차감한다.

일진㈜와 이진㈜는 모두 중소기업이며 연결납세방식을 선택해도 중소기업에 해당된다. 일진㈜의 이진㈜에 대한 지분율은 100%이며, 2023년부터 연결납세방식을 적용한다. 일진㈜의 사업연도는 제24기(2024. 1. 1. ~ 2024. 12. 31.)이며, 이진㈜의 사업연도는 제24기(2024. 1. 1. ~ 2024. 12. 31.)이다. 다음 자료를 이용하여 물음에 답하시오.

〈자료 1〉 연결납세 대상법인별 각사업연도소득금액

(단위: 원)

항목	일진㈜	이진㈜
당기순이익	20,450,000	40,750,000
법인세비용	1,000,000	1,500,000
수입배당금 익금불산입	(450,000)	(2,000,000)
증빙불비 기업업무추진비	5,000,000	–
기업업무추진비 한도초과액	3,688,000	13,700,000
감가상각비 한도초과액	–	28,235,000
차가감소득금액	29,688,000	82,185,000
각사업연도소득금액	29,688,000	82,185,000

1. 일진㈜의 기업업무추진비 지출액 45,000,000원 중 5,000,000원은 증빙불비 기업업무추진비에 해당되며 나머지는 연결대상법인 이외의 법인에 정상적으로 지출한 것이다. 이진㈜의 기업업무추진비 지출액 50,000,000원 중 10,000,000원은 일진㈜에 대한 접대와 관련하여 지출한 금액이며, 나머지는 연결대상법인 이외의 법인에 정상적으로 지출한 기업업무추진비이다.

2. 일진㈜와 이진㈜는 상장법인 A의 주식을 각각 15%, 25%씩 보유하고 있다. 상장법인 A는 당기에 총 10,000,000의 배당금을 지급하였다.

3. 일진㈜의 매출액은 104,000,000원이고, 이진㈜의 매출액은 100,000,000원이다. 다만, 특수관계인에 대한 매출액은 없다.

〈자료 2〉 연결납세 대상법인 간 추가 거래내역은 다음과 같다.

1. 일진㈜는 연결대상 법인이 아닌 삼진㈜에 대한 매출채권(장부가액 75,000,000원)을 2024년 10월 1일 이진㈜에게 시가로 매각처분하고 처분손실 3,000,000원을 계상하였다. 이진㈜는 2024년 말 현재 해당 매출채권을 보유하고 있다.

2. 일진㈜는 2024년 1월 1일 장부가액 50,000,000원인 건물을 이진㈜에 시가 40,000,000원에 매각하면서 유형자산처분손실 10,000,000원을 영업외비용으로 처리하였다. 이진㈜는 취득한 해당건물에 대해 신고연수 10년을 적용하여 정액법(잔존가치 없음)으로 상각하고 있으며, 당기 감가상각비 4,000,000원을 계상하였다.

[물음] 위 자료 1과 자료 2를 이용하여 각 연결사업연도 소득금액의 계산과정을 다음 답안 양식에 따라 제시하시오. 단, 법인세부담을 최소화하는 방향으로 신고하는 것으로 가정한다.

항목	일진㈜	이진㈜
1. 각사업연도소득금액		
2. 연결조정항목의 제거 ① _____ …		
3. 연결법인 간 거래손익의 조정 ① _____ …		
4. 연결조정항목의 연결법인별 배분 ① _____ …		
5. 연결조정 후 연결법인별 소득금액		

* 각사업연도소득금액에 가산될 경우(+), 차감될 경우(−) 부호를 반드시 금액 앞에 표시하시오.

─┤ 해답 ├─

항목	일진㈜	이진㈜
1. 각사업연도소득금액	29,688,000	82,185,000
2. 연결조정항목의 제거 ① 기업업무추진비 손금불산입 ② 수입배당금 익금불산입	(−)8,688,000 (+)450,000	(−)13,700,000 (+)2,000,000
3. 연결법인 간 거래손익의 조정 ① 연결실체 간 기업업무추진비 ② 양도손익이연자산 양도손실 ③ 양도손익이연자산 양도손실 실현분	 (+)10,000,000 (−)1,000,000	(+)10,000,000
4. 연결조정항목의 연결법인별 배분 ① 증빙불비 기업업무추진비 ② 기업업무추진비 한도초과액 ③ 수입배당금 익금불산입	(+)5,000,000 (+)21,694,000 (−)1,200,000	 (+)21,694,000 (−)2,000,000
5. 연결조정 후 연결법인별 소득금액	55,944,000	100,179,000

1. 연결법인 간 기업업무추진비 조정(연결조정항목의 제거)

(1) 연결집단 기업업무추진비 해당액

구분	금액	비고
일진㈜	40,000,000	45,000,000 − 5,000,000(증빙불비 기업업무추진비)
이진㈜	40,000,000	50,000,000 − 10,000,000(연결실체 간 기업업무추진비)
기업업무추진비 해당액 합계	80,000,000	

(2) 연결집단 기업업무추진비 한도초과액

$80,000,000 - (36,000,000 + 204,000,000 \times 0.3\%) = 43,388,000$

(3) 기업업무추진비 한도초과액 배분

① 일진㈜: $43,388,000 \times \dfrac{40,000,000}{80,000,000} = 21,694,000$

② 이진㈜: $43,388,000 \times \dfrac{40,000,000}{80,000,000} = 21,694,000$

2. 양도손익이연 조정

(1) 매출채권

매출채권은 거래건별 장부가액이 1억원을 초과하지 아니한 경우에는 양도손익이연자산에서 제외할 수 있다. 따라서 세부담 최소화 측면에서 손실을 이연하는 세무조정(손금불산입)은 생략한다.

(2) 건물 양도손익 조정

① 건물 처분손실: 10,000,000 제거 → 처분한 법인에서 손금불산입하여 손익 제거

② 이연손익 실현분: 10,000,000 ÷ 10 = 1,000,000 → 과세이연한 법인에서 손익인식

3. 수입배당금 익금불산입(연결조정항목의 제거)

(1) 연결집단 지분율: 15% + 25% = 40%

(2) 익금불산입률: 80%

(3) 익금불산입액: 10,000,000 × (15% + 25%) × 80% = 3,200,000

(4) 익금불산입 금액 배분

① 일진㈜: $3,200,000 \times \dfrac{15\%}{40\%} = 1,200,000$

② 이진㈜: $3,200,000 \times \dfrac{25\%}{40\%} = 2,000,000$

A법인, B법인 및 C법인은 모두 비상장 중소기업으로서 연결납세방식을 적용하고 있는 연결집단이다. A법인이 B법인과 C법인의 지분을 각각 100% 보유한 연결가능모법인일 때, 아래의 물음에 답하시오. 단, 아래에 제시된 자료 이외의 각 연결사업연도 소득금액에 영향을 미치는 항목은 없다고 가정한다.

1. 각 법인별 각사업연도소득금액

구분	A법인	B법인	C법인
매출액	10억원	5억원	3억원
배당금수익	3억원	1억원	–
당기순이익	1억원	△1억원	2억원
각사업연도소득금액	160,000,000	△50,000,000	200,000,000

2. A법인의 배당금수익의 세부내역은 다음과 같다.

피투자법인	지분율	주식취득일	배당기준일	배당지급일	배당금수령
C법인	100%	2023. 1. 1.	2023. 12. 31.	2024. 4. 1.	2억원
D법인	30%	2022. 4. 1.	2023. 12. 31.	2024. 2. 28.	1억원

3. B법인의 배당금수익의 세부내역은 다음과 같다.

피투자법인	지분율	주식취득일	배당기준일	배당지급일	배당금수령
D법인	30%	2022. 9. 1.	2023. 12. 31.	2024. 2. 28.	1억원

4. 연결법인의 지급이자는 없으며, D법인은 비상장법인이다.

[물음] 위에 제시된 자료를 이용하여 제24기(2024. 1. 1. ~ 2024. 12. 31.) 사업연도의 각 연결사업연도 소득금액(결손금)을 계산하시오.

해커스 세무회계연습 2

제10장 기타 법인세

1. 각 연결사업연도 소득금액

구분	A법인	B법인	C법인
1. 각사업연도소득금액(결손금)	160,000,000	△50,000,000	200,000,000
2. 연결조정항목의 제거			
① 수입배당금 익금불산입액	(+)280,000,000	(+)80,000,000	
3. 연결법인 간 거래손익 조정			
① 다른 연결법인으로부터 받은 수입배당금	(−)200,000,000		
4. 연결조정항목의 연결법인별 배분			
① 수입배당금 익금불산입	(−)100,000,000	(−)100,000,000	
5. 각 연결사업연도 소득금액(결손금)	140,000,000	△70,000,000	200,000,000

2. 연결 전 수입배당금 익금불산입 계산

(1) A법인의 수입배당금 익금불산입

피투자법인	지분율	배당금수령	익금불산입률	익금불산입액
C법인	100%	200,000,000	100%	200,000,000
D법인	30%	100,000,000	80%	80,000,000

(2) B법인의 수입배당금 익금불산입

피투자법인	지분율	배당금수령	익금불산입률	익금불산입액
D법인	30%	100,000,000	80%	80,000,000

3. 연결 후 수입배당금 익금불산입액 계산

(1) 연결법인의 수입배당금 익금불산입액　　30% + 30%

피투자법인	지분율	배당금수령	익금불산입률	익금불산입액
D법인	60%	200,000,000	100%	200,000,000

(2) 익금불산입액의 배분

① A법인에 배분될 익금불산입액: $200,000,000 \times \dfrac{30\%}{60\%} = 100,000,000$

② B법인에 배분될 익금불산입액: $200,000,000 \times \dfrac{30\%}{60\%} = 100,000,000$

4. 각 연결사업연도 소득금액

$140,000,000 + △70,000,000 + 200,000,000 = 270,000,000$

A법인, B법인 및 C법인은 모두 비상장 중소기업으로서 연결납세방식을 적용하고 있는 연결집단이다. A법인이 B법인과 C법인의 지분을 각각 100% 보유한 연결가능모법인일 때, 아래의 물음에 답하시오. 단, 아래에 제시된 자료 이외의 각 연결사업연도 소득금액에 영향을 미치는 항목은 없다고 가정한다.

1. 각 법인별 각사업연도소득금액

(단위: 원)

구분	A법인	B법인	C법인
대손상각비	20,000,000	10,000,000	5,000,000
당기순이익	100,000,000	△100,000,000	200,000,000
장부상 대손충당금 기말잔액	30,000,000	20,000,000	40,000,000
대손충당금 한도초과액	10,000,000	—	5,000,000
각사업연도소득금액	160,000,000	△50,000,000	200,000,000

2. 연결법인 간 채권채무 내역은 다음과 같다.

(단위: 원)

채권자	채무자	채권잔액	장부상 대손충당금 잔액
A법인	B법인	1,000,000,000	15,000,000
C법인	B법인	200,000,000	10,000,000

[물음] 다음의 자료를 이용하여 제24기(2024. 1. 1. ~ 2024. 12. 31.) 사업연도의 각 연결사업연도 소득금액(결손금)을 계산하시오.

1. 각 연결사업연도 소득금액

구분	A법인	B법인	C법인
각사업연도소득금액(결손금)	160,000,000	△50,000,000	200,000,000
연결법인 채권에 대한 대손충당금 상당액 손금불산입	(+)10,000,000		(+)8,750,000
각 연결사업연도 소득금액(결손금)	170,000,000	△50,000,000	208,750,000

2. 연결법인 간 채권에 대한 대손충당금 한도초과액의 배분

① A법인의 배분: $10,000,000 \times \dfrac{15,000,000}{30,000,000} = 5,000,000$

② C법인의 배분: $5,000,000 \times \dfrac{10,000,000}{40,000,000} = 1,250,000$

3. 배분 후 연결법인 간 채권에 대한 대손충당금 잔액
   ① A법인의 대손충당금 잔액: $15,000,000 - 5,000,000 = 10,000,000$
   ② C법인의 대손충당금 잔액: $10,000,000 - 1,250,000 = 8,750,000$

4. 각 연결사업연도 소득금액
   $170,000,000 + △50,000,000 + 208,750,000 = 328,750,000$

참고

특수관계인에게 설정된 대손충당금은 모두 부인하는 것을 원칙으로 한다. 다만, 이미 개별 법인의 법인세 계산단계에서 이미 대손충당금 한도초과로 부인된 것은 제거하여야 한다. (이중부인의 효과를 제거)
예를 들어, A법인의 B법인에 대한 대손충당금 설정액 15,000,000원 중에서 5,000,000원 상당액은 이미 A법인의 개별 법인세 계산단계에서 손금불산입된 금액이다.

1. A법인 대손충당금 부인액

구분	일반채권분	특수관계법인 채권분	합계
대손충당금	15,000,000(50%)	15,000,000(50%)	30,000,000
한도초과액	5,000,000(50%)	5,000,000(50%)	10,000,000

연결법인 간 대손충당금 부인액: 15,000,000 − 5,000,000 = 10,000,000원

2. C법인 대손충당금 부인액

구분	일반채권분	특수관계법인 채권분	합계
대손충당금	30,000,000(75%)	10,000,000(25%)	40,000,000
한도초과액	3,750,000(75%)	1,250,000(25%)	5,000,000

연결법인 간 대손충당금 부인액: 10,000,000 − 1,250,000 = 8,750,000원

A법인, B법인 및 C법인은 모두 비상장 중소기업으로서 연결납세방식을 적용하고 있는 연결집단이다. A법인이 B법인과 C법인의 지분을 각각 100% 보유한 연결가능모법인일 때, 아래의 물음에 답하시오.

[물음 1] 각 연결사업연도 소득금액(결손금)이 다음과 같을 때, 제24기(2024. 1. 1. ~ 2024. 12. 31.) 사업연도의 각 연결법인별 산출세액을 계산하시오. 단, 연결 이월결손금은 없다.

(단위: 원)

구분	A법인	B법인	C법인
각 연결사업연도 소득금액(결손금)	100,000,000	△60,000,000	200,000,000

[물음 2] 각 연결사업연도 소득금액(결손금) 및 연결 이월결손금(전액 제23기 사업연도에서 발생한 결손금이며, 연결납세방식 적용 후의 금액임)이 다음과 같을 때, 제24기(2024. 1. 1. ~ 2024. 12. 31.) 사업연도에 C법인이 A법인에게 납부하여야 하는 법인세액을 계산하시오.

(단위: 원)

구분	A법인	B법인	C법인
각 연결사업연도 소득금액(결손금)	100,000,000	△60,000,000	200,000,000
연결 이월결손금	△20,000,000	△90,000,000	

[물음 1]

구분	연결집단 계	A법인	B법인	C법인
1. 각 연결사업연도 소득금액(결손금)	240,000,000	100,000,000	△60,000,000	200,000,000
2. 연결소득 개별귀속액	240,000,000	80,000,000		160,000,000
3. 연결 이월결손금				
4. 연결 과세표준	240,000,000	80,000,000		160,000,000
5. 법인세율	9%, 19%			
6. 연결 산출세액	25,600,000			
7. 연결 유효법인세율	10.67%			
8. 연결법인의 산출세액	25,600,000	8,533,333		17,066,667

1. 연결소득 개별귀속액의 계산: 각 연결사업연도 소득금액이 발생한 연결법인에만 배분함

   ① A법인의 연결소득 개별귀속액: $240,000,000 \times \dfrac{100,000,000}{300,000,000} = 80,000,000$

   ② C법인의 연결소득 개별귀속액: $240,000,000 \times \dfrac{200,000,000}{300,000,000} = 160,000,000$

2. 각 연결법인별 산출세액 계산

   ① A법인의 연결소득 개별귀속액: $25,600,000 \times \dfrac{80,000,000}{240,000,000} = 8,533,333$

   ② C법인의 연결소득 개별귀속액: $25,600,000 \times \dfrac{160,000,000}{240,000,000} = 17,066,667$

[물음 2]

구분	연결집단 계	A법인	B법인	C법인
1. 각 연결사업연도 소득금액(결손금)	240,000,000	100,000,000	△60,000,000	200,000,000
2. 연결소득 개별귀속액	240,000,000	80,000,000		160,000,000
3. 연결 이월결손금 – 1차	△20,000,000	△20,000,000		
4. 연결 이월결손금 – 2차	△90,000,000	△30,000,000		△60,000,000
5. 연결 과세표준	130,000,000	30,000,000		100,000,000
6. 법인세율	9%			
7. 연결 산출세액	11,700,000			
8. 연결 유효법인세율	9%			
9. 연결법인의 산출세액	11,700,000	2,700,000		9,000,000

1. 연결 이월결손금 배부 – 2차

  ① A법인에 배부된 이월결손금: $\triangle 90,000,000 \times \dfrac{80,000,000}{240,000,000} = \triangle 30,000,000$

  ② C법인에 배부된 이월결손금: $\triangle 90,000,000 \times \dfrac{160,000,000}{240,000,000} = \triangle 60,000,000$

  연결 이월결손금(연결납세방식을 적용한 후에 발생한 것)은 해당 연결법인의 연결소득 개별귀속액에서 먼저 공제하며, 연결소득 개별귀속액이 없는 경우에는 다른 연결법인의 연결소득 개별귀속액에서 공제한다. 이때, 연결소득 개별귀속액 비율대로 배분하여 공제한다.

2. C법인이 A법인에게 납부하여야 하는 법인세액: 9,000,000원

다음은 연결납세방식을 적용한 ㈜조선(연결가능모법인, 지주회사가 아니며, 연결가능자법인에 대한 지분율 100%)과 ㈜고려(연결가능자법인)의 자료이다. ㈜조선의 사업연도는 제24기(2024. 1. 1. ~ 2024. 12. 31.)이며, ㈜고려의 사업연도는 제24기(2024. 1. 1. ~ 2024. 12. 31.)이다. 다음 자료를 이용하여 물음에 답하시오. 단, 조세부담을 최소화하는 것으로 가정한다.

1. ㈜조선과 ㈜고려의 각사업연도소득금액의 내역은 다음과 같다. 두 법인은 모두 제조업을 영위하고 있으며 연결납세방식을 적용한 중소기업에 해당한다.

구분	㈜조선	㈜고려
당기순이익	₩245,000,000	₩193,900,000
익금산입 및 손금불산입	₩54,000,000	₩35,500,000
법인세비용	28,000,000	22,900,000
기업업무추진비 한도초과액	20,000,000	7,400,000
대손충당금 한도초과액	6,000,000	5,200,000
손금산입 및 익금불산입	₩48,000,000	₩18,800,000
수입배당금 익금불산입	48,000,000	18,800,000
각사업연도소득금액	₩251,000,000	₩210,600,000

2. 연결납세 대상법인 간 추가로 이루어진 거래는 다음과 같다. 연결법인세 계산의 편의상 생략 가능한 경우 양도소득이연자산에 대한 세무조정은 생략하기로 한다.

   (1) ㈜조선은 2024. 7. 1. 건물(장부가액 ₩60,000,000)과 토지(장부가액 ₩120,000,000)를 ㈜고려에 건물은 ₩50,000,000, 토지는 ₩140,000,000에 매각하였다. 관련 회계처리는 기업회계기준에 따라 정확히 이루어졌다. ㈜고려는 취득한 건물에 대해 신고내용연수 10년을 적용하여 정액법(잔존가치 ₩0)으로 상각하였다.

   (2) ㈜고려는 연결대상 법인이 아닌 ㈜국세에 대한 매출채권(장부가액 ₩80,000,000)을 2024. 8. 10. ㈜조선에게 매각하면서 매출채권처분손실 ₩2,000,000을 인식하였다. ㈜조선은 해당 매출채권을 당기 말 현재 보유하고 있지 않다.

3. 2024. 12. 31. 현재 재무상태표에 표시된 ㈜조선과 ㈜고려의 매출채권, 미수금 내역은 다음과 같다. 당기 중 「법인세법」상 실제로 대손 확정된 채권은 없다.

구분	㈜조선	㈜고려
매출채권	₩500,000,000	₩280,000,000[*1]
대손충당금	(10,000,000)	(8,000,000)
미수금	100,000,000[*2]	–
대손충당금	(2,000,000)	–

[*1] ㈜조선에 대한 매출채권 200,000,000원이 포함되어 있다.

[*2] 전부 ㈜고려에 대한 미수금이다.

4. ㈜조선과 ㈜고려의 기업업무추진비 지출액 및 매출액은 다음과 같다. 모든 기업업무추진비는 적격증빙을 수취하였다.

구분	㈜조선	㈜고려
기업업무추진비 지출액	₩80,000,000[1]	₩50,000,000
매출액	₩8,000,000,000	₩4,000,000,000[2]

[1] ㈜고려에 대한 기업업무추진비 지출액 ₩5,000,000이 포함되어 있다.

[2] 특수관계인에 대한 매출액 ₩2,000,000,000이 있으며, 이 중에서 ₩1,000,000,000은 ㈜조선에 대한 매출액이다.

5. 기업업무추진비 한도액 계산 시 수입금액에 대한 비율은 다음과 같다.

수입금액	적용률
100억원 이하	$\dfrac{30}{10,000}$
100억원 초과 500억원 이하	$\dfrac{20}{10,000}$

6. ㈜조선은 ㈜고려와 ㈜대한에 투자하고 있으며, ㈜고려는 ㈜대한에 투자하고 있다. 모든 주식은 배당기준일 현재 모두 3개월 이상 보유 주식에 해당한다.

구분	㈜조선		㈜고려
피출자법인	㈜고려	㈜대한	㈜대한
상장여부	비상장	비상장	비상장
지분율	100%	50%	50%
배당금수익	₩30,000,000	₩20,000,000	₩20,000,000
주식장부가액	₩600,000,000	₩600,000,000	₩600,000,000

7. ㈜조선의 총자산은 ₩2,400,000,000, 지급이자는 ₩4,000,000이며, ㈜고려의 총자산은 ₩1,000,000,000, 지급이자는 ₩2,000,000이다. 연결법인 간 수취채권과 주식으로 자산 총계에서 상계할 금액은 ₩900,000,000이며, 지급이자 손금불산입 규정은 적용된 바 없다.

8. ㈜조선과 ㈜고려는 2024. 1. 1.부터 연결납세방식을 적용하는데 연결납세를 적용하기 이전에 발생한 각 연결법인별 이월결손금은 다음과 같다.

구분	㈜조선	㈜고려
이월결손금	₩250,000,000	₩120,000,000

9. 법인세율은 과세표준 2억원 이하일 때 9%, 2억원 초과일 때 19%이다.

[물음 1] 제시된 자료를 이용하여 2024년 연결사업연도 소득금액을 계산한 내역이다. 다음 답안 양식에 따라 빈칸에 금액을 제시하시오. 단, 음수의 경우에는 (−)표시하시오.

구분	㈜조선	㈜고려
1. 각사업연도소득금액	₩251,000,000	₩210,600,000
2. 연결조정항목 제거		
① 수입배당금		
② 기업업무추진비 한도초과		
3. 연결법인 간 거래손익 조정		
① 수입배당금		
② 기업업무추진비		
③ 대손충당금		
④ 양도손익이연(건물)		
⑤ 양도손익이연(토지)		
4. 연결조정항목의 연결법인별 배분		
① 수입배당금		
② 기업업무추진비 한도초과		
5. 연결조정 후 연결법인별 소득금액		

[물음 2] 제시된 자료와 관계없이 ㈜조선과 ㈜고려의 연결조정 후 연결법인별 소득금액이 ₩260,000,000, ₩240,000,000이라고 가정할 경우, 연결법인별 과세표준과 산출세액을 다음 답안 양식에 따라 제시하시오. 단, ㈜조선과 ㈜고려는 중소기업이 아닌 것으로 가정한다.

구분	㈜조선	㈜고려	연결집단
각 연결사업 소득금액	₩260,000,000	₩240,000,000	₩500,000,000
연결 이월결손금			
과세표준			
산출세액			

[물음 1] 연결사업연도 소득금액

구분	㈜조선	㈜고려
1. 각사업연도소득금액	₩251,000,000	₩210,600,000
2. 연결조정항목 제거		
① 수입배당금	48,000,000	18,800,000
② 기업업무추진비 한도초과	(−)20,000,000	(−)7,400,000
3. 연결법인 간 거래손익 조정		
① 수입배당금	(−)30,000,000	
② 기업업무추진비	5,000,000	
③ 대손충당금	1,000,000	2,000,000
④ 양도손익이연(건물)	9,500,000	
⑤ 양도손익이연(토지)	(−)20,000,000	
4. 연결조정항목의 연결법인별 배분		
① 수입배당금	(−)18,560,000	(−)18,560,000
② 기업업무추진비 한도초과	(+)35,160,000	(+)23,440,000
5. 연결조정 후 연결법인별 소득금액	261,100,000	228,880,000

1. 연결조정항목 제거 및 연결법인별 배분 등

　① 수입배당금, 기업업무추진비, 기부금은 연결적용 전의 금액으로 환원하여야 한다. 따라서 손금불산입 또는 손금산입 등의 개별세무조정을 모두 환원환다.

　② 기업업무추진비는 연결실체를 기준으로 한도를 다시 계산하여 한도초과금액을 계산한다. 한편, 연결실체 간의 기업업무추진비는 모두 부인하고 연결실체 기업업무추진비 해당액에서 제외한다.

　③ 연결실체를 기준으로 수입배당금액을 다시 계산한다. 보유지분비율에 따른 익금불산입 적용률, 지급이자 적용에 있어 차이가 발생하게 된다. 한편, 연결가능모법인이 연결가능자법인으로부터 수령한 수입배당금은 전부 익금불산입하여야 한다.

2. 수입배당금

(1) ㈜대한에 대한 익금불산입

$$40,000,000 \times 100\% - 6,000,000 \times \frac{12억원}{25억원} \times 100\% = 37,120,000$$

구분	전체	㈜조선	㈜고려
수입배당금	40,000,000	20,000,000	20,000,000
지급이자	6,000,000	4,000,000	2,000,000
주식	1,200,000,000	600,000,000	600,000,000
자산	2,500,000,000[*1]	2,400,000,000	1,000,000,000
익금불산입 배분	37,120,000	18,560,000	18,560,000

[*1] 연결법인 간 수취채권과 주식은 전체 자산총계에서 상계하여야 한다.

　24억원 + 10억원 − 9억원 = 25억원

(2) 연결가능자법인으로부터 수령한 배당금

　　연결가능모법인이 연결가능자법인으로부터 수령한 배당금은 전부 익금불산입하여야 한다.

3. 기업업무추진비

구분	㈜조선	㈜고려	합계
기업업무추진비 해당액	75,000,000	50,000,000	125,000,000
한도액	① 기본 한도: 36,000,000 ② 수입금액 한도: 30,400,000		66,400,000
한도초과액	35,160,000	23,440,000	58,600,000

　① ㈜조선이 지출한 기업업무추진비 중 연결가능자법인(㈜고려)에 지출한 것은 내부거래에 해당한다. 이는 연결법인 간 거래손익 조정으로 직접 손금불산입하고, 기업업무추진비 해당액에서는 제외한다.

　② 수입금액 한도

　　100억원 × 0.3% + 20억원 × 0.2% × 10% = 30,400,000

　　연결법인 간 매출액은 수입금액에 포함하지 않는 것이 타당하나, 관련 법령에서 배제하지 않으므로 수입금액에 포함한다.

　③ 한도초과액 연결법인 간 배분

　　연결법인의 전체 기업업무추진비 한도초과액을 계산한 후 개별 법인별로 배분한다. 배분기준은 기업업무추진비 해당액이다.

4. 내부거래 제거

(1) 대손충당금

구분	㈜조선		㈜고려	
손금불산입	6,000,000		5,200,000	
손금 인정된 대손충당금	6,000,000		2,800,000	
	1,000,000[*1]	5,000,000	2,000,000[*2]	800,000
손금 인정 여부	손금불산입	손금 인정	손금불산입	손금 인정

[*1] $6,000,000 \times \dfrac{100,000,000}{600,000,000} = 1,000,000$

[*2] $2,800,000 \times \dfrac{200,000,000}{280,000,000} = 2,000,000$

조정순서

> 1. 개별 법인의 대손충당금 손금불산입 금액을 계산한다. (자료에 주어짐)
> 2. 개별 법인의 대손충당금 손금 인정액을 계산한다. (설정액에서 손금불산입액을 차감)
> 3. 손금 인정액을 채권비율(연결법인 간 내부채권과 그 외 채권)로 안분한다.
> 4. 연결법인 간 내부채권 중 손금 인정액을 손금불산입한다.

1. ㈜조선의 대손충당금 분석

손금불산입	6,000,000	1,000,000	5,000,000
손금산입	6,000,000	1,000,000	5,000,000
채권		100,000,000(내부채권)	500,000,000

2. ㈜고려의 대손충당금 분석

손금불산입	5,200,000	3,714,285	1,485,715
손금산입	2,800,000	2,000,000	800,000
채권		200,000,000(내부채권)	80,000,000

(2) 양도손익이연자산

① 건물(처분손실): 손금불산입

$$10,000,000 - 10,000,000 \times 0.1 \times \frac{6}{12} = 9,500,000$$

② 토지(처분이익): 익금불산입

$$140,000,000 - 120,000,000 = 20,000,000$$

[물음 2]

구분	㈜조선	㈜고려	연결집단
각 연결사업 소득금액	₩260,000,000	₩240,000,000	₩500,000,000
연결 이월결손금	208,000,000	120,000,000	328,000,000
과세표준	52,000,000	120,000,000	172,000,000
산출세액			15,480,000

중소기업이 아니므로 이월결손금 한도 80%가 적용된다.

㈜P(연결가능모법인, 지주회사가 아님)와 ㈜S(연결가능자법인)로 구성된 연결집단은 2023년부터 연결납세방식을 적용하며, 모두 제조업을 영위하는 중소기업이다. ㈜P의 ㈜S에 대한 지분율은 100% 이며, 2023년도 세무조정은 적법하게 이루어졌다. ㈜P의 제24기(2024. 1. 1. ~ 2024. 12. 31.) 사업연도와 ㈜S의 제14기(2024. 1. 1. ~ 2024. 12. 31.) 사업연도의 자료는 다음과 같다. 다음 자료를 이용하여 물음에 답하시오.

1. 연결집단의 재무상태표상 자산총액은 다음과 같다.

구분	2024. 12. 31.	2023. 12. 31.
㈜P의 자산총액	₩12,000,000,000	₩10,000,000,000
㈜S의 자산총액	6,000,000,000	5,000,000,000
㈜P와 ㈜S의 자산총액의 합계액[1]	16,000,000,000	14,000,000,000

[1] 연결법인 간 대여금, 매출채권, 미수금 등의 채권, 연결법인이 발행한 주식을 제거한 후의 금액임

2. ㈜P의 2024년의 손익계산서상 이자비용 ₩50,000,000은 차입금의 이자 ₩48,000,000 과 현재가치할인차금상각 ₩2,000,000으로 구성되어 있으며 손금불산입 금액은 없다. ㈜S 의 2024년의 손익계산서상 이자비용 ₩30,000,000은 차입금의 이자로 ㈜P에게 지급한 이 자 ₩10,000,000이 포함되어 있으며 손금불산입 금액은 없다. ㈜S와 ㈜P 간의 차입거래에 는 부당행위계산부인이 적용되지 않는다.

3. ㈜P와 ㈜S가 2024년에 수령한 수입배당금은 다음과 같다.

배당수령법인	배당지급법인	수입배당금[2]	주식의 장부가액[3]	주식취득일	지분율
㈜P	㈜S	₩20,000,000	₩500,000,000	2014. 1. 1.	100%
㈜P	㈜G[1]	30,000,000	800,000,000	2023. 8. 27.	20%
㈜S	㈜G	15,000,000	400,000,000	2023. 8. 27.	10%

[1] ㈜G는 주권비상장내국법인임
[2] 배당기준일은 모두 2023. 12. 31.이며, 2024년의 당기순이익에 반영되었음
[3] 주식의 장부가액은 「법인세법」상 장부가액과 동일하며 2024년 중 변동 없음

4. 2024. 8. 1. ㈜P는 장부가액 ₩120,000,000의 기계를 ㈜S에게 ₩150,000,000에 매각 하고 처분이익 ₩30,000,000을 2024년의 당기순이익에 반영하였다. ㈜S는 해당 기계에 대 해 신고내용연수 5년, 정액법, 잔존가치 0으로 감가상각하였으며, 상각부인액은 없다.

5. 2024. 8. 27. ㈜S는 장부가액 ₩60,000,000의 금융투자상품(파생상품)을 ㈜P에게 ₩50,000,000에 매각하고 처분손실 ₩10,000,000을 2024년의 당기순이익에 반영하였 다. 2024. 12. 17. ㈜P는 ㈜S로부터 양수한 금융투자상품 중 80%를 ㈜D에게 매각하였고, 20%는 2024. 12. 31. 현재 보유 중이다.

[물음] 2024년의 연결법인별 법인세 과세표준 및 세액조정계산서에서 ①~④에 기재할 금액을 다음의 양식에 따라 제시하시오.

항목		㈜P	㈜S
1. 연결 전 각사업연도소득금액			
2. 연결법인별 연결조정항목 제거			
(1) 수입배당금액 상당액 익금불산입액 익금산입		①	
⋮			
3. 연결집단 내 연결법인 간 거래손익의 조정			
(1) 연결법인 간 자산양도소득	익금불산입		
	익금산입	②	
(2) 연결법인 간 자산양도손실	손금불산입		
	손금산입		③
⋮			
4. 연결조정항목의 연결법인별 배분액			
(1) 연결법인 수입배당금 익금불산입액			④
⋮			

항목	금액	비고
① 수입배당금액 상당액 익금불산입액 익금산입	39,440,000	$18,000,000 + 21,440,000$
② 연결법인 간 자산양도소득 익금산입	2,500,000	$30,000,000 \times 0.2 \times \dfrac{5}{12}$
③ 연결법인 간 자산양도손실 손금산입	8,000,000	$10,000,000 \times 80\%$
④ 연결법인 수입배당금 익금불산입액	10,640,000	$31,920,000 \times \dfrac{10\%}{30\%}$

1. 수입배당금액 상당액 익금불산입

(1) ㈜P의 수입배당금액 상당액 익금불산입

① ㈜S로부터 수입배당금 익금불산입

$$20,000,000 \times 100\% - 48,000,000 \times \frac{500,000,000}{12,000,000,000} \times 100\% = 18,000,000$$

② ㈜G로부터 수입배당금 익금불산입

$$30,000,000 \times 80\% - 48,000,000 \times \frac{800,000,000}{12,000,000,000} \times 80\% = 21,440,000$$

(2) ㈜S의 수입배당금액 상당액 익금불산입

$$15,000,000 \times 30\% - 30,000,000 \times \frac{400,000,000}{6,000,000,000} \times 30\% = 3,900,000$$

2. ㈜P의 연결법인 간 자산양도소득 익금산입

토지, 건축물, 금융투자상품을 제외한 자산은 거래건별로 장부가액이 1억원 이하인 경우 양도손익을 이연하지 않고 즉시 인식할 수 있다. 기계장치는 장부가액이 1억원을 초과하므로 처분이익을 익금불산입하고, 내용연수에 따라 이연하여 익금산입하여야 한다.

$150,000,000 \times 1/5 \times 5/12$

$$양도소득 \ 또는 \ 양도손실 \times \frac{감가상각액}{양수법인의 \ 장부가액} = 30,000,000 \times \frac{12,500,000}{150,000,000}$$

3. ㈜S의 연결법인 간 자산양도손실 손금산입

양도손익이연자산을 양도(다른 연결법인에 양도하는 경우를 포함)하는 경우 다음 금액을 익금산입 또는 손금산입한다.

$$양도소득 \ 또는 \ 양도손실 \times 양도손익이연자산의 \ 양도비율$$

4. ㈜G에 대한 수입배당금 익금불산입액

$$45,000,000 \times 80\% - 68,000,000 \times \frac{1,200,000,000}{16,000,000,000} \times 80\% = 31,920,000$$

구분	전체	㈜P	㈜S
수입배당금	45,000,000	30,000,000	15,000,000
지급이자	68,000,000	48,000,000	20,000,000
주식	1,200,000,000	800,000,000	400,000,000
자산	16,000,000,000		
익금불산입 배분	31,920,000	21,280,000	10,640,000

① 출자비율은 각 연결법인이 수입배당금을 지급한 내국법인에 출자한 비율을 더하여 계산한다.

② 차입금 및 차입금의 이자는 각 연결법인의 차입금 및 차입금의 이자를 더하여 계산하되, 연결법인 간 차입금 및 차입금의 이자(해당 차입거래에 대하여 부당행위계산부인이 적용되는 경우를 제외함)를 뺀 금액으로 한다.

③ 재무상태표상 자산총액은 각 연결법인의 재무상태표상 자산총액의 합계액(연결법인 간 대여금, 매출채권, 미수금 등의 채권이나 연결법인이 발행한 주식을 제거한 후의 금액을 말함)으로 한다.

2023년부터 연결납세방식을 적용한 ㈜대한(연결가능모법인, 지주회사가 아님)과 ㈜민국(연결가능 자법인)은 모두 중소제조업이며, 연결납세방식을 적용한 2024년에도 중소기업에 해당된다. ㈜대한의 ㈜민국에 대한 지분율은 100%이며, 2023년도 세무조정은 적법하게 이루어졌다. ㈜대한의 사업연도는 제24기(2024. 1. 1. ~ 2024. 12. 31.)이며, ㈜민국의 사업연도는 제24기(2024. 1. 1. ~ 2024. 12. 31.)이다.

〈자료1〉 ㈜대한과 ㈜민국의 각사업연도소득금액

(단위: 원)

항목	㈜대한	㈜민국
당기순이익	340,700,000	56,000,000
익금산입 및 손금불산입	54,000,000	4,500,000
법인세비용	44,000,000	4,500,000
대손충당금 한도초과액	10,000,000	–
손금산입 및 익금불산입	59,520,000	19,680,000
수입배당금액 익금불산입	59,520,000	19,680,000
차가감소득금액	335,180,000	40,820,000
일반기부금 한도초과액	–	13,918,000
각사업연도소득금액	335,180,000	54,738,000

〈자료2〉 2024. 12. 31. 현재 재무상태표에 표시된 ㈜대한과 ㈜민국의 매출채권, 미수금 및 대손충당금

(단위: 원)

항목	㈜대한	㈜민국
매출채권 (대손충당금)	600,000,000 (12,000,000)	250,000,000 (2,500,000)
미수금 (대손충당금)	400,000,000* (8,000,000)	130,000,000 (1,300,000)

* ㈜대한의 미수금 400,000,000 중 180,000,000은 ㈜민국에 대한 미수금이며, 이것을 제외한 ㈜대한의 다른 채권과 ㈜민국의 채권은 특수관계가 없는 기업과의 거래에서 정상적으로 발생한 채권이다.

〈자료 3〉

㈜대한은 ㈜민국, ㈜국세 및 ㈜세무에, ㈜민국은 ㈜국세와 ㈜세무에 투자하고 있으며, 모든 투자는 최초 투자 후 2024년 말까지 지분율 변동은 없었다.

(단위: 원)

구분	㈜대한의 투자내역			㈜민국의 투자내역	
피투자회사	㈜민국	㈜국세	㈜세무	㈜국세	㈜세무
주식취득일	2021. 5. 31.	2021. 12. 5.	2022. 3. 20.	2022. 1. 20.	2022. 6. 30.
주식장부가액	300,000,000	200,000,000	100,000,000	100,000,000	80,000,000
지분율	100%	30%	30%	20%	20%
상장 여부	비상장	상장	비상장	상장	비상장
배당금수익	30,000,000	30,000,000	15,000,000	20,000,000	10,000,000
배당기준일	2023. 12. 31.	2023. 12. 31.	2024. 6. 30.	2023. 12. 31.	2024. 6. 30.
배당확정일	2024. 3. 23.	2024. 3. 11.	2024. 9. 24.	2024. 3. 11.	2024. 9. 24.
자산총액	1,000,000,000	500,000,000	400,000,000	500,000,000	400,000,000
지급이자	30,000,000	20,000,000	15,000,000	20,000,000	15,000,000

1. ㈜대한과 ㈜민국은 수입배당금액을 배당금수익으로 계상하였으며, 수입배당금액 익금불산입액은 출자비율에 따라 해당 연결법인에 배분한다.

2. ㈜대한의 자산총액은 5,000,000,000이며, 연결법인 간 수취채권과 연결법인의 주식으로 자산총액에서 상계할 금액은 600,000,000이다.

3. ㈜대한의 지급이자는 60,000,000이며, ㈜대한과 ㈜민국의 지급이자는 모두 정상적인 차입거래를 통해 발생한 것이다. 한편, ㈜대한과 ㈜민국 간 차입거래는 없다.

〈자료 4〉

1. 금전기부를 통해 손익계산서상 비용으로 계상된 기부금은 ㈜대한 30,000,000과 ㈜민국 20,000,000으로 모두 일반기부금이다. (단, 전기까지 일반기부금 한도초과액은 없으며, 일반기부금 이외 다른 기부금은 없다)

2. 2024. 8. 19. ㈜대한은 공익신탁의 신탁재산에서 발생한 소득 5,000,000을 손익계산서상 수익으로 적절하게 계상하였다.

[물음 1] 2024년 연결사업연도 소득금액의 계산과정을 다음 답안 양식에 따라 제시하고, 계산근거는 별도로 간단명료하게 기술하시오.

항목	㈜대한	㈜민국
1. 각사업연도소득금액		
2. 연결조정항목의 제거 ① _____ 　　…		
3. 연결법인 간 거래손익의 조정 ① _____ 　　…		
4. 연결조정항목의 연결법인별 배분 ① _____ 　　…		
5. 연결 차가감소득금액		
6. 일반기부금 한도초과액		
7. 연결조정 후 연결법인별 소득금액		

* 각사업연도소득금액에서 가산될 경우 (+), 차감될 경우 (−) 부호를 금액 앞에 반드시 표시하시오.

[물음 2] ㈜대한과 ㈜민국의 2024년 연결조정 후 연결법인별 소득금액이 각각 488,000,000과 67,000,000이라고 가정할 경우, 연결법인별 산출세액과 연결세율을 계산하시오. (단, 세율은 반올림하여 0.00%와 같이 소수점 둘째 자리까지 표시하시오)

[물음 1]

항목	㈜대한	㈜민국
1. 각사업연도소득금액	335,180,000	54,738,000
2. 연결조정항목의 제거 ① 기부금 ② 수입배당금	 (+)59,520,000	 (−)13,918,000 (+)19,680,000
3. 연결법인 간 거래손익의 조정 ① 대손충당금 ② 수입배당금[1]	 (+)1,800,000 (−)30,000,000	
4. 연결조정항목의 연결법인별 배분 ① 수입배당금 익금불산입	 (−)40,200,000	 (−)26,800,000
5. 연결 차가감소득금액	326,300,000	33,700,000
6. 일반기부금 한도초과액	(+)5,400,000	(+)3,600,000
7. 연결조정 후 연결법인별 소득금액	331,700,000	37,300,000

[1] 연결법인으로부터 수령한 수입배당금

1. 대손충당금

구분	㈜대한			㈜민국	
손금불산입	10,000,000				
손금 인정된 대손충당금	10,000,000			3,800,000	
	1,800,000[1]	8,200,000			3,800,000
손금 인정 여부	손금불산입	손금 인정		손금불산입	손금 인정

[1] $10,000,000 \times \dfrac{180,000,000}{1,000,000,000} = 1,800,000$

2. 수입배당금

(1) ㈜국세에 대한 배당금

$$50,000,000 \times 100\% - 90,000,000 \times \dfrac{300,000,000}{5,400,000,000} \times 100\% = 45,000,000$$

구분	전체	㈜대한	㈜민국
수입배당금	50,000,000	30,000,000	20,000,000
지급이자	90,000,000	60,000,000	30,000,000
주식	300,000,000	200,000,000	100,000,000
자산	5,400,000,000	4,400,000,000	1,000,000,000
익금불산입 배분	45,000,000	27,000,000	18,000,000

$5,000,000,000 - 600,000,000$

(2) ㈜세무에 대한 배당금

$$25,000,000 \times 100\% - 90,000,000 \times \frac{180,000,000}{5,400,000,000} \times 100\% = 22,000,000$$

구분	전체	㈜대한	㈜민국
수입배당금	25,000,000	15,000,000	10,000,000
지급이자	90,000,000	60,000,000	30,000,000
주식	180,000,000	100,000,000	80,000,000
자산	5,400,000,000	4,400,000,000	1,000,000,000
익금불산입 배분	22,000,000	13,200,000	8,800,000

(3) 회사별 수입배당금 익금불산입 합계
① ㈜대한: 27,000,000 + 13,200,000 = 40,200,000
② ㈜민국: 18,000,000 + 8,800,000 = 26,800,000

3. 기부금

(1) 연결차가감소득금액: 326,300,000 + 33,700,000 = 360,000,000

(2) 기준소득금액: 360,000,000 + 30,000,000 + 20,000,000 = 410,000,000

(3) 일반기부금 한도초과액: (30,000,000 + 20,000,000) − 410,000,000 × 10% = 9,000,000

(4) 한도초과액 배분

① ㈜대한: $9,000,000 \times \dfrac{30,000,000}{50,000,000} = 5,400,000$

② ㈜민국: $9,000,000 \times \dfrac{20,000,000}{50,000,000} = 3,600,000$

[물음 2]

1. 연결산출세액   공익신탁이익
{(488,000,000 − 5,000,000) + 67,000,000} × 세율 = 84,500,000

2. 연결세율

$$\frac{84,500,000}{550,000,000} = 15.36\%$$

3. 연결법인별 산출세액
① ㈜대한: 483,000,000 × 15.36% = 74,188,800
② ㈜민국: 67,000,000 × 15.36% = 10,291,200

㈜영남은 제24기 사업연도(2024년 1월 1일 ~ 2024년 12월 31일) 종료일 현재 「독점규제 및 공정거래에 관한 법률」에 따른 상호출자제한기업집단에 속하는 법인이다. 이 자료를 이용하여 아래 물음에 답하시오.

1. ㈜영남의 제24기 각사업연도소득금액 및 과세표준의 내역은 다음과 같다.

(단위: 원)

당기순이익	1,800,000,000
(+)익금산입·손금불산입	650,000,000
(−)손금산입·익금불산입	420,000,000
차가감소득금액	2,030,000,000
(+)일반기부금 한도초과액	15,000,000
(−)기부금 한도초과 이월액 손금산입	45,000,000
각사업연도소득금액	2,000,000,000
(−)이월결손금	400,000,000
과세표준	1,600,000,000

2. 익금산입·손금불산입의 내역
   (1) 법인세비용: 300,000,000원
   (2) 기업업무추진비 한도초과액: 150,000,000원
   (3) 퇴직급여충당금 한도초과액: 200,000,000원

3. 손금산입·익금불산입의 내역
   (1) 국세환급 가산금: 20,000,000원
   (2) 수입배당금액 익금불산입: 350,000,000원
   (3) 정기예금 미수이자: 50,000,000원

4. 제24기 사업연도의 이익잉여금 처분내역
   (1) 현금배당: 500,000,000원
   (2) 주식배당: 200,000,000원
   (3) 「상법」상 이익준비금: 70,000,000원

5. 제24기 사업용 자산 투자 및 감가상각비 내역

(단위: 원)

과목	취득가액	감가상각비
기계장치	800,000,000	60,000,000
차량운반구	30,000,000	5,000,000
비품	50,000,000	10,000,000
합계	880,000,000	75,000,000

(1) 사업용 자산에 대한 투자 중 리스에 의한 투자는 없으며, 차량운반구는 중고자산을 취득한 것이다.

(2) 사업용 자산에 대한 감가상각비는 상각범위액 이내 금액으로 전액 손금에 산입된다.

6. 제23기와 제24기의 임금지급액 내역

(단위: 원)

구분	임원	상시근로자
제23기	500,000,000	1,000,000,000
제24기	600,000,000	1,300,000,000
증가액	100,000,000	300,000,000

* 전체 상시근로자의 수는 증가하지 않았으나 청년정규직 근로자 수는 증가하였고 이에 대한 임금증가액은 50,000,000원이다.

7. 제24기 특수관계 없는 자에게 지출한 상생협력출연금: 5,000,000원

[물음 1] 제24기의 기업소득을 투자액 차감방식(미환류소득 계산 시 투자액을 차감하는 방식)을 적용하여 다음의 답안 양식에 따라 제시하시오.

각사업연도소득금액	2,000,000,000원
(+)가산액	
(−)차감액	
기업소득	

[물음 2] 제24기의 미환류소득 계산 시 차감할 투자금액, 임금증가액 및 상생협력지출금액을 다음의 답안 양식에 따라 제시하시오.

투자금액	
임금증가액	
상생협력지출금액	

[물음 3] 제24기의 미환류소득을 투자액 차감방식과 투자액 미차감방식(미환류소득 계산 시 투자액을 차감하지 않는 방식)에 의하여 각각 계산하고, 다음의 답안 양식에 따라 제시하시오. 단, [물음 1]에 의한 기업소득은 3,000,000,000원(투자액으로 차감되는 자산에 대한 감가상각비 손금산입액 100,000,000원 포함)으로 가정한다.

미환류소득(투자액 차감방식)	
미환류소득(투자액 미차감방식)	

─┤ **해답** ├────────────────────────────────

[물음 1]

각사업연도소득금액	2,000,000,000	과세표준을 기준으로 하지 않고 각사업연도소득을 기준으로 하여 조정한다. 따라서 이월결손금과 기부금 한도초과액(이월액 손금산입)은 조정대상이 된다.
(+) 가산액	135,000,000	
(−) 차감액	765,000,000	
기업소득	1,370,000,000	

가산항목과 차감항목

구분	가산항목	차감항목
1. 기부금 한도초과액		15,000,000
2. 기부금 한도초과 이월액 손금산입	45,000,000	
3. 이월결손금		400,000,000
4. 법인세비용		300,000,000
5. 국세환급 가산금	20,000,000	
6. 「상법」상 이익준비금		50,000,000
7. 기계장치 감가상각비	60,000,000	
8. 비품 감가상각비	10,000,000	
합계	135,000,000	765,000,000

① 해당 사업연도 과세표준 계산 시 공제한 이월결손금은 미환류소득 계산 시에도 차감한다.

② 미환류소득에 대한 법인세 계산 시 각사업연도소득금액에서 차감하는 이익준비금은 관련 법에 의무적으로 적립하는 금액만을 말하는 것이다. (서면−2016−법령해석법인−6033, 2017. 7. 5.) 「상법」상 주식배당은 이익준비금 적립의무가 없으므로 현금배당의 10%만 이익준비금으로 인정한다.

③ 투자액을 차감하는 방식의 경우 투자 연도 감가상각비를 다시 가산한다.

④ 중고자산(차량운반구)의 투자는 투자액에 해당하지 않으므로, 해당 감가상각비도 가산하지 않는다.

[물음 2]

투자금액	850,000,000	800,000,000(기계장치) + 50,000,000(비품)
임금증가액	350,000,000	300,000,000(상시근로자) + 50,000,000(청년근로자)
상생협력지출금액	15,000,000	5,000,000 × 300%

1. 투자금액
   ① 사업용 유형고정자산은 기계장치, 공구, 기구·비품, 차량운반구, 선박·항공기 등과 신축·증축하는 업무용 건축물을 포함한다.
   ② 미환류소득 계산 시 중고자산, 운용리스자산, 무형자산 중 영업권, 사용수익기부자산에 대한 투자액은 공제하지 아니한다.

2. 임금증가액
   ① 인원이 증가하지 않은 경우에는 상시근로자 임금증가액의 100%, 인원이 증가한 경우에는 기존 상시근로자 임금증가액의 150%, 신규 상시근로자 임금증가액의 200%를 환류액으로 한다.

   > 기존 상시근로자 임금증가액
   > = 상시근로자 임금증가액 − 신규 상시근로자 임금증가액
   > ↳ 증가 상시근로자 수 × 신규 상시근로자 평균 임금지급액

   ② 청년정규직 근로자 수가 증가한 경우 청년정규직 근로자 임금증가액의 100%, 정규직 전환 근로자가 있는 경우 정규직 전환 근로자 임금증가액의 100%를 추가로 환류액으로 한다.
   ③ 「소득세법」상 근로소득으로 법인의 손금에 산입된 금액에 한하며, 인정상여와 퇴직 시 받는 소득으로서 퇴직소득에 해당하지 않은 근로소득은 임금증가액에 포함되지 아니한다.

[물음 3]

미환류소득(투자액 차감방식)	885,000,000
미환류소득(투자액 미차감방식)	70,000,000

1. 투자액 차감방식

   $$3,000,000,000 \times 70\% - (850,000,000 + 350,000,000 + 15,000,000) = 885,000,000$$

   투자액 차감방식의 경우 투자액으로 차감되는 자산에 대한 감가상각비 손금산입액은 기업소득에 가산되어야 한다. 물음에서 포함된 것으로 제시되었으므로 별도 가산할 필요는 없다. 다만, 투자액 미차감방식에서는 감가상각비를 다시 제외하여 기업소득을 계산하여야 한다.

2. 투자액 미차감방식

   $$(3,000,000,000 - 100,000,000^*) \times 15\% - (350,000,000 + 15,000,000) = 70,000,000$$

*당기에 투자한 감가상각자산에 대한 감가상각비

다음은 「조세특례제한법」 제100조의 32에 규정된 '투자·상생협력 촉진을 위한 과세특례' 적용대상으로 제조업을 영위하는 ㈜만세(지주회사 아님)의 제24기(2024. 1. 1. ~ 2024. 12. 31.) 미환류소득에 대한 법인세 과세 자료이다. 아래 자료를 이용하여 다음의 각 물음에 답하시오.

1. ㈜만세의 제24기 각사업연도소득금액 및 과세표준 내역은 다음과 같다.

(단위: 원)

	당기순이익	3,000,000,000
(+)	익금산입·손금불산입	700,000,000
(−)	손금산입·익금불산입	500,000,000
	차가감소득금액	3,200,000,000
(+)	특례기부금 한도초과액	50,000,000
(−)	일반기부금 한도초과액 손금산입	250,000,000
	각사업연도소득금액	3,000,000,000
(−)	이월결손금	400,000,000
	과세표준	2,600,000,000

2. 익금산입·손금불산입 내역

   (1) 법인세비용: 365,000,000원(법인지방소득세 25,000,000원, 법인세 감면분에 대한 농어촌특별세 50,000,000원, 전기분 법인세 추징세액 15,000,000원 포함)

   (2) 대손충당금 한도초과액: 135,000,000원

   (3) 기업업무추진비 한도초과액: 200,000,000원

3. 손금산입·익금불산입 내역

   (1) 전기분 종합부동산세 환급가산금: 20,000,000원

   (2) 수입배당금 중 익금불산입액: 470,000,000원

   (3) 정기예금 미수이자: 10,000,000원

4. 당기의 잉여금처분에 따른 금전배당은 400,000,000원이고, 주식배당은 200,000,000원이며, 「상법」에 따라 적립하는 이익준비금은 50,000,000원이다.

5. 당기에 사업에 사용하기 위해 토지 800,000,000원과 차량운반구 640,000,000원(중고품 80,000,000원과 시설대여업자로부터 1년 이내 단기 임차(운용리스)한 금액 60,000,000원 포함)을 취득하였다.

6. 당기에 세법상 손금으로 인정되는 감가상각비는 250,000,000원이며, 동 금액에는 당기에 취득한 차량운반구에 대한 감가상각비 50,000,000원이 포함되어 있다.

7. 전기 대비 당기의 상시근로자 수는 증가하지 않았으며, 전기 대비 당기의 상시근로자 임금증가액은 200,000,000원, 당기에 정규직으로 신규 전환된 근로자의 임금증가액은 100,000,000원이다. 회사의 상시근로자 중 청년정규직 근로자는 없으며, 상시근로자와 정규직 전환 근로자는 모두 「조세특례제한법 시행령」 제26조의 4에서 규정하는 근로자에 해당한다.

8. 당기 중에 「근로복지기본법」에 따른 공동근로복지기금에 10,000,000원을 출연하였다.

[물음 1] ㈜만세의 제24기 기업소득을 아래와 같이 나누어 계산하시오.

구분	금액
① 투자액 제외방식에 따른 기업소득 (미환류소득 계산 시 투자액을 차감하는 방식)	
② 투자액 포함방식에 따른 기업소득 (미환류소득 계산 시 투자액을 차감하지 않는 방식)	

[물음 2] 투자액 제외방식에 따른 기업소득이 2,900,000,000원(투자액으로 차감되는 자산에 대한 감가상각비 손금산입액 100,000,000원 포함)이라고 가정할 때, ㈜만세의 제24기 미환류소득을 아래와 같이 나누어 계산하시오.

구분	금액
① 투자액 제외방식에 따른 미환류소득	
② 투자액 포함방식에 따른 미환류소득	

[물음 3] ㈜만세의 제24기 미환류소득에 대한 법인세를 계산하시오. 단, 제23기에서 이월된 초과환류액 30,000,000원(제22기 발생분 중 제23기의 미환류소득에서 공제하고 남은 잔액임)이 있으며 ㈜만세는 제24기 미환류소득 전액에 대하여 법인세를 납부하고자 한다. 그리고 제24기의 미환류소득은 [물음 2]의 ①과 ②에서 계산된 미환류소득 중 미환류소득에 대한 법인세부담이 최소화되는 방식을 선택한다고 가정한다.

—| 해답 |

[물음 1]

구분	금액	비고
① 투자액 제외방식에 따른 기업소득 (미환류소득 계산 시 투자액을 차감하는 방식)	2,480,000,000	3,000,000,000 + 320,000,000 − 840,000,000
② 투자액 포함방식에 따른 기업소득 (미환류소득 계산 시 투자액을 차감하지 않는 방식)	2,430,000,000	3,000,000,000 + (320,000,000 − 50,000,000) − 840,000,000

구분	가산항목	차감항목
1. 기부금 한도초과액		50,000,000
2. 기부금 한도초과 이월액 손금산입	250,000,000	
3. 이월결손금		400,000,000
4. 법인세비용		350,000,000
5. 종합부동산세 환급가산금	20,000,000	
6. 「상법」상 이익준비금		40,000,000
7. 차량운반구 감가상각비	50,000,000	
합계	320,000,000	840,000,000

① 해당 사업연도의 법인세액은 기업의 미환류소득에 대한 법인세의 계산 대상 사업연도에 발생한 소득에 부과되는 법인세액만을 의미하는 것으로, 다른 사업연도에 대한 법인세 환급세액이나 추가납부세액은 "해당 사업연도의 법인세액"에서 가산하거나 차감하지 않는 것이다. (집행기준 100의 32-100의 32-3)

② 미환류소득에 대한 법인세 계산 시 각사업연도소득금액에서 차감하는 이익준비금은 관련 법에 의무적으로 적립하는 금액만을 말하는 것이다. (서면-2016-법령해석법인-6033, 2017. 7. 5.) 「상법」상 주식배당은 이익준비금 적립의무가 없으므로 현금배당의 10%만 이익준비금으로 인정한다.

③ 법인의 미환류소득 계산 시 가산할 감가상각비는 해당 사업연도에 취득하여 투자자산으로 차감한 자산과 관련한 감가상각비로서 해당 사업연도에 손금으로 산입한 금액으로 한정된다. (서면-2017-법인-0039, 2017. 5. 17.) 문제에서 중고자산에 대해 계상된 감가상각비를 구체적으로 파악할 수 없으므로 감가상각비 전액을 가산한다. 투자액 포함방식에서는 감가상각비를 가산하지 않는다.

[물음 2] 미환류소득

구분	금액
① 투자액 제외방식에 따른 미환류소득	1,200,000,000
② 투자액 포함방식에 따른 미환류소득	90,000,000

1. 투자액 제외방식

(1) 투자액

$640,000,000 - 80,000,000(중고자산) - 60,000,000(운용리스) = 500,000,000$

(2) 임금증가액

$200,000,000(상시근로자) + 100,000,000(정규직 전환 근로자) = 300,000,000$

(3) 상생협력금액

$10,000,000 \times 300\% = 30,000,000$

(4) 투자액 제외방식에 따른 미환류소득(투자액을 차감하는 방법)

$2,900,000,000 \times 70\% - (500,000,000 + 300,000,000 + 30,000,000) = 1,200,000,000$

2. 투자액 포함방식(투자액을 차감하지 않는 방법)

$(2,900,000,000 - 100,000,000) \times 15\% - (300,000,000 + 30,000,000) = 90,000,000$

[물음 3] 미환류소득에 대한 법인세

$(90,000,000 - 30,000,000) \times 20\% = 12,000,000$

해당 사업연도에 초과환류액(초과환류액으로 차기 환류적립금을 공제한 경우에는 그 공제 후 남은 초과환류액)이 있는 경우에는 그 초과환류액을 그 다음 2개 사업연도까지 이월하여 그 다음 2개 사업연도 동안 미환류소득에서 공제할 수 있다.

참고

> 미환류소득에 대한 법인세 신고서 【별지 제114호 서식】상 투자 포함방식(A방식)은 미환류소득 계산 시 투자액을 차감하는 방식이고, 투자 제외방식(B방식)은 미환류소득 계산 시 투자액을 차감하지 않는 방식이다.

cpa.Hackers.com

해커스 세무회계연습 2

회계사 · 세무사 · 경영지도사 단번에 합격!
해커스 경영아카데미 cpa.Hackers.com

부록

세율 및 소득공제표

세율 및 소득공제표

1. 법인세율

과세표준	세율
2억원 이하	과세표준의 9%
2억원 초과 200억원 이하	1,800만원 + 2억원을 초과하는 금액의 19%
200억원 초과 3천억원 이하	37억 8천만원 + 200억원을 초과하는 금액의 21%
3천억원 초과	625억 8천만원 + 3천억원을 초과하는 금액의 24%

2. 종합소득세율

종합소득과세표준	세율
1,400만원 이하	과세표준의 6%
1,400만원 초과 5,000만원 이하	84만원 + 1,400만원을 초과하는 금액의 15%
5,000만원 초과 8,800만원 이하	624만원 + 5,000만원을 초과하는 금액의 24%
8,800만원 초과 1억 5천만원 이하	1,536만원 + 8,800만원을 초과하는 금액의 35%
1억 5천만원 초과 3억원 이하	3,706만원 + 1억 5천만원을 초과하는 금액의 38%
3억원 초과 5억원 이하	9,406만원 + 3억원을 초과하는 금액의 40%
5억원 초과 10억원 이하	1억 7,406만원 + 5억원을 초과하는 금액의 42%
10억원 초과	3억 8,406만원 + 10억원을 초과하는 금액의 45%

3. 직장공제회 초과반환금공제

직장공제회 초과반환금에 대해서는 그 금액에서 다음의 금액을 순서대로 공제한 금액을 납입연수로 나눈 금액에 기본세율을 적용하여 계산한 세액에 납입연수를 곱한 금액을 그 산출세액으로 한다.
① 직장공제회 초과반환금의 100분의 40에 해당하는 금액
② 납입연수공제

납입연수	공제액
5년 이하	30만원 × 납입연수
5년 초과 10년 이하	150만원 + 50만원 × (납입연수 – 5년)
10년 초과 20년 이하	400만원 + 80만원 × (납입연수 – 10년)
20년 초과	1,200만원 + 120만원 × (납입연수 – 20년)

4. 근로소득공제

총급여액	공제액
500만원 이하	총급여액의 70%
500만원 초과 1,500만원 이하	350만원 + 500만원을 초과하는 금액의 40%
1,500만원 초과 4,500만원 이하	750만원 + 1,500만원을 초과하는 금액의 15%
4,500만원 초과 1억원 이하	1,200만원 + 4,500만원을 초과하는 금액의 5%
1억원 초과	1,475만원 + 1억원을 초과하는 금액의 2%

* 다만, 공제액이 2천만원을 초과하는 경우에는 2천만원을 공제한다.

5. 연금소득공제

총연금액	공제액
350만원 이하	총연금액
350만원 초과 700만원 이하	350만원 + 350만원을 초과하는 금액의 40%
700만원 초과 1,400만원 이하	490만원 + 700만원을 초과하는 금액의 20%
1,400만원 초과	630만원 + 1,400만원을 초과하는 금액의 10%

* 다만, 공제액이 900만원을 초과하는 경우에는 900만원을 공제한다.

6. 퇴직소득공제

(1) 근속연수공제

근속연수	공제액
5년 이하	100만원 × 근속연수
5년 초과 10년 이하	500만원 + 200만원 × (근속연수 − 5년)
10년 초과 20년 이하	1,500만원 + 250만원 × (근속연수 − 10년)
20년 초과	4,000만원 + 300만원 × (근속연수 − 20년)

(2) 환산급여공제

환산급여	공제액
800만원 이하	환산급여의 100%
800만원 초과 7,000만원 이하	800만원 + 800만원 초과분의 60%
7,000만원 초과 1억원 이하	4,520만원 + 7,000만원 초과분의 55%
1억원 초과 3억원 이하	6,170만원 + 1억원 초과분의 45%
3억원 초과	1억 5,170만원 + 3억원 초과분의 35%

7. 근로소득세액공제

(1) 공제액

근로소득에 대한 종합소득산출세액	공제액
130만원 이하	산출세액의 55%
130만원 초과	71만 5천원 + 130만원을 초과하는 금액의 30%

(2) 한도

총급여액	공제 한도
3,300만원 이하	74만원
3,300만원 초과 7,000만원 이하	Max[①, ②] ① 74만원 − (총급여액 − 3,300만원) × 8/1,000 ② 66만원
7,000만원 초과 1억 2,000만원 이하	Max[①, ②] ① 66만원 − (총급여액 − 7,000만원) × 1/2 ② 50만원
1억 2,000만원 초과	Max[①, ②] ① 50만원 − (총급여액 − 1억 2,000만원) × 1/2 ② 20만원

8. 장기보유특별공제율

[1] 1세대 1주택

보유기간	공제율	거주기간	공제율
3년 이상 4년 미만	12%	2년 이상 3년 미만(보유기간 3년 이상에 한정함)	8%
		3년 이상 4년 미만	12%
4년 이상 5년 미만	16%	4년 이상 5년 미만	16%
5년 이상 6년 미만	20%	5년 이상 6년 미만	20%
6년 이상 7년 미만	24%	6년 이상 7년 미만	24%
7년 이상 8년 미만	28%	7년 이상 8년 미만	28%
8년 이상 9년 미만	32%	8년 이상 9년 미만	32%
9년 이상 10년 미만	36%	9년 이상 10년 미만	36%
10년 이상	40%	10년 이상	40%

[2] 1세대 1주택 외의 경우

보유기간	공제율
3년 이상 4년 미만	6%
4년 이상 5년 미만	8%
5년 이상 6년 미만	10%
6년 이상 7년 미만	12%
7년 이상 8년 미만	14%
8년 이상 9년 미만	16%
9년 이상 10년 미만	18%
10년 이상 11년 미만	20%
11년 이상 12년 미만	22%
12년 이상 13년 미만	24%
13년 이상 14년 미만	26%
14년 이상 15년 미만	28%
15년 이상	30%

해커스
세무회계
연습 2 | 법인세법

개정 5판 2쇄 발행 2024년 7월 1일

개정 5판 1쇄 발행 2024년 2월 14일

지은이	원재훈, 김현식, 김리석, 이훈엽 공저
펴낸곳	해커스패스
펴낸이	해커스 경영아카데미 출판팀

주소	서울특별시 강남구 강남대로 428 해커스 경영아카데미
고객센터	02-537-5000
교재 관련 문의	publishing@hackers.com
학원 강의 및 동영상강의	cpa.Hackers.com

ISBN	979-11-6999-778-2 (13320)
Serial Number	05-02-01

회계사 · 세무사 · 경영지도사 단번에 합격,
해커스 경영아카데미 cpa.Hackers.com

해커스 경영아카데미

- 원재훈, 이훈엽 교수님의 **본 교재 인강**
- **공인회계사·세무사 기출문제, 시험정보/뉴스** 등 추가 학습 콘텐츠
- 선배들의 성공 비법을 확인하는 **시험 합격후기**